Uma faceta surpreendente do DevOps é que ele foca mais as pessoas e os processos de uma organização do que ferramentas ou tecnologias específicas que os profissionais escolhem utilizar. O DevOps não faz milagres, mas pode ter um grande impacto em sua organização e em seus produtos, como uma aplicação da cultura de colaboração, de senso de propriedade e de aprendizagem. O propósito é acelerar o ciclo de vida do desenvolvimento de software, da concepção à produção.

O QUE É E POR QUE O DEVOPS?

DevOps é uma filosofia/metodologia que surgiu do Manifesto Ágil e que prioriza as pessoas sobre o processo e ferramentas. O DevOps cria uma cultura de confiança, colaboração e contínua melhoria. Como cultura, vê o processo de desenvolvimento de uma maneira holística, levando em consideração todos os envolvidos: desenvolvedores, testadores, pessoal de operações, engenheiros de segurança e infraestrutura.

© de Irina Strelnikova/Shutterstock.com

O conflito se origina geralmente em duas áreas:

- **Cada time fica em uma instalação, ou seja, separados em "silos": Desenvolvedores e Operação.** Desenvolvedores e profissionais de operação têm conjuntos de habilidades e experiências exclusivas de seu trabalho. Em organizações tradicionais, as informações não são compartilhadas entre os times. Em vez disso, o código é enviado ao time de operações sem nenhum acordo, planejamento ou requisitos para que o time possa ter o entendimento mínimo para trabalhar em sua infraestrutura, implementação e manutenção.

- **Desenvolvedores e operação são avaliados por diferentes critérios.** Os desenvolvedores normalmente têm seu sucesso mensurado pelo número de recursos que lançam, qualidade de software entregue e bugs que eliminam. Já as operações são avaliadas de indicadores de segurança, performance, escalabilidade, n entrega dos serviços.

A causa mais comum de incidentes e indisponibilidade nas aplicações são lançamentos de código sem um refino/análise e revisão pelo time. Os desenvolvedores são motivados a lançar mais código; a operação é motivada a controlar erros, fazer a gestão da segurança e evitar que os desenvolvedores implementem softwares cheios de bugs.

Os princípios do DevOps oferecem:

- Reduzir os conflitos interpessoais.
- Eliminar gargalos.
- Incentivar a colaboração entre os times.
- Capacitar e transformar os profissionais por meio do conhecimento.
- Dar autonomia ao time, gerando produtividade, responsabilidade e confiança.

Além do componente humano, que possibilita entregas ágeis e agrega valor e inovação ao negócio, o DevOps oferece benefícios técnicos:

- **CI/CD:** Em DevOps, possuímos as melhores práticas de automação, que visam automatizar processos e eliminar débitos técnicos e grandes gargalos. Ao criar pipelines automatizados que transmitem novos códigos por um conjunto de testes robustos, é possível ter mais confiança em suas implementações.

- **Recuperação mais rápida em incidentes:** Com a implementação de DevOps em uma organização, a área de operação é muito beneficiada pela automação dos processos. Quando há uma grande maturidade em cultura, aplicações e estruturadas, a curva e incidentes diminuem e todos os processos são monitorados. Isso facilita o trabalho do time na previsão de desastres. Com DevOps, os times trabalham inovação no negócio a partir do aprendizado compartilhado nos problemas enfrentados. Todas as evidências são analisadas e compartilhadas.

- **Realiza melhorias com os recursos:** Uma organização que possui uma cultura com alta maturidade em DevOps consegue trabalhar seus recursos a fim de automatizar seus processos e ter sucesso em um ambiente mais simples e com custos reduzidos.

DevOps

Para leigos

DevOps

Para leigos

Emily Freeman

PREFÁCIO DE Nicole Forsgren

ALTA BOOKS
EDITORA
Rio de Janeiro, 2021

DevOps Para Leigos®
Copyright © 2021 da Starlin Alta Editora e Consultoria Eireli. ISBN: 978-85-508-1573-2

Translated from original DevOps For Dummies®. Copyright © 2020 by John Wiley & Sons, Inc. ISBN 978-1-119-55222-2. This translation is published and sold by permission of John Wiley & Sons, Inc., the owner of all rights to publish and sell the same. PORTUGUESE language edition published by Starlin Alta Editora e Consultoria Eireli, Copyright © 2021 by Starlin Alta Editora e Consultoria Eireli.

Todos os direitos estão reservados e protegidos por Lei. Nenhuma parte deste livro, sem autorização prévia por escrito da editora, poderá ser reproduzida ou transmitida. A violação dos Direitos Autorais é crime estabelecido na Lei nº 9.610/98 e com punição de acordo com o artigo 184 do Código Penal.

A editora não se responsabiliza pelo conteúdo da obra, formulada exclusivamente pelo(s) autor(es).

Marcas Registradas: Todos os termos mencionados e reconhecidos como Marca Registrada e/ou Comercial são de responsabilidade de seus proprietários. A editora informa não estar associada a nenhum produto e/ou fornecedor apresentado no livro.

Impresso no Brasil — 1ª Edição, 2021 — Edição revisada conforme o Acordo Ortográfico da Língua Portuguesa de 2009.

Produção Editorial Editora Alta Books **Gerência Editorial** Anderson Vieira **Gerência Comercial** Daniele Fonseca	**Produtor Editorial** Thiê Alves	**Equipe de Marketing** Livia Carvalho Gabriela Carvalho marketing@altabooks.com.br **Coordenação de Eventos** Viviane Paiva comercial@altabooks.com.brw	**Editor de Aquisição** José Rugeri j.rugeri@altabooks.com.br
Equipe Editorial Ian Verçosa Illysabelle Trajano Luana Goulart Maria de Lourdes Borges Raquel Porto	Rodrigo Ramos Thales Silva	**Equipe de Design** Larissa Lima Marcelli Ferreira Paulo Gomes	**Equipe Comercial** Daiana Costa Daniel Leal Kaique Luiz Tairone Oliveira Vanessa Leite
Tradução Samantha Batista **Copidesque** Alessandro Thomé	**Revisão Gramatical** Jana Araujo Thaís Pol	**Revisão Técnica** Amanda Pinto Especialista em DevOps	**Diagramação** Lucia Quaresma

Publique seu livro com a Alta Books. Para mais informações envie um e-mail para autoria@altabooks.com.br

Obra disponível para venda corporativa e/ou personalizada. Para mais informações, fale com projetos@altabooks.com.br

Erratas e arquivos de apoio: No site da editora relatamos, com a devida correção, qualquer erro encontrado em nossos livros, bem como disponibilizamos arquivos de apoio se aplicáveis à obra em questão.

Acesse o site **www.altabooks.com.br** e procure pelo título do livro desejado para ter acesso às erratas, aos arquivos de apoio e/ou a outros conteúdos aplicáveis à obra.

Suporte Técnico: A obra é comercializada na forma em que está, sem direito a suporte técnico ou orientação pessoal/exclusiva ao leitor.

A editora não se responsabiliza pela manutenção, atualização e idioma dos sites referidos pelos autores nesta obra.

Ouvidoria: ouvidoria@altabooks.com.br

Dados Internacionais de Catalogação na Publicação (CIP) de acordo com ISBD

F855d   Freeman, Emily

           DevOps Para Leigos / Emily Freeman ; traduzido por Samantha Batista. - Rio de Janeiro, RJ : Alta Books, 2021.
           368 p. : il. ; 17cm x 24cm.

           Tradução de: DevOps For Dummies
           Inclui índice.
           ISBN: 978-85-508-1573-2

           1. Ciência da Computação. 2. DevOps. I. Batista, Samantha. II. Título.

2020-3153   CDD 004
                                CDU 004

Elaborado por Vagner Rodolfo da Silva - CRB-8/9410

Rua Viúva Cláudio, 291 — Bairro Industrial do Jacaré
CEP: 20.970-031 — Rio de Janeiro (RJ)
Tels.: (21) 3278-8069 / 3278-8419
www.altabooks.com.br — altabooks@altabooks.com.br
www.facebook.com/altabooks — www.instagram.com/altabooks

Sobre a Autora

Emily Freeman é uma tecnóloga e contadora de histórias que ajuda times de engenharia a melhorar sua velocidade. Acredita que os maiores desafios encarados por desenvolvedores não são técnicos, mas humanos. Sua missão de vida é transformar organizações de tecnologia criando culturas empresariais em que times diversos e colaborativos possam prosperar.

Emily é consultora sênior de Desenvolvimento em Nuvem da Microsoft, e sua experiência abrange tanto startups inovadoras quanto alguns dos maiores provedores de tecnologia do mundo. Seu trabalho foi apresentado em mídias como a Bloomberg, e ela é amplamente reconhecida por ser uma palestrante profissional, atenciosa e divertida. Emily é bastante conhecida por sua abordagem criativa em identificar e resolver os desafios humanos da engenharia de software. É raro encontrar na indústria tecnológica indivíduos com maturidade em cultura e em técnica na mesma medida, mas sua carreira foi definida precisamente por essa combinação.

Ela vive com sua filha em Denver, no Colorado.

Dedicatória

Para Clara, minha estrela-guia, e para todos aqueles que vieram antes de mim, cujas decisões aparentemente irrelevantes levaram a este momento de alegria e realização.

Agradecimentos

Este livro está longe de ser um trabalho solo. É impossível agradecer a todos que me deram pequenos lembretes de encorajamento ou que acreditaram em mim quando nem eu mesma o fiz. Do fundo do meu coração, muito obrigada.

Primeiro, ao meu leitor. Obrigada por investir seu precioso tempo em ler meus pensamentos sobre os fundamentos e a implementação do DevOps. Espero sinceramente que você seja capaz de terminar a leitura deste livro sentindo-se motivado e fortalecido a realizar as mais intensas transformações em si mesmo e nos outros.

Muito obrigada a Steven Hayes, que deu uma chance a uma autora de primeira viagem. Essa oportunidade significou muito para mim. A Susan Christophersen, que editou este livro com todo o cuidado; ele ficou melhor por causa dela. Agradeço também a Nicole Forsgren por seu maravilhoso prefácio (e sábio conselho), e a Jason Hand pelas edições técnicas.

Um agradecimento especial aos meus pais, Barry e Pamela Freeman, que me impediram de desistir mais vezes do que posso contar. Muito obrigada por seu amor, por me ensinar a importância do trabalho criativo e por me dar o dom da empatia. Amo vocês.

Devo muito de meu sucesso aos autores que me encorajaram nessa caminhada. Eles passaram horas reconhecendo a dor que é escrever e me encorajando. Agradeço a John Allspaw, David Blank-Edelman, Sarah Drasner, Chad Fowler, Stephen O'Grady, Mike Julian, Gene Kim, Niall Murphy, Erik St. Martin, Mary Thengvall e James Turnbull.

Quero agradecer àqueles de vocês que fazem parte da comunidade e que acreditaram em mim muito antes dos milhares de seguidores no Twitter. Fui engenheira de software back-end logo que me formei, e sua confiança em meu potencial me levou mais longe do que podem imaginar. Devo muito a pessoas como Aaron Aldrich, Kent Dodds, James Governor, Nathen Harvey, Christian Herro, Bridget Kromhout, Ken Mugrage, Corey Quinn, J. Paul Reed, Matt Rogers, Michael Stahnke, Matty Stratton e Joshua Zimmerman.

Estou convencida de que tenho alguns dos amigos mais excelentes do planeta. Eu ficaria digitando o dia todo se citasse todo mundo, mas quero destacar algumas pessoas em especial que tiveram um papel importante neste livro. Agradeço a Jessica West por ser minha amiga e confidente de mais confiança. (Não sei o que faria sem você.) Scott Church, obrigada por me deixar ser eu mesma sem julgamentos. Melanie Parish, você é minha maior conselheira. Rachel Stephens, sua alegria contagiante é um presente. Heidi Waterhouse, obrigada por me monitorar e me manter com os pés no chão. Chris Short, obrigada por seu humor sombrio e sua sinceridade. Lovisa Svallingson, obrigada por me dar amor incondicional quando eu me sentia vazia. Kristin Jones, Amber Rivera e Mary MacCarthy, vocês me inspiram e me mantêm ativa.

Sumário Resumido

Prefácio xxi

Introdução 1

Parte 1: Desmistificando o DevOps 5
CAPÍTULO 1: Apresentando o DevOps 7
CAPÍTULO 2: Projetando Sua Organização 17
CAPÍTULO 3: Identificando o Desperdício 33
CAPÍTULO 4: Persuadindo Colegas a Experimentar o DevOps 45
CAPÍTULO 5: Considerando Sua Organização 61

Parte 2: Estabelecendo um Pipeline 73
CAPÍTULO 6: Acolhendo o Novo Ciclo de Vida do Desenvolvimento 75
CAPÍTULO 7: Planejando com Antecedência 85
CAPÍTULO 8: Projetando Recursos de uma Perspectiva DevOps 101
CAPÍTULO 9: Desenvolvendo Código 119
CAPÍTULO 10: Automatizando Testes Antes do Lançamento 137
CAPÍTULO 11: Implementando um Produto 147

Parte 3: Conectando o Circuito 167
CAPÍTULO 12: Implementando a Iteração Rápida 169
CAPÍTULO 13: Criando Ciclos de Feedback Acerca do Cliente 185
CAPÍTULO 14: DevOps Não É um Time (Mas às Vezes É) 199
CAPÍTULO 15: Capacitando Profissionais de Tecnologia 217

Parte 4: Praticando o Kaizen, a Arte da Melhoria
Contínua 229
CAPÍTULO 16: Aceitando Bem o Fracasso 231
CAPÍTULO 17: Preparando-se para os Incidentes 241
CAPÍTULO 18: Realizando Revisões Pós-incidente 263

Parte 5: Instrumentalizando Sua Prática DevOps 273
CAPÍTULO 19: Adotando Novas Ferramentas 275
CAPÍTULO 20: Gerindo Sistemas Distribuídos 289
CAPÍTULO 21: Migrando para a Cloud 309

Parte 6: A Parte dos Dez 321

CAPÍTULO 22: As Dez (ou Mais) Principais Razões da Importância do DevOps 323

CAPÍTULO 23: As Dez Principais Armadilhas do DevOps 331

Índice 339

Sumário

PREFÁCIO XXI

INTRODUÇÃO 1
    Sobre Este Livro 1
    Penso que... 2
    Ícones Usados Neste Livro 2
    Além Deste Livro 3
    De Lá para Cá, Daqui para Lá 3

PARTE 1: DESMISTIFICANDO O DEVOPS 5

CAPÍTULO 1: Apresentando o DevOps 7
    O que É DevOps? 8
        O DevOps evoluiu do Ágil 8
        O DevOps se concentra nas pessoas 9
        A cultura empresarial é a base do DevOps 9
        Você aprende observando seu processo e coletando dados . . . 10
        A persuasão é o segredo da adoção do DevOps 10
        Pequenas mudanças incrementais não têm preço 10
    Beneficiando-se do DevOps 11
        Mantendo a CALMS 12
        Resolvendo o problema dos interesses conflitantes 14

CAPÍTULO 2: Projetando Sua Organização 17
    Avaliando a Saúde de Sua Cultura 18
    Integrando DevOps 20
    Estabelecendo Valores DevOps 20
        Encorajar o trabalho dos times 21
        Reduzir os silos 21
        Exercer o pensamento sistêmico 22
        Aprender e celebrar os fracassos 22
        Comunicar, colaborar e compartilhar 22
        Aceitar feedbacks 23
        Automatizar quando apropriado 23

Modelando a Cultura Empresarial 24

    Evitando o pior da cultura tecnológica 26

    Criando sua visão 27

Incentivando Seus Valores. 29

    Avaliações. 29

    Recompensas 30

CAPÍTULO 3: **Identificando o Desperdício** 33

Mergulhando nos Sete Tipos de Desperdício 34

    Processo desnecessário 34

    Espera. 35

    Movimento. 35

    Custos dos defeitos 35

    Superprodução 36

    Transporte 36

    Inventário 36

    Entendendo o desperdício em DevOps 35

Erradicando o Desperdício 39

    Descobrindo gargalos 39

    Concentrando-se no impacto. 42

CAPÍTULO 4: **Persuadindo Colegas a Experimentar o DevOps** 45

Temendo a Mudança 46

Persuadindo Pessoas à Sua Volta a Mudar para DevOps 47

    Conseguindo apoio executivo. 49

    Criando ondas nos times de tecnologia 51

    Lidando com os gerentes intermediários. 52

    Persuadindo os teimosos 53

Entendendo a Curva de Adoção. 54

    Pressionando a mudança 55

    Respondendo à resistência. 58

    Passando pelo abismo. 58

    Perguntando "Por quê?". 59

CAPÍTULO 5: **Considerando Sua Organização** 61

Medindo Seu Progresso. 62

    Quantificando DevOps. 63

    Coletando os dados 66

    Desenvolvendo estudos de casos internos 68

PARTE 2: ESTABELECENDO UM PIPELINE 73

CAPÍTULO 6: ## Acolhendo o Novo Ciclo de Vida do Desenvolvimento 75

Convidando Todos para a Mesa 76

Mudando Processos: De Linha para Circuito 77

Deslocando Ops para a "Esquerda": Pensando na Infraestrutura ...81

    Deslocando implementações para a esquerda também 82

    Imitando a produção por meio do staging 83

CAPÍTULO 7: ## Planejando com Antecedência 85

Indo Além do Modelo Ágil 86

Prevendo Desafios 88

    Identificando desafios e restrições do projeto 88

Coletando Requisitos 90

Projetando um MVP 91

    Descobrindo o problema que o MVP precisa resolver 92

    Identificando seu cliente 93

    Analisando a concorrência 93

    Priorizando recursos 94

    Projetando a experiência do usuário 95

    Testando sua hipótese 96

    Ser ou não ser beta? 97

Determinando Seu Cliente ao Projetar uma Persona 97

    O que é uma persona? 98

    Criando uma persona 99

CAPÍTULO 8: ## Projetando Recursos de uma Perspectiva DevOps 101

Criando Seu Design 102

Projetando para DevOps 105

    Projetando software para a mudança 105

    Melhorando o software constantemente 106

    Documentando seu software 108

Arquitetando Código para as Seis Capacidades de DevOps 109

    Sustentabilidade 109

    Escalabilidade 110

    Segurança 111

    Usabilidade 113

    Confiabilidade 114

    Flexibilidade 115

Documentando Decisões de Design 115

Evitando Armadilhas Arquiteturais 116

CAPÍTULO 9: **Desenvolvendo Código**................................119

Comunicando-se sobre o Código...........................120

Criando para Erro...122

Escrevendo Código Sustentável...........................123

Testando o código....................................123

Depurando o código..................................123

Registrando o código.................................124

Escrevendo código imutável...........................125

Criando código legível...............................125

Programando Padrões....................................126

Programação orientada a objetos......................126

Programação funcional................................127

Escolhendo uma Linguagem...............................127

Evitando Antipadrões...................................128

DevOpsando o Desenvolvimento...........................130

Escrever código limpo................................130

Entendendo o negócio.................................130

Ouvindo os outros....................................131

Focando as coisas certas.............................131

Ficando confortável com o desconforto................132

Estabelecendo Práticas Boas............................132

Organizando seu código-fonte.........................133

Escrevendo testes....................................133

Documentando recursos................................134

Fazendo com que seus pares revisem seu código........135

CAPÍTULO 10: **Automatizando Testes Antes do Lançamento**...............................137

Testes Não São Opcionais...............................137

Automatizando Seu Teste................................138

Testando em Diferentes Ambientes.......................139

Ambiente local.......................................140

Ambiente de desenvolvimento..........................141

Ambiente de testes...................................141

Ambiente de staging..................................142

Ambiente de produção.................................143

Indo Além do Teste de Unidade 143

Testes de unidade: Ele está vivo! 144

Testes de integração: Todas as partes funcionam juntas? 144

Testes de regressão: Depois das mudanças, o código
se comporta da mesma forma? 145

Testes visuais: Tudo parece igual? 145

Teste de desempenho 146

Teste Contínuo. 146

CAPÍTULO 11: **Implementando um Produto** 147

Lançando Código. 148

Integrando e Entregando Continuamente 148

Obtendo benefícios do CI/CD 149

Implementando CI/CD 149

Gerenciando as Implementações. 152

Automatizando do jeito certo 152

Versionamento 153

Atenuando a Falha 155

Revertendo. 155

Recuperação por avanço. 156

Democratizando as Implementações 156

Escolhendo um Estilo de Implementação. .158

Azul-verde (blue-green): Não é só a cor da água. 158

Canário de Schrodinger: A implementação não está
morta (ou está?) 160

A implementação rolling 161

Alternando com feature flags 163

Monitorando Seus Sistemas 164

Entendendo a telemetria. 164

Registrando o comportamento 164

SLAs, SLIs e SLOs. 165

PARTE 3: CONECTANDO O CIRCUITO 167

CAPÍTULO 12: **Implementando a Iteração Rápida**. 169

Priorizando o que É Importante 170

Importante e urgente. 171

Importante, não urgente 172

Urgente, não importante. 174

Nem importante e nem urgente 175

Aumentando a Velocidade. 175

Melhorando o Desempenho 179
    Eliminando a perfeição 180
    Projetando times pequenos 181
    Acompanhando seu trabalho 181
    Reduzindo o atrito 182
    Humanizando os alertas 182

CAPÍTULO 13: Criando Ciclos de Feedback Acerca do Cliente 185

Criando um Processo de Feedback do Cliente 186
Criando um Ciclo de Feedback 187
    Receber 188
    Analisar 188
    Comunicar 189
    Mudar 190
Coletando Feedback 190
    Pesquisas de satisfação 190
    Estudos de caso 191
    Uso interno 192
Pedindo Feedback Contínuo 195
    Net promoter score (NPS) 195
    Encontrando um ritmo 196

CAPÍTULO 14: DevOps Não É um Time (Mas às Vezes É) 199

Formando Times DevOps 200
    Alinhando times funcionais 200
    Dedicando um time DevOps 201
    Criando times de produto multifuncionais 202
Entrevistando Rapidamente (Mas nem Tanto) 205
Decidindo um Cargo 205
O Recrutamento Nunca Acaba 208
    Encontrando o pessoal certo 209
    Recusando ótimos candidatos 209
Avaliando a Disponibilidade Técnica 210
    Apresentações revistas 210
    Oferecendo testes para fazer em casa 211
    Revisando código 212
Despedindo com Rapidez 213
    O babaca 213
    O mártir 214
    Aquele com baixo desempenho 215

CAPÍTULO 15: **Capacitando Profissionais de Tecnologia** 217

Escalando Times de Tecnologia com o DevOps 218
    Os três estágios de uma empresa 219
Motivando Profissionais de Tecnologia 223
    Pesquisando a motivação 223
    Motivação DevOps 224
    Evitando a dependência de recompensas extrínsecas 225
    Autonomia 225
    Maestria 226
    Propósito 226
    Deixando o trabalho divertido 227
    Permitindo a escolha de times 227
Medindo a Motivação 228

PARTE 4: PRATICANDO O KAIZEN, A ARTE DA MELHORIA CONTÍNUA 229

CAPÍTULO 16: **Aceitando Bem o Fracasso** 231

Fracassando Rápido na Área de Tecnologia 232
    Fracassando com segurança 232
    Controlando o fracasso 233
    Aceitando o erro humano (sem culpar) 234
Fracassando Bem 234
    Mantendo um mindset de crescimento 235
    Criando a liberdade para fracassar 236

CAPÍTULO 17: **Preparando-se para os Incidentes** 241

Combatendo o "Erro Humano" com a Automação 242
    Focando os sistemas: Automatizando de forma realista 244
    Usando ferramentas de automação para evitar
      problemas de integração de código 245
    Lidando com implementações e infraestrutura 247
    Limitando o desenvolvimento em excesso 247
Humanizando a Escala de Plantão 249
    Quando deveres de plantão se tornam desumanos 249
    Expectativas compassivas do plantão 250
Gerenciando Incidentes 252
    Transformando a consistência em meta 253
    Adotando processos padronizados 254
    Determinando um orçamento realista 254
    Facilitando a resposta a incidentes 255
    Respondendo a uma interrupção não planejada 256

Sumário xvii

Medindo o Progresso de Forma Empírica 260
    Tempo médio para reparo (MTTR). .261
    Período médio entre falhas (MTBF) .261
    Custo por incidente (CPI). 262

CAPÍTULO 18: Realizando Revisões Pós-incidente 263

Indo Além da Análise de Causa Principal 264
Percorrendo um Incidente 265
Tendo Sucesso nas Revisões Pós-incidente 266
    Agendando imediatamente. 265
    Incluindo todo mundo 267
    Mantendo-a sem culpabilidade 267
    Revisando a timeline. 267
    Fazendo perguntas difíceis 269
    Reconhecendo o viés de retrospecto 270
    Tomando notas 271
    Planejando 271

PARTE 5: INSTRUMENTALIZANDO SUA PRÁTICA DEVOPS 273

CAPÍTULO 19: Adotando Novas Ferramentas 275

Integrando com Software de Código Aberto 276
    Abrindo à inovação comunitária 276
    Licenciando o código aberto. 277
    Escolhendo o código aberto 279
Mudando para Novas Linguagens 280
    Compilando e interpretando linguagens 281
    Paralelizando e multithreading. 282
    Programando funcionalmente 283
    Administrando a memória. 285
    Escolhendo as linguagens sabiamente 285

CAPÍTULO 20: Gerindo Sistemas Distribuídos 289

Trabalhando com Monólitos e Microsserviços 290
    Escolhendo primeiro uma arquitetura monolítica 291
    Evoluindo para microsserviços. 292
Projetando Ótimos APIs 294
    O que é um API 294
    Focando o design consistente 295

xviii   DevOps Para Leigos

Containers: Muito Mais do que Máquinas Virtuais 298

Entendendo containers e imagens 299

Implementando microsserviços a containers 300

Comparando os orquestradores: Harmonize a colmeia 302

Configurando containers. 304

Monitorando os containers: Mantendo-os vivos até
matá-los 304

Protegendo containers: Essas caixas precisam de um
cadeado 307

CAPÍTULO 21: Migrando para a Cloud. 309

Automatizando DevOps em Cloud. 310

Levando a cultura DevOps para cloud 310

Aprendendo com a adoção. 311

Beneficiando-se dos serviços de nuvem. 311

Cumulus, Cirrus e Aço: Tipos de Cloud 312

Cloud pública. 313

Cloud privada. 313

Nuvem híbrida. 314

Nuvem como Serviço 314

Infraestrutura como Serviço 314

Plataforma como Serviço. 315

Software como Serviço. 316

Escolhendo o Melhor Provedor de Serviço de Cloud 316

Amazon Web Services (AWS). 317

Microsoft Azure 317

Google Cloud Platform (GCP) 318

Encontrando Ferramentas e Serviços no Cloud 318

PARTE 6: A PARTE DOS DEZ 321

**CAPÍTULO 22: As Dez (ou Mais) Principais Razões da
Importância do DevOps**. 323

Aceitando a Mudança Constante 324

Adotando o Cloud 324

Contratando os Melhores 325

Permanecendo Competitivo 325

Resolvendo Problemas Humanos 326

Desafiando Funcionários 326

Construindo Pontes 327

Fracassando Bem 327

Melhorando Continuamente. 328

Automatizando o Trabalho Duro 328

Acelerando a Entrega 329

Sumário   xix

CAPÍTULO 23: As Dez Principais Armadilhas do DevOps 331

Despriorizando a Cultura. 332
Deixando os Outros para Trás 332
Esquecendo de Alinhar os Incentivos 333
Ficando Quieto. 334
Esquecendo-se de Medir. 334
Microgerenciando 335
Mudando Muito, Rápido Demais 335
Escolhendo Mal as Ferramentas 336
Temendo o Fracasso. 337
Sendo Firme Demais. 338

ÍNDICE 339

Prefácio

O que é DevOps?

Essa é uma das perguntas mais comuns que escuto em meu trabalho — e ela vem tanto de especialistas quanto de novatos. Trabalho com tecnologia há quase duas décadas e sou uma pesquisadora, estrategista e especialista DevOps que orientou centenas de líderes e profissionais de tecnologia na melhoria contínua de seu software, possibilitando que entreguem valor a seus clientes de maneira mais rápida e segura. Ainda assim, muitos de nós nesse campo ainda ouvimos essa pergunta.

Infelizmente, não existe uma definição única e universalmente aceita de DevOps — para a decepção de todos. Mas, honestamente, isso com certeza não importa, afinal de contas, ter uma definição clara codificada no Manifesto Ágil também não ajudou a comunidade Ágil.

Com *DevOps Para Leigos*, Emily Freeman escreveu um livro sobre DevOps que pode ser lido do início ao fim, usado como referência ou para gerar a transformação dos leitores, estimulando-os a explorarem e adotarem a cultura e suas práticas. É uma maneira brilhante de estruturar o conteúdo, pois o DevOps aborda um pouco de desenvolvimento, um pouco de operações e muito de cultura — além de muitas outras coisas. Neste livro, Emily fez um ótimo trabalho se aprofundando em conceitos importantes para times que estejam implementando esse novo modo de trabalho, independentemente de ser um *greenfield*, um *brownfield* ou não ter ideia do que essas palavras signifiquem.

Emily dá um novo olhar e uma nova voz ao assunto, criando narrativas perspicazes e analisando conceitos em um texto claro. Ao entrar na área de tecnologia na metade de sua carreira, ela traz um entendimento e uma compreensão que outros que "nasceram" na área às vezes subestimam. Sua escrita comunica esses detalhes (por vezes ocultos) facilmente, guiando o leitor pela paisagem com facilidade e sabedoria.

Algumas de minhas seções favoritas são sobre o desenvolvimento de código, para que ele seja claro e sustentável (confira o Capítulo 9, especialmente a parte sobre revisão de pares) e sobre a capacitação dos times em técnicas de automação, engajamento e seu fortalecimento para ajudá-lo com a ampliação em larga escala da produtividade. Tenho seções e capítulos favoritos demais para listar, então o encorajo a encontrar os seus e espero que seus post-its e marca-textos não acabem!

Desejo-lhe sorte em sua jornada com DevOps. Lembre-se de que não importa onde você comece; o que importa é continuar seguindo em frente e melhorando.

— *Nicole Forsgren, Pesquisa & Estratégia na Google Cloud e cofundadora e CEO da DevOps Research and Assessment (DORA)*

DevOps Para Leigos

Introdução

A credito que os maiores desafios encarados pela indústria de tecnologia não sejam técnicos, mas, sim, humanos. Pense bem: o hardware e a computação estão mais poderosos do que nunca. Ferramentas automatizadas eliminam a chatice do trabalho repetitivo. Frameworks robustos e bibliotecas fornecem atalhos e funcionalidades para aplicações. É possível realizar mais coisas mais rápido do que antes.

O problema que as organizações enfrentam agora é o das dinâmicas sociais humanas de times de engenharia. Especificamente, elas são o atrito natural que surge de incentivos mal alinhados e objetivos mal comunicados, da frustração ao tentar explicar um conceito ou abordagem para alguém com uma especialidade diferente da sua e do medo que as pessoas sentem quando pensam em parecer idiotas na frente de seus colegas ou ser substituídas por processos automatizados e perder o emprego.

O DevOps aborda todas essas questões, e este livro explica como.

Sobre Este Livro

Projetei este livro como um recurso para aqueles que nunca ouviram falar em DevOps — ou que não saibam realmente o que isso significa — possam usar para obter uma compreensão ampla de DevOps e de como ele se encaixa no ciclo de vida do desenvolvimento de software (CVDS) — isto é, todo o processo de como o software é desenvolvido e lançado. Embora o CVDS tenha usado tradicionalmente a palavra *desenvolvimento*, prefiro usar *entrega*, pois ela elimina a possível elevação dos desenvolvedores a algo maior que outras áreas.

Organizei as informações deste livro para que sejam abordadas tanto cronológica quanto seletivamente. Ele pode ser lido do início ao fim, possibilitando que cada seção seja baseada na anterior, ou pode-se pular para a seção desejada.

Utilizei as seguintes convenções no decorrer deste livro:

» Endereços da web e códigos de programação aparecem em `fonte monoespaçada`.

» Novos termos definidos por mim aparecem em *itálico*.

Introdução 1

Penso que...

Quando comecei a escrever este livro, sofri para identificar meu público-alvo. Desenvolvedores? A galera de operações? Executivos? Para mim, era importante apresentar o DevOps de forma acessível e real. Muitas vezes as pessoas falam do DevOps apenas no contexto de projetos *greenfield* e de empresas com recursos quase infinitos. Eu queria afastar os holofotes e chegar ao fundamento do DevOps como uma disciplina que ajuda o time de tecnologia a realizar seu trabalho melhor e mais rápido. Também queria garantir atender ao leitor onde quer que estivesse e comunicar tanto a pessoas que nunca ouviram falar de DevOps quanto aos times de tecnologia que já seguem práticas avançadas. No fim, foquei qualquer um que precise entregar prioridades de negócios, além de reter talentos. Essas pessoas precisam de soluções realistas para problemas reais. Veem os benefícios da automatização, mas também precisam garantir segurança e obediência aos órgãos reguladores.

Independentemente de onde você se encaixe nesse perfil, espero que consiga captar o que precisa neste livro e que ele tenha um pequeno papel em seu sucesso à medida que você evolui e melhora sua prática de engenharia.

Ícones Usados Neste Livro

DICA

O ícone Dica marca as dicas (dã!) e os atalhos que podem ser usados para facilitar a implementação de práticas DevOps.

LEMBRE-SE

Ícones Lembre-se marcam informações especialmente importantes. Para filtrar apenas as informações mais importantes em cada capítulo, basta conferir esses ícones.

PAPO DE ESPECIALISTA

O ícone Papo de Especialista marca informações de natureza altamente técnica que podem ser puladas sem problemas.

CUIDADO

O ícone Cuidado avisa para que fique de olho! Ele marca informações importantes que podem fazê-lo evitar dores de cabeça e conflitos desnecessários.

Além Deste Livro

Você pode acessar a Folha de Cola Online no site da editora Alta Books (`www.altabooks.com.br`). Procure pelo título do livro. Faça o download da Folha de Cola completa, bem como de erratas e possíveis arquivos de apoio.

De Lá para Cá, Daqui para Lá

Escrevi este livro de forma que você possa pular para onde quiser. Se for desenvolvedor, pode perceber que já conhece a maior parte das informações na Parte 2, que abrange o pipeline de desenvolvimento CI/CD (embora eu sugira que dê uma olhada para talvez obter novas ideias!). Se for de operações, talvez se sinta mais confiante em alguns dos capítulos mais focados na infraestrutura.

Uma transformação DevOps não é uma proeza pequena, nem um processo imediato. Ela exigirá horas de planejamento, conversas honestas, brainstorming, reflexão e mudanças técnicas. Não corra com o processo. Apenas aprender e pensar sobre seu trabalho cotidiano a partir de um ponto de vista diferente já é um modo saudável de despertar sua mente. A jornada é tão valiosa quanto o resultado.

DevOps Para Leigos

1
Desmistificando o DevOps

NESTA PARTE. . .

Entenda os valores e as prioridades do DevOps, que focam pessoas, processos e tecnologia.

Planeje a cultura de sua organização com o DevOps em mente, encorajando o trabalho em equipe, reduzindo as divisões e aceitando as falhas.

Identifique o desperdício e localize os gargalos no decorrer do ciclo de vida de seu desenvolvimento de software para estabelecer as vitórias mais fáceis (e mais imediatas) para sua transformação DevOps.

Convença seus colegas, de executivos a desenvolvedores, dos benefícios de DevOps para uma organização de tecnologia.

Meça seu trabalho e acompanhe seus sucessos DevOps, permitindo que todos vejam as melhorias incrementais.

> **NESTE CAPÍTULO**
>
> » **Avaliando os principais dogmas de DevOps**
>
> » **Compreendendo os valores de DevOps**
>
> » **Vendo como sua organização se beneficia**

Capítulo 1

Apresentando o DevOps

O DevOps transformou a maneira como os times de desenvolvimento e operações colaboram e compartilham conhecimentos entre si, a fim de criar e entregar software. É uma filosofia vasta e abrangente que inspira diversas implementações por todas as empresas de tecnologia.

Eu defino o DevOps como uma cultura organizacional de colaboração, senso de propriedade e aprendizagem com o propósito de acelerar o ciclo de vida de desenvolvimento de software, da concepção à produção. O DevOps possibilita a redução de atrito interpessoal, elimina gargalos, melhora a colaboração entre as pessoas, aumenta a satisfação no trabalho por meio da capacitação dos times envolvidos e acelera a produtividade deles. Ele não faz milagres, mas pode ter um grande impacto na sua organização e em seus produtos.

Neste capítulo, enfatizo a importância da cultura sobre o processo e o ferramental, discuto os princípios e valores do DevOps e mergulho em como a organização se beneficiará de uma abordagem DevOps.

O que É DevOps?

Este livro não tem uma prescrição DevOps exata para você — porque isso não existe. O DevOps é uma filosofia que prioriza pessoas a processos e processos a ferramentas. Ele constrói uma cultura de confiança, colaboração e melhoria contínua. Como uma cultura, vê o processo de desenvolvimento de modo holístico, levando em consideração todos os envolvidos: desenvolvedores, testadores, o pessoal de operações, segurança e os profissionais de infraestrutura. O DevOps não coloca nenhum desses grupos acima dos outros e nem classifica a importância de seus trabalhos. Em vez disso, uma empresa que pratica DevOps trata todo o time de tecnologia como crucial para garantir que o cliente tenha a melhor experiência possível. (Você pode encontrar mais sobre cultura corporativa no Capítulo 2.)

O DevOps evoluiu do Ágil

Em 2001, 17 desenvolvedores de software se encontraram e publicaram o "Manifesto Ágil", que declara os 12 princípios da gestão de projetos ágeis (veja o box "As Origens do Ágil", no Capítulo 7, para mais detalhes). Esse novo fluxo de trabalho foi uma resposta à frustração e à inflexibilidade dos times de tecnologia que trabalhavam em um processo em cascata (waterfall). Trabalhando com princípios ágeis, os times de tecnologia não precisam aderir aos requerimentos originais ou seguir um fluxo de trabalho de desenvolvimento em cascata (waterfall), no qual cada time entrega o trabalho para o próximo. Em vez disso, são sempre capazes de se adaptar às necessidades de mudanças constantes do negócio e do mercado, e às vezes até à mudança de tecnologia e ferramentas.

Embora o Ágil tenha revolucionado o desenvolvimento de software de várias maneiras, ele não conseguiu resolver o conflito entre os times de desenvolvimento e o time de operações. Os silos ainda se desenvolveram em torno de conjuntos de habilidades técnicas e especialidades, e os times de desenvolvimento ainda entregavam código ao time de operações para que implementassem e dessem suporte.

Em 2008, Andrew Clay Shafer conversou com Patrick Debois sobre suas frustrações com o constante conflito entre os times de desenvolvimento e de operações. Juntos, eles lançaram o primeiro evento DevOpsDays, na Bélgica, para criar uma forma melhor e mais ágil de abordar o desenvolvimento de software. Essa evolução do Ágil ocorreu e, desde então, o DevOps permite que empresas de todo o mundo desenvolvam softwares com mais rapidez e qualidade (e normalmente por um preço mais baixo). O DevOps não é modinha: é uma filosofia organizacional amplamente aceita.

8   PARTE 1 **Desmistificando o DevOps**

O DevOps se concentra nas pessoas

Qualquer pessoa que lhe diga que DevOps diz respeito a ferramentas, com certeza deseja lhe vender alguma coisa. Acima de tudo, o DevOps é uma filosofia que se concentra nos times de desenvolvimento e operações e em como eles podem trabalhar melhor juntos para produzir ótimos softwares. Você poderia gastar milhões em várias ferramentas de DevOps do mundo e ainda não chegaria nem perto do seu "nirvana". Em vez disso, concentre-se no bem mais importante da tecnologia: as pessoas. Pessoas felizes desenvolvem ótimos softwares. E como deixá-los felizes? Bem, crie um ambiente de trabalho colaborativo no qual o respeito mútuo, o conhecimento compartilhado e o reconhecimento do trabalho duro possam prosperar. Veja os Capítulos 2 e 15 para mais informações sobre como criar times de desenvolvimento e operações felizes e capacitados que incorporam um mindset de crescimento e se orgulham de seu trabalho.

A cultura empresarial é a base do DevOps

Sua empresa tem uma cultura, mesmo que tenha sido desenvolvida por inércia. Essa cultura tem mais influência em sua satisfação no trabalho, na produtividade e na velocidade do time do que você pode imaginar.

A cultura da empresa é mais bem descrita como as expectativas, o comportamento e os valores implícitos de uma organização. A cultura é o que diz aos funcionários se a liderança da empresa está aberta a novas ideias. É o que informa a decisão de um funcionário de levar um problema a público ou varrê-lo para debaixo do tapete.

A cultura deve ser projetada e refinada, e não deixada ao acaso. Embora a real definição varie de uma empresa para outra e de uma pessoa para outra, o DevOps é essencialmente uma abordagem cultural, uma mentalidade.

Uma cultura empresarial tóxica matará sua jornada DevOps antes mesmo de ela começar. Mesmo que seus times de desenvolvimento e operações adotem um mindset DevOps, as atitudes e os desafios da empresa mais ampla contaminarão seu ambiente.

Com o DevOps, evitamos a culpa, aumentamos a confiança e focamos o cliente. Damos aos times de desenvolvimento e operações autonomia e os capacitamos para fazer o que fazem de melhor: criar soluções. Ao começar a implementar DevOps, damos aos times tempo e espaço para se ajustarem a ele, permitindo que tenham oportunidades de se conhecer melhor e construir conexões com times de especialidades diferentes. Além disso, medimos seu progresso e recompensamos realizações. Nunca culpe indivíduos por alguma falha. O time deve melhorar junto e continuamente, e as realizações devem ser celebradas e recompensadas.

Você aprende observando seu processo e coletando dados

Observar o fluxo de trabalho sem expectativas é uma técnica poderosa que deve ser usada para ver os sucessos e os desafios do fluxo de trabalho de modo realista. Essa observação é o único modo de encontrar a solução correta para as áreas e os problemas que criam gargalos no processo. Assim como no software, jogar Kubernetes (ou outra nova ferramenta) em um problema não necessariamente o corrigirá. É preciso saber onde os problemas estão antes de tentar corrigi-los. Ao prosseguir, deve-se coletar dados — não para medir o sucesso ou o fracasso, mas para acompanhar o desempenho do time. Determinamos o que funciona, o que não funciona e o que devemos tentar da próxima vez. No Capítulo 3, você aprenderá a identificar seus gargalos no processo de desenvolvimento.

A persuasão é o segredo da adoção do DevOps

Vender a ideia de DevOps para seus líderes, colegas e funcionários não é fácil. O processo nem sempre é intuitivo para os times de desenvolvimento e operações também. Uma grande ideia não deveria se vender sozinha? Ah, se fosse fácil assim! Contudo, um conceito-chave a se manter sempre em mente ao implementar o DevOps é que ele enfatiza pessoas. As chamadas "soft skills" da comunicação e colaboração são cruciais para a transformação DevOps. Persuadir outras pessoas do time e dentro da empresa a adotar o DevOps requer uma grande prática e habilidade no exercício de comunicação. As primeiras conversas com colegas sobre DevOps podem prepará-lo para o sucesso no futuro — especialmente quando atingir uma lombada inesperada.

Pequenas mudanças incrementais não têm preço

O aspecto do DevOps que enfatiza fazer pequenas mudanças incrementais tem sua origem na manufatura lean, que abraça o feedback acelerado, a melhoria contínua e um prazo de lançamento mais rápido. Quando falo de transformações DevOps, gosto de usar a água como metáfora. A água é um dos elementos mais poderosos do mundo. A não ser que as pessoas fiquem olhando a água de uma enchente subir à sua frente, elas a acham relativamente inofensiva. O Rio Colorado esculpia o Grand Canyon. Lentamente, ao longo de milhões de anos, a água cortou a pedra para expor quase 2 bilhões de anos de solo e rocha.

Você pode ser como a água. Seja a mudança lenta e implacável em sua organização. Veja aquela famosa citação de uma entrevista de Bruce Lee para se inspirar (https://www.youtube.com/watch?v=cJMwBwFj5nQ) [conteúdo em inglês, legenda a seguir]:

Seja disforme, amorfo, como a água. Coloque água em um copo, ela se transforma no copo. Coloque água em uma garrafa, ela se transforma na garrafa. Coloque-a em um bule, ela se transforma no bule. Agora, a água pode fluir ou pode colidir. Seja como a água, meu amigo!

Fazer mudanças incrementais significa, por exemplo, que você pode encontrar um problema e corrigi-lo. Depois, corrigir o próximo. Assim, não assume muitas demandas ao mesmo tempo e não escolhe todas as batalhas ao mesmo tempo para lutar. Você compreende que algumas batalhas não valem a energia e o capital social que podem lhe custar.

Beneficiando-se do DevOps

Este livro inteiro aborda como você e seu time podem se beneficiar da implementação de DevOps em sua organização. Além do componente humano, que possibilita entrega mais rápida, com qualidade, segurança e inovação, o DevOps tem benefícios técnicos.

A integração e a entrega contínuas (CI/CD) estão fortemente alinhadas com o DevOps. A entrega contínua de software remove muitos dos gargalos que geralmente vemos em times que implementam esporadicamente. Ao criar pipelines automatizados que passam novos códigos por um conjunto de teste robusto, pode-se ter mais confiança nas implementações. (Falo mais sobre CI/CD no Capítulo 11.)

DevOps também possibilita uma recuperação mais rápida de incidentes. Em algum ponto, você inevitavelmente experimentará uma interrupção de serviço que impactará os clientes, não importa o quanto seu código tenha sido bem testado. Mas os times que já usam o DevOps como sua rotina de trabalhos encontram resoluções mais rápido por intermédio de uma maturidade maior que os times possuem, acessibilidade mais aberta, aprendizado compartilhado e melhor monitoramento de desempenho de todos os processos, performance e riscos.

Os times de tecnologia não são os únicos do lado da organização que se beneficiam do DevOps. O lado dos negócios de sua empresa verá menos reclamações dos clientes, uma entrega mais rápida de novos recursos e confiança melhorada em serviços existentes.

O DevOps possibilita que se realize mais com os recursos existentes. Ele aceita a realidade das restrições e mostra como ter sucesso dentro de seu ambiente único.

Mantendo a CALMS

Ao começar a se familiarizar com DevOps, você provavelmente se deparará com um modelo chamado CALMS. Ele é um acrônimo para cultura, automação, lean, medição e compartilhamento [*sharing*, em inglês], e é uma estrutura útil para compreender os princípios DevOps e avaliar seu sucesso e maturidade ao aplicá-los em sua organização.

Cultura

Sua cultura precisa ser colaborativa e centrada no cliente, o que significa que seus times de desenvolvimento e operações compreendem que o propósito da tecnologia é facilitar a vida dos clientes. Se eles não encontrarem valor no produto, ele fracassará. A tecnologia é secundária a esse objetivo. As melhores culturas DevOps são extremamente colaborativas e multifuncionais, com pessoas de diferentes times e diversos conjuntos de habilidades trabalhando juntas para criar um produto melhor. Ouvir é um componente crucial da comunicação, e um teste decisivo e fácil da cultura é escutar conversas. As pessoas estão constantemente falando ao mesmo tempo? Se sim, aposto que você tem chances de grandes melhorias culturais à frente.

Automação

Tarefas repetitivas são o pior pesadelo de um time de tecnologia, não só porque são chatas, mas porque são ineficazes. Os times de tecnologia falam a língua dos computadores para coordená-los a realizar o trabalho que as pessoas não querem fazer. Geralmente as tarefas mais fáceis nas melhorias de automação são os builds de código, os testes automatizados, as implementações e o fornecimento de infraestrutura. Aprofundo a identificação dessas tarefas no Capítulo 3.

Lean

Lean não se refere apenas à manufatura lean. Aplica-se mais amplamente à natureza dos times de DevOps, que são ágeis e obstinadas. Times lean evitam atividades de baixo impacto porque elas não fornecem valor ao cliente. Outro aspecto do lean é como ele mantém o objetivo da melhoria contínua. Todos abraçam o mindset de crescimento e querem melhorar verdadeiramente.

UM CONTO DE TECNOLOGIA: O QUE ME LEVOU AO DEVOPS

Quero contar um segredinho. Cheguei ao DevOps por acidente. Pois é! Foi totalmente acidental. Mas acho que minha história fala muito sobre o poder do movimento e da comunidade DevOps.

Eu era uma desenvolvedora Java back-end em uma pequena empresa com um time de desenvolvimento de engenharia tradicional. O time consistia de uma dúzia de desenvolvedores e dois funcionários do time de operações. (Parece a proporção normal, não é?)

O código tinha um bug. Atualizei o código que selecionava imagens de pré-visualização na aplicação. Ainda assim, a página inicial não exibia as mudanças, e os ops me culpavam. Investiguei e concluí que era um problema de CDN (Content Delivery Network). Devido a restrições de acesso dos desenvolvedores em meu time, não conseguimos mitigar o problema. Precisávamos do time de operações.

O especialista ops achava que era um problema de código e se recusou a me ajudar. Fomos e voltamos três vezes antes de eu entrar em um armário e digitar um resumo furiosamente. *Humpty Dumpty: A story of DevOps gone wrong* ["Humpty Dumpty: Uma história de DevOps que deu errado", em tradução livre] foi minha primeira palestra tecnológica e foi inspirada em minhas experiências e frustrações pessoais com desenvolvedores enfrentando o pessoal de operações.

Naquela empresa, e em muitas outras, o time de operações era um gargalo. Ele me impedia de fazer meu trabalho. Mas não era sua culpa. As pessoas envolvidas destacavam o problema, mas a própria questão era um problema de processo.

Minha experiência naquele emprego me levou ao DevOps, que despertou meu interesse. No decorrer do aprendizado de DevOps, encontrei um grande alívio na descoberta de que os problemas que eu havia enfrentado não eram apenas meus! Eu não era uma desenvolvedora ruim. Era apenas humana, e os outros profissionais como eu sentiam as mesmas frustrações em seus empregos. Meu maior desejo é que este livro possa tranquilizá-lo de que sua experiência é válida e comum e também mostrar algumas abordagens que podem ajudar a tornar seu trabalho um pouco mais incrível.

Medição

Os dados são cruciais para DevOps. A medição do progresso por meio dos dados informará quase todos os aspectos da transformação em sua organização. Mas lembre-se de que esse progresso nunca deve ser atribuído ao desempenho individual. Pense nisso como acompanhar seu progresso no decorrer de uma maratona sem fim, em vez de um modo de saber quando terá "terminado". Em DevOps, você nunca termina. Ninguém termina! A melhoria é contínua.

Em vez de considerar os dados coletados como uma medida do quanto está se saindo mal, pense neles como uma estimativa de sua melhoria. Celebre as vitórias. Essa abordagem sustenta todo o seu time de tecnologia e mantém os profissionais felizes, motivados e produtivos. Garanto que você estará fazendo algumas coisas bem, e destacá-las é importante. No Capítulo 5, falo sobre o que pode ser medido.

Compartilhamento

O DevOps foi fundado porque os times de operações e o desenvolvimento tinham alguns conflitos. Eles careciam de interesses em comum e eram incentivados com base em padrões e necessidades diferentes. O time de operações geralmente era medido pela confiança e disponibilidade de uma aplicação, assim como o time de desenvolvimento é, com bastante frequência, incentivado a criar novos recursos para a aplicação. (Falo mais sobre como as operações e o desenvolvimento são medidos na próxima seção.) Você sabe qual é a maior ameaça do tempo em uma atividade? As implementações. Os times de desenvolvimento iniciam as implementações com novas liberações de código. Por isso dizem no mundo de tecnologia que o pessoal de operações "odeia" os desenvolvedores. Normalmente não é algo tão sombrio assim, mas há um pouco de verdade nisso. O atrito praticamente impossibilita a solução de problemas e transforma tudo em um jogo de culpa. O DevOps busca mudar completamente essa atmosfera e criar um ambiente em que ambos os times ensinem um ao outro e se sintam capacitados — construindo, assim, um único time no qual todos contribuem.

Resolvendo o problema dos interesses conflitantes

Em times tradicionais de tecnologia, os desenvolvedores (aqueles que escrevem o código) e a operação (aquela que implementa os sistemas e mantém a infraestrutura de TI) estão em lados opostos de uma guerra sem fim. Tá, não é exatamente isso. Mas eles não se dão bem, e isso porque são avaliados por critérios diferentes.

Os desenvolvedores normalmente são medidos pelo número de recursos que lançam ou pela quantidade de bugs que corrigem. (Avaliar desenvolvedores por linhas de código escritas é uma péssima ideia. Muitas vezes, os melhores desenvolvedores deletam mais linhas do código do que adicionam.)

Infelizmente, a qualidade e a confiabilidade do código normalmente não são medidas. Como consequência, os desenvolvedores naturalmente priorizam o trabalho que os fará parecer produtivos. Não passam um tempo refatorando código para torná-lo mais legível ou para pagar a dívida técnica acumulada do último grande avanço do produto.

Em comparação a como os desenvolvedores são medidos, o time de operações geralmente é medido pela confiabilidade e pelo tempo ativo das aplicações/ambiente disponibilizado. Você provavelmente já ouviu falar dos cinco 9: 99,999% de disponibilidade. Os cinco 9 significam que seu site só pode ficar offline cinco minutos por ano. Cinco minutos... *por ano*. Isso é pedir demais! Também é caro de manter, por causa da quantidade de armazenamento e de recursos computacionais necessários à disposição. Isso sem falar do impacto pessoal que tem nos indivíduos de operações que recebem a tarefa de manter a disponibilidade nesse nível. É solicitado ao time de operação que realizem esforços heroicos e respondam a problemas independentemente do dia, horário, cargas de trabalho existentes ou obrigações pessoais.

Para esclarecer o conflito: em organizações tradicionais de tecnologia, os desenvolvedores devem implementar um novo código para liberar melhorias ou novos recursos. Mas as implementações são as ações mais comuns que iniciam interrupções no serviço e indisponibilidades das aplicações no ambiente.

Dois problemas surgem dessa situação:

» **A responsabilidade é isolada.** Os desenvolvedores não sabem como lançar ou dar suporte ao seu código e carecem de conhecimento de sistemas que o capacitem a entender os requisitos de infraestrutura. A maioria dos desenvolvedores não sabe (ou se importa) como seu código realmente executa. Seu trabalho já foi terminado.

» **Os objetivos e incentivos estão em oposição.** Os desenvolvedores jogam códigos no time de operações e esperam que ela os implemente e garanta que rodem perfeitamente. O time de operações é incentivado pelo tempo de atividade, disponibilidade e confiabilidade. Geralmente supõe que o código foi mal escrito e levará bronca (ou será despedido) por um incidente que não é culpa dele.

Entendeu por que ouvimos suspiros audíveis quando os times de desenvolvedores e de operações interagem? O DevOps busca eliminar tanto os desafios criados pela responsabilidade isolada quanto os objetivos contrários. Ao alinhar os incentivos, compartilhar conhecimento, remover barreiras e respeitar os diferentes papéis, o DevOps pode melhorar drasticamente a comunicação interpessoal e a cooperação de seu time.

CAPÍTULO 1 **Apresentando o DevOps** 15

16   PARTE 1 **Desmistificando o DevOps**

NESTE CAPÍTULO

» **Avaliando a cultura de sua empresa**

» **Entendendo os valores DevOps**

» **Criando uma declaração de visão**

» **Incentivando seus valores**

Capítulo **2**

Projetando Sua Organização

A cultura empresarial é mais bem descrita como as expectativas implícitas, os comportamentos e os valores de uma organização. A cultura é o que diz aos seus funcionários se a liderança da empresa está aberta a novas ideias. Ela justifica a decisão de um funcionário de apresentar um problema ou varrê-lo para debaixo do tapete.

Seus funcionários e colegas tomam milhares de decisões por dia — todas sem a ajuda da liderança. (Isso é ótimo! Quem gosta de ser microgerenciado?) A cultura é o que justifica essas decisões pequenas, mas persistentes, então cabe a você se certificar de que a cultura de sua empresa seja benéfica para os funcionários e garanta que seu ambiente de trabalho seja um lugar feliz para estar e evoluir!

Trabalhei para empresas com ótimas culturas. Também trabalhei em lugares em que a tensão no ambiente era palpável. A diferença é surpreendente. Na primeira, eu tinha um alto nível de desempenho, pensava fora da caixa e corria riscos, e fiquei feliz em trabalhar lá por muitos anos. Na última, eu era infeliz. Começava a planejar o almoço com meus colegas às 10h e usava cada minuto que tinha antes de precisar retornar. Depois sofria a tarde toda antes de poder ir embora. Eu não estava motivada. E também não fazia um trabalho legal. Realizava o suficiente para não ser demitida.

Olhe à sua volta. Que tipo de cultura você acha que sua empresa tem? Este capítulo fornece maneiras específicas de avaliar precisamente a cultura de sua empresa. Também neste capítulo, você descobrirá como desenvolver uma visão para a cultura da sua empresa, aplicando os valores de DevOps aos seus times de tecnologia incentivando, motivando e recompensando de acordo com os valores construídos durante essa nova jornada.

Avaliando a Saúde de Sua Cultura

Um dos maiores desafios das empresas — especialmente organizações maiores e mais antigas — é identificar o verdadeiro estado de sua cultura. Mesmo empresas jovens podem superestimar facilmente a qualidade de sua cultura. Se você acha que tem uma cultura saudável, é um ótimo começo. Mas desconfie... Observe com um olhar cético. É fácil ver a cultura através de "óculos cor-de-rosa".

Alguns anos atrás, a Gallup lançou o 2017 State of the American Workplace Report. A pesquisa descobriu que apenas 33% dos empregados se sentia envolvidos no trabalho, e meros 22% deles acreditavam que a liderança tinha uma direção clara para a empresa. Essas estatísticas não são muito encorajadoras. Veja alguns modos de começar a se concentrar no verdadeiro estado da cultura de sua empresa:

DICA

» **Peça a opinião de seus funcionários.** Uma pesquisa talvez seja o jeito mais fácil de avaliar o estado da cultura empresarial. É preciso garantir que ela seja anônima, para que os empregados sintam-se livres para ser honestos e não ter medo de retaliação. Inclua apenas perguntas importantes que, revelarão como eles e seus colegas realmente se sentem.

As melhores pesquisas fazem perguntas sobre a satisfação e a alegria dos funcionários. Por exemplo: "Em uma escala de 1 a 10, qual a probabilidade de você ir para outra empresa por um aumento de 10%?" e "Em uma escala de 1 a 10, como você avaliaria o desempenho do trabalho de seu supervisor direto?"

» **Observe a comunicação interpessoal.** Aprende-se muito simplesmente observando como um time se comunica. As palavras são dirigidas com respeito? As pessoas têm uma intenção positiva? Todos parecem se envolver nas reuniões? Preste muita atenção nas diferenças de opinião. Se os funcionários generalizam, xingam ou elevam o conflito à raiva com facilidade, esses comportamentos podem indicar uma inabilidade das pessoas de expressar suas frustrações de modo mais profissional.

» **Analise cuidadosamente a liderança.** A cultura empresarial flui de cima para baixo. Os padrões e prioridades estabelecidos pela liderança têm um impacto enorme na cultura geral da empresa. Se seu CEO se comporta como um babaca, é provável que você tenha uma cultura de medo nas mãos.

Depois de ter uma visão clara do que a cultura da sua empresa diz no presente, aja e garanta que a mensagem enviada aos funcionários seja a desejada. E não tenha medo de descobrir que sua cultura está em frangalhos. Abrir os olhos para o cenário "real" do seu ambiente de trabalho é empoderador. Não pense como se estivesse na pior, sempre há uma saída.

LEMBRE-SE

Culturas empresariais geralmente se enquadram em quatro categorias: indiferente, preocupada, exigente e integradora:

» **Indiferente:** Demonstra pouca preocupação em relação às pessoas ou ao desempenho.

» **Preocupada:** As pessoas são a maior prioridade e são muito bem cuidadas, enquanto as questões de desempenho podem ficar de lado.

» **Exigente:** Contrária à preocupada, esta cultura prioriza o desempenho a todo o resto.

» **Integradora:** Demonstra muita preocupação em relação às pessoas e ao desempenho. Esta é a cultura ideal, porque tanto os funcionários quanto o produto podem prosperar.

PESQUISE DO JEITO CERTO

Há muitos anos, uma empresa de tecnologia enviou uma pesquisa para toda a organização e declarou que as respostas permaneceriam anônimas. Os funcionários tinham liberdade para avaliar o sucesso da empresa em diversas áreas, além de poder expressar qualquer preocupação que tivessem. Muitas mulheres, em particular, foram brutalmente honestas e escreveram que sofreram assédio sexual — um problema comum em todos os ambientes de trabalho, mas especialmente predominante no mundo de tecnologia, dominado pelos homens.

A empresa enganou seus funcionários. O questionário não era anônimo. Os resultados foram enviados diretamente para a chefia. Um executivo de nível C assumiu para si a tarefa de entrevistar os homens citados como assediadores sexuais e informar às mulheres que expressaram essas preocupações de que havia investigado a questão e não encontrara nada de errado.

Que essa história sirva de aviso. Esse incidente foi uma total violação de confiança que nunca deve ser infligida à empresa. Se um questionário é anônimo, torne-o realmente anônimo, porque, depois que se perde a confiança, é quase impossível recuperá-la.

Integrando DevOps

No romance *O Projeto Fênix*, Gene Kim observa o seguinte:

Uma grande equipe não significa ter as pessoas mais inteligentes. O que tornava as equipes ótimas era que todos confiavam uns nos outros. Pode ser algo poderoso quando existe essa dinâmica mágica.

O DevOps, acima de tudo, é uma mudança cultural que ajuda os times de tecnologia a aprender livremente, compartilhar conhecimento e responsabilidades e obter sucesso. Lembrando que é permitido falhar, mas sempre *juntos*. Se há uma lição a ser aprendida com *DevOps Para Leigos*, quero que seja a lista dos valores essenciais ao movimento DevOps, como descritos na próxima seção.

Integrar esses valores em seu fluxo de trabalho diário e cultura geral da empresa resulta em impactos fenomenais na alegria e produtividade do time de tecnologia. As pessoas começam a confiar umas nas outras, e, por meio da confiança, a colaboração vira rotina. Só depois a inovação pode ocorrer.

Não importa como implemente o DevOps à cultura da sua empresa, mas é fundamental que você reconheça que a "cultura" é o fator central para qualquer transformação DevOps, que é uma revolução cultural que une os lados tradicionalmente opostos do desenvolvimento e das operações. Encoraje o trabalho dos times, a colaboração, a comunicação e — acima de tudo — a confiança nas pessoas com quem se trabalha.

Estabelecendo Valores DevOps

O DevOps está centrado em alguns valores essenciais. Nesta seção, destaco o que acho serem os sete valores mais importantes de DevOps. Alguns recursos contam menos; outros, mais. Estes são os valores que descrevo no decorrer desta seção:

» Encorajar o trabalho dos times.

» Quebrar as paredes e reduzir os silos entre as pessoas.

» Exercer o pensamento sistêmico.

» Aprender e celebrar os fracassos.

» Comunicar, colaborar e compartilhar conhecimento entre todas as áreas.

» Implementar junto aos times a cultura de reuniões de retrospectivas, celebrações, feedbacks individuais etc.

» Automatizar quando apropriado.

As descrições nas próximas seções servem como um panorama desses valores. Se houver dúvidas sobre algum deles, não se preocupe! Eles serão vistos mais profundamente no decorrer deste livro. Pense nisso como uma introdução ao coração do DevOps.

Encorajar o trabalho dos times

Capacite e incentive os membros de seu time para que tomem decisões de maneira mais independente, com base em seus conhecimentos. O ideal é que os times compartilhem responsabilidades para que todos sejam responsáveis em relação a comemorações e fracassos. A colaboração é um princípio central de DevOps, e também é a base da prática. Sem esse valor, seu time terá dificuldades em adotar o DevOps.

Os times devem confiar uns nos outros. Crie oportunidades para que seus funcionários e colegas se conheçam e façam conexões. Por exemplo, se sabe quando é o aniversário da filha de seu colega, você provavelmente tem um relacionamento saudável, o que evita as dificuldades com decisões de produtos e resolução de conflitos. A confiança é a base de todos os relacionamentos, inclusive em tecnologia.

Reduzir os silos

Compartilhe informações livremente entre colegas, times e com aqueles que têm diferentes habilidades. Você deve criar times multifuncionais e autônomos, nos quais os membros devem ter conjuntos de habilidades diferentes e complementares que, juntos, suportem uma única linha de produto ou serviço de software.

Você já deve ter ouvido falar da "Parede da Confusão", que existia tradicionalmente entre os times de desenvolvedores e de operação. Os gerentes costumavam agrupar desenvolvedores altamente especializados, que criavam novos recursos e, então, jogavam esse código para a operação implementar e dar suporte. Essa abordagem criou silos de conhecimento que limitavam a colaboração. Em vez de seguir essa tática, você deve garantir que as informações sejam compartilhadas livremente entre pessoas e todas as áreas. *Todo mundo* é responsável por criar e implementar um ótimo software. "Não é meu trabalho" é uma frase que nunca deve ser dita por qualquer pessoa de seu time.

PAPO DE ESPECIALISTA

Pense nos conjuntos de habilidades técnicas como se tivessem a forma de um T. Você está em busca de desenvolvedores que tenham profundo conhecimento de sua área em tecnologia. Talvez eles sejam desenvolvedores em Python ou em front-end especializados em React. Esse mesmo desenvolvedor deve ter um conhecimento superficial de áreas como testes automatizados, armazenamento de banco de dados, pipelines CI/CDs de implantação e infraestrutura de operações. Os times de operações nunca serão melhores codificadores, e o contrário também é verdadeiro. Esse não é o objetivo de DevOps. O ponto é remover barreiras e permitir que as informações e os conhecimentos sejam compartilhados livremente.

Exercer o pensamento sistêmico

Veja tudo o que seu time de tecnologia toca como parte de um todo maior. Essa visão holística fornece uma melhor compreensão de como o time funciona e onde pode melhorar. Em vez de ver o todo como um agrupamento de elementos individuais, pense no time como um ecossistema.

O corpo humano tem um sistema circulatório, um sistema digestório e muitas outras funções separadas, mas esses sistemas e essas funções trabalham juntos, e todas as partes são necessárias para a sobrevivência. O mesmo acontece com seu time de desenvolvimento. Sim, os membros do time têm áreas de foco diferentes, mas não são simplesmente a soma de suas partes. O time trabalha junto, como um organismo vivo.

Aprender e celebrar os fracassos

Falhar é inevitável. Acontece. E, no entanto, você provavelmente gasta muito tempo tentando evitar isso a todo custo. Mas o fracasso nem sempre é uma coisa ruim. Na verdade, pequenas falhas sugerem uma cultura que incentiva — tentar coisas novas e inovar. É impossível inovar e se mover rapidamente sem alguns tropeços pelo caminho. Sem erros, não há aprendizado.

Ao aprender com o fracasso, damos a volta na pressão social de evitar o fracasso. E cria nos times de tecnologia o mindset de crescimento e recuperação no seu loop de feedback. Falo mais sobre isso no Capítulo 13.

O segredo aqui é ver o fracasso como uma parte natural da vida, bem como do ciclo de vida do desenvolvimento. Assim, ao encarar um fracasso inesperado e potencialmente grande, você pode se recuperar rapidamente e continuar a inovar.

Comunicar, colaborar e compartilhar

Como já mencionando, o trabalho com os times de tecnologia é crucial em DevOps, e ele anda de mãos dadas com a comunicação. Ainda assim, a comunicação é algo que os times de tecnologia tendem a desvalorizar. Apesar da crença geral de que a comunicação é uma "soft skill", os melhores profissionais de tecnologia são aqueles que conseguem transmitir conceitos técnicos para os outros de forma clara.

Algumas pessoas parecem ser naturalmente boas em se comunicar, enquanto outras, não. Pode parecer que alguns nascem comunicadores e o restante está destinado a ter dificuldades. Mas a verdade é que a comunicação é uma habilidade que deve ser praticada continuamente.

A maioria dos times de tecnologia luta para se comunicar bem. Com frequência, os times se perdem ou a mensagem não é recebida como deveria. Por causa do impacto que essas dificuldades de comunicação podem ter sobre a produtividade, a qualidade e as entregas, essas chamadas "soft skills" são importantes e devem ser consideradas e priorizadas pelos times. Eu detesto o termo, porque considero as "soft skills" da comunicação, da construção de relacionamento, da gestão de projetos e da resolução de conflitos como os desafios mais difíceis que podemos assumir. Ainda assim, elas englobam uma necessidade de que os times de tecnologia se envolvam melhor uns com os outros, façam conexões e estabeleçam confiança.

DICA

A comunicação não ocorre somente em reuniões formais! Times de tecnologia sobrecarregados com reuniões intermináveis acabam rapidamente com o progresso da jornada DevOps até aquela altura. Em vez disso, vá até seus desenvolvedores. Onde eles preferem se encontrar? Quais métodos de comunicação preferem usar? Utilize ferramentas e técnicas de comunicação que se adaptem ao estilo preferido do time.

Aceitar feedbacks

O feedback é uma dádiva. Mas nem sempre parece. (Acredite, senti coisas negativas quando recebi feedback de meus editores sobre este livro.) No entanto, é ele quem possibilita o estudo e a melhoria realista do software.

Não se constrói software para exibir suas habilidades de programação. Na verdade, a grande maioria dos usuários nunca lê o código que você passa centenas de horas fazendo — mesmo em um projeto de código aberto. Seus usuários só se preocupam se seu produto realmente funciona. Eles conseguem verificar seus e-mails? Podem ver suas notas? Conseguem pagar os clientes? Podem comprar sapatos de você? O negócio varia, mas as expectativas dos clientes, não.

Ouvir seus clientes é a melhor maneira de identificar rapidamente quais áreas de sua aplicação precisam de melhoria. Se prestar atenção, poderá aprender muito com seus clientes. Eles dirão o que gostam, o que odeiam e o que querem de você. Ao seguir e satisfazer essas expectativas, você ganhará sua lealdade.

Automatizar quando apropriado

Você percebeu que o princípio mais técnico (ferramentas) é o último nesta lista de valores? Ao continuar a leitura deste livro, você perceberá que eu priorizo "cultura" sobre "ferramentas". Por quê? Porque a tecnologia é o aspecto menos complicado e menos crítico de uma transformação DevOps. Práticas técnicas melhoradas são resultado de uma transformação DevOps, não a jornada em si.

Assim, a automação vem em consequência da alta maturidade dos times de tecnologia em cultura DevOps. (Essa situação é verdadeira em partes, porque os vendedores têm produtos para vender, e vender ideias é difícil. Mas esse é

CAPÍTULO 2 **Projetando Sua Organização** 23

assunto para outro livro.) O processo de automação em DevOps nasceu para praticar os valores de DevOps. Com ela, desenvolvemos software melhor e com agilidade e confiabilidade. Construímos uma nova visão de infraestrutura escalável com performance e monitoramento de todas as aplicações. Eliminando todos os processos manuais, o trabalho é sobre entrega de soluções, inovações e prevenções.

A parte importante da automação é que ela só é empregada onde necessário, e apenas depois de compreendermos e resolvermos o problema manualmente. Automatizar um processo cheio de falhas só nos ajuda a fracassar ainda mais, abstrair a origem da falha — o que dificulta a resolução. A automação é a última etapa de um longo processo de implementação de um pipeline de mudanças culturais, mas é muito importante permitir o uso do DevOps com sistemas de software cada vez mais complexos.

Modelando a Cultura Empresarial

A estrutura organizacional tem um enorme papel na cultura de sua empresa. Antigamente, todas as empresas eram praticamente iguais, porque a maioria delas estava em algum tipo de manufatura. A indústria manufatureira exigia um certo tipo de configuração, que geralmente envolvia um tipo de chefe supervisionando um pequeno grupo de middle managers [gerentes intermediários] e o (típico) homem do chão de fábrica.

Então, uma nova economia de serviços surgiu, e novas estruturas organizacionais começaram a aparecer, com novos tipos de problemas. Infelizmente, este livro não fornece uma solução mágica para todos os desafios organizacionais. Eu lhe mostrarei uma variedade de soluções para os problemas que enfrenta e o ajudarei a escolher quais podem ser as melhores para você e sua organização. Se tentar uma e ela não funcionar bem, não se estresse. Pessoas são complicadas, e encontrar uma cultura que permita que todos prosperem pode levar algum tempo. Sua cultura empresarial evoluirá, e você lidará com tentativas e erros pelo caminho. A lista a seguir apresenta quatro tipos de estruturas nas quais a maioria das empresas se encaixa. Ao ler, considere qual é mais parecida com a sua empresa e com qual você preferiria trabalhar.

>> **Clã:** Pense nessa cultura empresarial como uma estrutura de pessoas parecida com uma família. Essa cultura é mais frequentemente encontrada em startups em estágio inicial. Os colegas são colaborativos e os gerentes (se existirem) são dedicados aos seus funcionários. O envolvimento é alto, mas, às vezes, um desejo por concordância e harmonia pode abafar opiniões contrárias, abrindo caminho para que surja uma igualdade de opiniões.

» **Meritocracia:** Nessa cultura, grandes ideias são priorizadas — quer venham de um CEO ou do próprio time de tecnologia. Esse princípio parece incrível no papel, mas a meritocracia não é apenas felicidade. As meritocracias não reconhecem o instinto humano natural em relação à hierarquia ao viés de autoridade (o que significa que a ideia de um executivo provavelmente será supervalorizada). Devido às estruturas de poder, tanto conscientes quanto inconscientes, nem todas as ideias são percebidas como iguais.

» **Holacracia:** Esse tipo de cultura é tão simples quanto a cultura da empresa. Os funcionários gerenciam seu trabalho de forma independente, com total autonomia, e a estrutura da empresa é completamente plana. Você não tem burocracia nem microgestão, porque não possui gerentes. Esse estilo de organização recebe críticas mistas. Muitas empresas prosperam nesse modelo. Outras preferem utilizá-lo nos primeiros meses e, na medida em que a empresa vai crescendo, adaptar e integrar uma hierarquia flexível que se adapte à cultura da empresa.

» **Hierarquia tradicional:** Muitas pessoas argumentam que a cultura hierárquica é ultrapassada. Ainda assim, a maior parte de nossas organizações reflete essa estrutura (às vezes com partes de outras estruturas misturadas). Geralmente, em uma hierarquia, a comunicação flui para baixo, dos gerentes para os times de tecnologia. Se os funcionários não foram fortalecidos pelos gerentes, esse fluxo descendente pode rapidamente fazer com que estes parem de inovar e sugerir novas ideias, porque o atrito encontrado simplesmente é alto demais.

Um novo tipo de estrutura está surgindo, pois algumas empresas mesclam uma holacracia plana com uma hierarquia tradicional. Nessa *platarquia* — geralmente vista em startups —, algumas camadas de gerenciamento são eliminadas para fornecer uma estrutura mais plana (horizontal), e espera-se que os funcionários comuniquem ideias na cadeia de comando e desafiem o fluxo de informações descendente, sejam proativos e inovadores.

Qual é o estilo atual de sua empresa? Você acha que é a melhor estrutura organizacional para começar sua transformação DevOps? Pense em quais vantagens pode ter com base em seus valores organizacionais e em como os funcionários se relacionam uns com os outros. Considere também suas desvantagens. Por exemplo, uma empresa com uma camada gerencial forte provavelmente precisará de comprometimento dos gerentes, porque os times de tecnologia geralmente aguardam seu julgamento. Uma holacracia ou uma estrutura mais plana, por outro lado, requer uma onda de animação dos times de tecnologia mais próximos do teclado.

DECLARAÇÕES DE VISÃO DE MARCAS FAMOSAS

O impacto global do software possibilita que empresas de tecnologia tenham algumas das visões mais ambiciosas do mundo. Aqui estão algumas visões inspiradoras de empresas conhecidas para orientá-lo em sua jornada de criação de uma cultura DevOps e para criar uma visão que unifique seu time:

- **Microsoft:** "Nossa missão é capacitar cada pessoa e cada organização no planeta para conseguir mais."
- **Google:** "Nossa missão é organizar as informações do mundo e torná-las globalmente acessíveis e úteis."
- **Amazon:** "Nossa visão é ser a empresa mais focada no cliente que existe no mundo; é dar aos clientes a chance de encontrar e descobrir qualquer coisa que queiram comprar online."
- **PayPal:** "Criar a solução de pagamento mais conveniente, segura e com o melhor custo-benefício da internet."
- **BBC:** "Enriquecer a vida das pessoas com programas e serviços que informem, eduquem e divirtam."
- **Whole Foods Market:** "Nosso maior propósito como organização é ajudar a dar suporte à saúde, ao bem-estar e à cura tanto das pessoas — clientes, membros do time e organizações empresariais em geral — quanto do planeta."

Evitando o pior da cultura tecnológica

A cultura tecnológica não se deu bem com a imprensa nos últimos anos. Vários escândalos em diversas grandes empresas tecnológicas as colocaram em um foco nada atraente.

A cultura da tecnologia é casual e centrada na inteligência. De fato, é tão casual, que, na população geral, os desenvolvedores são mais bem conhecidos por seus moletons com capuz e suas calças jeans do que por seus ótimos códigos.

A cultura tecnológica tradicional é conhecida por ser composta de profissionais que são homens, brancos e sobrecarregados. (Talvez um pouco ranzinzas também!) Mas a paisagem tecnológica está mudando, e o DevOps lidera o caminho em direção a uma cultura mais equilibrada e diversificada. As dicas a seguir podem ajudá-lo a evitar alguns dos piores escândalos tecnológicos dos últimos anos e a construir uma empresa conhecida por seus funcionários felizes e produtivos — sem falar de seu ótimo software:

26   PARTE 1 **Desmistificando o DevOps**

» **Exija diversidade.** A diversidade social — diferentes idades, raças, religiões, gêneros e orientações sexuais — é vital para produzir ótimos produtos e garantir um ambiente receptivo. Profissionais de tecnologia apaixonados por DevOps apreciam e encorajam a diversidade social, bem como a diversidade de experiência e habilidades, porque todas essas características aumentam o pensamento inovador e a resolução de problemas bem-sucedida. A diversidade social ajuda a garantir que seu software seja livre de vieses inconscientes. Essa diversidade é ainda mais crucial para empresas que trabalham com aprendizado de máquina (AM), inteligência artificial (IA) e big data.

» **Garanta que os funcionários vão para casa em um horário razoável.** É um gesto muito simples. Garanta que seus funcionários não trabalhem mais de 40 horas por semana. Sim, seu time de tecnologia sabe que, se o site cair, talvez não cheguem em casa para jantar. Mas essas situações devem ser raras e espaçadas. "Horas extras" e implementações são desnecessárias e um sintoma de desafios maiores dentro de sua organização. O trabalho do time de tecnologia é incrivelmente exigente, e intervalos são muito necessários para evitar a exaustão. Isso significa finais de semana tranquilos, noites livres de mensagens e e-mails e férias livres de computadores.

» **Forneça um bom plano de saúde e outros benefícios.** Você sabe o quanto um plano de saúde significa para seus funcionários e seus familiares. Muitos outros benefícios também ajudam a manter seu time de tecnologia sempre saudável e feliz. Times de tecnologia são desproporcionalmente afetados por ansiedade e depressão. Forneça oportunidades para que os funcionários melhorem sua saúde mental, como por meio de terapia, ioga, exercícios ou outras atividades. Dê a eles tempo (e, se puder, dinheiro) para realizar atividades que os mantenham saudáveis — física e mentalmente.

» **Encoraje o pensamento alternativo.** Criar um ambiente diversificado e inclusivo para trabalhar exige que todas as ideias e perspectivas sejam bem-vindas. Essa diversidade vai além da aparência das pessoas, vem de suas experiências, histórias e perspectivas. O DevOps enfatiza a resolução criativa de problemas, o que significa que você precisa abrir espaço para que as pessoas compartilhem ideias — mesmo se forem um pouco fora da caixa. Dessa forma, times de tecnologia com profissionais juniores às vezes podem contribuir com ideias mais valiosas do que os seniores, porque trazem uma perspectiva crua e muito diferente.

Criando sua visão

Você pode estar se perguntando qual é a diferença entre uma declaração de visão e de missão. Gosto de pensar na visão como a ideia central da missão. Ela estabelece os objetivos ambiciosos de sua organização. Uma visão é inspiradora e deve unificar pessoas em uma única ideia focada. Depois, a declaração de missão preenche as lacunas com uma estratégia e ideia mais detalhadas.

Sua visão é como você reúne um objetivo focado para sua cultura empresarial. É a visão mais ambiciosa de para onde você gostaria de ver sua empresa caminhando — para clientes, funcionários e acionistas. Ela deve refletir os princípios dos fundadores e evoluir com o crescimento da empresa.

Por fim, cultura é o que permite que o entusiasmo dos funcionários se desenvolva. Sua declaração de visão se concentrará em você e informará as decisões para você e todos que trabalham para a empresa. Considere-a como um farol chamando-o de volta aos princípios nos quais acredita nos momentos em que tiver de escolher entre algo certo e algo fácil.

Uma declaração de visão deve sempre incluir três componentes:

> » Quem você é.
> » O que você faz.
> » Para onde precisa ir.

Quanto mais focada for sua visão, mais alinhamento pode esperar ver em sua organização. Ter uma visão garante que sua empresa tomará decisões baseadas em objetivos de longo prazo, mesmo que custe uma vitória no curto prazo — e manter-se no caminho dos objetivos de longo prazo é crucial para qualquer negócio na área de tecnologia.

Se você não tiver uma declaração de visão ou achar que a existente não serve bem à sua organização, é hora de criar uma ou mudar a que tem! Sugiro que primeiro reúna seus executivos para discutir e debater qual eles acham que deveria ser o foco da empresa. Não tenha medo de um pouco de caos; aceite a bagunça do processo. Peça que cada acionista responda a cada um dos componentes da declaração de visão mencionados. Pergunte a eles: "Quem somos? O que fazemos? Para onde vamos?" Depois, compartilhem as respostas como um grupo. Você pode encontrar harmonia, ou pode descobrir que cada executivo tem uma ideia diferente (muito provavelmente focada em seu setor ou área de especialidade). Forme um amálgama de todas essas ideias. Depois que tiver um esboço, envolva toda a população da organização. O que as pessoas acham? Qual é a diferença entre as respostas do pessoal de vendas e as do time de tecnologia? Além de ajudar a formar uma visão, esse exercício destacará os desafios em sua organização e as áreas que mais precisam de alinhamento.

Idealmente, a visão deve ser integradora — priorizando pessoas na organização (e clientes fora da empresa), bem como a tecnologia e o produto em si. A excelência em ambas as áreas é essencial para formar uma visão equilibrada e focada, algo necessário antes de começar uma transformação DevOps.

28   PARTE 1 **Desmistificando o DevOps**

Incentivando Seus Valores

Valores são insignificantes se você não incentivar o comportamento que faz jus a eles. Pior ainda é incentivar comportamentos que vão contra a visão de sua organização. Então, sua principal prioridade depois de criar a visão é comunicá-la ao restante da organização — e não apenas *qual* é sua visão, mas *o porquê* dela. Comunicá-la é uma oportunidade perfeita para reunir todo o time e fazer com que todos se animem com a direção que a empresa está seguindo.

Sua segunda prioridade é garantir que o comportamento que quer ver em seu time seja recompensado. Sou fã do reforço positivo, porque o reforço negativo pode ser permanentemente prejudicial para a moral. O foco aqui está no que você pode fazer para incentivar seus valores, não em como arrastar seus funcionários para a sala do diretor quando tiverem problemas. Você quer os empregados focados na busca pela excelência, não simplesmente evitando certos comportamentos.

Avaliações

Dependendo de sua empresa, as avaliações podem ser um momento de feedback saudável e reflexão pessoal ou um período caótico e cheio de pânico destinado a instilar medo e pavor. É claro que o objetivo é ser o primeiro. (Se você não concordar com minha última frase, largue este livro. Não quero você me citando por aí.)

A categoria de avaliação de sua organização deve refletir a singularidade de sua empresa. Mas o encorajo a incluir, pelo menos, duas seções:

» **Impacto do Time:** Este conceito se refere ao maior impacto do time como um todo. Considere o impacto externo, como um aumento no número de usuários de um serviço ou aplicação, ou o lançamento de um novo recurso que aumentou a renda em 10% ao longo do ano. Considere também o impacto interno que conversa com os valores DevOps. Esse impacto inclui colaboração, trabalho em equipe e comunicação melhorados, silos reduzidos, e assim por diante. Alguns desses aspectos da avaliação são difíceis de medir empiricamente ou provar casualmente. E não tem problema. O segredo aqui é que o time obtenha uma nota como um todo, o que encoraja seus membros a avaliar seu desempenho e a melhorar seu impacto juntos.

» **Produtividade Individual:** A produtividade de um contribuidor individual é o resumo de suas atividades. Esse resumo pode incluir recursos desenvolvidos, bugs corrigidos, infraestruturas melhoradas, tempo ativo aumentado e mais. A produtividade de um desenvolvedor está fortemente ligada a seu papel dentro de um time maior.

SOUTHWEST AIRLINES: UMA EMPRESA COM VALORES FORTES

Sou leal à Southwest Airlines pelas mesmas razões que a maioria dos passageiros frequentes: é o jeito mais feliz de voar. (Na verdade, escrevi este box durante um voo!) Eu associo a Southwest a sorrisos e pessoas felizes. Costumava morrer de medo de avião, e os comissários de bordo sempre foram muito pacientes comigo. Eles me ofereciam água, me diziam várias vezes que tudo ficaria bem, eram generosos em minhas doses de vodka. A Southwest não tem os melhores benefícios para clientes fiéis, mas eu voo com eles porque me fazem sentir segura, bem cuidada e feliz. Quem não quer isso?

Esses valores não surgiram por acaso. Não é como se a Southwest apenas tivesse tido sorte de contratar comissários de bordo tão fabulosamente felizes. A empresa desenvolveu um conjunto de valores, construiu uma cultura acerca deles e os comunicou para seus funcionários. Essa é uma cultura empresarial forte.

Como você deve saber, trabalho com Relações com Desenvolvedores (DevRel, do inglês Developer Relations) para a Microsoft. O significado exato de DevRel varia de uma organização para a outra, mas geralmente engloba um grupo de desenvolvedores de software (ou especialistas de operações, SREs e outros) que fica entre o marketing e o time de tecnologia. Não é um papel do time de vendas, e nós do DevRel nunca somos incentivados pelas vendas. Ficamos acima do funil de vendas, ganhamos patrimônio de marca para a empresa para a qual trabalhamos dentro da comunidade e refletimos os desejos da comunidade de volta para o time de produto, garantindo que nossas aplicações e ferramentas estejam o mais próximas possível do que os clientes querem.

Como você deve imaginar, é extremamente difícil medir a eficácia de DevRel. Estabeleci essa avaliação dupla de impacto do time e produtividade individual e acho que também funciona muito bem para culturas DevOps. Muitos dos aspectos que amamos em DevOps e queremos encorajar em nossos times são muito difíceis de medir — especialmente ao avaliar indivíduos.

Recompensas

Você pode ficar tentado a encher de dinheiro funcionários com bom desempenho em sua nova cultura DevOps, e salários justos no mercado são um requerimento absoluto. Mas, muitas vezes, o dinheiro não é o melhor motivador. Sei que essa ideia parece pouco lógica. Todo mundo adora dinheiro, não é?

Bom, sim, até certo ponto. Em 2010, Timothy Judge e alguns colegas publicaram um artigo intitulado "The relationship between pay and job satisfaction: A meta-analysis of the literature"[O relacionamento entre o pagamento e a satisfação no emprego: uma metanálise da literatura, em tradução livre] (https://

www.sciencedirect.com/science/article/abs/pii/S000187911
0000722?via%3Dihub [conteúdo em inglês]). Os autores analisaram 120
anos de pesquisa de 92 estudos. Os resultados encontraram uma associação
bastante fraca entre o salário e a satisfação no trabalho. Você pode ler mais
sobre isso no artigo publicado por Tomas Chamorro-Premuzic, "Does Money
Really Affect Motivation? A Review of the Research" [O Dinheiro Realmente
Afeta a Motivação? Uma Revisão da Pesquisa, em tradução livre] (https://
hbr.org/2013/ 04/does-money-really-affect-motiv [conteúdo em
inglês]), que se aprofunda ainda mais na pesquisa.

Além disso, uma pesquisa da Gallup (https://news.gallup.com/poll/
150383/majority-american-workers-not-engaged-jobs.aspx [con-
teúdo em inglês]) descobriu que o salário não tem um impacto significativo no
envolvimento dos funcionários. Basicamente, é preciso garantir que seus salários sejam justos e (se você quiser reter os melhores talentos) na extremidade
média/alta do valor de mercado. Como o DevOps valoriza a diversidade, deve-se
analisar e garantir que os salários pagos aos funcionários de sua empresa estejam de acordo com o que é praticado no mercado, no seguimento de cada área de
atuação. E não deve haver diferenças de remuneração entre homens, mulheres e
pessoas não brancas. O mesmo trabalho deve receber o mesmo salário.

Se o salário ou os incentivos financeiros não forem recompensas suficientes,
sua melhor aposta é recompensar o desempenho acerca de DevOps e dos valores da empresa, e com muita criatividade. Veja a seguir algumas boas ideias.
Lembre-se: o seu time e demais profissionais da empresa adoram ser reconhecidos e se sentirem importantes e valorizados. Quanto mais destacamos seus
valores por meio de frequentes e pequenas recompensas, mais feliz e produtivo
seu time de tecnologia ficará no longo prazo.

» **Prêmios por ideias:** Dê aos times de desenvolvimento e operações a
oportunidade de propor novas ideias. A empresa ou o time poderá votar pela
melhor ideia e, se os executivos concordarem, dar uma pequena recompensa
à pessoa que fez a sugestão. Pode ser um vale-compras ou ingressos para um
jogo, cartão-presente no seu café favorito. Honestamente, ela nem precisa
ter um valor monetário. Já vi empresas recompensarem ideias com adesivos
cobiçados e peças de LEGO® que os times de tecnologia podem exibir em
seus computadores e em suas mesas.

» **Hack time:** Atenção! Os times de tecnologia adoram fazer isso — criar.
Você ganhará sua lealdade se der a eles tempo para trabalhar em projetos
secundários que os deixem animados. Quando o time realizar algo, dê a ele
uma ou duas semanas para trabalhar exclusivamente em algo que queira.
Pode ser um projeto de código aberto, uma ideia para alguma melhoria
no trabalho diário ou algo totalmente não relacionado ao trabalho. Se o
hackathon produzir algo útil para a empresa, é um bônus. O propósito é
dar a seu time de tecnologia tempo remunerado para trabalhar em projetos
que ama fazer.

CAPÍTULO 2 **Projetando Sua Organização**   31

» **Externas divertidas:** Às vezes o time precisa sair do escritório e se envolver em atividades diferentes para criar conexões e confiança. Não, essa não é a velha incursão em um circuito de cordas ou jogos motivacionais. Não tente projetar a confiança; ela não funciona assim. Dê ao seu time uma oportunidade de se conhecerem de uma forma mais informal. A atividade precisa ser inclusiva, para que todos possam participar, mas, além disso, vale tudo! Adoro boliche, porque pode ser engraçado e eu sou péssima. Mas vocês poderiam fazer voluntariado, aulas de dança, aulas de ioga ou uma viagem para as montanhas. A atividade em específico significa muito menos do que a oportunidade de se divertir juntos longe do escritório.

DICA

Externas inclusivas podem ser ótimas, mas exigem certa consideração. Garanta que você esteja fornecendo aos seus funcionários tudo de que precisarem para viajar. Basicamente, forneça a cada funcionário seu próprio quarto de hotel, transporte e alimentação. Depois de garantir o básico, considere as necessidades individuais. Pais solo podem precisar de ajuda financeira ou logística para encontrar uma creche. Mães que amamentam podem precisar que você pague para enviar leite materno para sua casa em embalagens herméticas. Alcoólicos sóbrios há pouco tempo podem precisar de ajuda para ficar longe do álcool. Funcionários com deficiência precisarão de ambientes acessíveis. Prestar atenção aos mínimos detalhes é o que ajudará a manter todos relaxados e se divertindo.

> **NESTE CAPÍTULO**
>
> » **Mergulhando na base da manufatura lean do DevOps**
>
> » **Removendo os sete tipos de desperdício**
>
> » **Chegando no mercado mais rápido que sua concorrência**

Capítulo **3**

Identificando o Desperdício

Depois de ter uma ideia clara de como será sua cultura DevOps, é hora de rever seus processos atuais e considerar melhorias futuras. O DevOps tem três focos: pessoas, processos e tecnologia. O processo é secundário para a cultura em uma transformação DevOps.

O processo é a área em que você verá a melhoria mais quantitativa na velocidade de entrega de software de sua organização. Mas este capítulo não foca a melhoria de seus processos. (As melhorias de processos de todas as fases do ciclo de vida de entrega de software são tratadas na Parte 2 deste livro.) Por ora, pense nos processos de desenvolvimento de software de seu time de maneira holística. Veja seu time como um ecossistema de pessoas implementando processos com tecnologia.

Desperdício é qualquer atividade que não impacte diretamente a experiência do cliente. Se uma atividade, ação ou processo não adicionar valor para seus clientes, é um desperdício. Para aumentar a velocidade de seu time com o DevOps, é preciso identificar e eliminar o desperdício.

Você ficaria chocado com a quantidade de desperdício que existe em seu processo de desenvolvimento. Na verdade, o Lean Enterprise Research Centre (LERC), da Cardiff University, no Reino Unido, descobriu que até 60% das atividades nas quais os times de tecnologia costumam se envolver rotineiramente são um desperdício e têm zero impacto no usuário final. Isso é... perturbador.

Compreender as diferentes categorias de desperdício ajuda a identificar os processos facilmente aprimorados em seu sistema. Pense nessa lista inicial como a tarefa mais fácil pela qual poderá ver vitórias rápidas em sua transformação DevOps. Quanto mais rápido puder aplicar os benefícios de DevOps, mais suave será sua transformação.

Neste capítulo, você descobrirá sete categorias de desperdício em sistemas complexos, aprenderá a coletar dados e a identificar gargalos e priorizará o cliente focando o impacto.

Mergulhando nos Sete Tipos de Desperdício

Creio que, de toda a energia que se despende no serviço, apenas a vigésima parte é aproveitada... não somente tudo se faz a pulso, como é raro que se dê atenção a um lavrador que subirá doze vezes uma escada balançante. Por anos e anos ele carregará água em baldes, em vez de meter na terra uns metros de cano. E quando se lhe depara um trabalho extraordinário, a sua única ideia é arranjar operários suplementares. Acha um gasto inútil empregar dinheiro em melhorias... São os vai e vens inúteis, os esforços desperdiçados que encarecem os produtos e reduzem os lucros.

— HENRY FORD, MINHA VIDA E MINHA OBRA (1922)

Muitos princípios DevOps são baseados na manufatura lean, um princípio que enfatiza a identificação e eliminação de desperdício para melhorar a velocidade da produção. A manufatura lean identifica sete tipos de desperdício. Eu os ordenei nesta seção do mais para o menos impactante. Ou seja, o primeiro tipo de desperdício listado provavelmente é a tarefa mais fácil e aquele que você deve abordar primeiro.

Processo desnecessário

O processo é um componente enorme do DevOps porque otimiza a atividade, o comportamento e as expectativas em todos os aspectos do negócio. Mas um processo pode se transformar em inimigo rapidamente. De quantas reuniões por semana seu time de tecnologia precisa participar? Suas reuniões diárias [daily standups] levam menos de dez minutos, ou o tempo longo faz com que seja necessário que todos se sentem? Outra causa traiçoeira do processo desnecessário ocorre quando os requerimentos de um produto não são esclarecidos no começo e o trabalho precisa ser refeito.

Espera

A inatividade em qualquer parte do ciclo de vida do desenvolvimento — desde o momento em que você planeja desenvolver um software até o tempo em que o implementa — é um desperdício. No entanto, em sua organização provavelmente existem muitos processos em espera. Os desenvolvedores aguardam o QA para que teste um novo código. Operações aguarda os desenvolvedores criarem produtos para implementação. Os desenvolvedores aguardam operações para provisionar novas máquinas. Enfim, todo mundo espera que todo mundo forneça informações em silos. Geralmente, o ato de esperar nas empresas é um processo comum e difícil de combater.

Movimento

Pense em movimento que não gera resultados. É a atividade desperdiçada por você e seu time. Na Site Reliability Engineering (SRE) [engenharia de confiabilidade de sites],esse trabalho é conhecido como labuta, penoso e desnecessário, aquele que ninguém quer fazer. Já que, se uma atividade não tem impacto sobre seus clientes, seu objetivo poderia ser apenas de levar uma "boa aparência". Esse trabalho/entrega também poderia ser o resultado de processos ineficientes. Esse "ter boa aparência" deve servir de incentivo. Os últimos pontos devem focar até onde a automação pode começar a acelerar a eficiência de seu time para reduzir processos desnecessários e automatizar o maior número de processos manuais existentes, o desperdício do movimento. Talvez você esteja pagando por infraestrutura ou ferramentas que nunca utilizará.

Custos dos defeitos

Defeitos são um dos tipos mais facilmente reconhecíveis de desperdício. Na manufatura automobilística, um tipo de desperdício pode ser o ferro velho. Em software, desperdícios de defeito incluem bugs e dívida técnica. Você também deve incluir tempo de inatividade de serviço nessa categoria. Sempre que um desenvolvedor precisa "corrigir" um trabalho concluído, estamos em um território do defeito. Eu não sou muito fã da abordagem "apenas planeje melhor", porque sempre haverá bugs desconhecidos e casos extremos. Sua habilidade de combater esse desperdício estará na capacidade do time de antecipar e provisionar a arquitetura para garantir um comportamento esperado e respostas a iterações rápidas. Garanta que a "zona de explosão" — isto é, os clientes e serviços impactados — seja pequena e que todos os desenvolvedores tenham habilidade de responder a esses bugs com facilidade. (Veja mais sobre responder a bugs no Capítulo 17.)

Superprodução

Na manufatura, a superprodução se refere a qualquer produto ou parte produzido em excesso que a empresa não possa usar ou que o cliente não esteja disposto a comprar. Em software, a superprodução aparece de duas formas: desperdício de código e produtos que não satisfazem as necessidades do mercado. Você precisa evitar que os desenvolvedores de software trabalhem na resolução de problemas que não existem ou na criação de soluções em excesso. Mas garanta também que os produtos produzidos e levados ao mercado sejam desejados pelos clientes que você tenta alcançar.

Transporte

O desperdício de transporte pode ocorrer sempre que um produto, uma pessoa ou uma ferramenta é movido de um local para outro. Mas, diferentemente da Toyota, por exemplo, você não precisa enviar carros de uma oficina de montagem para concessionárias do outro lado do país. Mas movimenta código entre servidores e repositórios. Também movimenta pessoas entre times, o que requer tempo para eles se ajustarem às novas rotinas desse novo time e começarem a realizar suas entregas.

Inventário

Muito provavelmente, o inventário é um desafio muito menor para você e sua empresa do que, digamos, para um fabricante de automóveis. Poucas empresas enviam software físico atualmente, e o inventário se tornou um problema menor. Ainda assim, pode-se ter inventário, e qualquer produto de valor que esteja esperando para ser vendido ou usado é um desperdício. Pense em algo simples, como cinco notebooks que estejam em uma sala em algum lugar do escritório porque houve uma rotatividade no time de tecnologia e se está esperando a contratação de novos funcionários. Também podemos evitar o conceito de inventário físico e considerar o código e a informação proprietária como inventários ao avaliar o desperdício na organização.

Entendendo o desperdício em DevOps

O desperdício vem de várias formas. Não existem dois iguais e sua abordagem para eliminá-los precisará se adaptar a novos desafios. De fato, depois de começar a lidar com o desperdício no ciclo de vida de entrega de software, você descobrirá que isso é como jogar "acerte a marmota": eliminar um pedaço como resultado de sua ação, atitudes e mudanças.

O DevOps usa várias de suas ideias principais da manufatura lean, uma filosofia de gerenciamento derivada do Sistema Toyota de Produção (veja mais informações no box "Princípios do Sistema Toyota de Produção"). A manufatura lean utiliza de três palavras japonesas separadas para descrever o desperdício:

- *Muda:* Desperdício
- *Muri:* Sobrecarga (excesso)
- *Mura:* Inconstância (variação ou flutuação)

Comece considerando como você abordaria *muri* versus *mura*. Onde enxerga esses três tipos de definição de desperdício em seus processos atuais? Você tem funcionários sobrecarregados ao ponto de estarem esgotados e estafados de tanto trabalho? Todos os seus times de tecnologia estão com uma carga de trabalho uniforme ou tem desempenhos extremamente altos e baixos? Como essas definições de desperdício se aplicam às três áreas de DevOps — ou seja, pessoas, processos e tecnologia?

LEMBRE-SE

Um ponto importante a ser lembrado ao lidar com o desperdício é melhorar a eficiência por meio da otimização e simplificação. Mas lembre-se também de que o desperdício quase nunca se origina de um local com más intenções. Na verdade, a maioria dos desperdícios existe por causa da inércia. O hábito é o pior inimigo da eficiência em uma organização de tecnologia. O pensamento "sempre fizemos assim" é o veneno que mata as novas ideias pela raiz. Faça o melhor que puder para eliminar essa frase da mente de todos em sua organização. Ao eliminar o desperdício, você melhorará a qualidade, reduzirá o tempo de desenvolvimento e diminuirá os custos.

Empresas de tecnologia de sucesso entendem os pontos de dificuldade de seus clientes e respondem a essas necessidades por meio de produtos bem projetados. Melhorar continuamente a qualidade é o que separa essas organizações de outras que se extinguem (ou se queimam). A entrega de software leva tempo, mas, se você puder reduzir seu prazo de lançamento, reduzirá os custos de criação e aumentará a probabilidade de capturar uma parcela maior do mercado. Alcançar os clientes o mais rápido possível fornece a oportunidade de feedback e de iteração.

Cada um dos desperdícios identificados na manufatura lean tem custos associados. Atacar cada um impactará significativamente o balanço de sua organização e possibilitará reduzir o total dos custos.

PRINCÍPIOS DO SISTEMA TOYOTA DE PRODUÇÃO

Originalmente chamado de "produção just-in-time", o Sistema Toyota de Produção (TPS) foi construído com base na filosofia de manufatura do fundador da Toyota, Sakichi Toyoda. A filosofia de negócios do TPS é anterior à manufatura lean e enfatiza a melhoria contínua e a eliminação de desperdício.

A abordagem de gestão do TPS é detalhada no livro *O Modelo Toyota* e divide o sistema em 14 princípios, que podem dar suporte à sua prática DevOps:

- Basear as decisões administrativas em uma filosofia de longo prazo, mesmo que em detrimento de metas financeiras de curto prazo.
- Criar um fluxo de processo contínuo para trazer os problemas à tona.
- Usar sistemas "puxados" para evitar a superprodução.
- Nivelar a carga de trabalho (*heijunka*).
- Construir uma cultura de parar e resolver problemas, para obter a qualidade desejada logo na primeira tentativa.
- Tarefas padronizadas são a base da melhoria contínua e da capacitação dos funcionários.
- Usar controle visual para que nenhum problema fique oculto.
- Usar somente tecnologia confiável e plenamente testada que atenda aos funcionários e processos.
- Desenvolver líderes que compreendam completamente o trabalho, vivam a filosofia e a ensinem aos outros.
- Desenvolver pessoas e equipes excepcionais que sigam a filosofia da empresa.
- Respeitar sua rede de parceiros e fornecedores, desafiando-os e ajudando--os a melhorar.
- Ver por si mesmo para compreender completamente a situação (*genchi genbutsu*)
- Tomar decisões lentamente por consenso, considerando completamente todas as opções; implementá-las com rapidez.
- Tornar-se uma organização de aprendizagem pela reflexão incansável (*hansei*) e pela melhoria contínua (*kaizen*).

Erradicando o Desperdício

Como lidar com a tarefa de identificar o desperdício, simplificar seus processos e reduzir os custos? Bem, você pode brincar de colocar o rabo no burro e simplesmente escolher uma área de desperdício na qual se concentrar. Ou (e esse é o caminho que eu recomendo) pode ser mais resoluto em observar o ciclo de vida de desenvolvimento do seu software holisticamente e identificar as áreas de maior impacto a serem atenuadas primeiro.

Fazer mudanças radicais e medir seu sucesso é impossível sem saber onde você começou, especialmente se precisar persuadir a adesão de executivos para sua transformação DevOps. Estes são os três tipos de ações a serem identificados em seus processos de desenvolvimento de software:

>> Ações desperdiçadas a serem eliminadas.

>> Ações perdidas necessárias no sistema atual.

>> Ações que agregam valor ao processo.

Observar será o melhor uso do seu tempo nesta fase. Comece com as pessoas. Por exemplo, as reuniões em que os times de desenvolvimento participam são de usos sábios do tempo ou de movimento sem *sentido*? Em seguida, observe o processo. Um líder precisa assinar as liberações antes que um desenvolvedor possa implantar o código na produção? Poderia ser um *processo desnecessário* e um "tempo" de *espera* desperdiçado? Por fim, observe suas ferramentas. Quantos bugs entram na produção? Quais são os seus *custos operacionais* e débitos técnicos?

Descobrindo gargalos

O gargalo é uma das formas mais traiçoeiras de desperdício. O termo *gargalo* se refere a um congestionamento ou bloqueio no decorrer de um processo. Assim como uma garrafa se afunila do gargalo, isso também pode ocorrer com os processos. Imagine um grande rio que seja capaz de permitir que uma dúzia de barcos navegue paralelamente. Se em algum ponto o rio se estreitar (como ilustrado na Figura 3-1), os barcos terão de navegar um de cada vez, criando um congestionamento (mostrado na Figura 3-2). Esse afunilamento desacelera (e, às vezes, para) a produção. Idealmente, identificamos os gargalos em nossos próprios processos e possibilitamos que os times de tecnologia utilizem DevOps para ampliar o rio, permitindo que mais trabalho flua ao mesmo tempo.

CAPÍTULO 3 **Identificando o Desperdício**   39

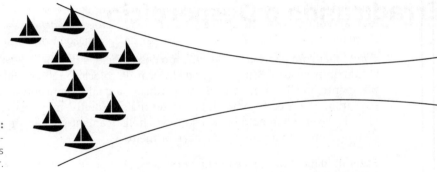

FIGURA 3-1: Um rio amplo prestes a se afunilar.

FIGURA 3-2: Um gargalo diminui o fluxo de modo significativo.

CANAL DO PANAMÁ: O MAIOR GARGALO DO MUNDO

O Canal do Panamá foi finalizado em 1914 e provavelmente é o canal mais importante do mundo. Aproximadamente 5% de todo o comércio passa por ele. Em média, 34 navios passam pelo canal todos os dias, e cada um deles requer 197 milhões de litros de água para isso. Os navios evoluíram bastante desde que o canal foi construído e, previsivelmente, ficaram muito maiores. Alguns anos atrás, o canal passou por uma grande reforma para dobrar sua capacidade e acomodar os enormes navios porta-contêineres de última geração. Antes da expansão, longas filas de navios esperavam para passar. Elas eram tão longas que o *Disney Magic*, um navio cruzeiro, pagou mais de US$300 mil só para furar a fila. Se a Autoridade do Canal do Panamá não tivesse lidado com esse gargalo, teria perdido para seus concorrentes, o Canal de Suez e as ferrovias norte-americanas.

Gargalos podem ocorrer em qualquer momento em um processo. Dois dos gargalos mais comuns que vejo aparecem em forma de processos de aprovação e tarefas manuais. Esses gargalos podem resultar de aprovação obrigatória de líderes antes de lançamentos ou dependência de processos de implementação manual feita por uma pessoa (que está ocupada ou ocasionalmente está de férias).

O congestionamento também pode ocorrer quando falhamos em lidar com preocupações no início do ciclo de vida de entrega de software. Se esperarmos até liberar o código em um ambiente de armazenamento temporário para confirmar que é seguro, provavelmente será necessário retroceder o código até a fase de desenvolvimento. Abordar questões de segurança na concepção e planejamento do projeto de desenvolvimento do software pode evitar o desperdício de tempo e recursos de tecnologia.

Depois de começar a procurar gargalos, você pode ficar assustado com a quantidade existente em seu sistema atual.

As empresas de tecnologia enfrentam duas formas de gargalos:

- » **De curto prazo:** Causados por um tropeço temporário. Por exemplo, quando seu desenvolvedor de nível sênior sai de férias.

- » **De longo prazo:** Resulta do atrito consistente e cumulativo no processo de produção, como uma máquina lenta que resulta em uma longa fila de inventário.

A causa de um gargalo geralmente se resume a uma (ou mais) destas três razões:

- » **Limites de capacidade:** A máquina ou ferramenta alcançou sua capacidade máxima. Ela precisa ser substituída ou melhorada, ou recursos adicionais precisam ser acrescentados ao sistema. Às vezes, um gargalo ocorre porque um time tem poucos desenvolvedores. Esse problema é particularmente visível quando os conjuntos de habilidades de um time estão desequilibrados, como quando um ou dois profissionais do time de operações estão dando suporte ao trabalho de dezenas de desenvolvedores.

- » **Uso ineficiente:** O recurso não é totalmente utilizado. Se o gargalo for causado por uma ferramenta ou máquina, pode ser um problema de ajuste ou uso da tecnologia errada. No caso dos humanos, você pode subutilizar o talento de alguém, colocando-o em um papel específico quando ele se destacará em outro lugar.

- » **Profissionais mal qualificados**: Desenvolvedores de software estão sob constante pressão para aprender a próxima grande tecnologia. Às vezes, corrigir um gargalo é uma questão simples de fornecer o treinamento e a educação continuada necessários. (Discuto a capacitação de desenvolvedores no Capítulo 15.)

Sempre que um gargalo ocorre — seja por causa do tempo de espera, de máquinas sobrecarregadas ou de humanos exaustos —, ele interrompe a produção. Ou seja, esse único gargalo desacelera toda a cadeia de produção e cria uma fila de unidades que precisam ser processadas. A situação não é muito divertida quando um monte de executivos está na sua cola.

Ao identificar seus gargalos, avalie o grau do impacto. Grandes gargalos devem ser abordados o quanto antes, enquanto os menores são menos preocupantes.

CUIDADO

A perfeição no fluxo de produção é impossível. Ao buscar a perfeição, você passará mais tempo tentando localizar cada gargalo, em vez de removendo o desperdício, causando os maiores problemas. Não se preocupe com cada detalhe. Foque o que tem maior impacto em seu processo de desenvolvimento.

Concentrando-se no impacto

Uma das melhores maneiras de reduzir o desperdício e eliminar os gargalos em seu ciclo de desenvolvimento é se concentrar no impacto, priorizando o trabalho que tem impacto direto em seus clientes. Se algo não importa para os usuários, não deve importar para você. (Ou pelo menos não deve importar tanto!)

Existem algumas opções para resolver um gargalo, como descritas nas próximas seções.

Aumente seu número de funcionários

Aumentar o número de funcionários em sua organização pode parecer uma solução fácil para uma situação de gargalo, e às vezes é exatamente aquilo de que você precisa. Os gargalos centrados nas pessoas deixados sem tratamento são como veneno para times. Seus funcionários se esgotam e o moral do time sofre. Adicionar novos colaboradores (e novas ideias) ao time pode dar uma nova vida aos seus processos de tecnologia. Aqui estão os prós e contras de aumentar o número de funcionários:

» **Prós:** A redundância humana ajuda significativamente a resposta ao aumento da demanda, bem como a gestão de época de férias de pessoal, doenças inesperadas e licenças familiares planejadas.

» **Contras:** Ter mais cozinheiros na cozinha pode aumentar a complexidade da comunicação, e é preciso tempo para que esses novos funcionários se adaptem. A contratação e o treinamento exigem tempo e dinheiro.

Elimine atividades desnecessárias

Se uma atividade não acrescenta valor, elimine-a. Garanto que seu time completa, todos os dias, tarefas quase totalmente desnecessárias. Esses trabalhos inúteis, em geral, derivam "do jeito que sempre fizemos" ou da falta de automação. No fim, você descobrirá que pode remover completamente a atividade do processo sem impacto algum. Veja algumas questões que surgem quando começamos a eliminar tarefas desnecessárias:

» **Prós:** Eliminar tarefas desnecessárias é um dos passos mais fáceis que se pode dar para reduzir o desperdício. Basta dar permissão ao seu time para que parem de realizar trabalho inútil. Se, no fim das contas, uma atividade for importante, é sempre possível acrescentá-la novamente.

» **Contras:** Garanta que o problema e a solução sejam compreendidos antes de automatizar uma solução. A solução errada pode criar um problema muito pior do que o desperdício que se tentou solucionar.

Forneça uma reserva

Torne seu time assíncrono. Ou seja, se um único ponto do seu ciclo de desenvolvimento exigir espera, coloque um "buffer" suficiente para que o time ou o desenvolvedor faça *alguma coisa* enquanto espera. Por exemplo, você deve ter um acúmulo de trabalho de desenvolvimento que precisa ser finalizado, mas não com urgência. Normalmente isso incluirá a um débito técnico — trabalho que foi despriorizado ou adiado para que prazos fossem cumpridos. (O débito técnico inclui trabalhos como refatorar uma função mal implementada, adicionar testes para garantir a funcionalidade e desempenho consistente e criar bibliotecas compartilhadas para eliminar a funcionalidade que gerou duplicidade de dados.) Outra opção para criar uma reserva do gargalo é encorajar os times de tecnologia a aprender novas habilidades ou experimentar novas tecnologias enquanto esperam. Veja algumas questões a serem consideradas ao fornecer trabalho para os times de tecnologia realizarem enquanto esperam:

» **Prós:** Se não puder remover o gargalo, uma reserva é uma boa solução para fazer com que todo o sistema de produção trabalhe junto. Você ainda deve tentar eliminar o gargalo em algum momento, mas a reserva o faz ganhar tempo.

» **Contras:** A troca de contexto pode acabar totalmente com a produtividade, e, embora uma solução rápida possa ser utilizada durante a espera, esse não é o momento de jogar problemas extremamente complicados para seus desenvolvedores. Certifique-se de dividir as tarefas extras em tarefas menores.

CAPÍTULO 3 **Identificando o Desperdício** 43

Por fim, o melhor modo de evitar gargalos é treinar seu time em cada aspecto do processo. Não, eu não espero que os desenvolvedores sejam especialistas em Kubernetes. Também não espero que o pessoal de operações produza recursos em Java toda semana. Mas o treinamento cruzado fornece um certo nível de adaptabilidade que possibilita que seu time de tecnologia encontre alternativas e reduzam o tempo de inatividade. Ele também reduz a confusão quando o trabalho é passado de um time para outro.

NESTE CAPÍTULO

» Entendendo a aversão humana à mudança

» Persuadindo seus colegas

» Conseguindo adesão executiva

» Respondendo à resistência

Capítulo 4

Persuadindo Colegas a Experimentar o DevOps

Quando estou viajando muito, conversando com meus times, eles costumam perguntar onde deveriam começar. "O DevOps parece ótimo", dizem, "mas qual é o primeiro passo?" ou "Meu chefe decidiu que devemos 'fazer o DevOps' e nos reorganizou em um time multidisciplinar, mas o que deveríamos estar fazendo?"

A jornada DevOps de cada um é diferente — única para você como indivíduo, para seu time e para sua empresa. Você escolherá (até certo ponto) quais aspectos do DevOps serão mais úteis e os aplicará ao seu time. Uma coisa é certa, no entanto: você não pode fazer sozinho. Sua transformação DevOps fracassará se tentar forçar o novo modo de pensar em seu time, sem que primeiro demonstre a eles a confiança necessária de que este novo cenário é confiável. É preciso persuadir a organização com relação a novas possibilidades.

Neste capítulo, mergulharemos nas razões de os humanos odiarem a mudança, trabalharemos o aperfeiçoamento da arte da persuasão para efetuar mudança, praticaremos a explicação do DevOps para a liderança e veremos como responder a mentes desconfiadas.

Temendo a Mudança

As pessoas não gostam de mudanças, e o motivo é baseado em nossos cérebros. Os hábitos são poderosos porque são eficientes. Seu cérebro pode pensar menos e ainda alcançar a mesma quantidade de produtividade, ele é extremamente proficiente no processamento de informações.

A psicologia oferece informações sobre por que as pessoas são tão resistem à mudança. A inércia é poderosa e a mudança é muito cara. As pessoas provavelmente permanecerão no caminho em que já estão, porque mudar exige bastante esforço. Manter o curso é muito mais fácil. Quando decide sair do seu ritmo atual, persistir exige uma quantidade extraordinária de energia cerebral. (Já observou que você sempre sente um pouco mais de fome quando aprende algo novo?)

Além do aspecto da inércia na resistência à mudança, outros dois aspectos principais fazem com que as pessoas a temam. Lembre-se disto ao prosseguir sua leitura:

» **Experiências passadas:** Cada pessoa de sua organização chega no trabalho com anos de história de sucessos, fracassos e medos. Algumas pessoas provavelmente viram mudanças feitas em seus antigos locais de trabalho se transformarem em fracasso. E o fracasso dói. Alguns de seus colegas podem ter perdido o emprego devido a um grande fracasso, e o medo de repetir tais experiências não desaparece rápido.

» **Incerteza:** Seu cérebro tem maior probabilidade de categorizar a incerteza como uma ameaça do que como uma oportunidade. Do ponto de vista evolucional, essa tendência era importante para manter os humanos vivos, e ela persiste, mesmo que a maioria de nós não seja perseguida por leões hoje em dia. Além do mais, a mudança não acontece normalmente da noite para o dia, o que força as pessoas a assumir uma abordagem de esperar para ver, embora o cérebro deseje o resultado imediato. Essa situação cria conflitos. Às vezes, o conflito é interno, quando alguém pesa seu medo do fracasso contra novas possibilidades de sucesso. Outras vezes, o conflito surge entre pessoas. Você pode se adaptar às mudanças mais rapidamente que seu colega, e essa diferença de tempo requerido para a transição pode introduzir um atrito pessoal.

Apesar do medo natural da mudança, a capacidade de mudar é crucial à sobrevivência de qualquer negócio. Há muitos exemplos de negócios cuja resistência interna à mudança selou seu destino. Citando apenas um exemplo: você se lembra da Blockbuster? (Minha família tinha a tradição de, às sextas-feiras à noite, entrar no carro e ir até a placa azul royal no fim da rua. Todos nos espalhávamos pela loja, escolhendo nosso filme favorito e, então, discutíamos para escolher um ou dois que seriam alugados.) Em seu auge, a Blockbuster teve quase 10 mil lojas. Em 2000, a Netflix ofereceu um acordo de US$50 milhões para que a Blockbuster a adquirisse. O CEO recusou; a empresa não estava interessada no "negócio de nicho". Você sabe como essa história acabou.

Os líderes da Blockbuster não eram idiotas — longe disso. Mas eles, e muitos outros, falharam em ver os sinais e prever corretamente para onde o mercado estava caminhando. Também falharam em se comunicar com os clientes e, por fim, em mudar seus negócios para atender aos desejos do mercado.

Persuadindo Pessoas à Sua Volta a Mudar para DevOps

A empatia é uma ferramenta poderosa, e mostrar verdadeira compreensão dos medos e dúvidas que as pessoas à sua volta experimentam podem ajudar no sucesso de sua transformação DevOps. Simplesmente reconhecer os medos em potencial de seus colegas pode ajudar muito a aliviar sua ansiedade e a persuadi-los a se animar com as novas possibilidades que o DevOps oferece.

Um modo de trabalhar com a resistência humana natural à mudança é, primeiro, compreendê-la e esperá-la (veja a seção anterior, "Temendo a Mudança") e, então, aprimorar suas habilidades de persuasão. Eu gosto de pensar na persuasão como uma mensagem feita sob medida. Ela apresenta uma ideia de forma que seu público consiga entender. Isso não significa que você precisa criar argumentos e apresentações separadas para cada pessoa que encontrar. Mas lembre-se dos quatro estilos mais comuns de liderança que as pessoas incorporam na resolução de problemas. Baseando esses estilos nos tipos de personalidade Myers-Briggs, podemos agrupar pessoas como visionárias, estrategistas, administradoras e conselheiras. (Obviamente, essas categorias simplificam as pessoas em excesso, mas possibilitam a garantia de que seus argumentos para o DevOps persuadam até mesmo a pessoa mais teimosa.) Não se esqueça dos quatro tipos de personalidade quando falar de DevOps para seus executivos, colegas, funcionários e acionistas. Cada um desses tipos de personalidade se relaciona melhor com as abordagens a seguir:

- **Esperança e imaginação para visionários:** Os pensadores são, mais do que tudo, intelectualmente curiosos. Querem ver os dados. Mas também querem ouvir sobre um mundo tecnológico que ainda não existe — um mundo que eles têm a oportunidade de construir. Como o DevOps melhorou os processos em outras empresas? Quais são as grandes vantagens? Depois de fornecer informações suficientes para superar sua hesitação inicial, você pode pensar neles como placas de petri mentais. Basta prepará-los, e eles prosseguirão inquisitivamente — aumentando seu argumento.

- **Um plano de alto nível para estrategistas:** Você não precisa entrar em detalhes para essas pessoas. Esses caras espertos são criativos resolvedores de problemas. Também correm riscos, o que facilita ainda mais persuadi-los. Eles acharão a mudança para DevOps animadora, e sua curiosidade natural os motivará a ficar do seu lado. Apenas garanta que terá espaço para que eles contribuam. Provavelmente vão querer saber como a transformação está progredindo e como podem ajudar a persuadir outras pessoas.

- **Direção detalhada para administradores:** As abelhas trabalhadoras mantêm a colmeia funcionando. Essas pessoas fazem seu trabalho de forma diligente e serão responsáveis por executar a estratégia estabelecida. São meticulosas, confiáveis e organizadas. Use o fato de o DevOps ser um modo incrivelmente prático para garantir que o sistema funcione tranquilamente, da determinação das exigências ao despacho do software.

- **Páthos centrado em pessoas para os do tipo conselheiro:** Páthos — emoção — será a ferramenta de persuasão mais eficaz para pessoas que tendem a cuidar dos outros. Elas colocam as pessoas em primeiro lugar, não importa o que aconteça. Entender como o DevOps ajuda a suavizar a comunicação, reduzir o atrito interpessoal e aumentar a colaboração aliviará os medos desse grupo.

Além de saber como abordar os diversos tipos de personalidade, outra coisa que ajuda é ter um sentido claro dos três principais grupos que precisam ser conquistados dentro de sua empresa para a filosofia DevOps: executivos, administradores e time de tecnologia. A Figura 4-1 representa esses três grupos. O formato de ampulheta no meio não sugere que os administradores da organização não são importantes para sua missão; bem pelo contrário, eles são cruciais para a adoção total. Mas podem ser o grupo mais difícil de persuadir, então sugiro que o aborde por último. (É o último grupo a sair da ampulheta, independentemente do lado para o qual ela é virada.)

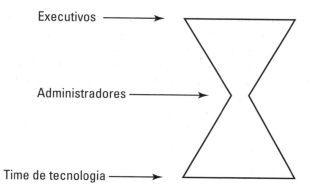

FIGURA 4-1: Persuadindo cada grupo de sua organização.

A razão para eu focar tanto os executivos e o time de tecnologia antes é que os administradores estão entre a cruz e a espada, sempre encarando escrutínio dos executivos e motins do time de tecnologia. Como resultado, são naturalmente tomadores de decisões conservadores. Estão confortáveis no status quo porque sabem que qualquer mudança reverberará neles e causará rixas em algum ponto da cadeia de comando. Se conseguir obter adesão dos executivos e apoio do time de tecnologia, os administradores não terão razão alguma para protestar. Finalmente, se o time de tecnologia propuser DevOps para seus administradores e esperarem que eles transmitam a mensagem para os executivos, a pureza e a paixão do argumento serão facilmente perdidas. O contato direto entre os times de tecnologia e os executivos evita a falta de comunicação e o atrito desnecessário introduzido por gerentes medrosos.

Para executivos e o time de tecnologia, temos a escolha de qual grupo abordar primeiro. Se a abordagem for eficaz, qualquer um fornecerá uma ótima onda de animação. Os executivos fornecerão influência e confirmação acerca de sua visão. Os times de tecnologia fornecerão uma quantidade enorme de pessoas que estão mais do que dispostas a explicar por que precisam de processos de desenvolvimento mais suaves para produzir softwares melhores mais rapidamente. Apenas tenha o cuidado de focar sua energia.

Conseguindo apoio executivo

Dos principais grupos de que precisamos de apoio com DevOps, o dos executivos pode ser o mais importante para a causa. Uma transformação DevOps é quase impossível sem sua adesão. Outros grupos podem subverter seus esforços e criar atrito silenciosamente, mas os executivos são o único grupo que pode acabar totalmente com o projeto — e em apenas algumas frases.

IDENTIFIQUE OS EVANGELISTAS DEVOPS

Um dos segredos para encaminhar um mindset DevOps em sua organização é identificar evangelistas. Você não pode transformar uma organização sozinho, e certamente não transformará uma cultura madura. É preciso que outras pessoas acreditem na missão em que está trabalhando e ajudem a espalhar e energizar a mensagem.

Além dos benefícios óbvios de criar empolgação e ganhar participação de seus colegas, a criação de um pequeno time de evangelistas protege você do desgaste. Liderar seu time para a terra prometida pelo DevOps é uma jornada e tanto. É longa, cansativa e cheia de obstáculos. Manter sua perseverança e paixão é fundamental para o sucesso. Cercar-se de pessoas igualmente motivadas para uma transformação de DevOps o motivará a continuar o caminho.

Evangelistas são pessoas cuja influência se espalha pelo resto do time. Eles agem como multiplicadores e, ao acender um evangelista, você ganhará o apoio de muitos, ao invés de apenas um. Localizar evangelistas em potencial em seu time é a melhor maneira de concentrar seu tempo no início do processo. Se enfrentar reações contrárias rapidamente, corre o risco de se queimar e desistir. Procure por evangelistas que sejam diferentes de você e que possam se comunicar bem com aqueles com quem você pode ter dificuldades para encontrar uma boa comunicação. Por exemplo, se é um desenvolvedor de front-end, procure um evangelista do lado das operações que possa falar sobre práticas de DevOps que você não conhece o suficiente.

No Capítulo 3, falo dos vários tipos de desperdício nos times de tecnologia e da identificação de gargalos no decorrer do processo. Essa informação é crucial para o apoio executivo para a transformação DevOps. Os executivos geralmente focam a visão, o panorama geral, mas eles também adoram dados. É possível conectá-los com seu entusiasmo e depois terminar de vendê-los com dados, análise e um plano. Como diz Brené Brown: "Talvez as histórias sejam apenas dados com uma alma."

Obter o apoio da liderança executiva é uma grande vitória. Sem isso, você será o "um nada". A liderança executiva oferece as principais vantagens que ajudarão o processo de transformação a ocorrer de maneira mais suave. Eles controlam os orçamentos e a contagem de líderes dos times (o número de pessoas alocadas a um projeto). Eles também podem emprestar soluções rápidas para conflitos. Além disso, se você conseguiu convencer um ou dois executivos de que DevOps é uma causa que vale a pena, eles o ajudarão a convencer, evangelizar os outros de dentro da sala da diretoria.

Você precisa de mais do que visão para convencer essas pessoas. Também precisa aproveitar seus sonhos para a empresa, bem como seus medos. Pense na pressão que seus executivos sofrem sob uma perspectiva pública. Seu CEO não pode ser o único a perder a empresa. Seu CTO não pode perder para seus concorrentes. Você pode reconhecer esses medos e usá-los para aproveitar a emoção dos executivos e conectá-los. Então pode fornecer a evidência de suporte.

Todos os anos, o DevOps Research and Assessment (DORA) lança o *State of DevOps Report* (`https://cloudplatformonline.com/2018-state-of-devops.html` [conteúdo em inglês]). Ele fornece dados diligentemente coletados e analisados da indústria tecnológica e também dados fortes para usar nos argumentos a favor de DevOps. De acordo com o relatório, organizações com desempenho de elite — empresas que implementam sob demanda e geralmente se recuperam de incidentes em menos de uma hora — superam significativamente as empresas com baixa adoção de DevOps.

Em 2018, as organizações DevOps de elite:

» Implementavam código com frequência 46 vezes maior.

» Tiveram um lead time 2.555 vezes mais rápido do pedido à implementação na produção.

» Se recuperaram de incidentes 2.604 vezes mais rápido.

Criando ondas nos times de tecnologia

Gosto da palavra "*onda*" porque ela incorpora as imagens a serem pensadas ao defender o DevOps em sua organização. Uma *onda* é uma série de ondas fortemente agrupadas — adoradas pelos surfistas — que duram mais de 15 segundos e são causadas por uma tempestade de quilômetros de distância.

Imagine-se sentado em uma praia calma e, em seguida, vendo um lento impulso na água, eventualmente correndo em direção à costa. É imparável. Esse é o poder que seu time de tecnologia lhe dará se ele adotar sua visão do DevOps e transformar sua cultura, filosofia e abordagem. Eu uso três táticas quando abordo times de tecnologia (às vezes duvidosos) sobre uma transformação do DevOps:

» **Faça perguntas.** Quais são as dificuldades que o time de tecnologia enfrenta atualmente? Descubra quais são os problemas e argumente sobre como o DevOps pode ajudar. Se eles já estão se saindo bem com gerenciamento de código, lançamentos e implantações de produção, falar sobre integração e entrega contínuas não fornecerá a tração necessária. Em vez disso, fale sobre como é chato para os desenvolvedores passar por uma pessoa de operações para obter certos registros, arquivos e dados de desempenho do aplicativo. Ou quão frustrante é o fato de algumas operações estarem disponíveis e os desenvolvedores não contribuírem para manter os aplicativos e serviços que eles constroem. (Consulte o Capítulo 19 para saber como esses problemas são tratados ou nem ocorrem em um sistema DevOps.)

» **Ofereça sugestões concretas.** O time de tecnologia gosta de evidência. Eles também gostam de ver que você pensou em como resolver problemas antes de falar. Se recorrer ao time de tecnologia com muitas ideias importantes e nenhuma estratégia de execução, a conversa pode não ser do jeito que espera. Pense bem em quais desafios abordar primeiro. Se você identificou desperdício em seu processo de desenvolvimento (explicado no Capítulo 3), terá uma boa ideia de onde estão os primeiros ajustes a serem feitos. Se não reservou um tempo para observar os gargalos em potencial, faça uma estimativa e planeje algumas abordagens DevOps para melhorar a situação atual.

» **Encoraje a experimentação.** Incentive seu time de tecnologia a experimentar. A melhor parte de persuadir sua empresa a adotar o DevOps é que você nem sempre precisa fazer isso com palavras. Em vez disso, pode simplesmente começar a praticar a filosofia e a abordagem. Permitir que o time experimente pequenos projetos lhes possibilita experimentar a diferença visível em primeira mão. Às vezes, é melhor pedir diferença visível em primeira mão. Às vezes, é melhor pedir perdão em vez de pedir permissão. Faça. Mantenha tudo bem simples e não se esqueça de se gabar de quão incrível foi sua pequena experiência.

Lidando com os gerentes intermediários

Os gerentes intermediários geralmente formam o grupo de pessoas mais difícil de convencer de que o DevOps é uma abordagem inteligente para o desenvolvimento de software. Eles foram promovidos ao cargo atual por causa do trabalho anterior, então fazê-los se interessar por uma mudança de direção do caminho que os levou ao sucesso pode ser complicado.

A Kodak é um ótimo exemplo desse desafio. Antes de se tornar um dinossauro, ela era uma empresa muito criativa. Adotava consistentemente novas tecnologias com rapidez, incluindo as de fotografia digital. Mas parte do problema da Kodak foi que seus avanços eram muito esparsos pelo mercado. As pessoas — até mesmo os funcionários — simplesmente não conseguiam ver sua criatividade, porque as pequenas, porém impressionantes, inovações estavam ocultas em uma grande rede de produtos. A empresa não tinha foco nem estratégia organizada.

Quando George Fisher se tornou CEO da Kodak, ele mudou tudo para uma única divisão cujo propósito era lançar novos produtos. Internamente, ele enfrentou resistência por sua estratégia "agressiva". A gerência intermediária nunca a aceitou. Basicamente, não entendiam que a indústria estava mudando e que a empresa estava perdendo sua fatia de mercado com muita rapidez. A situação era urgente e precisava de ação rápida para ser atenuada. Ainda assim, os gerentes intermediários se sentiram ameaçados pelas mudanças e sua resistência foi um dos últimos pregos no caixão da Kodak.

A gerência intermediária é importante. Muito! São indivíduos que passarão a visão dos executivos para os times de tecnologia que estão mais próximos do teclado. Também são os intermediários que ajudam os executivos a entender o que é possível e o que não é de uma perspectiva do time de tecnologia, então é importante ter sua aceitação. Ainda assim, sugiro que esse seja o último grupo a ser persuadido. O processo de convencê-los será muito mais tranquilo se pudermos tirar proveito da pressão dos colegas de outros grupos. Anime os executivos e os times de tecnologia com a potencial resolução de problemas que o DevOps pode trazer para sua organização e *então* consiga a atenção dos gerentes. Depois que todo mundo já tiver comprado a ideia, será uma venda fácil.

Persuadindo os teimosos

E como persuadir os executivos, times de tecnologia e gerentes que permaneceram teimosamente resistentes? Uma vez li sobre uma abordagem de vendas que envolvia identificar duas pessoas em qualquer sala que você entrasse. Uma delas é sua defensora — a pessoa que torcerá por você, falará por você e protegerá seu ponto de vista nas reuniões às quais não for convidado. A outra é a que menos se impressiona com você. Esta pessoa argumentará calmamente contra suas sugestões.

Eu tento aplicar essa técnica e, embora nem sempre acerte, é um exercício interessante. É provável que alguns de seus colegas fiquem imediatamente do seu lado. Eles pensarão: "Nossa! Menos reuniões ineficazes e implementações estressantes, menos tempo inativo, mais cooperação e desenvolvimento mais rápido? Onde é que eu assino?"

Outros, no entanto, serão muito mais lentos para chegar em sua linha de raciocínio. Farão corpo mole e darão sugestões alternativas. Eles se perguntarão qual é a diferença de sua sugestão para os milhares de abordagens que viram a empresa adotar antes — abordagens que falharam miseravelmente ou não produziram grandes melhorias.

Veja a situação do ponto de vista deles. Qual é o objetivo de se esforçar tanto para resultados mínimos? Da perspectiva deles, a empresa pode muito bem continuar na direção em que está, fazendo as coisas como sempre fez. Afinal de contas, a situação não é *tão* ruim. Ela implementa um software bom. Claro que tem bugs, mas não é o mesmo com todo mundo? Os clientes estão felizes, em sua maioria. Qual é o incentivo para mudar?

Bem, você pode fornecer a eles todos os fatos que aprender depois de terminar este livro.

Ou pode escolher não fazer isso. Sério, em algum momento você terá que decidir abandonar seus esforços de persuasão e apenas começar a implementar as mudanças, adotar novas práticas e automatizar tarefas manuais. Em que altura esse ponto realmente fica dependerá de você e de sua empresa. Mas é provável

CAPÍTULO 4 **Persuadindo Colegas a Experimentar o DevOps** 53 que você saiba quando suas ideias ganharam suporte suficiente a ponto de ser impossível que a maré vire, como depois de convencer 70% ou 80% dos principais influenciadores em sua empresa. Mas você saberá. Não há como fazer com que todos se animem com essas ideias, e isso não tem nada a ver com sua apresentação ou os méritos do DevOps. Algumas pessoas estão simplesmente presas às próprias abordagens e nenhuma onda ou dado mudará isso.

Entendendo a Curva de Adoção

Os sociólogos usam curvas de adoção para modelar como as pessoas adotam inovações. Embora elas tenham sido adaptadas para muitas indústrias e propósitos ao longo dos anos, os grupos de adotantes foram agrupados primeiro pelos pesquisadores agrícolas George M. Beal e Jow M. Bohlen em seu artigo de 1957 chamado *The Diffusion Process* ["O Processo de Difusão", em tradução livre] sobre como práticas inovadoras de agricultura foram adotadas.

A curva original agrupava pessoas em cinco grupos: inovadoras, adotantes iniciais, maioria inicial, maioria, não adotantes. Os nomes originais deveriam associar os grupos à adoção geral pela população integral. Por exemplo, "maioria inicial" se refere ao grupo no limiar logo antes da maioria da população ter adotado a inovação.

Depois do trabalho de Beal e Bohlen, Geoffrey Moore popularizou a curva de adoção para tecnologia em seu livro *Crossing the Chasm* ["Atravessando o Abismo", em tradução livre]. Os números na parte inferior da Figura 4-2 se referem à porcentagem da população. Os lançadores de moda e os adotantes iniciais representam cerca de 30% da adoção total, enquanto o grupo de adotantes maioria tardia representa quase 80% da adoção.

Na Figura 4-2, desenhei a curva de adoção para DevOps para mostrar como você pode esperar que seus colegas comecem a gostar da ideia à medida que os convence. Os primeiros inovadores, os lançadores de moda, e pioneiros em sua organização mergulharão de cabeça no DevOps sem se preocupar com nada. Outros os seguirão logo depois. Mais tarde, depois de criar um impulso nessa transformação DevOps, você verá a maioria inicial e a tardia ingressarem nesse incrível "clube". Nesse ponto, você poderá se sentir confiante de que o DevOps foi incorporado, cativou e adotou os times de sua organização, independentemente dos ranzinzas adotarem a ideia ou não.

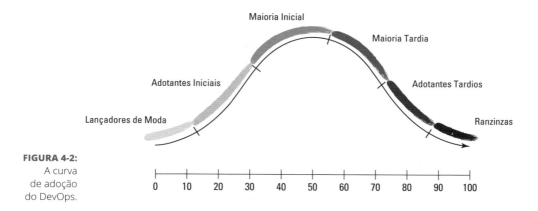

FIGURA 4-2: A curva de adoção do DevOps.

Pressionando a mudança

A Gartner, uma empresa de pesquisa tecnológica, criou a apresentação gráfica do que chama de *ciclo do hype*, representando os estágios da maturidade e da adoção de tecnologias específicas.

Você pode ver uma versão desse ciclo do hype da Gartner na Figura 4-3. Embora ele seja geralmente usado para descrever a percepção do público em relação a uma tecnologia, acredito que também se aplique ao que podemos sentir durante os primeiros meses de introdução e implementação de DevOps. O ciclo tem cinco fases principais:

» **Gatilho de Inovação:** O projeto é iniciado. Nenhuma grande mudança foi feita e ainda não existe feedback.

» **Pico de Expectativas Infladas:** Você começa a falar com algumas pessoas e gera certa animação. Todos parecem adorar o impacto que o DevOps pode ter no time, e se você espera uma transformação cultural relativamente sem atrito.

» **Fosso de Desilusão:** A curiosidade e a animação começam a diminuir. A realidade das complicações da implementação e as falhas começam a pesar, e você recebe mais resistência dos executivos do que esperava.

» **Rampa de Entendimento:** As realidades e dificuldades de transformar sua organização em uma cultura DevOps começam a se nivelar, e o time começa a ter uma visão mais clara do que precisa ser feito. Você recebe feedbacks excelentes e sabe como fazer o time trabalhar junto para iterar e melhorar.

» **Platô de Produtividade:** A produção e a emoção se nivelam em um estado estável de melhoria contínua. Você está no caminho certo e consegue ver mudanças pequenas, mas importantes, ocorrendo.

FIGURA 4-3: Minha versão do ciclo de hype da Gartner, aplicado às fases iniciais da adoção de DevOps.

TRANSMITINDO A MENSAGEM

O aspecto "pessoas" é a parte mais importante do DevOps. E sim, se você é técnico, a ênfase nas habilidades de persuasão/comportamentais pode parecer mais ou menos desenvolvida. Você não é um exagerado em se sentir assim. Na minha experiência em trabalhar em muitas organizações, muitos desenvolvedores têm essa reação ao começar a mergulhar no DevOps.

Mas meu trabalho com este livro é fornecer as ferramentas necessárias para ter sucesso em transformar sua organização em uma que segue os princípios DevOps, e a persuasão é uma das maiores ferramentas nesse arsenal. DevOps é uma filosofia enorme e abrangente que, como o Ágil, pode ser aplicada de milhares de maneiras. A aplicação e implementação de DevOps é muito menos importante que os resultados. Estes dependem amplamente de seus clientes, sua cultura atual e sua indústria. Seu trabalho é entender todos os aspectos de DevOps, escolher as partes que funcionam bem para você e deixar o resto de lado. Suas escolhas não precisam ser permanentes. Nada é. Mas elas possibilitarão que você se concentre nas partes de DevOps que provavelmente darão os melhores resultados.

Ao falar com qualquer pessoa de sua empresa sobre DevOps, lembre-se de que boa parte da filosofia trata da colaboração. Não é uma abordagem única. Também não existem obrigações ou exigências. Então esteja aberto a sugestões e permita a flexibilidade em sua abordagem, assim ficará espantado com quanto consenso poderá criar sem esforço algum.

Na gestão de parques e planejamento de transporte, os caminhos naturais formados pela erosão provenientes de animais ou pessoas caminhando pelo mesmo pedaço de solo repetidamente são chamados de "linhas de desejo de deslocamento". Eles se formam de forma natural nos caminhos mais eficazes.

A comunicação tende a seguir padrões similares. É difícil prever quem se unirá mais com os outros em um time e quem se comunicará com mais facilidade. Esse conhecimento vem com o tempo por meio da observação. Sim, algumas pessoas parecem ser comunicadoras natas, mas a comunicação eficaz também pode ser aprendida — por qualquer pessoa com a prática.

Se a persuasão não é seu talento natural, não se preocupe. Lembre-se de identificar os evangelistas (veja o box "Identifique os Evangelistas DevOps", anteriormente neste capítulo) e saiba que liderar um time em uma transformação DevOps não requer propensão natural à persuasão ou habilidades de oratória. A maioria das conversas que você terá na primeira parte dessa transformação será com uma ou duas pessoas. É improvável que faça apresentações para públicos grandes. Mas deve saber duas coisas antes de abordar um colega em relação ao DevOps:

- **Prepare-se:** Saiba com quem você está falando e faça o melhor para ante-ver suas preocupações ou perguntas. Assim, estará preparado para qual-quer coisa que surja. Se algo inesperado acontecer, simplesmente diga: "Essa é uma ótima pergunta. Deixe-me fazer algumas pesquisas antes e então poderei responder."

- **Pratique:** Saiba o que você quer dizer, como quer falar e — o mais impor-tante — no que quer que seu público pense ao sair dali. Escreva o que pretende dizer. Palavra por palavra, em tópicos ou da forma que melhor funcionar para você. Pode parecer bobo, mas fique de pé em frente a um espelho e se imagine falando com um de seus colegas ou com um execu-tivo. A prática o ajuda a se sentir mais confiante antes de pedir que as pes-soas adotem uma nova filosofia de desenvolvimento.

Espere um surto de animação no começo de sua missão. Se conseguir passar do fosso de conversas nada animadas (e em geral confusas) sobre o que exata-mente é necessário, você começará a ver o progresso que deseja. A essa altura, já terá a adesão dos executivos, a onda do time de tecnologia e a adoção pela gerência necessária para que seu processo de transformação DevOps entre em um estado de estabilidade.

Não desista. Sentir-se frustrado é natural. Você pode até pensar em desistir, o que também é normal. Seguir o fluxo e permitir que a inércia determine seu futuro seria muito mais fácil. Mas tornar seu trabalho impressionante é o seu objetivo, e eu acredito na sua capacidade de transformar sua organização de maneira significativa para você, seus colegas e seus clientes.

Respondendo à resistência

A resistência será uma parte natural do desafio de transformar a cultura da sua organização em um ambiente que vive, respira e pratica a cultura DevOps. Às vezes, a reação é silenciosa; outras vezes, soa muito alto. Não importa como a reação ocorra, esteja certo de que as pessoas irão se opor à ideia do DevOps de várias áreas e grupos da empresa: vendas, marketing, tecnologia, partes interessadas nos negócios — você pode até escolher. Os motivos são diversos. Algumas pessoas terão preocupações válidas; outras razões serão absolutamente bizarras. A maioria estará enraizada no medo.

Passando pelo abismo

Anteriormente nesta seção, apresentei uma curva de adoção (veja a Figura 4-2). Geoffrey Moore a popularizou e destacou a porção mais vulnerável do ciclo de vida da adoção de inovação em *Crossing the Chasm*. O abismo é uma porção da curva de adoção entre os adotantes iniciais e a maioria inicial. É onde você experienciará um momento crítico de adoção assim que alcançar o fosso de desilusão no ciclo de hype (veja a Figura 4-3). Lidar com esse abismo, representado na Figura 4-4, talvez seja a parte mais desafiadora da adoção de DevOps. Nesse ponto, você experimentará ou um apoio executivo total ou uma onda de animação em tecnologia, mas ainda não terá atingido a adoção majoritária.

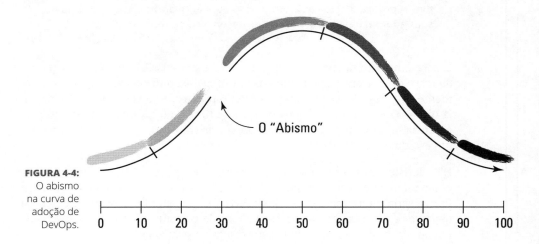

FIGURA 4-4:
O abismo na curva de adoção de DevOps.

Os adotantes iniciais gostam de ser os primeiros, e, por causa dessa vantagem adicional, eles não se preocupam muito com os detalhes. Por outro lado, o pessoal da maioria inicial quer ter certeza de que o DevOps realmente funciona. Eles podem precisar de provas adicionais. Se você ficar preso nesse abismo, recomendo que pegue seu pequeno bando de inovadores e adotantes iniciais e comece a praticar DevOps. Encoraje os times de tecnologia a experimentar com as possibilidades. Mostre a eles o quanto o DevOps pode melhorar a produtividade e a colaboração. Acima de tudo, não desanime. Use as informações deste livro. A Parte 2 observa um ciclo de vida inteiro de entrega de software para equipá-lo com tudo o que precisa saber para injetar o DevOps no decorrer de cada estágio de desenvolvimento de software. Na Parte 3, você verá como conectar o circuito e transformar esse padrão linear em um ciclo de melhoria contínua focado no cliente. No caminho, você descobrirá tudo o que precisa para passar da fase de persuasão para a de implementação de uma transformação DevOps.

Perguntando "Por quê?"

Você já deve ter ouvido falar de uma técnica conhecida como os 5 Porquês, um exercício para descobrir a causa principal de um problema. Esse exercício foi desenvolvido pela — surpresa! — Toyota. É geralmente visto em kaizen, manufatura lean e Seis Sigma — abordagens de gestão de projetos. Embora o conceito de "causa principal" seja uma abordagem antiquada às revisões pós--incidente (veja o Capítulo 18), a técnica dos 5 Porquês ainda é um modo útil de pensar nos problemas.

Para um exemplo do uso dessa técnica, imagine que alguém expresse dúvidas sobre o DevOps. Aqui estão algumas perguntas a se fazer, seguidas pelas respostas possíveis (não é preciso ficar restrito a apenas cinco):

» **Por que você está hesitante em adotar DevOps?** Porque vi a metodologia Ágil fracassar. Qual é a diferença?

» **Por que o Ágil fracassou?** Porque passamos pelas fases, mas nunca realmente abraçamos a abordagem Ágil para o desenvolvimento de software.

» **Por que seu time teve dificuldades em usar o Ágil?** Porque as vendas e o marketing determinaram o cronograma de lançamento e nós não tínhamos ideia do feedback dos clientes.

» **Por que você não conseguiu falar com os outros departamentos ou com os clientes?** Os product owners agiram como guardiões e todos ficaram em silos.

» **Por que não podemos aprender com esse fracasso e convidar o pessoal de vendas e marketing para nossas reuniões com o time**? Isso pode ajudá-los a entender os desafios do time de tecnologia.

» **Por que não usamos feature flags para garantir que os produtos sejam lançados em cadência regular pela engenharia de vendas, mas que possa ser adotada para entrega contínua?** Isso talvez realmente funcione. (Veja mais informações sobre entrega contínua e feature flags no Capítulo 11.)

CAPÍTULO 4 **Persuadindo Colegas a Experimentar o DevOps** 59

Os problemas raramente se apresentam de forma óbvia. Alguém pode parecer hesitante, mas está realmente preocupado em perder o emprego para a automatização. Ou pode não querer gastar energia com algo apenas para que o gerente diga "não". Investigar os medos subjacentes que suportam sua oposição lhe mostra como melhor abordar as preocupações e unificar o seu time.

Se você se deparar com alguém veementemente contra o DevOps — seja subvertendo seus esforços, seja desafiando-o abertamente —, não leve essas reações ou desafios para o lado pessoal. Eles provavelmente são impulsionados pelo medo: do desconhecido, do fracasso, do sucesso, de se tornar irrelevante. Mostrar empatia pelo medo dessa pessoa e tentar descobrir gentilmente a raiz dele pode persuadir o mais cético dos profissionais de seu time.

NESTE CAPÍTULO

» Medindo seu progresso

» Quantificando DevOps

» Criando casos de estudos de DevOps

Capítulo 5

Considerando Sua Organização

Ao considerar como fazer melhorias em sua organização, você pode facilmente se sentir sobrecarregado ou, depois de decidir um plano, pode querer fazer tudo de uma só vez. É como estabelecer uma meta de Ano Novo para perder 7kg: você fica tentado a cortar calorias drasticamente e ir para a academia todos os dias. Embora essa abordagem pareça ideal, provavelmente será insustentável. Para a maioria das pessoas, é mudança demais, rápido demais. As transformações DevOps funcionam do mesmo jeito. É preciso potencializar pequenas vitórias e criar impulso.

Neste capítulo, sugiro formas de obter uma ideia base de onde você está começando e acompanhar seu progresso no decorrer da implementação de DevOps. Você também descobre perguntas específicas para questionários de funcionários e entende a diferença entre casos de estudo quantitativos e qualitativos.

Medindo Seu Progresso

Existe um meme famoso que roda pela internet sobre a diferença entre o que você acha que é o sucesso e como ele realmente é na prática. Na Figura 5-1, está a minha versão desse meme. Sua transformação DevOps não será uma linha reta para o sucesso. Você terá vitórias, contratempos e dores de cabeça. Em alguns momentos, vai querer jogar seu computador pela janela. (Mas você é um desenvolvedor, então está acostumado com isso.) Apenas siga em frente.

FIGURA 5-1: A imagem do sucesso.

Como você acha que é o sucesso   Como o sucesso realmente é

Antes de começar a adotar práticas e implementar mudanças, certifique-se de ter uma base de comparação para medir seu sucesso. Essa ideia é similar a alguns tipos de testes médicos. Todos os anos, ao fazer seu check-up, é provável que você faça coleta de sangue. Seu médico não pede esse exame porque há algo de errado, mas para estabelecer seus números de comparação ano após ano. Dessa forma, se algo se elevar ou cair inesperadamente, você sabe o que é "normal" e o que precisa de exames adicionais.

Estou receosa em listar uma série de KPIs (indicadores-chave de desempenho) para você acompanhar. O motivo de minha relutância é a lei de Goodhart. Com seu nome em homenagem ao economista Charles Goodhart, essa lei declara que, quando uma medida se transforma em alvo, ela deixa de ser uma boa medida. Goodhart escreveu sobre o tópico em seu artigo de 1981, "Problems of Monetary Management: The U.K. experience" [Problemas de Gestão Monetária: A experiência do Reino Unido, em tradução livre]. (Esse artigo foi incluído como capítulo em seu livro *Monetary Theory and Practice* ["Teoria e Prática Monetária", em tradução livre], em 1984.) O autor afirmou: "Qualquer regularidade estatística observada tenderá a ruir quando pressão é exercida para fins de controle." (Eu gosto mais da versão para leigos.)

Essa ideia contrasta com o pensamento de Peter Drucker, um famoso consultor de gerenciamento norte-americano, que afirmava consistentemente que o que não é medido não pode ser gerido. O conflito entre Goodhart e Drucker deixa todo mundo em dúvida. Devemos medir ou não?

Acho que existe uma tensão entre essas duas posições que está exatamente onde queremos. É como andar na corda bamba, mas em um pedaço de fio dental. Em algum momento você cairá. Tenho um amigo, o Reverendo Jasper Peters, que sempre diz que devemos segurar as coisas com a mão aberta. Gosto mundo dessa frase. Se você já brincou com fogos de artifício, sabe a diferença entre uma palma fechada e uma palma aberta se algo der errado e ele explodir na sua mão. Em uma situação, você fica com queimaduras; na outra, fica sem a mão. O mesmo se aplica se já levou um soco. (Isso ficou macabro.)

Mas a resposta para a pergunta de medir ou não o progresso é sim. Você também deve acompanhar suas métricas de desempenho. Mas as mantenha com a mão aberta. Ou seja, utilize-as apenas como pontos de referência que deem alguma perspectiva (dentre outras coisas) de seu sucesso ou fracasso.

Listo alguns KPIs na próxima seção que você pode considerar acompanhar quando começar. Mas, como informei em outra parte, nunca os utilize para medir desempenho individual ou de time em nenhum tipo de avaliação. Nem associe bônus ou outros incentivos monetários a essas medidas. Isso lhe trará resultados ruins rapidamente. Além do mais, como a Constituição, esses KPIs são semelhantes a um documento vivo. Devem evoluir.

Não se sinta limitado por sugestões, nem sinta que deve acompanhar todos eles. São apenas uma amostra para que você construa sua cultura DevOps interna e possa medir o progresso de seu time. Acrescente, remova, brinque, experimente. Divirta-se! (E, se você riu entredentes ao pensar no trabalho como diversão, temos muito trabalho pela frente, meu amigo.)

Quantificando DevOps

Se não tiver certeza do significado de nenhum dos termos desta seção, não se desespere. Nem se preocupe se não souber se sua empresa precisa melhorar em uma determinada área ou como implementar uma mudança. As informações nesta seção são uma lista inicial para você começar a acompanhar seu progresso.

Note que dividi as medidas em potencial por pessoa, processo e tecnologia. Esse é o tripé do DevOps, e você verá esse padrão se repetir neste livro e na comunidade DevOps.

Pessoas

Seu time deve ser a prioridade. Garantir que eles estejam sempre motivados, valorizados, felizes e satisfeitos com seu trabalho, bem como estejam usando seu tempo de maneira produtiva, deve impulsionar sua coleta inicial de dados. Mas não se esqueça dos clientes! Afinal, são eles que pagam as contas. Garanta que a satisfação dos clientes esteja alta e permaneça assim.

» **Satisfação do funcionário:** Faça uma pesquisa com o time. Eles estão felizes? O que amam no trabalho? Onde veem espaço para melhorias? Mantenha tudo anônimo e faça perguntas abertas. Permitir que as pessoas comentem de forma livre no começo o ajudará a se manter informado sobre o que deve acompanhar em um sentido mais quantitativo no decorrer do processo.

» **Custo médio de reuniões:** Um time de tecnologia é caro. Tente fazer este teste: da próxima vez que tiver uma reunião obrigatória ou uma reunião de planejamento de sprint, some o salário por hora estimado de todos na sala. Depois multiplique esse número pelo tempo total da reunião. O número será alto. Reuniões sem fim são um sinal de colaboração ruim, desconfiança e um processo ineficaz. Você nunca conseguirá eliminar completamente as reuniões, mas observe a quantidade de tempo em que tira o time de tecnologia de suas mesas. Se essas atividades não estiverem acrescentando valor, elimine-as.

» **Uso dos clientes:** Quantos usuários se inscreveram esta semana? Quantos cancelaram suas contas? Os cancelamentos estão ligados a qualquer novo lançamento de recurso ou a alguma queda do sistema? Quais recursos os clientes mais usam? Existe algum recurso que quase ninguém usa ou que deveria ser descontinuado? É caro manter o código. Veja alguns termos em relação ao uso dos clientes que vale a pena ficar ligado:

- **MRR:** Monthly recurring revenue [receita recorrente mensal]

- **MRR churn:** Monthly recurring revenue perdida de clientes que fizeram cancelamentos

- **Contração:** Clientes que regrediram em seu plano pago

- **Expansão:** Clientes que assinaram um plano mais caro

» **Número de tíquetes de clientes:** Geralmente, clientes só ligam quando há algo de errado, então o número de chamadas é uma boa medida geral do quanto seu site é intuitivo e o quanto sua documentação é boa. Descubra quais áreas do site são difíceis de usar ou quais recursos são menos úteis. Identifique quais serviços são instáveis ou lentos.

» **Satisfação do cliente:** Às vezes chamada de CSAT, o feedback do cliente é um indicador-chave. Determinar a satisfação dos clientes pode envolver simplesmente perguntar se eles estão satisfeitos com o serviço em geral ou se estão felizes com o nível de suporte recebido durante uma ligação de atendimento ao cliente.

Processo

O processo impulsiona muito do trabalho diário. Depois de medir as pessoas, medir os processos desenvolvidos como hábitos organizacionais o ajudará a determinar onde está tendo sucesso e onde precisa melhorar.

» **Frequência de implementação:** Você implementa todos os dias? Várias vezes ao dia? Talvez toda semana ou todo mês? Todo... (*sentindo um calafrio*) ano? Muitas vezes, a abordagem de entrega contínua é a tarefa mais fácil de uma empresa quando ela decide adotar DevOps como um processo de tecnologia. (Eu falo mais sobre integração contínua/entrega contínua, ou CI/CD, no Capítulo 11.)

» **Tamanho das implementações:** Acompanhar o tamanho de suas implementações é algo fortemente ligado à frequência de implementações. Normalmente, cronogramas de implementações não frequentes sugerem implementações grandes. Quanto maiores são, mais provável é de algo dar errado, e mais difícil será de identificar exatamente o que pode ter causado o erro. Implementações pequenas e frequentes são o ideal.

» **Duração da implementação:** Quanto tempo realmente leva o lançamento do software para os clientes? Segundos? Minutos? Horas? É um processo manual? Os desenvolvedores podem lançar seu código para a produção, ou alguém das operações precisa iniciar uma implementação? Eu me aprofundo no tópico de aceleração do tempo de implementação no Capítulo 11, mas você precisa automatizá-las o máximo possível. Isso diminui a carga e elimina algumas oportunidades de erro.

» **Defect escape rate [taxa de defeito de escape]:** Quantos bugs são encontrados na produção depois de passar por um teste automatizado e uma revisão do QA?

» **Falhas recorrentes:** Com que frequência os bugs aparecem duas (ou mais) vezes? As falhas recorrentes são um sinal de bugs que escapam por entre os dedos. Pode ser porque não são bem acompanhados ou não foram totalmente corrigidos ou testados.

» **Lead time:** Quanto tempo seu time leva para desenvolver software? Ou seja, quanto tempo se passa desde o momento que o trabalho começa até quando é implementado na produção?

» **Mean time to detection (MTTD) [tempo médio de detecção]:** Com que rapidez você determina que algo deu errado? Esperar que cem clientes o notifiquem pelo Twitter de que seu site está fora do ar não é o modo ideal de descobrir um problema. O MTTD mede o tempo de quando um problema começa a impactar clientes ao momento em que você o descobre.

» **Mean time to recovery (MTTR) [tempo médio de resposta]:** Relacionado ao MTTD, o MTTR tira a média de quanto tempo você demora para se recuperar de uma falha do momento em que ela começa a impactar os clientes ao que você implementa a correção. O MTTR usa uma média aritmética que supõe um conjunto de dados normalmente distribuído. A falha do MTTR (e de usar qualquer medida para avaliar desempenho) é que um grande incidente pode fazer seu MTTR despencar e enviesar seus dados de maneira imprecisa.

CAPÍTULO 5 **Considerando Sua Organização** 65

Tecnologia

A tecnologia e as ferramentas de automação que você utiliza em seu sistema determinarão o restante dos dados que deve acompanhar, incluindo a cobertura de teste, a disponibilidade, a confiabilidade, as taxas de erro e o uso:

» **Cobertura de teste automatizado:** Quanto de sua aplicação é testada? Todos os testes são valiosos pois testam algo real? Seu conjunto de testes inclui apenas testes de caminhos felizes (verificação de funcionalidade esperada com entradas esperadas), ou também inclui caminhos infelizes (validação de como uma função lida com comportamento inesperado)? Alguém escreve um teste sempre que um bug é corrigido?

» **Disponibilidade:** Qual é o tempo ativo de sua aplicação? Muitas vezes, as empresas têm um acordo de nível de serviço (SLA, sigla em inglês) com clientes que aborda o tempo ativo e a disponibilidade. Você está satisfazendo as expectativas estabelecidas pelo seu SLA?

» **Implementações malsucedidas:** Quantas implementações dão errado? Quantas causam incidentes? Elas já ocasionaram uma queda? Quais serviços são afetados se uma implementação causar uma interrupção? Você está preparado para desfazer qualquer implementação rapidamente?

» **Taxas de erro:** Quantas exceções são jogadas na produção? É uma boa ideia acompanhar essas conexões de bancos de dados, time-outs e outros erros. Uma ferramenta de APM (monitoramento de performance de aplicações) pode ajudá-lo a identificar quais áreas da sua aplicação estão fornecendo uma experiência menor que a esperada para seus clientes. Datadog, New Relic, Dynatrace e AppDynamics (além de outros concorrente) fornecem serviços de APM.

» **Uso e tráfego da aplicação:** Junto das taxas de erro, uma APM pode ajudá-lo a acompanhar quanto tráfego seu site experiencia. Muitas vezes, uma explosão no tráfego ou uma escassez repentina é um sinal de que pode haver algo errado. À medida que os microsserviços (tratados no Capítulo 20) se tornam mais populares, é importante acompanhar as dependências. Um serviço crucial pode impactar outros e causar um efeito cascata na disponibilidade de seu site.

Coletando os dados

É extremamente comum que times de tecnologia não tenham dado nenhum sobre seu desempenho atual. Quanto tempo, em média, leva uma implementação? Ninguém sabe. Qual é a renda mensal recorrente de sua aplicação ou serviço mais popular? Uma incógnita. Qual é o custo semanal médio das reuniões de seu time de tecnologia? Hmm...

66   PARTE 1 **Desmistificando o DevOps**

FAZENDO MUDANÇAS INCREMENTAIS

A transformação DevOps não é um processo que acontece da noite para o dia. Depois de começar a aplicar os princípios DevOps, levará semanas ou meses até que um progresso mensurável possa ser visto. Assim como você não esperaria perder 7kg de um dia para o outro (isso seria mais preocupante do que animador), não deve esperar ver grandes mudanças em sua organização em pouco tempo. Mas, depois que acertar o passo, provavelmente verá melhorias consistentes.

Muitos dos princípios fundamentais de DevOps — confiança, conexão, respeito — levam tempo para serem construídos. Você pode começar a influenciar esse comportamento por meio do processo, mas boa parte requer espaço e tempo — para que seus funcionários se afastem de suas mesas, se conheçam e conversem. Alguns dos tópicos sobre os quais falam serão relacionados ao trabalho, outros, não, mas todos serão valiosos.

Pense em ter de receber más notícias. Digamos que o projeto no qual tem trabalhado há três dias precise ser descartado. Como seria essa conversa se a notícia viesse de seu melhor amigo? E de um estranho? É provável que a primeira conversa seja muito mais respeitosa do que a segunda. Quando temos uma conexão com alguém, é fácil não levar as coisas para o lado pessoal e focar os fatos. Você não sente a necessidade de se defender porque sabe que está seguro. Seu amigo o conhece, ama e aceita. Essa é a mentalidade que deseja que seus colaboradores tenham uns com os outros.

É claro que nem todo mundo passará a amar e adorar uns aos outros. Pessoas são pessoas, e algumas simplesmente não se dão bem. No entanto, você pode inspirar a compreensão e o respeito mútuos em qualquer cenário.

Se o que acabei de descrever parece muito com seu time atual, não se preocupe muito. Repito: isso acontece com a maioria dos times. Mas você não quer estar na média, né? Quer ser o melhor. E, para isso, precisa medir seu resultado verdadeiro. É preciso acompanhar seu desempenho como um time de tecnologia.

O DevOps enfatiza as métricas, não como uma medida de comparação com alguma versão abstrata de sucesso ou fracasso, mas para informá-lo sobre como continuar fazendo melhorias contínuas.

Recomendo automatizar a coleta de dados o máximo possível. Você também deve coletar quantos dados puder. Não precisa começar a coletar dados amanhã sobre todas as métricas descritas na seção anterior. Tal objetivo seria desanimador e provavelmente impossível. Em vez disso, escolha de uma a três métricas nas quais focar ao estabelecer uma coleta de dados automatizada.

Essas análises o informarão sobre as melhorias contínuas. Você pode acompanhá-las lentamente no decorrer do tempo e ver o quanto progrediu desde que começou.

Se ainda houver alguém em sua empresa que precise ser convencido da eficácia de DevOps, esses dados serão uma ferramenta inestimável para conseguir isso.

Desenvolvendo estudos de casos internos

Uma abordagem que pode ser extraordinariamente útil ao construir o moral internamente e exibir as melhorias externamente é criar estudos de casos internos. Se decidir seguir esse caminho, o impacto pesará muito mais do que o tempo investido na construção dos estudos de casos.

É possível criar um estudo de caso de qualquer métrica, literalmente. O processo geral envolve escolher uma que você queira medir, acompanhar o progresso, estabelecer sua linha de base de comparação e coletar os dados enquanto melhora lentamente seu desempenho.

Destaco dois estudos de caso em potencial nesta seção. Quero dizer isso não como receita, mas para inspirá-lo a pensar em como pode agrupar determinadas métricas e começar a vincular o impacto de uma atividade a outra. Quando você começar a olhar sua organização de tecnologia de forma mais holística, começará a ver quanta influência uma atividade exerce sobre outra. Efeitos negativos em cascata podem custar a seu time moral, tempo e recursos, sem mencionar o impacto que causam no cliente.

Um estudo de caso qualitativo: Foque seus funcionários

Para um estudo de caso qualitativo, se concentre inteiramente na satisfação de seu time de tecnologia com suas tarefas no dia a dia e perceba o nível de comunicação e colaboração.

MEDINDO A SATISFAÇÃO DOS FUNCIONÁRIOS

Para medir a satisfação dos funcionários, crie um questionário de perguntas abertas e o envie para eles. Na primeira vez que fizer isso, dê amplas oportunidades para que os funcionários deem suas opiniões livremente, com comentários para ajudá-lo a descobrir as áreas que estão prontas para melhorias, mas que você talvez não estivesse esperando.

A seguir estão algumas perguntas para começar, mas ajuste-as como necessário. Certifique-se de que o questionário seja anônimo. Idealmente, ninguém será capaz de ligar respostas específicas a um funcionário. Se for absolutamente impossível evitar essa situação, opte por uma única pessoa supervisionando o processo de remoção das informações identificadoras.

Estas são as perguntas que sugiro que você faça:

» Em uma escala de 1 a 10, como você classificaria seu orgulho em trabalhar nesta empresa? O que o faria se sentir mais orgulhoso, inspirado ou feliz no trabalho?

» Em uma escala de 1 a 10, como você classificaria seus sentimentos de empoderamento e autonomia para tomar decisões no trabalho? O que poderia melhorar sua nota?

» Em uma escala de 1 a 10, como você classificaria o desempenho de seu líder? O que poderia melhorar isso?

» Em uma escala de 1 a 10, qual seu nível de conforto em pedir ajuda quando precisa? O que o impede de pedir ajuda? O que o deixaria mais confortável?

» Em uma escala de 1 a 10, como você classificaria os líderes em informar a missão, a visão e os valores dessa organização? Como isso poderia ser melhorado?

» Em uma escala de 1 a 10, qual é seu nível de satisfação em receber reconhecimento adequado por um trabalho bem feito? O que mais você quer que saibamos?

» O que você acha que está funcionando bem?

» Em quais áreas vê espaço para melhorias?

» Há mais alguma coisa que você ache que este questionário deveria ter perguntado?

CALCULE O CUSTO MÉDIO DAS REUNIÕES

Ao longo de duas a três semanas, acompanhe o tempo gasto em várias reuniões. Estime a média de salário por hora de todos na sala e multiplique esse valor pelo número de horas passados tagarelando uns com os outros em uma sala de reuniões. Você só está estimando, não precisa ter as informações reais dos salários. O propósito é descobrir uma base de comparação dos custos das reuniões, e estimativas são o suficiente para isso.

Além disso, seu objetivo aqui não é eliminar as reuniões. Um certo nível de comunicação é crucial para transmitir informações com eficácia. Mas é muito provável que você tenha reuniões que não criam impacto nem para seu time de tecnologia e nem para os clientes. Reuniões produtivas devem criar resultados positivos — por exemplo, exigências mais claras e decisões arquiteturais principais.

ACOMPANHE O LEAD TIME DE DESENVOLVIMENTO

O objetivo de acompanhar o lead time de desenvolvimento é estabelecer sua base de comparação atual e, então, reduzi-lo lentamente. Esse tipo de acompanhamento pode ser mais aplicado no longo prazo, mas é possível ter uma boa ideia do lead time de desenvolvimento observando recursos únicos criados pelo time.

Procure gargalos no decorrer do processo para que possa identificar mais facilmente como o lead time pode ser reduzido. Veja algumas perguntas a serem consideradas.

» Decisões abrangentes de arquitetura são compreendidas por todos do time?

» As exigências são ditas claramente e o contexto é comunicado a desenvolvedores individuais?

» Os desenvolvedores juniores precisam de mais treinamentos em ferramentas específicas?

» As revisões de código ou a programação em par precisariam aumentar a velocidade?

» Qual é o processo pelo qual um recurso precisa passar depois de ser desenvolvido? Há testes? Uma revisão de segurança?

» Com que frequência os recursos voltam dos testes ou da segurança para o desenvolvedor?

» O código é suficientemente bem documentado a ponto de um segundo desenvolvedor pegá-lo se necessário, ou o desenvolvedor original precisa ser a pessoa a finalizá-lo?

» O código é imediatamente considerado pronto para a produção? Ou é mantido em uma fila para um lançamento maior?

» Os desenvolvedores podem implementar seu próprio código, ou dependem sempre do time de operações?

Um estudo de caso quantitativo: Concentrando-se nas implementações

Este estudo de caso é muito mais quantitativo do que o anterior. Ele observa números brutos para fornecer uma ideia melhor do desempenho de seu time em relação à implementação do software na produção. Especificamente, com que frequência você faz implementações? Quanto tempo uma implementação leva em média? Qual é o tamanho médio do lançamento?

Ou colete dados sobre implementações a seguir. Se estiver usando qualquer tipo de software de lançamento, como o Jenkins, provavelmente terá (pelo menos) algumas semanas de dados sobre implementações passadas. Se não estiver, estabeleça algum tipo de ferramenta para ajudá-lo a coletar dados de implementações automaticamente. Veja algumas perguntas a serem consideradas:

» Qual é a frequência média de implementação? Dias, semanas ou meses?

» Qual é o tamanho médio de uma implementação? Quantos recursos ou serviços são impactados? A implementação normalmente afeta apenas uma única porção da base de código, ou geralmente inclui mudanças grandes e abrangentes?

» Consegue dizer se um lançamento der errado? Existe algum alerta ou tipo de confirmação avisando que o novo software foi implementado com sucesso? Como sabe se sua aplicação tem a mesma aparência ou comportamento? Tem confiança em seu processo de testes, ou pede que pessoas cliquem pelo site com frequência depois de uma implementação para garantir que está tudo certo?

» Em que momento do dia o software é lançado? Há um horário estabelecido? Você precisa do time para o trabalho fora do horário de expediente? Em caso afirmativo, com que frequência você solicita que as pessoas trabalhem à noite ou nos fins de semana em implantações/manutenções planejadas ou não?

» Com que frequência você precisa desfazer uma implementação? Ou criar um hotfix [reparo]? Seu time está preparado para administrar lançamentos problemáticos? Se puder desfazer, quanto tempo a revisão demora para ter efeito?

72   PARTE 1   **Desmistificando o DevOps**

2
Estabelecendo um Pipeline

NESTA PARTE. . .

Pense no ciclo de vida de desenvolvimento de software como um processo linear que pode ser otimizado com o DevOps ao abordar as preocupações no início do processo e começar uma prática CI/CD.

Chame todo mundo para a mesa de planejamento ao reunir as exigências e recursos de design para o novo produto ou serviço pela primeira vez.

Arquitete seu sistema para que seja flexível e resiliente, e documente as decisões de design no decorrer do trabalho.

Escolha linguagens, frameworks e padrões de programação específicos para desenvolver códigos bem escritos que podem ser compreendidos e mantidos mais facilmente.

Automatize os testes para utilizar todo tipo de teste e garantir que o código seja funcional em vários ambientes.

Aumente o nível de CI/CD e lance software usando estratégias de implementação comprovadas para facilitar lançamentos pequenos e frequentes de código com maior disponibilidade de serviço.

NESTE CAPÍTULO

» Entendendo os passos no ciclo de vida do desenvolvimento

» Mudando as operações para antes ("esquerda") no ciclo de desenvolvimento

Capítulo **6**

Acolhendo o Novo Ciclo de Vida do Desenvolvimento

Neste capítulo, descrevo o que geralmente é chamado de ciclo de vida do desenvolvimento de software, ou pipeline. Embora existam algumas diferenças sutis entre os dois conceitos (dependendo de com quem se fale), eu uso ambos como sinônimos.

A área de tecnologia usa o termo *ciclo de vida de desenvolvimento de software* (CVDS) para descrever o processo desde a criação de uma ideia para um novo produto, aplicação ou recurso até a implementação do novo software para os clientes em um ambiente de produção. Eu prefiro *entrega*, em vez de *desenvolvimento*, porque essa palavra remove qualquer implicação de que os desenvolvedores são os protagonistas no ciclo de vida do software, o que reforçaria as velhas ideias de silos e divisões entre os times de desenvolvedores e os times de operações.

Existem muitas iterações do ciclo de vida de desenvolvimento, com vários passos, e alguns envolvem mais passos do que os meus, enquanto outros envolvem menos. Neste capítulo, explico como o DevOps muda a abordagem do ciclo de vida do desenvolvimento. Também explico brevemente as várias fases desse ciclo de vida, e que cada uma é tratada em diferentes capítulos no decorrer desta parte do livro.

Convidando Todos para a Mesa

O propósito mais importante da criação do processo de desenvolvimento é que ele forneça uma estrutura para que todo o time trabalhe. Seu time de tecnologia não se encaixará perfeitamente em um estágio do pipeline e apenas fará um pouco das tarefas; esse cenário apenas cria mais silos entre os times de desenvolvedores e operações, os profissionais de uma seção simplesmente fazem seu trabalho e "empurram ele para o próximo". Esse é exatamente o oposto do que você está tentando construir.

Em vez disso, você cria uma receita para o sucesso de seu time: uma maneira de quebrar o processo de desenvolvimento como um algoritmo — ou uma receita — para que todos entendam como a empresa e a cultura DevOps desenvolvem o melhor software e o entregam para os clientes de modo rápido e confiável.

Essa estrutura de pipeline que será desenvolvida é um processo pelo qual todo time pode aprender novas habilidades e dar opiniões em vários estágios. O benefício mais importante do pipeline de desenvolvimento é que ele chama todos para a mesa, dá a todos a oportunidade de se envolver como acharem melhor e de aprender novas habilidades se tiverem interesse. Também faz com que o time use uma linguagem em comum. Você será capaz de discutir o mesmo conceito usando o mesmo vocabulário, o que é vital para uma comunicação fácil.

A Figura 6-1 mostra a representação de um ciclo de vida de desenvolvimento de software geralmente visto em DevOps.

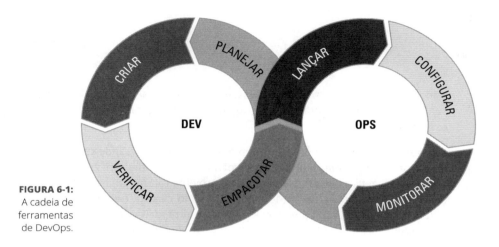

FIGURA 6-1: A cadeia de ferramentas de DevOps.

Mudando Processos: De Linha para Circuito

Os processos de desenvolvimento mudaram radicalmente nas últimas décadas, e por uma boa razão. Nos anos 1960, Margaret Hamilton liderou o time de tecnologia que desenvolveu o software da missão *Apollo 11*. Não se lança iterativamente seres humanos ao espaço — pelo menos não até os anos 1960. Não é uma área de software na qual "falhar rápido" pareça uma abordagem particularmente boa. Vidas estão em jogo, isso sem falar nos milhões de dólares.

Hamilton e seus colegas tiveram de desenvolver um software usando o modelo em cascata. A Figura 6-2 mostra um exemplo do que eu penso de um processo de desenvolvimento em cascata (ocorrendo em linha reta), e na Figura 6-3 acrescento as fases. Note como as flechas seguem em uma direção. Elas mostram um começo claro e um fim claro. Porque, quando algo termina, termina mesmo, FIM. Certo?

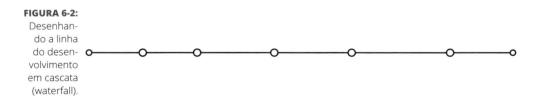

FIGURA 6-2: Desenhando a linha do desenvolvimento em cascata (waterfall).

CAPÍTULO 6 **Acolhendo o Novo Ciclo de Vida do Desenvolvimento** 77

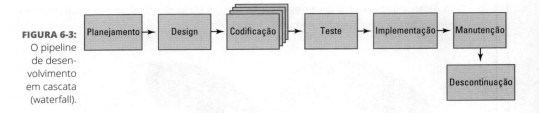

FIGURA 6-3: O pipeline de desenvolvimento em cascata (waterfall).

Não. Por mais que as pessoas tivessem vontade de se afastar de partes de suas bases de código para sempre (ou queimá-las), geralmente elas não têm esse privilégio.

O software desenvolvido por Hamilton e seu time foi um grande sucesso (ainda me surpreende que eles tenham desenvolvido no Assembly com zero auxiliares, como mensagens de erro). Nem todos os projetos foram igualmente bem-sucedidos, no entanto. Mais tarde, onde o modelo cascata (waterfall) falhou, o Ágil teve sucesso. (Como mencionado no Capítulo 1, o DevOps nasceu do movimento Ágil.) O Ágil busca pegar a linha reta do modelo em cascata e transformá-la em círculo, criando um circuito infinito pelo qual seu time de tecnologia pode melhorar iterativa e continuamente. A Figura 6-4 retrata como pensar no ciclo de vida de desenvolvimento circular.

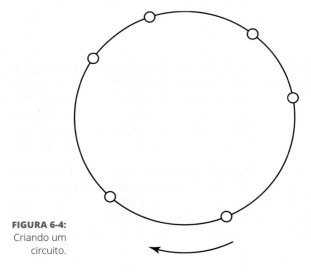

FIGURA 6-4: Criando um circuito.

Com frequência, os vários círculos prescritos por diferentes organizações são influenciados pelos produtos que esses vendedores comercializam. Por exemplo, se eles vendem software de infraestrutura e ferramentas, provavelmente enfatizam essa porção do ciclo de vida do desenvolvimento, talvez focando mais a implementação, o monitoramento e o suporte de seu software.

Não tenho nada para vender. Os estágios em que me concentro são os que considero mais críticos como desenvolvedor, juntamente com aqueles nos quais vi que as pessoas mais tinham dificuldades enquanto ensinava as organizações a gerenciar melhor seu desenvolvimento de software e adotar as práticas DevOps.

Os seis estágios do ciclo de vida do desenvolvimento de software que destaco nesta parte do livro (Parte 2) são:

» **Planejamento:** A fase de planejamento de seu processo de desenvolvimento DevOps talvez seja a principal de sua missão DevOps. Ela o prepara para o sucesso ou fracasso neste caminho. É também o momento mais fértil para reunir todos. Por todos, quero dizer partes interessadas nos negócios, diretoria, vendas e marketing, tecnologia, produto e outros. O Capítulo 7 trata a fase de planejamento.

» **Design:** Na maioria das empresas, a fase de design é mesclada na de codificação. Esse amálgama monstruoso de design e código não permite a separação da estratégia de arquitetura da implementação. No entanto, se deixar de priorizar design de banco de dados, logística de API e escolhas importantes de infraestrutura apenas para o final do pipeline de desenvolvimento — ou, talvez pior, para que desenvolvedores sem o conhecimento total do projeto e trabalhando em recursos separados o façam —, você encontrará rapidamente sua base de código tão isolada quanto seu time de tecnologia. O Capítulo 8 aborda esta fase.

» **Codificação:** O desenvolvimento de recursos em si é a cara do processo e recebe toda a fama. Mas eu argumento que esse é um dos passos menos importantes em seu ciclo de desenvolvimento. De muitas formas, é simplesmente a execução das áreas anteriores de seu pipeline. Se bem feita, a codificação deve ser um processo relativamente simples e direto.

Agora, se você é desenvolvedor e apenas engasgou com a última frase porque lidou com centenas de bugs aleatórios e difíceis de resolver, eu sei como se sente. Codificar é difícil. Nada no desenvolvimento de software é fácil. Mas, ao dominar o planejamento, o design e a arquitetura (e separá-los da implementação do código), você garante que as decisões mais difíceis sejam abstraídas. O Capítulo 9 aborda esta fase.

» **Teste:** O teste de software é uma área de seu pipeline em que o time de tecnologia de todas as áreas de especialidades pode mergulhar e se envolver, possibilitando uma oportunidade única para aprender sobre testes, manutenção e segurança. Existem muitos tipos diferentes de testes para garantir que seu software funcione como o esperado. O Capítulo 10 trata de vários deles para esta fase.

» **Implementação:** O deploying (implantação) é o estágio que talvez seja o mais fortemente associado às operações. Tradicionalmente, seu time de operações pegaria o código de seus desenvolvedores testado pelo time de QA (quality assurance) e o lançaria para os clientes — tornando-se responsáveis pelo processo de lançamento. O DevOps teve um enorme impacto nesta fase do processo de desenvolvimento. Além disso, a implementação é uma das áreas nas quais mais se pode encontrar ferramentas de automação. De uma perspectiva DevOps, sua prioridade é simplificar o processo de implantação, para que todo desenvolvedor de seu time seja capaz de implantar o código. Isso não quer dizer que o time de operações não tenha conhecimento exclusivo ou que o time precisa ser dissolvido ou integrado a outros times de tecnologia.

O time de operações sempre terá expertise em infraestrutura, balanceamento de carga, monitoramento e similares. Na verdade, remover a da tarefa manual de implantação de software do seu time de operações permitirá que ela economize tempo e dinheiro em outra ação. Ela terá tempo para trabalhar e melhorar a confiabilidade, escalabilidade e a capacidade de manutenção das aplicações. No Capítulo 11, discuto como facilitar seu processo de implementação e criar um ambiente de integração contínua e entrega contínua (CI/CD).

O aspecto mais importante de um ciclo de vida de entrega dentro da estrutura DevOps é que é um verdadeiro círculo. Quando chegamos ao fim, estamos de volta ao começo. Além do mais, se recebemos feedback de suporte dos clientes em qualquer momento do processo, voltamos à fase subsequente (ou ao estágio de planejamento) para desenvolver o software da maneira que melhor atenda seus clientes, melhorando continuamente.

Pense no conteúdo desta parte do livro como bidimensional, e no conteúdo da Parte 3 como tridimensional — a evolução desse pipeline ou ciclo de vida de entrega.

A primeira parte da construção de um pipeline é tratá-lo de maneira linear. Você está construindo uma linha reta com etapas e pontos de verificação definidos ao longo do caminho. Nessa estrutura, é possível visualizar o ciclo de vida de desenvolvimento de software como algo que você inicia e termina. Os amantes do modelo em cascata ficariam orgulhosos.

DESPRIORIZAR A TECNOLOGIA (NÃO É UMA HERESIA!)

Em cada fase desse ciclo de vida de desenvolvimento encontraremos mais ou menos uma dúzia de ferramentas estranhas que afirmam ser absolutamente necessárias para seu sucesso em um determinado estágio. Não me entenda mal: ferramentas são muito úteis. É por isso que dediquei uma seção inteira para as de seu pipeline (que pode ser encontrada nos capítulos da Parte 5).

Previsivelmente, as ferramentas são o aspecto menos importante da construção de seu pipeline de desenvolvimento. A faceta mais importante desse processo é ele ser contínuo. Em nenhum momento desse ciclo de vida seu time fica parado. O fato de o time ter lançado software para os clientes não significa que todos os seus desenvolvedores pararam de codificar. Em vez disso, todos desenvolvem, testam, implementam e melhoram seu software continuamente. O DevOps foca a melhoria contínua e a criação de um pipeline, com ênfase no fluxo contínuo.

Por ora, não se estresse com a tecnologia utilizada. Concentre-se nas pessoas e nos processos que está construindo para dar mais suporte a essas pessoas em seu trabalho.

Mas a realidade não nos deixa trabalhar em linha reta. Não podemos simplesmente começar a produzir código, terminar e ir embora. Somos forçados a construir sobre o software de base lançado no primeiro ciclo iterativo e melhorá-lo no segundo ciclo. E assim por diante. O processo nunca acaba, e nunca deixaremos de fazer melhorias.

Este livro ajuda a conectar o início ao final de um pipeline DevOps, para que possa começar a entendê-lo como um circuito completo, um círculo, de modo que você desenvolva e melhore continuamente.

Deslocando Ops para a "Esquerda": Pensando na Infraestrutura

O termo "shift-left" apareceu pela primeira vez nos anos 1990, quando as pessoas perceberam que o desenvolvimento em cascata criava softwares inferiores para o mercado e produtos que precisavam de ajustes caros. O problema era que o teste estava muito para a direita, ou tarde, no ciclo de vida de desenvolvimento. Essa percepção não se aplica mais somente aos testes. É importante também deslocar as ops (e outras especializações) para a esquerda.

Se você investigar outras literaturas sobre o DevOps, encontrará a frase "deslocar para a esquerda" em relação a times como operações, segurança e QA. Essa ideia simplesmente se refere a deslocar o trabalho completado por essas os times para a esquerda no pipeline de desenvolvimento, ou seja, para um momento anterior no processo. Tradicionalmente, o trabalho das operações era a última coisa em que se pensava. A maioria das organizações para as quais trabalhei envolvia as operações apenas depois que o código já tinha sido desenvolvido. Essa é uma situação infeliz, porque elimina a habilidade do time de operações de planejar e projetar a infraestrutura para dar suporte ao código de maneira adequada.

Muitas falhas vistas na produção são caras, geralmente custando US$5 mil por minuto. O custo da interrupção da produção pode variar, mas será cara mesmo assim. Muitas vezes, a causa de uma interrupção é a falta de consistência na sua infraestrutura e no processo de desenvolvimento. Ao incluir as operações na discussão desde o começo, damos a elas a oportunidade de usar sua área de especialidade para informar o restante do time sobre coisas que devem ser cuidadas e como melhor se preparar para uma implementação de software com sucesso.

Deslocar as ops para a esquerda se refere mais a uma filosofia de prevenção do que a uma reação. Não esperamos a detecção de uma falha para corrigi-la. Pensamos nas falhas em potencial do sistema e fazemos o possível dentro das restrições dos recursos para evitar surpresas infelizes no fim do ciclo de vida de entrega — quando essas falhas potenciais provavelmente impactarão os clientes.

O teste contínuo automatizado é um aspecto extremamente importante dessa abordagem. Todos de seu time, em especial desenvolvedores que criam um novo código, devem ser capazes de executar conjuntos de testes automatizados no processo de desenvolvimento. Eu abordo como criar um conjunto de testes automatizado no Capítulo 10, mas por enquanto apenas lembre-se de que reservar um tempo para escrever testes fará com que você economize horas de dores de cabeça caras no fim da linha.

Deslocando implementações para a esquerda também

Implementar continuamente — o que significa que os desenvolvedores lançam seu software assim que é desenvolvido — é o ideal para muitos times. Mas a implementação contínua exige muito trabalho para que seja bem-sucedida. Não releve a implementação contínua, e perceba que ela não é para todos. Eu gosto de falar para as pessoas manterem a ideia da implementação contínua como um tipo de objetivo de longo prazo. Como o nirvana, o ponto não é necessariamente chegar lá ou alcançá-lo, mas trabalhar em direção a ele e realizar coisas no caminho.

Uma maneira de envolver o time de operações mais cedo no processo de desenvolvimento é fazer com que ele desenvolva padrões e checklists para ajudar o desenvolvedores a criar um software pronto para a implementação. Muitas vezes, o time de operações precisa passar por uma série de etapas manuais para implementar o código na produção. Se você não estiver pronto para automatizar os lançamentos, ainda deve ter como objetivo transferir os passos para uma checklist para que os desenvolvedores possam validar se seu código está pronto para o ambiente de produção.

Além de usar checklists de verificação, você deve criar os padrões definidos por seu time de operações em seu conjunto de testes automatizados. Assim, os desenvolvedores não precisam necessariamente "codificar melhor", mas podem validar seu trabalho à medida que o constroem.

A automação diminui a carga de operações de mudança deixadas no ciclo de vida do desenvolvimento de software. Automatizar a consistência do seu processo de implementação aumentará sua confiança em cada implementação. (Ninguém gosta de ficar suando por causa de estresse!) Crie cada ambiente de implementação o mais parecido possível dentro das restrições de seus recursos. Faça o mesmo para os ambientes de desenvolvimento, de testes, de staging [réplica] e de produção — incluindo ambientes em nuvem (cloud), públicos ou privados.

Imitando a produção por meio do staging

Quase todos os ambientes de produção são mais robustos do que os de desenvolvimento ou de staging. Um ambiente de desenvolvimento é o que cada um dos desenvolvedores usa para executar o código em suas máquinas enquanto o constroem. Esses ambientes geralmente são os mais leves de todos. O ambiente de staging é o usado para testes (de vez em quando também há um ambiente de testes) e validação do software antes de ele ser lançado na produção. Os ambientes de staging devem ter a maior paridade possível com a produção.

84 PARTE 2 **Estabelecendo um Pipeline**

NESTE CAPÍTULO

» **Planejando em uma organização DevOps**

» **Reunindo requerimentos**

» **Criando um produto mínimo viável (MVP)**

» **Projetando personas para identificar seus clientes**

Capítulo **7**

Planejando com Antecedência

O DevOps nasceu do movimento Ágil. Na verdade, antes de Andrew Clay Shafer e Patrick Dubois decidirem usar o termo *DevOps*, Shaer preferia "gestão de projeto ágil" — um pouco demais. (Shh! Não conte para Andrew que eu disse isso.)

Como você está lendo este livro, provavelmente está familiarizado com o estilo Ágil de gestão de produto. Pense no DevOps como uma evolução do Ágil. É um processo iterativo que permite o rápido planejamento, desenvolvimento e lançamento de código. Conseguimos nos adaptar mais rapidamente ao mercado em evolução, aos concorrentes inovadores e responder a falhas em um ritmo mais rápido.

Este capítulo tem como objetivo ajudá-lo a abordar o planejamento em uma organização DevOps. Por causa de suas origens no Ágil, você notará muitas semelhanças se sua empresa já trabalha dentro dessa estrutura. Se não, pode encontrar mais atrito na implementação de DevOps — mesmo que feito extremamente sob medida para sua empresa.

Neste capítulo, abordo a coleta de requerimentos de produto, a união do time acerca de sua visão compartilhada e a compreensão de suas restrições.

Indo Além do Modelo Ágil

O Ágil é tão amplamente aceito hoje que é difícil imaginar um estilo de gestão de projetos antes dele. Enquanto seu estilo é iterativo, seu predecessor, o modelo em cascata, era linear. Descrito no Capítulo 6, ele é uma série sequencial de eventos. Na época do software expedível — pense nos IPs em CDs —, as empresas precisavam planejar e desenvolver software às vezes dois anos (ou mais!) antes de um lançamento planejado.

A ruína dessa abordagem é que ela simplesmente demorava tempo demais. Na hora em que o produto era expedido, o mercado já havia mudado. As empresas perdiam quantidades infinitas de dinheiro, recursos e tempo correndo atrás de uma ideia sem nenhum feedback dos clientes. Em comparação, o Ágil prioriza o cliente e introduz a ideia da melhoria contínua. (Veja um panorama geral dos princípios Ágeis no box "As Origens do Ágil", adiante.)

No DevOps, como no Ágil, os times se adaptam às necessidades sempre em evolução dos negócios ou do mercado, e às vezes até às tecnologias e ferramentas em mutação. Elas estabelecem marcos, planejam recursos e desenvolvem código continuamente.

Além de seu papel mais importante de diminuir o longo ciclo de desenvolvimento, o Ágil estimulou as empresas a adotar um ritmo de construção contínua de produtos com base no feedback de clientes atuais. Esse ritmo consiste em períodos curtos de tempo chamados *sprint*, que duram no máximo duas semanas, durante os quais o time decide qual trabalho será finalizado e lançado para os clientes.

Mas, no decorrer do tempo, o impacto drástico do Ágil diminuiu. De muitas formas, os times de desenvolvimento tiveram a maior aceleração da produtividade com o Ágil, enquanto o time de operações não obteve os mesmos resultados. A falta de colaboração entre esses dois lados de um time de tecnologia apenas tornou a lacuna mais evidente.

Na sequência dessas frustrações, o DevOps procura ajudar os problemas não resolvidos deixados pelo Ágil. Acima de tudo, ele enfatiza a colaboração de todos os especialistas em tecnologia — dos gerentes de produtos aos testadores e ao time de operações.

AS ORIGENS DO ÁGIL

O Ágil nasceu da frustração com a estrutura inflexível e restrita do modelo em cascata (waterfall). Na década de 1990, o ecossistema de software mudou e a abordagem de gestão precisava mudar com ele, resultando no surgimento do *scrum*, da programação extrema e do desenvolvimento dirigido por funcionalidades (algumas implementações dos princípios Ágeis). Embora algumas dessas metodologias tenham se originado antes do sinal do Manifesto Ágil, muitas pessoas pensam nelas como uma ramificação do desenvolvimento de software ágil.

Em 2001, dezessete engenheiros de software se encontraram e publicaram o "Manifesto para Desenvolvimento Ágil de Software" (`https://agilemanifesto.org/iso/ptbr/manifesto.html`), que descreveu claramente os doze princípios para gestão de projetos Ágeis, parafraseados a seguir:

- **Satisfazer o cliente entregando continuamente software com valor agregado.**
- **Aceitar e receber bem mudanças de requerimentos no decorrer do processo.**
- **Entregar frequentemente software funcionando.**
- **Possibilitar que pessoas de negócios e desenvolvedores trabalhem de forma cooperativa diariamente.**
- **Confiar em seus desenvolvedores para que realizem o trabalho.**
- **Transmitir informações face a face.**
- **Perceber que software funcionando é a medida primária de progresso e do sucesso.**
- **Manter um ritmo constante de trabalho.**
- **Buscar a excelência técnica.**
- **Simplificar os requerimentos e recursos.**
- **Permitir que as equipes se auto-organizem para o melhor produto.**
- **Em intervalos regulares, a equipe reflete sobre como se tornar mais eficaz e então refina e ajusta seu comportamento de acordo.**

Prevendo Desafios

Iterativo ou não, seu desenvolvimento de produto precisa começar de alguma forma. O estágio de planejamento de qualquer produto fornece uma oportunidade única para chamar todos para a mesa para compartilhar ideias e fazer brainstorming — sem o estresse dos prazos finais iminentes que ocorre no fim de um projeto.

LEMBRE-SE

No começo do planejamento de um novo produto, todos geralmente estão relaxados e abertos a sugestões. Se sua cultura atual não reflete a abertura que você espera ver nessa fase, sugiro que aplique uma mentalidade DevOps ao problema. Alivie a tensão entre as pessoas no decorrer do ciclo de vida de desenvolvimento do produto. A suposição da malícia, a falta de curiosidade e os egos defensivos são algumas das maiores ameaças à sua organização durante sua transformação DevOps.

Se sua empresa não trabalha atualmente na estrutura Ágil, não tema! Nunca é tarde demais para adotar um novo estilo de gestão de projeto. Não deixe que ninguém o convença de que é tarde demais para colher benefícios. É absolutamente possível melhorar continuamente. No decorrer do processo de planejamento, informe seus colegas sobre o Ágil e, especificamente, sobre o conceito de sprints. Enfatize a importância de produzir um produto mínimo viável (MVP) lean e de dividir o trabalho em partes menores. (Para detalhes sobre como projetar um MVP, veja "Projetando um MVP", mais adiante neste capítulo.)

Identificando desafios e restrições do projeto

Toda empresa tem limitações — restrições acerca de recursos, requisitos de conformidade e tendências de mercado. Escreva as restrições dentro das quais precisa trabalhar para realizar o projeto. Peça que os desenvolvedores façam o mesmo e, então, compare suas respostas. Esse exercício esclarece as diferentes perspectivas, motivações, preocupações e previsões do time inteiro.

Todo projeto é controlado por quatro restrições: escopo, prazo final, qualidade e orçamento. Há um ditado popular que diz algo mais ou menos assim: "Ele pode ser feito rápido, barato ou com qualidade. Escolha dois." A adoção de DevOps exige que você integre um estilo de gestão de projeto que concorde com os princípios básicos de uma filosofia DevOps. Você também deve ajustar as prescrições gerais neste capítulo para seu time e restrições específicas.

Os dois desafios mais comuns encarados por qualquer projeto de software são o cronograma e o orçamento. Se você for uma startup, a liderança provavelmente quer chegar primeiro ao mercado com seu projeto para ganhar a maior fatia. Os capitalistas de risco (investidores privados que geralmente financiam startups tecnológicas) preferem empresas rápidas e agressivas em seu ciclo de lançamento. Se você for uma empresa, as restrições podem ser um pouco mais interessantes. Existem outros produtos e serviços que não podem ser impactados com o desenvolvimento de um novo projeto. Também podem existir SLAs (acordos de nível de serviço), que ditam o que os clientes podem esperar receber de seu serviço legalmente, bem como preocupações de conformidade.

CUIDADO

Todo projeto tem restrições, e você deve ver um grande sinal vermelho se um acionista não listar os desafios ou limitações que a empresa encara durante um projeto de software.

Cronograma

Quais limitações de cronograma seu time enfrenta? A resposta nunca será "nenhuma". Descubra quais são entrevistando pessoas de fora das times de tecnologia e produto. Por exemplo, o marketing provavelmente tem algum evento iminente nos próximos meses no qual gostaria de demonstrar alguma coisa. Além disso, alguém das vendas pode já ter falado com um cliente que ficaria muito animado em saber do novo recurso ou produto. Esse cliente pode até querer ser um usuário beta (alguém que faz o "teste drive" do software antes do lançamento para o público), para produzir um feedback do usuário com mais rapidez.

Também podemos encontrar restrições de cronograma devido a algum objetivo ou desafio financeiro. Em uma startup, a liderança pode querer fazer outra rodada em 6 a 12 meses, o que significa que o produto precisaria estar usável e nas mãos dos clientes até lá. Ou talvez você só queira angariar dinheiro e ter alguns anos de caixa (a época na qual sua empresa consegue se sustentar com o dinheiro que há no banco). Se for uma empresa de capital aberto, talvez os acionistas queiram agendar o lançamento de um produto próximo da época de registro de algum documento para a junta comercial.

LEMBRE-SE

Essa parte do ciclo de vida do desenvolvimento é uma fase de coleta de informações. Não é preciso necessariamente agir em relação a essas restrições. Estamos criando um contexto no começo do projeto que nos informará para que tomemos decisões à medida que progredimos. Se o cronograma for apertado, podemos negociar ter menos recursos no lançamento inicial para o cliente.

Orçamento

Orçamentos são a segunda restrição mais comum. E por uma boa razão! A maioria das empresas não é cheia da grana, como um Google ou uma Amazon. Elas precisam ser criativas e desenvolver softwares que funcionem de forma eficiente. (Não que a Amazon não seja eficiente, Sr. Bezos.)

CAPÍTULO 7 **Planejando com Antecedência** 89

A dinâmica mais complicada acerca de orçamentos é que essas restrições nem sempre são óbvias. Normalmente, os negócios não deixam orçamentos e custos claros para evitar que outras partes da organização saibam deles. Ou, em muitas empresas grandes, os departamentos precisam lutar por uma parte do orçamento uma vez por ano e, então, trabalhar dentro dele até o próximo ciclo. Veja alguns aspectos a serem considerados sobre o orçamento:

» **Número de cabeças (head count):** Você tem funcionários o bastante para realizar o serviço? Se não, é preciso aumentar o número de desenvolvedores de um time? O que tem melhor custo-benefício? Por exemplo, é melhor ter um desenvolvedor sênior ou dois desenvolvedores juniores?

» **Custos de infraestrutura:** O novo recurso ou produto provavelmente precisará ser hospedado. Lembre-se dos custos de qualquer solução de hospedagem que você escolher, que pode ser privada, gerenciada, híbrida ou em nuvem. Discuto a mudança para a nuvem no Capítulo 21.

» **Cruzamento entre custo e tempo:** Quanto custa toda semana que você excede o cronograma? O número calculado não será perfeito, mas o ajudará a tomar decisões mais instruídas à medida que avança no projeto e enfrenta atrasos inesperados.

Coletando Requisitos

O DevOps enfatiza o planejamento contínuo, que é uma abordagem Ágil para integrar o feedback do cliente no processo de planejamento futuro ao longo do projeto. Mas, mesmo no cenário Ágil, um projeto quase sempre tem um conjunto de requisitos básicos que devem ser cumpridos para satisfazer as necessidades dos clientes. Sugiro que você aborde essa fase de coleta de requisitos usando três passos:

» **Compartilhe objetivos de negócios.** Crie um documento de requisitos de produto (PRD) que enfatize os objetos de negócio desse projeto. Esse documento deve ter uma página e ser facilmente lido por qualquer pessoa da empresa. O objetivo de um PRD é fornecer o "porquê" e destacar o propósito por trás do projeto. A compreensão compartilhada e a paixão contagiosa podem dar suporte aos times durante épocas de estresse.

» **Crie histórias de usuários.** Entreviste clientes, se ainda não o fez. Inclua membros dos times de design e tecnologia. A experiência em primeira mão em falar com os clientes pode ajudar a ligar lacunas de informações que se formam quando apenas os product owners têm permissão para esse contato. Ao encorajar várias pessoas a fazer perguntas e interagir com os clientes, criamos uma compreensão mais profunda dos desafios e desejos dos usuários. Eu abordo a coleta de feedback do usuário no Capítulo 13. As mesmas abordagens para contactar e entrevistar clientes depois do lançamento de um produto se aplicam para pedir opiniões antes de projetar um novo serviço.

» **Estabeleça um escopo.** Acabar com uma pilha enorme de ideias de recursos nessa fase é perfeitamente normal. Na verdade, é ótimo! Queremos que a imaginação das pessoas faça hora extra e que elas se animem. Permita que tudo seja adicionado à lista. Depois a refine. Projetar um MVP lean, tratado na próxima seção, o ajudará a limitar o escopo.

CUIDADO

Depois de estabelecer o escopo, não saia dele. Você precisa de um product owner que seja capaz de dizer "não" como responsável por avaliar recursos potenciais e decidir quais serão inseridos no produto e quando. Embora seja importante ser ágil no desenvolvimento e integrar feedback continuamente, dificulte o processo de acrescentar novos recursos. Isso desencoraja o scope creep [alterações incontroláveis] e evita que milhares de "grandes ideias" sejam adicionadas de última hora. Você sabe o que o projeto precisa realizar, então faça isso e nada mais. Mais tarde, depois de seu lançamento, sempre se pode voltar e acrescentar novos recursos com cada sprint.

Projetando um MVP

Um produto mínimo viável (MVP) é o mínimo necessário de um produto que ainda cumpre seus objetivos mais básicos, sem os excessos dos recursos adicionais.

Os MVPs são de grande importância para as organizações de DevOps porque não exigem o planejamento inicial significativo que um produto corporativo de larga escala fazia no passado. Com um MVP, você não trabalha em um produto há dois anos e espera que ele seja bem-sucedido quando finalmente for lançado para os clientes. Em vez disso, os negócios podem testar ideias rapidamente e se adaptar aos mercados mutantes. Se o primeiro MVP não for exatamente o que é preciso ou não for bem recebido, não terá custado muito, e seremos capazes de seguir outra direção usando o feedback do cliente recebido do primeiro MVP.

Se você estiver na transição para a metodologia DevOps, precisa obter o hábito de desenvolver MVPs para seus novos produtos. Remover recursos excessivos e evitar o scope creep são dois dos maiores fatores contribuintes para o sucesso de empresas de alto desempenho. O scope creep acabará totalmente com o moral de um time à medida que cada vez mais recursos forem adicionados no último minuto.

MVPS DE SUCESSO

Muitas empresas de tecnologia hegemônicas começaram com sites extremamente simples que faziam apenas uma coisa. Acontece que faziam isso muito bem. Focando o aspecto mais valioso do negócio, elas atraíram adotantes iniciais que pregaram em nome da empresa. Duas delas são o Facebook e o Airbnb.

Facebook

O produto de Mark Zuckerberg não começou como o ecossistema loquaz que é agora. Costumava ser um serviço simples que conectava alunos pela universidade em comum. Os usuários podiam postar mensagens em fóruns, e era isso. O Facebook não tinha chat, armazenamento de fotos ou timelines. Foi lançado como a iteração mais básica do produto e atraiu usuários suficientes para obter impulso. Depois que tinha usuários, a empresa expandiu e adicionou mais recursos.

Airbnb

O site extremamente popular de reservas de aluguel nasceu da dificuldade que seus fundadores tiveram de pagar seu caro aluguel em São Francisco. Para tentar se virar, eles forneceram acomodações a amigos que visitavam a cidade, tiraram fotos de sua casa e a anunciaram. A ideia decolou, em parte porque um dos fundadores, Paul Chesky, viveu exclusivamente de aluguéis feitos pelo Airbnb por um ano.

Um processo astuto de planejamento e limites bem definidos acerca do lançamento inicial beneficiarão a eficácia e a longevidade de seu time.

Descobrindo o problema que o MVP precisa resolver

Existem problemas em quase todos os processos. Na verdade, as pessoas geralmente os ignoram até que alguém surja com uma solução. Só então, com o benefício da retrospectiva, eles verão o valor dessa solução. (Um dos argumentos contra os automóveis da Ford era basicamente "O que há de errado com o cavalo?")

É provável que você já tenha identificado o problema em seu processo, ou o que acha que é o problema. Mas a questão raiz muitas vezes escapa às pessoas. Se já fez consultoria para um cliente, sabe que às vezes o problema não é o que as pessoas pensam. Muitas vezes, é um sintoma de um problema maior que fica abaixo da superfície. Faça o melhor para descobrir esse problema. Quanto mais chegar à raiz de tudo, mais sucesso seu MVP terá. Veja algumas questões a serem consideradas:

- » Qual é o desafio que você quer resolver?
- » Por que ele existe?
- » Em qual indústria aparece mais comumente?
- » Ele afeta a maioria das pessoas ou é de nicho?
- » Se você fosse um cliente, por que precisaria desse produto?
- » Qual é o valor de solucionar esse problema?

Identificando seu cliente

Seu cliente direcionará cada decisão feita na organização DevOps, mas como descobrir quem tem dificuldades com o problema que seu produto supostamente resolverá? Na seção "Determinando Seu Cliente ao Projetar uma Persona", mais adiante neste capítulo, falo sobre a importância das personas de clientes e como eles o ajudam a identificá-los para entender melhor como pensam. Quando não apenas identificamos os adotantes iniciais em potencial — as pessoas mais dispostas a experimentar novos produtos —, mas também mergulhamos em sua psique, facilitamos que vejam os detalhes que nos ajudarão a pensar e sentir como eles.

Se o problema o afeta, ótimo! Isso é um insight extremamente valioso para o cliente — porque você é o cliente! (Os problemas que experiencia podem ser relacionados ao software ou... ao seu cachorro. Cada desenvolvedor também é um cliente de milhares de outros produtos.) Independentemente disso, é importante falar com seus clientes. Melhor ainda é contratar desenvolvedores que têm experiência com a base de clientes ou se encaixam no próprio perfil de cliente. Esses desenvolvedores podem fornecer um entendimento único no decorrer do design do produto.

Analisando a concorrência

Se sua empresa não tem concorrentes, veja isso como um grande sinal de aviso. Essa ideia pode parecer ilógica no início. Daymond John, fundador da empresa FUBU e investidor do programa de TV *Shark Tank*, diz: "Pioneiros são massacrados e colonizadores prosperam." É quase impossível e incrivelmente arriscado ser a primeira empresa em um novo espaço industrial. É muito mais seguro entrar em um mercado estabelecido e se diferenciar, como fez o Airbnb. O Airbnb pode parecer uma ideia inovadora, mas o problema que aborda, essa necessidade de um lugar para ficar, já era resolvido por hotéis. Ele se diferenciou dando a proprietários de imóveis a oportunidade de ganhar um dinheiro extra e aos clientes, de descobrir espaços únicos para passar a noite.

Quando descobrir quem são seus concorrentes, mergulhe em seus produtos e mensagens. Veja algumas questões a serem consideradas:

» Quem são os clientes deles?

» Seu produto está alinhado ao deles?

» Como você diferenciará seu produto para os clientes?

» Você consegue ver alguma oportunidade de roubar clientes? Ou atingir clientes que sua concorrência ainda não conseguiu convencer?

O conhecimento sobre produtos que já estão no mercado pode ajudá-lo a criar o produto com esse contexto e evitar armadilhas em potencial já experimentadas pela sua concorrência.

Priorizando recursos

É ótimo sonhar alto. Na verdade, acho muito importante. Sonhar alto possibilita que seu time todo realmente amplie suas ideias e faça brainstorming de tudo o que esse produto pode ser. Assim, o projeto é revigorado, e o time se anima. Quando isso acontece, ela cria inovações únicas e pontos de vista que podem levar o produto mais além.

Um ótimo exercício de desenvolvimento de produto é listar cada recurso que queremos incluir. Peça que todos da empresa façam o mesmo, junte os itens duplicados e os empilhe — organize-os por ordem de importância.

No fim, queremos priorizar a lista por ordem de importância. Considere quais recursos não podem ficar de fora e corte qualquer um que não seja absolutamente necessário para resolver o problema que está tentando resolver.

Se tiver dificuldades para priorizar a lista de recursos em potencial, faça três listas:

» **Recursos imprescindíveis:** Estes são os itens mais vitais para a capacidade do produto de resolver um problema para o usuário.

» **Recursos legais de ter:** Estas são ideias que melhorarão o produto, mas não são cruciais para sua eficácia geral.

» **Recursos sem importância:** Estes são os itens que ninguém de seu time está disposto a defender. São ideias que simplesmente morreram no limbo. É bom ter uma lista para usar no futuro (quem sabe quando suas iterações demandarão uma lista de recursos, não é?), mas, por ora, coloque essa lista em uma gaveta e siga em frente.

Projetando a experiência do usuário

Nesta seção, não estou me referindo à construção de wireframes de alta fidelidade ainda. Isso está um pouco mais além. Nesta parte do processo de planejamento, você deve pensar em como será a interação do usuário com seu produto. Qual é a principal força motriz que levará os usuários para seu site e o manterão nele? Qual é a principal atividade que eles realizarão? Quais são os passos ou as tarefas envolvidas nesse processo? Como o usuário passará de uma atividade para a próxima?

Imagine que seu produto seja um MVP de armazenamento de fotos. Pense no fluxo do usuário e em quais recursos o permitirão passar por todas as fases de uso de seu produto. Pegue sua lista e classifique os recursos pelos passos que seu usuário dará no fluxo de seu produto. A Figura 7-1 demonstra esse processo.

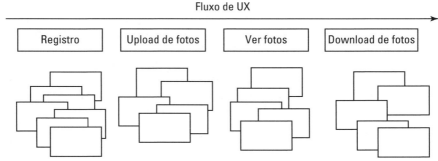

FIGURA 7-1: Organizando recursos pelo fluxo da experiência do usuário (UX).

Depois de classificar os recursos por categoria, é preciso ordená-los dentro de cada uma delas por importância. Lembre-se: um recurso que você adora pode não ser o mais importante. A ligação emocional às ideias é muito menos importante do que a pertinência que esse recurso específico tem para seus usuários. Como ele os ajuda? É vital para tornar o MVP um produto utilizável para os clientes? Ordene as ideias de recursos dentro de cada categoria, como vemos na Figura 7-2.

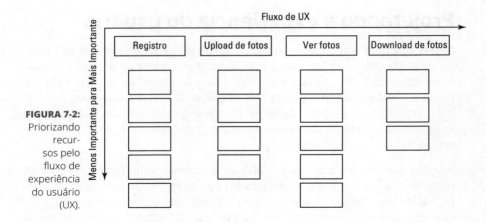

FIGURA 7-2: Priorizando recursos pelo fluxo de experiência do usuário (UX).

Testando sua hipótese

Quando ficamos confortáveis com um bom planejamento, falamos com os clientes e integramos seu feedback no plano de produto, chega a hora de começar a criar! Lembre-se de tomar cuidado com o scope creep (veja a seção "Coletando Requisitos", anteriormente neste capítulo). Apenas os recursos obrigatórios — aqueles sem os quais o MVP não funcionará — devem ser integrados nesta primeira iteração. O objetivo não é necessariamente maravilhar seus usuários, mas, sim, provar a viabilidade de seu produto.

Na verdade, em alguns anos, você provavelmente ficará muito envergonhado de seu MVP. Isso é o ideal, porque significa que ele ficou de fato minimalista o bastante para ser um MVP legítimo. Ao adotar DevOps, aceitamos que nosso ciclo de vida de desenvolvimento será um processo iterativo. Criaremos algo, lançaremos, ouviremos o feedback dos clientes e faremos a iteração com base nisso. Esse ciclo prossegue ao longo da vida do produto. Ele nunca acaba. A Figura 7-3 pode servir como lembrete gráfico desse ciclo lançar, ouvir e iterar.

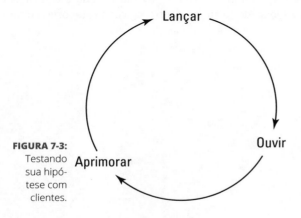

FIGURA 7-3: Testando sua hipótese com clientes.

96   PARTE 2 **Estabelecendo um Pipeline**

Ser ou não ser beta?

Um lançamento alfa é quase sempre exclusivamente para amigos e familiares. Essas são as pessoas em que confia que serão bondosas e não acabarão com você na mídia por causa de um produto faraônico. Elas também são pessoas que você sabe (ou espera) que serão totalmente honestas. Algumas empresas fazem lançamentos alfa como uma verificação final antes de lançar o software para clientes em potencial em uma versão beta.

Uma versão beta pode ser limitada — ou não. Mas ela cria nos clientes a expectativa de que não é necessariamente um produto finalizado. É apenas um teste. Agora, alguns de vocês podem estar pensando: "Por que diabos eu anunciaria que meu produto não está finalizado?"

Bom, você quer que seus clientes confiem em você? Quer que o defendam? Quer atrair esses adotantes iniciais? Se sim, é preciso integrá-los ao grupo. É preciso tratá-los como se fossem seus amigos mais próximos. Os clientes são espertos e não serão enganados por nenhum enfeite. Seja completamente honesto. Explique que construiu algo que acha útil, mas não tem certeza. Peça ajuda. Dê espaço para que eles avaliem seu produto e deem feedback. Escute-os. Se não escutá-los, o feedback será absolutamente inútil.

Determinando Seu Cliente ao Projetar uma Persona

Em DevOps, os requisitos de um produto existem, em grande parte, para reunir todo mundo e estabelecer uma visão compartilhada. No estágio de planejamento, devemos focar os requisitos de alto nível e confiar que o time de desenvolvedores fará os recursos da forma mais responsável, dado o contexto fornecido.

Quanto mais interessados você puder envolver no início do projeto, menos provável será que execute mudanças inesperadas mais para a frente. O propósito de coletar requisitos não é necessariamente pensar em todos os cenários possíveis e listar cada recurso que será incluído algum dia. Serve como maneira de garantir que todos os envolvidos no projeto estejam alinhados com o propósito. Quando todos compartilham uma direção clara e uma compreensão geral do problema que o produto deve resolver, as partes interessadas do time de negócios e do time de tecnologia encontram muito menos conflitos umas com as outras.

CAPÍTULO 7 **Planejando com Antecedência** 97

Criar uma visão unificada requer uma compreensão total do cliente. Quem é ele? Quais são seus problemas? Como interagem com os produtos? Esse é apenas o começo para realmente entender as pessoas que usam ou usarão seus produtos.

Desenvolver personas de clientes colaborativamente é uma das melhores formas de estabelecer uma visão compartilhada de quem é seu usuário. Nesta seção, você descobrirá como projetar personas para categorizar seus clientes e projetar recursos com eles em mente.

O que é uma persona?

A inclinação natural de uma empresa é querer que seu produto atinja todo mundo. No entanto, "todo mundo" não é um público. Claro que seu produto pode ser útil para todos, mas eles não são seu público. Em vez disso, seu público é formado por pessoas tão animadas e confiantes no seu produto, que pregarão seus benefícios para seus amigos. Para ajustar a mensagem de marketing para esses usuários específicos, os departamentos de marketing desenvolvem perfis de pessoas fictícias, chamados *personas*.

DICA

Quanto mais detalhada é a persona, mais útil será no processo de planejamento. De muitas formas, a persona é um composto de segmentos-chave do seu público. Ela o ajuda a entregar os recursos direcionados e a experiência de usuário mais úteis para seus clientes.

Sua persona é um ser humano fictício com um nome, um emprego, um passado e preferências. Geralmente, três a cinco personas cobrirão a grande maioria de seus clientes em potencial. De uma perspectiva da tecnologia, pensar em seu público assim pode parecer estranho. Estamos acostumados a simplesmente criar e expedir os produtos. Sim, você está abstratamente consciente de que pessoas usam o produto, mas provavelmente não está acostumado a pensar nelas e em suas preferências específicas antes de começar a programar.

Considerar as preferências do usuário desde o início — é para isso que existe a fase de planejamento. Ela destaca e prioriza a necessidade de compreender a experiência do usuário e os valores de seus clientes. Pensar nesses aspectos desde o começo justificará decisões à medida que você progride e manterá todos na organização em sintonia.

Criando uma persona

Qualquer persona desenvolvida terá um perfil básico que inclui todos os detalhes de sua vida que sejam relevantes para você. Ele geralmente inclui informações básicas de localização, além de abstrações como valores, medos e objetivos. Suas personas devem incluir as informações básicas da lista a seguir:

- » Nome
- » Título do cargo
- » Gênero
- » Salário
- » Localização

LEMBRE-SE

Eu incluí o gênero nesta lista, mas encorajo a considerar pessoas não binárias e garantir que seu banco de dados esteja configurado de forma que permita a inclusão de pessoas que não se identificam como homens ou mulheres. Além disso, certifique-se de que o nome de alguém possa ser atualizado com facilidade. Essa capacidade é muito importante para pessoas trans, bem como para outros grupos sub-representados e marginalizados.

Também encorajo que você pense nos aspectos mais profundos e emocionais de uma pessoa. Embora o título do cargo de alguém e seu salário possam ajudá-lo a estruturar seu produto, os aspectos mais humanos de uma pessoa influenciam a tomada de decisão. Esses aspectos incluem a educação, a experiência, as ambições e os princípios, e são as qualidades principais que você deve acessar e compreender:

- » **Educação:** Qual é o passado educacional de sua persona? Ela tem ensino superior completo? Se for desenvolvedor, tem graduação em Ciência da Computação ou fez um bootcamp? A educação informa o que sabemos, mas também influencia como aprendemos — algo importante para documentar seu produto e projetar a experiência do usuário.
- » **Objetivos:** Quais são suas ambições? Elas podem ser profissionais ou pessoais. Talvez queira aprender outro idioma ou conseguir uma promoção. Se você puder resolver um problema do usuário e ajudá-lo a alcançar um objetivo, ganhará um cliente para a vida toda.
- » **Desafios:** Quais as dificuldades dessa pessoa? O que acha difícil no trabalho ou na vida? O que realmente odeia fazer? Quanto mais problemas conseguir descobrir, melhor posicionado você ficará para ajudar a aliviá-los.

» **Valores:** Quais princípios guiam essa pessoa? Com que se preocupa? Quais são suas políticas? Você pode achar que essas questões não têm nada a ver com seu produto, mas podem influenciar a decisão de um usuário em comprar algo. Talvez você faça negócios com uma empresa ou governo que ela considere antiético. Pense nos conflitos de interesse em potencial e em como eles impactam você e esse projeto.

» **Medos:** Todo mundo teme alguma coisa, e a maioria de nós carrega muitos medos arraigados. Muitos desenvolvedores, por exemplo, temem parecer burros. Esse medo os impede de fazer perguntas "idiotas" que, se respondidas, poderiam economizar tempo e dinheiro mais adiante. Se você conseguir descobrir os medos de seus clientes, poderá lidar com eles antes que tenham de fazer perguntas. Isso estabelece uma quantidade gigantesca de confiança.

> **NESTE CAPÍTULO**
>
> » **Projetando sistemas com o DevOps em mente**
>
> » **Arquitetando a mudança**
>
> » **Documentando decisões de design**

Capítulo **8**

Projetando Recursos de uma Perspectiva DevOps

A adoção de DevOps é um compromisso de contagiar todas as pessoas, os processos e os produtos com as filosofias centrais de DevOps. O software produzido é, de muitas formas, um artefato dos valores e princípios de seu time. Se ele não incorpora a metodologia, sua tecnologia também não o fará.

Um dos principais erros do time de produto é trazer tarde demais a engenharia no processo de design. Você já garantiu que todos na organização estejam cientes do produto, entendam os objetivos centrais do negócio e estejam envolvidos — ou se sintam bem-vindos — no processo de planejamento. Seus colegas colaboraram no processo de brainstorming, ofereceram sugestões e passaram a apreciar quais recursos são mais críticos para o sucesso dos produtos.

Não deixe que esse compartilhamento de informações acabe quando o design do sistema começar. Sim, decisões precisam ser tomadas, e às vezes pode parecer que há gente demais dando palpite. Não estou sugerindo que você faça uma votação sempre que tiver mais de uma opção. A hierarquia tem um papel crucial na maioria dos times de tecnologia, e a liderança deve estar disposta a fazer escolhas claras quando receber todas as opções.

Mas este é o segredo: *eles recebem todas as opções*. Para fornecer todas as opções, é preciso que todos estejam envolvidos. O impulso criado durante a fase de planejamento deve continuar na fase de design.

Neste capítulo, pensaremos no design de software a partir de uma perspectiva DevOps. Introduzo também melhorias contínuas e mostro como projetar um software flexível o bastante para que seja adaptado às necessidades sempre em evolução de seu negócio.

Criando Seu Design

Em software, a arquitetura se refere ao design de estrutura de alto nível de um sistema. Ela engloba não só o design em si, mas também a documentação arquitetural — sendo esta uma qualidade que geralmente falta em sistemas de software. Pense nela como uma planta de todo o produto de software, exibindo cada uma das peças exigidas para que funcione e como elas se relacionam umas com as outras.

Embora estejamos trabalhando com design de alto nível, dúzias de considerações são levadas em conta na construção de um framework sólido. Lidar com todas elas requer mais do que a habilidade de um product owner. A forte participação de especialistas em tecnologia é fundamental para seu sucesso na construção de um produto de software totalmente desenvolvido e sustentável.

As pessoas têm várias maneiras de descrever um código "bom". Eu prefiro dizer que o software bem desenvolvido é de alta performance, o que significa que pode ter o desempenho necessário do modo desejado. Essa definição é propositalmente vaga, porque depende muito de seu produto e usuário. A alta performance pode se referir à velocidade com que sua aplicação carrega e entrega a usabilidade para o usuário. Também pode significar confiabilidade e disponibilidade de dados — por exemplo, os dados de seu cliente são precisos e acessíveis a qualquer momento? Antes de prosseguir, pense no que um código "de alta performance" significaria para você, seu time e seus clientes. Como você pode projetar um software a fim de priorizar suas necessidades específicas de desempenho?

102   PARTE 2 **Estabelecendo um Pipeline**

Em times de tecnologia tradicionais, os desenvolvedores — aqueles que escrevem o código — foram separados dos especialistas de operações, isto é, a pessoa responsável pela implementação e manutenção da infraestrutura exigida para executar a aplicação. Essa separação criou o que a área de tecnologia chama de "Parede da Confusão", a parede figurativa por sobre a qual os desenvolvedores jogavam código a ser implementado e mantido para as operações.

Muitas organizações — mesmo as que acham que adotaram o Ágil e o DevOps — ainda isolam seus times e passam o trabalho entre eles. A área de negócios decide qual é o produto de que o mercado precisa; o de vendas introduz os recursos que os clientes pediram (ou que prometeram a eles); os project owners trabalham no design do fluxo de produto e na arquitetura, só então passando-o para os times de tecnologia construírem.

Esse tipo de fluxo de trabalho é um antipadrão de DevOps (veja mais sobre antipadrões no Capítulo 9) e corromperá totalmente o que você está tentando construir. Os desenvolvedores não são "code monkeys". Seu trabalho não é produzir código durante 40 horas toda semana, mas ser especialista no assunto, e você nunca será capaz de construir um produto de software sustentável sem o conhecimento deles.

A Figura 8-1 retrata como os times de tecnologia tradicionalmente jogavam trabalho uns para os outros de forma linear. Os papéis eram claramente definidos, e o espaço entre eles criava atrito. Em vez de trabalharem juntos para garantir que um recurso funcionasse, o time de QA e o time de desenvolvedores discutiam para ver de quem era o trabalho de lidar com um bug.

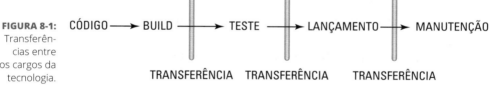

FIGURA 8-1: Transferências entre os cargos da tecnologia.

Com o DevOps, os times devem compartilhar conhecimento e colaborar de forma contínua. Os cargos se referem à especialização, em vez de a limites específicos dentro dos quais se deve trabalhar. Antes, eles eram basicamente isolados; não havia cruzamentos entre os cargos. O DevOps cria um ambiente de compartilhamento de conhecimento e um "vazamento" de responsabilidade entre cada cargo e estágio da entrega de software. Assim, os desenvolvedores escrevem testes automatizados para seu código e confiam que QA encontre casos extremos ou sugira melhorias.

Nesta parte do livro, abordo cada estágio como se fossem lineares. Uso essa abordagem linear para procurar detalhadamente modos específicos de inserir o DevOps em cada fase. Na Parte 3, fecho o circuito e começo a visualizar o ciclo de vida de entrega de software como um verdadeiro ciclo contínuo de melhorias.

Previsivelmente, os project owners às vezes têm ideias impossíveis ou inviáveis dentro das restrições de recursos do projeto. Por sua formação e experiência, os desenvolvedores podem identificar rapidamente como lidar melhor com a solução dos problemas de seus usuários. Também podem avaliar os recursos em relação à complexidade e dar conselhos gerais sobre os custos de tempo e recursos em potencial.

CUIDADO

Em minha época de desenvolvedora, nunca vi uma única estimativa de tempo de desenvolvimento ser precisa. A quantidade de tempo necessário é sempre uma suposição. A imprecisão das estimativas aumenta se os desenvolvedores acharem que devem aderir a uma timeline específica, mesmo que essa expectativa seja implícita. Sempre recomendo dobrar as estimativas de tempo para que você tenha espaço suficiente para imprevistos ou desafios complicados de desenvolvimento. Acredite, seus clientes não reclamarão se você entregar um produto com seis meses de antecedência. Mas atrase, e quase certamente terá usuários nada satisfeitos.

A melhor maneira de mitigar os obstáculos em potencial mais adiante no processo de desenvolvimento é reunir todos no começo. Essa fase de planejamento e design fornece a oportunidade de coletar as ideias, opiniões e preocupações de todos. Embora o processo de coleta de informações possa parecer caótico, com a cacofonia de especialistas disputando para serem ouvidos, o resultado, quando aplicado, normalmente leva a um software melhor. Veja três abordagens específicas a se manter em mente quando estiver projetando um software:

» **Peça um feedback inicial dos desenvolvedores.** Permita que eles deem opiniões sobre a complexidade de construção de cada recurso durante esse processo de descoberta e design. Os gerentes de produto se beneficiam do conhecimento, e os desenvolvedores conseguem ver o que talvez construirão (e quais tecnologias precisarão revisar).

» **Dê tempo para a análise.** Agende tempo nos cronogramas de seu time de tecnologia para garantir que tenham espaço para falar com os gerentes de produto, estudar as ideias propostas e pensar em soluções possíveis. Você pode não conseguir todas as suas respostas durante uma reunião de três horas todas as quartas-feiras. Muito provavelmente, seu time terá de pensar nos problemas e lhe dar um retorno. Permita que ele faça pesquisas para fornecer o conselho mais completo e informado que puder.

» **Considere nomear um time especial de desenvolvedores para o nível de design.** Algumas empresas são grandes o bastante para dar suporte à criação de um time de arquitetura. Com o DevOps em mente, esse não é um time que recebe um monte de recursos e depois os seleciona. É um grupo especializado de profissionais de tecnologia cuja experiência ou interesses os torna unicamente qualificados para projetar sistemas de alto nível. Em vez de mergulhar fundo em design de recursos ou infraestrutura de baixo nível, eles pensam no produto como um todo — uma rede de recursos diferentes que interagem de maneiras específicas.

DICA

Criar cargos de arquitetura dá ao time de tecnologia dois caminhos em direção a uma promoção: gestão ou especialidade técnica. Os profissionais de tecnologia que não querem ser gerentes nunca devem achar que precisam seguir esse caminho simplesmente para conseguir um aumento ou um novo cargo. O crescimento de carreira para um profissional de tecnologia deve incluir um caminho em direção a se tornar um profissional de tecnologia responsável. Como: arquitetos de sistemas precisam de conhecimento de várias áreas, além da experiência de saber o que funciona (e o que não funciona).

Projetando para DevOps

Em uma organização que pratica DevOps, o software não é construído, é apenas projetado. Cada parte dele é cuidadosamente considerada e projetada para beneficiar o máximo possível o usuário final. Enquanto você e seu time trabalham as capacidades do software, lembre-se destes três princípios:

» Você deve projetar e construir softwares atualizáveis.
» Você deve melhorar constantemente seu software.
» Seu software deve dar suporte ao aprendizado.

Projetando software para a mudança

A razão pela qual a maioria dos desenvolvedores detestam trabalhar em bases de código extremamente antigas não é pelo fato de os desenvolvedores originais serem um bando de idiotas. Isso está longe de ser verdade. É que o contexto e as circunstâncias mudaram de forma tão drástica que o código antigo é radicalmente diferente do que deveria ser. É obsoleto, e isso acontece em tempo recorde.

Ao contrário de alguns outros setores, o desenvolvimento de software não existe há centenas de anos, e os desenvolvedores de software não tiveram o luxo de já ter toda a base estabelecida. De muitas formas, o software ainda está em seus estágios iniciais. Ele evolui rapidamente e os desenvolvedores o acompanham.

Construa seu software para que possa ser atualizado à medida que muda e cresce para satisfazer as novas demandas de seus clientes. Se precisar mudar de direção, certifique-se de que sua arquitetura seja flexível o suficiente para suportar essas mudanças com dignidade.

Além de projetar para a mudança, é preciso construir o software a fim de que seja reutilizado. O Desenvolvimento Baseado em Componentes (DBC) é uma abordagem de desenvolvimento de componentes que sejam reutilizáveis e mantidos com mais facilidade do que sistemas de grande escala extremamente acoplados.

Embora o código mude bastante no futuro, limite as mudanças feitas à arquitetura geral, porque esses tipos de mudanças terão um impacto mais drástico em todas as áreas do sistema. Projetar uma arquitetura flexível e resiliente leva mais tempo no início, mas fornece benefícios durante a aceleração nos últimos estágios do ciclo de vida de desenvolvimento.

Para projetar para a mudança, faça com que os componentes do sistema sejam:

- » Autônomos
- » Independentes
- » Bem documentados
- » Padronizados
- » Portáteis

Cada uma dessas qualidades possibilita que o código seja extraído e facilmente adaptado a outro local dentro de seu software, ou executado em um hardware diferente. Essas qualidades também melhoram sua habilidade de manter o software ao longo do tempo, porque o código é facilmente compreendido por novos desenvolvedores de seu time. Enquanto estamos falando de mudança...

Melhorando o software constantemente

É preciso melhorar continuamente seu software e seus sistemas, incluindo a verificação de consistência em novos designs e código expandido. Uma determinada decisão se encaixa na arquitetura geral? O design foi padronizado para ser semelhante aos outros serviços ou componentes?

Quanto mais seu sistema é dimensionado e quanto maior seu time se torna, mais provavelmente sua base de código começará a parecer que tem dezenas de desenvolvedores trabalhando nela, em vez de apenas um. Em um primeiro momento, isso não soa como um problema muito grande, não é? Quero dizer, realmente *há* dezenas de desenvolvedores trabalhando no software. Isso não é natural? Sim. Mas natural nem sempre é bom.

Idealmente, sua base de código (incluindo código de infraestrutura [IAC — infrastructure as code]) deve ser o mais uniforme possível. Em um mundo perfeito, pareceria que uma pessoa escreveu a coisa toda. Agora, esse nível de perfeição é inatingível, mas esse fato não significa que você não pode se esforçar por isso.

Escritores têm orientações editoriais. Eles dependem dessas orientações de estilo para garantir que sua linguagem seja uniforme à de seus colegas. Na mesma linha, os desenvolvedores de software possuem ferramentas de lint, que são uma dádiva para ajudar sua base de código a alcançar a uniformidade. A instalação de ferramentas de lint permite que seu time decida os princípios básicos de estilo, estabeleçam configurações e deixem o lint corrigir coisas pequenas, como fazer com que exista um ponto e vírgula em todas as linhas.

Se seu time não está disposto a se reunir e decidir sobre algumas diretrizes básicas, bom, você terá grandes problemas de colaboração, e sugiro que veja a Parte 1 deste livro para começar a persuadir algumas dessas pessoas a se transformarem e praticarem a cultura DevOps.

Um linter é ótimo para coisas pequenas. Mas decisões maiores, como a aparência do design de seu API base, requer mais consideração e muito mais disciplina. Sigo recomendando fortemente as revisões de código para um design eficaz de API. O revisor nem precisa ser um sênior (embora isso muitas vezes seja extremamente útil). Ao ler o código, o revisor pode fazer perguntas e levantar cenários que o desenvolvedor original não considerou. Essa abordagem evita o desenvolvimento em silos e impede que as suposições principais (e possivelmente erradas) sejam codificadas em seu sistema.

DICA

Faça com que seus arquitetos ou a maioria dos desenvolvedores seniores participem das revisões de código. Esse processo é abordado também do Capítulo 9, mas pedir que um arquiteto revise o novo código antes que seja integrado à base de código mais ampla manterá o padrão geral da arquitetura e também possibilitará que o arquiteto e o desenvolvedor se beneficiem do conhecimento compartilhado. O arquiteto aprende como o recurso foi desenvolvido e com quais ferramentas. O desenvolvedor aprende como manter seu código uniforme com seus colegas e garante uma base de código organizada e bem mantida.

Documentando seu software

Um software bem documentado é algo incrivelmente raro, e existe uma razão para isso. Os prazos. Eu nunca conheci um desenvolvedor cuja documentação estivesse ligada a promoções ou recompensas. Talvez isso deva mudar.

A documentação serve a múltiplos propósitos, mas deve servir para mais do que simplesmente aplicar o que o código diz em português. Veja o método Ruby, `add()`, no código a seguir. A própria função é simples o bastante, então o comentário é inútil.

```
# retorna a soma de x e y
def add(x,y)
  x + y
end
```

CUIDADO

Os comentários no código, como no exemplo anterior, podem ser úteis dependendo de quem tem acesso à base de código. Por exemplo, um desenvolvedor JavaScript gostará de alguma tradução do código C++. Mas o risco é que o excesso de comentários faça com que as pessoas não os leiam, por preguiça, ou que o débito técnico se acumule. A documentação deve ser atualizada à medida que o código muda. Comentários desnecessários podem ficar ultrapassados rapidamente e levar a mais confusão.

Seu código precisa ser documentado de modo que ensine o desenvolvedor que o lê. Além disso, ele precisa entender não apenas uma seção específica, mas também como essa seção se encaixa no todo. Quais suposições foram feitas? Quais foram as alternativas? Por que essa implementação foi escolhida? Quais itens TODO [a serem feitos] ainda são necessários? Quanto "débito técnico" esta entrega de software contempla?

Transferir conhecimento de um desenvolvedor para outro (ou para ele mesmo no futuro) é o benefício mais atraente da documentação, e certamente incorpora os valores de DevOps.

Se você construir seu software para que suporte as mudanças, aprimorando-o continuamente, e tratando-o como um documento vivo que transfere conhecimento sobre o código e o produto entre os times de desenvolvedores e operações, você estará bem posicionado para manter seu software no longo prazo. O design de alta qualidade leva a menos conflito e ciclos mais rápidos no fim da estrada.

Arquitetando Código para as Seis Capacidades de DevOps

Quando um time de arquitetura e um product owner colaboram no design técnico de um novo produto, o arquiteto de soluções aconselha sobre os elementos funcionais e também sobre como eles interagem. A arquitetura estabelecida no começo de um projeto reverbera nas decisões feitas mais adiante. O framework determina até que grau o sistema é flexível para mudanças e o quanto será limitado para a adição de certos elementos.

Os arquitetos influenciam como o sistema é estruturado, quais recursos são priorizados e como padronizar o código. Eles garantem a reusabilidade e também como o time de desenvolvimento abordará o trabalho à sua frente.

Geralmente, os arquitetos considerarão o peso de seis categorias-chave de desempenho discutidas nas próximas seções.

Sustentabilidade

O código muda. Novos recursos devem ser adicionados, os velhos devem ser descontinuados (permanecem funcionais, mas sem manutenção) e recursos atuais devem evoluir. O software deve ser atualizado. A mudança é inevitável e deve ser planejada. A sustentabilidade de seu sistema está ligada à sua resiliência diante da mudança.

Seu código deve ser testado completamente por meio de um conjunto de testes automatizados. O teste manual leva você apenas até certo ponto. Os sistemas são muito complexos hoje em dia para ter uma ou duas pessoas clicando em um aplicativo para ver se tudo funciona. Eu falo mais sobre testes no Capítulo 10, mas, por ora, lembre-se de que o código precisa cumprir os critérios de aceitação. Ou seja, como você sabe que um recurso funciona? Ele também deve ser testado para encontrar casos extremos. Podemos imaginar alguns. O que acontece quando um array é um parâmetro, mas espera um hash? E se o endereço de e-mail não tiver o sinal de @? Então, sempre que surgir um bug, é preciso adicionar pelo menos um teste para conferir que ele foi corrigido. Esses testes nos alertam quando o código novo prejudica recursos atuais antes de afetar os clientes.

É preciso documentar seu código. Documentar o código é algo com que quase todos os times de tecnologia possuem dificuldades. Este problema está ligado ao fato de que, na maioria das vezes, em uma organização, os times de desenvolvimento sabem que não são medidos por sua documentação. Quase sempre estão estressados com a retirada de um recurso ou a correção de algum bug. Essas são as medidas pelas quais são avaliados. Podemos encorajar a documentação adicionando-a como critério de avaliação nos processos de revisão.

Enfatize a documentação das revisões de código. Garanta que a matriz de decisão seja documentada, bem como o resultado final. Quais alternativas foram consideradas pelo desenvolvedor? Por que ele escolheu essa implementação específica? Esse contexto é muito valioso para os desenvolvedores (mesmo para aqueles que trabalharam nela originalmente!) mais adiante. E lembre-se de que, quando o código muda, os testes e a documentação também devem mudar.

Escalabilidade

A escalabilidade do sistema é definida por sua resiliência em relação ao crescimento (às vezes extremo). A melhor maneira de pensar em sistemas escaláveis é esta: se seu sistema tem melhor desempenho depois que os novos recursos são adicionados, ele é escalável. Se não, você terá um pouco de trabalho.

CUIDADO

Tentar escalar uma aplicação é complicado no início do processo. Isso pode atrapalhar startups e produtos nos estágios iniciais, porque, se você não tiver nem duzentos usuários, sua primeira preocupação não é a escalabilidade, mas, sim, conseguir mais usuários — qualquer usuário. Pensar nas opções em potencial para o software suportar o crescimento enquanto é expandido é uma boa ideia, para que se possa criar o potencial de lidar com adoção e uso acelerado do cliente. Mas não deixe que a meta do crescimento impeça o progresso dos itens mais críticos para seu negócio no momento.

Uma das vantagens de construir aplicações cloud native — sistemas projetados para rodar na nuvem — inclui a adição de várias melhorias às capacidades. Resiliência, flexibilidade e — você adivinhou — escalabilidade podem ser automatizadas e melhoradas iterativamente. Considerando que o escalonamento manual envolve o time de operações que gerenciam servidores, rede e armazenamento, os fornecedores de nuvem automatizam grande parte desse processo para que as mesmas configurações sejam aplicadas a cada implantação.

A escalabilidade também tem um elemento de elasticidade. Sua aplicação consegue lidar com um pico de tráfego sem cair? Suas métricas de desempenho continuam relativamente iguais antes, durante e depois de uma explosão na carga de sua aplicação?

Ao avaliar a escalabilidade de sua aplicação, considere a carga máxima que ela pode aguentar atualmente. Que impacto um banco de dados tem nas outras áreas da aplicação?

Veja duas abordagens para escalar a infraestrutura:

» **Scale-up:** Você pode melhorar os nós que já tem em uso adicionando a eles mais computação, memória, armazenamento ou rede. Os provedores de nuvem pública geralmente lidam com isso mudando a aplicação para instâncias mais poderosas. De uma perspectiva da aplicação, é possível brincar com tamanhos de cache, threading e aumento de conexões.

» **Scale-out:** Em geral, escala horizontal é mais vista em sistemas distribuídos globalmente. Ela adiciona nós de infraestrutura pré-configurada ao seu sistema conforme necessário. Se você já ouviu o termo: "pay as you grow" [pague conforme você cresce] de um fornecedor de nuvem, escala horizontal é ao que esse termo se refere. O dimensionamento permite que você adapte o ajuste da escala para regiões geográficas específicas.

Não importa como você escolha projetar seu sistema para escalar, certifique-se de que ele falhe normalmente (consulte a seção "Usabilidade", mais adiante neste capítulo, para saber o que quero dizer com falhar com elegância) se não escalar como o esperado.

PAPO DE ESPECIALISTA

O termo *cloud native* se refere à construção de aplicações com a nuvem em mente. Isso significa mais do que apenas ter um aplicativo implantado na nuvem. Sim, é uma parte. Mas até aplicações construídas antes da nuvem podem ser mantidas lá. Aplicações cloud native são desenvolvidas e implementadas com escolhas de arquitetura específicas baseadas na nuvem. Os times constroem aplicações cloud native usam várias das ferramentas abordadas neste livro: DevOps, microsserviços, integração contínua e entrega contínua (CI/CD) e containers. CI/CD é tratado no Capítulo 11, e containers e microservices, no Capítulo 20.

Segurança

O DevSecOps nasceu do movimento DevOps e existe para disseminar, fomentar e sempre lembrar à comunidade de que a segurança é responsabilidade de todos. Assim como o time de desenvolvimento, o time de operações tem tradicionalmente um relacionamento de oposição, a segurança foi esquecida por ambos. Embora você não possa simplesmente inserir tudo o que queira em "DevOps", o termo *DevSecOps* serve como um bom lembrete de que a tecnologia possui muitas outras especializações além de desenvolvimento e operações.

Anteriormente, o software era revisado pela segurança no fim do ciclo de vida de desenvolvimento. O trabalho da segurança era bloquear o lançamento de código não seguro. Como se pode imaginar, os desenvolvedores não gostam de ouvir que seu código não é seguro e que precisa ser corrigido logo depois de terminá-lo. Para abordar esse problema do aviso tardio, a comunidade DevOps usou a ideia de "deslocar a segurança para a esquerda". Essa frase se refere a abordar problemas de segurança mais cedo no ciclo de vida de desenvolvimento, ou, se visto linearmente, à esquerda do pipeline.

Proteger seu software não é uma escolha. Mas garanti-lo no último minuto é tarde demais. Ele se transforma em um bloqueio e um grande impeditivo de valor ao negócio. Com o DevOps, você pode trazer segurança para o início do processo, ou seja, em sua criação, planejamento e design.

Planejando a segurança

É importante avaliar e responder a ameaças antes que se tornem incidentes de segurança. As questões de segurança são mais bem pesquisadas e avaliadas no processo de planejamento. Existem mais ameaças do que imaginamos ou para as quais podemos ter recursos para mitigar. Mas, quando encontramos uma, temos três opções:

» **Reduzir a ameaça.** Acrescente medidas de proteção à sua aplicação e elimine as vulnerabilidades. Treine todo o seu time de tecnologia, principalmente o de desenvolvimento, para evitar brechas de segurança simples, como a escala de privilégios e a SQL Injection.

» **Transfira a ameaça.** Em algumas situações, colocar o ônus da ameaça em outra organização pode fazer mais sentido. Você pode comprar um seguro ou terceirizar certas questões de segurança. Ainda assim, essas ações não substituem a necessidade de proteção básica da aplicação.

» **Aceite a ameaça.** Se, ao avaliar o custo de contra-atacar a ameaça, descobrir que ele pesa mais do que o custo de realmente lidar com um incidente, pode ser melhor simplesmente aceitar certos riscos como parte do negócio de tecnologia.

Ameaças de segurança

Não sou especialista em segurança, mas, caso você não saiba por onde começar, veja alguns princípios básicos para manter em mente quando estiver projetando seu sistema:

» **Escala de privilégio:** Invasores ganham acesso a partes de seu sistema e escalam seus privilégios de segurança.

» **Vírus e worms:** O software pode ser construído para replicar a si mesmo e infectar sistemas inteiros. Worms se replicam com tanta frequência que derrubam o sistema consumindo muita memória.

» **Ransomware:** Este é um tipo de malware que bloqueia seu acesso a seu próprio sistema, mantendo-o como refém.

» **Software desatualizado:** Brechas de segurança são regularmente reparadas com atualizações. Garanta que seus sistemas tenham todos os softwares de terceiros atualizados. Se não puder fazer a atualização por algum motivo, garanta que você conhece quais são as vulnerabilidades existentes e tente atenuá-las de outras formas.

» **Senhas ruins:** Transmita bons hábitos de segurança para seus clientes. Imponha regras que os façam escolher senhas difíceis de adivinhar.

Você pode descobrir e atenuar ameaças de segurança em todos os pontos do ciclo de vida de desenvolvimento. Certifique-se de permitir que seu time de segurança faça parte dessa transformação DevOps com você e dê a ele espaço em todas as fases.

Usabilidade

O conceito de usabilidade descreve a facilidade de uso de sua aplicação/produto pelo cliente. O uso facilitado é o foco do design de interface e experiência do usuário (UI/UX). Qualquer interação do usuário com sua aplicação deve ser projetada para usabilidade. No Capítulo 7, vemos como planejar o fluxo básico da aplicação. Também vemos como cada ação do usuário leva à próxima, e, juntas, essas ações englobam o recurso principal e adicionam valor ao seu serviço. Durante a fase de design, garanta que o fluxo dessas ações ocorra tranquilamente. Veja algumas perguntas a fazer para si mesmo ao projetar sua aplicação:

» **Ela é intuitiva?** Os usuários precisam de treinamento para usar sua aplicação? Precisam de conhecimento prévio? Um usuário consegue aprender rapidamente a interagir com o site sem muita ajuda?

» **É rápida?** A aplicação responde em um período de tempo aceitável para o usuário? A performance/velocidade de desempenho é importante para evitar que os clientes desistam, mas você também não quer que a roda da morte — aquele ícone que vemos girando enquanto esperamos que uma ação finalize — seja a principal visão do seu serviço.

» **Sua aplicação falha normalmente?** O que acontece quando um erro ocorre? O usuário vê uma mensagem de erro clara que explica o que aconteceu e como corrigir?

» **Se um processo ocorreu tranquilamente, o usuário recebe uma mensagem de validação?** Comunicar-se com o cliente por meio de mensagens é um modo de a aplicação transmitir um erro para o cliente, em vez de simplesmente travar e parar todo o processo. A engenharia para erros é tratada no Capítulo 10; e falhas regulares, no Capítulo 16.

CAPÍTULO 8 **Projetando Recursos de uma Perspectiva DevOps** 113

PAPO DE ESPECIALISTA

Não tem certeza sobre por onde começar com a usabilidade? Avalie primeiro seu processo de inscrição. É como limpar o banheiro quando você não tem muito tempo e os convidados estão chegando. Esse é um cômodo que provavelmente todos usarão. Se seu processo de inscrição for utilizável, você será capaz de melhorar iterativamente a usabilidade dos outros aspectos de sua aplicação com várias ferramentas de acompanhamento. Mas, se eles nunca se inscreverem, você não saberá se seu produto é um fracasso ou se apenas sua aplicação não era muito amigável.

Confiabilidade

A confiabilidade de seu sistema se resume à disponibilidade de seu software para os usuários. Ela inclui a precisão e a integridade dos dados armazenados em seus bancos de dados, bem como o que fica visível para o usuário. Se os dados forem imprecisos ou estiverem dessincronizados, o sistema não é confiável.

Se o sistema cair, o quão fácil será restaurá-lo? Qual é o período médio entre falhas (MTBF)? (Falo sobre MTBF no Capítulo 17.) Quais são as expectativas dos clientes em relação à disponibilidade? Elas podem ser supostas ou legalmente obrigatórias por meio de um acordo de nível de serviço (SLA). A inconsistência de dados pode ser um problema se o backup for usado para restaurar um sistema depois de um incidente. Como você garante a consistência nessas situações? Quais são suas redundâncias?

Veja alguns termos que devem ser lembrados ao planejar e avaliar seu software em relação à confiabilidade:

» **Disponibilidade (Availability):** A porcentagem de tempo em que seu sistema está funcionando e acessível aos clientes.

» **Latência (Latency):** O tempo entre o momento em que um usuário faz uma solicitação e a aplicação responde.

» **Taxa de transferência (Throughput):** Quantidade de transações que uma aplicação pode gerenciar por segundo.

» **Fidelidade (Fidelity):** O nível em que uma aplicação representa o estado real de um objeto.

» **Durabilidade (Durability):** A capacidade de sua aplicação em atender às expectativas do cliente em longo prazo.

Flexibilidade

Um sistema flexível é o mais capaz de evoluir para satisfazer as necessidades do cliente. Bases de dados flexíveis podem absorver um código novo sem a possibilidade de grandes interrupções. Veja as perguntas a fazer para si mesmo e para seu time ao se projetar para a flexibilidade:

» Se estiver usando um banco de dados SQL, o esquema consegue acomodar bem a mudança? Qual será o nível de dificuldade das atualizações?

» Qual a aparência de sua árvore de dependência (a visualização das ferramentas ou outro software do qual um trecho de código depende para ser executado)? Quais serviços são vulneráveis a falhas encadeadas por causa de dependências?

O termo *"falhas encadeadas"* refere-se aos impactos em seu aplicativo com base em falhas "upstream" nas ferramentas das quais você depende. Por exemplo, se a AWS passar por uma interrupção e sua aplicação estiver hospedada na AWS, sua aplicação também sofrerá uma interrupção.

» Com que facilidade novos componentes podem ser integrados a um sistema em geral? Como eles se comunicam?

Documentando Decisões de Design

Eu falo de documentação em algumas seções anteriores neste capítulo porque documentar seu processo é uma parte muito importante no planejamento do ciclo de vida do desenvolvimento. Os times de tecnologia muitas vezes tomam decisões no início, com o benefício de todas as informações e, em seguida, esquecem que, em um futuro próximo, não se beneficiarão do mesmo contexto.

Criar uma ótima arquitetura não é o suficiente. Você deve ir além. Documente as alternativas consideradas, os custos do caminho escolhido e os motivos de ter tomado as decisões que tomou. Se não escrever esses aspectos, esse conhecimento será perdido. Você não se lembrará disso — eu juro. E até se tiver sorte de ter uma memória extremamente vívida, esse conhecimento não deve ser mantido na sua cabeça. Você está adotando o DevOps e precisa compartilhar informações com seus colegas.

Se seu time tiver todas as ferramentas usadas por você para tomar as decisões de arquitetura e o design do sistema, poderá reutilizar o design. Tire um tempo para registrar tudo isso. Até mesmo notas desorganizadas são mais úteis ao time do que nada.

Você poderia usar uma ferramenta de documentação para armazenar seus pensamentos, mas recomendo uma abordagem diferente. Registre suas decisões de design — e o raciocínio por trás delas — em seu código. Sim, direto na base de código. Crie um arquivo markdown no diretório raiz intitulado "Decisões de Arquitetura" e despeje tudo lá.

O impacto das decisões que são tomadas no início do processo é muito importante. Essas decisões afetam todas as partes do sistema, desde o código até a infraestrutura. Esses componentes e tudo o que os liga estão enredados. Todas as informações devem ser compartilhadas desde o início do projeto. Caso contrário, sua arquitetura se distanciará do design original e uma complexidade desnecessária começará a estrangular seu sistema.

Evitando Armadilhas Arquiteturais

Lembre-se dos fundamentos arquiteturais a seguir, que orientarão você e seu time por esta fase de design do seu ciclo de vida de desenvolvimento. Cada sugestão não está necessariamente fundamentada no DevOps. Em vez disso, todas as ideias pactuam com a cultura DevOps e permitem que seu time colabore com mais fluidez e assuma a responsabilidade pela qualidade do sistema como um todo e desenvolva um software melhor e mais rápido.

» **Entenda seu full stack.** O pessoal da área usa muito o termo *desenvolvedor full stack*, mas não parece concordar muito com seu significado. Conheci apenas algumas pessoas que eu descreveria como desenvolvedor full stack — isto é, pessoas que entendem do sistema desde o hardware até o sistema operacional e as linguagens e frameworks utilizados.

» **Isole componentes.** Se você adotar o DBC ou construir microsserviços de sistema, garanta que sejam escaláveis e modulares. Reduza ou elimine o estado compartilhado e evite acoplar acidentalmente os microsserviços no que eu gosto de chamar de "macrosserviços". A última coisa que queremos é ter todas as desvantagens dos microsserviços (veja mais sobre arquitetura de microsserviços no Capítulo 20) sem nenhum dos benefícios.

» **Não torne configuráveis as escolhas difíceis.** Esta ação no futuro permitirá que muitos escolham errado. Torne seus processos mais seguros. Reserve um tempo para reunir seu time e os arquitetos seniores, bem como qualquer especialista no assunto que seja relevante, e decida o melhor curso de ação para cada cenário imaginado. No cenário ideal, você fará escolhas automaticamente para o desenvolvedor; usar uma definição de configuração (e um padrão sugerido) pode ser uma segunda opção. Quanto mais escolhas puder remover de um desenvolvedor enquanto ele estiver programando, menos provável será que ele faça escolhas ruins.

» **Documente as configurações.** Sempre inclua um padrão e adicione alguns exemplos para ajudar o arquiteto a entender os impactos potenciais de suas escolhas. Essa abordagem melhora a uniformidade, reduz o erro humano e ensina aos arquitetos mais sobre as áreas do sistema com as quais podem não estar familiarizados.

» **Mantenha o sistema dinâmico.** Evite desenvolver seu software para um ecossistema ou ferramenta específico sempre que possível. Esse tipo de aprisionamento tecnológico é perigoso para sua perspectiva de longo prazo, porque dificulta a transferência para ferramentas melhores mais adiante. Também impede sua habilidade de fazer mudanças e evoluir. Componentes genéricos e sem estado são os mais flexíveis e podem ser extraídos de um ambiente e executados em outro totalmente diferente.

» **Use um agregador de registros (Log)**. Não faça registros (login) diretamente no sistema de arquivos. Na ocasião de uma queda/falha, será impossível restaurar informações valiosas dos registros (logs) que o ajudarão a remediar o problema. O mesmo se aplica a VMs e containers que são destruídos. Com um agregador, os registros (logs) duram mais que os "nós" e fornecem oportunidades de customizar quantas informações são armazenadas.

» **Evite chamar APIs de infraestrutura a partir do seu app.** Chamar do seu app dificulta mudar de ferramentas de infraestrutura ou provedores de hospedagem. Busque ferramentas PaaS (Plataforma como Serviço) de código aberto ou fornecedores de produtos que possam ajudá-lo a abstrair a infraestrutura da aplicação que a executa.

» **Siga a maioria.** Chega o momento de criar sua própria ferramenta do zero, mas isso é extremamente raro. Não use ferramentas ou protocolos obscuros ou feitos por você mesmo, a menos que seja absolutamente necessário. Aproveite as ferramentas e protocolos usados por milhares de desenvolvedores todos os dias. Essa sugestão se aplica a tudo, do HTTPS às conexões de banco de dados padrão e aos APIs baseados em REST. Essas são as ferramentas que fornecem a maior capacidade e têm a melhor documentação, que inclui perguntas postadas em fóruns como o Stack Overflow, onde podemos obter respostas rapidamente pelo Google, em vez de ter de pensar por horas em um problema simples.

118   PARTE 2 **Estabelecendo um Pipeline**

NESTE CAPÍTULO

» **Comunicando em torno do código**

» **Escrevendo código sustentável**

» **Tomando decisões com DevOps**

» **Implementando boas práticas**

Capítulo 9

Desenvolvendo Código

screvi este capítulo pensando no time de operações. Espero capacitar eles e os gerentes que não têm um histórico de desenvolvimento/programação para entender o processo de desenvolvimento de software — e das centenas de decisões que ele exige. Isso possibilitará que o time de operações se sinta mais confiante em discutir o código e aumentará sua empatia pelas decisões (e erros associados) que os desenvolvedores tomam diariamente.

Se você for desenvolvedor, muito do conteúdo deste capítulo pode parecer familiar (embora eu ache que ainda vale a pena relembrar as boas práticas do desenvolvimento). O Capítulo 11 se aprofunda no lançamento do código, na escolha do estilo da implementação e no versionamento — tópicos sobre os quais a maioria dos desenvolvedores não se sente tão confiante.

Neste capítulo, mostro como falar sobre código de forma colaborativa, escrever código ágil em face à mudança e tomar decisões de software a partir de uma perspectiva DevOps.

Comunicando-se sobre o Código

A caricatura do hacker que vive em um porão é ultrapassada. Apesar de ainda ser um desafio ter diversidade e inclusão suficientes na tecnologia, a situação melhorou muito. Cada vez mais pessoas com históricos não tradicionais se juntam e trazem suas formações e experiências variadas à tecnologia. Um dos benefícios dessa diversidade tem sido a ênfase na comunicação sobre o código, que está completamente alinhada com os valores do DevOps.

Discuto as revisões de código — o processo de ter um colega revisando seu código antes de integrá-lo à divisão principal — mais adiante neste capítulo, em "Fazendo com que seus pares revisem seu código". Mas a comunicação sobre o código começa muito antes do estágio de revisão do código. Os desenvolvedores costumavam receber requisitos e esperava-se que desenvolvessem os recursos apropriados, apenas para entregar o código ao controle de qualidade (QA) — assim como à segurança para revisão e ao time de operações para implantação das operações. O DevOps mudou tudo isso.

Hoje, a comunicação do desenvolvedor é crítica para a aceleração exigida para diferenciar seus negócios dos concorrentes. Os desenvolvedores do lado do time de desenvolvimento trabalham de perto com diferentes áreas do negócio para entender o contexto de um recurso ou produto antes de os requisitos serem estabelecidos e as histórias dos usuários serem criadas.

DICA

Uma história do usuário é uma abordagem Ágil para descrever um recurso da perspectiva do usuário. Tradicionalmente, você teria sorte de ter requisitos vagos como "Criar processo de inscrição do usuário. Requer e-mail e senha". Em vez de criar tarefas enormes com requisitos vagos, as histórias dos usuários dão detalhes específicos ao desenvolvedor de um ponto de vista do usuário final e dividem recursos enormes em partes menores. Veja um exemplo de história de usuário: "Como visitante do site, quero clicar em um link na página inicial e ser direcionado para o formulário de inscrição." Essa história poderia ser seguida por: "Como visitante do site, quero preencher um formulário de inscrição com meu e-mail e senha, clicar em Enviar e receber uma mensagem de verificação de que minha conta foi criada para mim."

Se seu time não se comunica bem, você precisa de um tempo para implementar algumas das práticas que influenciam a boa comunicação. As revisões de código e as revisões pós-incidentes fornecem a oportunidade de praticar a comunicação como um time. Como digo em outra parte do livro, a comunicação é uma habilidade como qualquer outra. Pode ser aprendida, mas leva algum tempo para ser dominada.

SÍNDROME DO IMPOSTOR

Quando trabalho com times que buscam adotar metodologias DevOps em seu trabalho cotidiano, geralmente descubro que os desenvolvedores do time se sentem inibidos sobre sua falta de conhecimento de operações. Da mesma forma, o time de operações se sente inibido porque não sabe desenvolver software do zero. Mesmo quando estão aprendendo, ambos os lados podem sofrer com certo grau da *síndrome do impostor*, que descreve indivíduos de alto desempenho, como você, que têm dificuldades de internalizar suas realizações e experienciam um medo persistente de ser exposto como fraude. Eu luto contra esse medo, e muitas pessoas na área de tecnologia lutam contra um sentimento de ser insuficiente — de não produzir rápido o bastante ou de não trabalhar duro o bastante.

A síndrome do impostor pode impactar sua habilidade de criar um ambiente de aprendizado DevOps de duas maneiras:

- **Faz com que você se sinta insuficiente.** Se achar que tem menos conhecimento ou é menos talentoso do que seus colegas, terá menor propensão a perguntar coisas que ache que o farão parecer "burro". Não fazer perguntas é a pior atitude, porque rouba sua oportunidade de aprender e a de seu colega de ensinar. Além disso, acumula o medo implícito de fazer perguntas no time.

- **Rouba sua confiança em ensinar.** Você sabe mais do que imagina. Também tem muito mais a contribuir no time do que se sente confiante em fazer. A síndrome do impostor é aquele pequeno sussurro que diz: "Você não é o especialista." (E daí?) Só porque algo é "fácil" para você, não significa que não seja difícil para seus colegas.

Em uma cultura DevOps perfeita, os times de tecnologia acolherão sem medo o que podem ensinar e receberão abertamente o que precisam aprender. Até chegarem lá, o atrito tradicional entre o time de desenvolvimento e o time de operações pode surgir na fase de desenvolvimento de entrega do software, porque é o domínio dos desenvolvedores. No estágio de desenvolvimento, os desenvolvedores se sentem mais confiantes, o time de operações se sente mais vulnerável, e a síndrome do impostor e o orgulho de ambos os lados podem reprimir a colaboração. A verdade é que ambos os lados são necessários um para o outro; ambos se perderiam sem o outro.

Dê ao seu time as ferramentas necessárias para melhorar as "soft skills" que precisam ter para ser grandes desenvolvedores. Coaches de discurso e aulas de improvisação podem melhorar radicalmente as habilidades de alguém que tem dificuldades em se comunicar. O fato é que a maioria das pessoas poderia se beneficiar com algum tipo de coach sobre como se relacionar com os outros e mostrar mais empatia com o time.

O DevOps reúne todos os interessados, e a comunicação é um componente crucial desse objetivo. Se achar que seu time de desenvolvimento é homogêneo e tiver espaço para aumentar o número de pessoal, dê vida a ele contratando alguns desenvolvedores que tragam pontos de vistas diferentes para o grupo.

CUIDADO

Não recomendo que você contrate uma mulher ou uma pessoa não branca para um time de desenvolvimento composto de homens brancos — especialmente se for um desenvolvedor júnior. Pessoas de grupos sub-representados e marginalizados se saem muito melhor quando têm a habilidade de desabafar e ampliar vozes similares à sua. Um único desenvolvedor representando um grupo específico provavelmente sofrerá preconceito, será deixado de lado e sofrerá gaslight do resto do time. Eu fui essa pessoa. É uma posição extremamente difícil de se estar e que dificilmente dará oportunidade para que a pessoa prospere. Ter um "outro" no grupo como júnior reforça velhos estereótipos de que determinados grupos são menos qualificados ou talentosos na tecnologia. O DevOps é uma comunidade extremamente inclusiva por uma boa razão: é a melhor forma de construir ótimos produtos. Certifique-se de enfatizar isso em seus times.

Quanto mais seu time pratica comunicar o que acha do código e escreve software, melhor trabalho será produzido. Seu time começa a entender como cada pessoa resolve problemas, questiona suposições e constrói código que pessoas consigam ler, em vez de simplesmente ser digerível para uma máquina.

Criando para Erro

Lidar com erros é uma parte importante de escrever um código sustentável. Erro silencioso é uma das coisas mais perigosas que se escondem em sua base de código.

Programar saídas elegantes às vezes pode deixar o código mais prolixo, mas permitirá que ele lide com um código exibindo uma mensagem descritiva, em vez de apenas fechando ou desacelerando significativamente. Programas sem uma maneira adequada de lidar com erros muitas vezes exibem comportamento estranho e inesperado difícil de depurar.

PAPO DE ESPECIALISTA

Parte da gestão de erros é garantir que as mensagens para os clientes façam sentido. Um código de status 148 e uma mensagem obscura sobre um ponteiro null não ajudam o cliente comum, e até os técnicos provavelmente bufarão para você. Construa sua UI (interface do usuário) para que exiba mensagens que ajudem o cliente a entender o que deu errado, o que fazer em seguida ou para quem pedir ajuda.

Além de fornecer uma mensagem clara que permita que o desenvolvedor entenda o que aconteceu e onde o código falhou, garanta que qualquer dado impactado seja recuperável e consistente. Não dá para se safar escrevendo programas que só funcionem quando tudo ocorre como o esperado. Grandes desenvolvedores pensam em potenciais exceções e em casos extremos que possibilitem que eles escrevam código para lidar com essas condições. (O termo *caso extremo* se refere a um cenário improvável, mas possível.)

Escrevendo Código Sustentável

Você não escreve um código para ser executado por um dia. (Embora muitas vezes eu ache que, se um apocalipse de alguma forma poupasse a internet, a maioria dos seus sistemas cairia dentro de alguns dias.) O software que seu time escreve provavelmente será executado por anos — um pensamento particularmente assustador para qualquer um que já sentiu vergonha com o código que escreveu há poucos meses atrás.

O código sustentável nunca está em seu estado final. Está vivo! (Mas espero que esteja com melhor saúde do que o monstro de Frankenstein). Como a Constituição dos Estados Unidos, o código é, metaforicamente, um documento vivo que respira — e requer cuidado e premeditação, ou seja, previsibilidade ante os incidentes.

Testando o código

Eu abordo diferentes tipos de teste de código no Capítulo 10, então o principal ponto por ora é que você deve ter o hábito de escrever código testável. Para que o software seja testável, ele precisa ser modularizado em pequenos componentes e funções. Se esperamos que x faça y, podemos escrever um teste que garanta que x realmente faça y.

Bases de código legado (às vezes chamadas de "brownfield") geralmente não têm testes, ou eles são esparsos. Um dos desafios de manter esses sistemas mais antigos é que, até se você quisesse escrever testes, o código não é projetado de forma que o permita fazer isso facilmente. Se essa é a sua situação, não é preciso jogar tudo no lixo e recomeçar. Pense nele como um carro velho. Você não substitui as partes que estão funcionando. Quando algo quebra, conserte essa parte e adicione um teste para garantir que a correção é estável.

Depurando o código

Depuradores são cruciais para se ver o que está acontecendo no código (quase) em tempo real. Como deve saber, ferramentas de depuração congelam seu programa em um ponto específico escolhido por você, o que é uma ótima maneira de descobrir resultados inesperados e ver o que está diferente do esperado. Por exemplo, o valor de uma variável pode ter mudado inesperadamente, ou o tipo errado pode ter sido transferido acidentalmente.

CAPÍTULO 9 **Desenvolvendo Código** 123

O código de exemplo a seguir demonstra como uma ferramenta de depuração ou declaração de depuração (em negrito) é inserida no meio de uma função para que os desenvolvedores possam conferir suas suposições e entender o que está acontecendo enquanto o programa executa. Este exemplo vem de "The Little Guide of Linked List in JavaScript", de Germán Cutraro (https://hackernoon.com/the-little-guide-of-linked-list-in-javas-cript-9daf89b63b54 [conteúdo em inglês]) (Não se preocupe demais com a funcionalidade.)

```javascript
LinkedList.prototype.addToTail = function(value) {
  const newNode = new Node(value, null, this.tail);
  if (this.tail) {

  // insert debugging tool or console.log() statement here

  this.tail.next = newNode;
  }
  else {
  this.head = newNode;
  }
  this.tail = newNode;
}
```

A maioria dos IDEs (ambientes de desenvolvimento integrado) e navegadores tem ferramentas de depuração fora da caixa. Os depuradores podem ser extremamente úteis para os desenvolvedores menos experientes, mesmo quando não há nenhum bug. Eles permitem que você "percorra" o programa para que comece a pensar mais como uma máquina e leia código mais rapidamente.

Registrando o código

O registro (logs) pode ser a ferramenta mais valiosa do desenvolvedor ou seu pior pesadelo. Onde os depuradores se tornam obsoletos, o registro (logs) fornece respostas. Você nem sempre pode percorrer o código em tempo de execução. Em vez disso, seu código pode ser distribuído ou implementado em nuvem.

O registro (logs) é como depurar, mas em vez de colocar um ponto de interrupção no código, você adiciona instruções de log que podem ser lidas enquanto um programa é executado. Os registros (logs) exibem as ações e o estado do programa.

124   PARTE 2 **Estabelecendo um Pipeline**

Os *frameworks de log* são ferramentas que classificam mensagens de log e o ajudam a percorrer os logs mais rapidamente do que o faria se o código simplesmente emitisse dados brutos. Contudo, o log não é gratuito. É preciso armazená-lo em algum lugar, então precisamos fazer log de dados com base no que precisamos saber. Isso seria um uso ruim de recursos e com consumo oneroso.

Do que se faz log, a frequência e como é organizado depende de você e de sua aplicação. Veja três orientações que recomendo implementar:

> » **Formate suas mensagens de log.** Inclua informações pertinentes, como a ID da sessão ou a informação da conta do usuário, bem como a hora e a mensagem.
>
> » **Forneça contexto.** Às vezes você precisa de mais do que dados imediatos. Simplesmente saber que algo deu errado não é o bastante. Qual atividade ocorreu antes de um erro ser encontrado? Quais dados foram impactados?
>
> » **Evite efeitos colaterais.** Seu log não deve impactar o desempenho da aplicação. Fazer log de tudo é tentador, mas tem um custo. Em vez disso, comece com calma. Você descobrirá que pode adicionar um log mais facilmente do que removê-lo depois de pronto.

Escrevendo código imutável

Um dos maiores benefícios da programação funcional (discutida na seção "Programando Padrões", mais adiante) é a ênfase no código imutável. Basicamente, todas as variáveis são atribuídas e não mudam. No caso de o threading ser uma preocupação, a imutabilidade cria um código mais resiliente. Além disso, o software é muito mais fácil de depurar, porque as variáveis não mudam no meio do programa; um novo valor é atribuído a uma nova variável. Quanto menos partes móveis você puder colocar no código, mais fácil será depurá-lo e mantê-lo.

Criando código legível

O código de sua aplicação deve ser lido pelas máquinas em que ele é executado. Mas as máquinas não o mantêm. Em vez disso, as pessoas precisam ler, analisar o significado e fazer alterações e melhorias que não causem um buraco negro.

Ao pensar em escrever código legível por pessoas, considere mais do que apenas seus colegas. Considere também seu futuro "eu". Você não terá o contexto que tem agora daqui a seis meses, quando tentar desvendar por que algo foi armazenado em um array.

Além disso, quanto mais legível para humanos for o código, menos problemas eles terão para fazer mudanças e corrigir bugs. Às vezes é divertido criar um código conciso que ocupe poucas linhas. Mas, se ele exigir horas de outra pessoa para que ela analise o que está acontecendo, o custo de manutenção será alto demais.

Programando Padrões

Existem muito mais paradigmas de programação do que os dois tratados nesta seção, que são a programação orientada a objetos (POO) e a programação funcional. Ambas são simplesmente duas abordagens para o mesmo fim, que é organizar a lógica em um programa de software que forneça utilidade ao usuário final. Eu escolhi destacar a POO e a programação funcional porque são populares e nos dão uma visão mais ampla de abordagens possíveis devido aos seus recursos contrastantes

Programação orientada a objetos

A programação orientada a objetos (POO) é baseada no conceito de — você adivinhou! — objetos. Eles são qualquer coisa, de verdade, mas geralmente contêm dados. Objetos podem ter atributos ou qualidades associadas. Em POO, as pessoas geralmente se referem a procedimentos como funções ou métodos. A maioria das linguagens orientadas a objetos — Java, C++, Python, JavaScript, Ruby e Scala — é baseada em classes. Objetos são instâncias de classes.

Os objetivos do desenvolvimento orientado a objetos são a reusabilidade e a modularidade. Manter as partes da lógica em tamanhos pequenos e associadas a outros objetos e métodos é o ideal. Podemos facilmente reutilizar funções que foram desenvolvidas dentro de um programa orientado a objetos, o que aumenta a eficácia e possibilita que o trabalho já feito seja reciclado. No entanto, essa capacidade de reutilização pode levar a problemas se o desenvolvedor for indisciplinado ao garantir que o método seja verdadeiramente reutilizável de forma intuitiva e flexível.

Programas orientados a objetos englobam a lógica de modo que um objeto não precise saber os detalhes de sua implementação para ser usado. Os objetos podem esconder certos atributos dos programadores, o que impede a visibilidade de valores que ninguém deve alterar. Essa abordagem fornece benefícios de design que reduzem a carga de manutenção de programas grandes por meio de modificações relativamente fáceis.

Programação funcional

A abordagem funcional da programação evita mudanças ao estado e enfatiza a imutabilidade dos dados. O resultado de uma função na programação funcional pode ser impactado apenas pelos argumentos transmitidos a um método. Essa abordagem não tem efeitos colaterais. Se você chamar uma função com os mesmos parâmetros mil vezes, ela sempre produzirá o mesmo resultado. Os efeitos colaterais são evitados porque essas funções não podem sofrer influência do local ou do estado global que impactaria o resultado.

A programação funcional é extremamente modular e fácil de testar. Sua prática permite que o desenvolvedor tome menos decisões sobre escrever código limpo do que é possível com POO. O código limpo está tão arraigado nos princípios de evitar efeitos colaterais e prevenir o estado mutável que as funções acabam sendo escritas de forma limpa e legível. Além disso, o código tem menos partes móveis, o que torna relativamente simples identificar onde um bug pode estar.

A programação funcional nasceu de um cálculo lambda, mas os desenvolvedores não precisam ser gênios da matemática para escrever código funcional. Embora não precisemos escrever código em uma linguagem funcional para nos beneficiarmos das práticas, as linguagens funcionais incluem Lisp, Haskell, Scala, Erlang, Rust e Elm.

Escolhendo uma Linguagem

Escolher a linguagem certa para qualquer projeto é uma decisão difícil. Temos inúmeras opções, e cada uma tem seus prós e contras. Também é difícil saber como separar o hype de elogios genuínos para determinar qual linguagem nos dará as melhores ferramentas para o trabalho.

Nenhuma linguagem é superior às outras, não importa o que os seguidores de qualquer comunidade específica digam. Cada uma sempre tem compensações a serem consideradas.

Não posso listar todas as linguagens e seus benefícios (ou custos) em potencial para o seu time, mas aqui estão alguns aspectos a considerar:

> » **Desempenho:** A linguagem terá o alto desempenho de que você precisa? Existem referências disponíveis para que tenha uma ideia do desempenho de uma linguagem, mas lembre-se de que a qualidade do código também impacta a performance. Uma aplicação bem desenvolvida em Ruby tem desempenho superior a uma mal executada em Java, não importa quais sejam as referências da linguagem.

- » **Conforto:** O time já conhece a linguagem ou terá de aprendê-la rapidamente?

- » **Comunidade:** É possível encontrar respostas às perguntas online e localizar facilmente recursos comunitários relativos à linguagem?

- » **Plataforma:** A linguagem requer uma máquina ou ferramenta específica? Por exemplo, programas desenvolvidos em Java podem rodar apenas em máquinas que tenham uma Java Virtual Machine (JVM) rodando.

- » **Framework:** Algumas linguagens são fortemente ligadas ao framework. Ruby é uma linguagem perfeitamente útil sozinha, e existem frameworks leves, como Sinatra, mas Rails casa bem com Ruby de várias formas. Pense bem em como esse fato impactará o desenvolvimento.

Se você optar por uma arquitetura de microsserviços e possuir um time grande o bastante, pode ser capaz de construir sua aplicação usando várias linguagens. Cada serviço pode interagir com outros escritos em outra linguagem por meio de um protocolo padrão ou API.

Evitando Antipadrões

Os antipadrões descrevem o comportamento no desenvolvimento de software que destaca práticas inadequadas. Os antipadrões frequentemente parecem fazer sentido à primeira vista e ser comumente praticados em tecnologia. As consequências podem ser graves, no entanto, e outras soluções têm se mostrado mais eficazes. Embora existem muito mais antipadrões além daqueles na lista a seguir. Aqui estão os antipadrões de desenvolvimento de software a serem evitados em sua prática de DevOps:

- » **Design por comitê:** Devido a sua ênfase na colaboração e na comunicação, às vezes as pessoas podem interpretar o DevOps como um padrão de design por comitê de desenvolvimento de software. Mas não é. Esse tipo de tomada de decisão tem péssimos resultados. Em vez disso, chegue já com o processo pensado individualmente. Quando várias pessoas se reúnem para compartilhar e discutir ideias em que pensaram individualmente, os resultados são muito diferentes daqueles de um grupo de pessoas que se reúne sem nenhum raciocínio antecipado e que deve chegar a um consenso.

- » **Objeto deus:** Este antipadrão surge quando há lógica demais em uma única parte de sua aplicação. Esse objeto ou classe onipotente exerce poder demais e força outros objetos a dependerem dele. Isso dificulta a manutenção, porque o código fica fortemente acoplado, e o objeto deus fica tão grande que é difícil de depurar o código.

PARTE 2 **Estabelecendo um Pipeline**

» **Culto à carga:** Esse termo se refere à implementação de uma ferramenta ou um padrão específico de desenvolvimento sem entender se é, ou por que é, a melhor solução. Embora o padrão ou a ferramenta provavelmente seja implementado por um desenvolvedor mais inexperiente, até mesmo desenvolvedores seniores implementam uma solução de culto à carga se forem influenciados por ferramentas da moda ou limitados por prazos apertados de entrega.

» **Lei do martelo:** Se seus desenvolvedores dependerem demais de uma linguagem, uma ferramenta ou um framework com o qual estiverem bem familiarizados, podem sofrer com este antipadrão. Eles devem se sentir confortáveis com suas ferramentas, mas se o conforto se transformar em complacência, chegou a hora de reavaliar se estão usando as melhores ferramentas para o trabalho.

» **Bleeding edge (limite de sangramento):** Este termo descreve times de desenvolvimento que optam por ser adotantes iniciais de tecnologia e integrá-la em suas aplicações. Essas novas tecnologias, embora originais e às vezes impressionantes, podem não ser confiáveis, ser mal documentadas, estar incompletas ou ser um beta que gira fortemente antes do lançamento e, portanto, afeta seu código.

» **Elimine retrabalho:** Sempre que estiver projetando um produto, você deve disciplinar seu time a resolver apenas o problema em questão e fazê-lo de maneira eficiente. Tornar um processo complexo é excesso de trabalho. Embora funções de segurança sejam necessárias quando vidas estão em risco, este cenário deve ser analisado junto ao time para que investiguem e seja dada a melhor solução. Portanto, deve ser evitado pela maioria dos desenvolvedores de construção de produtos. Apenas simplifique! Seja ágil.

» **Código espaguete:** Este termo se refere a qualquer objeto ou aplicação cujo código seja desestruturado a ponto de mal ser legível. Ele pode funcionar (mal), mas é torcido como o espaguete em um prato.

» **Copypasta:** Este antipadrão é simplesmente copiar e colar um código existente — ou um código encontrado na internet — em sua aplicação. Se essa for uma escolha, crie uma solução genérica que possa receber parâmetros para manipulação personalizada.

» **Otimização prematura:** Os desenvolvedores podem ficar tentados a tornar algo o mais eficaz possível desde o começo. Mas otimizar prematuramente, em geral, não é o melhor uso de recursos e pode fazer com que seja mais difícil de manter o código — em especial se você não tiver certeza absoluta de ter resolvido o problema. Os MVPs nunca devem ser otimizados, e as otimizações devem ocorrer apenas depois de identificadas como necessárias.

» **Aprisionamento tecnológico:** Menciono este problema várias vezes no decorrer deste livro. Uma situação de aprisionamento ocorre quando trocar de provedor custaria tanto que se transformaria em um obstáculo optar por uma ferramenta nova e talvez melhor.

CAPÍTULO 9 **Desenvolvendo Código** 129

DevOpsando o Desenvolvimento

Ninguém além de você é responsável pela sua carreira. Às vezes, os gerentes o deixam na mão e seus colegas o decepcionam, mas, ao enfrentar esse tipo de coisa no trabalho, você não se deixa desviar de sua missão. O DevOps requer colaboração, mas não há garantias de que ela sempre será agradável.

Ser excelente no que fazemos é uma escolha, e acredito que o trabalho duro ganha do talento quando este não trabalha duro. Quando se trata de desenvolvedores, processar certas características principais os torna excelentes desenvolvedores e profissionais DevOps excepcionais.

O DevOps não existe em um time de tecnologia sem a adesão dos desenvolvedores, e eles são as pessoas que mais podem se beneficiar da abordagem DevOps. Ao contratar desenvolvedores, não se esqueça das características descritas nas próximas seções. A atitude de um desenvolvedor em relação ao seu trabalho é tão importante quanto seu conhecimento técnico.

Escrever código limpo

O código limpo é legível para pessoas e simples de testar. Cada função (ou método, em algumas linguagens) deve fazer apenas uma coisa. Esse princípio de responsabilidade única modulariza seu código para que você possa deduzir rapidamente o que uma função faz e onde pode existir um bug.

Funções sem foco criam dificuldades na leitura do código e na compreensão total do propósito de uma seção. A falta de foco também dificulta a reutilização da lógica ou a abstração em um método genérico para uso em diversas áreas da base de código. Garanta que as funções recebam nomes pelo que fazem. Se você se vir adicionando um "e" ao nome de uma função, veja isso como um sinal certeiro de que ela não está cumprindo o princípio de responsabilidade única.

Entendendo o negócio

Um antipadrão que não mencionei anteriormente é a gestão cogumelo, que descreve o desenvolvimento prematuro, no qual os desenvolvedores recebem informações limitadas e espera-se que desenvolvam baseados apenas nas decisões da gerência. O nome vem de como os cogumelos crescem. Eles são mantidos no escuro e de vez em quando recebem um pouco de adubo. Em uma gestão cogumelo, não existe compreensão coletiva da razão por trás de um produto. A situação é piorada pelo fato de que gerentes e desenvolvedores normalmente têm problemas de comunicação.

130   PARTE 2 **Estabelecendo um Pipeline**

Se os desenvolvedores não entendem totalmente o negócio, eles deixam de escrever o código de uma forma que atenda por completo ao propósito certo. Por outro lado, os desenvolvedores que dominam o lado dos negócios se sentem capacitados para sugerir alternativas, recusar ideias e se orgulhar de seu trabalho.

Ouvindo os outros

Nos negócios e na tecnologia, a arte de ouvir talvez seja a habilidade mais subestimada de todas — em especial para os desenvolvedores. Se observarmos os times de tecnologia que são altamente produtivos ao interagirem, em geral descobrimos que os seus profissionais seniores falam menos. Na verdade, os melhores líderes técnicos em times de tecnologia permitem e incentivam que todos contribuam com seus pensamentos, consideram tudo cuidadosamente e, então, orientam de forma clara como o time deve executar um plano.

Uma característica que procuro quando faço uma contratação é o nível de conforto que a pessoa tem ao admitir o que não sabe. Profissionais de tecnologia que se acham as pessoas mais inteligentes do lugar podem destruir totalmente a colaboração. Eles silenciarão seus colegas e passarão por cima de todos que discordarem deles. O custo para o time é muito alto para empregar profissionais de tecnologia que não consigam admitir quando estão errados ou em não saber ouvir as ideias de seus colegas.

Focando as coisas certas

Eu quase nunca uso a palavra "codificador", porque ela implica alguém que digita código sem pensar em implicações maiores. É fundamental possuir a disciplina e a coragem para rejeitar as ideias provenientes de diferentes áreas da empresa de forma que estimule a discussão. Esses recursos exigem que os desenvolvedores tenham que traduzir linguagem técnica em palavras que leigos possam entender.

Desenvolvedores que focam as coisas certas quase nunca sacrificam a qualidade de seu trabalho por prazos insensatos. Eles comunicam os tropeços no início e mantêm todos informados dos prazos de quando podem esperar que o trabalho seja finalizado (com ênfase em *esperar*).

Os desenvolvedores mais maduros e com domínio no negócio são cautelosos ao assumir débitos técnicos e são rápidos em pagá-los. Focam a arquitetura e a construção de recursos que sejam importantes para o negócio, sustentáveis e implementados de modo que torne a base de código flexível à mudança. Evitam situações surreais, mantendo o cliente em mente e evitando soluções que estimulam o retrabalho.

CAPÍTULO 9 **Desenvolvendo Código** 131

Ficando confortável com o desconforto

A curiosidade é uma característica de todos os grandes desenvolvedores. Eles não têm medo de coisas novas e abraçam novas ideias como crianças alegres. Grandes desenvolvedores reconhecem que ferramentas ou tendências novas da tecnologia nem sempre são a melhor ideia para qualquer empresa específica, mas acompanham as novas tecnologias e aprendem o básico das novas ferramentas para que possam tomar boas decisões sobre essas tecnologias e tendências.

A educação continuada é outro componente-chave dos times que produzem ótimos softwares. Ela enfatiza a importância da leitura, da comunicação com outros desenvolvedores, da participação em conferências e de fazer cursos. Se você é um gerente, certifique-se de defender seu time e separar parte do orçamento da educação continuada. Seu time é mais do que uma forma de produzir código. Ele é um recurso de conhecimento que, se cultivado, pode fornecer anos de conselhos e orientações valiosos para sua empresa.

Além de oferecer oportunidades educacionais para todo o time, garanta que ele tenha um tempo sossegado para desenvolver. Um gerente de tecnologia que conheço só permite que as reuniões ocorram nas segundas e sextas-feiras. Em vez de espalhar reuniões no decorrer da semana e tirar os desenvolvedores do trabalho focado, ele os protege de interrupções. Desenvolver software exige foco intenso. Uma única interrupção pode desconcentrar o desenvolvedor por horas.

Estabelecendo Práticas Boas

Agora que você sabe o que *não* fazer, pode focar a implementação de práticas boas em sua organização. E não, eu não disse "boas" práticas. Uma *boa prática* é uma abordagem vista como superior pela tecnologia porque produz melhores resultados do que qualquer outra técnica. Ou seja, é a maneira aceita de fazer as coisas.

DICA

Eu não gosto da abordagem das "boas práticas" porque ela reprime a inovação. Se aceitamos que algo é uma boa prática, vamos desafiá-la ou iterá-la? Por outro lado, práticas boas são métodos padrão de abordar certos desafios que geralmente aceitamos como testados para a batalha. Práticas boas orientam sem impor restrições severas.

Organizando seu código-fonte

Todo desenvolvedor do time deve ter, no mínimo, acesso de leitura a todas as linhas de código na organização. Esse acesso inclui o código-fonte dos recursos de sua aplicação até o código de infraestrutura. Esse repositório compartilhado (ou, mais provavelmente, repositórios) possibilita que todos se sintam capacitados a encontrar suas próprias respostas e ler partes da aplicação com as quais não estão necessariamente familiarizados. Com esse acesso compartilhado, todo desenvolvedor poderá ser útil durante o trabalho cotidiano, incidentes e interrupções.

Para a maioria das organizações, obter um serviço de hospedagem como o GitHub ou o GitLab é o ideal. Essas ferramentas são muito mais leves do que as antigas ferramentas de controle de fonte e são ótimas para colaboração — até para reuniões e brainstorming!

Certifique-se de manter códigos relacionados juntos. Os builds devem ser simples e repetíveis. Além disso, ao prosseguir, automatize seus builds ao se mover em direção à integração contínua.

Escrevendo testes

Se ainda não tiver um framework de testes estabelecido, faça isso agora. Dar aos desenvolvedores a habilidade de escrever testes automatizados enquanto escrevem os recursos é necessário. Algumas pessoas optam pelo TDD (desenvolvimento guiado por testes), no qual um teste é escrito, a função que precisa ser escrita é confirmada e, então, o código para passar no teste é feito. Essa abordagem é eficaz, mas pesada o bastante para ser evitada por muitos. No mínimo, os desenvolvedores precisam escrever testes de unidade que confirmem que uma parte da lógica tenha o desempenho esperado.

Você pode usar testes de caminho feliz, que são cenários nos quais tudo sai como o esperado. E também pode usar testes de caminho triste, que são cenários em que algo estranho é inserido.

O framework de teste automatizado usado dependerá da linguagem. Encontre uma que seja robusta o suficiente para satisfazer as necessidades de sua organização, mas simples de aprender e executar. Se dificultar a elaboração dos testes, seus desenvolvedores não os farão.

A seguir está o código de dois arquivos de exemplo: `add.js` e `testAdd.js`. A única função em `add.js` recebe dois parâmetros e retorna a soma. O arquivo de teste `testAdd.js` acompanha essa lógica e contém dois testes — um com um caminho feliz e outro com um caminho triste. O teste de caminho feliz fornece dois parâmetros esperados: 2 e 2, que retorna 4. O teste de caminho triste introduz uma string de 2 como um dos parâmetros. Embora esse resultado não seja o esperado, ele é possível, e sua lógica deve levar isso em consideração.

CAPÍTULO 9 **Desenvolvendo Código** 133

```javascript
// add.js
function add(x, y) {
  return x + y;
}



// testAdd.js
const assert = require('assert');

// happy path test
it('correctly calculates 2 plus 2', () => {
  assert.equal(add(2, 2), 4);
});
```

```javascript
// sad path test
it('correctly calculates 2 plus 2', () => {
  assert.equal(add('2', 2), 4);
});
```

O teste de caminho triste anterior falhará pela maneira como o JavaScript tenta ajudá-lo a lidar com strings. Adicionar uma string de 2 a um inteiro de 2 resultará em uma string de 22.

Documentando recursos

Fazer notas acima de um pedaço de código é um modo de lembrar aos futuros desenvolvedores o que a função faz (se for necessariamente complexa), qual o contexto do código, quais parâmetros espera ou produz e o que pode ser melhorado com mais tempo, se tiver algo. (Ei, às vezes fazemos as coisas na pressa.)

O próprio código deve ser limpo e legível o bastante para servir como um tipo de documentação, mesmo que seja escrito em linguagem de máquina, e não humana. Como todo o restante em DevOps, você pode e deve automatizar a documentação — até certo ponto. Só não esqueça de resolver seus problemas manualmente antes de automatizá-los, caso contrário, automatizará sistemas defeituosos. Se escolher automatizar sua documentação, crie o framework e permita que os desenvolvedores configurem valores específicos para ajustar a documentação ao código específico.

Quando escrevo APIs, tenho um script que carrega o formato padrão do API com as ações que sei de que provavelmente precisarei (GET, POST, PATCH, DELETE) além da documentação básica (incluindo exemplos) para cada uma. Assim, não preciso digitar as mesmas coisas sempre. Economizo tempo e sei que não estou cometendo (tantos) erros. Depois, pego o padrão e acrescento coisas ou ajusto como necessário, com base no código específico que escrevi. Obter o hábito de automatizar pequenas partes de trabalho redundante é uma coisa muito DevOps de se fazer!

Outro tipo de documentação é externa e voltada para o cliente. Ela geralmente não é gerenciada por desenvolvedores porque requer muito mais escrita técnica prolixa e ajuda os desenvolvedores a começar. Como alguém que trabalha com relações de desenvolvedores, parte do trabalho que faço é exibir os APIs feitos pelo time de produto na documentação e nos tutoriais que qualquer um pode entender e usar.

Fazendo com que seus pares revisem seu código

Acredito muito nas revisões de código. Também acredito que os desenvolvedores nunca devem inserir suas mudanças na divisão principal. Uma revisão de código pode ocorrer por comentários no repositório onde o código fica ou pessoalmente com dois (ou mais!) desenvolvedores revisando o código juntos na tela.

A prática da revisão de código é importante em vários níveis porque:

- » Ajuda os desenvolvedores juniores a subir de nível mais rapidamente.
- » Reduz erros tendo mais de um par de olhos para observação.
- » Unifica a base de código padronizando a formatação.
- » Força os desenvolvedores a revisarem e questionarem suposições, fazendo perguntas específicas.
- » Possibilita que as pessoas se familiarizem com o código que não escreveram.
- » Ajuda os desenvolvedores seniores (que às vezes programam um pouco menos) a manter o contato com o modo como os menos experientes pensam.

O processo de revisão de código é simples. Supondo que você utilize o git como recomendei, seu código viverá em uma ramificação de recurso enquanto for um trabalho em andamento. Então, um pull request (PR) será submetido para inserir seu código da ramificação na divisão principal. (Dependendo de sua abordagem de desenvolvimento, ela pode ou não ser a versão que roda atualmente na produção, mas será a versão mais atualizada no ambiente de desenvolvimento.)

CAPÍTULO 9 **Desenvolvendo Código** 135

Você deve marcar uma pessoa específica no PR. Se estiver no GitHub, basta incluir `@username` no comentário do PR, enviando assim um alerta ao outro desenvolvedor. A forma de organização de suas revisões é escolha sua. Algumas empresas atribuem pessoas específicas a um time; outras deixam mais à vontade.

DICA

Se seu tempo e o do time for limitado, ainda é possível se beneficiar de uma revisão de código leve na qual ambos os desenvolvedores discutam rapidamente o propósito do código e dão uma olhada nele. Assim, ainda poderão encontrar vários bugs.

Se for uma revisão de código remota ou assíncrona, o revisor observará o código e responderá ao PR com qualquer comentário ou preocupação. Se você optar por revisar o código pessoalmente (ou de forma remota, via chat por vídeo), encontre um local silencioso para revisar o código como uma dupla ou um pequeno grupo sem interrupções. Se for pessoalmente, use um monitor grande para facilitar a leitura e discussão do código proposto. A essa altura, o desenvolvedor original e o(s) revisor(es) leem o código e garantem que ele segue os padrões de código do time, funciona como o esperado, está escrito de maneira legível e foi testado adequadamente.

Depois que o revisor estiver certo de que o código está pronto para ser inserido, ele o inclui na divisão principal. Essa propriedade compartilhada encoraja todos do time a trabalhar colaborativamente e a tratar a base de código inteira, em vez de apenas o código no qual trabalharam, como sua responsabilidade.

NESTE CAPÍTULO

» **Usando testes automatizados**

» **Observando os diversos ambientes de teste**

» **Entendendo quais tipos de teste realizar**

Capítulo **10**

Automatizando Testes Antes do Lançamento

O s testes e o desenvolvimento se sobrepõem até certo ponto, porque os desenvolvedores devem, absolutamente, fazer testes à medida que escrevem. Eu dei ao assunto de teste seu próprio capítulo para destacar a importância dos testes em um pipeline DevOps e como ele faz diferença em uma entrega de qualidade ao seu cliente e agrega valor ao seu negócio. Você não pode ter automação ou nada contínuo sem um robusto teste automatizado.

Neste capítulo, você perceberá a importância dos testes em um pipeline DevOps, verá também como testar o código em vários ambientes e descobrirá quais tipos de testes devem ser considerados.

Testes Não São Opcionais

Se pularmos direto para a integração ou entrega contínua sem reservar um tempo para estabelecer uma forte prática de testes automatizados no time, você enfrentará um desastre. As coisas vão quebrar com frequência e catastroficamente. O teste reforça sua capacidade de automatizar e garante que as novas alterações não quebram a funcionalidade existente.

O teste de software tem três propósitos principais:

» **Para confirmar se a lógica do aplicativo cumpre a funcionalidade desejada:** A funcionalidade atual cumpre os requisitos e completa a tarefa em um tempo razoável?

» **Descobrir bugs — erros — no código:** A lógica responde a todos os tipos de entrada? O código é usável para os clientes?

» **Verificar que a funcionalidade antiga não foi modificada pelo novo código:** Algo foi acidentalmente impactado devido a dependências não previstas?

Automatizando Seu Teste

O teste manual está ficando obsoleto. Nossos sistemas e nossas bases de código são simplesmente complexos demais e rodam em muitos tipos diferentes de ambientes para que uma pessoa confirme que tudo funciona como o esperado. Se você estiver adotando DevOps e todas as suas práticas associadas, a automatização de testes não é uma escolha; é o próximo passo.

A integração contínua requer um conjunto de testes automatizado que executa testes sempre que o código é comprometido com o git. Essa abordagem requer não apenas que seu time escreva testes, mas também que você trate o código de teste como código.

A automação é a chave para habilitar uma mentalidade "shift-left" similar à citada no Capítulo 6. Se bem feitos, os testes possibilitam a falha e permitem que falhe cedo e com frequência. Você detecta mais bugs, evita funcionalidade regressiva e evita incidentes na produção por meio de testes contínuos em seu sistema.

O teste manual de cada alteração efetuada exige muito trabalho e é ineficiente. Você deve mudar os esforços do time de QA da execução de testes e — enfrentá-lo — clicar em todo o site manualmente para desenvolver testes automatizados. Se tiver a sorte de ter testadores dedicados, trate-os como especialistas em testes. Eles são os especialistas nos melhores testes de estruturas e ferramentas, bem como na automatização do conjunto de testes para precisão e desempenho. Os desenvolvedores devem sempre escrever testes para acompanhar seu código. Semelhante a uma revisão de código, os analistas de QA podem dar um passo adiante para garantir os testes. Os testes automatizados permitem que seu time integre continuamente as alterações e execute verificações de qualidade de código com rapidez em relação a essas alterações. Comece a automatizar procurando as áreas que são:

» Repetitivas

» Trabalhosas

» Propensas a defeitos

Se estiver começando do zero e não tem nenhum conjunto de testes no momento, você não é o único. Não há nada do que se envergonhar, mas é hora de evoluir e começar a adotar práticas DevOps comprovadas para acelerar sua entrega.

DICA

Sua missão de construir um conjunto de testes automatizado deve começar com a priorização das áreas de sua base de código com o maior impacto nos clientes. Quais recursos ou áreas de lógica são atingidos com mais frequência enquanto o usuário comum interage com seu produto?

Trate o problema de construir um conjunto de testes robusto como faria com qualquer outro tipo de débito técnico que precise pagar lentamente. Crie tarefas específicas para implementar um framework de testes automatizados e escreva testes para fornecer cobertura para as áreas de sua base de código que são mais vulneráveis a falhas. Programe o tempo em seus sprints ou fluxo de trabalho de projeto para garantir que o trabalho seja priorizado, e adicione-o lentamente.

Construir as ferramentas necessárias para testar, bem como desenvolver o hábito de escrever testes para novos recursos, leva tempo. Não são tarefas feitas da noite para o dia, então priorize e trabalhe lentamente.

Testando em Diferentes Ambientes

O conceito de controle de qualidade em DevOps não se aplica só ao código, mas ele exercita seus processos de implantação e arquitetura também. Cada ambiente de destino terá pequenas diferenças que podem afetar a forma como seu aplicativo é executado. Você deseja se esforçar para tornar seu ambiente de teste ou preparação (staging) o mais fidedigno da produção, para que possa estabelecer processos repetíveis em ambientes confiáveis. Staging permite que você identifique e resolva quaisquer problemas com o processo ou infraestrutura, tornando mais fácil identificar e corrigir alterações que quebram qualquer parte ao longo do caminho.

LEMBRE-SE

Não existem padrões universais para nomear ambientes. Nem um número estabelecido de ambientes usados pelos times. Cada processo de implementação é único à organização que o implementa.

Se você for diligente com as ferramentas e a paridade de recursos, pode forçar o aparecimento de problemas mais cedo no ciclo de vida do desenvolvimento por meio dos testes. Se não for, pagará o preço por ter mais problemas com que lidar depois do lançamento do código na produção (sem falar na frustração criada quando os desenvolvedores tiverem tíquetes retornando para eles).

Os ambientes e passos pelos quais seu código passa do desenvolvimento para a produção são chamados de *pipeline de lançamento*. Embora ele possa variar devido a muitos fatores, incluindo sua aplicação, organização e conjunto de ferramentas existente, uma arquitetura típica consiste em cinco ambientes:

» Local
» Desenvolvimento
» Teste
» Staging
» Produção

Cada um dos quatro ambientes que precedem à produção serve para desafiar o código com testes cada vez mais difíceis (e caros) para garantir que ele esteja pronto para a produção:

» **Local:** O recurso funciona isoladamente?
» **Desenvolvimento:** O recurso interage bem com outros componentes no serviço? Ele responde como o esperado quando conectado a serviços externos?
» **Teste:** O recurso está livre dos problemas de segurança? A experiência do usuário satisfaz os requisitos do recurso e os padrões de desenvolvimento?
» **Staging:** O recurso satisfaz ou excede todos os requisitos do negócio?

DICA

Alguns times adicionam um ambiente sandbox para testar ideias experimentais. Além disso, muitos desenvolvedores trabalham em um ambiente local exclusivo para suas máquinas. Continue lendo para saber mais sobre esses vários ambientes.

Ambiente local

Um ambiente local é a máquina (notebook ou desktop) de um único desenvolvedor. Uma das vantagens de desenvolver e executar código localmente é que você não precisa da internet para executar seu software. A conhecida frase "Na minha máquina funciona" é muito famosa entre os times de tecnologia, pois é muito falada entre desenvolvedores que possuem as funcionalidades validadas em seu computador, mesmo que o código possa falhar em outros ambientes. Essa discrepância pode ocorrer porque os ambientes têm vastas diferenças nas dependências técnicas, nos dados e em outros recursos.

Exija que os desenvolvedores escrevam testes de unidade que acompanhem cada componente que escrevem. Dependendo do recurso e de quanto ele interage com outros componentes (em seu sistema ou em serviços terceirizados), os testes de integração com respostas fragmentadas (stub) também podem ser escritos e executados localmente.

DICA

Às vezes precisamos interagir com outros serviços e ferramentas por meio de solicitações HTTP ao trabalhar na máquina local. Se precisarmos trabalhar offline, essas respostas geralmente podem ser fragmentadas (stub). Em outras palavras, você pode enganar seu algoritmo fazendo-o pensar que recebeu uma resposta. A fragmentação (stub) ou simulação (mock) é especialmente importante nos testes de unidades automatizadas (veja "Indo além do Teste de Unidade", mais adiante neste capítulo) para acelerar o tempo que os testes levam para rodar e para garantir a resposta consistente que o código deve ingerir. Lembre-se de atualizar seus stubs se o API chamado mudar sua resposta!

Ambiente de desenvolvimento

O ambiente de desenvolvimento é onde ocorre a primeira fase de testes do novo código. Ele geralmente é chamado de "DEV". Depois que os desenvolvedores sabem que o recurso funciona em suas máquinas, empregam o novo código ao DEV para testá-lo.

Quando o código está no DEV, os desenvolvedores rodam testes de unidade e integração para garantir que o novo código ainda funciona como o esperado quando inserido no master ou trunk principal no git. Os desenvolvedores muitas vezes também brincam com a nova funcionalidade manualmente para conferir que está pronta para a revisão em pares do código e implementação no ambiente de teste. Ou seja, o ambiente de desenvolvimento é onde os desenvolvedores determinam se acham que realizaram o que precisavam fazer ou se precisam de mais trabalho.

CUIDADO

O ambiente de desenvolvimento, ou DEV, é o menos estável do pipeline de lançamento. Mudanças são constantemente integradas pelos desenvolvedores que trabalham em diversas áreas da base de código. Eles devem confirmar que o código funciona e passa consistentemente pelos testes antes de transferi-lo para o próximo ambiente.

Ambiente de testes

Esta fase às vezes é chamada de quality assurance (QA). Tradicionalmente, depois que um desenvolvedor se sente confiante no trabalho, submete um pull request para conferir o código, passar por uma revisão e, então, entregá-lo ao time de QA para testar no ambiente de testes. Mas isso não é muito o que o DevOps nos incentiva como prática diária. Em DevOps, as pessoas trabalham juntas e compartilham a responsabilidade.

DICA

Dependendo de quão avançado você está em sua transformação DevOps, o time de QA ainda pode "possuir" o ambiente de testes. Embora essa situação não seja ideal, não há problema em começar assim. Os times de QA temem perder o emprego para a automação. Reformule a oportunidade de mostrar ao time de QA como passarão de um trabalho reativo e mecânico de testes manuais a especialistas em testes automatizados e integração contínua.

O DevOps muda fundamentalmente a função do QA em um time de desenvolvimento. Um profissional de QA não "possui" mais o ambiente de teste e, em seguida, passa-o para as operações depois de considerado funcional. Em vez disso, o DevOps capacita estes profissionais em QA a agirem mais como desenvolvedores. Hoje, os times de QA ajudam a escrever testes automatizados e atuam como "especialistas" em práticas, procedimentos e abordagens de teste e tomadores de decisão.

A ênfase do DevOps na automação e na melhoria contínua torna a transferência para a QA mais sutil. Ao considerar como o DevOps afetará suas práticas de teste, reserve um tempo para pensar em como seu time de QA será no próximo ano. Como você aumentará o nível de seus profissionais de QA? E como você aproveitará o conhecimento exclusivo deles para ensinar os desenvolvedores a escrever testes melhores e mais confiáveis?

Não importa quem implemente o código ao ambiente de testes — ou se a implementação acontece automaticamente em uma configuração CI/CD —, é um ambiente levemente mais robusto do que o de desenvolvimento (com mais recursos e dados), no qual testes adicionais são executados. Embora os testes de unidade possam verificar a funcionalidade na lógica, eles carecem de uma visão geral. O ambiente de teste é um lugar ideal para começar a executar os testes de usuário ou testes de interface e desafios de segurança (vulnerabilidade).

LEMBRE-SE

Os testes podem ser executados de duas maneiras: em série, com cada teste sendo executado sequencialmente, um por vez; ou em paralelo. Um ambiente de teste paralelizado é avançado, mas é um diferenciador entre times de desenvolvimento de alta velocidade e aqueles com entrega de software mais lentos.

Ambiente de staging

O ambiente de (staging) — preparação — deve ser um espelho do ambiente de produção. Esses dois ambientes devem ter paridade de dados e recursos (ou o mais próximo possível disso) para que você possa confirmar que a infraestrutura não tem um impacto inesperado no código sendo lançado. A única diferença entre staging e produção é que o staging não serve o tráfego de clientes. Essa abordagem possibilita que você garanta que o código é de alto desempenho, e é possível verificar bugs em potencial com serviços externos e interações de banco de dados. Além de ser o local do teste final, o staging é onde podemos executar determinadas configurações ou migração de scripts.

DICA

Embora o staging deva espelhar o máximo possível a produção, nunca deve emulá-la completamente, porque não tem a interação com o cliente e seu uso. Diferentes abordagens de testes na produção e no lançamento de software (abordado no próximo capítulo) evoluíram desse fato. O teste não é à prova de falhas, mas fornecerá a você e seu time de confiança no software e limitará o raio de explosão de falhas em potencial.

Ambiente de produção

O ambiente de produção é o estágio final de seu código, e onde você mais tem a perder. Seu ambiente de produção serve o tráfego de clientes. Depois que um build é lançado na produção, deve funcionar como o esperado. É claro que, no mundo real, as coisas dão errado o tempo todo. Contanto que tenha uma maneira de lidar com rollbacks (restaurações) ou implantar correções em fases, você estará bem. (As abordagens de implementação são discutidas no Capítulo 11.)

Ser notificado pelos clientes de um incidente não é o ideal, porque prejudica a confiança. Insights da aplicação, monitoramento, registro e telemetria são ferramentas que fornecem informações sobre o desempenho de seu sistema, a carga do servidor e o consumo de memória. Idealmente, seu sistema de alerta de incidentes (abordado no Capítulo 17) traz os problemas à tona antes de os clientes entrarem em contato. Mesmo assim, certifique-se de que seus clientes consigam chamar sua atenção com facilidade quando sofrerem algum impacto.

Indo Além do Teste de Unidade

No teste de unidade, os desenvolvedores garantem que cada componente faça seu trabalho e, então, continue assim depois das atualizações e mudanças. Mas o que acontece quando esses componentes são combinados? E o que acontece quando são migrados para o próximo ambiente no pipeline?

Seu ciclo de vida de desenvolvimento deve incluir um tempo para o seguinte:

- » Desenvolvimento de casos de teste.
- » Escrita de testes automatizados.
- » Execução de testes manuais (se necessário).
- » Reflexão da entrega.
- » Ajustes.

Destaco alguns dos testes mais criteriosos e críticos a serem incluídos em seu conjunto de testes automatizados nas próximas seções. Está longe de ser uma lista exaustiva, mas irá ajudá-lo a iniciar o seu caminho para o teste contínuo e servir como uma linha de base à medida que você continua a crescer e refinar seu entendimento por testes.

Testes de unidade: Ele está vivo!

Os desenvolvedores escrevem testes de unidade enquanto trabalham para testar a funcionalidade da lógica que acabaram de construir. Uma única função pode ter dezenas de testes associados. Como as funções devem fazer apenas uma coisa, assim também deve ser com os testes. Cada teste deve garantir que o algoritmo funcione como o esperado em uma variedade de cenários.

Os testes de unidade dão feedback imediato aos desenvolvedores e eliminam vários ciclos do ciclo de vida do desenvolvimento. Em vez de escrever código, transferi-lo ao time de QA e fazê-los retornar o código diversas vezes, um desenvolvedor pode conferir seu trabalho em segundos.

Os testes de unidade são baratos, o que significa que requerem menos dependências (testam a funcionalidade apenas de uma parte do código) e rodam rapidamente. Um teste de unidade pode rodar em milissegundos, comparado a certas interfaces de usuário ou testes end-to-end, que, dependendo da complexidade do componente, podem levar minutos para rodar.

CUIDADO

A *cobertura de código* refere-se a quanto de sua base de código é "coberto" por testes. Muitas ferramentas avaliam sua base de código em relação ao seu conjunto de testes e fornecem uma porcentagem de cobertura, mas essa abordagem é falha, porque não mede a qualidade desses testes e é facilmente gamificada. Eu acho que a cobertura de código é mais útil como um dado para ser "vangloriado ou para servir de punição" por executivos teimosos do que como uma medida real da eficácia do time de desenvolvimento. Confie em seu time para escrever testes de qualidade e os motive a verificar se funcionam nas revisões de código. Ofereça oportunidades de educação continuada para seu time compartilhar conhecimento e aprender a escrever testes muito melhores, se tornar especialista no que faz, e não apenas escrever testes.

Testes de integração: Todas as partes funcionam juntas?

Os testes de integração geralmente são mais úteis no staging (veja a seção "Ambiente de staging", anteriormente neste capítulo), no qual a aplicação tem acesso à rede, aos bancos de dados e aos sistemas de arquivo. Diferentemente dos testes de unidade, que validam a funcionalidade de uma única parte da lógica, os testes de integração confirmam que diversos componentes se comunicam como o esperado.

Embora um pouco mais complexos de configurar que outros testes, os de integração detectam bugs que são difíceis de rastrear. Não apenas todas as partes do código precisam funcionar juntas, mas também precisam funcionar com o resto do ambiente. No teste de integração, procuramos todas as pequenas variáveis que podem fazer com que as coisas deem errado. Como o código funciona com dados reais? E com tráfego pesado de usuários? Os problemas surgem quando o código interage com os servidores de mensagens?

PAPO DE ESPECIALISTA

Stubs são fragmentos de código que imitam uma ação do usuário em um teste. Os drivers, por outro lado, imitam uma resposta do servidor.

Testes de regressão: Depois das mudanças, o código se comporta da mesma forma?

O teste de regressão verifica se, depois de fazer alterações no código, as principais métricas para saber como sua aplicação funciona e executa também não mudaram. Essa verificação inclui funcionalidades anteriores. Os velhos bugs ressurgiram? Uma nova mudança impactou uma versão anterior de um API?

Este teste pode verificar se a exatidão ou precisão não diminuiu. Às vezes, os testes de regressão são tão simples quanto garantir que uma mudança de cor CSS não tenha deixado o site de outra cor ou quebrado algum link.

Testes visuais: Tudo parece igual?

O teste visual é relativamente novo e fascinante. É basicamente um teste automatizado para a UI (interface do usuário) e garante que a aplicação tenha a mesma aparência para eles (feita para navegadores e dispositivos específicos) — até o último pixel. Qualquer outro tipo de teste verifica uma função esperada. Os testes visuais são exclusivos, pois testam a consistência da UI. Recomendo fortemente que você não faça sua própria ferramenta de teste visual, mas opte por uma das dezenas disponíveis em código aberto ou comerciais.

O teste visual funciona estabelecendo uma base visual por meio de um screenshot (captura de tela), que serve como a exibição esperada. Quando você mescla (merge) uma alteração na divisão principal do código, a biblioteca de testes tira um screenshot dos novos resultados e o compara com a base. Se detectar diferenças, o teste falha. Algumas ferramentas vão ainda mais longe, destacando as diferenças para que possamos ver exatamente o que mudou — o sonho de qualquer desenvolvedor front-end.

Teste de desempenho

Os testes de desempenho verificam o desempenho geral da aplicação. Ela é responsiva? Estável? Escala como o esperado e usa uma quantidade razoável de recursos? O teste de desempenho também pode incluir testes de segurança e de carga. Os de segurança conferem se nenhuma vulnerabilidade conhecida foi introduzida no último build, e os de carga imitam um grande número de usuários ou dados que sobrecarregarão o sistema.

DICA

Não se esqueça da segurança! Os testes de segurança devem observar a segurança de rede e do sistema, bem como a segurança do lado do cliente e do lado do servidor da aplicação. O mundo dos testes de segurança é vasto e profundo. Recomento o guia de testes Open Web Application Security Project (OWASP), encontrado em `https://www.owasp.org/index.php/Category:OWASP_Testing_Project` [conteúdo em inglês].

Teste Contínuo

Da perspectiva do desenvolvedor, o teste tem sido tradicionalmente esquecido. Com o DevOps, no entanto, ele enfatiza a importância do teste. Conforme os desenvolvedores entregam software mais rápido e de maneira automatizada, a qualidade do trabalho não poderá se degradar. Erros podem custar caro.

Uma versão não testada e com bugs pode ter um impacto permanente na sua reputação ou abrir espaço para riscos de segurança e conformidade. Embora a entrega contínua e a integração contínua sejam mais bem conhecidas do que o teste contínuo no DevOps, este está encontrando seu espaço.

Ele começa na fase de desenvolvimento, e os desenvolvedores podem liderar seu uso para obter feedback imediato sobre seu trabalho e evitar madrugadas resultantes de incidentes e interrupções. Quando as organizações acolhem o DevOps, cuidar da qualidade se transforma no trabalho de todos — não apenas do QA.

O teste contínuo pode orientar os times de desenvolvimento de software quando se trata de alcançar seus objetivos de negócios, gerenciar as expectativas do negócio e fornecer dados para decisões que exigem compensações. Como várias outras coisas em DevOps, o teste contínuo encurtará seus ciclos e possibilitará a iteração rápida.

Não importa a abordagem que adote no teste, seu código precisará chegar à produção; e como você implementa um produto é um assunto para o próximo capítulo.

NESTE CAPÍTULO

» **Lançando x implementando código**

» **Implementando CI/CD**

» **Gerenciando incidentes de implementação**

» **Escolhendo um estilo de implementação**

Capítulo **11**

Implementando um Produto

omo abordado no Capítulo 10, devemos testar completamente todo o código antes de lançá-lo aos clientes. O processo de implementação se refere ao lançamento desse código para os clientes. Esse processo pode ser tão simples quanto apertar um botão ou tão complexo quanto uma série de pipelines e gates pelos quais o código deve passar para alcançar os clientes. Às vezes ouvimos o termo *lançamento* (release) como sinônimo de *implementação* (deployment).

Uma implementação (deployment) é o movimento do código de um ambiente para o outro. Um desenvolvedor pode implementar seu código da máquina local para o DEV (ambiente de desenvolvimento). A essa altura, o código pode passar por vários outros ambientes, como o de teste de aceitação (UAT) ou o quality assurance (QA), o staging e o de produção (PROD). A implementação (deployment) na produção — especificamente, uma para clientes — é a forma mais pura da palavra *lançamento (release)*.

Neste capítulo, descobrimos como implementar a integração contínua e a entrega contínua (CI/CD), decidir sobre uma estratégia de implementação (deployment) e gerenciar lançamentos (release).

CAPÍTULO 11 **Implementando um Produto** 147

Lançando Código

Se o código estiver acessível para os clientes, ele foi lançado. Se for exposto a um novo ambiente, foi implementado. Ainda assim, as implementações têm nuances suficientes para mostrar que essa diferença de significados é inútil. Então, embora os termos *lançamento (release)* e *implementação (deployment)* não sejam sinônimos perfeitos, para os propósitos deste capítulo, significarão a mesma coisa.

Lançar um build (um artefato do código empacotado) para o ambiente de produção não significa necessariamente que ele esteja servindo a todos os clientes — ou qualquer cliente. O *lançamento* (release) significa apenas que uma versão da aplicação está recebendo tráfego da produção e tem acesso a seus dados.

CUIDADO

Vi mais de uma conversa paralela sobre o uso de *lançamento* (release) e *implementação* (deployment) significando coisas diferentes. Como em tudo no DevOps, a comunicação é fundamental. Nunca assuma o que alguém quer dizer com qualquer um dos termos sem perguntar por esclarecimento.

Outro termo muito utilizado é *shipar*. Esse termo vem da época em que as empresas realmente shipavam [do inglês *ship*, enviar] CDs para os clientes com o software atualizado para instalação. Na verdade, os desenvolvedores geralmente brincam uns com os outros quando alguém pergunta se algo já está pronto para ser lançado para os clientes. "Shipe!", dizem eles.

Embora as origens do termo "shipar" (shipping) software normalmente se refiram à entrega da nova versão do software para os clientes, as pessoas o utilizam como sinônimo para *implementar* (deployment) e *lançar* (release). O ponto é que o significado de todas essas palavras depende da mensagem que a pessoa quer transmitir. Se você não tiver certeza, pergunte.

Integrando e Entregando Continuamente

O crescimento da cultura DevOps mudou a forma como os desenvolvedores constroem e shipam (entregam) software. Antes do surgimento da mentalidade Ágil, os times de desenvolvimento recebiam um recurso, o construíam e esqueciam dele. Jogavam o código para o time de QA, que então jogava de volta por causa dos bugs ou transferia para o time de operações, que era responsável por implementar e fazer a manutenção do código na produção.

Esse processo era ruim, para dizer o mínimo, e causava uma boa quantidade de conflito. Como os times existiam em silos, tinham pouco ou nenhum insight sobre como os outros operavam, incluindo seus processos e motivações.

CI/CD, integração contínua e entrega (ou implementação) contínua, busca derrubar os muros que existiam historicamente entre os times e instituir um processo de desenvolvimento mais suave.

Obtendo benefícios do CI/CD

O CI/CD oferece muitos benefícios. Porém, o processo de construção de um pipeline CI/CD pode ser demorado, além de exigir adesão do time e da liderança executiva.

Alguns benefícios de CI/CD são:

>> **Teste automatizado completo:** Até a implementação mais simples de CI/CD requer um conjunto de testes robusto que possa rodar no código sempre que um desenvolvedor submeter suas implementações da divisão principal.

>> **Ciclo de feedback acelerado:** Os desenvolvedores recebem feedback imediato com CI/CD. Os testes automatizados e a integração de eventos falharão antes de o novo código ser inserido. Isso significa que os desenvolvedores podem encurtar o ciclo de desenvolvimento e implementar recursos mais rapidamente.

>> **Diminuição de conflito interpessoal:** Os processos de automatização e redução do atrito entre os times encorajam um ambiente de trabalho mais colaborativo e no qual os desenvolvedores fazem o que sabem de melhor: criar soluções.

>> **Processo de implementação confiável:** Qualquer pessoa que tenha desfeito uma implementação em uma sexta-feira à tarde pode falar sobre a importância do sucesso da implementação. A integração contínua garante que o código esteja bem testado e tenha um desempenho confiável em um ambiente parecido com o da produção antes de chegar ao usuário final.

Implementando CI/CD

CI/CD está baseado nas metodologias ágeis. Você deve pensar em implementar CI/CD como um processo iterativo. Todo time pode se beneficiar de uma versão de CI/CD, mas personalizar a filosofia geral dependerá muito de sua pilha tecnológica (as linguagens, os frameworks, as ferramentas e a tecnologia usada) e cultura atuais.

Integração contínua

Times que praticam a integração contínua (CI) inserem mudanças de código de volta na divisão master ou de desenvolvimento sempre que possível. A CI normalmente usa uma ferramenta de integração para validar o build e rodar testes automatizados no novo código.

O processo de CI possibilita que os desenvolvedores em um time trabalhem na mesma área da base de código enquanto mantêm as mudanças em um nível mínimo e evitam grandes conflitos de inserção.

Para implementar a integração contínua:

» **Escreva testes automatizados para cada recurso.** Isso evita que os bugs sejam implementados no ambiente de produção.

» **Configure um servidor de CI.** O servidor monitora o repositório principal observando mudanças e dispara testes automatizados quando novas entregas (commits) são enviadas. Seu servidor de CI deve ser capaz de rodar testes rapidamente.

» **Atualize os hábitos do desenvolvedor.** Os desenvolvedores precisam inserir mudanças de volta na base de código principal com frequência. No mínimo, essa inserção deve acontecer uma vez por dia.

Entrega contínua

A entrega contínua é um avanço em relação à CI, na medida em que os desenvolvedores tratam cada mudança no código como um entregável. No entanto, em comparação com a implementação contínua, um lançamento deve ser disparado por uma pessoa, e a mudança pode não ser entregue imediatamente ao usuário final.

Em vez disso, as implementações são automatizadas, e os desenvolvedores podem inserir e implementar seu código com um único botão. Ao fazer iterações pequenas e entregues com frequência, o time garante que possam solucionar mudanças facilmente.

Depois que o código passa nos testes automatizados, o time pode implementar o código para qualquer ambiente especificado, como de QA ou staging. Muitas vezes, uma revisão de código em pares é feita antes de um desenvolvedor inserir o código em uma divisão de lançamento da produção.

Para implementar a entrega contínua:

» **Tenha uma base forte em CI.** O conjunto de testes automatizados deve crescer em correlação com a implementação do recurso, e você deve acrescentar testes sempre que um bug for encontrado.

» **Automatize os lançamentos.** Uma pessoa ainda inicia as implementações, mas o lançamento deve ser um processo com um só passo — o clique de um botão.

» **Considere as feature flags.** As feature flags escondem recursos incompletos de usuários específicos, garantindo que seus colegas e clientes vejam apenas a funcionalidade desejada. (As feature flags são abordadas posteriormente neste capítulo.)

Implementação contínua

A implementação contínua leva a entrega contínua um passo além. Toda mudança que passa pelo pipeline de lançamento (release) na produção é implementada. Isso mesmo: *o código é colocado diretamente na produção*.

A implementação (deployment) contínua elimina a intervenção humana do processo de implementação e requer um conjunto de testes completamente automatizados.

Para colocar a implementação contínua em ação:

» **Mantenha uma cultura forte de testes.** Considere o teste como uma parte central e essencial do processo de desenvolvimento.

» **Documente novos recursos.** Lançamentos (releases) automatizados não devem ultrapassar a documentação de API.

» **Coordene com outros departamentos.** Envolva departamentos como marketing e customer success para garantir um processo tranquilo.

Gerenciando as Implementações

A gestão de lançamento (release) é um componente central de DevOps e uma área na qual você provavelmente verá a maior melhoria ao adotar as práticas DevOps. Como mencionado em outra parte do livro, os desenvolvedores e o time de operações costumavam ficar isolados uns dos outros, existindo em silos de conhecimento e responsabilidade. Os desenvolvedores escreviam código, acrescentavam funcionalidade e, então, jogavam-no para as operações para a implementação e manutenção — tudo sem comunicar adequadamente as considerações técnicas importantes para o lançamento.

Muitas vezes, as implementações manuais, acumuladas pela má colaboração, levavam a resultados inferiores. Em 2016, a empresa de pesquisas Gartner estimou que a falta de uma gestão de lançamentos eficaz contribuía para 80% das interrupções de serviços em grandes organizações.

O lançamento de software de forma automatizada e bem orquestrada é a chave para reduzir as interrupções no serviço e os incidentes.

Automatizando do jeito certo

Embora a automatização seja a chave para acelerar sua entrega de software, tenha cuidado ao automatizar seus processos de lançamento (release). É preciso garantir que você automatize os procedimentos adequados. A pior coisa que pode fazer é abstrair um processo problemático e implementá-lo de uma forma que remova as pessoas do processo. Organizações de alta performance utilizam ferramentas automatizadas em seus processos de lançamento (release), e também adotam uma abordagem enxuta, adaptando as ferramentas conforme necessário.

Se tiver uma organização de tecnologia relativamente pequena, recomendo padronizar os processos de lançamento (release) e implementação (deployment) na empresa toda, pelo menos no começo. Seus procedimentos de lançamento mudarão e evoluirão com o tempo. Organizações como a Amazon atribuem um desenvolvedor de confiabilidade do local ou especialista de operações a cada time de recurso de tecnologia. Como grande parte da infraestrutura e arquitetura da Amazon é baseada em microsserviços, esses times podem operar de forma independente. Até sentir que seu time está em nível de desempenho e maturidade que você espera, mantenha os processos de lançamento (release) e implementação (deployment) consistentes.

Versionamento

As atualizações de software são versionadas pela atribuição de um nome ou número de versão para identificar diferentes estados de uma aplicação. Pode-se até diferenciar estados de código-fonte internamente ao observar o histórico de entrega (commits) de código no git. Você pode identificar e até selecionar os estados anteriores do código — o histórico de revisão usando um único hash SHA-1 que acompanha toda entrega.

As implementações de versionamento são igualmente importantes. Se utilizar CI/CD, deve conferir os números da versão que identificam o estado do software em seu controle de fonte.

Versionamento semântico

O versionamento personalizado nunca dá certo. Todas as pessoas de seu time pensam de maneira diferente umas das outras, e essas diferenças sutis — sem padrões de versionamento — podem levar à confusão. O versionamento semântico é uma abordagem relativamente simples com a qual todos do time devem ficar confortáveis

O benefício verdadeiro do versionamento semântico é como o número de versão fornece informações importantes quando visto em relação aos números de versões anteriores e lançamentos subsequentes. O número de versão distingue os patches de lançamentos menores e grandes atualizações de versão.

O versionamento semântico usa três números em cada versão. O número que aumenta depende do tipo de lançamento. Por exemplo, a versão atual do ACME APP é 1.3.4. Veja como os versionamentos seriam:

> » Uma atualização de patch transformaria a versão atual em 1.3.5.
>
> » Um lançamento menor acabaria como 1.4.0.
>
> » Uma grande atualização mudaria a versão para 2.0.0.

O termo *patch* se refere a uma implementação que corrige bugs. As mudanças são pequenas e apenas reforçam a funcionalidade lançada anteriormente. Atualizações de versão pequenas contêm novos recursos. Grandes atualizações não são retroativamente compatíveis e incluem código que poderia danificar versões anteriores.

Esse sistema ajuda a acompanhar facilmente as versões de maneira interna, bem como a informar seus usuários, dependendo de como e quando você escolher anunciar os lançamentos publicamente.

Versionamento para implementação contínua

O versionamento semântico é um pouco mais complicado do que foi descrito na seção anterior se você faz implementações dez vezes por dia — ou mesmo uma vez por dia. É complicado quando o número aumenta rápido enquanto as diferenças entre as versões lançadas são muito pequenas.

A esta altura, recomendo adicionar um componente dinâmico ao versionamento. Como a entrega e a implementação contínuas são automatizadas, um check-in de código disparará um novo build. Ao ser completado, ele então disparará um pipeline de lançamento que o implementará nos vários ambientes. Cada build lançável deve ter um número único de versão.

As variáveis possibilitam que você implemente um versionamento mais complexo enquanto ainda mantém uma abordagem semântica. As ferramentas de build permitem acrescentar variáveis globais ou build a um número de lançamento, de forma a distingui-lo dos outros.

A maioria das ferramentas de automação permite grupos de variáveis que estabelecem os valores e as definições por todo o pipeline de lançamento. Geralmente elas são formatadas da seguinte forma: ${variável}. As ferramentas de pipeline ajudam a garantir que dois lançamentos não recebam nomes idênticos. Veja alguns exemplos:

> ${developer}: v1.3.4-efreeman

> ${team-project}: v1.3.4-serverless

> ${email}: v1.3.4-emily@microsoft.com

> ${commit}: v1.3.4-bc0044458ba1d9298cdc649cb5dcf013180706f7

Dependendo da ferramenta utilizada, é possível ser extremamente detalhista e misturar variáveis da maneira desejada. Aconselho adicionar informações suficientes para identificar apenas o estado e fornecer o contexto para os revisores enquanto mantém a legibilidade:

> v1.3.4-serverless-emily@microsoft.com

> v1.3.4-release-54-bc0044458ba1d9298cdc649cb5dcf013180706f7

> v1.3.4-efreeman-critical-security-patch

Acompanhando o pacote da aplicação

Lançar (release) arquitetura de microsserviço e sistemas distribuídos envolve uma quantidade de partes móveis significativamente maior do que implementar um monólito. Como resultado, não se pode simplesmente acompanhar o estado de cada serviço ou componente; é preciso acompanhar a aplicação inteira como um pacote, incluindo todos os componentes e mudanças de banco de dados.

Se tiver componentes diferentes de uma aplicação implementada a vários containers ou clusters, implementar cada parte sempre que uma nova versão é lançada será um desperdício, e corre-se o risco de haver erros. Em vez disso, é preciso usar uma ferramenta de gestão de configuração para acompanhar os deltas — isto é, as mudanças e diferenças entre versões. Se um elemento de um componente mudar, o componente é relançado. Se não, é mantido no estado atual (e atualizado). Essa abordagem minimiza o tempo de inatividade e reduz falhas.

DICA

A padronização da configuração da infraestrutura permite que os desenvolvedores levantem novas infraestruturas (servidores, containers, VMs) sem a ajuda ou aprovação de um especialista de operações, capacitando os desenvolvedores com mais autonomia e possibilitando que tenham mais propriedade de seu trabalho.

Atenuando a Falha

Nenhuma outra atividade deixa um time de desenvolvimento tão aberto a falhas quanto implementações (deployments) e lançamentos (release). Esse risco é uma das razões de a tecnologia tradicional evitar as implementações (deployments) e fazê-las com menos frequência possível. Lançar (release) software era uma dor de cabeça — que todos queriam evitar.

Mas o "evitar" implementações é o que causa muitos dos problemas que ocorrem com elas. Nós melhoramos em atividades que realizamos com frequência. Implementações frequentes significam mudanças menores. Algumas dezenas de linhas de código têm menos propensão a causar interrupções de serviços do que quantidades grandes de código. Encontrar bugs em lançamentos pequenos é mais fácil do que mergulhar em centenas de linhas de código em dezenas de arquivos.

Não importa a frequência de sua implementação ou como aborda as implementações e lançamentos, ainda assim, podem causar falhas. Você pode usar DevOps para atenuar essas falhas.

Revertendo

A reversão é o jeito mais fácil e mais frequente de restaurar o serviço depois de uma falha de implementação. Basicamente, revertemos a implementação atual para o último build estável. Há duas maneiras de fazer isso: restaurar para uma implementação anterior ou criar uma nova implementação com um único identificador como cópia da versão estável anterior.

Uma reversão é necessária quando um build é lançado e prejudica o ambiente de produção, provavelmente impactando clientes. Se o desempenho ou a disponibilidade da aplicação é impactado, o jeito mais rápido poderia ser reimplementar uma versão anterior que sabemos que é estável. Outras vezes, os times escolhem solucionar problemas na hora e criar um hotfix em tempo real. Essa abordagem não é a ideal para clientes e nem para os times de tecnologia porque é, no mínimo, estressante. Mas, como explicado nas próximas seções, às vezes é a única opção viável.

PAPO DE ESPECIALISTA

Os provedores de nuvem podem possibilitar a reversão rápida usando ferramentas de pipeline de lançamento.

As reversões geralmente são iniciadas de forma manual. Ferramentas de automação podem usar thresholds de monitoramento de desempenho e outras métricas da aplicação para detectar um problema em potencial e alertar o time de desenvolvimento. Se você estiver usando um pipeline de lançamento, uma reversão pode ser tão simples quanto apertar um botão.

Recuperação por avanço

De vez em quando, a reversão não é possível. Muitas vezes, as mudanças nos bancos de dados dificultam ou impossibilitam a reversão simples nos builds. Se lançar um novo esquema, migrar dados e permitir que os dados dos clientes populem novas colunas, terá um desafio à sua frente.

Na bagunça para corrigir um problema da produção na hora, você arrisca prejudicar outras funcionalidades, acumular débito técnico e obstruir o desenvolvimento de outros profissionais congelando o trabalho enquanto recupera por avanço. Recomendo utilizar essa abordagem se for a única opção disponível. Então, use sua revisão pós-incidente para explorar as mudanças de arquitetura que facilitariam a recuperação para futuras indisponibilidades.

Democratizando as Implementações

As organizações de tecnologia tradicionais comumente tinham cargos de implementação — até profissionais específicos de lançamento especializados em implementar software. Essa não é uma abordagem ideal, porque tira o poder do time como um todo e isola a responsabilidade. Lembre-se: em DevOps, compartilhamos o máximo de informação possível. Especializar-se em áreas específicas de tecnologia ou ter um especialista em uma linguagem, framework ou ferramenta particular é totalmente razoável, mas evite transformá-lo no único indivíduo capaz — ou com permissão — de realizar uma tarefa.

Há ferramentas suficientes atualmente para qualquer um ser capaz de aprender como empacotar e lançar uma aplicação. Se seu processo de lançamento é tão complicado a ponto de apenas duas pessoas saberem gerenciá-lo ao seguir treze páginas de instruções, então é hora de começar de novo e refazer seus processos de lançamento.

LEMBRE-SE

Falo da mudança para a nuvem no Capítulo 21. Essa mudança, embora potencialmente demorada, é uma excelente oportunidade de repaginar e modernizar velhos processos. Só porque você sempre fez tudo de certa forma, não significa que continuará na próxima fase dos negócios. As operações estão acelerando, e você deve se adaptar para permanecer competitivo.

Tudo bem se tiver preocupações específicas de segurança ou conformidade que não permitam começar amanhã a implementação contínua. Por favor, não fique perplexo com o que "deve" fazer. Avalia onde sua organização está realisticamente e faça um plano para melhorar e se adaptar de forma contínua.

Muitas empresas simplesmente não são capazes de implementar de forma contínua, e nem estão dispostas a permitir que um código novo entre na produção assim que foi entregue. Isso requer uma enorme quantidade de trabalho antecipado para construir um teste robusto, gates de segurança e pipelines. Não quero que menospreze isso. Não é algo fácil.

LEMBRE-SE

CI/CD é o objetivo final, mas a jornada é igualmente importante, se não for mais. Aos poucos, mude seu time em direção à integração contínua e à entrega contínua — e esqueça a pressão de se modernizar da noite para o dia. Não se esqueça: se tentar mudar tudo rápido demais, sua transformação DevOps fracassará. Aceite o nível em que está e planeje crescer e melhorar continuamente.

Ao adotar CI/CD, não há problema algum em criar gates humanos em pipelines de lançamento para garantir a qualidade — especialmente se você estiver se acostumando a essa nova abordagem. Só se certifique de aplicar cálculos confiáveis ao time, assim como às máquinas. Selecione três pessoas ($n + 1$) que possam aprovar builds para o lançamento. Essa abordagem possibilita que uma pessoa saia de férias e outra fique doente sem criar um gargalo de produtividade na tecnologia. (Veja detalhes sobre como lidar com gargalos no Capítulo 3.) O objetivo é remover gargalos, não criá-los.

Escolhendo um Estilo de Implementação

Existem muitas abordagens disponíveis de lançamento de software para clientes, e as práticas consideradas como boas evoluíram. Escolher um estilo de implementação é o momento em que o conhecimento de infraestrutura se torna muito mais importante para seu time de tecnologia. Também é o motivo de eu ser veementemente contra NoOps.

DICA

NoOps — que significa não ter operações — é a sugestão de que a automação pode e deve substituir os especialistas em operações. Essa ideia é tola porque, não importa o quanto sua automação se torne robusta ou o quanto você abstraia a infraestrutura subjacente para os desenvolvedores, a infraestrutura central e o conhecimento de operações sempre serão vitais para o time de tecnologia.

O time de operações deverá ser especialista em infraestrutura. Ele entende a história da administração do sistema e do software de hospedagem — o que fornece contexto para os estilos de implementação que achamos ideais atualmente. A infraestrutura de software foi baseada em si mesma e adaptada a novos desafios.

Acontece o mesmo com os estilos de implementação. Temos vários para escolher, e cada um tem suas vantagens e desvantagens. Mas as opções descritas nas próximas seções devem minimizar o risco do impacto negativo no cliente.

Azul-verde (blue-green): Não é só a cor da água

A implementação azul-verde (blue-green) é um dos estilos que busca reduzir as interrupções de serviço resultantes de implementações ruins. Neste caso, as cores não têm significado específico. Poderiam muito bem ser rosa-vermelho ou amarelo-roxo. Esse nome é simplesmente uma forma de identificar duas versões de sua aplicação que rodam na produção.

E é exatamente isso que a implementação azul-verde faz — lança duas versões de seu software para o ambiente de produção. Um roteador é utilizado para determinar qual versão será acessada pelos clientes.

Imagine que a versão atual rodando na produção seja a v2.0.4. Tudo está saindo como o planejado e você está pronto para lançar uma pequena atualização, que o levará à versão v2.1.0. Antes de lançar a nova versão, apenas a v.2.0.4 está rodando na produção, como mostra a Figura 11-1.

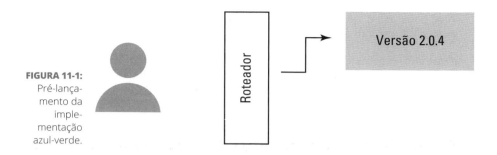

FIGURA 11-1:
Pré-lançamento da implementação azul-verde.

Para garantir que a nova versão se comporte como o esperado no ambiente de produção — sem impactar negativamente os clientes se algo der errado —, lance a v2.1.0 na produção, mas desvie todo o tráfego para a versão estável v2.0.4. Veja como isso funciona na Figura 11-2.

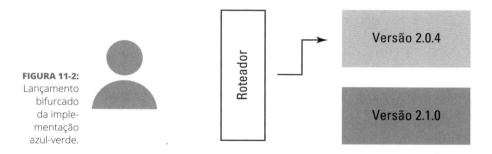

FIGURA 11-2:
Lançamento bifurcado da implementação azul-verde.

Ambas as versões estão rodando na produção, mas nada mudou para os clientes. Podemos deixar a nova versão rodando o tempo que quisermos (levando em consideração o consumo de recursos). Recomendo executar testes na v2.1.0 na produção e garantir que tudo saia como o esperado.

Depois de estar confiante de que a nova versão de seu software está estável e pronta para o tráfego de clientes, é hora trocar. O roteador fará com que todos os clientes cheguem na última versão estável (v2.1.0) e não mais enviará tráfego para a versão anterior (v.2.4.0). A essa altura, seu ambiente de produção parecerá com o da Figura 11-3.

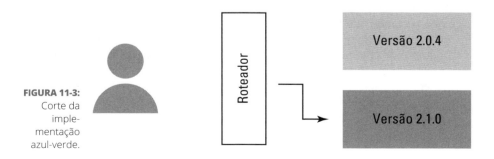

FIGURA 11-3:
Corte da implementação azul-verde.

CAPÍTULO 11 **Implementando um Produto** 159

Você pode achar que a nova versão é estável e não causará interrupções do serviço ou impacto de desempenho quando o tráfego de clientes for desviado.

Para mim, o benefício mais importantes de uma implementação azul-verde é a facilidade de reversão. A última versão estável já está rodando na produção. Você só precisa reverter o corte do roteador e enviar o tráfego de volta para a versão anterior.

Canário de Schrodinger: A implementação não está morta (ou está?)

Antes das ferramentas modernas de detecção serem usadas, os mineradores de carvão levavam canários para as minas. Se o gás venenoso começasse a vazar, o canário era o primeiro a morrer. Sua morte avisava os humanos sobre o perigo e iniciava uma evacuação. Macabro, mas com certeza eficaz.

Felizmente, nenhum canário foi ferido no processo de uma implementação canário. Esse estilo de lançamento leva a implementação azul-verde um passo além: ele muda lentamente entre as duas versões, em vez de desviar tudo de uma vez só. Os lançamentos canários shipam mudanças de software para selecionar clientes como um modo de testar a funcionalidade e a confiabilidade na produção enquanto limitam o número de clientes potencialmente impactados.

Volte à Figura 11-2, que mostra o lançamento bifurcado da implementação azul-verde. A versão mais recente, v.2.1.0, foi lançada no ambiente de produção, mas o roteador está bloqueando o tráfego. Se depois de um tempo tudo estiver tranquilo, você estará pronto para começar a introduzir lentamente o tráfego de clientes.

Ao contrário de uma implementação azul-verde, o roteador enviará o tráfego de clientes para *ambas* as versões até 100% dele ser direcionado à nova versão. O número de clientes (ou tipo de cliente!) selecionados como canário depende de você. Recomendo começar com uma porcentagem, mas algumas empresas preferem selecionar os clientes com base na informação demográfica ou localização. A última é útil se a nova versão for implementada primeiro para uma região específica.

Imagine que tenha decidido por 10%. O roteador é direcionado para enviar 10% do tráfego de clientes para a nova versão, como na Figura 11-4, que exibe o começo de uma implementação canário. Depois de ficar satisfeito por não haver impacto negativo no cliente, é possível aumentar lentamente o número de clientes que recebem a nova versão de sua aplicação. A rapidez com que a versão atualizada é implementada ou quantos clientes são incluídos em cada parte depende apenas de você. Pode ser um processo lento e suave, como preferir.

160   PARTE 2 **Estabelecendo um Pipeline**

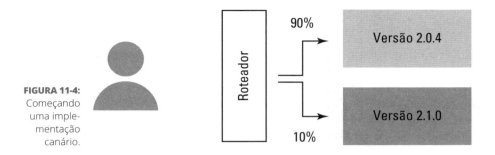

FIGURA 11-4: Começando uma implementação canário.

PAPO DE ESPECIALISTA

Você pode ajustar as implementações canário para o tipo de lançamento. Se for um patch, provavelmente será capaz de lançar com mais velocidade, enquanto em uma grande atualização seria melhor demorar mais tempo para aumentar o tráfego.

Muitas empresas escolhem usar seus próprios produtos internamente. As implementações canário (e a opção relacionada de feature flagging abordada em "Alternando com feature flags", mais adiante neste capítulo) oferecem uma solução sensacional. É possível implementar a nova versão para usuários selecionados e testar a funcionalidade incluída na atualização dias ou semanas antes de lançar para toda a base de clientes.

A implementação rolling

O tipo final de lançamento que quero destacar é chamado de implementação rolling. Em vez de lançar uma nova versão para clientes selecionados em partes incrementais, as implementações rolling substituem a versão de uma aplicação rodando em uma instância específica. A nova versão é implementada a cada instância, uma por vez (ou em clusters), até que todas as instâncias ou máquinas tenham a versão mais recente.

Algumas empresas preferem que a implementação rolling seja feita em várias máquinas ao mesmo tempo. O tamanho do agrupamento é chamado de *window size*. Um window size de um percorrerá uma máquina de cada vez enquanto um window size de quatro implementará a nova versão em quatro servidores ao mesmo tempo. A Figura 11-5 mostra como pode ser o início de uma implementação rolling.

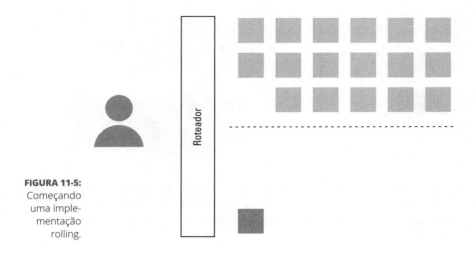

FIGURA 11-5: Começando uma implementação rolling.

A vantagem de uma implementação rolling é o contraste entre ela e a atualização tradicional. Historicamente, seria preciso desligar todos os servidores e implementar a atualização — rezando para que desse tudo certo.

A Figura 11-6 dá uma ideia da aparência do sistema quase no final da implementação rolling.

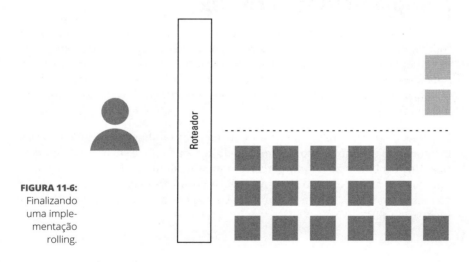

FIGURA 11-6: Finalizando uma implementação rolling.

Com uma implementação rolling, podemos usar um balanceador de carga ou roteador para direcionar o tráfego aos servidores que ainda rodam a versão atual da aplicação. As máquinas que estão sendo atualizadas não receberão tráfego até que fiquemos satisfeitos, possibilitando que todos os nodos sejam atualizados sem impactar o cliente. Além disso, essas implementações exigem menos recursos estruturais do que as azul-verde e as canário.

DICA

Recomendo que você pense um pouco em como as sessões se comportarão durante uma implementação rolling.

Alternando com feature flags

Uma feature flag, ou feature toggle, é um recurso condicional que pode ser ocultado dos clientes. Essa é uma excelente solução para manter a entrega contínua ou a implementação contínua enquanto a funcionalidade não é lançada aos clientes por não estar pronta.

PAPO DE ESPECIALISTA

As feature flags possibilitam que as organizações de marketing e vendas lancem um recurso ou um conjunto deles para os clientes em um lançamento coordenado sem impactar a habilidade da tecnologia de desenvolver e implementar continuamente a funcionalidade.

Se você e seu time estiverem se sentindo muito radicais, é possível implementar um trabalho parcialmente completado na produção. Esse tipo de implementação reduz o número de divisões do recurso e de inserções que devem ser geridas no decorrer do processo, assim como alerta outros desenvolvedores sobre o seu trabalho muito antes de estar terminado. Com um toggle, você tem controle completo do acesso do usuário. Embora o código do recurso esteja visível para os desenvolvedores, a real funcionalidade está oculta na interface do usuário até que decida revelá-la. É possível até mesmo revelá-la a determinados usuários — como testadores internos — enquanto permanece escondida dos clientes.

Se usar feature flags, o desenvolvedor primeiro atribui o recurso como um toggle no banco de dados (0 para "desligado" e 1 para "ligado" funciona bem) ou em um arquivo de configuração. Depois, o desenvolvedor faz uma declaração condicional que determina se um usuário pode ver ou acessar o recurso a partir da interface do usuário.

CUIDADO

Você também pode usar toggles para separar a velha lógica do novo código. No entanto, essa não é uma prática boa, e, se possível, você deve refatorar ou excluir o código antigo. Caso contrário, é provável que cause bugs ou resultados indesejados no futuro.

As feature flags podem ser usadas para:

- » Lançar novos recursos no desenvolvimento para usuários específicos.
- » Atualizar ou aprimorar a funcionalidade atual.
- » Desabilitar ou descontinuar um recurso.
- » Estender uma interface.

Monitorando Seus Sistemas

Depois de lançar o software, é preciso monitorar seu desempenho, sua disponibilidade, sua segurança, entre outros.

Entendendo a telemetria

Telemetria é apenas uma palavra sofisticada para coleta de dados sobre o comportamento de seus sistemas. Ela permite que você seja atualizado regularmente sobre o andamento das coisas, o que evita que remexa os registros apenas quando algo dá errado. A telemetria cria registros sobre seu próprio comportamento de modo independente.

O verdadeiro benefício aqui é que temos uma base funcional do desempenho da aplicação e do sistema. Ao lançar uma nova versão do software, é possível observar a telemetria e procurar comportamentos estranhos. Um pico no tempo de carregamento depois do lançamento é um bom indicador de que algo deu errado.

A telemetria também é útil no caso de um SLA (acordo de nível de serviço), que é basicamente sua promessa de disponibilidade para os clientes. Em geral, um SLA é um contrato legal que promete um certo nível de desempenho, como 99,9% de disponibilidade. A telemetria pode ajudá-lo a acompanhar se está satisfazendo seus objetivos e a se comunicar adequadamente com os clientes.

Registrando o comportamento

Para se beneficiar com a telemetria, é preciso configurar sua aplicação e infraestrutura a fim de que seja possível fazer a coleta de dados e relatórios. A telemetria exige dois componentes:

» **Coleta de dados:** Organizações DevOps de alto desempenho coletam dados de centenas, se não milhares, de indicadores-chave. As métricas se originam em todas as camadas de seu sistema: aplicação, ambiente e operações de rede.

» **Gestão de métricas:** É preciso ter um local central para armazenar e analisar os dados coletados. Essa plataforma deve ir além da listagem de eventos. Idealmente, teremos um modo de visualizar os dados e destacar as tendências. Podemos integrar essa capacidade no sistema de alerta para garantir que o time de tecnologia seja notificado de problemas em potencial.

Se você não tiver certeza sobre o que armazenar, sugiro começar com eventos de clientes e desempenho do sistema. Exemplos de eventos de clientes são a quantidade de logins, números de vendas e tempos de carregamento de página. Você vai querer saber o mais rápido possível se as vendas pararem no período mais movimentado do dia. O desempenho do sistema inclui desempenho do banco de dados, operações de rede, CPU e segurança.

Depois que tiver um medidor de telemetria e souber como ele se encaixa em seu sistema, é possível expandir as áreas das quais coleta dados:

» Número de inscrições de novos usuários

» Vendas completadas

» Checkouts abandonados

» Monthly recurring revenue (MRR) [receita recorrente mensal]

» Tempos de resposta

» Número de exceções

» Tráfego do servidor

» Uso de disco

» Lead times de implementação

» Frequência de implementação

A telemetria fornece conhecimento do sistema completo em todas as camadas e em cada componente. Isso garante que possamos encontrar pequenos problemas antes que virem erros de sistema e reduz a frequência de alertas vindos de clientes sobre indisponibilidade de serviço.

Recomendo que você classifique os dados de telemetria e facilite a investigação das várias áreas do sistema pelo seu time de tecnologia. É possível até mesmo categorizar os dados por urgência: DEBUG [depuração], INFO [informação], WARN [aviso], ERROR [erro] e FATAL.

SLAs, SLIs e SLOs

A engenharia de confiabilidade de site, que é uma interpretação de DevOps prescritiva e focada em operações do DevOps, que utiliza três termos importantes que devem ser lembrados ao monitorar os sistemas. Cada medida o ajuda a determinar se o time está satisfazendo os objetivos de negócio de uma perspectiva da tecnologia.

CAPÍTULO 11 **Implementando um Produto** 165

CUIDADO

» **Service-Level Agreement (SLA) [nível de acordo de serviço]:** A disponibilidade — o serviço estar disponível e rodando — é o segredo para o sucesso nas operações. Os clientes precisam ser capazes de acessar suas aplicações. Ou seja, a aplicação está funcionando como o esperado? Um SLA é a disponibilidade que você concorda em manter com seus clientes no decorrer de um período estabelecido. Em geral faz parte do contrato de serviços e é legalmente aplicável.

Ao estabelecer um SLA, tenha cuidado para não ser rígido demais. É fácil prometer um certo nível de disponibilidade e, mais tarde, perceber que é simplesmente impossível mantê-lo (em especial considerando o valor pago pelos clientes pelo serviço). Muitas empresas oferecem SLAs apenas para clientes corporativos, para garantir que possam dedicar recursos adicionais — humanos e de hardware — para manter tal compromisso. Violar um SLA pode ter consequências financeiras e causar danos no relacionamento com o cliente no longo prazo. Se você não tiver ideia de como começar, observe sua disponibilidade atual. Os SLAs industriais geralmente variam entre 99,9% e 99,99%.

» **Service-Level Objective (SLO) [objetivo de nível de serviço]:** O SLO é a medida estabelecida como o nível de disponibilidade aceitável internamente. Em geral, o SLO é interno e mais exigente que o SLA — dando um pouco de espaço para o erro. Se o SLO tiver 99,99% de disponibilidade, o SLA pode ter 99,9%. Estabeleça SLOs sensatos. Se as expectativas forem altas demais e os recursos tiverem exigências além do normal, você estará no caminho do fracasso, pois nunca satisfará o padrão.

PAPO DE ESPECIALISTA

A disponibilidade é muito citada nesta seção, porque a considero como a medida mais importante; outras medidas, como a latência do serviço, não importam se ele não puder responder a uma solicitação. Mas lembre-se de que a disponibilidade é apenas um aspecto da confiabilidade do serviço. Veja mais informações sobre latência, transferência, fidelidade e durabilidade — que são todas pedidas da confiabilidade geral do site — no Capítulo 8.

» **Service-Level Indicator (SLI) [indicador de nível de serviço]:** Esse é o meio pelo qual medimos o sucesso de satisfação dos SLOs. Os indicadores são o feedback do sistema que fornecem insights sensatos sobre a porcentagem de disponibilidade real em cada serviço medido. Se os SLIs caírem para menos que os SLOs, é preciso investigar e determinar se existem mudanças necessárias a serem feitas no sistema.

Além das ferramentas de telemetria, outras ferramentas de monitoramento incluem dashboards, logs e análises terceirizadas que procuram padrões de dados e threads de segurança. Uma ferramenta de análise para logs permitirá a coleta de informações importantes com mais facilidade e rapidez quando necessário.

3
Conectando o Circuito

NESTA PARTE. . .

Crie um ciclo iterativo de melhoria contínua e velocidade aumentada priorizando o trabalho crítico e aprimorando o desempenho.

Desenvolva um processo de feedback que possibilite aos clientes alertá-lo rapidamente sobre o que amam (e odeiam) em seu produto, garantindo sua habilidade de integrar o feedback ao roteiro do produto continuamente.

Contrate e mantenha talentos DevOps e coordene sua organização de tecnologia para maximizar os conjuntos de habilidades.

Permita que o time de tecnologia tenha autonomia para escalar sua organização com incentivos focados em DevOps.

NESTE CAPÍTULO

» Fracassando rápido (não é o que você está pensando)

» Priorizando o trabalho importante em vez da falsa urgência

» Aumentando a velocidade por meio do desempenho aprimorado

Capítulo **12**

Implementando a Iteração Rápida

O termo *fail fast* [fracassar rápido] se tornou um mantra da cultura startup no início dos anos 2000 e foi amplamente usado graças à onipresença do livro de 2011 de Eric Ries, *A Startup Enxuta*. O Facebook, um dos grandes sucessos das startups do Vale do Silício, foi além, tendo como lema "Mova-se rápido e quebre coisas" — isto é, fracasse rápido. A mentalidade do fracasso rápido se tornou popular no Vale do Silício por causa de sua ênfase na inovação rápida, algo crítico para empresas que buscam tumultuar vários setores com inovações.

A intenção original do termo *fail fast* era encorajar as startups a construir produtos viáveis mínimos (MVPs) — pequenos subconjuntos de recursos projetados para satisfazer os adotantes iniciais — para experimentar, verificar suposições e coletar feedback de clientes antes de dedicar capital a projetos de larga escala. A inovação e a iteração são princípios de DevOps, mas fracassar rápido demais e muito frequentemente pode causar mais problemas do que resolvê-los.

Para o Facebook, esse fato ficou tão aparente que Mark Zuckerberg anunciou uma atualização no lema em 2014. O lema agora é "Mova-se rápido com uma infraestrutura estável". Inovar à custa da confiabilidade e da disponibilidade dos clientes é algo problemático, especialmente se a movimentação rápida faz com que a empresa perca dinheiro.

Neste capítulo, abordo a iteração rápida, mas lembre-se de que "mover-se rápido" dependerá do contexto e das limitações nas quais seu time opera. Para entender a iteração rápida, é preciso priorizar o trabalho importante e proativo para limitar respostas urgentes e reativas. É preciso reconhecer as três limitações de qualquer projeto — velocidade, preço e qualidade —, bem como adotar as práticas de times de tecnologia de alta velocidade.

Priorizando o que É Importante

Um dos aspectos mais significativos da iteração rápida não é escolher o que fazer em seguida, mas, sim, o que *não* fazer. O presidente norte-americano Dwight D. Eisenhower disse: "Tenho dois tipos de problemas, o urgente e o importante. O urgente não é importante, e o importante nunca é urgente." Steven Covey pegou a filosofia de Eisenhower e criou a Matriz de Eisenhower para seu livro, *Os 7 Hábitos das Pessoas Altamente Eficazes*. A Figura 12-1 mostra minha versão dessa matriz de decisões.

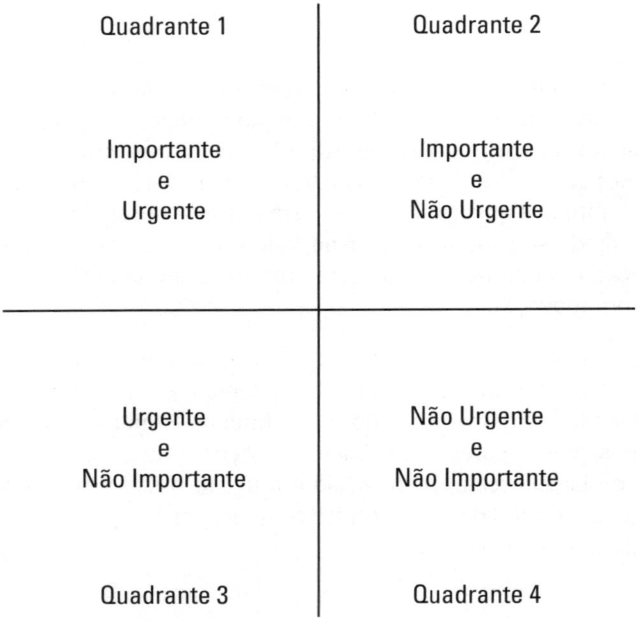

Quadrante 1	Quadrante 2
Importante e Urgente	Importante e Não Urgente
Urgente e Não Importante	Não Urgente e Não Importante
Quadrante 3	Quadrante 4

FIGURA 12-1: A Matriz de Eisenhower.

A matriz é dividida em quadrantes. O superior esquerdo é importante e urgente; o superior direito é importante, mas não urgente; o inferior esquerdo é urgente, mas não importante; e o inferior direito não é nem importante e nem urgente.

Eu adoro essa matriz de decisão para times de tecnologia, porque ela nos força a considerar o que é importante para o negócio e o que é simplesmente ruído — distrações da missão. Dezenas de distrações bombardeiam o time a cada hora. Slack, Twitter, e-mail. Uma batidinha no ombro para dar uma olhada em alguma coisa. Uma reunião improvisada. Todas essas distrações deixam seu time com a mentalidade reativa e os faz se sentir incrivelmente improdutivos.

Pense em como se sente depois de vários dias preenchidos com afazeres aleatórios. Você se sente ocupado, cansado, como se não tivesse feito absolutamente nada — as sensações de que eu menos gosto. Se mantiver meus dias assim por muito tempo, começo a sentir como se não contribuísse muito com meu time, como se não crescesse. Não me sinto realizada.

O trabalho agitado deve ser eliminado dos cronogramas do time de tecnologia o máximo possível. Quando têm permissão de pensar de modo livre, fluido e proativo, eles constroem softwares melhores.

Importante e urgente

Qualquer tipo de crise se encaixa nessa categoria de importante e urgente. Se uma interrupção impacta os clientes, o problema é urgente e crítico para o negócio. Uma crise sempre exigirá atenção imediata enquanto tiver impacto na missão de longo prazo.

Além das crises, certos prazos também caem nessa categoria. Quero adverti-lo sobre crises fabricadas. Se você estabelecer um prazo final flexível ou escolher uma data aleatória até a qual planeja completar algo, a proximidade dessa data não é uma crise. Porém, de vez em quando, um prazo pode ser urgente e importante. Se houver uma conferência anual e você planeja lançar um conjunto de novos recursos, esse prazo é extremamente urgente e importante.

Veja alguns exemplos de áreas com prazos que são importantes e urgentes:

- » Parcerias em potencial
- » Contratação
- » Relatório financeiro
- » Aumentos e prêmios anuais
- » Emergências pessoais

Normalmente, temos uma ideia de quando os prazos começam a ficar urgentes, ainda mais se forem algo que ocorre todos os anos. Certifique-se de planejar com antecedência para que não seja pego desprevenido ou se estresse desnecessariamente. Emergências acontecem, tanto para o negócio quanto para seus funcionários. De maneira ideal, você movimentará qualquer coisa esperada para o segundo quadrante.

Importante, não urgente

Tarefas importantes, mas não urgentes, são vitais para a saúde de seus funcionários, de seus produtos e de sua organização no longo prazo. Esses itens são cruciais para a missão, mas não têm prazos específicos.

Em DevOps, essas tarefas incluem o planejamento, a educação continuada, o pagamento do débito técnico e o fortalecimento da confiança de seu time.

Outros exemplos de tarefas importantes, mas não urgentes, são:

» Criação de relacionamentos.

» Planejamento do produto de longo prazo.

» Prática de novas habilidades.

» Redução de gargalos.

» Prática de falhas.

» Treinamento.

» Leitura.

As tarefas desse quadrante são as mais prováveis de serem deixadas de lado. Como não existe urgência, as pessoas as adiam indefinidamente. Mesmo quando as próprias tarefas poderiam torná-lo mais eficaz para as tarefas urgentes, é difícil completá-las sem que alguém fique no seu pé.

Até escrevendo este livro, dependo de que meu editor me envie e-mails eventuais como lembrete para entregar capítulos. Isso me encoraja a escrever, mesmo quando não quero. A falta dessa responsabilidade impreterível é o que coloca os itens deste quadrante em risco de ser esquecidos.

172 PARTE 3 **Conectando o Circuito**

Veja algumas coisas nas quais pensar ao considerar tarefas importantes sem um prazo específico:

» **Código limpo é mais fácil de manter.** Não importa se é código da aplicação ou de infraestrutura. Reduzir o débito técnico reformulando código ou simplificando um processo pagará rapidamente os dividendos para a velocidade geral do time.

» **Profissionais que confiam uns nos outros são mais eficazes.** Ter tempo para fazer conexões como um time e permitir que relacionamentos se formem criará um processo mais fluido no futuro. Relacionamentos com confiança eliminam o atrito, o que, por sua vez, facilita a realização de tarefas difíceis.

» **O aprendizado continuado dispara os neurônios.** A pior coisa que você poderia fazer para o time é transformar seus profissionais em produtos — code monkeys vazios que simplesmente realizam trabalho por 40 horas na semana. Em vez disso, crie um ambiente no qual os profissionais possam investir suas habilidades continuamente, aprender novas tecnologias e resolver problemas de forma criativa.

» **O planejamento cria um roteiro.** Até se você acabar tendo de ajustar, mudar de direção ou abandonar um plano totalmente, ele servirá para a criação de outro. Ter um plano cria uma visão do que vem em seguida, o que permite que as pessoas possam se preparar. As discussões acerca do planejamento são absolutamente inestimáveis em uma organização DevOps porque podem estimular novas ideias, discussões importantes e a resolução criativa de problemas.

Talvez o maior desafio dos itens deste quadrante seja não saber o que é importante. Pode-se cair facilmente no hábito de apagar incêndios. Verificar e-mail. Ver o Twitter. Responder qualquer coisa mais urgente no momento.

É muito mais difícil — e exige muito mais disciplina — ficar ciente do que precisa ser feito para melhorar o desempenho geral do time. Embora a entrega de recursos seja importante e urgente, pagar débito técnico é absolutamente importante para construir uma organização DevOps saudável.

A liderança deve ter uma visão clara do que é importante para a organização. Lembre-se: o *como* não é tão importante quanto o *quê*. Se o que é importante for claramente comunicado a todos na empresa, pode-se priorizar o trabalho que melhor se encaixe nesses objetivos.

Uma das melhores estratégias que tenho para combater o poder da urgência sobre a importância é agendar um momento para verificar e-mails, Slack e Twitter. Essa estratégia se aplica a tudo. O Slack e o Twitter são meus maiores inimigos; para você pode ser diferente. Reconheça o que é continuamente priorizado como tarefa "urgente" para você e crie sistemas para evitar a natureza reativa desse trabalho.

CAPÍTULO 12 **Implementando a Iteração Rápida** 173

Limite-se a verificar e-mails duas ou três vezes por dia em horários estabelecidos. Faça o mesmo com mídias sociais ou aplicativos de chat. Avise seus colegas, funcionários e gerentes que você realiza melhor o trabalho quando não é interrompido e, portanto, verificará esses aplicativos em momentos específicos durante o dia. Se precisarem de você, podem ligar. Além disso, sua empresa deve ter uma rotação humana de plantão que possibilite intervalos e um tempo longe da resposta a incidentes. Essa rotação libera tempo para que você foque o planejamento de longo prazo, a educação continuada e outras prioridades do time.

Urgente, não importante

As tarefas urgentes, mas não importantes, podem ser as mais perigosas para a sua missão. Elas exigem atenção imediata, mas não o ajudam a alcançar qualquer um dos objetivos de longo prazo do time. Na verdade, gastar tempo nessas tarefas pode fazê-lo ignorar outras que sejam importantes para a saúde e velocidade geral de sua organização.

Interrupções que caem nesse quadrante da matriz incluem:

> » Interrupções não agendadas.
>
> » Batidinhas no ombro.
>
> » Ligações.
>
> » Algumas reuniões.
>
> » Reuniões urgentes.

O pior desafio acerca dessas tarefas é que elas *parecem* importantes. Saber a diferença entre o que parece importante e o que é importante é algo que se aprimora com a experiência e a prática dedicada.

Pergunte-se o seguinte:

> » Isso precisa ser feito?
>
> » Isso precisa ser feito imediatamente?
>
> » Isso precisa ser feito imediatamente por mim?

Se puder adiar ou delegar uma tarefa — sem simplesmente empurrá-la ladeira abaixo —, faça. Não se esqueça do período em que trabalha melhor. Eu tento deixar as tarefas urgentes mas não importantes para a metade ou o fim da tarde. Trabalho melhor pela manhã, especialmente se for trabalho de natureza criativa ou muito desafiador. À tarde, ainda estou por aqui, mas tento agendar tarefas de rotina que precisem de menos raciocínio para ser executadas. As reuniões com café à tarde são um ótimo jeito de lidar com tarefas que estão nesse quadrante de tarefas urgentes mas não importantes.

DICA

Tenha cuidado ao adicionar ao bolo de seus profissionais trabalho que não seja importante mas pareça urgente. Às vezes essa decisão tem mais a ver com compreender e manter as prioridades da organização. Eu vi muitos times concordarem em realizar tarefas aparentemente pequenas para tranquilizar clientes. Tenha cuidado ao fazer desse tipo de trabalho um hábito. Ele não serve à missão maior da organização e distrai seus funcionários de outros trabalhos, além de não tranquilizar o cliente ao ponto que você acha que fará.

Um modo de verificar o quanto as tarefas urgentes mas não importantes estão interferindo em seus objetivos é revisar regularmente seus objetivos trimestrais e KPIs. Toda sexta-feira, por exemplo, você pode se sentar e refletir sobre como a semana contribuiu para os objetivos que precisam ser realizados em aproximadamente 12 semanas. O que deu certo? O que deu errado? Quais ações foram neutras?

Essa autorreflexão regular exige diligência em relação ao acompanhamento do trabalho. Se não houver algo como um sistema de tíquetes para acompanhar o trabalho, considere usar um calendário ou — meu favorito — um simples bloco de papel para anotar o que foi trabalhado e quando.

Nem importante e nem urgente

Essas tarefas são os momentos de distração que tiram o foco do trabalho. Elas não são nem importantes e nem urgentes. Essa atividade irracional normalmente acontece quando você se perde na internet. Pode ser navegar pelo feed do Instagram sem propósito. Ou assistir à TV. Ou perder-se no Reddit. Independentemente da atividade, ela não oferece valor pessoal ou profissional.

Minha solução? Agendar um horário para essas tarefas. Sério. Adoro ver reality shows ruins. *Real Housewives* é um prazer (decididamente vergonhoso). Não assisto durante o expediente, mas, como não serve nem a meus objetivos pessoais urgentes ou importantes, agendo um tempo para aproveitar meu programa de TV. Uma ou duas vezes por semana, tomo um banho de banheira e assisto ao episódio daquela semana.

Aumentando a Velocidade

A velocidade é uma daquelas palavras tecnológicas populares usadas a torto e a direito por "líderes de ideias". Podemos ouvi-la com frequência sem saber exatamente ao que ela se refere. Suas raízes, como boa parte do DevOps, estão no desenvolvimento de software Ágil.

A velocidade é uma medida usada em planejamento sprint. Para simplificar, se acompanharmos o desempenho do time em um número de sprints, podemos (razoavelmente) prever a velocidade do trabalho nos próximos. Prever a velocidade melhora o planejamento, porque podemos esboçar quanto o time poderá realizar em um número *n* de sprints.

Eu vi alguns times acompanharem o desempenho de forma a possibilitar uma velocidade previsível. Na verdade, usá-la como previsor é problemático por diversas razões. Para as que explico na lista a seguir, encorajo você a pensar na velocidade como um ponto de dados único. Evite usá-la como medida individual do desempenho do time. Se colocar ênfase demais na velocidade, não verá as outras qualidades e dados que dão conhecimento sobre áreas nas quais o time prospera e nas quais pode melhorar.

» **É impossível "mensurar" o trabalho.** Qualquer mensuração feita em Ágil — tentando supor quanto tempo levará para realizar uma tarefa específica — é uma estimativa. Você deve dobrar ou triplicar essa estimativa antes de sugerir um prazo a um executivo ou uma parte interessada.

Como desenvolvedora, mensurei stories achando que levariam dias, apenas para descobrir que eram muito mais fáceis do que o esperado e levavam apenas algumas horas. Da mesma forma, estimei que um trabalho levaria apenas metade do dia e acabei em um poço de problemas enredados que levaram semanas para desembaraçar. E isso não foi só comigo. A mensuração é um desafio de toda tecnologia. Como ela não corresponde, mensurar a velocidade com base nos stories completados é algo difícil.

» **O desempenho no time é mais do que a velocidade.** Um time de desenvolvedores pode produzir dezenas de recursos em série em uma ou duas semanas. Mas o código será uma bagunça de código espaguete mal testado tão impossivelmente complicado e mal feito que retrabalhá-lo levará mais tempo do que simplesmente refazer o trabalho original. Ao aumentar a velocidade sem automação, a qualidade sofre.

Aumentar a velocidade requer otimizar o desempenho de seu time enquanto respeita as limitações e o contexto que ela experiencia diariamente. Todo projeto de tecnologia deve ser completado nas limitações de um time e organização específicos. Eu abordo as limitações de escopo, prazo final, qualidade e orçamento no Capítulo 7. Um modo de visualizar essas limitações comuns é com um triângulo cujos três lados representam velocidade, qualidade e custo, como mostrado na Figura 12-2. Em geral, podemos escolher dois dos três. Um trabalho rápido e de qualidade será caro. Rápido e barato terá uma qualidade ruim. E um trabalho de alta qualidade e barato provavelmente será bem lento.

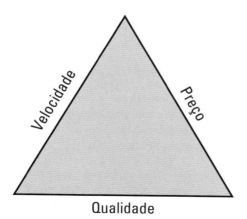

FIGURA 12-2: Três lados do trabalho de desenvolvimento.

Calculamos a velocidade usando dois pontos de dados: unidade de trabalho e intervalo. A unidade de trabalho é simplesmente o que é realizado. Podemos usar as horas do desenvolvedor (meu favorito) ou algo mais abstrato, como os story points do Ágil. O intervalo é o tempo de duração.

Os story points do Ágil são valores atribuídos aleatoriamente que servem para cada time criar uma compreensão compartilhada. Os times geralmente usam tamanhos de camisetas (PP, P, M, G, GG) ou a sequência de Fibonacci (1, 2, 3, 5, 8, 13, 21). Os tamanhos são relativos aos outros da sequência. Por exemplo, um story com tamanho 2 claramente exigirá o dobro do esforço de um de tamanho 1. Contudo, a mensuração nunca é totalmente correlacionada às horas do desenvolvedor. Nunca use story points como modo de comparar os times da empresa, pois o que constitui um tamanho específico varia de um time para outro.

A mensuração é benéfica porque dá aos desenvolvedores e gerentes de produto um modo de falar dos recursos do desenvolvedor exigidos para realizar uma tarefa específica ou uma correção de bug. Os desenvolvedores mensuram o trabalho enquanto mantêm em mente sua complexidade (ou a área da base de código que requer atualização), a incerteza acerca do trabalho (desenvolvedores precisam de tempo para descobrir como executar tarefas mais prolixas) e a estimativa sobre o tempo exigido para completar o trabalho.

Veja, por exemplo, um sprint Ágil de uma semana durante o qual seu time de desenvolvedores planeja completar 32 story points. Agora imagine que, por causa de obstáculos inesperados, o time complete 27 deles. Para aquela semana, a velocidade do time foi 27 — o valor de story points associados aos tíquetes completados.

PERDENDO DINHEIRO RÁPIDO

Em 1º de agosto de 2012, um desenvolvedor esqueceu de replicar o novo código para um dos oito servidores da produção da Knight Capital. Por causa da velocidade do comércio de alta frequência, esse erro fez com que a empresa perdesse US$440 milhões em menos de uma hora. Não é isso que quero dizer quando falo de fracassar rápido. Eu adoro o fiasco da Knight Capital como exemplo do porquê o DevOps é vital para organizações de alta velocidade:

- **Envolveu erro humano.** Podemos dizer que uma causa do problema foi o desenvolvedor "burro" que deveria ter feito seu trabalho direito. Mas o negócio é que humanos cometem erros. Eles geralmente são melhores em cometer erros do que em fazer qualquer outra coisa. Os sistemas criados na organização DevOps devem levar isso em consideração e trabalhar para evitar o erro humano — criando verificações e redundâncias para reduzir essa possibilidade.

- **O incidente aconteceu rápido.** Aconteceu tão rápido que, quando o time percebeu que havia algo errado, identificou o problema e o corrigiu, o estrago já estava feito. O software executou mais de 4 milhões de negócios durante o incidente. A empresa perdeu aproximadamente um terço de seu valor de mercado. Como resultado, o preço da ação caiu, e a empresa precisou levantar US$400 milhões para continuar solvente.

- **Decisões ruins levam a impactos cumulativos.** A New York Stock Exchange (NYSE) recebeu aprovação da Securities and Exchange Commission (SEC) para um dark pool chamado Retail Liquidity Program (RLP) em junho de 2012. O RLP seria lançado em 1º de agosto de 2012, o que deu pouco mais de 30 dias para a Knight Capital se preparar. A empresa desenvolveu o software na correria. Código morto (não usado) — que nunca deveria entrar no ambiente de produção — foi mantido no sistema. Eles reutilizaram um flag para ativar o código RLP, em vez do código morto. Ambos foram a causa final das execuções ruins de negócios.

- **Destaca a necessidade de automação.** Um único desenvolvedor implementou o novo código manualmente. Ninguém conduziu um processo de revisão. Eles não tinham uma verificação automatizada para garantir que a versão correta fora lançada em cada servidor.

- **O alerta inicial falhou em notificar o time de tecnologia.** Uma hora e meia antes do negócio inicial, o sistema enviou 97 e-mails com o relatório de erro vago para os funcionários da Knight Capital. Mas, como ficou claro, o e-mail é um vetor terrível para alertas. As pessoas não priorizam e-mails e normalmente não os abrem em momentos oportunos. Apesar dos avisos do sistema, o time não reagiu.

Esse cenário é um pesadelo. De verdade. Os times de desenvolvimento e de operações acordam suando só de pensar em um Armagedom técnico como aquele pelo qual a Knight Capital passou. Evitar esse cenário de fim do mundo — junto a centenas de incidentes significativamente menores — é um dos maiores benefícios do DevOps.

O comércio em alta frequência é algo relativamente novo e explosivamente rápido, mas os problemas que apresenta não são novos, e é por isso que o DevOps se tornou uma solução tão importante para muitas organizações. A tecnologia como um todo reconheceu os problemas enfrentados pelos profissionais de tecnologia todos os dias e, por meio do DevOps, tenta atenuar esses desafios.

Podemos começar a medir a velocidade no decorrer do tempo acompanhando-a durante uma semana. A seguir vemos um exemplo de como a velocidade pode variar de semana a semana, geralmente como resultado de complexidade inesperada ao completar grandes tíquetes. Embora o Sprint 4 tenha uma queda nos story points completados, a velocidade no decorrer do tempo se mantém praticamente igual.

Sprint 1: 32 story points

Sprint 2: 28 story points

Sprint 3: 30 story points

Sprint 4: 14 story points

Cálculo: (32 + 28 + 30 + 14) / 4 = 26

Velocidade: 26

Embora nunca devamos usar a velocidade como forma de comparar times de tecnologia em uma organização (e assim nunca relatá-la para superiores executivos que farão exatamente isso), ela pode servir como base pela qual poderemos medir como as práticas DevOps melhoram a produtividade dos times.

Melhorando o Desempenho

Melhorar o desempenho da tecnologia pode ter impactos vastos em todo o negócio. Otimizar o ciclo de vida do desenvolvimento e remover gargalos servirá para acelerar o desempenho geral do negócio — aumentando o balanço final. E, se você acha que, como profissional de tecnologia, não deveria ter de se preocupar com o desempenho do negócio, está errado.

CAPÍTULO 12 **Implementando a Iteração Rápida** 179

De acordo com o DevOps Research and Assessment (DORA), times de alto desempenho superam seus concorrentes consistentemente em quatro áreas principais:

» **Frequência de implementação:** Este termo se refere à frequência com que seus desenvolvedores conseguem implementar código. A melhoria do desempenho se alinha à implementação várias vezes por dia, como desejado.

» **Lead time:** O lead time é o tempo que você demora para sair da entrega de código novo para rodá-lo no ambiente de produção. Empresas de alto desempenho, de acordo com o DORA, têm um lead time menor que uma hora, enquanto os de médio desempenho precisam de até um mês.

» **MTTR (Tempo Médio para Reparo):** MTTR se refere ao tempo necessário para restaurar um serviço depois da ocorrência de um incidente ou interrupção. O ideal é visar menos de uma hora. Uma interrupção custa caro, especialmente quando impacta centros de lucro da aplicação. Interrupções mais longas acabam com a confiança, diminuem o moral e implicam em mais desafios organizacionais.

» **Falha em mudanças:** Este termo se refere à velocidade em que mudanças no sistema impactam o desempenho de forma negativa. Embora você nunca alcance uma velocidade de falha na mudança de 0%, pode, sim, se aproximar disso aumentando seus testes automatizados e dependendo do pipeline de implementação com integração contínua de verificações e gates — que garantem a qualidade.

Eliminando a perfeição

Acredito fortemente no mantra "feito é melhor do que perfeito". Parece ser uma dessas citações impossíveis de saber a origem, mas das quais as palavras só expressam a verdade. Tentar alcançar a perfeição é um inimigo da eficácia e da produtividade. Acho que a maioria dos profissionais de tecnologia sofre com alguma versão da paralisia por análise — uma aflição mental que limita sua produtividade na tentativa de analisar seu trabalho em excesso e se desviar de qualquer contratempo em potencial.

Treinar a imperfeição no trabalho exige que aceitemos a possibilidade de falha e a inevitabilidade da refatoração. No Capítulo 13, falo sobre como criar ciclos de feedback acerca do cliente e voltar vários estágios do pipeline. Na Parte 2 deste livro, dedico um capítulo a cada fase do pipeline de desenvolvimento de software em um fluxo linear. Aqui, estamos conectando as extremidades para transformar essa linha em um círculo.

Quando você pensa de forma iterativa e circular, enviar um código que não é perfeito parece muito menos assustador porque o código não está gravado em pedra. Em vez disso, está em um estado temporário que você melhora com frequência à medida que coleta mais dados e feedback.

Projetando times pequenos

Você provavelmente já ouviu falar dos times de "duas pizzas" da Amazon. O conceito fala amplamente sobre a importância de times pequenos. O número exato de pessoas varia de acordo com seu apetite.

Eu fui criada como Metodista, e uma coisa que a Igreja Metodista prega são grupos pequenos. Todos eles são mantidos com menos de 12 pessoas — a quantidade original de discípulos. Eu tendo a manter esse princípio em mente até hoje. Quando um grupo se aproxima de 9, 10 ou 11 pessoas, eu o divido em dois. Descobri que o melhor número para o tamanho de um grupo é entre 4 e 6 pessoas. O seu número exato pode variar dependendo das pessoas envolvidas, mas o ponto é o seguinte: quando os grupos ficam grandes demais, a comunicação vira um desafio, panelinhas se formam, e o trabalho como um time sofre.

Acrescentei outro objetivo bônus ao formar times: números pares. Acredito muito que as pessoas precisam de um "amigo" no trabalho — alguém em quem podem confiar mais do que em todos os outros. Em grupos de números pares, todos têm um amigo e ninguém fica de fora. Você pode combinar de maneira uniforme, e tudo tende a funcionar bem. Formar grupos de número par nem sempre é algo possível por causa do número de funcionários, mas é algo que deve ser lembrado.

PAPO DE ESPECIALISTA

Uma fórmula para medir os canais de comunicação é $n(n-1)/2$, em que n representa o número de pessoas. Podemos estimar a complexidade da comunicação no time fazendo um cálculo simples. Por exemplo, a fórmula para um time de duas pizzas de 10 seria $10(10-1)/2 = 45$ canais de comunicação. Dá para imaginar o quanto times maiores podem ficar complexos.

Acompanhando seu trabalho

Se puder superar a tarefa adicional de anotar tudo o que você faz diariamente, os resultados fornecerão um valor excepcional. Ter dados reais sobre como usa seu tempo o ajuda a acompanhar sua eficácia e a de seu time. Como disse Peter Drucker: "Se não puder medir, não poderá melhorar."

Quantos dias você sai do trabalho sentindo que não fez nada? Teve apenas uma reunião atrás da outra ou interrupções aleatórias o dia todo. Eu tenho o mesmo problema. Sou razoavelmente terrível em acompanhar meus horários, e quando não me disciplino a escrever o que faço todos os dias, logo me sinto muito menos eficaz do que realmente sou. A divergência entre nossos sentimentos de eficácia e a realidade é um território perigoso para qualquer time.

Incentivo você a usar papel e caneta, em vez de alguma ferramenta automatizada para isso. Sim, pode usar softwares para acompanhar o uso de seu tempo no computador. Ele pode dizer quando lê e-mails, quando está enrolando e quando está programando, mas faltam sutilezas, e em geral ele classifica erroneamente grandes períodos de tempo.

Depois de ter uma ideia do que está fazendo e quando está fazendo, poderá começar a identificar quais atividades se encaixam nos quadrantes da Matriz de Eisenhower. Qual trabalho agitado costuma fazer rotineiramente que não fornece valor para você ou para a organização?

Reduzindo o atrito

Uma das melhores coisas que um líder pode fazer por um time de tecnologia é deixá-lo em paz. Contrate profissionais de tecnologia curiosos que sejam capazes de resolver problemas de forma independente (autonomia) e buscar por soluções inovadoras. Portanto, deixe-os trabalhar! Quanto mais você puder reduzir o atrito que retarda o trabalho de seu time de tecnologia, mais eficaz ele será. Essa redução inclui especialmente o atrito que existe entre os times operações, desenvolvimento e segurança. Lembre-se de que, em DevOps, todos são um só time, com um só propósito.

Alinhar objetivos e incentivos aumenta a velocidade. Se todos estiverem concentrados em alcançar as mesmas coisas, podem se juntar como time e se mover metodicamente em direção a esses objetivos. Vá ao Capítulo 15 para ler mais sobre o alinhamento de incentivos.

Humanizando os alertas

Todo time de tecnologia tem alertas sobre ações e eventos que não são importantes. Todos esses alertas anestesiam os profissionais de tecnologia em relação aos alertas de fato importantes. Anteriormente, descrevi como a Knight Capital teve problemas ao ignorar 97 e-mails do sistema. Eu me arrisco a dizer que eles ficaram condicionados a ignorar alertas por e-mail por causa de um exagero de mensagens. A fadiga por alertas aflige muitas organizações de tecnologia e tem um custo alto. Se somos inundados diariamente, é impossível escolher o que é importante em um mar de coisas não importantes. Poderíamos até dizer que essas mensagens são urgentes, mas não importantes...

CUIDADO

O e-mail não é um veículo ideal para alertas porque não é oportuno (muitas pessoas só verificam e-mails algumas vezes por dia) e é facilmente perdido entre outros detalhes.

Ao aplicar o que aprendeu sobre iteração rápida, reavalie seus limites de alerta com frequência para garantir uma quantidade adequada de cobertura sem muitos falsos positivos. Identificar quais alertas não são necessários leva tempo e dá trabalho. E provavelmente será um pouco assustador, certo? Excluir um alerta ou aumentar um limite sempre tem um certo risco. E se o alerta de fato for importante? Se for, você descobrirá, eu prometo. Lembre-se: não se pode temer a falha em uma organização DevOps. Você deve aceitá-la para que possa seguir em frente e melhorar sempre. Se deixar o medo guiar suas decisões, ficará estagnado — como profissional e como organização.

184   PARTE 3 **Conectando o Circuito**

NESTE CAPÍTULO

» Criando um processo de feedback

» Coletando e comunicando feedback

» Acelerando sua iteração

Capítulo **13**

Criando Ciclos de Feedback Acerca do Cliente

A credito que a era do CEO com MBA tenha acabado e que os profissionais de tecnologia/desenvolvimento de software representem a próxima geração da liderança de empresas.

Essas afirmações podem parecer ousadas, mas me escute. Toda empresa adota tecnologia para permanecer relevante, melhorar serviços e competir pela atenção do cliente.

Quem entende mais de tecnologia do que um especialista em tecnologia ou desenvolvedor de software? Os profissionais ou desenvolvedores de software entendem dos mínimos detalhes que, juntos, formam o todo. Mas esse futuro de profissionais de tecnologia como líderes requer que eles valorizem dois aspectos do que costumavam ignorar: a missão e o negócio da organização geral; e a importância da experiência e do feedback do cliente.

No Capítulo 6, falei da importância da missão do negócio para organizações DevOps e de como convidar outras áreas a participar de planejamentos colaborativos beneficia o time de tecnologia. Neste capítulo, falo da importância da experiência e do feedback do cliente, incluindo a criação de um processo de feedback do cliente para que você possa começar a integrá-lo no processo de desenvolvimento do software. Neste capítulo, descubra como criar um ciclo de feedback, coletar feedback dos clientes e acelerar sua iteração por meio do feedback contínuo.

Criando um Processo de Feedback do Cliente

Construir-Medir-Aprender é um conceito introduzido por Eric Ries em seu livro *A Startup Enxuta*. O feedback do cliente se encaixa no ciclo exibido na Figura 13-1. Construa um protótipo, colete dados para medir o sucesso e aprenda com as falhas. Esse processo infinito de aprendizagem abre caminho para inúmeras iterações de seu produto. E é exatamente isso que quero dizer: o processo é infinito. Nunca chegamos a um ponto final em que podemos anunciar que terminamos. Devemos aprender, adaptar e refinar constantemente.

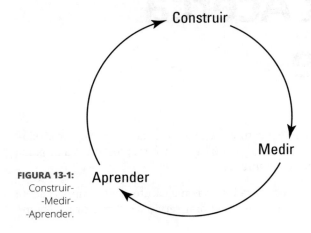

FIGURA 13-1: Construir--Medir--Aprender.

Essa ideia de aprendizado e melhoria contínuos é um dos conceitos mais importantes para uma organização DevOps, e geralmente é negligenciado. A integração, a entrega e a implementação contínuas não têm significado algum se essas decisões não forem informadas pelo feedback do próprio cliente. Portanto, o feedback contínuo é crucial para a prática DevOps.

O feedback do cliente tem três propósitos principais:

» **Reter clientes:** Manter o cliente é significativamente mais barato do que adquirir novos.

» **Capacitar funcionários:** Em DevOps, as pessoas falam muito sobre propriedade e responsabilidade, embora não em um sentido de punição. Esses conceitos se referem a dar um sentido de orgulho do trabalho para os profissionais. Damos a eles o poder de obter o feedback do cliente e agir.

» **Melhorar produtos:** Não existe maneira melhor de iterar suas suposições do que fazer perguntas às pessoas que usam seus produtos (e, com sorte, pagam por eles). Ouvir o feedback honesto é uma característica de qualquer time de alto desempenho.

Eu trabalho com relações de desenvolvedor, e os feedbacks são o aspecto mais importante de meu trabalho como consultora na Microsoft. Falo com os profissionais e escuto o feedback da comunidade. Então, entrego esse mesmo feedback para os times de produtos adequados da Microsoft.

Acredito muito em ouvir os clientes. Não, nem sempre o cliente tem razão. Mas eles sempre darão informações úteis. Fazer algo em relação a isso é outra história, mas coletar é uma das ações mais úteis que você pode realizar — como profissional e, principalmente, como líder.

Criando um Ciclo de Feedback

Nesta seção, amplio o conceito inicial de Reis e também mudo a filosofia de startup Construir-Medir-Aprender para a filosofia de feedback de Receber-Analisar-Comunicar-Mudar, como mostrado na Figura 13-2.

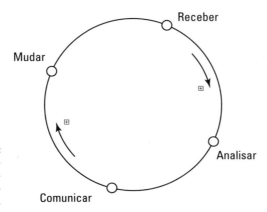

FIGURA 13-2: Receber-Analisar-Comunicar-Mudar.

Receber

Abordo algumas maneiras de receber feedback na seção "Coletando Feedback", mais adiante neste capítulo, mas aqui quero enfatizar uma coisa: não há apenas um modo de coletar feedback. Na verdade, abrir sua empresa para várias formas de receber feedback é o processo mais útil e completo.

Há muitas maneiras de receber feedback por canais não oficiais. Um amigo pode mencionar que um recurso parece lento ou não funciona bem como o esperado. Um usuário beta pode enviar um e-mail aleatório. Alguém pode interromper um dos desenvolvedores em uma conferência para avisá-lo que ama (ou odeia) determinado produto.

Não importa como o feedback é recebido, é preciso criar um processo pelo qual qualquer pessoa — realmente qualquer um em sua organização, desde o time de tecnologia até os executivos — possa receber e transmitir feedback. Se você não tem um processo específico em mente, comece com um simples formulário. Ele deve ser coletado em um único local, onde alguém possa recebê-lo. Quanto mais curto, melhor. Não precisa ser extenso. Formulários menores têm uma propensão maior a realmente serem preenchidos.

As perguntas podem incluir:

» **Nome (e informações de contato):** Quem está dando feedback? Certifique-se de ter um modo de fazer um acompanhamento.

» **Método:** Como esse feedback foi transmitido? Acompanhar o método lhe fornece informações sobre como os clientes geralmente chegam até você e seus funcionários.

» **Feedback:** Deixe esta parte o mais aberta possível. Você pode classificar e analisar o feedback na próxima fase.

Analisar

Esta fase do ciclo de feedback é crucial e deve ser feita por alguém apaixonado pelo tópico, que tenha familiaridade com tecnologia e uma sensação de propriedade do produto. Como o feedback em seu estado mais bruto em geral recebe uma forma relativamente livre, categorizamos e analisamos os dados na fase de análise.

Comece a criar categorias nas quais você possa agrupar partes do feedback. Agrupe os itens por recurso ou qualidade (por exemplo, lento). Estabeleça as categorias para que possa diferenciar rapidamente quantos feedbacks recebeu em cada categoria. Também é uma boa ideia identificar quais recursos de seu site são mais cruciais para o negócio e quais são mais usados pelos clientes. Todos esses esforços o ajudam a priorizar o trabalho.

188   PARTE 3 **Conectando o Circuito**

Por fim, garanta que esse processo seja relativamente aberto. Embora uma única pessoa deva se responsabilizar pela fase de análise, forneça o máximo de clareza possível ao processo. Garanta que todos possam acessar os documentos e se juntar ao processo de feedback, se estiverem interessados. Esse acesso aberto é especialmente útil ao contratar novos funcionários. Há alguns modos melhores de introduzir seu produto para novos colegas do que fazendo-os ler o feedback dos clientes.

Comunicar

A terceira fase do processo de feedback do cliente deve incluir a comunicação do feedback para os times de tecnologia e de produto. Essa fase pode ser ainda mais complicada do que coletar o feedback, para início de conversa. É nessa fase de comunicação que a maioria das organizações encontra problemas.

O impacto do feedback é determinado pelo modo como é comunicado. Nunca aborde um time de tecnologia ou um time de produto com uma atitude condescendente. Você não é mais esperto do que eles. Não é mais importante do que eles — mesmo que seja o CEO. Os profissionais de tecnologia e os gerentes de produto tomam decisões difíceis dentro de limitações (algumas vezes extremamente rígidas) com as informações que têm na hora. Tenha empatia e respeito pelo trabalho deles.

Por mais hostis que alguns clientes possam ser, tenha certeza de que nunca mais terá de enfrentar a ira deles novamente. Os colegas, por outro lado, são um pouco mais complicados, e a comunicação eficaz de um feedback negativo requer uma confiança extrema.

Sempre comunique o feedback gentilmente. Embora você não precise amenizar o feedback negativo, tenha cuidado com sua atitude — até com a linguagem corporal — ao transmiti-lo. Isso não só fará com que todos se sintam bem em relação ao seu trabalho, mas também os ajudará a determinar a direção correta para o time e para o produto.

Os desenvolvedores de software, especialmente desenvolvedores, tendem a ver o código como filhos — mesmo que eles sejam particularmente feios. Dizer a estes profissionais que seu filho é feio não é algo fácil ou divertido. É algo bem complicado.

Comunicar o feedback para o time de tecnologia requer um equilíbrio impressionante entre críticas positivas e negativas de um produto. Também exige reconhecimento de que criar qualquer produto é algo extremamente difícil. As pessoas por trás de produtos medíocres ou terríveis ainda são seres humanos fazendo seu melhor. E seu trabalho e esforço merecem respeito.

CAPÍTULO 13 **Criando Ciclos de Feedback Acerca do Cliente** 189

Mudar

Implementar mudança em um produto técnico se resume a ter prioridades claras. Qual é a visão para seu produto? Quais serviços são mais importantes para manter seus clientes atuais? E para alcançar novos usuários? Qual é o principal problema que seu produto resolve?

Só porque um usuário reclama que um serviço está lento, não significa que está. Também não significa que você deva mudar alguma coisa — mesmo que esteja lento. Quais são seus padrões de desempenho? Esse recurso é usado por muitas pessoas?

Essa sensação de prioridade é o motivo de eu ser tão fã do Kanban (um sistema de representação visual do trabalho em andamento em vários estágios e do trabalho que virá em seguida). Classificar continuamente e acompanhar o trabalho ajuda o seu time a exercer suas funções com mais facilidade. Classificar e acompanhar elimina parte da pressão de entender qual trabalho é mais importante para ser feito em seguida ou fornece a melhor oportunidade de uma promoção.

Finalmente, tenha cuidado com a rapidez da mudança. Sim, existem momentos no negócio em que é preciso reagir rápido. Mas eles são poucos e esparsos. A mudança deve ser uma decisão mensurada, com o feedback dos clientes agindo como uma parte dos dados.

Coletando Feedback

Temos muitas opções para coletar feedback dos clientes, e os prós e contras de cada uma delas são abordados nas próximas seções. Considere cada opção com cuidado e escolha o melhor plano para sua organização. Muitas vezes, usar uma abordagem abrangente com uma combinação de métodos fornece os pontos de vista mais diversos e holísticos.

Pesquisas de satisfação

A primeira opção que provavelmente vem à mente é um questionário. Envie aos clientes uma série de perguntas objetivas via e-mail e colete as respostas.

As pesquisas talvez sejam o jeito mais fácil quando se trata de coletar feedback. Elas exigem relativamente pouco trabalho, podem ser enviadas para quase todos os clientes e trazem resultados em pacotinhos prontos para executivos e outros interessados.

Podemos medir a satisfação do cliente por meio de um questionário de forma relativamente empírica, embora as opiniões sejam as de que as classificações têm uma natureza mais quantitativa, possibilitando modos quase ilimitados de analisar os dados.

Contudo, você consegue pensar em um jeito pior de gastar o tempo do que preenchendo um questionário de trinta perguntas detalhado e protegido? Eu odeio questionários, e aposto que não sou a única.

Mesmo assim, os questionários podem ser rápidos de responder. É claro que alguns de seus clientes farão isso devagar e responderão calmamente. Mas a maioria marcará as respostas aleatoriamente ou a mesma resposta para todas as perguntas. Embora o preço de questionários online varie de gratuitos a relativamente baratos, os fornecedores que realizam uma pesquisa mais formal e analisam os resultados são muito caros.

Finalmente, é muito difícil determinar se estamos fazendo as perguntas certas. Como os questionários produzem uma única resposta com opiniões classificadas, entender os problemas é um desafio. Você sabe como seus clientes usam seu produto? Talvez estejam satisfeitos porque é a melhor opção no mercado, mas longe de ser a ideal. O que no seu serviço é indispensável para os clientes? Quais recursos são apenas aceitáveis? Essas perguntas são difíceis de responder via questionário. Veja os prós e contras de um questionário:

Prós	Contras
Fácil de criar.	Leva muito tempo para responder.
Dados quantitativos são fáceis de empacotar e analisar.	As respostas podem conter dados confusos.

Por fim, eu acho que os questionários são úteis para medir a satisfação de um cliente com pequenas interações. Seu usuário achou que o representante de atendimento ao cliente o ajudou? Ele achou que a documentação explicava totalmente como usar um API?

A maioria dos produtos exige veículos de feedback mais complexos e multifacetados para reunir dados quantitativos e qualitativos detalhados acerca da satisfação do cliente com seu produto.

Estudos de caso

Outra opção para coletar feedback é reunir grandes clientes em um dia só para eles. Você e seu time de tecnologia podem levá-los para jantar, agradecer por serem clientes e fazer perguntas que instiguem uma conversa saudável em relação ao produto. Um evento como esse fornece amplas oportunidades de os clientes melhorarem o serviço ou ouvirem outras ofertas que poderiam beneficiá-los (e o seu balanço final).

Além de oferecer conversas potencialmente lucrativas, as reuniões de estudo de caso criam — com a permissão do cliente — ótimas histórias de marketing. Você pode ter uma ideia melhor de como um grande cliente usa seu produto, possibilitando que replique esse tipo de cliente.

Uma das maiores falhas das reuniões de estudo de caso se relaciona às pessoas envolvidas. Você provavelmente não convidará ao seu escritório clientes que gastam US$5 por mês para conversar detalhadamente sobre como eles usam seu produto. Mas esses clientes — no geral — formam uma fatia considerável de seu negócio. Não subestime a importância da fatia de mercado e o poder de um grande número de pessoas usando seu produto, especialmente se elas falam a favor dele.

Em reuniões de estudos de caso, falamos quase exclusivamente com clientes corporativos, e as pessoas de fora do time de tecnologia, em especial executivos e vendedores, dominam a conversa. Essa situação reduz ou elimina as oportunidades de os desenvolvedores se aprofundarem com os desenvolvedores do cliente e falar de tecnologia. Veja os prós e contras dessa abordagem:

Prós	Contras
Ótimo para um momento de contato pessoal com o cliente.	Provavelmente limitado a clientes da empresa.
Fornece mais conversas detalhadas.	Geralmente envolve executivos, em vez do time de tecnologia.
Pode vender serviços adicionais.	Os custos de viagens se acumulam.
	Difícil de empacotar, analisar e comunicar.

Uso interno

Talvez o jeito mais fácil de receber feedback seja você mesmo usar o produto! Muitas empresas utilizam seus próprios produtos (geralmente centrados no desenvolvedor) internamente. O termo usado em inglês é *dogfooding* e simplesmente descreve a prática. Por exemplo, na Microsoft, todo o Azure é mantido no Azure, o que significa que a empresa está investindo no futuro do seu produto. Os funcionários são os primeiros a obter acesso a novos recursos e serviços, o que dá a eles ótimos insights sobre as áreas que precisam de aprimoramento.

O *dogfooding* tem duas qualidades que quase não são encontradas em outros métodos de feedback:

» **É caseiro.** Se você tiver uma cultura saudável, seus funcionários têm mais propensão a se sentir livres para fornecer feedbacks duros e iniciar mudanças ao produto internamente — em geral muito antes da reclamação dos clientes.

» **É mais rápido que os outros métodos.** Ele age como uma mistura do teste de QA e beta. Em geral, usamos uma prévia de nosso próprio produto internamente.

Podemos conseguir uma prévia do produto por meio de certos processos de implementação (veja detalhes sobre implementação no Capítulo 11) ou utilizando feature flags para determinar quais clientes veem quais recursos. Por exemplo, se colocarmos todos os funcionários dentro de um determinado conjunto de permissões — provavelmente agrupado no cargo "funcionário" —, poderemos abrir prévias para funcionários sem revelá-las ao usuário comum.

Além de permitir que os funcionários usem seu produto, recomendo abrir essa prévia para clientes que queiram ver ou fazer um teste beta de recursos antecipadamente. Esses usuários costumam ser adotantes iniciais que gostam de brincar com o extremo inovador da tecnologia. Eles não só fornecerão feedbacks muito valiosos no início do ciclo de desenvolvimento como também se tornarão defensores de seu produto — transformando mais usuários em clientes.

Veja os prós e contras desse método de coletar feedback:

Prós	Contras
Mais rápido e barato do que o feedback do cliente.	Pode não ter muita diversidade de raciocínio.
Mais provável de fornecer feedback honesto.	Requer certa redundância para reduzir o risco para o negócio.
Limitado a um pequeno conjunto de usuários.	

A velocidade com a qual iteramos o feedback interno variará com base nos processos internos. Mas destaquei os exemplos extremos na Figura 13-3, que mostra um pipeline de feedback do cliente, e na Figura 13-4, que mostra um pipeline de feedback com uso interno.

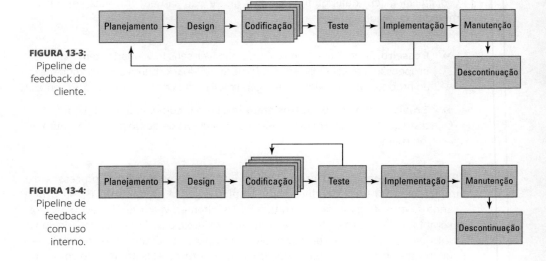

FIGURA 13-3: Pipeline de feedback do cliente.

FIGURA 13-4: Pipeline de feedback com uso interno.

Precisamos esperar até que o produto tenha sido totalmente implementado na produção para receber um feedback do cliente. Essa espera pode levar duas ou mais semanas. Depois o pegamos, passamos por um processo de análise e começamos a planejar a integração de qualquer mudança necessária no próximo sprint ou lançamento adequado.

Ao usar seu próprio produto, o ciclo de feedback é reduzido, e você pode iterá--lo potencialmente mais rápido. O exemplo mostrado na Figura 13-4, no qual imediatamente voltamos à codificação depois de receber feedback, é extremo — podemos escolher colocar o feedback no processo de planejamento e seguir de acordo com ele. Mas, se apenas uma pequena mudança for necessária — talvez um botão esteja sendo exibido de forma estranha ou um desenvolvedor ache um erro de digitação no texto —, os desenvolvedores podem se sentir capacitados a tomar pequenas decisões irrelevantes de forma livre e imediata.

Pequenas mudanças são extremamente rápidas de implementar, podem fazer com que os desenvolvedores se sintam mais envolvidos e responsáveis pelo produto e podem evitar contratempos com potencial embaraçoso com os clientes — especialmente se o bug ainda não foi implementado para os usuários.

Pedindo Feedback Contínuo

De uma perspectiva DevOps, a melhoria contínua requer feedback contínuo. Sua organização seria sensata ao construir ciclos de feedback de clientes enquanto transforma a cultura da tecnologia e o ciclo de vida do desenvolvimento com DevOps.

Um dos objetivos do feedback contínuo é transformar seu recebimento em um processo diário. Esse objetivo pode não ser alcançado da noite para o dia. Se estiver conduzindo um questionário anual, vise o contato mensal com os clientes. Depois transforme-o em semanal, e continue aumentando a frequência até chegar ao ponto em que fala tanto com eles que parece normal.

Além de coletar o feedback contínuo, informar aos clientes que seu feedback teve um impacto no produto é uma experiência incrivelmente satisfatória — para todos.

Net promoter score (NPS)

Criado por Fred Reichheld, o conceito do net promoter score classifica os clientes em três grupos:

- » Promotores
- » Neutros
- » Detratores

O maior benefício do NPS é sua simplicidade. Fazemos uma única pergunta aos clientes: "Qual a probabilidade de você recomendar este produto para um amigo?" As notas categorizam os clientes como a seguir:

- » **Promotores:** Notas 9 ou 10
- » **Neutros:** Notas 7 ou 8
- » **Detratores:** Notas 6 ou menos

O acompanhamento talvez seja o aspecto mais importante do NPS. Pergunte aos clientes por que eles deram aquela nota. Essa informação qualitativa não tem preço e deve informar suas decisões ao seguir com as melhorias do produto, as reprovações de serviço e o planejamento de novos recursos.

Considere quantas interações seus usuários têm com o produto. Elas podem ser mensais, semanais ou diárias. Cada vez que um cliente faz login, temos outra oportunidade de transformá-lo em um promotor. Um cliente que se transforma em defensor é muito valioso ao persuadir outros, assim como os evangelizadores de DevOps internos, discutidos anteriormente neste livro.

Encontrando um ritmo

Ao coletar feedback de clientes, os seguintes passos são os que descobri serem mais eficazes:

1. Peça feedback.

Você pode pedir diretamente ou indicar abertura geral para isso. A primeira estratégia coletará mais feedback de um público mais amplo. De qualquer forma, garanta que seja fácil para os clientes entrarem em contato. Adicione uma caixa de chat no site ou uma lista de e-mails que são respondidos em um período de tempo razoável.

2. Ouça e faça anotações.

Uma das piores coisas que você pode fazer em uma conversa com o cliente é não prestar atenção, discutir ou supor que ele está errado — mesmo que você realmente pense que esteja. Dizer "não" é o jeito mais rápido de acabar com uma conversa produtiva. Em vez disso, aceite a frase básica da melhoria: "Sim, e..." Tome notas para que possa comunicar o feedback de maneira fiel para os outros mais tarde.

3. Analise os dados.

Será ótimo se você puder coletar dados quantitativos dos clientes, mas não os pressione. Aprenda a adaptar as reclamações qualitativas em pontos de dados quantitativos. Por exemplo, se alguém disser que atingiu os limites de API em poucos minutos, você pode deduzir quantas vezes essa pessoa faz solicitações de API com base em sua taxa de limitação para APIs específicos.

4. Acompanhe.

Se depois de falar com o cliente algo não estiver claro ou você não conseguir replicar o problema, fale com ele de volta. Isso não é um incômodo, é um envolvimento. Nessas conversas iniciais, certifique-se de não dar garantias de correção — a não ser que tenha certeza absoluta de que conseguirá fazê-la.

5. **Classifique e registre.**

Crie categorias específicas nas quais possa agrupar os feedbacks. Às vezes, a reclamação de um cliente é única e não representa a maior parte da base de clientes. Veja a regra que uso: "Se uma pessoa diz que você tem um rabo, ignore-a. Se cem pessoas dizem que você tem um rabo, olhe seu traseiro." Registrar quantas pessoas reclamaram ou elogiaram um determinado recurso fornece um panorama melhor não só de quais recursos são mais usados, mas também de quais são mais problemáticos (ou maravilhosos).

6. **Comunique-se com times de produto.**

Se seus próprios desenvolvedores não têm propriedade desse ciclo de feedback, é preciso levar essa informação a eles de modo adequado. Mesmo se um deles for o mensageiro, esse indivíduo precisa transmitir o feedback e ajudar o time a decidir qual ação é necessária, se houver alguma. É vitalmente importante formar relacionamentos de confiança antes de dar e receber um feedback duro. Se falhar em investir na construção de conexões, não importará quantos feedbacks dê ao time. Eles entrarão por um ouvido e sairão pelo outro.

7. **Finalize e repita.**

Reúnam-se com frequência, e, mesmo que não tenha um feedback tangível para dar, reúna-se com o time de produto de forma regular. O ritmo o ajudará a manter a colaboração como um processo regular e "normal". As reuniões frequentes evitam que os times sintam que estão em apuros se uma reunião de emergência for feita e permite que você aprenda com elas. Descubra no que estão trabalhando, veja do que gostam e aprenda o que querem ver no roteiro. Escute-os. Esse esforço é colaborativo, e é importante ter um equilíbrio entre a escuta e a fala.

Esses são os passos básicos para coletar feedback, mas eu o encorajo a experimentar. Pense no que você acha que funcionará para seu time, sua organização, seu produto e seus clientes.

Em DevOps, todos são responsáveis, mas ninguém é proprietário. Certifique-se de que uma pessoa "possua" o feedback do cliente para um produto ou serviço específico. O ideal é: se você projetou a organização de tecnologia para ter times de produto, cada time pode coletar feedback dos serviços que criaram. Ainda assim, encoraje que uma pessoa seja dona do processo. Não dê a propriedade para alguém que você possa punir. (Lembre-se: você está criando uma organização de aprendizagem.) A ideia é capacitar o time a ser totalmente autônomo na coleta de feedback e implementação de mudanças. Ao soltar o controle e confiar em seus profissionais para que sejam excelentes, coisas incríveis podem acontecer.

198   PARTE 3 **Conectando o Circuito**

> **NESTE CAPÍTULO**
>
> » Formando times DevOps
>
> » Decidindo os cargos
>
> » Contratando e entrevistando para cargos DevOps

Capítulo 14

DevOps Não É um Time (Mas às Vezes É)

Formar times que suportam a cultura DevOps pode ser uma das partes mais complicadas da transformação. Se a organização geral continua a encorajar o individualismo por meio de objetivos e incentivos não alinhados, a estrutura do time não importará. Você terá dificuldades em implantar a abordagem DevOps.

Neste capítulo, me concentro em como montar um time para ter sucesso. Geralmente existem três modos de abordar a estrutura em uma cultura DevOps: times alinhados, times dedicados e a criação de times de produto multifuncionais. Cada abordagem tem suas vantagens e desvantagens. Este capítulo mergulha na formação de times com DevOps em mente, junto ao recrutamento, entrevista, decisão de cargos e gestão de empregados problemáticos.

Formando Times DevOps

DevOps não tem uma estrutura organizacional ideal. Como tudo na área de tecnologia, a resposta "certa" em relação à estrutura da empresa depende da sua situação: seu time atual, seus planos de crescimento, o tamanho de seu time, os conjuntos de habilidades e competências disponíveis de seu time, o produto etc.

Alinhar a visão do time deve ser sua primeira missão. Só depois de ter removido o atrito óbvio entre pessoas é que você deve começar a reorganizar os times. Mesmo assim, permita certa flexibilidade.

Se começar uma reorganização com abertura e flexibilidade, você passa a mensagem de estar disposto a ouvir e dar autonomia ao time — um pressuposto básico de DevOps. Você já deve ter um desenvolvedor Python ou Go curioso e apaixonado por infraestrutura e gestão de configuração. Talvez essa pessoa possa mudar para um cargo mais focado em operações em sua nova organização. Coloque-se no lugar dela. Você não seria leal a uma organização que aposta em você? Não ficaria animado para trabalhar duro? Eu certamente ficaria. E essa animação é contagiosa. Nas próximas seções, descrevo como alinhar ao time que você já tem, dedicar um time a práticas DevOps e criar times multifuncionais — todas abordagens que pode escolher para orientar seus times em direção a DevOps.

LEMBRE-SE

Você pode escolher uma abordagem e evoluir a partir dela. Não ache que essa seja uma decisão permanente. DevOps se concentra na iteração rápida e na melhoria contínua. Essa filosofia também se aplica aos times.

Alinhando times funcionais

Nesta abordagem, criamos uma colaboração forte entre seu desenvolvimento tradicional e os times de operações. Os times continuam sendo de natureza funcional — uma focada em operações e outra em código. Mas seus incentivos estão alinhados. Eles passarão a confiar um no outro e a trabalhar como dois times unidos.

Para organizações menores, alinhar times funcionais é uma escolha sensata. Mesmo como primeiro passo, esse alinhamento pode reforçar as mudanças positivas que você fez até agora. Geralmente começamos o alinhamento pela criação de conexões. Garanta que cada pessoa em ambos os times não só entenda intelectualmente o papel e as restrições da outra como também tenha empatia em relação às dificuldades.

Recomendo aplicar uma política de "você criou, você dá suporte". Essa política significa que todos — o pessoal de desenvolvimento e de operações — participem do revezamento de plantão. Essa participação permite que os desenvolvedores comecem a entender as frustrações de serem chamados no meio da noite e lutar, enquanto mal conseguem manter os olhos abertos sem ter tomado café, para corrigir um bug que está impactando os clientes. O time de operações também começa a confiar no comprometimento dos desenvolvedores com seu trabalho. Até essa pequena mudança constrói uma quantidade extraordinária de confiança.

LEMBRE-SE

Um aviso: se os desenvolvedores não quiserem ficar de plantão, há um problema maior em sua organização. A resistência não é incomum, porque estar de plantão é muito diferente de suas responsabilidades cotidianas normais. Geralmente, a resistência vem do desconforto e do medo. Podemos ajudar a atenuar essa reação abordando o fato de que os desenvolvedores podem não saber o que fazer nas primeiras vezes em que estiverem de plantão. Talvez não estejam familiarizados com a infraestrutura, e não há problema nisso. Encoraje-os a escalar o incidente e chamar alguém com mais experiência. Finalmente, crie um runbook com alertas comuns e que indique quais ações tomar. Fornecer esse recurso o ajudará a diminuir o medo até que eles comecem a pegar o ritmo das coisas.

Outra tática para ajudar a estimular a colaboração é introduzir um dia de acompanhamento, com cada time "trocando" um colega. A pessoa trocada simplesmente acompanhará outro time, sentará à mesa, conhecerá e ajudará em suas responsabilidades rotineiras. Ela pode ajudar com o trabalho, a discutir problemas no time (programação em par) e aprender mais sobre a rotina de cada um, a área e os sistemas a partir de outro ponto de vista. Esse estilo de aprendizado não é determinante. Ele confere um pouco de curiosidade e cria confiança. Os colegas devem se sentir livres para fazer perguntas — até as mais "bobas" — e aprender abertamente. Não existe expectativa de desempenho. O tempo deve ser usado para conhecer um ao outro e valorizar seus trabalhos. Qualquer resultado produtivo é um bônus!

Nessa abordagem de alinhamento, ambos os times devem se envolver nos processos de planejamento, arquitetura e desenvolvimento. E devem compartilhar responsabilidades ao longo de todo o ciclo de vida de desenvolvimento.

Dedicando um time DevOps

Um time DevOps dedicado é mais uma evolução do Sys Admin do que um time verdadeiramente DevOps. É um time de operações com uma mistura de conjuntos de habilidades. Talvez alguns engenheiros estejam familiarizados com a gestão de configurações; outros, com IaC (infraestrutura como código); e outros ainda sejam especialistas em containers ou infraestrutura cloud native ou CI/CD (integração contínua e entrega/desenvolvimento contínuo).

CUIDADO

Se você acha que colocar um grupo de pessoas em um time oficial é o suficiente para acabar com o isolamento, está muito enganado. As pessoas são mais complexas do que planilhas. A hierarquia não significa nada se seus silos entraram em uma fase tribal nada saudável. Em culturas tóxicas, um estilo de liderança forte pode surgir, e quase sempre é seguido por pessoas escolhendo lados. Se vir isso em seu próprio time, terá trabalho pela frente.

Embora qualquer abordagem possa funcionar para seu time, essa de time dedicado é a que mais sugiro que considere. A maior desvantagem de um time de DevOps dedicado é aquela em que facilmente se torna uma continuação de times tradicionais de tecnologia sem reconhecer a necessidade dos times alinhados, de reduzir o isolamento e de remover o atrito. O risco do atrito contínuo (ou da criação de mais atrito) é alto. Caminhe devagar para garantir que está escolhendo essa organização de time por uma razão específica.

O benefício dessa abordagem é ter um time dedicado para lidar com grandes mudanças ou ajustes de infraestrutura. Se tiver dificuldades com problemas centrados em operações que desaceleram suas implementações ou causam preocupações de confiabilidade de site, essa pode ser uma boa abordagem — mesmo que apenas temporariamente.

Eu também gosto de um time dedicado quando planejo mover uma aplicação legado para a nuvem. Mas, em vez de chamar esse time de DevOps, a rotulo como time de automação. Esse grupo dedicado de desenvolvedores e especialistas em operações pode focar completamente para garantir que a infraestrutura e as ferramentas de automação sejam configuradas adequadamente. Depois podemos proceder com a confiança de que a aplicação chegará na nuvem sem grandes problemas. Ainda assim, essa é uma abordagem temporária. Se mantivermos um time isolado por tempo demais, arriscamos cair na armadilha do crescimento rápido para o isolamento enraizado.

Criando times de produto multifuncionais

Um time *multifuncional* é formado com foco em um único produto. Em vez de ter times separados para desenvolvimento, a interface de usuário e a experiência do usuário (UI/UX), quality assurance (QA) e operações, combinamos pessoas de cada uma delas.

Um time multifuncional funciona melhor em organizações médias a grandes. É preciso pessoal de desenvolvimento e operações suficiente para preencher os cargos de cada time de produto. Cada uma terá uma aparência um pouco diferente. Recomendo ter, no mínimo, uma pessoa de operações por time. Não peça que ele se divida entre os dois times. Esse cenário é injusto e criará atrito rapidamente entre dois times de produto. Dê aos seus profissionais o privilégio de ser capazes de focar e mergulhar em seu trabalho.

LEMBRE-SE

Se sua organização ainda é pequena ou está na fase de startup, pense em toda a organização de tecnologia como um time multifuncional. Mantenha-o pequeno e focado. Quando estiver chegando em 10-12 pessoas, comece a pensar em como reorganizar os profissionais.

A Figura 14-1 mostra como podem ser os times multifuncionais. Mas lembre-se de que sua composição varia de uma para a outra e de uma organização para outra. Alguns produtos têm foco forte em design, o que significa que pode haver vários designers em cada time. Outros são mais técnicos, destinados a desenvolvedores que não se preocupam muito com estética. Os times desse tipo podem ter um designer — ou nenhum.

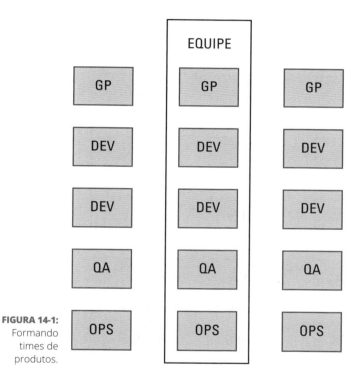

FIGURA 14-1: Formando times de produtos.

Se sua organização for grande o bastante, certamente poderá criar vários times usando as ideias e abordagens descritas nesta seção do capítulo. Lembre-se de que sua organização é única. Sinta-se capacitado para tomar decisões baseadas nas circunstâncias atuais e ajuste a partir delas. Veja algumas combinações possíveis de vários tipos de times de produto.

» **Time de Produto Legado:** Gerente de Projeto (GP), Desenvolvedor Front-end, Desenvolvedor Back-end, Desenvolvedor Back-end, Engenheiro de Confiabilidade de Sites (SRE), DevOps Engineer, Desenvolvedor QA.

» **Time de Transformação de Nuvem:** (SRE), (SRE), DevOps Engineer, DevOps Engineer, Desenvolvedor Back-end.

» **Time de MVP:** GP, Designer, Engenheiro de UX, Desenvolvedor Front-end, Desenvolvedor Back-end e dois profissionais como: DevOps Engineer.

A desvantagem de um time de produto multifuncional é que os profissionais perdem a camaradagem com profissionais com as mesmas habilidades e paixões que as suas. Ter um grupo de indivíduos semelhantes com quem você pode socializar e aprender é um aspecto importante da satisfação do trabalho. Ofereço uma solução para esse problema na Figura 14-2.

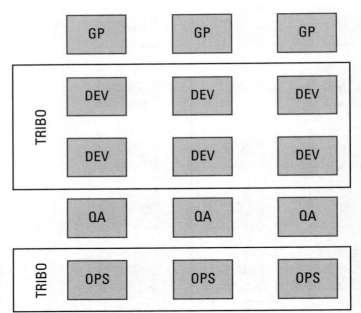

FIGURA 14-2: Dando espaço para as tribos.

Como a figura mostra, podemos dar tempo de trabalho dedicado aos profissionais para que fiquem com suas tribos. Podemos fazer algo generoso, como pagar um almoço uma vez por semana para que possam se reunir e conversar. Ou podemos fornecer de 10% a 20% de tempo de trabalho para que o façam como uma tribo. De qualquer forma, é preciso que os profissionais fiquem afiados. As tribos compartilham conhecimento da área, fornecem feedback sensato e dão suporte ao crescimento na carreira. Dê tempo para que seus profissionais aprendam com pessoas que têm a mesma formação, experiência e objetivos que eles. Esse tempo é como um espaço seguro em que podem relaxar e se sentir em casa.

Nenhum golpe perfeito supera o déficit de uma cultura organizacional ruim. Mas, se você prestou atenção até aqui e deu os passos adequados, o próximo é formar times que reforcem os ideais culturais já estabelecidos.

Entrevistando Rapidamente (Mas nem Tanto)

Não importa como você organize os times internamente, ainda precisará contratar pessoas. Seja para expandir o time ou substituir um profissional, a contratação é sempre rápida, cara e — sejamos honestos — cansativa.

Um dos desafios dessa explosão de economia tecnológica é que encontrar e contratar os melhores ficou muito difícil. É um mercado para os profissionais de tecnologia que são especialistas em DevOps. Esses especialistas em DevOps em todas as habilidades são necessários, e todas as empresas enfrentam a falta de funcionários de qualidade. A demanda é ainda maior para alguns profissionais em DevOps "mágicos" que são generalistas, aqueles que têm ampla experiência e interesses. Eles são aqueles de que mais precisamos em uma organização DevOps.

Quando encontramos alguém que desejamos contratar, é preciso fazê-lo rápido, caso contrário, corremos o risco de perder nosso talento recém-encontrado para a concorrência. Mas o movimento rápido tem seus riscos, incluindo o de contratar alguém que parecia maravilhoso e que acaba decepcionando. Mais tarde, neste capítulo, abordo a questão de como lidar com erros de contratação, na seção "Despedindo com Rapidez".

Decidindo um Cargo

O DevOps não é um cargo, é uma filosofia, uma metodologia e uma abordagem para eliminar o atrito no ciclo de vida de entrega de software. Ainda assim, existe a demanda por um "Engenheiro DevOps" em centenas, se não milhares, de empresas.

A guerra contra o DevOps como cargo foi perdida, e chegou a hora de aceitar esse fato. Adicionar DevOps no nome de um cargo permite que aos profissionais que possuem "experiência" em DevOps possam negociar um acréscimo a seus salários anuais de US$10 mil a US$15 mil (embora já tenha visto um de US$35 mil), e também ter uma posição de negociação mais forte quando fazem entrevistas para um novo cargo. Eu nunca impediria que um profissional utilizasse todo ângulo possível para progredir em sua carreira.

Quando pesquisei títulos de cargos para um trabalho de tecnologia relacionado ao DevOps, alguns dos resultados me surpreenderam. Comecei no Google Trends e comparei três:

» DevOps Engineer [Engenheiro DevOps]

» Release Engineer [Engenheiro de Lançamento]

» Site Reliability Engineer [Engenheiro de Confiabilidade de Sites]

Você pode ver mais dados dessa pesquisa em `https://g.co/trends/gZACs` [conteúdo em inglês], além de um resumo na Figura 14-3, que mostra os títulos de empregos associados com DevOps. O DevOps Engineer é o maior vencedor, ganhando dos outros por uma margem significativa.

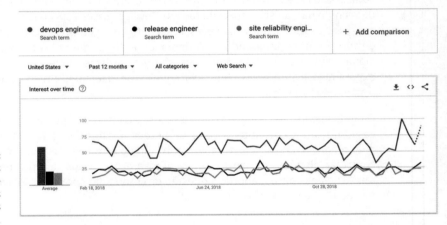

FIGURA 14-3: Títulos comuns de empregos DevOps nos EUA.

DICA

O cargo de Site Reliability Engineer está com a popularidade em alta. De várias formas, o SRE representa a evolução do DevOps e continuará a crescer. Ficarei chocada se o SRE não chegar na popularidade do DevOps Engineer como título de emprego nos próximos anos, isso se não ultrapassá-lo. Sugiro acompanhar essa evolução.

A verdadeira surpresa veio quando adicionei Automation Engineer à lista de cargos. Em minha experiência casual, esse não era um cargo especialmente popular. Ainda assim, os resultados da minha comparação via Google Trends contradizem minha crença inicial. Veja mais dados na Figura 14-4 e diretamente em `https://g.co/trends/5x6wY` [conteúdo em inglês].

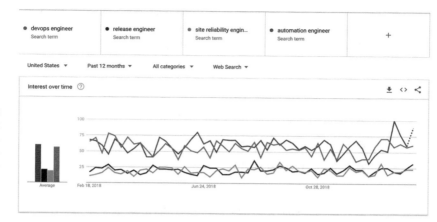

FIGURA 14-4: Títulos comuns de cargos DevOps nos EUA, acrescentando Automation Engineer.

Fiquei imaginando se a popularidade de Automation Engineer era exclusiva dos Estados Unidos, então expandi minha comparação para incluir os dados globais. A Figura 14-5 mostra os resultados dessa comparação, e você pode ver os dados em `https://g.co/trends/VDtFB` [conteúdo em inglês].

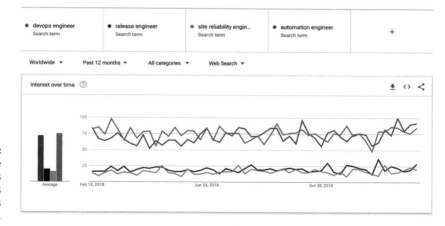

FIGURA 14-5: Títulos de cargos comuns de DevOps pelo mundo.

Para verificar os resultados do Google Trends, olhei anúncios de empregos no LinkedIn dos EUA. Na época, o DevOps Engineer novamente saiu como vencedor, com Automation Engineer vindo logo depois. Veja alguns cargos adicionais e número correspondente de anúncios de empregos:

- DevOps Engineer: 4.918
- Automation Engineer: 3.316
- Site Reliability Engineer (SRE): 1.513
- Cloud Engineer: 1.403
- Infrastructure Engineer: 1.266
- Release Engineer: 610
- Sys Admin: 261

O Recrutamento Nunca Acaba

CUIDADO

Encontrar os melhores empregados nunca é tão simples quanto fazer o anúncio no jornal e coletar currículos, nem podemos resolver o problema simplesmente contratando um recrutador para fazer todo o trabalho duro em nosso lugar.

Recrutadores podem ser ótimos durante o processo de contratação. Eles são especialistas em entrevistar, obedecer a leis trabalhistas e negociar um salário. No entanto, por causa das práticas agressivas de contratação, muitos profissionais de tecnologia passaram a desconfiar dos recrutadores. Fale diretamente com os candidatos antes de encaminhá-los a um recrutador. Esse passo simples desenvolve a confiança e mostra que seus recrutadores fazem parte de um processo de contratação bem pensado. Sem uma introdução, você pode perder candidatos que se preocupam e não querem ser um de centenas de candidatos em uma grande multidão que não levará a nada.

O segredo para contratar candidatos de qualidade é... recrutar sempre. Isso mesmo. Essa ideia não parece um incentivo igual ao dos filmes, mas funciona. Eu mantenho duas listas de pessoas na cabeça o tempo todo: pessoas com quem eu adoraria trabalhar e pessoas com quem eu nunca trabalharia. Cada lista cresce à medida que conheço mais profissionais.

Suas listas provavelmente serão bem diferentes das minhas, por milhares de razões, mas comece a pensar em quem você gostaria de contratar ou com quem gostaria de trabalhar se tivesse oportunidade. Então, quando tiver a chance, estará preparado.

Encontrando o pessoal certo

Se sua procura por candidatos está deixando a desejar, considere uma comunidade e rede mais amplas. Pense nas pessoas que conhece diretamente e, então, considere o segundo e o terceiro níveis de conexões — amigos de amigos que podem ser bons ou que conheçam alguém interessado no trabalho. Quando se sentir empacado, faça listas de suas conexões pessoais e peça referências.

A comunidade de tecnologia é próspera. Conferências, encontros e reuniões bem frequentados acontecem todos os dias. Fale com os organizadores e os influenciadores bem envolvidos com a comunidade. Eles têm redes enormes e com certeza conhecem alguém que pode estar procurando emprego. Se não, pergunte se estariam dispostos a compartilhar seu anúncio nas redes sociais ou em suas newsletters. (Muitas newsletters e podcasts precisam de patrocinadores, o que é uma ótima maneira de espalhar a notícia do cargo e dar apoio para a comunidade.) Não se esqueça também de participar dos encontros e anunciar que está contratando. Eles normalmente permitem alguns minutos no começo para anúncios de emprego.

DICA

Seja incisivo em sua abordagem de garantir a criação de um conjunto de candidatos diversificado. As referências têm uma tendência a ser contra comunidades marginalizadas ou sub-representadas. Busque candidatos que não pareçam, soem ou pensem como você. Se não tiver certeza de como encontrar tais candidatos, peça ajuda. Contrate um dos muitos consultores de tecnologia que foquem a diversidade e a inclusão. Até mesmo um breve envolvimento pode ajudar a treinar você e seu time a ter melhores práticas de contratação.

O boca a boca é um ótimo jeito de encontrar candidatos. (É como eu encontrei todos os meus empregos na área de tecnologia.) O networking é imprescindível. Além disso, eu trabalho duro para ser tão útil quanto posso, porque atualmente tenho mais alcance do que os outros. Se você tiver conexões na área, use-as para dar emprego às pessoas. Poucas atividades são mais satisfatórias e impactantes.

Recusando ótimos candidatos

Às vezes temos de fazer uma escolha difícil entre duas pessoas entrevistadas. Uma das melhores formas de manter candidatos no seu radar é ajudá-los a encontrar bons empregos. Não posso contratar todo mundo, porque tenho limitações de recursos, mas adoro apresentar pessoas para amigos, colegas e conhecidos que sei que estão contratando.

Por alguma razão, poucas pessoas participam dessa prática, mas, se puder fazer apresentações que levem a ótimas oportunidades, fará amigos leais — com quem poderá contar para referências no futuro.

DICA

Confira com sua empresa para garantir que essa prática não viole nenhuma política interna.

Avaliando a Disponibilidade Técnica

A era dos enigmas bobos e das entrevistas com apresentações que induzem o nervosismo está acabando — e por uma boa razão. Se uma entrevista com apresentação é facilitada por um profissional da empresa que se preocupa mais com enganar o candidato do que com a discussão de uma conversa técnica, você não irá a lugar algum.

Entrevistas com apresentações foram muito debatidas recentemente por colocarem grupos sub-representados e marginalizados — que incluem mulheres e pessoas não brancas — em desvantagem. Nesta era, é absolutamente vital que empresas de tecnologia incentivem a contratação de pessoas pela diversidade, então essa situação é inaceitável. No entanto, você precisa medir de alguma forma a habilidade técnica de uma pessoa.

Qual é a resposta? Bem, a boa notícia é que temos opções. (A ruim é que... temos opções.)

LEMBRE-SE

Suas contratações determinarão quem você é.

Apresentações revistas

A entrevista com apresentação nunca foi pensada para ser o que se tornou. Na primeira que fiz, recebi um programa de computador impresso em oito folhas de papel. E as instruções? "Depure o programa." *O quê???*

A entrevista com apresentação se tornou uma situação em que damos ao candidato um problema praticamente impossível, mandamos ele ir até a lousa com um marcador e ficamos observando-o suar enquanto quatro ou cinco pessoas o veem em pânico. Esse tipo de entrevista não fornece nenhuma informação de qualidade sobre se o empregador ou o entrevistado são uma boa combinação.

Embora outros tenham pedido a eliminação desse tipo de entrevista, tenho uma sugestão mais sutil: mudá-la. Transformá-la em uma discussão entre duas pessoas sobre um pedaço de código ou problema específico. Não um problema maluco, como equilibrar uma árvore de pesquisa binária. A não ser que a vaga de trabalho seja literalmente escrever código em Assembly, não precisamos — repito: não precisamos — avaliar a habilidade do candidato de escrever Assembly.

Esteja ciente da vaga que está tentando preencher, das habilidades necessárias e do melhor modo de medi-las em um candidato. Faça com que um único especialista ou líder do time se sente com o candidato e fale sobre o problema. Como você começaria a conversa? Quais problemas encontraria no caminho? Como ambos adaptariam suas soluções aos desafios encontrados?

Essa abordagem conversacional realiza duas coisas:

» **Reduz o pânico.** A maioria das pessoas não raciocina direito sob pressão. Além disso, não trabalhamos todos os dias com alguém no nosso pé, criticando todo erro de digitação cometido. Pediríamos demissão na mesma hora. Então não force as pessoas a serem entrevistadas dessa forma. Dê aos candidatos uma oportunidade de mostrar o que podem fazer. Você ganhará conhecimento sobre como eles pensam e se comunicam.

» **Imita o mundo real.** A entrevista conversacional dá uma ideia de como seria trabalhar com essa pessoa. Não resolvemos problemas difíceis no trabalho observando outros terem dificuldades. (Pelo menos não deveríamos. De verdade. Não é muito colaborativo ou DevOps deixar os colegas sofrerem sozinhos.) Nós trabalhamos juntos, trocamos ideias, pensamos nas coisas, cometemos erros, nos recuperamos e encontramos uma solução — juntos.

A melhor entrevista com apresentação é colaborativa, comunicativa e centrada na curiosidade — todas as coisas de que mais gosto no DevOps.

Oferecendo testes para fazer em casa

Uma alternativa são os testes para fazer em casa. Esse tipo de teste é particularmente bem recebido por pessoas que têm qualquer tipo de ansiedade ou dificuldade invisível que impacta sua habilidade de participar em uma entrevista com apresentação. Esse estilo de entrevista também é ótimo para engenheiros de software, arquitetos, desenvolvedores, especialistas de operação etc. que lutam intensamente contra a síndrome do impostor.

DICA

A *síndrome do impostor* descreve indivíduos de alto desempenho que lutam para internalizar seus sucessos e experienciam uma sensação persistente de serem expostos como uma fraude.

Um teste para fazer em casa consiste em algum tipo de problema que um candidato pode resolver em casa em seu próprio tempo. Geralmente é um conjunto de testes para os quais o candidato precisa escrever o código para ser aprovado. Como alternativa, o problema poderia ser algo relativamente pequeno, como "criar um programa em [sua linguagem escolhida] que receba uma entrada e reverta os caracteres". As opções são infinitas, e o teste pode ser adaptado para sua pilha tecnológica como achar mais adequado. Você pode até pedir que os candidatos implementem sua aplicação. Certifique-se de garantir que eles usem ferramentas de código aberto ou forneça as assinaturas necessárias para usar tecnologias particulares.

A maior desvantagem desses testes é que você está pedindo que as pessoas tirem tempo de suas noites ou finais de semana para fazer o que basicamente é trabalho gratuito. Até se pagar por seu trabalho nesses testes, esse estilo de entrevista pode impactar de maneira injusta alguém que tenha outras responsabilidades depois do trabalho, incluindo cuidar de crianças, de um parceiro ou de pais debilitados. Nem todo ótimo profissional de tecnologia tem tempo ilimitado para comprometer com o trabalho. Mas, se você limitar sua variedade de candidatos a pessoas que podem dedicar de cinco a dez horas a fazer um teste em casa, rapidamente verá seu time se tornar homogêneo e estagnado.

Revisando código

As entrevistas que mais gosto são aquelas em que me sento com meu time, ou uma parte dele, para resolvermos, juntos, bugs reais com código real. Podemos tomar algumas abordagens em uma entrevista de código em tempo real. Podemos imitar um teste para fazer em casa e dar mais ou menos uma hora para o candidato criar um programa ou escrever uma função que passe em uma série de testes. Também podemos encenar uma entrevista como uma revisão de código na qual pegamos um programador de verdade e o mergulhamos no que o código faz e no que poderia ser melhorado. De muitas formas, a natureza de "programação em par" para a revisão de código combina as melhores partes de uma entrevista com apresentação e do teste feito em casa — mas sem as principais desvantagens.

DICA

A *programação em par* é uma prática da tecnologia em que dois desenvolvedores sentam-se juntos para trabalhar em um problema. Normalmente, uma pessoa "lidera" com o teclado, mas elas decidem colaborativamente qual é a melhor abordagem, qual código adicionar e o que retirar.

Se a vaga envolver um cargo focado em operações, usar essa abordagem de programação em tempo real é ainda melhor. Embora o time de operações esteja aprendendo a implementar infraestrutura como código ou gerenciar configurações, eles não têm a mesma experiência que os desenvolvedores. Revisar o que algo faz e como pode funcionar é um modo fantástico de confirmar o que o candidato tem de experiência com ferramentas e tecnologias listadas no currículo, assim como garantir que ele possa se comunicar com um time.

Despedindo com Rapidez

De vez em quando, alguém que não funciona passará pelo processo de entrevista. Essa pessoa parecerá ser talentosa, colaborativa e uma ótima adição ao time. Ninguém contrata um candidato que tenha tendência a ser um funcionário indesejado. Contudo, os resultados às vezes não correspondem ao processo.

Você deve agir rapidamente nessas situações. Permitir que exista no time alguém que não combina com ele pode ter consequências terríveis. Mas eu também acredito em dar uma "sacudida" na pessoa, o que exige os seguintes passos:

> » Comunicar explicitamente suas expectativas.
> » Abordar os deficits de desempenho rapidamente.
> » Reconhecer e recompensar pessoas que satisfazem ou excedem as expectativas.

Se você não é um "gerente", ainda pode agir dessa forma. Os líderes nem sempre têm um título de "gerente". Com certeza é possível conversar com alguém sobre ajustar seu comportamento no trabalho ou agradecê-lo por seu trabalho duro — não importando qual seja seu cargo.

Quando encontramos um problema com um novo contratado (ou qualquer funcionário ou colega), devemos abordar o problema rápida e diretamente. Embora conflitos interpessoais e desempenho ruim de funcionários possam ter diversas formas, há três tipos de desafios que surgem com mais frequência e estão descritos nas próximas seções.

O babaca

Nenhum brilhantismo pode compensar o custo de ter um babaca em seu time. Não importa se ele é um gênio ou se criou uma ferramenta, tecnologia ou linguagem. Se não sabe trabalhar em um time, não deve estar junto a ele.

Babacas podem destruir o moral e afastar ótimos profissionais de seu time. No pior dos casos, a falta de ação de um líder ou gerente em retificar um problema em um time serve para reforçar a crença do time de que a situação não será abordada. As pessoas irão embora com mais rapidez do que você pensa.

Robert I. Sutton, autor de *The No Asshole Rule: Building a civilized workplace and surviving one that isn't* ["A Regra de Zero Babacas: Construindo um local de trabalho civilizado e sobrevivendo em um que não seja", em tradução livre], identifica dois testes que podem ser usados para reconhecer um babaca:

>> As pessoas se sentem oprimidas, humilhadas ou mal consigo mesmas depois de encontrar essa pessoa?

>> A pessoa persegue outras com menos poder?

Em seu trabalho, Sutton encontrou comportamentos específicos que geralmente são encontrados nesses locais de trabalho. Ele chamou isso de Dirty Dozen [Os Doze Piores, em tradução livre], que incluem insultos, toque não solicitado, ameaças, sarcasmo, humilhação, desrespeito, interrupção e desprezo. Se você reconhecer qualquer um desses comportamentos em seu time, aja o quanto antes.

O primeiro passo para lidar com um babaca é afirmar claramente que seu comportamento é inaceitável. Comunique suas expectativas de profissionalismo e respeito mútuo para todos os empregados e explique quais serão as consequências se ele não ajustar suas atitudes. Então, se não perceber melhorias, considere removê-lo do time (e possivelmente da empresa).

O mártir

Este tipo de funcionário luta até o fim em qualquer discussão. O conflito pode envolver a linguagem ou o framework utilizado para escrever um MVP, se devemos adicionar determinado recurso ou se um bug surgiu de um problema de código ou erro do usuário. O conteúdo da discussão não importa.

Muitas vezes, esses mártires temem a mudança ou se veem como rebeldes. De sua própria maneira, estão tentando ajudar a orientar o time em direção à solução que acham melhor. Eles não se comportam dessa forma intencionalmente; têm um problema de comunicação. Têm a tendência a falar ao mesmo tempo que outras pessoas ou até que a outra pessoa desista.

As discussões e brigas constantes que o mártir leva ao time tumultuam. São distrações e podem ser extremamente demoradas — tanto que outros funcionários podem parar de participar das conversas, especialmente em discussões de problemas complicados ou de arquitetura.

O benefício desses empregados é que eles realmente dirão o que pensam. Esse tipo de problema é muito mais fácil de encontrar e lidar do que um causado por um empregado que sofre em silêncio. O truque é ser empático. Se resistirem às decisões do time de forma passivo-agressiva, chame a atenção por seu comportamento em uma conversa particular.

Aquele com baixo desempenho

Começar em um novo cargo sempre envolve uma curva de aprendizado, mas de vez em quando as habilidades ou os esforços de alguém não correspondem às suas expectativas. Essa situação pode ser complicada. Evite microgerenciar e dê espaço aos funcionários para que tenham sucesso. Porém, não deixe alguém com baixo desempenho ser o normal.

Antes de agir, certifique-se de ter feito o seguinte:

» **Comunique explicitamente suas expectativas para o cargo.** Seja específico em sua comunicação, como em "Complete x recursos em n dias", "Resolva n bugs por semana" ou "Rearquiteture nosso pipeline de implementação usando a ferramenta x".

» **Pergunte se precisam de ajuda.** Todo mundo às vezes assume mais do que pode. Às vezes as pessoas só precisam de um empurrão na direção certa. Talvez estejam com medo de parecerem falhos e ineficientes. Começar a conversa sem medo de repercussões abre a discussão e possibilita que vocês descubram soluções juntos.

» **Garanta que o problema se relacione ao desempenho.** Durante fases de meu divórcio, não fui a melhor funcionária do mundo. Tive semanas ruins. Eu me sentia emocionalmente vazia e assustada. Você emprega e trabalha com seres humanos, e pessoas ficam doentes, ou têm parceiros que lidam com dificuldades ou doenças crônicas. Eles podem ter seus pais hospitalizados, filhos cujos cuidadores somem de última hora. Não confunda de imediato o desempenho ruim com um erro crônico. Pergunte ao funcionário: "Há algum estresse fora do trabalho com o qual eu possa ajudá-lo?" Às vezes as pessoas só precisam desabafar e saber que têm segurança no trabalho.

» **Forneça treinamento.** A integração não é fácil, e fui jogada na fogueira muitas vezes. Se você está esperando que seus funcionários e colegas afundem ou nadem, não está fazendo seu trabalho. Explique o conhecimento institucional que adquiriu, mas que agora já faz parte da sua natureza. Combine funcionários novatos com funcionários antigos de casa, que podem servir como única fonte para respostas. Seja compreensivo, generoso e paciente.

Se estiver confiante em ter feito a devida diligência e estiver convencido de que o problema do funcionário realmente é uma questão de desempenho, comunique o fato. Peça um tempo para se sentar com ele, cara a cara, e explique que ele não está satisfazendo as expectativas. Seja específico, como em "o código entregue não está de acordo com os padrões de qualidade porque x". Ou "se não puder cumprir um prazo, espero que comunique o problema muito antes da data final".

Se alguém com baixo desempenho fizer progresso, recompense! Esse resultado é o melhor que poderia esperar. Quando um gerente faz uma reunião apenas para criticar o desempenho mas nunca reconhece o bom trabalho, os funcionários podem ficar desmoralizados rapidamente. Um simples "obrigado pelo trabalho duro" vai mais longe do que você pensa.

> **NESTE CAPÍTULO**
>
> » **Escalando times com DevOps**
>
> » **Motivando profissionais de tecnologia**
>
> » **Criando times motivados**

Capítulo **15**

Capacitando Profissionais de Tecnologia

Os profissionais de tecnologia são o motor de qualquer negócio; eles alimentam toda a operação. Cuidar deles é vital para sua saúde, felicidade e produtividade contínua. Cabe aos negócios entender as motivações desses funcionários e criar ambientes nos quais possam prosperar. Profissionais de tecnologia felizes produzem software melhor e mais rápido. É simples assim.

Este capítulo foca a escalação de um time de profissionais por meio do DevOps, motivando-os a produzir seu melhor trabalho; possibilitando que o time permita que seus profissionais tenham habilidades e experiências diversas e trabalhem de forma colaborativa; e medindo seu sucesso.

CAPÍTULO 15 **Capacitando Profissionais de Tecnologia** 217

Escalando Times de Tecnologia com o DevOps

Aumentar seu time é um dos maiores desafios da tecnologia — um que o DevOps tenta aliviar. Acredito que os maiores desafios na tecnologia não sejam técnicos, mas, sim, sociotécnicos. Nossos sistemas evoluíram além das máquinas. Os desafios que encaramos agora têm mais a ver com o comportamento humano do que com bits e bytes.

O tipo de negócio formado no estágio inicial de uma startup é radicalmente diferente daquele que evoluiu depois de anos de tentativa e erro — tão diferente que poderíamos dizer que são empresas diferentes. A escalação envolve muito mais do que simplesmente adicionar pessoal. Não podemos apenas aumentar a startup e anunciá-la como uma empresa.

Um dos desafios de escalar uma empresa — em qualquer estágio — é a comunicação. A Figura 15-1 mostra a velocidade com que o sistema pode ficar complexo. Nos estágios iniciais, você provavelmente é um dos poucos profissionais, cada um tem uma mão na construção de uma aplicação e sua infraestrutura. Talvez todos trabalhem na mesma sala ou estejam a apenas uma ligação de distância. O time e o sistema são pequenos e limitados o bastante para que você possa acompanhar mentalmente todas as suas partes móveis.

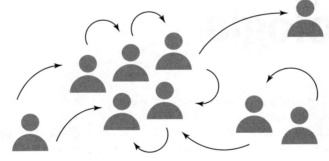

FIGURA 15-1: Complexidade da comunicação em times grandes.

Ao adicionar pessoas e componentes, mais interseções de comunicação se desenvolvem. Existe uma fórmula para medir os caminhos totais de comunicação em um time: $n(n-1)/2$. Para um time de 5 pessoas, há 10 caminhos de comunicação. Esse tamanho é totalmente administrável. Mas aumenta com rapidez. Um time de 100 pessoas tem 4.950 conexões de comunicação, o que é bastante coisa.

Escalar quase sempre será um processo confuso, e não há como evitar essa probabilidade. Mas este capítulo observa algumas organizações não tecnológicas que lidaram com essas dificuldades de crescimento de forma admirável, e como você pode fazer o mesmo por meio do DevOps.

Os três estágios de uma empresa

Apresento uma palestra chamada "Scaling Sparta: Military Lessons for Scaling a Development Team" [Escalando Esparta: Lições Militares para Escalar um Time de Desenvolvimento, em tradução livre], na qual comparo os três estágios de uma empresa a três forças armadas: os espartanos, os mongóis e os romanos. Os espartanos servem como correspondentes a uma startup. A avaliação dos mongóis pode ilustrar o que significa prosperar em um estágio final de startup ou de empresa de médio porte. E, finalmente, Roma serve como um antigo exemplo de uma empresa.

A escalação é uma faceta importante do DevOps porque as empresas não ficam estagnadas. Experienciamos períodos de grande crescimento, bem como de diminuições. Você provavelmente verá sua empresa contratar e demitir ao longo dos anos. Permanecer verdadeiro aos princípios DevOps e continuar evoluindo seu processo é o que definirá seu sucesso no decorrer desses estágios de expansão e diminuição.

Startup

Em seu auge, o exército espartano tinha cerca de 10 mil soldados. Apesar de seu tamanho modesto, Esparta era obcecada pela guerra e alimentava essa obsessão em crianças desde seu nascimento. Ao longo da vida, os cidadãos espartanos tinham de provar seu valor à nação e à sua unidade. De várias formas, a vida deles era definida por sua utilidade no campo de batalha.

A Batalha de Termópilas foi o confronto de 300 espartanos contra (supostamente) 100 mil persas. De certa forma, é esse o desafio enfrentado por uma startup. Como iteramos rapidamente para desafiar empresas com 10 vezes mais recursos? Assim:

» **Destaque-se.** Identifique o produto ou a adição de valor que você faz melhor e faça isso muito bem. Acrescentar recursos inúteis cansa o time de tecnologia e frustra os clientes. Raramente é melhor.

» **Contrate generalistas.** No estágio de startup, é preciso que seus profissionais tenham habilidades muito boas e variadas. Procure funcionários curiosos por natureza e dispostos a mergulhar em novas tecnologias. Você precisa de pessoas que possam adaptar e resolver problemas usando qualquer ferramenta — não necessariamente aquela em que são especialistas.

» **Seja corajoso.** Faça o que lhe assusta. Corra riscos. Atormente. Seja criativo. A vantagem de ser pequeno é que você é ágil; pode se adaptar com mais rapidez do que seus concorrentes mais estabelecidos. Use essa agilidade como vantagem e permaneça pequeno enquanto puder.

Estágio final de startup ou empresa de médio porte

Os mongóis são um exército fascinante de se estudar, e seu sucesso sempre será creditado a Gengis Khan. Até hoje, permanece como o maior império geográfico da história. Em seu auge, o exército mongol tinha 100 mil soldados. Eles conquistaram mais terras em 25 anos do que Roma fez em 400. As condições brutais em que os mongóis viviam os tornaram fortes e resilientes — as mesmas qualidades de que uma startup em estágio final precisa para sobreviver em seus anos intermediários.

Sob o comando de Gengis Khan, os mongóis aceitaram a tolerância religiosa. Ou seja, aceitavam as pessoas como eram, permitiam que prosperassem e respeitavam sua autonomia. As pessoas eram promovidas por mérito. Se alguém se saísse bem e beneficiasse a tribo, colhia recompensas. A sociedade mongol era igualitária. Tanto homens quanto mulheres contribuíam, e o trabalho de todos era respeitado. Finalmente, os mongóis se adaptavam com rapidez. Vivendo em planícies acidentadas, eles não tinham experiência com cidades muradas, mas dominavam a arte do cerco.

Gengis Khan claramente não era perfeito, e não recomendo seguir suas tendências homicidas. Mas sua liderança teve qualidades-chave, das quais obtemos lições importantes:

» **Foque o objetivo.** Não o motivo. Eu já disse antes e vou repetir: é vital que uma missão seja estabelecida para a empresa, a organização e o time. Independentemente de qual seja sua posição na hierarquia de comando, estabeleça a missão — mesmo que seja apenas para você mesmo.

» **Possibilite a autonomia.** Permita que todos completem a missão como acharem melhor. Os soldados mongóis mantinham três ou quatro cavalos o tempo todo, o que os permitia viajar longas distâncias em alta velocidade sem cansar seus animais. Dê aos profissionais as ferramentas e recursos de que precisam para prosperar.

» **Pense de forma estratégica.** Negócios reacionários raramente sobrevivem. O coronel John Boyd, da Força Aérea dos EUA, criou o OODA loop, que representa observar, orientar, decidir e agir. Use esse método para pensar nos problemas e evitar ser desacelerado pelo medo, incerteza e dúvida.

» **Mantenha a estrutura simples.** Se tiver uma startup em estágio final ou uma empresa de médio porte, você precisa introduzir estrutura, mas mantendo-a simples. Comece com uma reunião rápida diária. Acompanhe recursos e bugs usando uma ferramenta simples. Evite o máximo de complexidade possível, especialmente se ela só existir pela sensação de uma empresa "real" — o que quer que isso signifique para você.

Empresa

Roma talvez seja o exemplo de uma organização empresarial mais conhecida pela humanidade. Em uma organização de grande porte, a confiabilidade e a previsibilidade têm mais peso que a novidade de correr riscos na esperança de grandes recompensas. Em um império, proteger o que foi construído é cada vez mais importante.

As atividades mais abominadas pelas startups — administração, gerenciamento e processo — são a subsistência das empresas, e por uma boa razão: os caminhos potenciais para a falta de comunicação em uma empresa de 100 mil funcionários são astronômicos. (Vou poupá-lo dos cálculos; chega a 4.999.950.000 conexões entre as pessoas. *Nossa!*)

Roma foi uma civilização incrivelmente complexa, e é impossível condensar sua estratégia militar principal em uma seção de um livro, então me concentro no exército do Império Romano sob o comando de Augusto, época em que atingiu seu maior tamanho, de quase meio milhão de soldados. Roma começou fornecendo aos soldados concessões de terra. Quando esses recursos ficaram mais escassos, mudaram para a premiação de soldados com uma quantidade de denários (aproximadamente o salário de 13 anos) depois de seu serviço. Parece uma pensão, não parece? Eles dividiram o exército em três componentes:

> » **Legiões:** Infantaria pesada formada por cidadãos romanos. Os soldados serviam por períodos de 25 anos, e a conscrição era usada apenas em emergências.

> » **Tropas:** Recrutavam residentes sem cidadania chamados de *peregrinos*. Esses soldados eram da infantaria, cavalaria, arqueria e das forças especiais. No fim do serviço, recebiam a cidadania romana.

> » **Números:** Mercenários de tribos aliadas fora do Império Romano. Gosto de pensar neles como terceirizados.

Organizacionalmente, Roma divide seu comando em províncias supervisionadas pelos comandantes da legião chamados de *legati*, que respondiam ao governador provincial e diretamente ao imperador em Roma.

As legiões tinham um status maior, mas dependiam muito das tropas para suporte em campo de batalha. Essa dependência revela a importância das metodologias como DevOps em grandes organizações. O DevOps não promove a ideia de que todos precisam fazer tudo. Em vez disso, precisamos ter uma compreensão geral de todos os trabalhos e — aqui está a parte realmente importante — respeitar as pessoas que fazem o trabalho que não fazemos.

As lições que Roma ensina são inúmeras. (Se você gosta de história, como eu, recomendo que investigue ainda mais esses exércitos fascinantes.) Enquanto isso, veja as principais lições da empresa romana para os propósitos deste livro:

» **Divida em pequenos times.** Pense na sua aplicação. Quando um componente fica grande demais, dividimos a lógica em partes menores. O mesmo princípio é aplicado às pessoas. Times pequenos possibilitam que os profissionais de tecnologia se movam de maneira rápida e eficaz, o que faz sentido em uma organização DevOps. O compartilhamento e a colaboração — princípios-chave de DevOps — são impossíveis depois de um certo tamanho. Devemos fornecer ao time a estrutura para que esses objetivos mais altos sejam possíveis.

» **Permita a independência.** Cada unidade no exército romano tem seu próprio padrão — representado por um mastro com uma variedade de decorações. O uso prático era comunicar visualmente onde a unidade estava localizada em um grande campo de batalha, mas os padrões tinham um significado mais profundo para os soldados. Eles acreditavam que seus padrões representavam o espírito divino, e oravam a ele. Cada unidade também tinha sua própria cultura. Aplicar essa abordagem "pequena" em seus próprios times permitirá que pessoas de pensamentos semelhantes trabalhem juntas tranquilamente.

» **Domine a logística.** Roma investiu muito em um sistema amplo e bem mantido de estradas. Essa infraestrutura possibilitava o transporte de tropas e suprimentos pelo grande império. Essa abordagem talvez seja mais bem resumida pelo último lema interno do Facebook: "Mova-se rápido com infraestrutura estável." A infraestrutura de Roma era uma das maiores vantagens sobre seus semelhantes.

» **Invista em seus funcionários.** Quanto mais seus funcionários ficam na organização, mais informadas se tornam os times sobre o conhecimento institucional e os sistemas. Apesar de todas as tentativas de fazer com que os profissionais documentem tudo — e essa prática deve ser encorajada —, as pessoas normalmente internalizam as informações. Esse tipo de conhecimento é o mais valioso, porque as pessoas nem pensam nisso como conhecimento. Para reter funcionários, encoraje o equilíbrio entre vida pessoal e profissional e pague salários justos. Evite exauri-los a qualquer custo, porque isso custará caro em perda de produtividade.

» **Introduza especialistas.** Na escala empresarial, os especialistas são uma vantagem e devem ter seu lugar junto dos generalistas contratados nos estágios iniciais da empresa. Além disso, permita que os generalistas se tornem especialistas por meio de treinamentos e oportunidades de emprego. Conheça os membros de seus pequenos times e entenda seus objetivos, tanto profissionais quanto pessoais. Lembre-se desses objetivos quando fizer mudanças, fornecer novas oportunidades de carreira e pensar em educação continuada.

Motivando Profissionais de Tecnologia

As startups têm dificuldades na transição para uma grande empresa porque é algo realmente difícil. As vitórias rápidas experimentadas diariamente, às vezes a cada hora, em uma pequena startup desaparecem com o crescimento. Seus planos se ampliam de sobreviver a um período de tempo agitado para prosperar ao longo de semanas, meses e até anos. Os recursos ficam cada vez mais complexos e, portanto, com um lançamento mais lento.

Essa transição de um ritmo rápido de startup para a lentidão de uma empresa pode ser desmotivadora para todos. Simplesmente não obtemos em grandes organizações a mesma recompensa de dopamina que conseguimos em pequenas empresas obstinadas. Se não formos cuidadosos, essa diminuição de recompensas pode fazer com que a motivação e a satisfação geral com o trabalho despenquem.

Daniel Pink compilou algumas das melhores pesquisas sobre o assunto em seu livro *Motivação 3.0 – Drive: A surpreendente verdade sobre o que realmente nos motiva*. De muitas formas, a ciência comprovou que os métodos de negócios do século XX estão simplesmente errados e muitas vezes são contraproducentes. Não trabalhamos em uma fábrica e não precisamos de um chefe de linha. Trabalhamos em uma indústria extremamente intelectual e criativa dentro de uma economia mais ampla de conhecimento.

Pesquisando a motivação

Independentemente de seu tamanho, suspeito que você queira usar o DevOps para se tornar mais produtivo, e também para atrair os melhores talentos e superar a concorrência. Para isso, não adianta fazer as coisas como sempre foram feitas. Em *Motivação 3.0 – Drive*, Daniel Pink foca três princípios:

>> Autonomia

>> Maestria

>> Propósito

Não basta aplicar dinheiro nos funcionários (embora isso não evite que algumas empresas tentem). É preciso mergulhar em suas motivações.

Alguns dos maiores desafios em uma transição DevOps envolvem motivar seu time a produzir trabalho de alta qualidade com rapidez e mudar suas abordagens inúteis ou prejudiciais de resolução de problemas. Os melhores gerentes não são aqueles que dizem o que os funcionários devem fazer e aplicam isso com uma recompensa ou uma punição. Eles persuadem seus funcionários a se automotivar. Encorajam que pensem de maneira independente para se animar com o trabalho.

Você precisa ter ciência de duas categorias de motivação: intrínseca e extrínseca. A motivação intrínseca é o tipo que leva as pessoas a agir com base em motivações internas. Normalmente realizamos coisas que achamos recompensadoras. A motivação extrínseca é o trabalho feito para obter uma recompensa ou evitar uma punição. A primeira, intrínseca, é uma forma de motivação muito mais poderosa e duradoura.

Se você vê funcionários como naturalmente preguiçosos, encorajo que se afaste da gerência. Talvez nenhuma atitude seja mais prejudicial à natureza delicada dos relacionamentos humanos do que o desprezo. Os profissionais de tecnologia não ficam parados nos finais de semana. Sim, eles assistem à Netflix; eu também. Mas eles também praticam esportes, trabalham em projetos de código aberto, brincam com seus filhos, fazem corrida de carros, cozinham e realizam quaisquer outras atividades que exigem energia. Profissionais de tecnologia não são bons em ficar parados. Eles são pensadores e faz-tudo. Algumas das pessoas mais sábias e experientes que conheço são da tecnologia. Nunca subestime a habilidade de um profissional de tecnologia de mergulhar fundo — e estou falando de bem fundo mesmo — em um novo passatempo. Eles leem todos os livros sobre um assunto que os interessa, desvendam todos os segredos, experimentam, se abrem e se transformam em especialistas.

Muito da pesquisa que Pink destaca se originou com Mihaly Csikszentmihalyi, resumida no livro *A Psicologia da Felicidade*. Csikszentmihalyi descobriu que as pessoas gostam da sensação de tentar algo difícil e realizar uma tarefa que creem valer a pena. Por meio de uma quantidade incrível de pesquisa, ele descobriu que as pessoas prosperavam na experiência da busca e do propósito — uma sensação descrita como fluxo.

Motivação DevOps

Podemos usar a abordagem DevOps para colocar os profissionais em um ambiente no qual possam alcançar o fluxo mencionado na seção anterior. Daniel Pink reduziu a pesquisa de Csikszentmihalyi ao básico, sugerindo que gerentes e funcionários buscassem "tarefas perfeitas" — nem fáceis nem difíceis demais, ideais. Encontrar essa tensão entre o estresse e o tédio extremos é uma busca complicada, mas que vale a pena e para a qual a abordagem DevOps dá suporte. Ao permitir que os profissionais tenham autonomia para ter o próprio trabalho e sentir orgulho em suas contribuições junto ao time, você os capacita a alcançar um propósito.

Profissionais — e todos os seres humanos — querem ser mestres de sua própria vida. Querem sentir que tomam decisões e têm uma quantidade razoável de controle sobre sua própria vida e seu trabalho. Isso é autonomia. Além disso, prosperam quando podem melhorar continuamente no decorrer da carreira. A melhoria contínua é um princípio básico do DevOps. Os profissionais querem melhorar no que fazem e querem continuar melhorando cada vez mais.

Isso é maestria. Por fim, desejam ter um propósito. Querem saber que seu trabalho e suas contribuições têm significado além da subsistência básica. Isso é propósito.

Considere totalmente esses três princípios da motivação: autonomia, maestria e propósito. Pense na última vez em que se sentiu verdadeiramente realizado. Quando pensa nisso, o que você estava fazendo? Com quem? Esses princípios tiveram um papel em sua felicidade?

Evitando a dependência de recompensas extrínsecas

Podemos pensar em uma recompensa como a cenoura pendurada na frente do cavalo; é o que as pessoas dão às outras quando fazem um bom trabalho. Recompensas têm muitas formas: dinheiro, reconhecimento público, entre outras. O desafio das recompensas é que elas mudam o modo de funcionamento da mente das pessoas. Dan Pink destaca um estudo que chama de "Problema da Vela", um experimento social em que é pedido que os participantes anexem uma vela à parede com uma caixa de tachinhas e fósforos. Quando os participantes receberam dinheiro pelo seu desempenho, resolveram o problema com um atraso de mais de três minutos que o grupo de controle que não teve uma recompensa. Assista à explicação de Pink sobre esse fenômeno em seu TED talk, em: https://www.youtube.com/watch?v=rrkrvAUbU9Y [com legendas].

Esse resultado da oferta de recompensa vai contra o que as pessoas pensavam sobre negócios. Quanto mais pagamos aos funcionários, melhor eles trabalham, certo? Na verdade, não. Podemos aplicar essa pesquisa psicológica à tecnologia e entendê-la como um dos valores-chave do DevOps na organização.

LEMBRE-SE

Oferecer um salário justo e benefícios é a base para garantir que seus funcionários possam sustentar a si mesmos (e suas famílias). Mas o dinheiro não é uma recompensa. Pague aos funcionários o que é justo. Fornecendo um salário justo, plano de saúde, plano de previdência e outros benefícios, removemos o principal estresse da vida das pessoas: dinheiro. Ninguém quer pensar em como pagará uma conta, comprará um carro novo, pagará a escola de seus filhos, arcará com o tratamento de câncer dos pais ou sobreviverá a um divórcio. Seu objetivo é eliminar o estresse de ter pouco dinheiro enquanto também elimina o dinheiro como a única recompensa por um bom trabalho.

Autonomia

O DevOps muda a direção da gestão tradicional. Em vez de decidir um curso de ação detalhado e então instruir os funcionários para que façam o trabalho, os gerentes e líderes que praticam DevOps criam uma visão e permitem que seus funcionários tenham autonomia para criar um plano de trabalho. Os profissionais trabalham juntos para planejar recursos como um time, pensar nas armadilhas em potencial e nas preocupações com engenheiros de outras áreas de especialidade e, então, dividir o trabalho de forma adequada a suas habilidades como um time. Essa abordagem é um modo poderoso de dar autonomia aos seus profissionais de tecnologia. Você permite que eles direcionem seu próprio trabalho, e essa capacitação paga os dividendos.

Maestria

O DevOps cria um ambiente de iteração rápida e melhoria contínua. Podemos dividir essa melhoria contínua em cinco categorias:

- » Planejamento contínuo
- » Desenvolvimento contínuo
- » Entrega contínua
- » Feedback contínuo
- » Aprendizagem contínua

Provavelmente podemos acrescentar ainda mais, mas esse movimento adiante é o que satisfaz a necessidade humana da maestria. Seus profissionais de tecnologia são capacitados para assumir o controle de seu trabalho e aperfeiçoar suas habilidades. Ninguém quer se sentir estagnado, e não consigo pensar em nada mais sufocante do que receber uma lista de recursos a serem implementados, entregá-los e então receber a próxima tarefa. Esse é o ambiente tecnológico tradicional que o DevOps está mudando.

Nesse ambiente, os desenvolvedores são pouco mais do que code monkeys. Eles escrevem código, implementam e vão para casa. Credo! Fico triste só de pensar. A maioria dos profissionais já trabalhou (ou conhece alguém que trabalhou) em uma empresa que acredita nesse processo. Em um ambiente assim, eles são impotentes para se orgulhar de seu trabalho, compreender o panorama geral e a missão e ter propriedade do processo, o que mina sua habilidade de crescer. Profissionais em tal situação vão embora ou ficam estagnados — e nenhum desses são resultados desejáveis.

Propósito

Você pode pensar em ter um propósito como um significado para trabalhar por uma causa maior. Não limite sua compreensão de propósito a escrever software para instituições beneficentes ou trabalhar para uma ONG cuja missão é acabar com a fome. Se essa é sua paixão, ótimo! Faça isso. Mas podemos achar um propósito de outras formas não tão óbvias. Dar tempo aos profissionais de tecnologia para que ensinem outros menos experientes do time ou de sua

226   PARTE 3 **Conectando o Circuito**

comunidade é um modo de dar propósito a eles. Permitir que tenham tempo para trabalhar em software de código aberto durante o expediente é outro. Também podemos dar tempo para que preparem e deem palestras em conferências ou conduzam encontros, bem como contratem pessoas que se preocupem com seus clientes. Independentemente de como fizer isso, um sentido de propósito mantém os profissionais trabalhando duro — mesmo quando o projeto é difícil e os desafios são grandes.

As recompensas monetárias parecem oferecer uma solução fácil para o problema da motivação, mas elas não são eficazes e podem ter um impacto potencialmente negativo na produtividade e motivação de seu time. Seu trabalho — sendo gerente ou contribuidor individual — é procurar além das soluções fáceis e encontrar o que funciona. Os indivíduos terão preferências variadas, mas, no fundo, todos esses profissionais desejam independência e propósito. Proteja-os de elementos da organização que negariam a eles essa realização e você terá um time feliz e produtivo.

LEMBRE-SE

As pessoas não pedem demissão de seus empregos. Elas pedem demissão de seus gerentes.

Deixando o trabalho divertido

As empresas de tecnologia medem e comparam constantemente as pessoas com base em suas habilidades e conhecimentos técnicos. Em um ambiente saudável, essa atmosfera pode servir como um ótimo modo de mantê-las afiadas. Pedras de amolar mantêm lâminas afiadas. Mas, quando um ambiente passa da colaboração saudável para a competição, a diversão de aprender é eliminada e substituída pelo medo.

Os profissionais que temem parecer ineficientes/fracos perante os colegas são menos propensos a aprender novas habilidades, tentar uma nova linguagem ou sugerir uma nova ferramenta. As novas tecnologias os tiram de sua zona de conforto. Sua produtividade desacelera e eles têm dificuldades inicialmente. Você deve aceitar essa redução de velocidade quando encorajar que os profissionais aprendam e melhorem continuamente. Afinal de contas, a velocidade não é o único indicador de uma organização de tecnologia saudável e produtiva, e profissionais curiosos só conseguem prosperar em ambientes saudáveis e divertidos.

Permitindo a escolha de times

Aos 20 anos, os soldados espartanos se tornavam qualificados para entrar na *syssitia*, um tipo de clube. Seus membros tinham de votar para aceitar um homem em seu grupo, e o voto precisava ser unânime. Dar aos profissionais a escolha de com quem trabalhar e no que trabalhar pode ser uma ferramenta poderosa em sua jornada para aumentar a autonomia.

CUIDADO

Embora eu acredite na qualidade fundamental de permitir que as pessoas trabalhem com quem preferem, essa abordagem faz surgir uma oportunidade da prática da exclusão. Se tentar esse caminho, observe cuidadosamente para garantir que as pessoas não estejam se separando em linhas de diversidade social — raça, gênero, etnia, religião e orientação sexual. Esse comportamento é um aviso da existência de desafios maiores, e é preciso interrompê-lo assim que for notado.

O vínculo com pessoas com quem trabalhamos é crucial, e não apenas no nível profissional. Você quer ser capaz de gostar, admirar e respeitá-las como pessoas. Times saudáveis não sabem o aniversário dos outros só por obrigação, mas porque se preocupam com seus colegas. O mesmo vale para o nome dos filhos, os passatempos e os estresses pessoais. Ao permitir que seus profissionais tenham a habilidade de escolher seus times, você dá espaço para um nível mais profundo de vínculo por meio da autosseleção.

Medindo a Motivação

Como em tudo no DevOps, acompanhar seus experimentos e medir os resultados é crucial para a melhoria contínua. Recomendo que você pergunte ao seu time regularmente para verificar o nível de felicidade, motivação e satisfação com o trabalho. Ao medir seu progresso no departamento de felicidade, acompanhe a produtividade durante o mesmo período. Se não adicionar a produtividade como parte de seus dados, ela pode ser facilmente negligenciada. Nem todos os executivos são iguais, e alguns ainda têm dificuldades com a velha maneira de pensar nos negócios e na motivação.

Garanta que seu modo de medir a produtividade esteja alinhado entre os times. Medir o time de desenvolvimento sobre recursos shipados e o time de operações sobre implementações perfeitas não é uma abordagem DevOps. Se medidos simultaneamente, esses objetivos logo podem se tornar uma fonte de atrito. Em vez disso, use uma medida como o número de user stories (descrições de recursos da perspectiva do usuário) lançadas para os clientes. O foco nas user stories que chega na produção enfatiza a entrega como um time e remove a responsabilidade e os incentivos individuais. Acho que você verá um aumento significativo na produtividade geral de seu time.

4

Praticando o Kaizen, a Arte da Melhoria Contínua

NESTA PARTE. . .

Melhore seus procedimentos de plantão, gerencie melhor os incidentes e minimize processos que levem ao erro humano.

Prepare seus sistemas para que falhem bem e adote um mindset de crescimento aprendendo com o fracasso por meio de produtivas revisões pós-incidentes.

Considere os fatores contribuintes do fracasso e como executar uma revisão pós-incidente.

NESTE CAPÍTULO

» **Fracassando rápido (e bem!)**

» **Adotando o mindset de crescimento**

» **Revisando incidentes como time**

Capítulo **16**

Aceitando Bem o Fracasso

U m dos dons da engenharia de software é que a indústria surgiu mais tarde do que outras disciplinas da tecnologia. Se observarmos essas empresas mais antigas e experientes, podemos ver muitos dos problemas que encaramos sendo resolvidos — ou pelo menos identificados. (E não é bom poder ter um nome para um problema?)

Em certo ponto do caminho, os executivos adotaram esse conceito de fracassar rápido e o ajustaram às startups. (Podemos reconhecer o termo do livro de Eric Rie, *A Startup Enxuta*.) Embora talvez usado demais e mal compreendido, o fracasso rápido se origina do design de sistemas. Um sistema de fracasso rápido notifica rapidamente o administrador sobre qualquer indicação de falha. Isso requer uma detecção avançada de qualquer resquício de perigo. Esses sistemas verificam o estado no decorrer de todo o processo para garantir a segurança.

Neste capítulo, mergulharemos nas origens (e concepções errôneas) do termo comumente ouvido: *fracassar rápido*. O Capítulo 17 oferece modos de se preparar para o fracasso e aprender com os erros, e o Capítulo 18 aborda revisões pós-incidentes.

Fracassando Rápido na Área de Tecnologia

O sistema de fracassar rápido é ideal para softwares. No desenvolvimento moderno, os componentes do sistema agem de forma independente e podem mudar o comportamento se uma falha for detectada em um componente vizinho. Esses recursos podem deixar o sistema mais tolerante a falhas, possibilitando que funcione mesmo que uma falha ocorra.

Se implementarmos bem um sistema com verificações de falhas em cada ponto de quebra em potencial, ele mostrará a falha mais cedo do que seria normal, porque o tornamos ciente dela muito antes de uma série de falhas causarem consequências catastróficas. Ou seja, cada componente é tratado de maneira independente na detecção de falhas, então o efeito dominó tem menos propensão a ocorrer.

As verificações de falha fornecem mais informações sobre o problema, e uma proximidade à sua fonte. Quantas vezes você já fez uma triagem de inatividade ou pensou ter resolvido um bug, achando que estava tudo bem, só para descobrir — geralmente horas mais tarde — que o problema foi causado por outro componente do sistema, às vezes sem relação alguma? Essas interrupções de serviço são caras, então, determinar onde se origina um bug ou inatividade paga os dividendos muito além do custo inicial da arquitetura de um sistema de fracasso rápido.

CUIDADO

Quando falo em "fonte de falha", não quero dizer causa principal. Sistemas complexos simplesmente não têm uma causa principal. Têm apenas gatilhos de falhas — isto é, os passos finais nos erros sequenciais. Os executivos geralmente amam (ou exigem) conhecer uma causa principal porque é mais simples de levar como explicação para a diretoria e os clientes. Depende de você explicar por que é inútil tentar determinar uma causa principal. Leia mais na seção "Indo Além da Análise de Causa Principal", no Capítulo 18.

Fracassando com segurança

Um passo além de fracassar rápido é *fracassar com segurança*, que é um sistema que desliga a operação imediatamente ao descobrir uma falha para garantir a segurança das pessoas, do equipamento, dos dados e de qualquer outro bem que possa ser prejudicado. Por exemplo, se a Knight Capital tivesse implementado verificações adequadas nas negociações, o sistema teria impedido as operações e evitado o fracasso catastrófico de perder US$440 milhões em menos de uma hora. (Veja mais detalhes sobre a catástrofe financeira da Knight Capital no Capítulo 12.)

Criar um sistema de fracasso rápido é menos complicado do que você imagina. Envolve apenas pensar em como lidar com a falha, em vez de tentar evitá-la a qualquer custo. Em software, um componente de fracasso rápido falhará no primeiro sinal de um problema. Poderia acontecer quando um usuário insere dados errados em um formulário, por exemplo. Em vez de falhar na camada do banco de dados (ou depois!), projetamos o formulário para garantir a qualidade dos dados antes de transferi-los a outros componentes. O código projetado para fracassar rápido é mais fácil de depurar, reduz o número de componentes envolvidos em um processo de falha e evita lag antes de o usuário receber uma mensagem de erro.

LEMBRE-SE

O oposto de fracassar com segurança é fracassar fatalmente. Embora você não crie software para submarinos lançadores de mísseis balísticos, reatores nucleares ou marca-passos, vale a pena considerar a comparação do fracasso com segurança e do fracasso fatal. Seus resultados podem não ser qualificados como fracasso fatal, mas, sim, como fracasso falho, fracasso ruim ou — meu favorito — fracasso disparado. As decisões que você toma têm repercussões, então, considerar o que se sabe e não se sabe do sistema é um exercício valioso.

Controlando o fracasso

Grande parte da preparação para o fracasso não é uma questão de tentar evitá-lo. A ideia é esperar por ele e controlá-lo. Embora seja muito raro em sistemas de software, o fracasso catastrófico ocorre em sistemas que falham mal por causa de um único ponto de falha. Esse calcanhar de Aquiles, se atingido, derruba todo o sistema. Um exemplo de fracasso catastrófico é o incêndio de 1836 no Escritório de Patentes e Marcas dos EUA. O sistema não tinha redundância de dados, e qualquer patente perdida no incêndio se foi para sempre. (Convenientemente, a patente do hidrante foi destruída pelo fogo.) Um exemplo mais recente de fracasso ruim, dessa vez na engenharia civil, é o da Ponte do Rio Nipigon. Como resultado de uma falha parcial, seu fechamento desconectou completamente o acesso à estrada entre os lados leste e oeste do Canadá. Não existe rota alternativa na Trans-Canada Highway.

Os cascos de navios são particionados para que um vazamento de água em uma das partições não afunde o navio todo. As quebras de elevadores são fracassos seguros porque a tensão do cabo acima do elevador mantém os freios longe das pastilhas. Se algo cortar o cabo, os freios são acionados e param o elevador.

Podemos considerar os data centers como fracasso seguro. Os provedores de nuvem alcançam 99,999% de disponibilidade implementando uma redundância de $n+2$. Os dados são armazenados em três locais diferentes, para que sejam acessados mesmo se uma falha ocorrer em um servidor enquanto outro está em uma manutenção planejada. Esse tipo de redundância é caro, mas vale a pena para algumas empresas.

O ELEVADOR SEGURO DE OTIS

Elisha Otis exibiu seus freios de elevador pela primeira vez em 1853, na primeira Feira Mundial dos EUA, realizada na cidade de Nova York. Ele subiu em uma plataforma de elevador bem acima da multidão animada e ordenou que a corda que o segurava fosse cortada. Podemos imaginar a animação e tensão se acumulando na multidão enquanto as pessoas assistiam à sua demonstração. Gosto de pensar em um suspiro coletivo quando a corda foi cortada e Otis caiu, por um momento, e então sua queda foi totalmente interrompida (`https://www.6sqft.com/elisha-otis-now-162-year-old-invention-made-skyscrapers-practical/` [conteúdo em inglês]).

Aceitando o erro humano (sem culpar)

Erro humano é um termo falho. Ele implica que as pessoas podem ser a única fonte de falhas de um incidente, em vez dos sistemas sociotécnicos complexos que operam. Se algo der errado, e determinarmos que uma pessoa foi a "causa principal", basta demiti-la, certo? Problema resolvido!

Não. Errado. Não podemos demitir a torto e a direito para obter um ótimo time de tecnologia. Se uma pessoa tiver permissão de errar, o sistema falhou, temos um problema no sistema, não um problema humano. Pessoas são os catalisadores que existem dentro de um sistema. Embora cometam erros, são parte de um todo. Um de seus objetivos em uma cultura DevOps é eliminar a possibilidade do erro humano. Embora planejar todas as falhas em potencial seja uma tarefa impossível, buscar esse objetivo melhorará muito seus sistemas e processos.

Fracassando Bem

O aspecto mais importante de um time de tecnologia com foco DevOps é a habilidade de falhar bem. Isso tem mais a ver com as pessoas do que com as ferramentas.

Falo bastante neste livro sobre iteração e melhoria contínuas. A palavra japonesa *kaizen* significa *melhoria* ou *mudança para melhor*. No contexto de DevOps, kaizen significa melhorar continuamente em todas as áreas de seu negócio. Esse conceito antigo é aplicado na manufatura lean e no Toyota Way.

Kaizen não é apenas um grande processo sexy. Ele se refere a pequenas decisões, tomadas todos os dias para melhorar a produtividade lentamente e eliminar o trabalho inútil. Lao Tzu captou isso com beleza na frase do livro *Tao*

Te Ching: "Uma viagem de mil léguas começa com um passo." Esse trabalho de melhorar diariamente não pode ser bem-sucedido com os esforços de um único indivíduo. Como qualquer transformação DevOps, ele requer a adoção do time todo. Todos da organização devem contribuir e assumir a propriedade do processo aplicando a filosofia do kaizen.

O aspecto mais interessante do kaizen é que ele aceita o fracasso. Não o catastrófico, por favor, mas aceita que o processo não é perfeito e que sempre há espaço para refinar e melhorar. A percepção de que todos têm um papel a desempenhar na melhoria contínua é um primeiro passo saudável para estabelecer a responsabilidade como time. As pessoas geralmente pensam em responsabilidade como uma punição, mas, em DevOps, ela significa assumir a propriedade de seu trabalho, seu time e sua organização. Todos, do profissional de tecnologia mais novo ao CEO, têm a habilidade de impacto. Usando a abordagem do kaizen, todos fazem pequenas mudanças, monitoram os resultados e ajustam continuamente.

Mantendo um mindset de crescimento

Em seu livro *Mindset - A nova psicologia do sucesso*, Carol Dweck descreve dois grupos de pessoas: aquelas com um mindset fixo e as com um mindset de crescimento. Dweck fez essa descoberta ao conduzir uma pesquisa sobre a resposta de estudantes ao fracasso. Ela e seus colegas observaram que alguns alunos se recuperavam e outros eram esmagados pelo peso do fracasso. Quando investigaram a estrutura de crenças subjacentes que resultavam nisso, perceberam que alguns alunos viam o fracasso como um passo necessário na aprendizagem, enquanto outros sentiam que ele indicava se eram ruins em alguma coisa. No primeiro, o fracasso é um trampolim. No último, é um golpe definitivo e terminal. A Figura 16-1 percorre o processo de alguém com um mindset fixo quando confrontado pelo fracasso. Compare a Figura 16-1 com a Figura 16-2, que mostra o diálogo interno de alguém com mindset de crescimento.

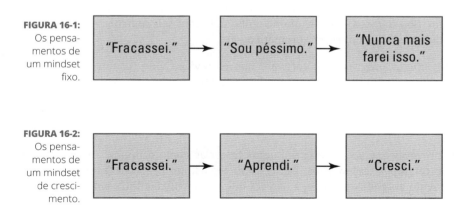

FIGURA 16-1: Os pensamentos de um mindset fixo.

FIGURA 16-2: Os pensamentos de um mindset de crescimento.

Um mindset fixo não é um estado imutável. Comecei a vida com um mindset fixo. Tive dificuldades com matemática no início, especialmente com limitação de tempo. Embora os estudos envolvendo história, pessoas e linguagem fossem fáceis para mim, matemática nunca foi. Ainda não é. Meu cérebro precisa lutar para entender os conceitos e resolver os problemas. É claro, concluí que simplesmente não era boa em matemática e não deveria tentar ser. Qualquer hesitação que tive foi silenciada quando meu professor de trigonometria me chamou de "burra". Passei os dez anos seguintes achando que eu era terrível em matemática e nunca deveria chegar perto de nada que envolvesse matemática, ciência ou tecnologia.

Foi só quando comecei as aulas de programação que aceitei por completo um mindset de crescimento. Estava desesperada para acabar e mudar de carreira, e isso me deu motivação suficiente para superar as partes difíceis. Então algo memorável aconteceu. Eu aprendi. Ainda não sou um gênio da matemática. Não consigo somar dois números sob pressão. Eu simplesmente congelo. Mas adivinha? Sou uma ótima engenheira de software. E quando preciso aprender um conceito matemático para o trabalho, faço exatamente isso: aprendo. Não importa o quanto o processo pareça desconfortável.

Podemos aprender a desenvolver um mindset de crescimento assim como qualquer outra habilidade. Só leva tempo para ajustar o pensamento de reacionário e derrotista para curioso e otimista.

Criando a liberdade para fracassar

Na maior parte do tempo, quando tentamos algo novo, fracassamos, e não há vergonha nisso. A primeira vez que tentei dirigir um carro de câmbio manual, a caminhonete cinza da minha mãe saltou para a frente e morreu na rua em frente à nossa garagem. Nem me incomodei em tentar estacioná-la: simplesmente saí do carro, voltei para casa e deixei meu pai lidar com o veículo abandonado no meio da rua. Levei oito anos para comprar um carro com câmbio manual e finalmente aprender. (Minha mãe teve de dirigi-lo várias vezes para mim. Sou teimosa.) Mas agora eu tenho dois com seis marchas e não consigo imaginar dirigir um carro automático.

O primeiro programa de software que escrevi na vida foi uma bagunça de duzentas linhas de loops aninhados. Era tão ruim que o faria chorar. Mas então aprendi POO (programação orientada a objetos) e a divisão de responsabilidade. O código que escrevi nos anos seguintes é significativamente mais legível e funcional.

É provável que você tenha inúmeras histórias como a minha: momentos de contratempos temporários, fracassos e, depois, um processo (às vezes) árduo de lento aprendizado. Mas, a não ser que cultive uma cultura empresarial que aceite o fracasso, seus profissionais de tecnologia continuarão a viver com os padrões que aprenderam no decorrer da vida:

» Reduzir os riscos ao máximo.

» Evitar o fracasso a qualquer custo.

» Esconder os erros.

» Procurar outros culpados, em vez de aceitar a responsabilidade.

Todo mundo carrega as cicatrizes formadas por chefes ruins ao longo da vida, empregos estressantes e mágoas pessoais. Parte de ser um grande gerente e colega é reconhecer essas cicatrizes e trabalhar para criar um ambiente de trabalho seguro enquanto respeita os medos e as reações automáticas de quem o cerca.

Encorajando a experimentação

Quando ficam sozinhos, com tempo e recursos para experimentar, os profissionais de tecnologia fazem todos os tipos de descobertas fascinantes. O famoso tempo de 20% do Google — que dá a esses profissionais de tecnologia um dia da semana para trabalhar no projeto que quiserem — resultou no Gmail e no AdSense, dois produtos significativos.

A Atlassian leva o conceito de 20% do tempo um passo além e permite que times diferentes implementem suas próprias versões de tempo de inovação. Algumas têm uma semana de inovação a cada cinco. Além disso, a empresa toda pode participar de um hackathon de 24 horas chamado ShipIt, durante o qual criam e implementam em um dia projetos técnicos ou não.

Independentemente do que você escolher implementar, encorajar a experimentação é crucial para criar um ambiente de trabalho seguro que aceita o fracasso.

Equilibrando trabalho desafiador com realizações satisfatórias

Em seu livro *Motivação 3.0 – Drive,* Daniel Pink descreve a pesquisa de Mihaly Csikszentmihalyi, que descobriu que pessoas guiadas por um propósito experimentavam uma sensação que ele chamou de "fluxo". Essa sensação exige o que Pink chama de "tarefas perfeitas" — trabalho nem fácil nem difícil demais, apenas ideal. Ao experimentar o fluxo, você está totalmente imerso em seu trabalho, e é impulsionado não pelo seu salário ou por recompensas extrínsecas, mas pelo propósito que extrai de seu trabalho.

Se for um contribuidor individual, busque tarefas que você ache desafiadoras, mas que não o coloquem em uma espiral de dúvida em relação a si mesmo induzida pelo estresse. Encontrar esse equilíbrio não é fácil e envolve tentativa e erro. O segredo é confiar em si mesmo e em seus colegas o suficiente para pedir ajuda quando precisar e assumir trabalho cada vez mais difícil quando estiver pronto.

CAPÍTULO 16 **Aceitando Bem o Fracasso** 237

Se for um gerente/líder, note que ajudar seu time a alcançar o equilíbrio é o modo pelo qual ótimos gerentes superam aqueles que se preocupam mais com o saldo final do trimestre do que a longevidade do time. Fale com seus colaboradores. Descubra onde sentem confiança e onde acham que precisam melhorar. Verifique essas qualidades nos membros de seu time ou peça que os profissionais mais antigos avaliem os pontos fortes e fracos de seus colegas. O objetivo aqui não é eliminar o mais fraco. Use essa atividade para equilibrar o time como um todo. Todos temos pontos fortes e fracos como profissionais de tecnologia e como funcionários em geral. Ser honesto sobre isso e estruturar o time para que tenha equilíbrio e crescimento é essencial para colher os benefícios do DevOps.

Recompensando o risco inteligente

O fracasso é um resultado. Correr riscos é uma ação — a entrada em uma cultura inovadora. Discutir o risco inteligente e estabelecer limites é uma parte saudável do planejamento para o fracasso. Gerentes podem modelar esse comportamento correndo pequenos riscos. Quando eles aceitam a inovação e mudam o instinto de manter o status quo, criam uma cultura de dar oportunidades e aprender com o fracasso.

Parte do risco inteligente é controlar a zona de explosão, que é o raio de serviços ou usuários afetados pela falha. Em vez de permitir que todos os usuários acessem um teste na produção, lance-o a um pequeno conjunto de clientes selecionados de forma aleatória. Outro aspecto do risco inteligente é pensar nas vitórias e derrotas em potencial de um experimento específico. Lance pequenas mudanças com frequência para ter melhores resultados.

O falecido Randy Pausch, da Carnegie Mellon University, sempre lembrava seus alunos de que um pinguim precisava ser o primeiro a mergulhar na água sem saber qual predador poderia estar se escondendo abaixo da superfície. Ele dava o prêmio "Primeiro Pinguim" para o aluno que corresse o maior risco durante o semestre. Eu adoro isso e queria que todo time de tecnologia tivesse um prêmio como esse, porque faz com que o fracasso se torne algo irreverente e normal. Torna-o parte da vida cotidiana, em vez de um mau agouro que deve ser evitado a qualquer custo.

Criando uma aterrissagem suave

Não podemos chutar o passarinho do ninho e deixá-lo lutar sozinho quando não voa na primeira tentativa. Devemos proteger nosso time das consequências do fracasso das partes interessadas fora da tecnologia. Isso inclui os executivos, colegas de outros departamentos e, às vezes, os clientes.

Se você for um gerente/líder, seu trabalho é fornecer cobertura para que o time faça seu trabalho. Tenha confiança nos benefícios maiores e de longo prazo de ter uma cultura em que o fracasso não é algo do que se envergonhar. Uma cultura de aprendizado paga os dividendos em satisfação no trabalho dos funcionários, inovação e colaboração. Um time que fracassa com sucesso junto tem um nível de confiança que a maioria dos times nunca alcançará.

Aperfeiçoando a arte do finalizado

Podemos reescrever código ruim, mas não podemos reescrever *algo que não foi feito*. O perfeccionismo é o maior inimigo da produtividade por causa de seu efeito paralisante no trabalho. Ficamos com tanto medo de sermos ruins que simplesmente fazer nada parece melhor.

Logicamente, sabemos que fazer nada não é bom. Nosso neocórtex reconhece que precisamos trabalhar. Ainda assim, a parte mais antiga do cérebro luta contra isso. Ela se inclina muito em direção à segurança, e fazer nada é mais seguro do que fazer alguma coisa e arriscar fracassar.

Fazer um esboço é muito mais importante do que fazê-lo remotamente com alta qualidade. Se você for um desenvolvedor, sabe muito bem das dificuldades que tem com problemas difíceis de resolver. Você escreve cem linhas de código vergonhosamente ruim. Ele funciona. Oba! Agora que sabe *como* resolver o problema, pode jogar seu esboço fora e reescrever a solução em algumas linhas de um código divino.

Dê permissão a si mesmo (e ao time) para ser ruim. Não é um estado permanente, mas parte de uma jornada maior. Quanto mais rápido se permitir ser ruim, mais rápido trabalhará e, por fim, aperfeiçoará a arte de finalizar o trabalho.

O fracasso só é ineficaz se você não aprender com ele. Uma cultura de aprendizagem anda de mãos dadas com um time de tecnologia que aceita e encoraja correr riscos que possam resultar em fracasso.

240   PARTE 4 **Praticando o Kaizen, a Arte da Melhoria Contínua**

> **NESTE CAPÍTULO**
>
> » Minimizando o processo que leva ao erro humano
>
> » Melhorando a resposta de plantão
>
> » Lidando com incidentes quando eles ocorrem
>
> » Medindo seu sucesso

Capítulo **17**

Preparando-se para os Incidentes

O que é um incidente ou uma interrupção de serviço? Boa pergunta! Basicamente, um *incidente* é qualquer problema técnico no negócio. Incidentes têm diversas formas, tamanhos e severidades. Por exemplo, se seu negócio for um banco, os membros de sua instituição financeira podem não ser capazes de acessar suas contas bancárias online. Se for armazenamento de fotos online, um incidente em potencial pode impedir que os usuários façam upload de novas fotos. Se for varejista, talvez os usuários não consigam fazer compras porque seu processador de pagamentos caiu.

Às vezes um incidente pode ser bem inofensivo. Talvez o botão "Adicionar ao Carrinho" esteja duplicando os pedidos e adicionando dois itens em vez de um. Irritante? É. Mas a situação não é extrema, porque o cliente pode editar a quantidade no carrinho. Outras vezes os incidentes podem ser mais traumáticos. Talvez seu formulário de inscrição esteja impedindo que os usuários se inscrevam em seu site ou seu serviço de processo de pagamento esteja fora do ar. Ou um erro de banco de dados tenha apagado informações cruciais do usuário. Vish!

CAPÍTULO 17 **Preparando-se para os Incidentes** 241

Neste capítulo, mostro como se preparar para incidentes e interrupções de serviço de todos os tipos. Informo como garantir que seus processos reduzam a possibilidade de que pessoas causem um incidente, como preparar melhor seu time de sustentação para respostas a incidentes e o que fazer quando um incidente ocorre. No caminho, compartilho alguns casos de uso que podem ajudá-lo a se preparar e a preparar seu time quando um incidente acontecer.

Combatendo o "Erro Humano" com a Automação

O erro humano pode levá-lo rapidamente a crer que as pessoas são a "causa principal" do fracasso. (Leia mais sobre por que causa principal é um termo problemático no Capítulo 18.) Mas, se uma pessoa acaba disparando uma falha, observe a situação da seguinte forma: julgamentos e decisões feitos por um especialista do time que pode ter contribuído para essa interrupção. Talvez ainda mais importante seja considerar que os sistemas e os processos em sua organização de tecnologia levaram a (ou não evitaram) esses julgamentos e decisões.

Os incidentes sempre serão uma parte do desenvolvimento e da manutenção de software. As pessoas são apenas seres humanos. Isso acontece. As coisas quebram. O problema dos incidentes não é eles acontecerem. Sim, essa realidade é infeliz e incontrolável, mas o problema real é que o mesmo incidente (ou incidentes estranhamente similares) é muito recorrente. Em geral, eles são eventos longos, morosos e estressantes para todos os envolvidos — incluindo clientes —; e costumam se repetir.

A esta altura você já deve ter percebido que as pessoas são um desafio de DevOps. O "erro humano" é um rótulo que colocam na ocorrência comum (e frequente) de erros de pessoas. Se está achando que a solução dos incidentes que são disparados pela decisão de uma pessoa é demitir seus seres humanos, por favor, não faça isso. (Você é o senhor dos robôs?) Os indivíduos, com todas as suas falhas, ainda são a ferramenta mais capaz para resolver desafios técnicos. Esses especialistas em tecnologia que começam esse fogo figurado que causa incidentes também são os melhores bombeiros para resolver os problemas.

A resposta mais completa que o mundo acadêmico formou para responder aos erros da tecnologia são os fatores humanos, também chamados de *ergonomia*, que é o estudo da psicologia e da fisiologia humana no design. Esse campo de estudo aplica o conhecimento de muitas disciplinas sobre os seres humanos — psicologia, sociologia, experiência do usuário, engenharia, design industrial etc. — e possibilita que as pessoas projetem produtos e sistemas melhores, tudo com o principal objetivo de reduzir o erro humano.

NOOPS

De vez em quando, o termo *NoOps* é jogado no espaço DevOps. NoOps não significa uma falta de um especialista em infraestrutura de operações. Ele indica um foco na automação de tudo relacionado às operações — processos de implementação, monitoramento e gerenciamento de aplicações. Enquanto o DevOps foca ajudar o time de desenvolvimento e operações a trabalhar junto tranquilamente, o NoOps visa evitar que os desenvolvedores precisem interagir com um especialista em operações.

De várias formas, o NoOps faz parte do movimento DevOps, mas com uma abordagem diferente. O DevOps foca pessoas, processos *e* tecnologia. O NoOps depende de soluções de software específicas para lidar com coisas como infraestrutura e pipelines de implementação — resolvendo apenas os desafios técnicos que encontramos. Podemos pensar no DevOps como uma mudança cultural abrangente, e no NoOps como uma solução técnica mais limitada.

Pessoalmente, não sou defensora do NoOps, porque as habilidades e experiências dos profissionais de operações vão além das implementações manuais e outros processos preparados para a automação. Os profissionais de operações são os mais qualificados para lidar com automação (ou trabalhos de rotina), mas também para arquitetar sistemas com componentes complexos de infraestrutura em mente.

PAPO DE ESPECIALISTA

Se você estiver pensando "Eu achava que ergonomia tinha alguma coisa a ver com a minha cadeira", está certo! A ergonomia física é o que melhora os produtos que usamos todos os dias, de cadeiras a telas de computador. No DevOps, você deve se preocupar com a ergonomia cognitiva e a organizacional:

- » **Ergonomia cognitiva** é o estudo de como os seres humanos percebem e pensam sobre o ambiente. Como as pessoas tomam decisões ou reagem a certos estímulos? O que faz com que uma pessoa seja extremamente confiável e outra seja duvidosa?
- » **Ergonomia organizacional** é o estudo dos sistemas e estruturas dentro das organizações. Como os times se comunicam e trabalham juntos? O que torna alguns times cooperativos e outros, competitivos?

Focando os sistemas: Automatizando de forma realista

Infelizmente, implementar mudanças no cérebro humano ainda é algo que lutamos para realizar. Em vez de se concentrar em evitar que as pessoas cometam erros — uma tarefa impossível —, os processos DevOps recomendam que voltemos nossa atenção para a criação e implementação de sistemas automatizados ao longo de todo o processo de desenvolvimento.

A automação é a maneira mais conhecida de combater o erro humano. Se pedirmos que pessoas escrevam seu nome 1 milhão de vezes seguidas, elas acabarão escrevendo errado. Seus próprios nomes! (E também desenvolverão uma lesão por esforço repetitivo.) Mas, se pedíssemos a um robô para fazer a mesma tarefa, ele a realizaria perfeitamente, exibindo o nome 1 milhão de vezes de forma idêntica, sem erro.

O mesmo conceito serve para suas aplicações. Se pedir que repitam tarefas rotineiras, as pessoas cometerão erros. Há quatro áreas principais para a automação:

» **Código:** Os desenvolvedores de software projetam e criam soluções via código. Eles lidam com o código-fonte e muitas vezes trabalham na mesma parte de uma base de código simultaneamente.

» **Integração:** As mudanças de código devem ser inseridas por vários desenvolvedores na divisão principal de um repositório de código.

» **Implementação:** Depois da inserção, o código deve ser implementado. Isso pode significar o lançamento de atualizações, mudança de configurações e até a descontinuação de serviços.

» **Infraestrutura:** Uma aplicação deve rodar no hardware. Dependendo das atualizações feitas no código, a infraestrutura pode precisar ser instanciada, fornecida ou terminada.

CUIDADO

As ferramentas de automação em cada um desses espaços passam por uma rápida taxa de rotatividade. Não se surpreenda se sua amada solução perder a preferência daqui a um ou dois anos. A área sempre terá uma "tecnologia novíssima" sobre a qual todos falam, mas não se distraia pela última novidade. Foque a melhor solução para você e seu time independentemente da popularidade da ferramenta.

Adotar a melhor solução é sempre a resposta certa. Com isso esclarecido, às vezes encontramos alguns benefícios de seguir a multidão:

» **Ferramentas populares muitas vezes têm melhor documentação e respostas em fóruns técnicos.** Quanto mais pessoas usam um projeto, mais provável é que alguém tenha documentado o código, criado uma demo, um vídeo instrucional ou respondido a perguntas em fóruns como o StackOverflow, um site com infinitas respostas a questões técnicas. As ferramentas populares também têm propensão a vir com documentação publicada e exemplos. Encorajo que você leia os docs de qualquer ferramenta antes de selecioná-la, porque a ferramenta escolhida determinará a tranquilidade de seu desenvolvimento no futuro.

» **Ferramentas populares normalmente são softwares de código aberto (OSS).** Software de código aberto é um termo amplo para descrever ferramentas que (geralmente) são gratuitas para usar e abertas para colaboração comunitária. Podemos entrar no código-fonte dessa ferramenta, implementar uma mudança e submeter um pedido para que ela seja aprovada. As comunidades OSS normalmente são conduzidas por um pequeno time de desenvolvedores voluntários. O OSS tem muitos benefícios, mas, neste caso, podemos realmente customizar a ferramenta. É possível clonar o código atual e construir uma ferramenta com base nele, ou submeter seu código para o projeto e ajudar outros a resolver o mesmo problema que você. Leia mais sobre a integração com OSS no Capítulo 19.

Usando ferramentas de automação para evitar problemas de integração de código

Quanto mais respostas e monitoramentos automatizados pudermos construir na gestão de incidentes, menos teremos de depender da escala e resolução humana.

Antes de automatizar qualquer tipo de resposta de incidente, devemos identificar as métricas principais que queremos monitorar. As escolhas óbvias podem incluir disponibilidade, tempos de resposta inicial, tempo ativo, tráfego e renda. Outros também podem acrescentar verificações de SSL expirado, resoluções DNS e load balancer. Muitas das métricas detalhadas que o time monitora e às quais respondem serão baseadas nos KPIs de sua empresa.

As melhores coisas a se automatizar são os processos que os times de tecnologia usam manualmente com regularidade. Configure suas ferramentas de monitoramento para injetar informações relevantes nos alertas. As páginas de status são ferramentas fantásticas para atualizar os interessados em intervalos regulares.

Podemos criar comandos slash nas ferramentas de chat para atualizar automaticamente a página de status. Por fim, não se esqueça de automatizar a coleta de dados. As ferramentas de log podem ajudá-lo a identificar o que deu errado em um nível de diagnóstico, bem como o que foi impactado. Em retrospecto, você será capaz de entender quais áreas da aplicação e da infraestrutura são frágeis e o que precisa fazer para evitar incidentes similares no futuro.

A seguir vemos algumas ferramentas de automação que podem ser usadas para atenuar incidentes em todos os níveis de desenvolvimento. Elas são úteis, mas nunca dependa somente delas para resolver os desafios do time. As ferramentas nunca removerão a necessidade de criar uma cultura, processos e sistemas que evitem o erro humano.

> » **CircleCI:** Como alternativa na nuvem, a CircleCI suporta muitas linguagens populares e oferece paralelização de até dezesseis vezes. É baseada em container, então o preço tem base no número de containers usados. Circle é uma das opções mais rápidas (e mais caras).
>
> » **Jenkins:** Escrita em Java, Jenkins é de código aberto e extremamente flexível. A lista de plug-ins de Jenkins é extensa, para dizer o mínimo. A curva de aprendizagem pode ser um pouco íngreme, mas definitivamente vale a pena. Podemos controlar Jenkins via console e GUI.
>
> » **Go CD:** Como Jenkins, Go tem pipelines controlados para ajudá-lo a implementar a entrega contínua. Sua execução paralela elimina a criação de gargalos. Go é completamente gratuita e oferece suporte pago.

Você provavelmente já usou algum tipo de gestão de código-fonte ou ferramenta de controle de versão, como o Git. Na verdade, essas ferramentas são tão onipresentes que é provável que não tenha pensado nelas como automação. Mas elas fazem isso! Imagine se seu time tivesse de inserir código manualmente. Seria um pesadelo.

Mesmo que seu time ainda não tenha adotado o Git (não se estresse!), você pode usar algo como SVN ou Mercurial. Independentemente da ferramenta, ela permite que você gerencie o trabalho de vários desenvolvedores que fazem mudanças na mesma base de código. Essas ferramentas, de certa forma, facilitam a visualização das diferenças entre duas divisões, a escolha das mudanças mais recentes e sua inserção em uma divisão — em geral, a principal chamada trunk ou master. (Eu disse "de certa forma"; não me xingue da próxima vez que tiver um conflito de inserção.)

Também recomendo acrescentar uma ferramenta de integração contínua (CI) ao seu conjunto. Considere algumas das que vêm a seguir como ferramentas de implementação. Na verdade, a maioria das mencionadas neste livro são difíceis de classificar em uma categoria porque englobam diversas áreas. Para este livro, destaco e categorizo ferramentas com base em sua principal competência — o recurso pelo qual são mais conhecidas.

246   PARTE 4 **Praticando o Kaizen, a Arte da Melhoria Contínua**

Lidando com implementações e infraestrutura

Quando se trata de implementação da aplicação e gestão de configuração, as ferramentas disponíveis nem sempre são familiares e muitas vezes exigem algum grau de integração na infraestrutura e nos processos de implementação atuais. Exemplos incluem Ansible, Chef, Puppet e Sat, embora a lista seja muito mais longa.

À medida que a infraestrutura fica exponencialmente mais complicada, fica cada vez mais difícil de observar o sistema em tempo real e a importância da automação nas implementações (e na infraestrutura) aumenta.

> » **Ansible:** Escrita em Java, Ansible é um suite Red Hat de produtos focados em DevOps que ajuda times a implementar aplicações e gerenciar sistemas complexos. Ansible tenta unificar os times de desenvolvedores, operações, QA e segurança, além de simplificar suas respectivas tarefas.
>
> » **Chef:** Ligando os times de operações ao time de desenvolvimento, Chef é líder no espaço de automação contínua. Pode gerenciar até 50 mil servidores, transformando as configurações de infraestrutura em código.
>
> » **Puppet:** Os produtos Puppet buscam entregar informações sobre sua infraestrutura em tempo real, automatizar tarefas conduzidas por modelos *e* eventos e criar pipelines de integração e implementação contínuas (CI/CD) fáceis de configurar. Puppet ajuda os times a dar suporte à infraestrutura tradicional e a containers.

Limitando o desenvolvimento em excesso

Imagine dois padeiros. Um fabrica um pão perfeitamente quente e aerado com uma casca crocante. Ao parti-lo, ele libera um cheiro irresistível e levedado de pão fresco no ar apenas com um pouco de vapor. O outro produz um pão seco e denso com uma casca dura como pedra. Ui! Eles seguiram a mesma receita e usaram os mesmos ingredientes. O que deu errado?

No último caso, o padeiro amassou demais a massa. O glúten trabalhado em excesso produz um produto denso e desagradável. Embora ambos os pães possam ser igualmente nutritivos, comer o segundo seria mais como mastigar uma pedra.

Escrever código não é tão diferente de fazer pão. Os estilos variam, mas a maioria das receitas exige os mesmos ingredientes básicos e seguem um punhado de fórmulas. Com frequência, a solução mais simples é a melhor. Mas não importa quantas ótimas ideias você tenha, acabará tendo algumas horríveis também. O segredo é reconhecer as terríveis rapidamente e investir nas boas. Distinguir a diferença é uma habilidade que pode ser aprendida.

TODAS AS EMPRESAS SÃO DE TECNOLOGIA

Admitindo ou não, seu negócio é de tecnologia, o que pode ser difícil de internalizar. Veja uma história que ilustra o ponto. Recentemente fui à LabCorp, uma empresa que faz coleta de sangue, testa as amostras e envia os resultados ao médico. Não é muito tecnológico, não é? Só que, quando fui tirar sangue, o sistema de código da LabCorp tinha caído em todo o país. Ela não tinha redundância analógica. A não ser que os técnicos e os flebotomistas tivessem memorizado o código específico de que precisavam para processar a amostra, não podiam receber pacientes.

Essa situação significou que quase todos os clientes tiveram de ir embora e voltar outro dia, o que gerou muita perda para o negócio. Ainda assim, poderíamos ficar tentados a não caracterizar a LabCorp como uma empresa tecnológica. A tecnologia possibilita que todas as empresas forneçam seus serviços para mais clientes do que seria possível sem ela, mas essa mesma tecnologia da qual dependemos todos os dias poderá falhar. A verdade é que não temos a opção de fingir que não somos uma empresa de tecnologia, independentemente do negócio que temos.

Um desenvolvedor adora algumas atividades além do desenvolvimento de software. Ele ama resolver problemas. Quanto mais complexo, melhor. Ao ouvir sobre um problema, a maioria dos desenvolvedores quer mergulhar imediatamente na primeira solução que surge em sua cabeça.

Embora admirável, esse instinto nem sempre é bom para encontrar a melhor solução — apenas a mais óbvia. Ao ouvirmos o termo *engenharia em excesso*, a referência é ao código trabalhado em excesso ou às soluções desnecessariamente prolixas ou complexas.

Veja alguns sinais de aviso de que a solução é excessiva:

» **O problema é mais fácil de gerenciar manualmente.** Nem todo problema precisa ser automatizado. Você precisa escrever um app de lista de afazeres quando papel e caneta funcionam que é uma beleza? Talvez, mas provavelmente não. Certifique-se de que uma solução técnica seja eficaz e necessária antes de desenvolvê-la.

» **O código geralmente é enorme.** Se as linhas de código exigidas para resolver algo são o dobro do necessário para corrigir bugs comuns e implementações de recursos, investigue o motivo.

» **A solução não teve revisão em pares.** Todas as implementações devem ser discutidas com um colega antes do desenvolvimento ou ter uma revisão em pares antes de ser inserido no restante do código-fonte. Isso evita código míope e desnecessário.

» **O código é difícil de entender.** Se o desenvolvedor júnior não consegue evitar o que um pedaço de código faz em uma hora, veja isso como um aviso. O código deve passar por manutenção e todo o seu time precisa garantir não só que seu código funcione, mas que seja legível por seus times, pares e toda a organização.

» **Existe uma ferramenta gratuita ou barata que resolve o problema.** Gastar tempo criando uma solução para um problema que já foi resolvido é perda de tempo. Pesquise as ferramentas que já existem para garantir que seja necessário escrever código.

Antes de automatizar alguma coisa, resolva o problema manualmente. Mesmo que exija — ai! — papel e caneta ou, ainda pior, uma planilha. Garantir que sua abordagem funciona antes de automatizar é importante. Caso contrário, você acaba perdendo tempo e recursos de engenharia em soluções ineficazes nunca usadas.

Humanizando a Escala de Plantão

Ficar de plantão é como ficar disponível para lidar com emergências. Se o site sair do ar ou seus clientes forem impactados por uma falha técnica, você é a pessoa responsável por lidar com o problema — não importa quando ele ocorra.

Imagine que você tenha de levar seu filho correndo ao PS à meia-noite porque ele decidiu engolir sua aliança. O cirurgião de plantão filiado ao hospital pode ser chamado para tratá-lo. Ele está fisicamente próximo do hospital e preparado para entrar em ação quando necessário. Podemos aplicar o mesmo princípio para profissionais de tecnologia de plantão em uma organização que pratica DevOps.

Quando deveres de plantão se tornam desumanos

Uma das mudanças culturais e organizacionais mais significantes ao adotar DevOps gira em torno da responsabilidade compartilhada do plantão. Tradicionalmente, os desenvolvedores escreveriam o código para implementar um recurso e o entregariam para um time de operações fazer a implementação e manutenção. Isso significa que apenas um punhado de pessoas de um time de operações ficava de plantão quando um pedaço mal desenvolvido de código falhava.

Ter pessoas demais de plantão é um dos maiores problemas que o DevOps tenta resolver. Ao dividir a responsabilidade, ambos os times podem ter autonomia e maestria sobre seu trabalho. Isso também significa que o fardo de estar de plantão é distribuído por um número maior de pessoas, o que evita a exaustão.

CAPÍTULO 17 **Preparando-se para os Incidentes**   249

A confiabilidade do site se tornou cada vez mais importante. Muitas empresas perdem centenas de milhares de dólares por hora que seu site está offline. Elas podem criar sistemas resilientes para evitar uma falha catastrófica, mas toda empresa também deve manter desenvolvedores de plantão para lidar com emergências inesperadas.

O processo típico para responder a um incidente é parecido com o seguinte:

1. **Os clientes são impactados. Talvez seu software de monitoramento o alerte de que o site demora 20 segundos para carregar. Talvez haja uma queda regional e os clientes europeus estejam xingando muito no Twitter. Os tipos de incidentes são quase ilimitados, mas alguém fica com raiva.**

2. **A principal pessoa de plantão é alertada. Serviços como o PagerDuty e o VictorOps possibilitam a customização de quem é alertado e como. Se a principal pessoa não responder dentro de um período de tempo específico, a segunda é chamada.**

3. **Um técnico tenta corrigir o problema. Às vezes ele não é crítico o bastante para que seja corrigido no meio da noite e pode ser abordado na manhã seguinte. Outras vezes, a sala de servidor fica literalmente inundada e alguém precisa pegar um balde. (O Furacão Sandy em 2012 inundou dois grandes data centers na baixa Manhattan.)**

Isso tudo parece ótimo. Os sites ficam online e a responsabilidade é dividida, certo? Nem sempre. Infelizmente, ficar de plantão pode logo se tornar algo desumano. O costume é que os administradores de sistema e os times de operações sejam os únicos que acabem de plantão, o que vai contra os princípios centrais do DevOps e reforça o isolamento. Acredito muito na responsabilidade compartilhada. Você criou; você dá suporte.

Expectativas compassivas do plantão

Dar um verdadeiro salto para um modelo DevOps a fim de criar, implementar e dar suporte a sites requer que os deveres de plantão sejam compartilhados por todos os times envolvidos em um produto. A escala do plantão é uma oportunidade, não uma punição. É uma chance de profissionais de tecnologia pensarem diferente, aprenderem novas habilidades e darem suporte ao time e à organização para criar sistemas e processos melhores para:

» Documentar melhor o código.

» Criar runbooks (guias passo a passo do que fazer) para problemas comuns que ainda exigem trabalho manual.

» Capacitar indivíduos a fazer perguntas e correr riscos.

250 PARTE 4 **Praticando o Kaizen, a Arte da Melhoria Contínua**

Desenvolvedores capacitados para dar suporte a seu próprio código criam produtos melhores, ponto. Esses desenvolvedores começam a pensar no código em termos de confiabilidade e resiliência *enquanto* desenvolvem, em vez de depois, quando pensam nesses aspectos.

Quando estiver de plantão, espera-se que você fique disponível para responder a qualquer incidente que possa ocorrer. Algumas pessoas dividem o expediente em turnos de plantão. Por exemplo, Tim está de plantão das 8h às 10h todas as manhãs. Outros cobrem o turno da noite e os finais de semana em um cronograma rotativo. Se essa abordagem funcionar para você e seu time, mande bala!

DICA

Com base em minha experiência, sugiro algo um pouco diferente. As pessoas trabalham melhor quando têm períodos de tempo extensos longe de estar "conectadas", e isso significa ter dias inteiros sem se preocupar em ser chamadas.

Em 2010, a LexisNexis conduziu uma pesquisa com 1.700 funcionários de escritórios de diversos países. O estudo descobriu que eles passavam mais da metade do dia recebendo informações, em vez de colocando esses dados em prática. Metade disse que estava chegando a uma estafa mental de tanta informação. A estafa é um aspecto crucial da produtividade e do equilíbrio entre vida pessoal e profissional.

As Figuras 17-1 e 17-2 mostram alguns exemplos de cronogramas. A Figura 17-1 mostra como as pessoas podem compartilhar tarefas de plantão diárias enquanto mantêm pelo menos três dias livres na semana. A Figura 17-2 divide as funções entre quatro pessoas. Cada uma precisa estar de plantão pelo menos uma vez por semana, mas não mais de três. Cada tom de cinza corresponde a uma pessoa. As colunas são os dias da semana, e as linhas são as semanas (quatro linhas representam um mês comum).

FIGURA 17-1: Um exemplo de um cronograma de plantão com duas pessoas.

	Domingo	Segunda	Terça	Quarta	Quinta	Sexta	Sábado
S1	Tim, Ops	Ann, Dev	Ann, Dev	Tim, Ops	Tim, Ops	Ann, Dev	Ann, Dev
S2	Ann, Dev	Tim, Ops	Tim, Ops	Ann, Dev	Ann, Dev	Tim, Ops	Tim, Ops
S3	Tim, Ops	Ann, Dev	Ann, Dev	Tim, Ops	Tim, Ops	Ann, Dev	Ann, Dev

FIGURA 17-2: Um exemplo de cronograma de plantão de quatro pessoas.

	Domingo	Segunda	Terça	Quarta	Quinta	Sexta	Sábado
S1	Tim, Ops	Ann, Dev	Mel, Ops	Don, Dev	Tim, Ops	Ann, Dev	Ann, Dev
S2	Ann, Dev	Mel, Ops	Don, Dev	Tim, Ops	Ann, Dev	Mel, Ops	Mel, Ops
S3	Mel, Ops	Don, Dev	Tim, Ops	Ann, Dev	Mel, Ops	Don, Dev	Don, Dev
S4	Don, Dev	Tim, Ops	Ann, Dev	Mel, Ops	Don, Dev	Tim, Ops	Tim, Ops
S5	Tim, Ops	Ann, Dev	Mel, Ops	Don, Dev	Tim, Ops	Ann, Dev	Ann, Dev

CAPÍTULO 17 **Preparando-se para os Incidentes** 251

> ## APAGANDO INCÊNDIOS DE CÓDIGO
>
> Depois de uma série de incêndios extremamente destrutivos e fatais na Califórnia durante a década de 1970, foi formada uma força tarefa chamada Firefighting Resources of California Organized for Potential Emergencies (FIRESCOPE). A FIRESCOPE reduziu suas descobertas ao essencial em quatro prioridades que você também pode usar quando abordar a gestão de incidentes:
>
> - Flexibilidade
> - Consistência
> - Padronização
> - Procedimentos
>
> Esses princípios ajudaram departamentos de bombeiros do mundo inteiro a lidar consistentemente com o amplo número de incidentes que precisam gerenciar — do resgate de patinhos de um ralo ao resgate de pessoas em um arranha-céus em chamas — usando procedimentos comprovados. Ao mudar para uma cultura DevOps, o sucesso de seu time dependerá dos mesmos princípios ao lidar com incidentes.

LEMBRE-SE

Cada pessoa fica de plantão das 17h às 17h do dia seguinte, o que é simples se todos trabalham no mesmo escritório. Se a organização tiver trabalho remoto, é preciso escolher um único fuso horário para garantir a cobertura 24 horas.

Os turnos de plantão têm muitas formas. Os exemplos são fornecidos para ajudá-lo a começar, não para limitá-lo. Você deve criar um cronograma que funcione melhor para seu time. Se ela for distribuída globalmente, pode adotar uma rotação follow the sun (FTS), que coloca os profissionais de tecnologia de plantão durante horas normais de expediente antes de passarem a responsabilidade para aqueles que trabalham em um fuso horário diferente. Encontre dias, horários e frequências de turnos que possam equilibrar a gestão de incidentes com as práticas compassivas do plantão.

Gerenciando Incidentes

Em minha palestra "This Is Not Fine: Putting Out (Code) Fires" (`https://www.youtube.com/watch?v=qL2GFB3mSs8&t=69s` [conteúdo em inglês]), falo muito sobre gestão de incidentes e como ela se relaciona a outro tipo de combate de incêndios — aqueles com fogo de verdade. Os profissionais de tecnologia em geral podem aprender uma lição com o modo como os bombeiros priorizam como combatem incêndios muito mais perigosos do que as falhas técnicas e aplicar esses passos para lidar com incidentes. (Veja o box "Apagando incêndios de código" para mais informações sobre como os princípios do combate a incêndios pode funcionar na tecnologia.)

Os incidentes com que lidamos na tecnologia às vezes podem ser simples como um bug estranho de interface do usuário em uma lista suspensa, que não é exatamente um caso de vida ou morte ou que precise de uma correção às 4h da manhã. Porém, às vezes o software tem problemas terríveis. Por exemplo, em 2003, um problema de desempenho em um software utilitário causou um apagão no nordeste norte-americano. E em 2000 o software de radioterapia no Panamá falhou em contabilizar uma alternativa usada pelos médicos, resultando em oito mortes de pacientes e outras vinte overdoses de radiação.

Essas situações são muito diferentes de simples bugs e problemas de desempenho. Sim, um site lento perde dinheiro e causa tormento para os clientes. Mas pessoas xingando você no Twitter é muito menos estressante do que pessoas morrendo ou ver sua empresa falir a cada minuto.

Transformando a consistência em meta

Se você já voou em um avião particular, sabe o quanto os pilotos adoram checklists. Bem, podem não *adorar*, mas certamente as usam. As checklists são uma grande parte do motivo de voar ser, de longe, o jeito mais seguro de chegar do ponto A ao ponto B.

Para os pilotos, essas checklists são parte de um fluxo pré-voo que verifica os botões, os disjuntores e o equipamento de emergência. Os pilotos passam por esse processo antes de todo voo, sem exceção. Essa consistência move o processo além da consciência regular até a memória muscular. Até pilotos com apenas alguns anos de experiência não precisam pensar em seu fluxo pré-voo; ele é automático.

De forma similar, você deve criar uma checklist de incidentes que possa ser seguida automaticamente por seu time quando necessário. Se não tiver certeza do que incluir, comece com estas ações:

» **Notifique pessoas-chave.** Dependendo do que está envolvido no incidente, mantenha as informações de contato atualizadas de todos do time.

» **Implemente uma página de status.** Informe aos clientes quais serviços ou recursos foram afetados. Certifique-se de incluir as informações de contato de seu time de suporte e a hora da última atualização.

» **Classifique o incidente.** Sua checklist deve incluir claramente a classificação de severidade definida para ajudar os primeiros que responderem a escalar adequadamente um incidente para a gerência legal ou executiva.

» **Agende uma revisão pós-incidente.** As revisões pós-incidente são uma parte principal da redução do erro humano e da construção de sistemas resilientes. De que outra forma as pessoas aprendem se não pelos erros? Se possível, agende-a dentro de 36 horas depois do incidente.

Adotando processos padronizados

Quanto mais padronizamos a preparação para emergências, mais podemos confiar que mais pessoas venham ao socorro para ajudar a corrigir o problema. Se apenas uma pessoa puder lidar com uma questão específica, ela se torna um único ponto de falha, o que é absolutamente inaceitável em empresas de tecnologia modernas.

Disponibilize as checklists e os protocolos de resposta a incidentes para todos do time — até para quem não estiver de plantão. Isso garantirá que toda a empresa esteja ciente e eliminará perguntas desnecessárias de times como a de atendimento ao cliente durante um incidente.

Para adotar totalmente cultura e práticas DevOps, dos desenvolvedores e operações precisam armazenar o código-fonte em um local que possa ser acessado pela equipe de operações. Além disso, dê acesso (pelo menos de leitura) aos desenvolvedores para todos os logs e máquinas. Essa abordagem possibilita que ambos os lados investiguem todas as áreas da tecnologia — código-fonte e infraestrutura — sem pedir permissão. A alternativa é confiar nas pessoas de outras equipes para que transmitam as informações — um processo ineficaz e demorado.

Determinando um orçamento realista

A raiz de muitas das tendências populares em tecnologia está em grandes empresas que adotaram uma determinada ferramenta ou prática. Por exemplo, a engenharia de confiabilidade de site não era um conceito ou cargo bem conhecido até que o Google publicou o *Engenharia de Confiabilidade do Google: Como o Google administra seu sistema de produção*. React, uma biblioteca JavaScript, ficou muito popular porque o Facebook a desenvolveu e promoveu.

Sua empresa pode não ter os recursos financeiros de empresas como Microsoft, Google, Amazon, entre outras, então seus procedimentos de resposta a incidentes precisam ser projetados com um orçamento em mente. É impossível monitorar cada serviço. Foque aqueles que sua empresa usa com mais frequência ou que têm o maior impacto nos clientes. Recomendo centralizar o log a fim de criar um modo em que sejam realizados em intervalos cada vez maiores com o passar do tempo. Ou seja, encontre o equilíbrio entre a visibilidade e o orçamento em dados de log armazenados e em métricas de desempenho.

LIÇÃO APRENDIDA: A RESILIÊNCIA DA NETFLIX

Em fevereiro de 2017, o S3 (armazenamento baseado na web) da Amazon experimentou grandes problemas na região US-EAST-1. Isso derrubou boa parte da internet — incluindo a própria página de status da Amazon. A Netflix foi um dos únicos grandes sites que não tiveram problemas, mesmo como cliente da AWS.

Como ficamos sabendo, a Netflix havia aprendido essa lição cinco anos antes, quando uma tempestade derrubou o site por aproximadamente três horas. Na revisão pós-incidente, a empresa percebeu que era vulnerável a interrupções regionais. Uma empresa como a Netflix perde centenas de milhares de dólares para cada hora de indisponibilidade, se não mais.

A solução foi mudar de zona de disponibilidade automaticamente no AWS quando uma cai. Os usuários nunca serão afetados pelas interrupções regionais de serviço. Porém, essa solução é cara, porque nunca se pode usar toda a capacidade e equilibrar seus usuários de forma eficaz em zonas diferentes. Caso contrário, não se tem o volume disponível para mover os usuários para outra região quando uma falha.

Os custos desse tipo de solução se acumulam rapidamente e são excessivos para muitas empresas. As restrições de orçamento são uma peça vital da estratégia geral e deve decidir muitas de suas decisões.

Facilitando a resposta a incidentes

Os protocolos de gestão de incidentes devem ser genéricos o bastante para responder a eventos com níveis variados de urgência e importância. Eles também devem manter os procedimentos claros para pessoas que os seguem enquanto esfregam os olhos de sono no meio da noite e tentam compreender o problema. Veja a seguir algumas dicas que podem ajudar seu time de tecnologia a dominar a gestão de incidentes:

» **Facilite e aceite a escala.** É melhor exagerar do que subestimar uma situação. A principal pessoa de plantão deve poder chamar o segundo profissional sem ser punido.

» **Use uma única ferramenta de comunicação.** Quando times diferentes dentro da organização de tecnologia usam diversas ferramentas de comunicação, isso pode resultar em um caos absoluto durante um incidente. Os profissionais devem estar de acordo, e é essencial ser capaz de voltar pelas conversas ou chamar um colega rapidamente por uma ferramenta de videoconferência. Sempre use o mesmo meio para contactar seus colegas. Recomendo usar um app de chat, como o Slack, ou uma ferramenta de videoconferência, como o Zoom.

DICA

Todo método de comunicação tem prós e contras. Usar videochamadas para se comunicar durante um incidente cria uma experiência mais fluida para os profissionais que estejam no plantão, mas limitam a sua habilidade de incluir informações na revisão pós-incidente. Chats em grupo, como o Slack, ajudam a ter uma melhor timeline da resposta do incidente, mas criam uma confusão para a resposta do time. (Mensagens escritas na pressa tendem a ser curtas, sem detalhes e contexto, que poderiam ser fornecidos verbalmente em uma fração de tempo.) Existem dois compromissos: gravar as chamadas de vídeo ou ter alguém que resuma os eventos para o grupo por escrito.

» **Padronize a investigação inicial.** Crie uma lista passo a passo para que qualquer profissional possa começar a triar a situação rapidamente. Existe uma interrupção AWS difundida fazendo com que metade da internet caia? Se não, as ferramentas de monitoramento e os logs serão sua melhor aposta para se concentrar no problema. Apenas se todo o resto falhar será adequado permitir que os profissionais de tecnologia façam um "teste de olfato" e sigam seus instintos.

PAPO DE ESPECIALISTA

Os serviços de computação em nuvem como o AWS e o Azure hospedam várias localizações pelo mundo. Cada uma delas é composta de regiões e zonas de disponibilidade. Uma região é uma área geográfica. O AWS tem as regiões US-EAST-1 no norte da Virgínia e AP-SOUTHEAST-1 em Singapura, por exemplo. Existem diversas zonas de disponibilidade dentro de cada região.

LEMBRE-SE

Urgência não é igual a *importância*. A distinção entre essas duas qualidades entra em jogo quando discutimos procedimentos de plantão. A urgência define a rapidez com que algo pode ser resolvido. O site caiu? Isso é muito urgente. Os clientes não conseguem fazer compras? Urgente também. Um API raramente usado está fracassando com elegância? Não é urgente. É importante, mas não urgente.

Incidentes importantes sem urgência podem esperar até a manhã seguinte, quando um especialista puder fazer seu melhor para corrigi-lo. Essa simples distinção poupará todo o seu time de correções com bugs e evitará que seus especialistas fiquem exaustos desnecessariamente.

Respondendo a uma interrupção não planejada

Em qualquer situação, é sempre melhor supor o pior. Como já mencionado na seção anterior, escalar uma situação e tratá-la como um incidente mais severo é sempre melhor do que subestimá-la.

Além do mais, as decisões devem ser tomadas rapidamente durante uma crise. A hierarquia sempre será um assunto controverso na tecnologia. Mas, especialmente ao responder a incidentes, recomendo uma hierarquia forte de resposta com cargos designados. Sua equipe deve incluir um comandante do incidente (CI), um chefe de tecnologia e um chefe de comunicações.

APRENDENDO COM OS ERROS DOS OUTROS

Nunca somos os primeiros a falhar. Mesmo quando parece que só você poderia ter caído de cara de um jeito tão único e espetacular, prometo que não é. Embora a tecnologia não seja nova, alcançou uma saturação no mundo desenvolvido, o que significa que ter muitos recursos melhora a evitação e a abordagem de incidentes.

Em janeiro de 2017, o GitLab, um repositório git de hospedagem e gestão de serviços, teve uma queda do site por causa de uma remoção acidental do banco de dados primário. O GitLab saiu do ar por *18 horas*. Isso é o bastante para que os especialistas de tecnologia tenham palpitações. Para seu crédito, a empresa foi extremamente transparente em relação ao evento, até mantendo notas em um documento público no Google e transmitindo ao vivo sua recuperação pelo YouTube. Vale muito a pena ler a revisão pós-incidente total do evento, bem como os resultados das perdas de dados.

Por fim, o GitLab descobriu que teve dois problemas:

- **O GitLab.com teve uma interrupção não planejada depois que o diretório errado foi removido.** O diretório primário do banco de dados foi removido, em vez do secundário. A replicação parou por causa de um aumento no carregamento. Restaurar a replicação do banco de dados, depois de parado, exigiu um processo manual que foi mal documentado, neste caso.

- **Restaurar o site exigiu uma cópia do banco de dados de staging.** Esse banco de dados estava armazenado em um Azure VM mais lento. Imagens do disco não foram habilitadas, e as tentativas de fazer backup falharam silenciosamente por causa de um problema de versão do PostgreSQL.

Poderia haver um contratempo mais perfeito? A minha parte favorita do postmortem publicado é esta: "Por que o procedimento de backup não foi testado regularmente? Porque não havia propriedade, [e] como resultado, ninguém era responsável por testar o procedimento."

Esse dominó de falhas em série poderia afetar qualquer organização. Ninguém está livre de situações desconhecidas de queda não planejada. As diferenças entre as organizações que deixam as falhas tomarem conta e aquelas que usam os mesmos incidentes como oportunidades de aprendizado são atitude e prontidão.

O GitLab foi extremamente honesto com seus clientes e, desde então, melhorou seus procedimentos de recuperação. Muitas empresas teriam revogado os privilégios de produção dos especialistas em tecnologia, criando um gargalo. Em vez disso, o GitLab deixou ainda mais óbvio quais host os especialistas de tecnologia utilizam.

(continua)

(continuação)

A pior resposta de acidente que testemunhei foi tão traumática que nem me lembro qual foi o problema. Mas me lembro de como ocorreu. Uma grande interrupção de serviço tirou uma pequena startup do ar por horas, e, em algum momento da manhã, o CEO ligou para os dois especialistas do time de tecnologia mais antigos — que, a essa altura, estiveram resolvendo problemas durante metade do dia. Nunca ouvi um homem fazer tantas ameaças por telefone. O CEO garantiu a estes especialistas que a situação era culpa deles e prometeu que, se não fosse reparada logo, ele não só os demitiria, mas se certificaria de que nunca mais fossem contratados por uma startup financiada por capital de risco.

Coloque-se no lugar destes especialistas, colaboradores e todo o time de tecnologia. Você está há horas trabalhando. Não comeu. Mal teve tempo de fazer café, que é a única coisa que o mantém funcionando a essa altura. A censura e as ameaças do CEO são o suficiente para deixar qualquer um em pânico, que é a pior coisa que você poderia fazer com as "pessoas" que estão tentando corrigir um problema.

Esse CEO cometeu um erro crucial: distraiu os desenvolvedores que estavam trabalhando com tanto afinco para ele. Tirou a atenção deles da emergência que estavam avaliando e a colocou no futuro. Não importa o quão caótico e estressante seja um incidente, lembre-se sempre de que o seu "time" trabalha com um único propósito: gerar soluções e solucionar a situação. E ele está fazendo o melhor e se preocupa em fazer isso com a maior velocidade e sucesso possíveis.

Toda organização terá um grande incidente a certa altura; é inevitável. Mas como elas se preparam e lidam com eles no momento é o que separa os times que adotam DevOps e os que não adotam.

Diferentes recursos incluem versões variadas do número e tipo de cargos de incidentes. Podemos ouvir coisas como primeiros respondedores, respondedores secundários, especialistas no assunto e intermediários de comunicação. Eu escolho me concentrar nos três listados porque cobrem os três papéis mais importantes em uma resposta de incidente: alguém para tomar decisões, alguém para liderar o time de especialistas e alguém para registrar os detalhes do incidente. Sinta-se à vontade para fazer testes com seus procedimentos de resposta a incidentes e descobrir o que funciona melhor para você e para sua organização.

Pense na primeira pessoa de plantão como o primeiro a aparecer. Ela não será necessariamente a pessoa mais equipada a lidar com o problema em questão. Na verdade, ela não precisa nem ser um desenvolvedor. Essa pessoa é simplesmente aquela que faz a triagem. Ela tem a tarefa de atribuir um grau de *urgência* ao alerta.

Certifique-se de variar os times de incidentes, assim como faz com o plantão. Esses times possibilitam que pessoas com diferentes habilidades e interesses se capacitem — e fiquem mais confiantes — em outras áreas. Toda pessoa do time deve ter a oportunidade de ser treinada e atender em cada papel. A

Figura 17-3 ilustra a hierarquia de resposta de incidente. O comandante supervisionará e fornecerá recursos para o chefe de tecnologia e o de comunicação, incluindo o número adequado de especialistas de sustentação (representados pelas pequenas caixas abaixo de cada chefe).

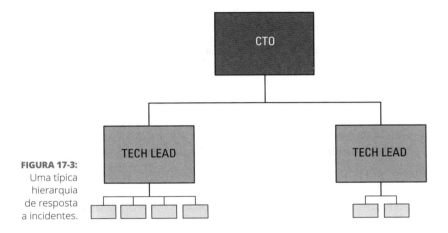

FIGURA 17-3: Uma típica hierarquia de resposta a incidentes.

Podemos ver como essa hierarquia entra em ação nos passos a seguir, que esboçam o procedimento para lidar com a interrupção não planejada.

1. Faça uma avaliação inicial.

No começo da resposta de um incidente, o CI começa avaliando a situação. Certifique-se de categorizar e priorizar o incidente. A categorização não precisa seguir um padrão específico, mas suas classes de incidentes devem possibilitar o agrupamento de incidentes similares e a avaliação de tendências. A priorização é concentrada na urgência. Está impactando o cliente? Qual é a extensão do incidente? Quantos especialistas em tecnologia e em quais habilidades serão necessários para ajudar na correção? O CTO analisa em conjunto com os Tech Leads e juntos, novamente, determinam quantos especialistas serão notificados para atendimento ao incidente.

2. Comunique-se durante a triagem.

Sugiro fazer uma videochamada para discutir a interrupção. O Zoom e outras ferramentas de videoconferências o ajudam a se comunicar em tempo real. Embora o Slack e outras ferramentas de mensagens tenham se tornado parte da comunicação rotineira, o poder da comunicação cara a cara, especialmente durante uma crise, é crucial. Seus especialistas precisam se comunicar uns com os outros verbalmente enquanto seus dedos estão ocupados acessando máquinas e investigando código. Se optar por uma ferramenta de mensagens como o Slack, será capaz de incluir essa transcrição na revisão pós-incidente. Se fizer a triagem por videochamada, certifique-se de ter alguém para registrar quem disse o que e quais soluções foram testadas.

DICA

Existe uma norma social para as mulheres com quem você trabalha para que assumam cargos administrativos ou não técnicos. Vemos isso em quem acaba sendo a pessoa a registrar a conversa ou serve como chefe de comunicação com mais frequência. Certifique-se de observar esse padrão de preconceito de gênero e o combata, garantindo que os desenvolvedores que não se identifiquem como homens também desempenhem os papéis de comandantes de incidente e chefes de tecnologia.

3. **Acrescente quantos especialistas em tecnologia forem necessários.**

   Depois de investigar o incidente, você pode perceber que precisa de um especialista no assunto para lidar com ele. Pode ser uma pessoa com muito treinamento na ferramenta ou tecnologia particular, ou pode ser um especialista que implementou uma função específica.

4. **Resolva o problema.**

   Falar é fácil, mas os especialistas que respondem ao incidente acabarão descobrindo os passos necessários para restaurar o serviço. A essa altura, o Tech Lead pode transmitir informações importantes para os principais interessados internos e externos, o CTO junto ao Tech Lead pode agendar uma revisão de incidente (se já não fez isso) e os especialistas podem já providenciar a agenda para o descanso e a recuperação antes da revisão pós-incidente sincronizando o repasse de informações com o time e Tech Lead para continuação dos serviços.

Medindo o Progresso de Forma Empírica

Cada vez mais empresas começaram a desenvolver uma cultura DevOps e implementar a mudança em suas organizações. Ainda assim, a maioria não mede a resposta a incidentes. Na verdade, a maioria delas nem sabe quais métricas são importantes. O sucesso na gestão de incidentes não vai de zero a perfeito, e alcançá-lo não é fácil. Mas a melhor maneira de ampliar seu sucesso é começar a reunir e analisar métricas. Esta seção fornece algumas para que você comece a observar e acompanhar. Se estiver apenas começando, agora não é hora de estabelecer objetivos ou adicionar essas medidas a avaliações de pessoal. Pense nelas como pontos de dados únicos que, juntos, dão uma visão mais ampla do sucesso da empresa.

LEMBRE-SE

Quero deixar uma coisa bem clara. Escolhi colocar essas informações na última parte deste capítulo por uma razão específica: é a menos importante. As métricas nesta seção são simples pontos de dados que servem de base para uma conversa organizacional mais ampla. Elas nunca serão a única medida do sucesso. Acompanhe-as como forma de medir o progresso de seu time ao melhorar continuamente sua gestão de incidentes.

Tempo médio para reparo (MTTR)

O tempo médio para reparo se refere ao tempo médio que seu negócio é impactado durante os incidentes. Ao coletar esta métrica, inclua também a latência, o tempo entre quando a falha ocorreu até quando foi detectada. Você provavelmente calculará a latência depois da resolução do incidente, então poderá estimar razoavelmente, via logs e outros dados, quando a falha começou a impactar o serviço afetado antes de um especialista do time perceber que era um problema. A fórmula é a seguinte:

> MTTR = tempo total de impacto / número de incidentes

As pessoas às vezes usam o MTTR para descrever o tempo médio de recuperação, a quantidade de tempo que o time leva para resolver um problema além do tempo médio para resposta, ou o tempo que uma organização leva para reconhecer e iniciar uma resposta ao problema. (Lembre-se: uma média supõe uma distribuição normal, e uma interrupção como a do GitLab aumentará exageradamente seu tempo de resposta. OMTTR é apenas um ponto de dado.)

Período médio entre falhas (MTBF)

Resumindo, o MTBF é o tempo ativo médio de um serviço entre incidentes. Quanto maior é, mais tempo podemos esperar que um serviço funcione sem interrupções. Veja a fórmula:

> MTBF = tempo ativo total / número de incidentes

Apesar de o MTBF fornecer um dado útil, muitas organizações DevOps pararam de acompanhá-lo porque as falhas não podem ser evitadas. Podemos acompanhar, em seu lugar, os incidentes que impactam o cliente (em vez de falhas no serviço das quais o usuário nunca fica ciente).

Custo por incidente (CPI)

O custo por incidente é simplesmente quanto dinheiro sua empresa perdeu por causa da interrupção do serviço. Esse cálculo tem duas fases. A primeira é quanto o incidente realmente lhe custou: os clientes não puderam fazer compras? O segundo é o custo de reativar os serviços: quantos especialistas do time foram requeridos para lidar com o problema? Veja as fórmulas:

Renda perdida (RP) = renda média * tempo

Custo de restauração (CR) = número de especialistas do time * média salarial por hora * tempo

CPI = RP + CR

O CPI acumula rápido. Você pode usar esses cálculos para convencer até mesmo os executivos mais teimosos a colocar recursos na preparação para incidentes, pagar a dívida técnica, testar com mais rigor e melhorar a segurança da aplicação.

O DevOps Research and Assessment (DORA) vai além do CPI e calcula o custo de tempo inativo usando a seguinte fórmula:

Custo de tempo inativo = frequência de implementação * taxa de falha de mudança * tempo médio para reparo (MTTR) * custo por hora da indisponibilidade

Leia mais sobre o cálculo do custo de tempo inativo em `https://victorops.com/blog/how-much-does-downtime-cost` [conteúdo em inglês].

NESTE CAPÍTULO

» Indo além dos limites da análise de causa principal

» Percorrendo as fases de um incidente

» Revendo fatores contribuintes nas revisões pós-incidente

Capítulo **18**

Realizando Revisões Pós-incidente

O s profissionais de tecnologia em geral têm muito mais prática em reagir a incidentes do que em se preparar proativamente para lidar com eles e evitá-los. As revisões pós-incidentes visam capacitar esses profissionais para observar as causas de um incidente, os passos tomados durante a resposta e os necessários para evitar outro parecido no futuro.

As pessoas costumavam se referir a revisões pós-incidente como postmortems, e ainda podemos encontrar muitas informações valiosas se procurarmos esse termo. Contudo, a palavra é um pouco mórbida, com essa conotação de morte. Para a maioria dos desenvolvedores de software, as interrupções significam inconveniência para os clientes e perda de dinheiro para a empresa. Poucos desenvolvedores lidam com situações de vida ou morte no uso de seus produtos, e é importante manter essa perspectiva em mente ao lidar com falhas.

Neste capítulo, mergulhamos nos fatores contribuintes das falhas (indo além da análise de causa principal), nas fases de um incidente ou interrupção e no modo de realização de uma revisão pós-incidente.

Indo Além da Análise de Causa Principal

Se você trabalha com tecnologia há bastante tempo, já ouviu o termo *causa principal*. Procurá-la significava identificar a única fonte de falha em um incidente. O problema com a análise de causa principal — e o motivo de não ser normalmente usada em times de operações modernos — é que ele quase nunca existe. É o mesmo que a frase: "Está sempre no último lugar que você procurar!" Tudo bem, você encontrou a coisa. Não vai continuar procurando. Em sua palestra na PuppetConf 2017, "The Five Dirty Words of CI" [Os Cinco Palavrões da CI, em tradução livre], J. Paul Reed observou: "O que você chama de 'causa principal' é simplesmente o lugar em que você parou de procurar."

Diferente dos sistemas lineares simples, o código e a infraestrutura que operamos e mantemos são incrivelmente complexos. É simples: não existe uma única "causa principal". Mas vamos voltar aos dias dos processos em cascata e da arquitetura monolítica descomplicada. Nesses sistemas, a análise de causa principal fazia mais sentido. Podíamos ver o sistema como um todo e encontrar a parte do processo que falhava. As mudanças eram menos frequentes, e a análise de causa raiz era um modo de pensar no risco.

Os sistemas que operamos não são mais simples, provavelmente não são monolíticos e geralmente são uma bagunça de código legado, novas adições, diversas linguagens, dependências desconhecidas e uma seção isolada de código ofuscado escrito em ColdFusion que funciona — embora ninguém saiba o motivo — e que foi convertido em um "motor" que move a parte central dos recursos voltados para o usuário. Parece certo? É claro que sim. Eu nunca vi uma base de código com mais de duas semanas ser limpinha e arrumada. Pessoas são bagunceiras e escrevem código, portanto, o código é bagunçado. Sua função dentro das restrições e de seu código expressa sintomas dessas restrições, sejam relacionados a finanças, segurança ou tempo.

A indústria da tecnologia foi além da análise de causa principal e chegou a época de substituí-la por um processo de revisão mais digno. Realmente é possível ter um monólito complexo, e uma grande quantidade de empresas continua a usá-los com sucesso. A arquitetura moderna não exige que você reescreva seu sistema inteiro para que fique totalmente compartimentalizado, mas que você pense nos prós e contras de cada decisão e reconheça que qualquer movimento é uma decisão, mesmo que seja *não* agir.

A Figura 18-1 compara a complexidade geral de sistemas monolíticos e de microsserviço. Podemos ver uma complexidade maior no sistema de microsserviço nas centenas, se não milhares de conexões em sua arquitetura.

264 PARTE 4 **Praticando o Kaizen, a Arte da Melhoria Contínua**

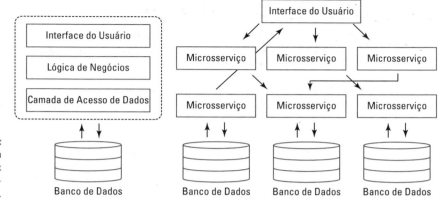

FIGURA 18-1: Arquitetura monolítica x de microsserviços.

Percorrendo um Incidente

De modo geral, os incidentes podem ser divididos em cinco passos: Descoberta, Resposta, Restauração, Reflexão e Preparação, como mostra a Figura 18-2. O propósito dessa divisão é compreender melhor cada passo do trabalho não planejado.

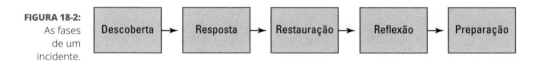

FIGURA 18-2: As fases de um incidente.

» **Descoberta:** Esta fase começa quando o problema é detectado. Os serviços podem ser impactados por um período de tempo antes de percebermos.

» **Resposta:** Esta é a fase em que se tenta determinar a fonte do problema. Foi uma implementação recente? O serviço que caiu é a fonte do problema, ou a causa poderia ser um serviço auxiliar? Existe um problema de código ou sua infraestrutura está caindo?

» **Restauração:** A essa altura, identificamos o problema e trabalhamos para resolvê-lo. Esta fase geralmente é a mais curta. Depois de saber o que está acontecendo, normalmente descobrimos correções diretas, mesmo que isso signifique desfazer uma implementação ou reverter o último build livre de problemas.

» **Reflexão:** Esta fase é quando ocorre a revisão pós-incidente. A etapa mais importante de todo processo, "a retrospectiva" em que você e o time se reúnem dentro de 48 horas após o incidente e discutem o processo. O que deu certo? O que deu errado? O que precisa ser feito para evitar o mesmo tipo de incidente no futuro?

» **Preparação:** Durante a fase de preparação, os especialistas completam o trabalho necessário determinado durante a revisão pós-incidente. Você deve atribuir o trabalho a um especialista do time que possa ver o resultado do trabalho, além de estabelecer um prazo final para acabá-lo. Apenas se certifique de liberar tempo suficiente na agenda para que o trabalho *possa* ser feito.

Enquanto a maioria dos times trabalham mais nas três primeiras fases de um incidente, as duas últimas normalmente são esquecidas por causa da urgência, que acaba assim que o serviço é restaurado. A Figura 18-3 exibe as fases de um incidente que focam a revisão pós-incidente: Reflexão e Preparação. A revisão deve ocorrer durante a Reflexão, mas esse trabalho determinado precisa ser finalizado durante a Preparação.

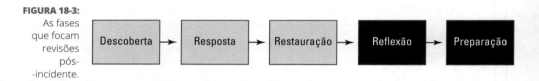

FIGURA 18-3: As fases que focam revisões pós-incidente.

Tendo Sucesso nas Revisões Pós-incidente

Muitas empresas passam pela revisão pós-incidente sem aproveitar totalmente o processo como um todo. (Até mais empresas não se incomodam com isso de forma alguma, o que é um grande erro.) Se você usar os fundamentos de uma revisão pós-incidente listados nesta seção, seu time estará preparado para avaliar erros antigos e se preparar para futuras falhas.

Agendando imediatamente

Agende a revisão pós-incidente *enquanto* o incidente acontece. Pode parecer que você está marcando uma consulta com o dentista enquanto a casa está pegando fogo, mas o propósito é reconhecer que algo deu errado e que haverá uma discussão para evitar que aconteça novamente.

A revisão deve acontecer em até 3 dias depois da resolução do incidente. O ideal é realizá-la dentro de 36 horas. O cérebro humano é instável e notoriamente terrível em reter informações detalhadas. Quanto antes vocês se reunirem para discutir o incidente, mais valiosa será a reunião.

Incluindo todo mundo

Coloque a revisão pós-incidente em um calendário compartilhado da empresa para que todos possam vê-la. É crucial incluir os primeiros respondentes e aqueles que estiveram envolvidos diretamente no incidente. Mas não pare por aí; deixe-a aberta a todos. Não consigo pensar em um modo melhor de ajudar outros departamentos a entender os desafios da tecnologia do que convidá-los para uma revisão pós-incidente. Se tiver adotado as práticas de revisões saudáveis, a abertura a todos cria uma oportunidade incrível para educar os outros. Apenas se certifique de que seu time está pronto para responder a qualquer um que ainda não entenda a importância de discussões sem culpabilidade em que não existem dedos sendo apontados.

Mantendo-a sem culpabilidade

Uma revisão pós-incidente *não deve ter culpabilidade*, o que não é a mesma coisa que não ter responsabilidade. Todos cometem erros, e o seu time deve compartilhar a responsabilidade pelas decisões que levaram ao incidente. Vocês são um time. Vencerão e perderão juntos. Nenhum indivíduo deve ser usado como bode expiatório de uma interrupção.

As pessoas têm uma necessidade quase instintiva de atribuir culpa, e geralmente ela vem com uma classificação de "pessoa ruim" ou "profissional ruim" — como se a pessoa tivesse tomado a decisão errada de propósito. Os perigos de uma revisão pós-incidente negativa e cheia de culpa são infinitos. Quando as pessoas sentem que serão punidas — ou demitidas — por dizer a verdade e destacar seus erros, elas ocultam seus rastros. A colaboração despenca e muito do trabalho feito para transformar a organização em uma cultura DevOps é perdido.

Torne as revisões o mais positivas possível. Lembre-se: estamos procurando falhas no sistema e nos processos estabelecidos, mesmo que uma pessoa tenha descoberto o problema. Se a culpa começar a aparecer na conversa, a liderança *deve* interromper e lembrar ao grupo o porquê de uma cultura de aprendizagem ser importante e como as revisões sem culpabilidade se encaixam na atitude de aceitar o fracasso.

Revisando a timeline

Anteriormente neste capítulo, vimos como lidar com um incidente enquanto ele acontece, mas uma das coisas que destaquei foi a importância de estabelecer uma timeline. Quando começamos uma revisão, começamos pela timeline.

CAPÍTULO 18 **Realizando Revisões Pós-incidente** 267

Reveja quais foram os primeiros instintos dos especialistas ao encarar o problema. Quais dados eles buscaram? Seu monitoramento, alerta e log fornecem as informações necessárias e esperadas? O que faltou?

Além disso, observe o trabalho paralelo. Incidentes não são eventos claros e lineares; são bagunçados, e todos se misturam para corrigir o problema o mais rápido possível, o que significa que pessoas diferentes trabalham em coisas diferentes ao mesmo tempo.

A Figura 18-4 dá uma ideia de uma possível timeline. Como podemos ver, o Especialista (1) recebeu um alerta às 18h20, indicando que algo deu errado. Alguns minutos mais tarde, perceberam que não foram capazes de lidar com o incidente independentemente e chamaram o Especialista (2) e o Especialista (3). A essa altura, o Especialista (1) se afasta das contribuições técnicas para agir como Tech Lead e registra o incidente. Às 18h34, o Especialista (3) criou um canal de chat dedicado ao incidente. O Especialista (4) se junta a eles rapidamente e é seguido pelo Especialista (2). Enquanto o Especialista (2) investiga um serviço que achava ser o problema. Os Especialistas (3) e (4) trabalham juntos para revisar o log (registros) e descobrir o problema. Depois de localizar o problema, o Especialista (2), apoiado pelos esforços dos Especialistas (3) e (4), restaura o serviço. O incidente foi resolvido às 19h01.

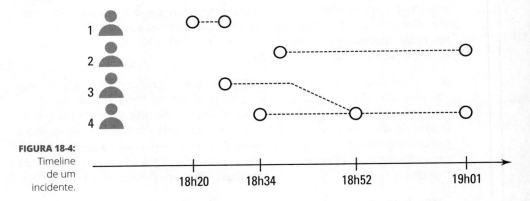

FIGURA 18-4: Timeline de um incidente.

Você não precisa ter uma timeline perfeita ou gastar tempo desenhando-a. O objetivo dessa ilustração é ver o trabalho paralelo e identificar formas de seu time poder colaborar e se comunicar com mais eficácia durante um incidente.

Fazendo perguntas difíceis

Uma revisão pós-incidente é mais impactante quando podemos investigar por completo as áreas nas quais o time precisa melhorar — tanto técnica quanto socialmente. Crie espaço para que as pessoas compartilhem suas perspectivas e pense no que poderia melhorar. Veja algumas perguntas para ajudá-lo a iniciar a conversa:

» Como você descobriu esse incidente?

» O alerta revelou o incidente ou alguém o achou manualmente sem querer?

» Alguém notou o incidente a tempo?

» Quanto tempo ele impactou os clientes antes de o time ser alertado?

» A telemetria do serviço fornece as informações necessárias?

» Quais mudanças no monitoramento, alerta, log e dashboards ajudariam a notificá-lo sobre esse problema específico mais rapidamente no futuro?

» O serviço é estável para seguir?

» O que o time precisa fazer para reforçar a resiliência do serviço?

» Quais testes automatizados você deve acrescentar para que esse incidente específico não ocorra novamente?

» Alguém precisa escrever documentação adicional?

» Como você pode ajudar seus especialistas de plantão a identificar rapidamente esse tipo de problema?

» Alguém experienciou uma limitação de acesso durante o incidente que evitou que corrigisse o problema?

» Quais ações iniciais você realizou em resposta a esse incidente?

» Quais ações tiveram um resultado positivo? Quais tentativas tiveram um resultado negativo? O que não teve impacto algum?

» O incidente impactou algum dado? Se dados foram perdidos, é possível restaurá-los?

» Você precisa notificar algum cliente sobre danos colaterais resultantes desse incidente?

» Uma implementação iniciou esse incidente? Se sim, os especialistas envolvidos tiveram algum atrito ao revertê-la ou ao manipular um lançamento anterior?

» Como você pode diminuir o tempo envolvido na descoberta e resolução do incidente?

CAPÍTULO 18 **Realizando Revisões Pós-incidente** 269

» Com você pode reduzir o número de clientes impactados se um incidente similar ocorrer?

» Você precisa fazer mudanças em seu fluxo de desenvolvimento, pipeline CI/CD ou processo de lançamento para evitar futuras falhas?

» Alguém quer acrescentar alguma coisa?

Certifique-se de abrir espaço para pensamentos adicionais e ideias aleatórias que não se encaixem exatamente em uma lista de perguntas. Você está conversando, não interrogando. Além disso, a revisão é uma grande oportunidade de união para o time e também de descobrir lacunas ocultas no sistema.

Reconhecendo o viés de retrospecto

Em uma revisão pós-incidente, temos o dom do viés de retrospecto. Passamos um pente fino nas decisões passadas já sabendo dos resultados. As pessoas que tomaram as decisões durante o incidente não tinham esse benefício. Elas tomaram decisões difíceis dentro das restrições em que foram forçadas a trabalhar.

Suponha uma intenção positiva. Quase ninguém tenta sabotar seus colegas de propósito. Os especialistas de tecnologia se orgulham de seu trabalho, e todos do time fazem o melhor que podem. Com o viés de retrospecto, podemos superestimar facilmente a habilidade preditiva das pessoas cujas decisões criticamos. A verdade é que resolver problemas difíceis é, bem... difícil. Muito difícil! Erros acontecem, então seja bondoso com seu eu passado e o dos outros.

Enquanto isso, dê atenção às visões discordantes. As pessoas que não concordam com a multidão podem encontrar teorias particularmente interessantes. Todos chegam à situação com experiências, contextos e pontos de vista diferentes. Essa diversidade é um presente que pode ajudá-lo a compreender melhor as complexidades de seu sistema sociotécnico.

Tomando notas

Faça com que uma pessoa da reunião registre a conversa e armazene as notas em um local que todos possam acessar. Essa ideia pode ser levada além pelo registro da conversa em áudio, mas apenas se achar que todos ainda ficarão confortáveis em falar abertamente e sem medo. Tomar notas da reunião serve para muitas coisas. Primeiro, garante que qualquer um que não possa participar ainda encontre detalhes do que foi discutido. Segundo, fornece aos novos funcionários conhecimento de incidentes anteriores e de como a empresa responde ao trabalho não planejado. Finalmente, as notas dão evidências de um processo que funciona quando somos confrontados por pessoas do contra na organização. Se um executivo quiser saber por que gastamos de duas a três horas do time de tecnologia em uma reunião discutindo algo que já foi corrigido, basta educá-lo sobre como esse trabalho evita falhas desnecessárias no futuro e torna os serviços mais resilientes.

No final da revisão, peça que alguém faça um resumo da reunião para os clientes e partes interessadas internas. Ao escrever mensagens externas, certifique-se de deixar de fora qualquer informação confidencial relacionada ao negócio, incluindo os nomes dos especialistas envolvidos que não queiram ser identificados. Como o pessoal da PagerDuty apontou em sua documentação de revisão pós-incidente, evite usar a palavra *interrupção*, a não ser que tenha sido completa. *Incidente* ou *degradação do serviço* transmite o ponto sem piorar a situação.

Planejando

Depois de ter uma boa ideia do que deu certo, do que deu errado e de quais áreas do sistema precisam ser trabalhadas, faça um plano para completar esse esforço da tecnologia. Crie os tíquetes necessários ou libere tempo dos especialistas envolvidos para reforçar as áreas que tornarão o serviço mais resiliente e menos frágil. Você deve priorizar esse trabalho, inclusive abrindo espaço para ele no próximo sprint ou semana de trabalho. Certifique-se de atribuir o trabalho a pessoas específicas que possam "ter propriedade" sobre sua realização. E acompanhe. Depois de determinar um prazo final estimado, não se esqueça de voltar para ver se tudo ocorreu bem ou se é preciso mais trabalho.

272   PARTE 4 **Praticando o Kaizen, a Arte da Melhoria Contínua**

5 Instrumentalizando Sua Prática DevOps

NESTA PARTE. . .

Descubra como modernizar a arquitetura de software aproveitando software de código aberto e adotando novas linguagens.

Gerencie sistemas distribuídos projetando microsserviços desacoplados, APIs padronizados e conteinerizando suas aplicações.

Descubra como escolher o melhor provedor de nuvem e migrar seus sistemas para lá.

NESTE CAPÍTULO

» **Utilizando software de código aberto (OSS)**

» **Licença em OSS**

» **Rodando aplicações em containers**

Capítulo **19**

Adotando Novas Ferramentas

A melhoria contínua e a iteração rápida são fundamentais para o DevOps. Isso significa que seus sistemas mudarão constantemente e você precisará adaptar suas abordagens técnicas. Novas linguagens, frameworks, bibliotecas e ferramentas são desenvolvidos o tempo todo. Pode ser difícil equilibrar a manutenção e a estabilidade com adaptação e iteração. Podemos tomar todas essas decisões com o DevOps em mente, centrando no cliente, pessoas e garantindo a colaboração em seu time.

Sempre que integrar uma parte de software — de código aberto ou comercial — no sistema, considere as exigências gerais do sistema e como cada parte se comunicará e interagirá com os outros componentes. A melhor solução do mundo é inútil se não pudermos integrá-la tranquilamente com o sistema existente. De forma similar, se uma ferramenta for difícil de usar, problemática de estender, não tiver documentação ou estiver em risco de ser descontinuada, hesite em selecioná-la.

Softwares de terceiros (ferramentas criadas por outra pessoa ou empresa) devem ser flexíveis e resilientes. Caso contrário, não funcionarão bem com as ferramentas das quais já depende. Neste capítulo, revemos o que é OSS (software de código aberto), como podemos nos beneficiar de sua integração no sistema e como selecionar linguagens nas quais escreveremos novos serviços.

Integrando com Software de Código Aberto

O software de código aberto fornece soluções de alta qualidade para problemas difíceis de resolver por custo baixo ou zero. A abertura geralmente implica que a ferramenta é, bom... aberta. Podemos ver o código e clonar o repositório para usar a ferramenta como base à qual adicionamos funcionalidade. Em comparação, o software "fechado" em geral é propriedade de alguma empresa comercial. Não podemos simplesmente mexer no código que sustenta o software. Devemos confiar que a empresa tenha desenvolvido uma ferramenta segura, confiável, resiliente e tolerante a falhas. Cada opção tem seus benefícios e riscos ao negócio, e muitas vezes precisamos decidir isso com base na ferramenta e na oferta. O software de código aberto não é, via de regra, sempre melhor, e as ferramentas comerciais nem sempre cumprem com os benefícios descritos na chamada de vendas.

Antes de falar da integração do software de código aberto ao sistema, preciso definir o que realmente significa "código aberto". Com frequência, as pessoas usam o termo para descrever vários aspectos da indústria, que podem levar à falta de comunicação adequada e a decisões ruins.

Abrindo à inovação comunitária

O termo *computação aberta* engloba uma grande variedade de tópicos relacionados à inovação comunitária, mas é usado como sinônimo de *código aberto*. As pessoas da área têm diversos pontos de vista sobre o assunto, então seria bom buscar pontos diferentes ao tomar decisões sobre o papel da computação aberta e do código aberto em sua aplicação.

Padrões abertos

Desde o começo da internet, as pessoas dependem de padrões abertos para fazê-la funcionar. Os protocolos padrões são o que possibilita à rede mais ampla se comunicar e funcionar. Esses protocolos incluem tudo, HTTP (Hypertext Transfer Protocol Secure), SMTP (Simple Mail Transfer Protocol), TCP/IP (Transmission Control Protocol/Internet Protocol), que são usados em bilhões de transferências de informação diariamente na internet. A tecnologia depende de linguagens markup como XML (eXtensible Markup Language), YAML (YAML Ain't Markup Language) e JSON (JavaScript Object Notation) para serializar dados de forma legível (quase) humana. Até as linguagens de programação têm comitês de padrões que tomam decisões sobre as melhores formas de implementar recursos.

Se esses padrões não fossem abertos, a inovação tecnológica não seria possível. A situação seria como cem empresas rodoviárias construindo uma interestadual sem qualquer plano de orientação de estradas, criação de conexões e desenvolvimento de materiais uniformes.

Arquitetura aberta

Decisões flexíveis de arquitetura são cruciais para uma organização DevOps. Seu sistema técnico pode crescer e evoluir, assim como os especialistas de tecnologia em suas áreas específicas que o mantêm. A arquitetura aberta descreve as interfaces padrões que os especialistas usam para conectar componentes independentes. A arquitetura orientada a serviços (SOA) é um exemplo de um estilo de design que cria componentes reutilizáveis e reconfiguráveis que implementam funcionalidade. Os APIs usam uma variedade de padrões como o REST (Representational State Transfer) ou GraphQL para possibilitar que as aplicações (ou microsserviços) interajam.

Código aberto

Software de código aberto (OSS) se refere especificamente a software lançado com o código-fonte visível para todos. Podemos copiar, modificar e distribuir o trabalho original — tudo sem royalties ao criador. O OSS deu à indústria da tecnologia alguns dos melhores softwares disponíveis atualmente. Linux, Python, Eclipse e o Firefox da Mozilla são exemplos de OSS. O software de código aberto formou a base de muitos dos produtos comerciais que usamos diariamente, incluindo o sistema operacional de seu celular.

Licenciando o código aberto

A licença é um componente-chave em OSS. O termo *software livre* foi definido por Richard Stallman, do MIT, na década de 1980 pelo cumprimento de quatro condições, que ele chamou de quatro liberdades:

» Usar

» Estudar

» Compartilhar

» Melhorar

Eric Raymond e Bruce Perens fundaram a Open Source Initiative (OSI) em 1998 (`https://opensource.org/history` [conteúdo em inglês]) e determinaram os critérios do OSS. O software proprietário pode ser livre, mas isso não o torna um OSS. A não ser que se possa ver e modificar seu código-fonte, um produto não é de código aberto. Para que seja considerado OSS, o produto deve satisfazer as dez condições a seguir:

>> A licença deve permitir que qualquer um venda ou redistribua o software sem royalty.

>> O código-fonte deve ser distribuído junto do produto.

>> A licença deve permitir modificações no código original.

>> A licença OSS pode permitir restrições para proteger a integridade do código-fonte do autor, como exigir um nome diferente para trabalhos derivados.

>> O OSI proíbe discriminação contra qualquer pessoa ou grupo.

>> A licença não deve restringir o uso do software para qualquer propósito particular.

>> A licença é distribuída, e não há necessidade de licenciamento adicional para a redistribuição.

>> Os direitos dados pela licença se aplicam a qualquer um e não dependem de um produto ou veículo de redistribuição.

>> A licença não deve restringir qualquer outro software potencialmente distribuído com o OSS.

>> A licença deve ser neutra a tecnologias, ferramentas e padrões específicos.

Existem centenas de licenças OSS, cada qual com sua própria particularidade sobre o que é permitido. Tenha o cuidado de verificar as licenças para garantir que as está obedecendo.

O licenciamento de software de código aberto ou avaliação das licenças de OSS que queira utilizar não exige necessariamente um advogado. Por exemplo, a MIT License usada em muitos produtos é bem curta e legível. Encontre a MIT License atual em `https://opensource.org/licenses/MIT` [conteúdo em inglês]. Recomendo dar uma olhada em outras licenças de OSS comuns, como as GNU General Public Licenses (GPL) e Apache License, para entender o que você pode esperar ao adotar o OSS com licenças diferentes.

278   PARTE 5 **Instrumentalizando Sua Prática DevOps**

Escolhendo o código aberto

Muitas vezes, a melhor opção é combinar o código aberto ao software proprietário. A essa altura, o OSS já alcançou uma taxa de adoção que forçou o software comercial a garantir a compatibilidade. O OSS oferece diversos benefícios para empresas que reservam um tempo para pesquisá-lo e adotá-lo. Ainda assim, como em qualquer outra decisão de tecnologia, sempre temos pegadinhas a considerar.

Benefícios

Muitos dos benefícios do software de código aberto se relacionam à disponibilidade, custo e qualidade geral:

» **Custo antecipado baixo:** O OSS oferece grandes benefícios monetários para empresas com custos de adoção inicial de baixo a zero. O software deve ser mantido e integrado, então, serão necessárias horas de especialistas de tecnologia, mas o custo geral é comumente uma fração de desenvolver a ferramenta de forma interna.

» **Aquisição rápida:** Diferente de alguns softwares proprietários que exigem testes e negociações de preço, o OSS geralmente é tão simples quanto um download rápido. (Tá bom, às vezes é um download lento; estou falando de você, JVM.) O outro benefício do acesso rápido é que os desenvolvedores podem criar MVPs sem precisar obter aprovação do gerente. Sua curiosidade pode impulsionar sua inovação pessoal e possibilitar que explorem as oportunidades de um produto sem adesão.

» **Desenvolvimento de alta qualidade:** Com OSS, conduzimos uma revisão em pares realizada pelos desenvolvedores e integramos todas as contribuições no projeto, mas outro desenvolvedor contribuinte realiza a revisão. Esse envolvimento da comunidade representa decisões que foram bem pensadas e avaliadas. O desenvolvimento liderado pela comunidade garante o envolvimento de um grupo de desenvolvedores extremamente experientes em código-fonte e orientado à comunidade. O resultado muitas vezes consiste em comunidades sólidas de pessoas dispostas a ajudar as outras com perguntas e criação de documentação e tutoriais.

Desvantagens

As desvantagens em potencial a serem consideradas se relacionam ao esforço da tecnologia, que precisa ser feito para integrar e manter o software:

» **Falta de suporte:** Um dos principais atrativos do software comercial é o suporte fornecido. Podemos acessar documentação sólida e ajuda na implementação do software. Dependendo do contrato, podemos acessar funcionários de suporte dedicados ao sucesso do cliente. Se esse suporte for crucial para seu sucesso, recomendo escolher algo além da maioria das ofertas de OSS.

» **Desafios de integração:** Você e seu time serão os únicos responsáveis por integrar o OSS no sistema existente. A integração geralmente é mais complexa do que o esperado, devido a surpresas do sistema e limitações do código legado. Se, por acaso, você puder entregar a tempo ou antes, muito bem! Mas nunca conte com esse tipo de sorte.

DICA

Coloque em seu roteiro tempo extra para problemas inesperados ao integrar qualquer coisa nova no sistema. Algo imprevisto sempre acontece. Talvez não exista modo melhor de descobrir bugs, código não utilizado e escolha estranha de implementação do que ao integrar software novo ao antigo.

» **Manutenção:** Algumas soluções de código aberto são imaturas. Elas são jovens e mal adotadas, o que não significa que sejam produtos ruins, mas limitam o conjunto de recursos e a comunidade acerca do produto. Um produto imaturo é mais difícil de manter e exige um esforço mais focado da tecnologia (desenvolvimento). Se seu negócio pode sustentar tal tipo de trabalho e os benefícios superarem os custos, vá em frente. Mas pense na viabilidade de longo prazo dos produtos antes de integrá-los.

Mudando para Novas Linguagens

Decidir adotar uma nova linguagem ou framework é uma perspectiva comum e, às vezes, assustadora. Assim como os idiomas, as linguagens de programação compartilham uma estrutura comum. Depois de entender as partes básicas de uma linguagem de software, geralmente podemos transferir esse conhecimento para outra linguagem. A maioria das declarações como "Python é melhor do que Java" têm mais a ver com o nível de conforto do especialista do que com a realidade. Ou seja, desenvolvemos mais rápido e melhor com uma linguagem que conhecemos bem.

DICA

As linguagens diferem principalmente em sintaxe e paradigmas. Mas as exigências como considerações especiais e sistemas operacionais também podem impactar sua decisão de qual linguagem adotar.

Ainda que as linguagens de programação possam ter sintaxes extremamente diferentes, a maioria delas permite diversos paradigmas. Podemos escrever JavaScript funcionalmente, imperativamente ou usando técnicas de programação orientada a objetos. Podemos escrever Go para ser imperativa ou procedural. Python cobre quase qualquer coisa, de compilado a interpretado; pode ser funcional, orientada a objetos, iterativa ou reflexiva. Se pensarmos bem, Python provavelmente é flexível o bastante para isso.

Mas existem algumas razões para considerar algumas linguagens em detrimento de outras, e elas se relacionam a necessidades técnicas do produto e a seu time de tecnologia (atual e futuro).

Compilando e interpretando linguagens

C, C++, C#, Erlang, Elm, Go, Haskell, Java, Rust — dentre outras —, são linguagens compiladas. JavaScript, Ruby e Python são linguagens interpretadas. A principal diferença entre esses dois tipos de linguagem é como a máquina lê o programa. Pessoas falam em humano (independentemente da versão), mas máquinas falam em números. As pessoas precisam reduzir a natureza prolixa de nossa linguagem para os uns e zeros do computador.

Uma linguagem interpretada usa um interpretador (outro programa) para analisar as instruções do programa e executá-las. Ela não exige considerações de infraestrutura além de ter o interpretador instalado. Por outro lado, linguagens compiladas traduzem um programa para a linguagem assembly do computador em que o programa é executado. A arquitetura do computador deve suportar a linguagem na qual o programa foi compilado.

Uma linguagem compilada geralmente tem um desempenho mais rápido, porque usa a linguagem nativa do computador. Pense na velocidade muito maior com que você consegue falar e compreender sua língua nativa em relação à sua segunda ou terceira língua. Não há a parte da tradução; você simplesmente entende. É o mesmo para os computadores. Além disso, as linguagens compiladas fornecem uma oportunidade de otimização durante a compilação. Uma linguagem interpretada é mais fácil de implementar e roda imediatamente. Ela não precisa da fase de compilação depois de uma mudança ou atualização.

A potência do computador e das ferramentas que temos à nossa disposição hoje tornam essa distinção entre linguagens compiladas e interpretadas muito menos importante do que nas décadas anteriores. Embora o hardware melhorado tenha reduzido as decisões-chave de processamento e alocação de recursos para possibilitar que foquemos outras coisas, reconhecer as diferenças entre as linguagens pode oferecer uma compreensão mais profunda dos benefícios e das armadilhas em potencial da decisão de adotar uma linguagem específica.

Paralelizando e multithreading

Quando aprendi a escrever código, ficava sempre muito confusa sobre a diferença entre uma linguagem ou um sistema concorrente e um paralelo. Eles pareciam ser praticamente a mesma coisa. Porém, são diferentes, embora essa diferença seja muito pedante. Um sistema concorrente pode suportar mais de uma ação *em andamento* ao mesmo tempo, enquanto um sistema paralelo pode suportar mais de uma ação executada simultaneamente.

Isto é, um sistema paralelizado executa dois comandos separados ao mesmo tempo. Um sistema concorrente pode parecer que executa em paralelo, mas, na verdade, atribui ambas as tarefas à mesma thread. O paralelismo exige múltiplas unidades de processamento no nível de hardware.

O multithreading é um processo relacionado, mas levemente diferente da paralelização. Com ele, o sistema operacional (OS) executa diversos processos ao mesmo tempo enquanto compartilha recursos computacionais. A unidade de processamento central (CPU) executa mais de um comando concorrentemente.

As linguagens que podem melhorar sua habilidade de paralelizar seus sistemas de modo poderoso incluem:

» Ada

» C#

» Clojure

» Elixir

» Erlang

» Go

» Java

» Rust

» Scala

Programando funcionalmente

A programação funcional é um estilo que elimina — ou reduz significativamente — dados mutáveis, evitando a mudança de estado. Dentro desse paradigma, as funções são idempotentes (imutáveis). O resultado de uma função depende apenas dos argumentos passados para a função e não pode ser impactado pelo estado local ou global. Se quiser um código limpo, a adoção de práticas de programação funcional é um ótimo começo.

Independentemente de adotar uma linguagem funcional ou apenas integrar os conceitos nos padrões de seu código, você deve entender três conceitos importantes da programação funcional, explicados nas próximas seções.

Funções de ordem superior

Essas funções recebem outras funções como parâmetros. Esse tipo de função permite o currying — um modo de forçar as funções a retornarem novas funções que aceitem um argumento de cada vez.

```
function doSomeMath(n, task) {
  return task(n);
}


function addOne(n) {
  return n + 1;
}
```

```
function subtractOne(n) {
  return n - 1;
}

doSomeMath(3,subtractOne);
```

Funções puras

As funções puras não têm efeitos colaterais. Não existem dependências entre elas e não há como uma interferir na outra, então são seguras para thread e podem ser executadas em paralelo. O código a seguir mostra uma função pura comparada a uma impura. Na última, o parâmetro deve ser acessado de fora da função, o que é inaceitável em funções puras.

```
var pureFunction(a, b) {
  // retorna a soma de dois valores passados para a função

  return a + b;
}

var impureFunction(a) {
  // b não é um parâmetro e portanto deve
  // ser acessado de fora da função

  return a + b;
}
```

Recursão

Na programação funcional, realizamos a iteração muitas vezes usando a recursão. Uma função recursiva pode chamar a si mesma. Devemos usar a recursão quando possível, porque é considerada mais elegante e resistente a bugs. Este código mostra uma função recursiva simples que faz uma contagem regressiva a partir de um número específico (e exibe os números no console), parando no zero.

```
function subtract(n) {
  console.log(n)

  if (n === 0) {
  return 0;
  }
  else {
  return (subtract(n - 1));
  }
}

subtract(10);
```

Você pode adotar os conceitos anteriores em qualquer linguagem, mas eles são mais comuns nas funcionais ou nas que suportam melhor os paradigmas funcionais. Elm e Haskell são consideradas linguagens puramente funcionais, mas podemos escrever funcionalidades em Java, Closure e até em JavaScript.

Administrando a memória

A gestão de memória é um modo de alocar memória para funções específicas. As aplicações exigem gestão de memória para garantir que um programa em execução tenha os recursos disponíveis para fornecer qualquer objeto ou estrutura de dados que o usuário quiser. A gestão de memória envolve uma alocação inicial e a reciclagem ou coleta de lixo. O alocador atribui um bloco de memória ao programa, e, quando ele não é mais necessário, o coletor de lixo o disponibiliza.

Em algumas linguagens, o programador deve gerir o processo de coleta de lixo. Em outras, a abordagem é automatizada. C#, Go, Java, JavaScript, Ruby e Python cuidam disso para você, enquanto linguagens como Rust e C exigem uma gestão de memória manual.

Escolhendo as linguagens sabiamente

O objetivo desta seção não é o de que você memorize os prós e contras de cada linguagem. É fazer com que entenda que existe uma grande variedade de linguagens para escolher. Algumas são consagradas em sua abordagem à programação; outras são infinitamente flexíveis e facilmente manipuladas. Algumas são especializadas para um caso específico. Por exemplo, R é mais conhecida pelo cálculo estatístico. Java, por aplicações empresariais. Python é amplamente usada por cientistas de dados e desenvolvedores web. Go é especialmente útil para alto desempenho e eficácia de runtime. Swift é projetada especificamente para dispositivos Apple.

Além das características da linguagem, é preciso manter cinco perguntas em mente ao escolher a próxima, como explico nas próximas seções.

Qual é a qualidade da comunidade da linguagem?

Escolha uma linguagem cuja comunidade se alinhe com sua cultura empresarial. Um pequeno subconjunto de linguagens é conhecido por ter ótimas comunidades. A comunidade Ruby, por exemplo, é incrivelmente receptiva, diversa e preocupada com a elevação de nível de desenvolvedores menos experientes e juniores. Ruby é fácil de aprender simplesmente por causa do número de desenvolvedores que já estão prontos para contribuir e ajudá-lo a entender tudo.

Uma comunidade de linguagem saudável oferece vários benefícios:

» Mentoria amplamente disponível (e, em geral, gratuita).
» Blogs e tutoriais para ajudar os desenvolvedores a começarem.
» Várias respostas a perguntas em fóruns de programação.

LEMBRE-SE

Ruby é a linguagem com a qual aprendi a programar, e serei eternamente grata aos grupos de desenvolvedores que me ajudaram a começar. Eles forneceram um ambiente seguro em que eu pude fazer perguntas — mesmo as bobas. Ajudar os outros sem julgamento e sem expectativa de recompensa é um aspecto importante da comunidade. É assim que se desenvolve uma comunidade tecnológica saudável e duradoura — para todos.

Quantos desenvolvedores conhecem a linguagem?

Selecione uma linguagem que possibilite o recrutamento com muitos candidatos. Algumas são tão amplamente adotadas que encontrar um desenvolvedor talentoso é relativamente fácil. Outras são tão antigas, descontinuadas ou especializadas, que os desenvolvedores que conseguem fazer manutenção de sistemas legados e adicionar código novo são incrivelmente raros (e geralmente bem pagos). Perl e ColdFusion não têm milhares de especialistas por aí. Por outro lado, podemos encontrar uma lista quase infinita de desenvolvedores JavaScript brilhantes. Não é preciso contratar especialistas em uma nova tecnologia específica. Sim, ter um âncora no time que conheça muito sobre alguma coisa extremamente específica seria bem útil. Porém, a necessidade de contratar pessoas com curiosidade e paixão para encontrar novas soluções de tecnologia vai além de todas as outras considerações.

Quais frameworks e bibliotecas estão disponíveis?

Os frameworks e bibliotecas podem determinar o sucesso ou o fracasso de seu projeto. Mesmo. Usar uma linguagem que fornece bibliotecas específicas que permitam que seus desenvolvedores chamem o código pronto para o uso pode eliminar meses de seu projeto. Um framework é bem parecido com uma estrutura de aplicação pronta para usar. É um esqueleto no qual podemos adicionar funcionalidade. De muitas formas, ele define os paradigmas de design. Como resultado, frequentemente encontramos frameworks em linguagens flexíveis.

Python tem Django; Ruby tem Rails; JavaScript tem React, Vue.js, Angular, Polymer, Backbone.js, Ember.js etc. Uma biblioteca complica o trabalho da criação, mas muitas vezes resolve os algoritmos para você. As bibliotecas de matemática e física, por exemplo, possibilitam a chamada de funcionalidade complicada sem ter de fazer os cálculos.

Quais são as exigências específicas do projeto?

Como vimos na seção anterior, as linguagens têm todos os tipos de formas e tamanhos. Algumas são consagradas, enquanto outras se contorcerão para possibilitar que você faça qualquer reparo no qual esteja trabalhando. Nenhuma linguagem é melhor do que a outra, mas algumas podem ser mais adequadas a projetos específicos.

Se seu projeto tem um componente móvel, a abordagem de escolha de linguagem precisará levar em consideração esse desenvolvimento de app móvel para Android e iOS. Também é preciso considerar o ambiente físico no qual seu projeto ou time trabalhará. Se boa parte de sua infraestrutura for baseada em servidores Azure ou da Microsoft, uma solução Microsoft provavelmente será implementada com mais facilidade. Por fim, lembre-se das exigências de escalabilidade do projeto. Algumas linguagens são mais facilmente escaláveis do que outras.

Qual é o nível de conforto e conhecimento do time atual?

De maneira ideal, escolhemos uma linguagem com a qual o time esteja, pelo menos, vagamente familiarizado ou que possa aprender rápido.

Jogar para o time uma linguagem ou framework novo sem qualquer base de conhecimento deixará seus membros com a síndrome do impostor e cheios de medo. O que acontece quando se veem como fraudes que não sabem o que estão fazendo? É claro que não são impostores. Você contratou desenvolvedores talentosos que são capazes de assumir desafios. Mas essa é a resposta emocional que provavelmente receberá.

Se um projeto de fato pede algo completamente novo, tente encontrar uma conexão para seus desenvolvedores. Talvez você esteja mudando sua gestão de configuração para o Chef — uma ferramenta com a qual ninguém do time está familiarizado. Mas quem sabe um de seus especialistas tenha sido desenvolvedor Ruby. Essa leve familiaridade ajudará muito a elevar o nível do time com rapidez.

288   PARTE 5 **Instrumentalizando Sua Prática DevOps**

NESTE CAPÍTULO

» **Introduzindo microsserviços**

» **Projetando APIs**

» **Rodando aplicações em containers**

Capítulo **20**

Gerindo Sistemas Distribuídos

U m sistema distribuído é simplesmente uma coleção de componentes em rede em vários computadores. Os componentes são independentes (ou pelo menos deveriam ser), podem falhar sem impactar outros serviços e trabalham de forma concorrente. Os serviços se comunicam por mensagens formatadas para um protocolo específico (como HTTP).

Décadas atrás, o servidor que hospedava a aplicação de uma empresa geralmente ficava em um armário no escritório. (Alguns de vocês devem ter alguns desses por aí ainda.) Agora a maioria das empresas está começando a aproveitar a hospedagem em nuvem sob demanda. Em grande parte, essa movimentação acontece porque rodar aplicações em larga escala requer uso eficaz de infraestrutura. Os custos de subutilizar hardware se acumulam rapidamente.

Os sistemas distribuídos se transformaram no padrão, principalmente por causa dos serviços em nuvem (Cloud Services). A multilocação de serviços possibilita que diversos clientes aproveitem os recursos compartilhados, o que mantém os custos baixos, maximizando o uso desses recursos. Se você utiliza um servidor em nuvem como Azure ou AWS, os componentes de seu sistema rodam em máquinas espalhadas por uma região (ou regiões) específicas. Na maior parte do tempo, o provedor em nuvem (cloud) nem sabe em *quais* máquinas sua aplicação está rodando.

Falo mais sobre a mudança para plataformas e infraestrutura de nuvem (cloud) no Capítulo 21. Por ora, focaremos os dois conceitos que acompanham essa transição para sistemas distribuídos: microsserviços e containers. Os microsserviços são um estilo de arquitetura que separa a lógica em serviços fracamente acoplados. Teoricamente, a modularidade torna a aplicação mais resiliente e fácil de manter do que uma aplicação monolítica. Os containers possibilitam que os times de tecnologia empacotem aplicações com dependências e forneçam um ambiente efêmero isolado.

Neste capítulo, mergulho na transição de uma arquitetura monolítica para a de microsserviços, explico como os APIs possibilitam os sistemas distribuídos e abordo o trabalho com infraestrutura containerizada.

Trabalhando com Monólitos e Microsserviços

Independentemente da linguagem e das ferramentas escolhidas, devemos inserir todas as peças em um sistema que funcione. As duas estruturas arquiteturais comuns nas aplicações modernas são monólitos e microsserviços (sendo a última a mais popular entre times de alto desempenho).

Se estiver se perguntando se os microsserviços são apenas uma arquitetura orientada a serviços (SOA), você está quase certo. A arquitetura SOA tem algumas características principais:

> » Os componentes ou unidades de funcionalidade gerenciam logicamente as funções de negócios.
>
> » Toda unidade é autônoma.
>
> » Os usuários não precisam saber como um componente funciona, apenas como interagir com ele.
>
> » Podem existir outros serviços dentro de uma unidade, mas os componentes são fracamente acoplados.

Os microsserviços são uma implementação moderna de SOA. Embora não exista um padrão industrial para o que constitui um microsserviço, podemos começar com alguns princípios básicos.

Como no SOA, a arquitetura de microsserviço é fracamente acoplada. As unidades de lógica — serviços — são razoavelmente separadas. Podemos atualizar e implementar serviços de forma independente. Os microsserviços são pequenos — o que o nome já diz! — e realizam uma parte da funcionalidade do negócio. Podemos escrever serviços em diferentes linguagens e dar suporte a eles com infraestruturas variadas. As unidades se comunicam entre si via interfaces tecnologicamente agnósticas e protocolos como APIs e solicitações HTTPS. A natureza modular dos microsserviços facilita a leitura, a compreensão, a resolução de problemas e a manutenção da aplicação.

Essa separação da lógica melhora a propriedade de serviço por todo o time de tecnologia. Também permite que os times escolham independentemente a linguagem e as ferramentas enquanto ainda aplicam os princípios DevOps na organização — melhorando a autonomia e possibilitando a colaboração. Embora cada parte da lógica não precise ser abstraída em um microsserviço devido à complexidade desnecessária, dividi-la em componentes menores beneficiará o time e possibilitará a adoção mais tranquila da CI/CD.

Escolhendo primeiro uma arquitetura monolítica

Minha preferência é começar uma aplicação nova com uma arquitetura monolítica. Se tiver uma startup ou estiver começando um MVP (veja mais detalhes sobre eles no Capítulo 7), não se preocupe em pensar demais na arquitetura. Sim, tomar algumas decisões arquiteturais principais com o crescimento em mente é importante, mas digo que se preocupar em como escalar dinamicamente uma aplicação enquanto tem vinte usuários é um tempo mal utilizado.

A Figura 20-1 mostra uma aplicação monolítica. Uma UI se comunica com a lógica de negócios. As funções que formam essa lógica têm acesso a uma camada de dados que, por fim, se comunica diretamente com o banco de dados. Os dados fluem para cima e para baixo na pilha.

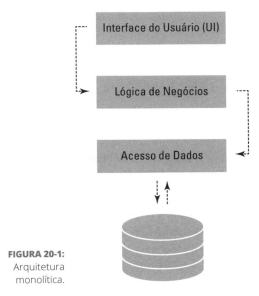

FIGURA 20-1: Arquitetura monolítica.

A certa altura, começamos a notar o atrito ao longo do ciclo de vida de entrega do software. Os desenvolvedores passam por cima uns dos outros ao tentar corrigir bugs e adicionar funcionalidade. Um bug na lógica do usuário causará uma interrupção do serviço quando os usuários tentarem comprar um produto. À medida que esses problemas surgem, considere desacoplar lentamente a lógica para microsserviços. Você dividirá a funcionalidade do monólito em componentes menores.

CUIDADO

Certifique-se de deletar o código que não for usado. O erro mais comum que vejo pessoas cometerem quando começam a suprimir um monólito e adotar os microsserviços é não deletar código não usado. Não tenha medo de deletar o código. Usamos o controle de fonte e temos acesso a submissões e builds anteriores. Nada em uma base de código age mais como uma bomba do que código não utilizado. Um único nome duplicado acrescentado meses ou anos mais tarde e que acidentalmente chama uma lógica antiga pode se tornar uma grande falha.

Ao dividir lentamente a lógica em pequenos componentes organizados, em determinada altura, você descobrirá que tem um monólito parecido com um planeta com luas de microsserviços girando ao seu redor. Encorajo que você aguarde um pouco nessa fase até que saiba que seu time de tecnologia consegue lidar com um sistema totalmente desacoplado.

Se *acha* que tem microsserviços, mas na verdade tem o que adoro chamar de "macrosserviços", você se verá em uma situação muito mais enrolada e difícil de livrar. Diferentemente dos microsserviços, os macrosserviços são ligados de modos tênues, quase indetectáveis.

Quando decidir que está disposto e é capaz de passar totalmente para os microsserviços, é hora de levar a qualidade do código e os padrões de desenvolvimento a sério, bem como garantir que tenha padrões claros em relação ao design de API e versionamento para que os serviços possam se comunicar sem problemas.

LEMBRE-SE

Um monólito bem arquitetado é preferível a microsserviços mal desenvolvidos.

Evoluindo para microsserviços

Além de desacoplar a lógica, microsserviços bem arquitetados oferecem às grandes organizações de tecnologia a capacidade de dividir times por componentes em que cada grupo de especialistas "possui" um serviço (ou grupo de serviços) da ideação à produção. Esse tipo de arquitetura possibilita o desenvolvimento paralelo de recursos por vários times. (Também exige um time de product owners ou gerentes de projetos para dividir o trabalho adequadamente.)

Em comparação a um monólito, os microsserviços podem interagir livremente uns com os outros, e esses serviços circularão a informação até que os dados precisem ser salvos ou recuperados do banco de dados. Os microsserviços envolvem uma arquitetura de forma muito mais livre, como podemos ver na Figura 20-2.

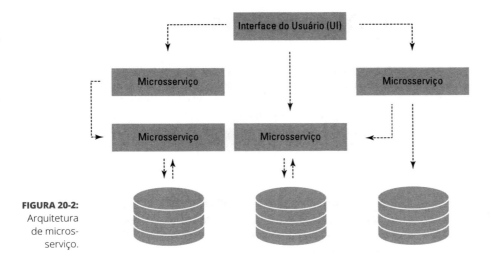

FIGURA 20-2: Arquitetura de microsserviço.

Um time pode desenvolver, testar e lançar cada componente pelo seu pipeline único de CI/CD. Cada um pode ter qualquer débito técnico que quiser assumir no decorrer do processo. Se um recurso específico é mais bem projetado em Go enquanto outro é idealmente implementado em Python, ambos podem existir em seu estado independente e se comunicar pelo protocolo de linguagem agnóstica. Além de (potencialmente) não compartilhar uma linguagem, os serviços não compartilham bancos de dados ou hardware.

Da perspectiva das operações, os microsserviços simplificam as implementações. Como geralmente são de natureza menor, com menos linhas de código do que um monólito, podemos implementar pequenas mudanças com mais facilidade e frequência, eliminando assim um desafio comum de adotar a entrega contínua ou a implementação contínua. Talvez ainda mais importante, os microsserviços possibilitam a escalação refinada e objetiva. Em vez de alocar recursos para todo o sistema, podemos localizar serviços específicos que tenham demanda maior e alocar recursos adicionais para esse componente.

Encontraremos lógica repetida por toda a aplicação. Não duplique código em diferentes serviços. Em vez disso, crie bibliotecas contendo lógica compartilhada que qualquer serviço possa acessar. Certifique-se de adotar uma solução de fila de mensagens que use um formato como o JSON para notificar adequadamente os serviços de mudanças em um formato assíncrono. Podemos projetar filas de mensagens que persistam, eliminando assim a perda de dados em trânsito.

Qualquer time que tente passar de uma arquitetura monolítica para uma de microsserviço terá desafios. A triagem desses problemas é um preço pequeno a ser pago pelos ganhos em potencial que podemos alcançar. Quando projetar serviços que criem conflito entre os times, aplique processos DevOps para comunicar aquilo de que cada time precisa e adapte os serviços independentes para que trabalhem juntos.

Projetando Ótimos APIs

Uma interface de programação de aplicações (API) é um modo de expor apenas os objetos específicos e as ações requeridas. Um API pode ser qualquer coisa que uma pessoa (ou computador) use para interagir com uma aplicação de software. Quando falo de APIs e serviços, no entanto, estou me referindo aos APIs RESTful (transferência de estado representacional). A abordagem RESTful aproveita as solicitações HTTP (HyperText Transfer Protocol) que possibilitam que as aplicações e serviços se comuniquem. O HTTP tem quatro ações (às vezes chamadas de verbos): GET, PUT, POST e DELETE.

PAPO DE ESPECIALISTA

Antes do REST, o formato padrão do API era o SOAP (simple object access protocol). A vantagem do REST é que ele usa menos largura de banda, sendo preferível para transações que ocorrem pela internet. Os APIs permitem que os desenvolvedores exponham seus serviços para outros desenvolvedores e aplicações, o que possibilita que um sistema cheio de designs de serviços diversificados aja como um todo. Um API recebe solicitações e envia respostas.

O que é um API

Em seu design mais básico, cada solicitação de API requer duas informações: um substantivo e um verbo. Ou seja, no que você está interessado e o que quer fazer com essa coisa? Identificadores específicos podem ser exigidos para determinadas ações.

O API então envia uma resposta para o solicitante com uma atualização do que aconteceu.

Por exemplo, digamos que um novo usuário preencha um formulário de inscrição no site. Esse formulário provavelmente coletará a informação inserida pelo usuário e a utilizará em um enpoint de API, que passará a informação para um serviço, que por sua vez avaliará e validará a informação. Se tudo estiver bem, o usuário será salvo no banco de dados pelo serviço apropriado.

O endpoint de API para essa solicitação pode ser

```
POST /users
```

Depois que o usuário for salvo no banco de dados, ele recebe uma ID, que o identifica como único no banco de dados. Se você quisesse solicitar esse usuário, e seu ID fosse 34, o endpoint poderia ser assim:

```
GET /users/34
```

Neste exemplo, a ação `PUT` do HTTP editaria o usuário, e `DELETE` — você adivinhou! — deletaria o usuário do banco de dados.

Focando o design consistente

O design de API se torna crucial para organizações que usam uma arquitetura de microsserviços difundida. Parte de sua estrutura interna deve garantir que os APIs sejam o *único* modo de interação de serviços. A memória compartilhada, o acesso direto aos dados ou a vinculação direta desorientará os processos da organização e dificultará muito a identificação de bugs. Os APIs devem servir como o canal exclusivo de comunicação do sistema, e você deve projetar todo serviço para que use o acesso de API.

As sugestões nas próximas seções são bem resumidas, mas são descritas com práticas boas para implementar ao projetar APIs.

Usando substantivos

Cris seus endpoins usando substantivos, não verbos. `GET /users` é preferível a `GET /getAllUsers`. Observar isso com a ação HTTP deve esclarecer um pouco. `GET /users/34` é melhor do que `GET /getUser/34`. Mantenha tudo limpo. Padrões simples e previsíveis mantêm os bugs em um nível mínimo e facilitam que os desenvolvedores projetem serviços para integração com seus APIs.

Determinando verbos

Certifique-se de usar os verbos HTTP corretos para as ações requisitadas. `GET` pega um objeto específico ou um grupo de objetos. `POST` cria um objeto ou uma coleção de objetos. `PUT` atualiza (ou edita) um objeto existente ou uma coleção de objetos. `DELETE` exclui um objeto existente ou uma coleção de objetos.

Pluralizando endpoints

Decida a pluralização. Os endpoints de API podem ser substantivos pluralizados para todas as solicitações, ou use substantivos singulares, se adequado. Por exemplo, se usar singular *e* plural, o endpoint para pegar todos os usuários é `GET /users`, e para pegar um único usuário é `GET /user/34`. Prefiro manter a consistência e usar substantivos pluralizados para tudo. Para que você tenha uma ideia, pense em `GET de USERS user 34` (que, de uma perspectiva de banco de dados, faz sentido).

Adicionando parâmetros

Use parâmetros extras. Você pode passar quantos parâmetros quiser para o endpoint. Se precisar configurar um API para que pegue um usuário pelo nome, em vez de pelo ID, faça da seguinte forma: GET /users?name='emily', em vez de GET /getUserByName. O primeiro mantém o design consistente e limita quantos endpoints de API originais os desenvolvedores precisam memorizar ou localizar na documentação.

Respondendo com códigos

Responda com os códigos HTTP adequados. O design de API não acaba na solicitação. Os desenvolvedores devem configurar códigos de resposta para informar aos usuários ou ao serviço o que aconteceu depois que a solicitação foi recebida. Quase todo mundo já viu uma página 404 em um site. A mensagem 404 é o código de resposta para NOT FOUND, mas existem dezenas de opções para incluir. A Tabela 20-1 mostra códigos de resposta comuns.

TABELA 20-1   **Usando Códigos de Resposta HTTP**

Categoria do Código	Código	O que Significa
200 – Está Tudo Bem		
Os códigos 200 significam que tudo saiu como o esperado. Mas você pode incluir informações extras para respostas específicas.	200 OK	O código de resposta HTTP mais comum. Tudo deu certo.
	201 CREATED	A solicitação POST foi bem-sucedida. Um novo recurso foi criado.
	202 ACCEPTED	A solicitação foi recebida, mas nenhuma ação foi realizada.
300 – Por favor, venha por aqui		
Respostas usando códigos 300 são redirecionamentos.	301 MOVED PERMANENTLY	O recurso solicitado foi mudado. Isso geralmente é acompanhado de um URL de redirecionamento.
	302 FOUND	O recurso foi mudado temporariamente. Enquanto 301 é permanente, o 302 não é.
400 – Erro de cliente		

296   PARTE 5 **Instrumentalizando Sua Prática DevOps**

Categoria do Código	Código	O que Significa
Qualquer código de resposta em 400 é um erro de cliente. Ou seja, o usuário cometeu um erro.	400 BAD REQUEST	O servidor (ou endpoint) não conseguiu entender a solicitação. Isso geralmente é visto quando se usa sintaxe incorreta ou como padrão quando não está claro o que deu errado.
	401 UNAUTHORIZED	É preciso uma autenticação. O cliente não fez login.
	403 FORBIDDEN	O cliente não tem as credenciais de autorização corretas para acessar a resposta. Esse erro difere do 401 porque a identidade do cliente é conhecida.
	404 NOT FOUND	O recurso solicitado não pode ser localizado.
500 – Sou Eu, Não Você		
Finalmente, qualquer código de resposta acima de 500 se refere a erros do servidor.	500 INTERNAL SERVER ERROR	O servidor não sabe o que fazer e precisa tentar novamente.
	501 NOT IMPLEMENTED	O servidor não consegue satisfazer a solicitação.
	502 BAD GATEWAY	O servidor recebeu uma resposta inválida ao agir como gateway para processar a solicitação.
	503 SERVICE UNAVAILABLE	A solicitação não pode ser processada. Geralmente o servidor caiu e a solicitação precisa ser enviada novamente.

Versionando seu API

Você deve prefixar a versão do API no endpoint. Por exemplo, para obter todos os usuários, use GET v1/users. Também pode incrementar versões subsequentes como achar necessário, embora v1, v2, v3 seja simples e direto. Mas prefixar o número da versão garante que ela seja enviada, o que não é garantia de que seja enviada como parâmetro. Essa abordagem elimina bugs estranhos quando tudo em uma solicitação parece correto, mas o versionamento está errado. Recomendo que você leve em consideração a compatibilidade retroativa à medida que seus APIs evoluem e novas versões são lançadas.

Paginando respostas

Aproveite a paginação para evitar retornar quantidades enormes de dados ou acabar derrubando o serviço. Certifique-se de estabelecer um limite e um offset padrão que seja aplicado às respostas se nenhum for provido na solicitação. Por exemplo, a primeira página retornaria `GET /users?limit=25` — isto é, os 25 primeiros usuários (de ID 0 a 24). A página seguinte responderia com os dados de `GET /users?offset=25&limit=25` e entregaria os 25 usuários seguintes (com ID 25 a 49). `offset`, neste caso, simplesmente diz ao serviço para pular os 25 primeiros usuários quando solicitar a informação do banco de dados. Você pode aumentar o offset com cada solicitação paginada.

Formatando dados

Escolha um formato suportado. A maioria das aplicações modernas prefere que as informações estejam formatadas como JSON em solicitações e respostas. JSON usa menos caracteres e é mais legível do que XML, embora muitas aplicações ainda usem o XML mais prolixo.

Comunicando erros

Acrescente mensagens de erro para dar mais informações personalizadas ao usuário. Pense além do código de resposta. O que o usuário precisa saber? Exemplos incluem `RESPONSE 200 OK - O usuário está salvo!` ou `RESPONSE 400 BAD REQUEST - Falta de informação obrigatória: PRIMEIRO NOME`.

Containers: Muito Mais do que Máquinas Virtuais

Os containers são instâncias de um objeto de runtime definido por uma imagem. São ambientes leves nos quais podemos rodar a aplicação. Uma imagem e um container são conceitos relacionados, mas diferentes, e compreender essa distinção é fundamental para decidir containerizar a aplicação. Uma imagem é um snapshot imutável de um container. Não podemos mudar ou atualizar um snapshot. Uma imagem produzirá um container se rodar usando o comando adequado. Imagens são armazenadas em um registro e perfeitamente organizadas em camadas para economizar espaço de disco.

DICA

Camadas de imagens são instruções imutáveis que permitem que um container seja criado usando referências para compartilhar informações. Por exemplo, imagine construir dois containers que sejam idênticos até as duas últimas linhas de instruções. Em vez de criar dois containers do zero, podemos usar as camadas para possibilitar a referenciação aos caches de camada e reconstruir apenas as duas últimas.

```
docker run [OPTIONS] IMAGE [COMMAND]
```

Containers têm recursos isolados de CPU, memória e rede enquanto compartilham o kernel do sistema operacional. Eles hospedam código-fonte, ferramentas de sistema e bibliotecas. Diferem-se de formas específicas das máquinas virtuais (VMs), mas podemos pensar neles como iterações leves de VMs.

PAPO DE ESPECIALISTA

Embora os containers existam desde o fim da década de 1970, a tecnologia não estava madura o bastante para rodar aplicações na produção até que Docker inaugurou sua plataforma em 2013. Um container moderno é um ambiente de execução e repositório autossuficiente para tudo o que sua aplicação precisa executar.

Entendendo containers e imagens

Os contêineres de navio são uma metáfora geralmente usada, mas muito problemática, para os containers. Gosto de usar o Harry Potter. (Sim, estou falando do bruxo com uma cicatriz de raio na testa. Seus fãs sabem que a cicatriz é, na verdade, o movimento feito ao lançar o feitiço Avada Kedavra.) Eu não quero falar exatamente do Harry, mas, sim, de um conceito que J. K. Rowling criou para o mundo dos bruxos de Harry Potter: a penseira.

No mundo de Harry Potter, uma *penseira* é uma bacia grande e rasa na qual as memórias são recriadas de forma fiel ao ambiente original — em todos os detalhes — e podem ser experienciadas por qualquer pessoa exatamente como ocorreu originalmente. Uma memória é tirada do armazenamento e colocada na penseira. Quando um bruxo coloca o rosto na penseira, ele é empurrado para a memória como se a estivesse vivendo fisicamente.

Podemos comparar uma imagem de container à memória armazenada sem degradação até que esteja pronta para ser experienciada por outro bruxo por intermédio da penseira. O container seria o reviver da experiência — uma instância dessa memória.

CAPÍTULO 20 **Gerindo Sistemas Distribuídos**   299

Implementando microsserviços a containers

A arquitetura de microsserviços é ideal para aproveitar a infraestrutura containerizada. Como os componentes são independentes de outras funcionalidades da aplicação, podem ser lançados e hospedados individualmente. Os microsserviços se comunicam por APIs, o que significa que diferentes serviços podem ser lançados em containers diferentes.

A Figura 20-3 exibe aplicações de microsserviços. Cada aplicação tem muitos serviços que, quando ligados, formam a funcionalidade completa da aplicação. Um serviço pode focar usuários, enquanto outro foca a funcionalidade de pedidos. Há maneiras incontáveis de dividir a funcionalidade da aplicação em microsserviços.

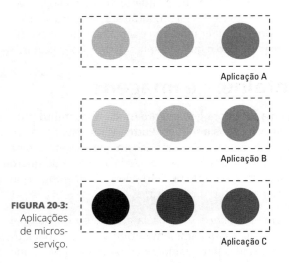

FIGURA 20-3: Aplicações de microsserviço.

Depois de dividir uma aplicação em partes que podem ser containerizadas, podemos criar imagens Docker imutáveis — aquelas memórias armazenadas na penseira imaginária — que capturam todo o necessário para rodar um serviço. A Figura 20-4 exibe as imagens criadas para cada serviço de uma aplicação, prontas para serem implementadas de forma independente a containers.

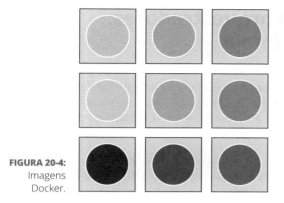

FIGURA 20-4: Imagens Docker.

E finalmente, a Figura 20-5 exibe a execução de serviços não relacionados no mesmo container. Não é preciso agrupar os serviços de modo específico antes de lançá-los. Os containers não se importam com o que é rodado neles, e os microsserviços não precisam ser combinados com qualquer outra lógica. Podemos misturar tudo para maximizar o uso de recursos, bem como agrupar containers em clusters, como mostra a figura.

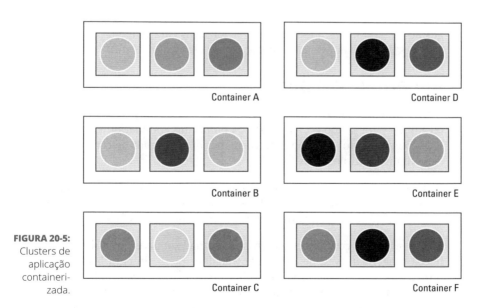

FIGURA 20-5: Clusters de aplicação containerizada.

Os containers permitem aplicações distribuídas, mas clusters grandes exigem uma orquestração para criar, administrar e atualizar containers em vários hosts.

CAPÍTULO 20 **Gerindo Sistemas Distribuídos** 301

Comparando os orquestradores: Harmonize a colmeia

Os orquestradores o ajudam a gerir conjuntos de containers para aplicações que rodam na produção em diversos containers ou usando uma arquitetura de microsserviço. É difícil obter visibilidade em sistemas complexos por meio da monitoração e da telemetria para escalação, e um orquestrador pode ajudá-lo a gerenciar melhor seu sistema distribuído.

Um orquestrador é basicamente um assistente que podemos usar para escalar automaticamente (acrescentar recursos extras) o cluster com várias instâncias de cada imagem, instanciar novos containers, suspender ou terminar instâncias quando necessário e controlar o acesso de cada container a recursos como armazenamento e segredos.

Muitos orquestradores de containers fornecem os recursos necessários para rodar uma aplicação na produção, mas se referem a eles por outros nomes. Times menores podem preferir uma solução de código aberto na qual se basear, enquanto empresas maiores provavelmente preferirão soluções empresariais que enfatizem a escalabilidade.

As próximas seções descrevem cinco ferramentas populares de orquestração e gestão de containers. Essa lista de ferramentas está longe de ser abrangente, mas destaca as maiores comunidades e as soluções mais maduras.

Kubernetes: O popular

Originalmente criado pelo Google como sucessor do Borg, o Kubernetes — K8s ou Kube — foi doado à Cloud Native Computing Foundation em 2015 e agora é de código aberto. Sua popularidade como orquestrador de containers Docker explodiu nos últimos anos.

Podemos usar Kubernetes para gerir aplicações containerizadas e também para automatizar implementações. O Kubernetes simplifica a orquestração de containers em vários hosts, gerindo a escala e a saúde dos nodes.

Ao classificar os containers em grupos chamados "pods", o Kubernetes aperfeiçoa o agendamento de cargas de trabalho. Ele se integra bem com outros projetos de código aberto e possibilita uma customização rápida à gestão de infraestrutura. Essa customização inclui maximização de recursos e controle de implementações e permite que as aplicações se autocurem por meio da autocolocação, autorreiniciação e autorreplicação.

302   PARTE 5 **Instrumentalizando Sua Prática DevOps**

Azure Kubernetes Service (AKS): Kubernetes e mais!

Azure Kubernetes Service (AKS) é um orquestrador de Kubernetes gerido. Ele simplifica a gestão de clusters, a implementação e as operações, mas, acima de tudo, simplifica o esforço requerido para implementar clusters Kubernetes em Azure. O AKS administra o monitoramento e a manutenção da saúde e ajuda a configurar facilmente as integrações mais complexas com Azure.

OpenShift

OpenShift é a plataforma de aplicação de containers empresarial da Red Hat. Baseado em Kubernetes, o OpenShift adicionou recursos para possibilitar o rápido desenvolvimento da aplicação, a fácil implementação e a manutenção do ciclo de vida. Ele impulsiona a automação e fornece armazenamento dinamicamente. O OpenShift é ideal para times que buscam recursos específicos para empresas e multitenancy.

Docker Swarm: Mais do que uma colmeia

Docker Swarm é a ferramenta nativa de clustering e agendamento para containers Docker. Ela usa o Docker CLI para implementar e gerenciar containers enquanto clusteriza "nodes", possibilitando que os usuários tratem os "nodes" como um único sistema.

Os usuários criam uma instância de gestão primária e várias réplicas. Essa redundância garante o tempo ativo continuado em caso de falha. Os "nodes" de gerência e de trabalho podem ser implementados no runtime. É um orquestrador rápido e escalável. Swarm já foi escalado com sucesso para até 30 mil containers.

O Swarm está incluso no Docker Engine e, ao contrário de outras soluções, não requer configuração inicial e instalação. Ele impõe a autenticação TLS e a criptografia entre os nodes e possibilita as atualizações para que estes possam ser atualizados incrementalmente.

Amazon ECS

Como outros orquestradores, o Amazon Elastic Container Service (ECS) é confiável, flexível e extensível. Ele simplifica a execução de containers Docker pelo Amazon Elastic Cloud Compute (EC2).

O ECS é compatível com uma arquitetura sem servidor, e podemos usar o agendador integrado para disparar a implementação de container baseada na disponibilidade e na demanda de recursos. O ECS é capaz de escalar clusters para mais de 10 mil containers, que podem ser criados e destruídos em segundos.

O Amazon ECS é ideal para pequenos times que dependem muito da Amazon e não têm recursos para gerenciar orquestração e infraestrutura customizadas.

Configurando containers

Embora muito do que você precise para rodar uma aplicação containerizada na produção esteja pronto com Docker e orquestradores populares, ainda precisará configurar algumas coisas específicas à sua aplicação. Toda a lógica de configuração vive em um Dockerfile. Se você já tem experiência com Chef, Ansible, Puppet ou outras ferramentas de gestão de configuração, um Dockerfile é a mesma coisa que essas organizações chamam de cookbook, playbook ou manifesto. É uma lista de instruções para criar um container.

Os orquestradores geralmente executam containers em grupos — o que o Kubernetes chama de "pods" — e suportam configurações adicionais específicas em um arquivo de configuração. Nessa execução, podemos especificar limites de CPU e memória para cada container. O benefício das configurações de recursos é que o agendador do orquestrador pode tomar decisões mais informadas sobre a localização do "nodes". Podemos usar "namespaces" para isolar configurações. O agendador especifica o CPU em unidades de cores e a memória em unidades de bytes.

PAPO DE ESPECIALISTA

Os "nodes" têm uma capacidade máxima de CPU e memória que podem alocar em containers. O agendador garante que o total de todas as solicitações de recursos seja menor que a capacidade dos "nodes", eliminando, assim, a falta de recursos.

Monitorando os containers: Mantendo-os vivos até matá-los

A infraestrutura e seu ecossistema evoluíram muito nos últimos anos. Várias das mudanças fundamentais à arquitetura e infraestrutura da aplicação surgem na forma de microsserviços e containers. Diversas ferramentas e técnicas de monitoramento não são relevantes mais. Em vez disso, os especialistas precisam de soluções que possam adaptar à natureza de vida curta e isolada de containers e serviços de aplicação.

Aceitando a complexidade aumentada

Os benefícios dos containers são a flexibilidade, a escalabilidade e a portabilidade, mas eles têm um preço. Rodar aplicações containerizadas na produção é significativamente mais complexo, porque envolve mais partes móveis. Apesar das desvantagens, a atração de uma aplicação monolítica é que tudo fica em um só lugar. Seu cérebro consegue acompanhar o que vai em cada lugar.

Infelizmente, não podemos ter tudo em um só local com uma aplicação de microsserviço containerizado. A lógica da aplicação é dividida em centenas de serviços que rodam em centenas (se não milhares) de containers. Seu cérebro simplesmente não consegue acompanhar. Veja algumas das principais considerações a serem avaliadas e abordadas ao adotar containers:

» **Containers são temporários.** Você pode criá-los e destruí-los em segundos. O tempo de vida de um container é breve, às vezes de apenas algumas horas.

» **Containers são imutáveis.** Eles não podem ser atualizados. Depois que uma imagem é criada, nunca pode ser mudada. Uma nova imagem deve *substituí-la.*

» **Containers são escaláveis.** A escalabilidade dos containers é uma grande vantagem, mas também aumenta drasticamente o número de máquinas no seu ambiente.

» **Containers não têm armazenamento persistente.** Ao contrário das VMs ou dos servidores de metal, os dados da aplicação não podem ser armazenados diretamente em um container.

» **Containers exigem monitoramento.** O desempenho e a segurança dos containers exigem gerenciamento por meio de um orquestrador ou uma ferramenta de monitoramento.

Ciclo de vida do container

Os containers têm vida curta, e o Docker fornece comandos básicos para controlar o estado de um container: criar, rodar, pausar, começar, parar, matar e destruir. O ciclo de vida de um container geralmente inclui cinco estados: definido, testado, construído, implementado e destruído.

No começo do ciclo de vida, o container é definido por meio de um Dockerfile que inclui runtime, frameworks e componentes da aplicação. Em seguida, o código-fonte passa por um sistema de CI para ser testado. O container é construído e exposto ao sistema de orquestração, onde é replicado e distribuído pelo cluster. Finalmente, como os containers nunca podem ser corrigidos, ele é destruído e substituído.

EVITANDO O INCHAÇO DO CONTAINER

O inchaço do container no runtime vem do uso ineficaz de containers e acaba com o desempenho e a escalabilidade. Os agentes de monitoramento de containers precisam ser capazes de ingerir os tempos de resposta de serviço e utilização de rede, bem como a infraestrutura e as métricas da aplicação — sem custos extras dentro de cada container. Temos dois modos de implementar o monitoramento em containers.

O primeiro é um container sidecar que utiliza grupos de containers como os pods do Kubernetes — containers que compartilham um namespace — e anexa um agende de monitoração dentro de cada pod. É fácil de configurar, mas o consumo de recursos é alto, e essa abordagem cria outro vetor de ataque para uma potencial ameaça de segurança.

A outra maneira de implementar o monitoramento em containers é usar a instrumentação transparente, que utiliza um agente de monitoração por host. Embora essa abordagem exija um container privilegiado e um módulo kernel, ela reduz drasticamente o consumo de recurso pelo agente de monitoramento. A instrumentação transparente requer uma configuração mais complexa, mas vale o esforço, porque permite a coleta de grandes quantias de dados com pouco custo.

Os containers rodam de forma isolada e podem ser razoavelmente opacos. Com a containerização, os times precisam monitorar serviços, hosts e containers. A visibilidade do runtime deve acompanhar inputs, outputs, uso de recursos e status de rede.

O ideal é que a ferramenta de monitoramento de runtime seja um pequeno módulo kernel que possa acessar todo o sistema do container, o que permite que identifique problemas em potencial antes que saiam do controle.

Protegendo containers: Essas caixas precisam de um cadeado

A segurança de software é uma batalha sem fim e, geralmente, árdua. As novas medidas de segurança e os patches são lançados a tempo de expor a próxima vulnerabilidade.

Proteger os containers na produção pode ser bem difícil. Isto é, envolve mais partes móveis. Você deve proteger todas as partes do ecossistema do container:

» OS do host

» Runtime do container

» Orquestrador

» Registro e imagens do container

» APIs e microsserviços da aplicação

Além disso, os containers são relativamente imaturos e evoluem em grande velocidade. Os lançamentos regulares introduzem mudanças e exigem novas considerações de segurança.

Os conteúdos de containers são parcialmente isolados do sistema de host, mas usam recursos de kernel, o que torna seu uso mais eficiente do que o de VMs. As VMs isolam completamente os processos e aplicações. Além disso, os containers compartilham recursos e podem ser criados ou destruídos instantaneamente. Mas a natureza leve e efêmera deles introduz novas vulnerabilidades de segurança.

Protegendo segredos

Segredos são objetos que contêm informações sensíveis, como nome de usuário, senha, token, key ou certificado SSL. Esse tipo de dado nunca deve ser armazenado sem criptografia em um Dockerfile ou código-fonte.

Os segredos Docker são criptografados durante o trânsito e acessíveis apenas por serviços com permissão explícita. Colocar esses dados em objetos segredo reduz o risco de exposição. Os segredos normalmente são acessados por um pod por meio de um volume.

Vulnerabilidades potenciais

As VMs empregam um hipervisor — uma camada de abstração entre a VM e o host. Os containers evitam isso e agem como o intermediário direto.

Os containers são leves porque contêm menos informação do que uma VM tradicional, o que é ótimo para a eficácia, mas requer considerações de segurança adicionais. Veja algumas áreas que você precisará abordar em sua estratégia:

> » **Imagens de containers.** Proteja imagens e registros. Os containers devem incluir apenas serviços essenciais.
>
> » **Componentes de código aberto.** É importante ter visibilidade dos containers que incluem software de código aberto. Procure vulnerabilidades de código aberto regularmente em suas imagens.
>
> » **Arquitetura de kernel compartilhada.** Por padrão, os containers rodam no host do kernel. Esse recurso compartilhado os torna muito eficientes, mas os expõe a vulnerabilidades do kernel. Certifique-se de que as configurações do host e do Docker sejam seguras.
>
> » **Quebra de container.** Essa situação ocorre quando um container tem suas verificações de isolamento contornadas e podem acessar segredos ou atualizar privilégios. Se existir uma vulnerabilidade, os containers podem acessar o host.
>
> » **Escala de privilégios.** Se um container monta um host filesystem ou Docker socket, ele pode escalar seus privilégios. Limite os privilégios padrões do container e o acesso de usuário daemon Docker.

CUIDADO

Não armazene servidores SSH em imagens e não hospede o código-fonte a partir de containers.

> **NESTE CAPÍTULO**
>
> » **Beneficiando-se da nuvem**
>
> » **Escolhendo o tipo certo**
>
> » **Avaliando provedores de nuvem**

Capítulo **21**

Migrando para a Cloud

A nuvem (cloud) não é um plano empírico em que os bits e bytes são transferidos pela atmosfera. É só um modo sofisticado de dizer "servidores de outra pessoa".

"A nuvem" (cloud) se refere à entrega do fornecimento de serviços de computação na nuvem. Esses serviços incluem infraestrutura física, como servidores, armazenamento de dados, redes, serviços de software, implementações, monitoramento e mais. Os serviços de nuvem possibilitam inovação mais rápida, recursos flexíveis e economias de escala. Geralmente pagamos apenas serviços de nuvem usados, o que ajuda a abaixar os custos de operação, rodar a infraestrutura com mais eficiência e escalar o negócio quando preciso.

Neste capítulo, você descobrirá como aplicar DevOps à nuvem, beneficiar-se de vários serviços de nuvem, entender as diferenças entre nuvens públicas e privadas e escolher o melhor servidor (provedor) de nuvem (cloud) para o seu caso.

Automatizando DevOps em Cloud

Combinar a nuvem com sua prática DevOps pode acelerar o trabalho que você já realizou. Quando usados juntos, tanto DevOps quanto a nuvem podem impulsionar a transformação digital de sua empresa. No decorrer deste livro, enfatizo as prioridades do DevOps: pessoas, processo e tecnologia. A nuvem — junto de outras ferramentas — se encaixa exatamente na parte técnica da sua implementação DevOps.

A computação em nuvem possibilita a automação para o time de desenvolvimento e de operações de maneira simplesmente impossível quando gerimos nossa própria infraestrutura física. O fornecimento de infraestrutura por meio de código na nuvem (cloud) — um sistema chamado de infraestrutura como código (IaC) — permite a criação de templates e processos repetíveis. Ao acompanhar as mudanças no código da infraestrutura por intermédio do controle de fonte, permitimos que o time opere de forma tranquila e acompanhe as mudanças. O IaC é muito mais repetível e automatizado — sem falar em mais rápido — do que desenvolvedores ou operações clicando em um portal (interfaces gráficas).

CUIDADO

Até as instruções no portal não são infalíveis. Corremos mais risco de fazer mudanças pequenas, mas significativas à configuração da infraestrutura, se criarmos consistentemente a mesma configuração pelo portal do que por um arquivo YAML.

Levando a cultura DevOps para cloud

As pessoas falam com frequência do DevOps e computação em nuvem como se fossem interligados, e, de muitas formas, são. Mas esteja ciente de que você pode adotar o DevOps — ou começar a transformar sua organização de tecnologia — sem ir por completo para a nuvem (cloud). É totalmente razoável primeiro estabelecer os padrões, as práticas e os processos do time antes de mudar a infraestrutura para um provedor de nuvem (cloud).

Embora as pessoas falem como se todos já estivessem em nuvem (cloud), ainda estamos na vanguarda da mudança para a nuvem. Os provedores estão cada dia mais robustos, e as empresas de tecnologia mudam lentamente seus serviços auto-hospedados para a nuvem. Com isso em mente, uma organização que busca adotar o DevOps deve ser inteligente para considerar utilizar os serviços de um grande provedor de nuvem (cloud).

Eu nunca chamaria a nuvem (cloud) de solução NoOps, mas a chamo de Ops-Lite. Os serviços de nuvem geralmente abstraem arquitetura complexa de operações, de forma que tornam a arquitetura mais acessível para desenvolvedores e os capacita a ter mais propriedade de seus componentes. Se você já resmungou porque os desenvolvedores deveriam ser incluídos nos turnos de plantão, tem razão — eles deveriam. Incluí-los é uma ótima forma de aumentar seu conhecimento de implementação de código e de gerir e prover a infraestrutura na qual seus serviços rodam. Isso reduz o custo operacional e libera tempo dos especialistas de operações para que trabalhem em soluções proativas.

Aprendendo com a adoção

Se seu time é capaz de adotar o DevOps e mudar para a nuvem (cloud) ao mesmo tempo, use essas mudanças como oportunidades de aprendizado tanto para o time de desenvolvimento quanto para o time de operações.

Enquanto seu time muda para a nuvem (cloud), os desenvolvedores têm a chance de familiarizar os especialistas de operações com o código — talvez até com linguagens específicas — e controle de fonte, que por sua vez podem ensinar infraestrutura aos desenvolvedores. Quando ambos os grupos são especialistas e novatos ao mesmo tempo, nenhum deles precisa lidar muito com egos feridos pela transferência de conhecimento.

A confiança, as conexões e a dinâmica saudável que surgem dessas interações reanimarão seu time e durarão muito mais do que o trabalho imediato levou para ser feito. De muitas formas, você está reforçando sua cultura DevOps por meio da instrumentação da prática DevOps.

Beneficiando-se dos serviços de nuvem

As operações modernas estão mudando e evoluindo. Sua concorrência já adota novas maneiras de inovar mais rápido e acelera seus ciclos de vida de entrega de software.

A computação em nuvem representa uma grande mudança na forma que o negócio pensa nos recursos de TI. Ao terceirizar parte da infraestrutura e exigências de operações para um provedor de nuvem (cloud), reduzimos os custos e liberamos o time para focar a melhora da entrega de software para os usuários.

Veja seis razões comuns das organizações para migrar para serviços de computação em nuvem:

» **Melhorar a acessibilidade:** Provedores de nuvem (cloud) permitem a seleção apenas dos serviços necessários, quando necessitamos deles. Imagine se pudéssemos acessar a TV a cabo, mas pagar apenas pelos canais assistidos. Seria ótimo, não seria? Eu adoraria! Os provedores de nuvem (cloud) fazem exatamente isso enquanto fornecem o hardware mais atualizado armazenado em data centers fisicamente protegidos.

» **Automatizar as implementações:** Mudanças ao sistema — implementações — são os contribuidores mais comuns de interrupções ou queda de serviço. Os provedores de nuvem transformam o processo de lançamento de código em algo automatizado e repetível, diminuindo significativamente a probabilidade de erros e introdução de bugs em lançamentos manuais. As implementações automatizadas também permitem que os desenvolvedores lancem seu próprio código. Por fim, as implementações automatizadas simplificam o processo enquanto reduzem a inatividade do site e a triagem reacionária na produção.

» **Acelerar a entrega:** A nuvem (cloud) reduz o atrito ao longo de quase todas as fases do ciclo de vida de entrega de software. Apesar de uma configuração ser exigida, ela geralmente não leva mais do que o dobro do tempo requerido para fazer o processo manualmente, e é preciso configurar o serviço ou processo apenas uma vez. A entrega acelerada oferece muita flexibilidade.

» **Aumentar a segurança:** A segurança faz parte da oferta dos provedores de nuvem. Microsoft Azure, Amazon Web Services (AWS) e Google Cloud Platform (GCP) satisfazem diferentes padrões de conformidade e oferecem políticas, serviços e controles que ajudam a reforçar a segurança do sistema. Além disso, se utilizarmos uma ferramenta de pipeline de implementação dentro da nuvem, podemos acrescentar verificações de segurança antes que novos códigos sejam lançados a um ambiente, reduzindo, assim, a possibilidade de vulnerabilidades de segurança.

» **Diminuir a falha:** Pelo build de nuvem (cloud) e pipelines de lançamento, o time é capaz de criar testes automatizados para confirmar a funcionalidade, a qualidade do código, a segurança e a conformidade de qualquer código introduzido nos sistemas. Essa capacidade diminui a possibilidade de bugs e também reduz o risco de implementações problemáticas.

» **Cria sistemas mais resilientes e escaláveis:** A nuvem (cloud) possibilita que as organizações aumentem ou diminuam a escala e aumentem a capacidade em segundos. Essa elasticidade possibilita lançar recursos de computação e armazenamento como necessário, independentemente de onde no mundo os usuários interajam com o produto. Essa abordagem permite servir melhor aos clientes e lidar de maneira mais eficiente com os custos de infraestrutura.

Cumulus, Cirrus e Aço: Tipos de Cloud

Não, o título desta seção não se refere ao material do rack do servidor. Com a nuvem (cloud), não precisamos nos preocupar mais com isso! No reino dos provedores de nuvem, há três tipos de nuvem entre as quais escolher: pública, privada e híbrida. A híbrida, como podemos presumir, é a combinação das nuvens públicas e privadas. Cada uma das opções tem riscos e benefícios, que serão discutidos nesta seção.

Cloud pública

A mais comum — e amplamente usada — é a nuvem pública. Esse tipo de nuvem é oferecido por um fornecedor terceirizado. Eles fornecem recursos como máquinas virtuais, containers e armazenamento para que os especialistas usem. Em uma nuvem pública, o provedor possui e administra toda a infraestrutura. Podemos gerir nosso acesso a esses serviços por um portal, comandos CLI ou APIs.

As nuvens públicas são, de longe, as mais predominantes e relevantes para DevOps. Quase não existem despesas ou gastos antecipados. Pagamos apenas pelo que utilizamos e podemos aumentar ou diminuir à vontade.

Mas a pegadinha da nuvem pública é a seguinte: ela tem multitenancy, ou diversos inquilinos, como os usuários são chamados. Eles compartilham o hardware, o armazenamento e a rede com outros usuários. Os recursos, os interesses e as preocupações são separados logicamente, mas computados no mesmo hardware.

As principais vantagens de uma nuvem pública são os custos baixos, não precisar fazer manutenção de servidor, extrema flexibilidade e capacidade de escala e alta confiabilidade, por causa de uma grande rede de servidores.

PAPO DE ESPECIALISTA

A disponibilidade geralmente é medida em 9s. Se um fornecedor afirma que um serviço tem "5 9s" de disponibilidade, ele promete 99,999% de tempo ativo. E, para alcançar isso, é preciso $n + 2$ recursos. Qualquer aplicação ou serviço com 99,999% de disponibilidade precisa existir em três recursos físicos. Por quê? Temos de permitir que uma máquina fique fora do ar para manutenção agendada, o que deixa uma redundância se uma das máquinas remanescentes cair por um problema imprevisto. Se tivermos apenas uma máquina disponível durante a manutenção, não podemos ter interrupções de serviço.

Cloud privada

Uma nuvem privada oferece recursos como a nuvem pública, mas para uso exclusivo de um único negócio. Os dados podem ser hospedados a partir do data center da empresa ou por um fornecedor terceirizado. Apenas um usuário pode acessar todos os serviços e infraestrutura. Nenhum hardware é compartilhado, e a nuvem privada elimina (de forma bem arbitrária) preocupações de segurança e conformidade para empresas com exigências extremamente específicas, incluindo governos e bancos. Os três maiores provedores de nuvem pública oferecem soluções específicas para governos que obedecem a diversos padrões.

As nuvens privadas são mais caras e exigem manutenção, mas permitem mais flexibilidade na customização do ambiente de nuvem. Podemos ter excelente segurança enquanto ainda nos beneficiamos da alta escalabilidade da computação em nuvem.

Nuvem híbrida

Uma abordagem híbrida é exatamente o que parece: uma combinação das duas outras opções, pública e privada. Uma solução potencialmente híbrida pode incluir um data center local, nuvens de hospedagem privada e recursos de nuvens públicas para que as empresas possam se beneficiar de todos os aspectos positivos de cada método.

Se estiver pensando que também pode obter todos os aspectos negativos de cada método, você tem razão. Mas a híbrida funciona se o serviço for particionado por necessidade de volume e segurança. Podemos armazenar o e-mail em uma nuvem pública e os dados financeiros confidenciais em uma nuvem privada.

Mas o uso mais interessante de uma nuvem híbrida está em sua abordagem da transformação DevOps. Se estiver mantendo atualmente sua própria infraestrutura física, mudar seus serviços para a nuvem pode levar algum tempo. Adotar uma estratégia de nuvem híbrida elimina o estresse da urgência de tempo do time, possibilitando que ele garanta que a transição seja feita da maneira correta, não apenas rápida.

Nuvem como Serviço

Geralmente, os serviços de nuvem se enquadram em três categorias de serviço: Infraestrutura como Serviço (IaaS), Plataforma como Serviço (PaaS) e Software como Serviço (SaaS). Esses serviços correspondem basicamente à camada de pilha de tecnologia tradicional em que se enquadram. Podemos conectar cada uma das categorias de serviço para construir uma pilha de computação em nuvem completa e vincular vários serviços de nuvem.

PAPO DE ESPECIALISTA

Apesar do risco de um aprisionamento tecnológico — ficar preso a um provedor de nuvem porque mudar é caro ou difícil demais —, existem benefícios em escolher um único provedor. Azure, AWS e GCP projetam seus serviços para trabalhar o mais tranquilamente possível com os outros serviços dentro do portfólio de um provedor.

Infraestrutura como Serviço

A Infraestrutura como Serviço (IaaS) é a categoria mais simples e direta do serviço na nuvem. Ela oferece aluguel de infraestrutura de TI — infraestrutura de rede de baixo nível via APIs abstraídos. Podemos lançar servidores e VMs, armazenamento, backups e redes. Todo serviço é configurado para ser pago por demanda. Pagamos apenas pelos recursos utilizados.

Quase todos os provedores de IaaS oferecem Plataforma como Serviço (PaaS) e Software como Serviço (SaaS). Embora o usuário não controle a infraestrutura de nuvem subjacente, pode gerenciar e controlar tudo o que fica nela, incluindo o sistema operacional e componentes particulares de rede.

Os provedores de nuvem oferecem esses recursos de forma elástica a partir de grandes reservatórios de hardware em data centers protegidos pelo mundo.

Plataforma como Serviço

Os serviços de plataforma que os provedores de nuvem oferecem cobrem a maior parte das coisas que geralmente pensamos como focadas nas operações, menos o hardware. Os serviços de plataforma incluem ambientes como desenvolvimento (DEV), quality assurance (QA), teste de aceitação (UAT), staging e produção (PROD). O ambiente de produção é exposto aos usuários, mas o de staging oferece aos desenvolvedores a oportunidade de testar seu código antes que chegue ao lançamento final para os clientes na produção.

A Plataforma como Serviço (PaaS) é projetada para aumentar a velocidade com que os desenvolvedores desenvolvam, testam e lançam o código. Com PaaS, eles podem desenvolver, testar, lançar e dar suporte às suas aplicações, apesar de ter pouco ou nenhum conhecimento sobre a infraestrutura subjacente. PaaS abstrai servidores, armazenamento, bancos de dados, middleware e recursos de rede.

LEMBRE-SE

Se você já ouviu alguém falar que o DevOps está deixando o Ops para trás, provavelmente essa pessoa se refere ao PaaS. Muitas das ferramentas dessa categoria têm como objetivo os desenvolvedores e capacitá-los a agir como uma pessoa de operações. As ferramentas de PaaS enfatizam o código, porque são automatizadas, controladas e rastreáveis, não porque buscam eliminar os especialistas de operações do ciclo de vida de entrega.

A principal vantagem do PaaS é não precisar lidar com a natureza complexa da infraestrutura. Se você for um desenvolvedor, estará livre para fazer o que faz de melhor — desenvolver e lançar software. Se for uma pessoa de operações, o PaaS elimina o trabalho desnecessário e repetido para que você possa focar a resolução de problemas mais interessantes e complexos.

O serverless é um conceito que podemos considerar como parte do PaaS. Ele alcançou uma taxa de adoção que merece atenção específica. Adotar o serverless exige servidores — surpresa! —, mas representa serviços que possibilitam a funcionalidade sem a exigência de uma gestão de servidores. Com funções serverless, o provedor de nuvem administra muito mais do processo, incluindo a gestão de configuração e recursos, o que permite aproveitar os recursos escaláveis e geralmente impulsionados por eventos. Os recursos são alocados apenas quando uma função específica é disparada.

CAPÍTULO 21 **Migrando para a Cloud**   315

Software como Serviço

O Software como Serviço (SaaS) se refere a uma aplicação hospedada e gerida que fornece um serviço. A aplicação normalmente é acessível por meio de qualquer dispositivo. Os provedores de nuvem também oferecem funcionalidade SaaS. O software é licenciado e acessado por meio de um modelo de assinatura.

Exemplos de SaaS incluem TurboTax, Microsoft Office, Slack, Concur, Adobe Creative Suite, Camtasia, Dropbox e Monosnap. Você provavelmente usa muito mais aplicações SaaS do que acha. Só quando realmente começa a pensar nisso é que percebe quanta funcionalidade é abstraída por SaaS na vida cotidiana.

Escolhendo o Melhor Provedor de Serviço de Cloud

Escolher um provedor de serviço de nuvem não é uma tarefa fácil. GCP, AWS e Azure têm mais coisas em comum do que diferentes. Muitas vezes, sua decisão depende mais do nível de conforto do time com um provedor específico ou de sua pilha atual do que com o provedor em si. Depois de decidir mudar para a nuvem, a próxima decisão a ser feita é a escolha do provedor. Veja algumas coisas que devem ser consideradas ao avaliar provedores de nuvem:

» **Histórico confiável:** A nuvem escolhida deve ter um histórico de decisões financeiras responsáveis e capital suficiente para operar e expandir grandes data centers ao longo de décadas.

» **Conformidade e gestão de riscos:** A estrutura formal e políticas de conformidade estabelecidas são vitais para garantir que seus dados estejam seguros e protegidos. O ideal é rever as auditorias antes de assinar contratos.

» **Reputação positiva:** A confiança do cliente é o segredo. Você acha que pode confiar que esse provedor de nuvem continuará a crescer e dar suporte às suas necessidades em evolução?

» **Service Level Agreements (SLAs):** De que nível de serviço você precisa? Geralmente os provedores de nuvem oferecem vários níveis de confiabilidade de tempo ativo com base no custo. Por exemplo, 99,9% de tempo ativo será significativamente mais barato do que 99,999%.

» **Métricas e monitoramento:** Quais tipos de informações, monitoramento e telemetria da aplicação o fornecedor oferece? Certifique-se de que pode conseguir o nível adequado de informações sobre seus sistemas o mais próximo possível do tempo real.

Por fim, garanta que o provedor escolhido tenha capacidade técnica excelente e que forneça serviços que satisfaçam suas necessidades específicas. Na seção "Encontrando Ferramentas e Serviços no Cloud" trato das especificidades das ofertas de nuvem. No geral, procure:

» Capacidades de computação

» Soluções de armazenamento

» Recursos de implementação

» Registros e monitoramento

» Interfaces acessíveis

Confirme também a capacidade de implementar uma solução de nuvem híbrida caso a certa altura precisa disso, bem como a fazer chamadas HTTP para outros APIs e serviços.

Os três maiores provedores de nuvem são Google Cloud Platform (GCP), Microsoft Azure e Amazon Web Services (AWS). Você também pode encontrar outros provedores menores e certamente diversos provedores privados, mas o que precisa saber vem da comparação de provedores de nuvem pública.

Amazon Web Services (AWS)

Assim como outros grandes provedores públicos de nuvem, o AWS fornece computação sob demanda por meio de uma assinatura pré-paga. Os usuários do AWS podem assinar qualquer quantidade de serviços e recursos de computação. A Amazon é a atual líder de mercado entre os provedores de nuvem, com a maioria dos assinantes. Ela oferece um conjunto sólido de recursos e serviços em regiões espalhadas pelo mundo. Dois dos serviços mais conhecidos são o Amazon Elastic Compute Cloud (EC2) e o Amazon Simple Storage Service (Amazon S3). Como outros provedores, os serviços são acessados, e a infraestrutura é fornecida por meio de APIs.

Microsoft Azure

Antes de a Microsoft lançar esse provedor de nuvem como Microsoft Azure, ele se chamava Windows Azure. A Microsoft o projetou para fazer exatamente o que o nome sugere — servir como provedor de nuvem para organizações de TI de Windows tradicionais. Mas, à medida que o mercado se tornou mais competitivo e a Microsoft começou a entender melhor a paisagem da tecnologia, o Azure se adaptou, cresceu e evoluiu. Embora ainda menos robusta que o AWS, o Azure é um provedor de nuvem completo e focado na experiência do usuário. Por meio de diversos lançamentos e aquisições de produtos — especialmente o GitHub —, a Microsoft investiu pesado em infraestrutura Linux, que possibilitou que fornecesse mais serviços robustos para um público mais amplo.

CAPÍTULO 21 **Migrando para a Cloud** 317

Google Cloud Platform (GCP)

O Google Cloud Platform (GCP) tem a menor fatia de mercado dos três principais provedores de nuvem, mas oferece um conjunto substancial de serviços em aproximadamente duas dúzias de regiões. Talvez o aspecto mais atraente do GCP seja a oferta da mesma infraestrutura que o Google usa internamente. Ela inclui computação extremamente poderosa, armazenamento, análises e serviços de aprendizagem de máquina. Dependendo do produto, o GCP pode ter ferramentas especializadas que não existam (ou sejam menos maduras) no AWS e no Azure.

Encontrando Ferramentas e Serviços no Cloud

Literalmente centenas de ferramentas e serviços estão à sua disposição nos principais provedores de nuvem. Eles geralmente são classificados nas seguintes categorias:

» Computação

» Armazenamento

» Rede

» Gestão de recursos

» Inteligência Artificial (IA) de Nuvem

» Identidade

» Segurança

» Serverless

» IoT

A seguir vemos uma lista dos serviços mais usados nos três principais provedores. Eles incluem implementação de app, gestão de máquina virtual (VM), orquestração de container, funções serverless, armazenamento e bancos de dados. Incluí serviços adicionais como gestão de identidade, armazenamento em blocos, nuvem privada, armazenamento de segredos, entre outros. A lista não é muito abrangente, mas pode servir como base para que você comece a pesquisar suas opções e sentir as diferenças entre os provedores.

» **Implementação de app:** Solução de Plataforma como Serviço (PaaS) para implementação de aplicações em diversas linguagens, incluindo Java, .NET, Python, Node.js, C#, Ruby e Go.

- **Azure:** Azure Cloud Services
- **AWS:** AWS Elastic Beanstalk
- **GCP:** Google App Engine

» **Gestão de máquina virtual (VM) :** Opção de Infraestrutura como Serviço (IaaS) para rodar máquinas virtuais com Linux ou Windows.

- **Azure:** Azure Virtual Machines
- **AWS:** Amazon EC2
- **GCP:** Google Compute Engine

» **Gestão de Kubernetes:** Possibilita melhor gestão de container por intermédio do orquestrador popular Kubernetes.

- **Azure:** Azure Kubernetes Service (AKS)
- **AWS:** Amazon Elastic Container Service (ECS) para Kubernetes
- **GCP:** Google Kubernetes Engine

» **Serverless:** Possibilita que os usuários criem fluxos de trabalho lógico de funções serverless.

- **Azure:** Azure Functions
- **AWS:** AWS Lambda
- **GCP:** Google Cloud Functions

» **Armazenamento de nuvem:** Armazenamento de objeto desestruturado com caching.

- **Azure:** Azure Blob Storage
- **AWS:** Amazon S3
- **GCP:** Google Cloud Storage

» **Bancos de dados:** SQL e NoSQL sob demanda.

- **Azure:** Azure Cosmos DB
- **AWS:** Amazon Relational Database Service (RDS) e Amazon DynamoDB (NoSQL)
- **GCP:** Google Cloud SQL e Google Cloud BigTable (NoSQL)

Ao explorar os três principais provedores de nuvem, você notará uma longa lista de serviços. Talvez se sinta espantado pelas centenas de opções à disposição. Se, por acaso, não conseguir encontrar aquilo de que precisa, o marketplace provavelmente fornecerá algo similar. O marketplace é onde desenvolvedores independentes oferecem serviços que se encaixam na nuvem — hospedado por Azure, AWS ou GCP. A Tabela 21-1 lista serviços adicionais fornecidos pela maioria, se não todos, dos provedores de nuvem.

TABELA 21-1 Serviços de Nuvem Comuns

Categoria do Serviço	Funcionalidade
Armazenamento de blocos	Armazenamento de dados em ambientes SAN (storage-area network). Similar ao armazenamento em disco rígido.
Virtual Private Cloud (VPC)	Logicamente isolado, compartilha recursos de computação.
Firewall	Segurança de rede que controla o tráfego.
Rede de Fornecimento de Conteúdo (CDN)	Entrega de conteúdo com base na localização do usuário. Geralmente utiliza caching, equilíbrio de carga e análise.
Domain Name System (DNS)	Tradutor de nomes de domínio para endereços de OP para navegadores.
Autenticação Única (SSO)	Controle de acesso para vários sistemas ou aplicações usando as mesmas credenciais. Se já logou em uma aplicação independente com suas credenciais Google, Twitter ou GitHub, sabe o que é SSO.
Identity and Access Management (IAM)	Gestão de acesso do usuário com base no cargo. Cargos predeterminados têm acesso a um conjunto de recursos; usuários têm cargos atribuídos.
Telemetria, monitoramento e logging	Ferramentas para fornecer informações sobre desempenho, carga do servidor, consumo de memória etc. da aplicação.
Implementações	Ferramentas de gestão de pipeline de configuração, infraestrutura e lançamento.
Cloud shell	Acesso shell de uma CLI (command-line interface) a partir do navegador.
Armazenamento de segredos	Armazenamento seguro de keys, tokens, senhas, certificados e outros segredos.
Fila de mensagens	Brokers de mensagens dinamicamente escalados.
Aprendizagem de máquina	Frameworks e ferramentas de aprendizagem de máquina para cientistas de dados.
IoT	Conexão e gerenciamento de dispositivo.

A Parte dos Dez

NESTA PARTE. . .

Obtenha uma compreensão clara das dez principais razões pelas quais você e sua organização se beneficiarão da adoção de DevOps.

Prepare-se para os maiores desafios que podem surgir ao executar uma transformação DevOps.

> **NESTE CAPÍTULO**
>
> » Usando o DevOps para acelerar a entrega
>
> » Competindo com os melhores via metodologias DevOps
>
> » Melhorando continuamente seus sistemas e processos

Capítulo **22**

As Dez (ou Mais) Principais Razões da Importância do DevOps

Este capítulo apresenta os pontos-chave que devemos conhecer sobre como o DevOps beneficia a organização. Use-o como referência para ajudá-lo a persuadir seus colegas ou para reforçar sua compreensão sobre o porquê de você ter escolhido o caminho DevOps quando as coisas complicarem.

Aceitando a Mudança Constante

O mundo da tecnologia é um ambiente em constante mudança. Algumas linguagens evoluem; outras são criadas. Os frameworks surgem e desaparecem. As ferramentas de infraestrutura mudam para satisfazer as demandas crescentes para hospedar aplicações de forma mais eficiente e entregar serviços com mais rapidez. As ferramentas continuam a abstrair computação de baixo nível para reduzir os custos da tecnologia.

A única constante é a mudança. Sua habilidade de se adaptar a ela determinará seu sucesso como contribuidor individual, gerente ou executivo. Independentemente do cargo que tenha hoje em dia na empresa ou que espera ter, é vital se adaptar com rapidez e remover o máximo de atrito possível do crescimento. O DevOps possibilita a adaptação e o crescimento melhorando a comunicação e a colaboração.

Adotando o Cloud

A nuvem (cloud) não é o futuro, é o presente. Por mais que você ainda esteja mudando ou ainda não esteja pronto para isso, perceba que a nuvem é o caminho para quase todas as empresas. Ela dá mais flexibilidade do que uma infraestrutura tradicional, diminui o estresse das operações e (em geral) custa significativamente menos por causa de sua estrutura de precificação pré-paga. Nuvens públicas, privadas e híbridas fornecem possibilidades infinitas para rodar melhor seu negócio. A habilidade de lançar recursos em minutos é algo que a maioria das empresas nunca experimentou antes da nuvem.

Essa agilidade fornecida pela nuvem anda lado a lado com o DevOps. Omri Gazitt, da Puppet, uma empresa focada na gestão de automação e configuração, diz: "À medida que as organizações migram para a nuvem (cloud), elas revisitam suas suposições centrais sobre como entregam software." Com a nuvem, os APIs conectam todos os serviços, as plataformas e as ferramentas de infraestrutura para que possam gerenciar sem problemas os recursos e a aplicação. Ao migrar para a nuvem, você pode reavaliar as decisões passadas de arquitetura e mudar lentamente sua aplicação e seu sistema para que seja cloud-native, ou projetá-la com a nuvem em mente.

Contratando os Melhores

Por causa da maior demanda, ótimos profissionais de tecnologia estão em falta. Simplesmente não existem especialistas suficientes para preencher todas as vagas abertas no momento, ou satisfazer as demandas de mercado na próxima década e além. Apesar de ser difícil encontrar especialistas para as habilidades mais em alta, não é impossível, especialmente se nos concentrarmos em descobrir aqueles que abracem a curiosidade e não tenham medo de falhar. Se implementar DevOps na cultura de tecnologia geral, você pode aumentar o nível dos profissionais de tecnologia e treiná-los na metodologia e tecnologia que suporte a melhoria contínua.

É difícil medir o potencial em uma entrevista. Acredito que o talento seja sutil. Os profissionais mais talentosos que conheci não são extrovertidos ou orgulhosos; eles deixam que seu trabalho fale por eles. O DevOps possibilita a escuta mais de perto de interesses pessoais e profissionais destes candidatos que você entrevista. Eu escolho candidatos com base em seu nível de curiosidade, habilidades de comunicação e entusiasmo. Essas qualidades podem fazer com que seu time supere momentos de medo, incerteza e dúvida. Podem fazer o time passar por decisões difíceis, feitas com restrições, na tentativa de resolver problemas difíceis.

Podemos ensinar uma habilidade a alguém, mas ensinar alguém a aprender é uma questão totalmente diferente. A cultura de aprendizagem criada na organização DevOps possibilita a prioridade de um mindset de crescimento em detrimento da proeza técnica. Em DevOps, contratar é algo crucial. Cada indivíduo é uma parte do todo, e o time deve ser holisticamente equilibrado. Conseguir esse equilíbrio significa que, às vezes, não contratamos o "melhor" profissional, mas o melhor profissional para *o time*.

Quando contratamos para o time, podemos, como cavalos de tração conectados, puxar mais peso do que poderíamos de maneira individual. Com o DevOps, podemos multiplicar os componentes individuais do time e, como um todo, criar uma usina de energia com ela.

Permanecendo Competitivo

O "State of DevOps Report" anual lançado pela DevOps Research and Assessment (DORA) deixa claro: empresas pelo mundo que usam DevOps para ajustar suas práticas de tecnologia estão colhendo os benefícios. Elas veem aumentos na produção de tecnologia e redução nos custos. Com o DevOps, essas empresas estão mudando de processos e sistemas atrapalhados para um modo simplificado de desenvolver software com foco no usuário final.

O DevOps possibilita que as empresas criem infraestrutura confiável e a utilizem para lançar software mais rápida e confiavelmente. O ponto é: organizações de alto desempenho usam DevOps e estão acabando com a concorrência, aumentando a frequência de implementação e diminuindo significativamente as falhas que ocorrem devido a mudanças no sistema. Se quiser competir, você deve adotar as metodologias descritas neste livro. Talvez não todas elas, e definitivamente não o tempo todo — mas já passou da hora de esperar para ver se o DevOps vale a pena.

Resolvendo Problemas Humanos

Chegamos a um ponto em que a tecnologia evolui mais rápido do que nosso cérebro. Assim, os maiores desafios que enfrentamos são devido a limitações humanas — não de software ou infraestrutura. Ao contrário de outras metodologias de desenvolvimento de software, o DevOps foca holisticamente o sistema sociotécnico.

A adoção do DevOps exige uma mudança de cultura e mindset. Mas, se alcançá-los, você e sua organização colherão benefícios quase ilimitados. Quando os profissionais são capacitados a explorar, livres da pressão e do medo do fracasso, coisas incríveis acontecem. Eles descobrem novas maneiras de resolver problemas. Abordam projetos e problemas com um mindset saudável e trabalham juntos com mais fluidez, sem competição desnecessária e negativa.

Desafiando Funcionários

O DevOps acelera o crescimento de profissionais de tecnologia individuais e de todo o time. Profissionais de tecnologia são pessoas inteligentes. E também são naturalmente curiosos. Um ótimo profissional de tecnologia que adota um mindset de crescimento precisa de novos desafios depois de dominar uma tecnologia, ferramenta ou metodologia específica, ou se sentirá estagnado com frequência. Ele precisa sentir que seu cérebro e suas habilidades estão sendo usados ao máximo — não a ponto de se sentir sobrecarregado ou estressado, mas o suficiente para sentir que está crescendo. Essa é a tensão descrita por Dan Pink em *Motivação 3.0 - Drive*. Se você puder atingir esse equilíbrio, seu time irá prosperar — como indivíduos e como grupo.

A metodologia do DevOps promove habilidades em forma de T, o que significa que os profissionais de tecnologia se especializam em uma área com conhecimento profundo e têm uma compreensão ampla de muitas outras áreas. Essa abordagem possibilita que eles explorem outras áreas de interesse. Por

326   PARTE 6 **A Parte dos Dez**

exemplo, talvez um desenvolvedor Python tenha interesse em infraestrutura de nuvem. Nenhuma outra metodologia de tecnologia permite e encoraja que os profissionais explorem tanto quanto o DevOps, e ele é um grande contribuidor para contratar e reter talento.

Construindo Pontes

Um dos desafios das empresas de tecnologia modernas é essa lacuna entre as necessidades dos negócios e as da tecnologia. Em uma empresa tradicional, com estratégias de gestão tradicionais, existe um atrito natural entre a área de tecnologia e áreas como marketing, vendas e desenvolvimento de negócios. Esse atrito vem da falta de alinhamento. Cada departamento é medido por indicadores de sucesso diferentes.

O DevOps busca unificar cada departamento de um negócio e criar compreensão e respeito compartilhados. Esse respeito pelo trabalho e pelas contribuições dos outros é o que possibilita que cada pessoa na empresa prospere. Ele remove o atrito e melhora a aceleração.

Pense em um grupo de cães de trenó. Se cada cachorro se move em uma direção diferente, o trenó não vai a lugar algum. Agora imagine que eles trabalhem juntos, focados em se mover para a frente. Quando não existe atrito internamente, os únicos desafios que encaramos são os externos, e estes são quase sempre mais manejáveis do que a briga interna.

Fracassando Bem

A falha é inevitável. Prever todas as maneiras pelas quais um sistema pode falhar é impossível por causa de tudo o que é desconhecido. (E pode falhar de modo espetacular, não pode?) Em vez de evitar o fracasso a qualquer custo e se sentir derrotado quando ele ocorrer, você pode se preparar para ele. O DevOps prepara organizações para responder ao fracasso, mas não em pânico e induzido pelo estresse.

Os incidentes sempre envolverão algum nível de estresse. Em determinado ponto de sua estrutura de comando, um executivo provavelmente gritará que há dinheiro sendo perdido durante uma interrupção de serviço. Mas podemos reduzir o estresse experimentado pelo time usando a falha como forma de aprender e adaptar seu sistema para que seja mais resiliente. Cada incidente é uma oportunidade de melhorar e crescer, como indivíduos e como um time.

O DevOps abraça o Kaizen, arte da melhoria contínua. Quando o time experiencia o fluxo no trabalho, pode fazer, todos os dias, pequenas mudanças que contribuem com o crescimento em longo prazo e, por fim, com um produto melhor.

Melhorando Continuamente

Falo muito sobre aceleração e melhoria contínua ao longo do livro. Use a visualização de um ciclo infinito do Capítulo 6 e aplique-a à sua organização. O ciclo não deve evocar medos por pensamentos de Sísifo, empurrando uma pedra montanha acima por toda a eternidade. Em vez disso, pense nesse ciclo como um movimento, uma bola de neve rolando montanha abaixo, reunindo impulso e massa.

Ao adotar o DevOps e integrar cada vez mais de seus princípios centrais ao fluxo de trabalho diário, você testemunhará essa aceleração em primeira mão. O ciclo da melhoria contínua deve sempre se concentrar no cliente. Você deve pensar continuamente no usuário final e integrar o feedback no ciclo de vida de entrega do software.

CI/CD (explicado no Capítulo 11) é fundamental para esse ciclo. Adotar CI/CD não é uma exigência de tudo ou nada de DevOps; é um processo lento de implementação. Você deve se concentrar em dominar primeiro a integração contínua. Encoraje seu time de desenvolvimento a compartilhar o código livremente e a inseri-lo com frequência. Essa abordagem evita que o isolamento se torne um bloqueio na organização de tecnologia.

Depois que a organização dominar a integração contínua, siga para a entrega contínua, a prática de automatizar a entrega de software. Esse passo exige automatização, porque o código passará por diversas verificações para garantir a qualidade. Depois que todo o código estiver seguro e acessível em um repositório de código, você poderá começar a implementar pequenas mudanças continuamente. Seu objetivo é remover barreiras manuais e melhorar a habilidade do time de descobrir e corrigir bugs sem impactar o cliente.

Automatizando o Trabalho Duro

A aceleração e a eficácia aumentada estão no centro da metodologia DevOps. Ao automatizar processos manuais trabalhosos, o DevOps libera os times de tecnologia para trabalhar em projetos que tornem o software e os sistemas mais confiáveis e facilmente mantidos — sem o caos das interrupções inesperadas de serviço.

O SRE (site reliability engineering) lida com o trabalho duro, que é o trabalho exigido para manter os serviços funcionando, mas geralmente manual e repetitivo. Ele pode ser automatizado e não tem valor em longo prazo. Talvez o mais importante seja que ele escala de forma linear, o que limita o crescimento. Note que ele não se refere às despesas das necessidades administrativas, como reuniões e planejamento. Esse tipo de trabalho, se implementado com mentalidade DevOps, é benéfico para a aceleração de longo prazo de seu time.

Um dos princípios centrais da instrumentação da prática DevOps é a automação. Podemos automatizar o pipeline de implementação para incluir um conjunto de testes prolixos e outros gates pelos quais o código deve passar para ser lançado. De muitas formas, o SRE é o próximo passo lógico de DevOps e deve ser o seu próximo passo depois que você e sua organização dominarem os principais conceitos de DevOps e implementarem a prática no time.

Acelerando a Entrega

O ciclo de vida de entrega do software evoluiu de um processo de cascata lento e linear para um loop ágil e contínuo de DevOps. Não mais pensamos em um produto, o desenvolvemos e o lançamos aos clientes esperando seu sucesso. Em vez disso, criamos um loop de feedback acerca do cliente e entregamos mudanças iterativas continuamente para os produtos. Esse circuito conectado possibilita que você melhore continuamente seus recursos e garante que o cliente esteja satisfeito com o que você entregar.

Quando você ligar todos os pontos deste livro e adotar o DevOps totalmente em sua organização, verá como seu time pode entregar software melhor mais rapidamente. No início, as mudanças serão pequenas, assim como as mudanças lançadas. Mas, com o tempo, essas mudanças que parecem ser insignificantes se acumularão e criarão um time que acelera sua entrega de software de qualidade.

330   PARTE 6 **A Parte dos Dez**

NESTE CAPÍTULO

» **Colocando a tecnologia acima da cultura**

» **Esquecendo de medir**

» **Temendo o fracasso**

» **Implementando o DevOps de modo bastante firme**

Capítulo **23**

As Dez Principais Armadilhas do DevOps

Estimular uma cultura DevOps e selecionar as ferramentas para dar suporte à sua abordagem beneficiará sua organização. Isso reanima seu time de tecnologia e concentra o desenvolvimento do produto no cliente.

Contudo, sempre que tentamos fazer uma grande mudança na situação atual da organização, encaramos desafios e precisamos lidar com imprevistos. Ao transformar para DevOps, descobrimos obstáculos únicos que nós e o time precisamos superar. Embora não possa prever todos os obstáculos que você poderá encarar, este capítulo pode prepará-lo para as dez armadilhas mais comuns do DevOps. Lembre-se de que, independentemente de sua prática DevOps, suas prioridades devem permanecer focadas em pessoas, processo e tecnologia — nessa ordem.

Despriorizando a Cultura

Acima de tudo, o DevOps é um movimento cultural. A cultura criada na organização fará de sua prática DevOps um sucesso ou um fracasso. Ela deve enfatizar a colaboração, a confiança e a capacitação da tecnologia. Se você acertar a automação, mas errar em todos os componentes culturais, provavelmente fracassará.

Na verdade, a instrumentação não é tão importante. As ferramentas disponíveis são muito mais parecidas do que diferentes. Apesar de resolverem problemas importantes, nenhum deles se compara à frustração quase infinita de tentar unir o time de desenvolvimento e times de operações — além de outros times, como a segurança — em uma organização de tecnologia tradicional.

O DevOps busca reanimar os times de tecnologia (e também os times de negócios). Cria uma base sobre a qual todos podem aprender, compartilhar e crescer. Essa aceleração pessoal alimentará toda a organização de tecnologia para criar um software melhor mais rapidamente. Os profissionais de seu time são as joias mais valiosas. Trate-os bem, respeitando-os e dando espaço para que façam o que fazem de melhor — criar soluções.

Deixando os Outros para Trás

Defender o DevOps internamente determinará o tipo de base a ser construída para a cultura. Procure solo fértil. Se você for rápido demais e não convencer as pessoas-chave da importância da transformação DevOps, todos verão seus movimentos com ceticismo e pularão fora na primeira oportunidade para mostrar a todos que você está errado. Não é bom estar nessa posição, e você não vai querer começar essa jornada com as pessoas esperando seu fracasso.

Para ter sucesso, você precisa que todos o acompanhem, mesmo os do contra e os céticos. Especialistas de tecnologia "seniores" podem ser céticos. Depois de uma ou duas décadas nessa indústria, eles já viram muitas ideias e novas abordagens chegarem e sumirem. Podem facilmente considerar o DevOps como "apenas outra abordagem fracassada" para os mesmos velhos problemas. E se for mal implementado, o DevOps certamente será outra abordagem fracassada. Você e seu time devem persuadir os outros do potencial e agir de modo a convidar todos a se juntarem a vocês.

Recomendo convencer os executivos com dados e o potencial para entrega de software acelerada. Mas os desenvolvedores precisam saber como o DevOps tornará seu trabalho mais satisfatório. Mostre a eles como o conceito se alinha às necessidades do negócio e reduz o atrito pelo pipeline de entrega de software. Apenas se certifique de não supervalorizar. O DevOps não é um milagre e requer trabalho intenso no começo para garantir que o time crie uma cultura de aprendizagem em que todos os profissionais de tecnologia estejam livres para errar e crescer.

Depois de alcançar um horizonte em que pessoas suficientes acreditam no DevOps, você pode continuar, sabendo que tem o suporte da organização e das pessoas nela.

Esquecendo de Alinhar os Incentivos

Se você não alinhar os incentivos com o que espera de certos times ou profissionais específicos, mais desafios surgirão. A verdadeira ferramenta do DevOps, se conseguir dominá-la, é a capacitação. Capacite seu time de tecnologia continuamente para que façam bem seu trabalho, livres de interferências, e se sintam empoderados no que mais gostam de fazer. Você contratou profissionais talentosos, então confie em suas habilidades de cumprir suas responsabilidades.

Por exemplo, quando os desenvolvedores fazem plantão, algumas organizações o consideram como um tipo de punição. "Você construiu, você dá suporte" não necessariamente enche as pessoas de sentimentos felizes. Em vez disso, parece apenas outra forma de responsabilidade isolada. Mas turnos de plantão humanos e bem distribuídos não só capacitam os desenvolvedores a assumir a propriedade de seu trabalho, como também criam oportunidades de aprendizado para todo o time.

Em DevOps, não punimos nossos colaboradores pelo trabalho imperfeito; compartilhamos a responsabilidade e cultivamos uma organização que valorize a aprendizagem e capacite todos a serem curiosos, além de participar em áreas tecnológicas menos familiares.

Alinhar os incentivos e criar oportunidades de colaboração impulsiona seu objetivo de melhorar os produtos e servir melhor aos clientes. Se todos estão alinhados em direção ao objetivo de criar ótimos serviços para os clientes, você verá o grupo começar a se animar.

CAPÍTULO 23 **As Dez Principais Armadilhas do DevOps** 333

Ficando Quieto

O DevOps é a antítese dos segredos e das negociações a portas fechadas. Em vez disso, coloca tudo na mesa e força a confiança na integridade das pessoas na organização. Quando começamos a introduzir a comunicação aberta, pode parecer que o conflito aumenta. Mas não. Simplesmente vemos os pontos de atrito pela primeira vez. Em vez de deixar o conflito borbulhar sob a superfície, as pessoas se sentem seguras para levantar suas preocupações e expressar suas opiniões.

Um aspecto importante da comunicação aberta é mantê-la no decorrer de todo o ciclo de vida do produto — da ideação à produção. Você deve incluir profissionais de tecnologia de diversas habilidades de atuação nas discussões de planejamento, nas decisões de arquitetura, nas atualizações do progresso do desenvolvimento e nas implementações. Apesar de essa ênfase na comunicação criar discussões amplas, ela também permite que os profissionais de tecnologia tenham visibilidade fora de sua área principal de especialidade, que, por sua vez, os capacita a aconselhar os outros enquanto são equipados com o contexto necessário para tomar decisões sensatas.

Mantenha o cliente — e o que ele espera do produto criado — no centro de todas as discussões e decisões. Se vocês se mantiverem alinhados a esse objetivo, certamente seguirão em frente como uma unidade.

Esquecendo-se de Medir

Medir seu progresso é crucial para o sucesso do DevOps. Isso oferece validação ao defender o DevOps de interessados duvidosos, ajuda a convencer executivos hesitantes e lembra seu time de tecnologia do quanto realizou e proporcionou ao negócio.

Antes de fazer qualquer mudança, crie uma base. Escolha um pequeno conjunto de dados que você queira acompanhar no decorrer de todo o processo. Esses dados informam suas decisões e servem de combustível para continuar em frente quando encontrar imprevistos. Medidas em potencial incluem:

» **Satisfação dos funcionários:** Seu time de tecnologia gosta de trabalhar na sua organização?

» **MMR (monthly recurring revenue):** Quanto dinheiro você ganha com os clientes?

» **Tíquetes de clientes:** Quantos bugs são relatados pelos clientes?

>> **Frequência de implementação:** Quantas implementações você faz toda semana ou mês?

>> **MTTR (mean time to recovery):** Quanto tempo você demora para se recuperar de uma interrupção do serviço?

>> **Disponibilidade de serviço:** Qual é o tempo ativo de sua aplicação? Você está cumprindo o SLA (service level agreement) atual?

>> **Implementações falhas:** Quantos lançamentos causam interrupção do serviço? Quantos tiveram de ser revertidos?

Microgerenciando

Uma das maneiras mais rápidas de minar seus profissionais de tecnologia é microgerenciando seu trabalho. Dan Pink, autor do livro *Motivação 3.0 - Drive*, acredita que a motivação no trabalho é impulsionada por três fatores:

>> Autonomia

>> Maestria

>> Propósito

Motivadores extrínsecos, como salários altos, bônus e opção de compra de ações, podem funcionar no curto prazo, mas a satisfação em longo prazo no trabalho depende de mais crescimento pessoal e profissional. Queremos que os profissionais de tecnologia existam na tensão de se sentir muito desafiados, mas não sobrecarregados pelo estresse. Isso é diferente para cada pessoa. Se puder evocar a paixão de alguém, certamente essa pessoa trabalhará com entusiasmo.

A confiança é crucial para organizações DevOps. Você deve confiar em seus colegas, times de tecnologia, gerentes e executivos. Também deve confiar nos cargos e responsabilidades dos vários departamentos de sua organização — mas isso não quer dizer que nunca haverá conflito. É claro que momentos de atrito ocorrerão entre seres humanos. Mas minimizá-los e possibilitar uma resolução saudável é o que diferencia times de tecnologia focados em DevOps da concorrência.

Mudando Muito, Rápido Demais

Muitos times fazem mudanças demais com muita rapidez. As pessoas não gostam de mudanças. (Eu certamente não gosto.) Embora o DevOps seja benéfico no longo prazo, mudanças rápidas no jeito normal de fazer as coisas podem ser chocantes para os times de tecnologia.

Uma falha do DevOps é que ele sugere que todos vivem em campos verdes (novos softwares) com arco-íris e unicórnios. Pode parecer que: "Se ao menos pudéssemos juntar o time, o desenvolvimento de software seria mais fácil!" Isso não é verdade. O desenvolvimento de software é difícil e sempre será. É disso que os profissionais de *tecnologia* mais gostam. Adoram um desafio. Mas eles devem ser estimulantes, não estressantes.

O DevOps não visa remover todos os desafios intelectuais da tecnologia (software e operações). Em vez disso, oferece minimizar o atrito entre pessoas para que todos possam focar seu trabalho. Se você tentar fazer mudanças demais com muita rapidez, poderá se ver em meio a uma revolta — o Motim do Binário.

Escolhendo Mal as Ferramentas

Embora eu não priorize a instrumentação em DevOps — e de maneira legítima —, a instrumentação ainda é um fator. Até o aspecto menos importante do DevOps contribui para seu sucesso geral. As ferramentas selecionadas devem resolver os problemas experimentados pelo time de tecnologia, mas também devem se alinhar ao estilo, ao conhecimento e às áreas de conforto do time existente.

Não tenha medo de tentar várias soluções e ver qual é a melhor. Vale a pena dedicar algumas semanas a um MVP ou PoC para testar uma ferramenta. Mesmo que você acabe jogando fora, é preferível "desperdiçar" os recursos existentes, seja em desenvolvimento ou operações, em vez de mudar totalmente para uma tecnologia específica e descobrir um ano depois que não é adequada.

Temendo o Fracasso

Fracassar rápido é um jeito abreviado de dizer que você deve iterar constantemente para identificar problemas cedo no processo sem gastar toneladas de tempo e dinheiro. Abordo esse tema no Capítulo 16. É algo que muita gente da tecnologia fala e poucos realmente implementam, porque exige iteração rápida em um ambiente em que os erros têm um raio de explosão pequeno e são facilmente corrigidos. Com frequência, as empresas afirmam ter uma mentalidade de fracasso rápido, mas demitem o primeiro profissional a deletar um banco de dados da produção. (Como se ninguém nunca tivesse feito isso...)

Porém, no contexto de DevOps, é melhor fracassar bem do que rápido. Fracassar bem implica que você tem um monitoramento estabelecido para alertá-lo sobre problemas potenciais muito antes de a situação impactar os clientes. Fracassar bem também sugere que você projetou o sistema de forma segmentada que evita um serviço que está falhando de criar um efeito dominó até uma queda do sistema. Mas as organizações que fracassam bem vão um passo além: elas não culpam as pessoas; procuram as falhas nos sistemas e processos.

Kaizen é a palavra japonesa para melhoria contínua. Em DevOps, kaizen significa melhorar seus processos continuamente. Não é uma transformação sexy que tem um começo e um fim. O objetivo não é ir do zero ao perfeito. O DevOps encoraja o trabalho lento e gradual em direção a fazer uma coisa melhor todos os dias. Se você sair do trabalho todo fim de expediente sabendo que apenas um pequeno aspecto do trabalho está melhor por sua causa, não ficaria satisfeito? Eu ficaria e fico, e estou disposta a apostar que muitos profissionais de tecnologia sentiriam o mesmo.

Em vez de tentar evitar o fracasso a qualquer custo, o DevOps insiste em um mindset de crescimento. O fracasso não é criador da estupidez ou da má preparação. É criador do crescimento e um passo necessário para a inovação. A inovação é um resultado que espero que você esteja disposto a buscar, mesmo que isso signifique fracassar de vez em quando.

CAPÍTULO 23 **As Dez Principais Armadilhas do DevOps**

Sendo Firme Demais

O DevOps não é um ponto final, e essa é a melhor e a pior coisa dele. Ele seria muito mais fácil de implementar se eu pudesse lhe dar dez ações para tomar e alcançar o nirvana do DevOps. Eu queria que fosse assim! Mas as pessoas não trabalham dessa forma, e grupos de pessoas — como times de tecnologia em grandes organizações — criam ainda mais complexidades que precisam ser abordadas.

Apesar de não existir um esquema para criar uma organização DevOps, você tem a capacidade de ajustar a metodologia para práticas que funcionem para você e seu time. Conheça sua organização, e eu o encorajo a pensar fora da caixa ao aplicar os fundamentos. Algumas das coisas em DevOps serão perfeitas. Outras serão como vestir uma roupa apertada demais. E não tem problema.

Você cometerá erros. Ninguém é perfeito. Mas, se não se importar muito, capacitar seus desenvolvedores e confiar no time, verá resultados sensacionais. Basta começar. E lembre-se: convide todos a participar, meça seu progresso, priorize a cultura à tecnologia e capacite o seu time de tecnologia a fazer o que faz de melhor.

Índice

A

abismo, 58
acordo de nível de serviço, 66
  SLA, 114
administradores, 48
agregador de registros, 117
ambiente de produção (PROD), 147
ambiente de staging, 83
Ansible, 247
antipadrões, 128–129
aplicações cloud native, 110
aprendizado de máquina (AM), 27
aprisionamento tecnológico, 129
array, 109
automação, 12
autonomia, 182

B

base de código, 107
bases de código legado, 123
benefícios, 11–15
benefícios empregatícios, 27
big data, 27
bleeding edge (limite de sangramento), 129
brownfield, xxi
bug, 109
build, 143

C

cálculo lambda, 127
CALMS, 12–14
causa principal, 264–265
CDN
  Content Delivery Network, 13
checklists, 83
Chef, 247
CI/CD, 11
  benefícios, 149
ciclo de vida de desenvolvimento de software
  CVDS, 76–84
  estágios, 79

ciclo do hype, 55
  fosso de desilusão, 55
  gatilho de inovação, 55
  pico de expectativas infladas, 55
  platô de produtividade, 55
  rampa de entendimento, 55
ciclo lançar, ouvir e iterar, 96
cinco 9, 15
CircleCI, 246
cliente
  identificar, 93
  personas, 98–100
cobertura de código, 144
code monkeys, 173
código
  comunicação, 120–122
  de infraestrutura
    IAC, 107
  documentar, 109
  espaguete, 129
  imutável, 125–136
colaboração, 21
coleta de dados, 164
computação aberta, 276
comunicação, 22
  interpessoal, 18
comunidade Ágil, xxi
concorrentes, 93
confiança, 20
Construir-Medir-Aprender, 186
containers, 299
copypasta, 129
cruzamento entre custo e tempo, 90
culpabilidade, 267
culto à carga, 129
cultura, 12
cultura empresarial, 17–32
  avaliação, 18–19
  exigente, 19
  indiferente, 19
  integradora, 19
  preocupada, 19

Índice   339

cultura tecnológica, 26–27
curvas de adoção, 54–60
 adotantes iniciais, 54
 inovadoras, 54
 maioria, 54
 maioria inicial, 54
 não adotantes, 54
custo médio de reuniões, 64
custo por incidente (CPI), 262
custos de infraestrutura, 90

D

dados, 66
data centers, 233
defeito, 35
deploying
 implantação, 80
depuradores, 123
desempenho da tecnologia, 179–183
desenvolvedor full stack, 116
Desenvolvimento Baseado em Componentes (DBC), 106
desenvolvimento dirigido por funcionalidades, 87
desenvolvimento em cascata
 Ágil, 78
design de interface e experiência do usuário UI/UX, 113
design de software, 102–118
design por comitê, 128
desperdício, 33–44
 erradicar, 39–44
destaque, 219
DEV (ambiente de desenvolvimento), 147
DevOps
 cultura, 8–9
 definição, 7
DevOpsDays, 8
DevOps Research and Assessment (DORA), 180
DevSecOps, 111
dinheiro, 225
Dirty Dozen
 comportamentos, 214
diversidade, 27
Docker Swarm, 303
documento de requisitos de produto (PRD), 90
dogfooding, 192
drivers, 145

E

educação continuada, 132
empresa
 estruturas, 24
 clã, 24
 hierarquia tradicional, 25
 holacracia, 25
 meritocracia, 25
 platarquia, 25
 limitações, 88
entrega, 76
 contínua, 150–166
ergonomia, 242
 cognitiva, 243
 organizacional, 243
erro humano, 234
 automação, 244
erros, 122–123
escalabilidade, 110
escala de privilégio, 112
escalonamento manual, 110
escopo, 91
estratégia, 220
estrutura organizacional, 24
estudos de caso, 68–71
 qualitativo, 68–70
 quantitativo, 71
evangelistas DevOps, 50
executivos, 49–51
exercício de comunicação, 10

F

fail fast, 169
falhas encadeadas, 115
feature flags, 151
feedback, 23
 coletar, 190–194
 contínuo, 195–197
 do cliente, 185–198
ferramentas, 23
ferramentas PaaS (Plataforma como Serviço), 117
fluxo, 237
follow the sun (FTS), 252
fonte de falha, 232
fracasso, 22
 catastrófico, 233
 com segurança, 232
 fatalmente, 233
 rápido, 231–240

340   DevOps Para Leigos

fragmentação (stub), 141
frameworks de log, 125
funcionário
    problema, 213–216
fundamentos arquiteturais, 116–117

G
gargalo, 39–42
    causa, 41
generalistas, 219
gerentes intermediários, 52
gestão cogumelo, 130
gestão de métricas, 164
Go CD, 246
greenfield, xxi

H
hash, 109
horário razoável, 27
hotfix, 71

I
IDEs (ambientes de desenvolvimento integrado), 124
impacto, 42
    do time
        avaliação, 29
implementação, 147–166
    azul-verde, 158
    canário, 160
    contínua, 151–166
    deployment, 147
    estilos, 158–163
    falhas, 155–156
    interrupção, 15
    para a esquerda, 82
    rolling, 161
incidente, 241–262
    cinco passos, 265
inércia, 37
Infraestrutura como Serviço (IaaS), 314–316
integração contínua (CI), 150–151
inteligência artificial (IA), 27
interface de programação de aplicações (API), 294–298
interface do usuário (UI), 122
iteração rápida, 170–184

J
Java Virtual Machine (JVM), 128
Jenkins, 246

K
kaizen, 234–240
Kanban, 190
KPIs
    indicadores-chave de desempenho, 62
Kubernetes, 302

L
lançamento (release), 147–148
lançamentos alfa, 97
lead time, 180
    de desenvolvimento, 70
lean, 12
lei de Goodhart, 62
lei do martelo, 129
liderança, 18
linguagem, 127–128
linguagens markup, 277
lint, 107
log, 125
logística, 222

M
macrosserviços, 292
Manifesto Ágil, xxi
    origem, 87
manufatura lean, 10
Matriz de Eisenhower, 170
medição, 14
medir progresso, 63
mensuração, 176
métricas de desempenho, 63
mindset, 235–236
modelo em cascata, 77
monitoramento, 164–166
    de performance de aplicações, 66
Motim do Binário, 336
mudanças, 46–47
    experiências passadas, 46
    incerteza, 46
multilocação de serviços, 289
multitenancy, 313

N

Net promoter score (NPS), 195
networking, 209
NoOps, 158
notas, 134
número de cabeças
head count, 90
número de tíquetes de clientes, 64
nuvem (cloud), 309–320

O

objetivos, 126
de negócios, 90
objeto deus, 128
onda, 51–52
Open Web Application Security Project
(OWASP), 146
O Projeto Fênix (livro), 20
os 5 Porquês, 59
OSS (software de código aberto), 276–288
otimização prematura, 129

P

Parede da Confusão, 21
patch, 153
pensamento alternativo, 27
pensamento sistêmico, 22
personalidade Myers-Briggs, 47
administradores, 48
conselheiros, 48
estrategistas, 48
visionários, 48
persuasão, 47–60
pesquisa, 18
pessoas, 9
pipeline, 75–84
de lançamento, 140
planejamento, 85–100
sprint, 176
plantão, 249–252
Plataforma como Serviço (PaaS), 314–316
problemas sociotécnicos, 218
processo em cascata
waterfall, 8
produção just-in-time, 38
produtividade individual
avaliação, 29

produto mínimo viável
MVP, 91–97
profissionais de tecnologia, 217–228
motivação, 223–228
programação
em par, 212
extrema, 87
funcional, 126
programação orientada a objetos (POO), 126
provedor de serviço de nuvem, 316–318
pull request (PR), 135
Puppet, 247

Q

quality assurance (QA), 141

R

ransomware, 112
Receber-Analisar-Comunicar-Mudar, 187–190
recompensa, 29
recrutamento, 208–210
recursos, 94
imprescindíveis, 94
legais de ter, 94
sem importância, 94
requisitos
projeto, 90–91
resistência, 58
retrabalho, 129
revisão
de código, 135
postmortem, 263
revisão pós-incidente, 263–272
risco inteligente, 238
rollbacks, 143
runbook, 201

S

satisfação do cliente, 64
satisfação do funcionário, 64
Scale-out, 111
Scale-up, 111
scope creep, 91–92
scrum, 87
segurança, 111
Seis Sigma, 59
senhas ruins, 113
serverless, 315

Service-Level Agreement (SLA)
    nível de acordo de serviço, 166
Service-Level Indicator (SLI)
    indicador de nível de serviço, 166
Service-Level Objective (SLO)
    objetivo de nível de serviço, 166
shift-left, 81
shipar, 148
silos, 21
simulação (mock), 141
síndrome do impostor, 121
sistema concorrente, 282
sistema paralelo, 282
Sistema Toyota de Produção (TPS), 38
soft skills, 10
software
    atualização, 109
    desatualizado, 113
    expedível, 86
    livre, 277
    projetar, 105–108
Software como Serviço (SaaS), 314–316
sprint, 86
staging, 139
startup, 218
story points do Ágil, 177

T

táticas de abordagem, 51
TDD (desenvolvimento guiado por testes), 133
teimosos, 53
telemetria, 164
tempo, 104
tempo médio para reparo (MTTR), 261
Tempo Médio para Reparo (MTTR), 180

teste
    automatizados, 137–146
    contínuo, 146
    de integração, 144
    de regressão, 145
    em paralelo, 142
    em série, 142
    visual, 145
teste de aceitação (UAT), 147
time, 200–216
    desenvolvimento, 8
    de tecnologia, 48
    maturidade, 23
    multifuncional, 202–216
    operações, 8
    pequenos, 222
timeline, 267
Toyota Way, 234
tripé do DevOps, 63–66

U

user stories, 228
uso dos clientes, 64

V

Vale do Silício, 169
valores, 20–24
    incentivo, 29
velocidade, 175–179
viés de retrospecto, 270
vírus e worms, 112

W

window size, 161

Z

zona de explosão, 35

CONHEÇA OUTROS LIVROS DA PARA LEIGOS

Todas as imagens são meramente ilustrativas.

+ CATEGORIAS

Negócios - Nacionais - Comunicação - Guias de Viagem - Interesse Geral - Informática - Idiomas

---

SEJA AUTOR DA ALTA BOOKS!

Envie a sua proposta para: autoria@altabooks.com.br

Visite também nosso site e nossas redes sociais para conhecer lançamentos e futuras publicações!

www.altabooks.com.br

ALTA BOOKS
E D I T O R A

/altabooks ▪ /altabooks ▪ /alta_books

Este livro foi impresso nas oficinas gráficas da Editora Vozes Ltda.,
Rua Frei Luís, 100 – Petrópolis, RJ.

Gerenciamento de Projetos para leigos

Hoje em dia, com o crescente número de projetos de grande porte, complexos e desafiadores do ponto de vista técnico, o gerenciamento de projetos é uma habilidade crucial. As pessoas precisam de ferramentas, técnicas e conhecimentos especiais para lidar com suas atribuições ao gerenciá-los, como confirmar uma justificativa de projeto, desenvolver seus objetivos e cronogramas, manter o comprometimento, delegar responsabilidade e evitar as armadilhas comuns.

COMO EVITAR ARMADILHAS COMUNS NO GERENCIAMENTO DE PROJETOS

A pressão de ter que concluir um projeto com prazo apertado e poucos recursos muitas vezes faz as pessoas tomarem atalhos e ignorarem determinadas questões que podem afetar significativamente suas chances de sucesso. Evite as seguintes armadilhas típicas e aborde essas questões no início do projeto, para minimizar seus possíveis impactos negativos:

- **Definir objetivos de projeto vagos:** Objetivos são os resultados que serão obtidos se o projeto for bem-sucedido. Quanto mais específicos forem, mais fácil será estimar o tempo e os recursos necessários para os atingir, e mais fácil será para você e seu público confirmar que eles foram alcançados.

    Certifique-se de incluir *medidas* (as características que definem se um objetivo foi atingido) e *especificações* (a relevância dessas medidas que você acredita que confirmam o sucesso de seus objetivos).

- **Ignorar públicos-alvo:** Determine os *condutores* do projeto (aquelas pessoas que definem o que ele deve conquistar para ser bem-sucedido) e seus *apoiadores* (as que tornam possível para você atingir os objetivos desejados). Os principais usuários finais dos produtos do seu projeto são condutores importantes, que, em geral, tendem a ser ignorados.

- **Não documentar premissas:** As pessoas quase sempre fazem premissas em relação a seus projetos; no entanto, muitas vezes elas se esquecem de as registrar porque acreditam que há um consenso a respeito delas.

    Documentar suas premissas de projeto garante que todos os integrantes atuem conforme uma mentalidade comum e lembra a você de conferir periodicamente se elas têm se comprovado e/ou se novas premissas foram feitas.

- **"Rebobinar" cronogramas de projeto:** Você rebobina um cronograma de projeto quando tenta determinar o prazo e os recursos necessários para concluí-lo com sucesso negligenciando as probabilidades reais de os conseguir e o tempo de que dispõe.

    Em vez de rebobinar, considere o tempo e os recursos que acredita, de forma realista, que possui e explore diferentes formas de usá-los para aumentar suas chances de atingir os resultados pretendidos da melhor forma possível.

- **Não escrever os compromissos fundamentais:** Não escrever os compromissos aumenta as chances de haver uma assimetria entre o que as pessoas pretendiam comprometer e suas

Gerenciamento de Projetos Para leigos

expectativas. Além de conferir maior precisão à comunicação, escrever os compromissos ajuda aqueles que o fizeram a se lembrar deles e incentiva as pessoas a modificar as declarações por escrito quando necessário.

- **Não manter o plano atualizado:** Para que um projeto seja bem executado, você e os outros membros da equipe devem consultar a última versão do plano sempre que necessário para conferir o que cada profissional tem feito em prol dos resultados esperados.

  Um plano desatualizado o deixa sem os parâmetros que orientam as pessoas a fazer o trabalho de projeto necessário. Também sugere que é irrelevante seguir a versão mais recente do plano de projeto à risca, uma crença que reduz significativamente suas chances de sucesso.

- **Não ter um controle formal das mudanças:** Não seguir um processo formal para avaliar o impacto das mudanças solicitadas no projeto aumenta a probabilidade de que consequências importantes sejam desconsideradas ao avaliar seus potenciais efeitos. Além do mais, torna mais provável que algumas das pessoas afetadas por elas não recebam informações adequadas e precisas sobre quais são esses efeitos.

- **Não se comunicar de forma efetiva:** Ruídos nas comunicações aumentam as chances de as pessoas trabalharem com informações diferentes ao executar tarefas de projeto, e diminuem a motivação e o comprometimento com seu sucesso geral.

Gerenciamento de Projetos

Para leigos

Gerenciamento de Projetos Para leigos

Tradução da 5ª Edição

Stanley E. Portny
Project Management Professional (PMP®) certificado

ALTA BOOKS
EDITORA
Rio de Janeiro, 2019

Gerenciamento de Projetos Para Leigos®
Copyright © 2019 da Starlin Alta Editora e Consultoria Eireli. ISBN: 978-85-508-0907-6

Translated from original Digital Marketing For Dummies®. Copyright © 2017 by John Wiley & Sons, Inc. ISBN 978-1-119-34890-0. This translation is published and sold by permission of John Wiley & Sons, Inc., the owner of all rights to publish and sell the same. PORTUGUESE language edition published by Starlin Alta Editora e Consultoria Eireli, Copyright © 2019 by Starlin Alta Editora e Consultoria Eireli.

Todos os direitos estão reservados e protegidos por Lei. Nenhuma parte deste livro, sem autorização prévia por escrito da editora, poderá ser reproduzida ou transmitida. A violação dos Direitos Autorais é crime estabelecido na Lei nº 9.610/98 e com punição de acordo com o artigo 184 do Código Penal.

A editora não se responsabiliza pelo conteúdo da obra, formulada exclusivamente pelo(s) autor(es).

Marcas Registradas: Todos os termos mencionados e reconhecidos como Marca Registrada e/ou Comercial são de responsabilidade de seus proprietários. A editora informa não estar associada a nenhum produto e/ou fornecedor apresentado no livro.

Impresso no Brasil — 1ª Edição, 2019 — Edição revisada conforme o Acordo Ortográfico da Língua Portuguesa de 2009.

Obra disponível para venda corporativa e/ou personalizada. Para mais informações, fale com projetos@altabooks.com.br

Produção Editorial	Produtor Editorial	Marketing Editorial	Vendas Atacado e Varejo	Ouvidoria
Editora Alta Books	Thiê Alves	marketing@altabooks.com.br	Daniele Fonseca	ouvidoria@altabooks.com.br
Gerência Editorial		**Editor de Aquisição**	Viviane Paiva	
Anderson Vieira		José Rugeri	comercial@altabooks.com.br	
		j.rugeri@altabooks.com.br		
Equipe Editorial	Adriano Barros	Illysabelle Trajano	Kelry Oliveira	Thales Silva
	Bianca Teodoro	Juliana de Oliveira	Maria de Lourdes Borges	Thauan Gomes
	Ian Verçosa	Keyciane Botelho	Paulo Gomes	
Tradução	**Copidesque**	**Revisão Gramatical**	**Revisão Técnica**	**Diagramação**
Jana Araujo	Maíra Meyer	Thaís Pol	Guilherme Calôba	Joyce Matos
		Carolina Gaio	Doutor em Engenharia de Produção, PMP	

Erratas e arquivos de apoio: No site da editora relatamos, com a devida correção, qualquer erro encontrado em nossos livros, bem como disponibilizamos arquivos de apoio se aplicáveis à obra em questão.

Acesse o site www.altabooks.com.br e procure pelo título do livro desejado para ter acesso às erratas, aos arquivos de apoio e/ou a outros conteúdos aplicáveis à obra.

Suporte Técnico: A obra é comercializada na forma em que está, sem direito a suporte técnico ou orientação pessoal/exclusiva ao leitor.

A editora não se responsabiliza pela manutenção, atualização e idioma dos sites referidos pelos autores nesta obra.

Dados Internacionais de Catalogação na Publicação (CIP) de acordo com ISBD

P853g	Portny, Stanley E.
	Gerenciamento de Projetos Para Leigos / Stanley E. Portny ; traduzido por Jana Araujo. - Rio de Janeiro : Alta Books, 2019.
	448 p. : il. ; 17cm x 24cm. – (Para Leigos)
	Tradução de: Project Management For Dummies
	Inclui índice e anexo.
	ISBN: 978-85-508-0907-6
	1. Administração. 2. Gestão de projetos. I. Araujo, Jana. II. Título. III. Série.
2019-674	CDD 658.404
	CDU 65.012.3

Elaborado por Odilio Hilario Moreira Junior - CRB-8/9949

Rua Viúva Cláudio, 291 — Bairro Industrial do Jacaré
CEP: 20.970-031 — Rio de Janeiro (RJ)
Tels.: (21) 3278-8069 / 3278-8419
www.altabooks.com.br — altabooks@altabooks.com.br
www.facebook.com/altabooks — www.instagram.com/altabooks

Sobre o Autor

Stan Portny, presidente da Stanley E. Portny and Associates, LLC, é especialista internacionalmente reconhecido em gerenciamento e liderança de projetos. Durante os últimos 35 anos, ofereceu treinamento e consultoria para mais de 200 organizações públicas e privadas dos setores de bens de consumo, seguros, farmacêutica, finanças, tecnologia da informação, telecomunicações, defesa e assistência médica. Ele desenvolveu e conduziu programas de treinamento para mais de 100 mil funcionários, incluindo colaboradores em cargos de gerência, nas áreas de engenharia, marketing e vendas, pesquisa e desenvolvimento, sistemas de informação, manufatura, operação e suporte.

Stan combina a visão de analista a uma noção inata de ordem e equilíbrio, e a um profundo respeito pelo potencial individual. Ele ajuda as pessoas a entenderem como controlar ambientes caóticos e produzir resultados significativos, sem perder a satisfação pessoal e profissional. Amplamente aclamado por suas apresentações dinâmicas e extraordinária habilidade de interagir com os participantes de suas palestras, Stan é especialista em adaptar seus programas de treinamento para atender às necessidades de cada organização. Seus clientes incluem ADP, ADT, American International Group, Bristol-Myers Squibb, Burlington Northern Railroad, Hewlett Packard, Johnson & Johnson, Just Born, Nabisco, Novartis Pharmaceuticals, Pitney Bowes, Raymond Corporation, UPS e Vanguard Investment Companies, assim como Marinha, Forças Aéreas, CIA e Office of the Comptroller of the Currency, dos Estados Unidos.

Project Management Professional (PMP) certificado pelo Project Management Institute (PMI), Stan graduou-se em engenharia elétrica pelo Instituto Politécnico do Brooklyn. É mestre e pós-graduado na mesma área, pelo Instituto de Tecnologia de Massachusetts. Stan também estudou na Alfred P. Sloan School of Management e na George Washington University National Law Center.

Stan oferece treinamento presencial em todos os aspectos do gerenciamento de projetos, formação de equipe de projetos e liderança de projetos. Ele pode trabalhar com você para avaliar suas práticas atuais de gerenciamento de projetos, desenvolver sistemas e procedimentos de planejamento e controle, e revisar o progresso de projetos em andamento. Além disso, Stan pode palestrar em reuniões de sua organização e de associações profissionais.

Dedicatória

Para minha esposa, Donna; meu filho e minha nora, Brian e Tanya, e meu neto, Zack; meu filho e minha nora, Jonathan e Marci, e minhas netas, Elena e Charlotte, e meu neto, Jacob. Que nós continuemos a compartilhar as alegrias da vida juntos.

Agradecimentos do Autor

Escrever e publicar este livro foi um trabalho de equipe, e eu gostaria de agradecer às muitas pessoas que o tornaram possível. Primeiramente, gostaria de agradecer à Tracy Boggier, minha editora de aquisições, quem primeiro me contatou para discutir a possibilidade de escrever esta quinta edição do meu livro. Agradeço-lhe por me fazer esse telefonema, por me ajudar a preparar a proposta, por auxiliar a começar o projeto de forma tranquila e oportuna, por coordenar a publicidade e as vendas, e por ajudar a juntar todas as partes em um todo produtivo.

Agradeço à Michelle Hacker, minha gerente de projetos; à Georgette Beatty, minha editora de desenvolvimento; e à Christy Pingleton, minha revisora, por sua orientação, apoio e várias horas gastas polindo o texto para torná-lo um produto aprimorado e completo. E agradeço a F. Kevin Gaza, meu revisor técnico, por suas perspicazes observações e sugestões.

Por fim, agradeço à minha família por sua ajuda e inspiração contínuas. Agradeço à Donna, que nunca duvidou que este livro se tornaria realidade e que compartilhou comentários pessoais e estilísticos conforme revisava o texto inúmeras vezes, sempre fazendo essa tarefa parecer agradável e esclarecedora. Agradeço a Brian, Tanya, Jonathan e Marci, cujos interesse e entusiasmo ajudaram a me motivar para ver a quinta edição deste livro se concretizar.

Sumário Resumido

Introdução 1

Parte 1: Começando 7

CAPÍTULO 1: Gerenciamento de Projetos: O Segredo para Atingir Objetivos. 9

CAPÍTULO 2: Começando a Jornada: A Gênese de um Projeto 29

CAPÍTULO 3: Conhecendo os Interessados: Lidando com as Pessoas Certas 39

CAPÍTULO 4: Esclarecendo o que Você Quer Fazer — E Por Quê. 61

CAPÍTULO 5: Desenvolvendo Seu Plano de Jogo: Indo Daqui para Lá 89

Parte 2: Planejando o Tempo: Quando e Quanto 119

CAPÍTULO 6: Para Quando Você Quer Este Projeto? 121

CAPÍTULO 7: Estabelecendo Quem, por Quanto Tempo e Quando. 161

CAPÍTULO 8: Planejando Outros Recursos e Elaborando o Orçamento 187

CAPÍTULO 9: Aventurando-se no Desconhecido: Lidando com Riscos 201

Parte 3: Trabalho em Grupo: Montando Sua Equipe 221

CAPÍTULO 10: Alinhando os Principais Atores do Seu Projeto 223

CAPÍTULO 11: Definindo Papéis e Responsabilidades na Equipe 241

CAPÍTULO 12: Começando o Projeto com o Pé Direito 265

Parte 4: Guiando o Navio: Gerenciando o
Projeto para o Sucesso 285

CAPÍTULO 13: Monitorando o Progresso e Mantendo o Controle. 287

CAPÍTULO 14: Mantendo Todos Informados 315

CAPÍTULO 15: Encorajando o Alto Desempenho com uma Liderança Eficaz 337

CAPÍTULO 16: Conduzindo o Projeto a um Fechamento. 351

Parte 5: Levando Seu Gerenciamento de
Projetos para o Próximo Nível. 365

CAPÍTULO 17: Usando os Mais Novos Métodos e Recursos. 367

CAPÍTULO 18: Monitorando Execução de Projeto com
Gestão de Valor Agregado 387

Parte 6: A Parte dos Dez 403

CAPÍTULO 19: Dez Perguntas para Se Fazer ao Planejar o Projeto 405

CAPÍTULO 20: Dez Dicas para Ser um Gerente de Projetos Melhor 411

APÊNDICE: Combinando as Técnicas em Processos Simples 415

Índice. 421

Sumário

INTRODUÇÃO 1

Sobre Este Livro 2

Penso que... 3

Ícones Usados Neste livro 3

Além Deste Livro 4

De Lá para Cá, Daqui para Lá 4

PARTE 1: COMEÇANDO 7

CAPÍTULO 1: Gerenciamento de Projetos: O Segredo para Atingir Objetivos 9

O que Define um Projeto 10

Entendendo os três principais componentes que o caracterizam 10

Reconhecendo a diversidade dos projetos 11

Descrevendo as quatro fases do ciclo de vida de um projeto .. 13

Definindo Gerenciamento de Projetos 14

Começando com processos de iniciação 16

Definindo processos de planejamento 16

Examinando processos de execução 18

Supervisionando processos de monitoramento e controle 19

Terminando com processos de encerramento 20

O Papel do Gerente de Projetos 20

As tarefas do gerente de projetos 20

Evitando as desculpas para não seguir uma abordagem estruturada 21

Evitando atalhos 22

Tendo consciência de outros potenciais desafios 23

Você Tem o Necessário para Ser um Gerente de Projetos Eficiente? 24

Perguntas 24

Respostas 25

Relacionando Este Capítulo ao Exame PMP e aos Guias PMBOK 5 e 6 26

CAPÍTULO 2: Começando a Jornada: A Gênese de um Projeto 29

Reunindo Ideias para Projetos 30

Analisando fontes de informação para potenciais projetos 31

Propondo um projeto em um caso de negócios 31

Desenvolvendo o Termo de Abertura 33

Fazendo uma análise de custo-benefício 34

Sumário xiii

Conduzindo um estudo de viabilidade 36
Gerando documentos durante o desenvolvimento
do termo de abertura 37
Decidindo quais Projetos Irão para a Segunda Fase
de Seu Ciclo de Vida 38

CAPÍTULO 3: **Conhecendo os Interessados: Lidando
com as Pessoas Certas** 39

Conhecendo as Partes Interessadas 40
Registrando as Partes Interessadas 40
Começando o registro 40
Completando e atualizando o registro de partes interessadas . . 45
Usando um modelo 47
Determinando Condutores, Apoiadores e Observadores 48
Decidindo quando envolver as partes interessadas 50
Usando diferentes métodos para envolver as
partes interessadas 53
Aproveitando ao máximo o envolvimento das
partes interessadas 54
Exibindo Seu Registro de Partes Interessadas 55
Confirmando a Autoridade das Partes Interessadas 56
Avaliando o Poder e o Interesse das Partes Interessadas 58
Relacionando Este Capítulo ao Exame PMP e aos
Guias PMBOK 5 e 6 59

CAPÍTULO 4: **Esclarecendo o que Você Quer
Fazer — E Por Quê** 61

Definindo o Projeto com a Especificação de Escopo 62
Quadro Geral: Explicando a Necessidade que o Projeto Aborda . . . 66
Descobrindo por que você está fazendo o projeto 66
Traçando a linha: Onde seu projeto começa e termina 76
Estabelecendo os objetivos do projeto 77
Delimitando Fronteiras: Restrições do Projeto 82
Trabalhando dentro de limitações 82
Lidando com necessidades 85
Encarando Incógnitas ao Planejar: Documentando
Suas Premissas 85
Especificando o Escopo em um Documento Claro e Conciso 86
Relacionando Este Capítulo ao Exame PMP e aos
Guias PMBOK 5 e 6 87

CAPÍTULO 5: **Desenvolvendo Seu Plano de Jogo:
Indo Daqui para Lá** 89

Dividir e Conquistar: Fragmentando o Projeto em Partes
Gerenciáveis 90
Pensando nos detalhes 90
Identificando o trabalho necessário com a
estrutura analítica de projeto 92
Lidando com situações especiais 100
Criando e Mostrando a Estrutura Analítica de Projeto 103

xiv **Gerenciamento de Projetos Para Leigos**

Considerando diferentes esquemas para criar
a hierarquia de EAP 104
Usando uma de duas abordagens
para desenvolver a EAP 105
Categorizando o trabalho de projeto 106
Classificando os itens da EAP 108
Mostrando a EAP em formatos diferentes 109
Melhorando a qualidade da EAP 112
Usando modelos 113
Identificando Riscos ao Detalhar Seu Trabalho 115
Documentando o que Você Precisa Saber sobre o
Trabalho de Projeto 116
Relacionando Este Capítulo ao Exame PMP e aos
Guias PMBOK 5 e 6. 117

PARTE 2: PLANEJANDO O TEMPO: QUANDO E QUANTO 119

CAPÍTULO 6: Para Quando Você Quer Este Projeto? 121

Imagine Só: Ilustrando um Plano de Trabalho
com um Diagrama de Rede 122
Definindo os elementos de um diagrama de rede 122
Criando um diagrama de rede 124
Analisando um Diagrama de Rede 125
Lendo um diagrama de rede 126
Interpretando um diagrama de rede 127
Trabalhando com o Diagrama de Rede do Projeto 132
Determinando precedência 133
Usando um diagrama de rede para analisar
um exemplo simples 136
Desenvolvendo o Cronograma do Projeto .141
Dando os primeiros passos 142
Evitando a armadilha de rebobinar seu cronograma 143
Cumprindo uma restrição de tempo estabelecida 144
Aplicando diferentes estratégias para chegar ao
piquenique em menos tempo 145
Estimando a Duração das Atividades 152
Determinando fatores subjacentes 152
Considerando características de recursos 153
Descobrindo fontes de informações de suporte 153
Melhorando estimativas de duração de atividades 154
Exibindo o Cronograma do Projeto 156
Relacionando Este Capítulo ao Exame PMP e aos
Guias PMBOK 5 e 6. 159

CAPÍTULO 7: Estabelecendo Quem, por Quanto Tempo e Quando 161

Conseguindo a Informação Necessária para
Associar Pessoas a Tarefas 162

Sumário XV

Decidindo quais competências e conhecimentos
a equipe deve ter 163

Representando competências, conhecimentos
e interesses da equipe
em uma matriz de competências 167

Estimando o Comprometimento Necessário. 169

Usando uma matriz de recursos humanos 170

Identificando o pessoal necessário
em uma matriz de recursos humanos .171

Estimando o esforço de trabalho necessário 172

Considerando produtividade, eficiência e
disponibilidade em estimativas de esforço 173

Avaliando a eficiência ao usar dados históricos 175

Contabilizando eficiência em estimativas de
esforço de trabalho 176

Fazendo os Membros da Equipe Cumprirem
Seus Compromissos. 178

Planejando suas alocações iniciais. 178

Resolvendo potenciais sobrecargas de recursos 181

Coordenando atribuições em vários projetos. 184

Relacionando Este Capítulo ao Exame PMP e aos
Guias PMBOK 5 e 6. 185

CAPÍTULO 8: **Planejando Outros Recursos e Elaborando o Orçamento** 187

Determinando Necessidades de Recursos Não
Relacionados a Pessoal 188

Sendo Coerente com Seu Dinheiro:
Custos e Orçamentos de Projeto. 190

Analisando diferentes tipos de custos de projeto 191

Reconhecendo os três estágios de um
orçamento de projeto 192

Refinando o orçamento durante as fases do projeto 193

Determinando os custos de projeto para uma
estimativa de orçamento detalhada 195

Relacionando Este Capítulo ao Exame PMP e aos
Guias PMBOK 5 e 6. 199

CAPÍTULO 9: **Aventurando-se no Desconhecido: Lidando com Riscos** 201

Definindo Risco e Gerenciamento de Risco 202

Focando Fatores de Risco e Riscos 203

Reconhecendo fatores de risco 204

Identificando riscos. 208

Avaliando Riscos: Probabilidades e Consequências 209

Medindo a probabilidade de um risco .210

Estimando a extensão das consequências 212

Colocando Tudo sob Controle: Gerenciando Riscos. 214

Escolhendo os riscos que quer gerenciar 215

Desenvolvendo uma estratégia de gerenciamento de risco. . .216

Comunicando riscos. 217

Preparando um Plano de Gerenciamento de Riscos 218

Relacionando Este Capítulo ao Exame PMP e aos
Guias PMBOK 5 e 6. 220

PARTE 3: TRABALHO EM GRUPO: MONTANDO SUA EQUIPE. 221

CAPÍTULO 10: Alinhando os Principais Atores do Seu Projeto. 223

Definindo Três Ambientes Organizacionais 224

A estrutura funcional 224

A estrutura projetizada 226

A estrutura matricial. 228

Reconhecendo os Principais Atores em um Ambiente Matricial . .231

O gerente de projetos 232

Membros da equipe de projetos 233

Gerentes funcionais 233

O proprietário do projeto 234

O patrocinador do projeto 234

Alta gerência 235

Trabalhando com Sucesso em um Ambiente Matricial 236

Criando e continuamente reforçando a
identidade da equipe. 236

Obtendo o comprometimento da equipe 237

Evoque o apoio de outras pessoas no ambiente 237

Evitando problemas comuns antes que eles surjam 238

Relacionando Este Capítulo ao Exame PMP e aos
Guias PMBOK 5 e 6. 239

CAPÍTULO 11: Definindo Papéis e Responsabilidades na Equipe. 241

Destacando os Papéis Fundamentais 242

Distinguindo autoridade, responsabilidade e
responsabilização. 242

Entendendo a diferença entre autoridade e
responsabilidade 243

Fazendo Atribuições no Projeto 243

Mergulhando na delegação. 244

Compartilhando responsabilidade 249

Responsabilizando pessoas — Mesmo quando elas
não se reportam a você. 250

Imagine Só: Representando Papéis com uma Matriz de
Responsabilidade 254

Apresentando os elementos de uma MR. 254

Lendo uma MR 256

Desenvolvendo uma MR 258

Tornando a MR precisa 259

Sumário xvii

Lidando com Microgerenciamento 261
    Percebendo por que uma pessoa microgerencia. 261
    Ganhe a confiança de um microgerente 262
    Trabalhando bem com um microgerente. 263
Relacionando Este Capítulo ao Exame PMP e aos
Guias PMBOK 5 e 6. 263

CAPÍTULO 12: **Começando o Projeto com o Pé Direito** 265

Validando os Integrantes do Projeto 266
    Você está dentro? Confirmando a participação
    dos membros da equipe 266
    Mantendo todos a bordo 268
    Preenchendo as lacunas 269
Desenvolvendo Sua Equipe 270
    Analisando o plano de projeto aprovado 271
    Desenvolvendo metas de equipe e individuais 272
    Especificando papéis de membros da equipe. 272
    Definindo os processos operacionais da equipe 273
    Apoiando o desenvolvimento de relações entre os
    membros da equipe. 274
    Resolvendo conflitos. 274
    Tudo junto agora: Ajudando sua equipe a se tornar
    uma unidade harmoniosa. 277
Preparando o Terreno para Controlar o Projeto. 279
    Selecionando e preparando seus
    sistemas de monitoramento 279
    Estabelecendo cronogramas para relatórios e reuniões. 281
    Estabelecendo a linha de base do projeto. 281
Ouvi, Ouvi! Anunciando o Projeto. 282
Preparando o Palco para a Avaliação Pós-projeto 282
Relacionando Este Capítulo ao Exame PMP e aos
Guias PMBOK 5 e 6. 283

PARTE 4: GUIANDO O NAVIO: GERENCIANDO O PROJETO PARA O SUCESSO 285

CAPÍTULO 13: **Monitorando o Progresso e Mantendo o Controle** 287

Segurando as Rédeas: Controle de Projeto 288
Sistemas de Informações de Gerenciamento de Projetos 290
    O tempo está correndo: Monitorando
    a execução do cronograma 290
    Ossos do ofício: Monitorando o esforço de trabalho. 297
    Siga o dinheiro: Monitorando gastos. 302
Pondo o Processo de Controle em Ação 306
    Afastando problemas antes que ocorram 306
    Formalizando o processo de controle 307
    Identificando possíveis causas de atrasos e variâncias 308

xviii   **Gerenciamento de Projetos Para Leigos**

Identificando possíveis ações corretivas. .309
Voltando aos trilhos: Gravando uma nova linha de base 310
Reagindo com Responsabilidade Quando
Mudanças São Exigidas 310
Respondendo a solicitações de mudanças 311
Fugindo do *scope creep*. 312
Relacionando Este Capítulo ao Exame PMP e aos
Guias PMBOK 5 e 6. 313

CAPÍTULO 14: Mantendo Todos Informados 315

Eu Disse o que Quis Dizer e Quis Dizer o que Disse:
O Básico da Comunicação Bem-sucedida 316
Desconstruindo o processo de comunicação 317
Distinguindo comunicações de mão única e de mão dupla . . .317
Pode me ouvir? Ouvindo ativamente 318
Escolhendo o Canal Adequado para Comunicações de Projeto . .320
Apenas os fatos: Relatórios por escrito 321
Siga o baile: Reuniões que funcionam 323
Preparando um Relatório Escrito de Progresso de Projeto 325
Fazendo uma lista (de nomes) e conferindo-a duas vezes 325
Sabendo o que está bom (e o que não está) no relatório. 326
Ganhando um Jabuti, ou pelo menos escrevendo
um relatório interessante 328
Fazendo Reuniões Críticas de Projeto. 331
Reuniões de equipe regularmente programadas. 331
Reuniões específicas de equipe. 332
Avaliações de progresso da alta gerência 332
Criando um Plano de Gerenciamento de Comunicações
de Projeto. 333
Relacionando Este Capítulo ao Exame PMP e aos
Guias PMBOK 5 e 6. 334

CAPÍTULO 15: Encorajando o Alto Desempenho com uma Liderança Eficaz. 337

Explorando as Diferenças entre Liderança e Gerenciamento 338
Reconhecendo os Traços que as Pessoas
Buscam em um Líder 339
Desenvolvendo Poder Pessoal e Influência 340
Entendendo por que as pessoas fazem o que você pede 341
Estabelecendo as bases de seu poder 342
Você Consegue! Criando e Mantendo a Motivação da Equipe 344
Aumentando o comprometimento ao esclarecer
os benefícios do projeto 345
Incentivando a persistência ao demonstrar a
viabilidade do projeto 346
Comunicando as pessoas sobre como estão se saindo 347
Oferecendo recompensas pelo trabalho bem-feito. 348
Relacionando Este Capítulo ao Exame PMP e aos
Guias PMBOK 5 e 6. 349

Sumário   xix

CAPÍTULO 16: **Conduzindo o Projeto a um Fechamento**......351

Mantendo a Rota até a Conclusão............................352
  Planejando o futuro para o encerramento do projeto 353
  Atualizando os planos de encerramento quando
  estiver pronto para finalizar..............................354
  Dando um gás na equipe para manter
  o pique até a linha de chegada..........................354
Lidando com Questões Administrativas....................355
Oferecendo uma Transição Tranquila para os
Membros da Equipe.......................................355
Observando os Resultados: A Avaliação Pós-projeto............358
  Preparando-se para a avaliação ao longo do projeto 358
  Preparando o palco para a reunião de avaliação...........359
  Conduzindo a reunião de avaliação.....................361
  Acompanhando a avaliação..............................362
Relacionando Este Capítulo ao Exame PMP e aos
Guias PMBOK 5 e 6.......................................363

PARTE 5: LEVANDO SEU GERENCIAMENTO DE PROJETOS PARA O PRÓXIMO NÍVEL 365

CAPÍTULO 17: **Usando os Mais Novos Métodos e Recursos**...367

Examinando a Abordagem Ágil para o Gerenciamento
de Projetos..368
  Entendendo o que impulsiona a abordagem Ágil...........369
  Examinando os elementos Ágeis quando
  implementados através do Scrum......................370
  Comparando a abordagem Ágil e a tradicional (cascata).....371
Usando Softwares Efetivamente...........................372
  Analisando as opções de software 373
  Ajudando o software a funcionar da melhor forma.........378
  Incluindo softwares de gerenciamento
  de projetos em sua empresa............................380
Usando Mídias Sociais para Melhorar o
Gerenciamento de Projetos................................381
  Definindo mídias sociais 382
  Explorando como as mídias sociais facilitam o
  planejamento e a execução do projeto.................383
  Usando as mídias sociais para facilitar as
  comunicações de projeto................................385
Relacionando Este Capítulo ao Exame PMP e aos
Guias PMBOK 5 e 6.......................................386

CAPÍTULO 18: **Monitorando Execução de Projeto com Gestão de Valor Agregado**...................387

Definindo a Gestão de Valor Agregado......................388
  Conhecendo os termos e fórmulas da GVA................388
  Analisando um exemplo simples.........................392

XX Gerenciamento de Projetos Para Leigos

Determinando as razões para variações observadas 394

O Passo a Passo: Aplicando a Gestão de Valor
Agregado ao Projeto. 395

Determinando o Valor Agregado de uma Tarefa. 398

Relacionando Este Capítulo ao Exame PMP e ao
Guia PMBOK 6. 402

PARTE 6: A PARTE DOS DEZ. 403

CAPÍTULO 19: Dez Perguntas para Se Fazer ao Planejar o Projeto 405

Qual É o Propósito do Projeto?. 405

Quem Você Precisa Envolver?. 406

Quais Resultados Você Produzirá?. 406

A quais Restrições Você Deve Obedecer?. 407

Quais Premissas Você Fez? 407

O que Precisa Ser Feito? 407

Quando Cada Atividade Começa e Termina?. 408

Quem Executará as Tarefas?. 408

De Quais Outros Recursos Você Precisa?. 409

O que Pode Dar Errado? 409

CAPÍTULO 20: Dez Dicas para Ser um Gerente de Projetos Melhor 411

Seja uma Pessoa de "Por quês" 411

Seja uma Pessoa do "É Possível". 412

Pense no Panorama Geral. 412

Pense nos Detalhes 412

Seja Cauteloso ao Fazer Suposições 412

Veja as Pessoas Como Aliadas, Não Como Adversárias. 413

Diga o que Quer Dizer e Queira Dizer o que Diz. 413

Respeite as Outras Pessoas 413

Reconheça um Bom Desempenho 413

Seja Gerente e Líder. 414

APÊNDICE: Combinando as Técnicas em Processos Simples 415

Preparando o Plano de Projeto 415

Controlando o Projeto Durante a Execução. 418

ÍNDICE 421

xxii   Gerenciamento de Projetos Para Leigos

Introdução

Os projetos estão por aí desde os tempos remotos. Noé construindo a arca, Leonardo da Vinci pintando a *Mona Lisa*, Edward Gibbon escrevendo *A História do Declínio e Queda do Império Romano*, Jonas Salk desenvolvendo a vacina contra a pólio — todos projetos. E, como você sabe, todos eles foram sucessos magistrais. (Bem, os produtos foram um sucesso espetacular, mesmo que os cronogramas e orçamentos tenham sido drasticamente excedidos!)

Por que, então, o gerenciamento de projetos atrai tanto interesse hoje? A resposta é simples: o público mudou, e as apostas estão mais altas.

Historicamente, projetos são empreendimentos grandes e complexos. O primeiro a usar técnicas modernas de gerenciamento — o sistema de armas Polaris, no início dos anos 1950 — foi um pesadelo técnico e administrativo. Equipes de especialistas planejaram e monitoraram a miríade de atividades de pesquisa, desenvolvimento e produção. Elas produziram montanhas de papel para documentar o trabalho intrincado. Como resultado, as pessoas começaram a ver o gerenciamento de projetos como uma disciplina altamente técnica, com tabelas e gráficos confusos; elas o entendiam como algo excessivamente demorado, especializado e, definitivamente, além dos limites do trabalho individual de uma pessoa comum!

Por causa da variedade de projetos de grande porte, complexos e desafiadores do ponto de vista técnico em constante crescimento no mundo atual, as pessoas que querem dedicar suas carreiras a planejar e gerenciar esses projetos ainda são vitais para seu sucesso. Ao longo dos últimos 35 anos, no entanto, o número de projetos no ambiente corporativo em geral disparou. Projetos de todos os tipos são agora *o* guia que norteia o trabalho das organizações.

Ao mesmo tempo, uma nova espécie de gerente de projeto surgiu. Essa nova espécie pode não ter definido essa função como meta de carreira — muitos nesse grupo nem mesmo se consideram gerentes de projeto. Mas eles sabem que devem gerenciar projetos com êxito para crescer profissionalmente. Sem dúvida, o gerenciamento de projetos tornou-se uma habilidade vital, não apenas uma escolha de carreira.

Embora essas pessoas percebam que precisam de ferramentas, técnicas e conhecimentos especializados para lidar com suas novas atribuições, talvez não consigam nem queiram dedicar muito tempo os adquirindo, e é aqui que este livro entra em jogo. Dedico este livro aos gerentes de projetos que estão nessas fronteiras.

Introdução   1

Sobre Este Livro

Este livro lhe mostra que os princípios básicos do bom gerenciamento de projetos são simples. A técnica analítica mais complexa leva menos de dez minutos para ser dominada! Neste livro, apresento informações que são necessárias para planejar e gerenciar projetos, e ofereço importantes orientações para as desenvolver e usar. Aqui, você descobre que o verdadeiro desafio para um projeto alcançar suas metas é administrar a grande quantidade de pessoas que ele pode afetar ou precisar dar suporte. Apresento várias dicas, sugestões e orientações para identificar agentes fundamentais e envolvê-los no processo.

No entanto, só o conhecimento não fará de você um gerente de projetos bem--sucedido — é necessário aplicá-lo. O ponto que discutimos neste livro é que habilidades e técnicas de gerenciamento de projetos não são tarefas penosas que você executa porque algum processo as exige. Em vez disso, representam uma maneira de pensar, comunicar e se comportar. Elas fundamentam como abordamos todos os aspectos do nosso trabalho todos os dias.

Assim, escrevi este livro de forma objetiva e (relativamente) fácil de entender. Mas não se engane — este texto simples ainda passa por todas as ferramentas e técnicas cruciais das quais você precisará para respaldar seu planejamento, cronograma, orçamento, organização e controle de projeto. Então, aperte os cintos!

Apresento essas informações em uma progressão lógica e modular. Exemplos e ilustrações são abundantes — assim como dicas e sugestões. E eu adiciono humor de vez em quando, para deixar tudo mais interessante. Meu objetivo é que você termine este livro sentindo que um bom gerenciamento de projetos é uma necessidade, e determinado a praticá-lo!

É claro, quero que você leia cada palavra, mas entendo que sua vida é agitada e que você pode ter tempo para ler apenas o que for relevante para sua realidade. Nesse caso, sinta-se livre para pular os boxes de informações. Embora eles ofereçam histórias reais e interessantes das minhas experiências, não são vitais para entender os conceitos.

2   **Gerenciamento de Projetos Para Leigos**

Penso que...

Durante a escrita deste livro, pensei que grupos completamente diferentes o leriam, incluindo os seguintes:

- » Gestores sênior e assistentes júnior (os gestores sênior de amanhã).
- » Gerentes de projeto experientes e pessoas que nunca estiveram em uma equipe do tipo.
- » Pessoas que tiveram treinamento significativo em gerenciamento de projetos e aquelas que nunca o tiveram.
- » Pessoas que tiveram anos de experiência prática em empresas privadas e públicas, e pessoas que acabaram de se juntar à força de trabalho.

Penso que você deseja ter o controle sobre o ambiente em que vive. Depois de ler este livro, espero que se pergunte (e com razão) por que todos os projetos não são bem gerenciados — pois você achará essas técnicas muito lógicas, objetivas e fáceis de usar. Mas eu também penso que você reconhece que há uma grande diferença entre *saber* o que fazer e *agir*. E penso que você percebe que terá que trabalhar pesado para superar as forças que conspiram para evitar o uso dessas ferramentas e técnicas.

Por fim, penso que você entende que pode ler este livro várias vezes e aprender algo novo e diferente em todas elas. Pense neste livro como um recurso conveniente que tem mais a compartilhar conforme você vivencia novas situações.

Ícones Usados Neste livro

Eu incluí pequenos ícones nas margens esquerdas do livro para alertá-lo sobre informações especiais no texto. Aqui está o que eles significam:

Uso esse ícone para apontar informações importantes que você precisa ter em mente à medida que aplica as técnicas e abordagens.

Esse ícone destaca técnicas ou abordagens que você pode usar para melhorar sua prática de gerenciamento de projetos.

Esse ícone indica potenciais armadilhas e zonas de perigo.

Além Deste Livro

Além do material impresso que está lendo agora, você pode acessar e fazer o download da Folha de Cola Online no site da editora Alta Books, em `www.altabooks.com.br`, procurando pelo título do livro/ISBN. Confira esse material adicional para ler dicas de como confirmar a justificativa de seu projeto, desenvolver objetivos significativos e cronogramas viáveis, evocar e manter o comprometimento durante o processo, delegar responsabilidade às pessoas e evitar armadilhas típicas de projetos.

De Lá para Cá, Daqui para Lá

É possível ler este livro de várias maneiras, dependendo de seu conhecimento e experiência em gerenciamento de projetos, e de suas necessidades atuais. Porém, sugiro que primeiro você tire um minuto para olhar o sumário e folhear as partes do livro para ter uma ideia dos tópicos que abordo.

Se for novo no gerenciamento de projetos e estiver começando a formar um plano para o projeto, leia primeiro as Partes 1 e 2, que explicam como planejar resultados, atividades, cronogramas e recursos. Se quiser descobrir como identificar e organizar sua equipe de projetos e outros agentes cruciais, comece com a Parte 3. Se estiver pronto para começar a trabalhar ou já estiver no meio de seu projeto, comece na Parte 4. Ou sinta-se livre para avançar ou recuar, parando nos capítulos que mais lhe interessarem.

A referência mais amplamente conhecida de boas práticas de gerenciamento de projetos é *Um Guia do Conhecimento em Gerenciamento de Projetos (Guia PMBOK)*, publicado pelo Project Management Institute (PMI). A sexta e mais recente edição do *Guia PMBOK (PMBOK 6)* foi publicada em 2017. A certificação Project Management Professional (PMP) — a credencial em gerenciamento de projetos mais reconhecida do mundo — inclui um exame (administrado pelo PMI) com questões baseadas no *Guia PMBOK 6*.

Como meu livro se baseia em boas práticas para atividades de gerenciamento de projetos, as ferramentas e técnicas apresentadas aqui estão de acordo com os *Guias PMBOK 5* e *6*. No entanto, se estiver se preparando para fazer uma prova para PMP, use meu livro como um complemento para o *Guia PMBOK 6*, não como seu substituto.

Conforme ler este livro, tenha os seguintes pontos em mente:

» Os *Guias PMBOK 5* e *6* identificam *quais* são as boas práticas, mas não abordam em detalhes *como* as executar ou lidar com as dificuldades que você pode encontrar conforme tenta implementá-las. Em contrapartida, meu livro concentra-se fortemente em *como* executar as técnicas e os processos de gerenciamento de projetos.

» Revisei e atualizei meu livro para que todas as ferramentas e técnicas discutidas e toda a terminologia usada para as descrever estivessem de acordo com aquelas usadas nos *Guias PMBOK 5* e *6*.

» Quando apropriado, incluí uma seção ao fim de cada capítulo para especificar onde seus tópicos são abordados nos *Guias PMBOK 5* e *6*.

» Os *Guias PMBOK 5* e *6* utilizam uma linguagem altamente técnica e detalham os processos, o que as pessoas negligenciam por achar erroneamente que só é relevante para projetos maiores. No meu livro, no entanto, optei por estruturar os termos e as discussões de forma que sejam acessíveis ao leitor. Como resultado, pessoas que atuem em projetos de qualquer proporção conseguem entender como aplicar as ferramentas e técnicas aqui apresentadas.

Não importa como você for trilhar seu caminho por este livro, planeje ler todos os capítulos mais de uma vez — quanto mais você ler um capítulo, mais sentido suas abordagens e técnicas farão. E, quem sabe? Uma mudança nas responsabilidades de sua função pode requerer determinadas técnicas que você nunca usou antes. Divirta-se e boa sorte!

Introdução 5

1

Começando

NESTA PARTE...

Descubra o que é o gerenciamento de projetos e se você o poderá implementar com sucesso.

Confira do que você precisa para avaliar a viabilidade e conveniência de um projeto, como caso de negócios, termo de abertura, registro preliminar de partes interessadas e lista básica de premissas. Considere como os dados gerados a partir da avaliação preliminar de necessidades, do estudo de viabilidade e da análise de custo-benefício geram informações necessárias para analisar a continuação de um projeto proposto.

Descubra como identificar quem você pode precisar envolver em seu projeto e decidir se, quando e como fazer isso. Depois de saber quem deve fazer parte, determine quem terá autoridade, poder e interesse para tomar decisões cruciais no processo.

Pense no quadro geral dos objetivos de seu projeto (e no motivo). Depois, junte informações para escrever uma declaração de escopo que confirme os resultados desejados, e as premissas e restrições sob as quais todos atuarão.

Defina o trabalho que você terá que fazer para atingir as expectativas de seu projeto e descubra como dividi-lo em partes gerenciáveis.

NESTE CAPÍTULO

» **Definindo um projeto e suas quatro fases**

» **Esmiuçando o gerenciamento de projetos**

» **Identificando o papel do gerente de projetos**

» **Determinando se você tem o necessário para ser bem-sucedido**

Capítulo 1

Gerenciamento de Projetos: O Segredo para Atingir Objetivos

O rganizações bem-sucedidas criam projetos que produzem resultados desejados em prazos estabelecidos com recursos determinados. Em função disso, cada vez mais as empresas procuram indivíduos que consigam se sobressair nesse ambiente voltado a projetos.

Como você está lendo este livro, é bem provável que tenha sido designado para gerenciar um projeto. Então, segure-se firme — você vai precisar de novas habilidades e técnicas para comandá-lo até que seja concluído com sucesso. Mas não se preocupe! Este capítulo lhe fará uma apresentação agradável, mostrando o que projetos e seu gerenciamento realmente são, e ajudando a discriminar as tarefas envolvidas. Este capítulo também mostra por que projetos são bem-sucedidos ou fracassam, e o apresenta à filosofia de gerenciamento de projetos.

O que Define um Projeto

Não importa qual seja sua função, você lida com uma miríade de tarefas todos os dias. Por exemplo, você prepara memorandos, organiza reuniões, cria campanhas de vendas ou se muda para um novo escritório. Ou torna os sistemas de informação mais acessíveis para o usuário, desenvolve uma pesquisa de um composto no laboratório ou melhora a imagem pública da organização. Nem todas essas tarefas são projetos. Como identificar quais são e quais não são? Esta seção está aqui para o ajudar.

Entendendo os três principais componentes que o caracterizam

Um *projeto* é um empreendimento temporário executado para desenvolver um produto, serviço ou resultados específicos. Independentemente da proporção, um projeto sempre tem os três componentes a seguir:

» **Escopo específico:** Os resultados ou produtos desejados. (Veja o Capítulo 4 para saber mais sobre como descrever esses resultados.)

» **Cronograma:** As datas estabelecidas para seu começo e término. (Veja o Capítulo 6 para saber como desenvolver cronogramas de projetos viáveis e flexíveis.)

» **Recursos exigidos:** Representam número de pessoas, fundos e outros recursos necessários. (Veja o Capítulo 7 para saber como estabelecer de quem você precisa no projeto, e o Capítulo 8 para entender como definir seu orçamento e determinar qualquer outro recurso necessário.)

LEMBRE-SE

Como ilustrado na Figura 1-1, cada componente afeta os outros. Por exemplo: expandir o tipo e as características dos resultados desejados pode exigir mais tempo (uma data final posterior) ou recursos. Mudar a data final pode requerer negociar resultados ou gastos de projeto adicionais (por exemplo, pagar horas extras para a equipe). Dentro dessa definição de três partes, você executa o trabalho para atingir os resultados desejados.

Embora muitas outras considerações afetem o desempenho de um projeto (veja a seção posterior, "Definindo Gerenciamento de Projetos", para ler detalhes), esses três componentes são a base de sua definição pelas três razões a seguir:

» Um projeto só existe para produzir os resultados descritos em seu escopo.

» A data final do projeto é uma parte essencial de um desempenho bem-sucedido; o resultado desejado deve ser oferecido até um determinado momento para atender à necessidade definida.

» A disponibilidade de recursos define a natureza dos produtos que o projeto pode produzir.

Um Guia do Conhecimento em Gerenciamento de Projetos, 6ª edição (Guia PMBOK 6) se aprofunda nesses componentes porque:

» Enfatiza que o *produto* inclui tanto a natureza básica do que vai ser produzido (por exemplo, um novo programa de treinamento ou um novo medicamento) quanto as características necessárias (por exemplo, os tópicos que o programa de treinamento deve abordar), que são definidas como a *qualidade* do produto.

» Percebe que os *recursos* se referem a capital, assim como a outros recursos não financeiros, como pessoal, equipamento, matéria-prima e instalações.

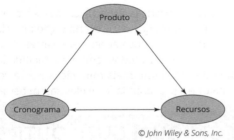

FIGURA 1-1: A relação entre os três principais componentes de um projeto.

© John Wiley & Sons, Inc.

O *Guia PMBOK 6* também enfatiza que o *risco* (a probabilidade de que nem tudo saia exatamente de acordo com o plano) tem um papel importante na definição de um projeto e que comandá-lo até o sucesso envolve gerenciar compromissos entre seus três componentes principais — os produtos a serem produzidos e suas características, o cronograma e os recursos exigidos para fazer o projeto funcionar.

Reconhecendo a diversidade dos projetos

Há uma ampla gama de tipos de projetos. Por exemplo, eles podem:

» **Ser de pequeno ou grande porte**
- A instalação de um novo sistema de metrô, que pode custar mais de $1 bilhão e levar de 10 a 15 anos para ser concluída, é um projeto.
- A preparação de um relatório específico dos números mensais de vendas, que pode levar um dia para ser feita, também é um projeto.

» **Envolver várias pessoas ou apenas você**
- O treinamento de todos os 10 mil integrantes da equipe de sua empresa sob uma nova política de ação afirmativa é um projeto.
- A reorganização dos móveis e equipamentos de seu escritório, também.

» **Ser definido por um contrato ou por um acordo informal**
- Um contrato assinado entre você e um cliente que exija que você construa uma casa define um projeto.
- Uma promessa informal que você faz para instalar um novo pacote de software no computador do seu colega, também.

» **Ser relacionado à empresa ou pessoal**
- Conduzir a doação de sangue anual de sua organização é um projeto.
- Promover um jantar para 15 pessoas também é um projeto.

LEMBRE-SE

Não importa quais sejam as características específicas de seu projeto, você o define pelos mesmos três componentes que descrevi na seção anterior: resultados (ou escopo), prazos e recursos. As informações necessárias para planejar e gerenciar seu projeto são as mesmas para todos, embora a facilidade e o tempo para desenvolvê-lo possam diferir. Quanto mais minuciosamente você planejar e gerenciar seus projetos, maior é a probabilidade de eles serem bem-sucedidos.

UM PROJETO COM QUALQUER OUTRO NOME NÃO É UM PROJETO

As pessoas muitas vezes confundem com *projeto* os dois termos a seguir:

Processo: Um *processo* é uma série de etapas de rotina para executar uma função em particular, como um processo de aquisição ou de orçamento. Um processo não é uma atividade única para alcançar um resultado específico; em vez disso, ele define *como* uma função particular deve ser feita toda vez. Processos, como a compra materiais, muitas vezes são partes de projetos.

Programa: Esse termo descreve duas situações diferentes. Primeiro, um *programa* pode ser um conjunto de metas que originam projetos específicos; mas, diferente de um projeto, pode nunca ser concluído. Por exemplo, um programa de conscientização de saúde pode nunca atingir sua meta (o público nunca estará totalmente consciente de todas as questões de saúde como resultado de um programa de conscientização), mas um ou mais projetos podem atingir resultados específicos relacionados à meta do programa (como um workshop sobre minimizar o risco de doenças coronárias). Segundo, um *programa* às vezes se refere a um grupo de projetos específicos que atingem uma meta comum.

Descrevendo as quatro fases do ciclo de vida de um projeto

LEMBRE-SE

O *ciclo de vida* de um projeto é a série de fases pelas quais ele passa de seu início até o término. Uma *fase* é uma coleção de atividades logicamente relacionadas, que culminam na conclusão de entregáveis de projeto (veja os Capítulos 4 e 5 para saber mais sobre entregáveis de projeto). Cada projeto, seja grande ou pequeno, passa pelas quatro fases de ciclo de vida a seguir:

» **Começando o projeto:** Essa fase envolve gerar, analisar e definir o objetivo comercial do projeto, e a abordagem geral para executá-lo, que possibilite a preparação de um plano de projeto detalhado. Produtos ou saídas dessa fase incluem aprovação para passar à fase seguinte, documentação da necessidade do projeto, estimativas brutas de tempo e recursos para o implementar (muitas vezes inclusos no termo de abertura do projeto), e uma lista preliminar de pessoas que podem estar interessadas, ser envolvidas ou afetadas pelo projeto.

» **Organizando e preparando:** Essa fase envolve desenvolver um plano que especifique os resultados desejados; o trabalho a fazer; o tempo, custos e outros recursos exigidos, e um plano de como analisar os principais riscos envolvidos. Produtos ou saídas dessa fase incluem um plano de projeto que documente os resultados e o tempo propostos para ele, e os recursos e processos de suporte necessários para criá-los.

» **Executando o trabalho:** Essa fase envolve definir a equipe e os mecanismos de apoio do projeto, executar o trabalho planejado, e monitorar e controlar o desempenho em conformidade com o planejamento. Produtos ou saídas dessa fase incluem resultados, relatórios de progresso e outras comunicações.

» **Fechando o projeto:** Essa fase envolve avaliar os resultados do projeto, obter aprovações dos consumidores, fazer a transição dos membros da equipe para novas atribuições, fechar o balanço financeiro e conduzir uma avaliação pós-projeto. Produtos ou saídas dessa fase incluem resultados finais aceitos e aprovados, recomendações e sugestões para aplicar lições aprendidas nesse projeto a esforços similares no futuro.

Para projetos de pequeno porte, todo esse ciclo de vida pode durar apenas alguns dias. Para os maiores, pode levar muitos anos! Na verdade, para propiciar um foco maior nos aspectos cruciais, e facilitar o monitoramento e o controle do trabalho, os gerentes de projeto muitas vezes subdividem projetos grandes em fases separadas, cada uma sendo tratada como um miniprojeto e passando por essas quatro fases do ciclo de vida. Porém, não importa quão simples ou complexo o projeto seja, essas quatro fases funcionam da mesma maneira.

LEMBRE-SE

Em um mundo ideal, você completa uma fase do ciclo de vida do seu projeto antes de passar para a seguinte e, depois que a completa, não retorna a ela. Mas o mundo não é perfeito, e o sucesso do projeto muitas vezes exige uma abordagem flexível, que responda às situações reais que você pode enfrentar, como as seguintes:

» **Ter que trabalhar em duas (ou mais) fases do projeto ao mesmo tempo para cumprir prazos apertados.** Trabalhar na próxima fase antes de completar a atual aumenta o risco de ter que refazer tarefas, o que pode fazer com que você perca prazos e gaste mais recursos do que planejou. Se escolher essa estratégia, assegure-se de que as pessoas entendam os riscos e custos potenciais associados a ela (veja o Capítulo 9, que trata da avaliação e do gerenciamento de riscos).

» **Às vezes, você aprende fazendo.** Apesar de fazer o seu melhor para avaliar a viabilidade e desenvolver planos detalhados, você pode perceber que não consegue fazer o que imaginou. Quando essa situação acontece, você precisa retornar às fases anteriores e repensá-las à luz das novas informações que adquiriu.

» **Eventualmente, as coisas mudam de forma inesperada.** Suas avaliações prévias de viabilidade e benefícios são boas, e seu plano é detalhado e realista. Porém, alguns membros cruciais da equipe deixam a organização, sem aviso, durante o projeto. Ou uma nova tecnologia emerge, e é mais apropriado usá-la do que a dos planos originais. Como ignorar essas ocorrências pode comprometer seriamente o sucesso de seu projeto, você precisa retornar às fases iniciais e repensá-las à luz dessas novas realidades.

Definindo Gerenciamento de Projetos

Gerenciamento de projetos é o processo de coordenar a execução de um projeto desde o início até a conclusão. Ele inclui cinco conjuntos de processos, os quais descrevo em mais detalhes nas seções a seguir:

» **Processos de iniciação:** Objetivam esclarecer as necessidades da empresa, definir expectativas e orçamentos de recursos de alto nível, e começar a identificar públicos que sejam relevantes para o projeto.

» **Processos de planejamento:** Dedicam-se a detalhar o escopo do projeto, prazos, recursos e riscos, assim como abordagens planejadas para comunicações, qualidade e gerenciamento de compras externas, e bens e serviços.

» **Processos de execução:** Concentram-se em estabelecer e gerenciar a equipe, gerenciar e comunicar-se com o público-alvo, e implementar os planos do projeto.

» **Processos de monitoramento e controle:** Focam acompanhar o desempenho e tomar atitudes necessárias para que os planos de projeto sejam implementados com sucesso, e os resultados desejados, atingidos.

» **Processos de encerramento:** Destinam-se a finalizar todas as atividades do projeto.

Como ilustrado na Figura 1-2, esses cinco grupos de processos respaldam o projeto através das quatro fases de seu ciclo de vida. Os processos de iniciação embasam o trabalho a ser feito no começo do projeto; e os de planejamento, a fase de organização e preparação. Os processos de execução guiam as tarefas de projeto realizadas durante a execução do trabalho, e os de encerramento são usados para executar as tarefas que finalizam o projeto.

A Figura 1-2 destaca como você pode voltar do ciclo de processos de execução para o de planejamento, quando for necessário retornar à fase de organização e preparação e modificar planos existentes para abordar problemas que encontrar, ou novas informações que obtiver, durante a execução do projeto. Por fim, você usa os processos de monitoramento e controle em cada uma das quatro fases para comprovar que o trabalho está sendo realizado de acordo com os planos.

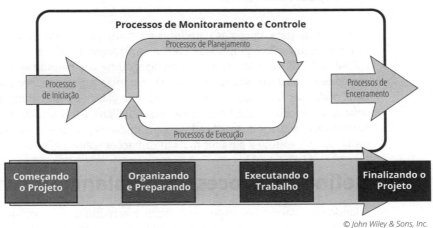

FIGURA 1-2: Os cinco grupos de processos de gerenciamento de projetos que respaldam as quatro fases do ciclo de vida do projeto.

© John Wiley & Sons, Inc.

LEMBRE-SE

Executar com êxito esses processos exige o seguinte:

» **Informação:** Dados precisos, adequados e completos para o planejamento, desempenho, monitoramento e avaliação final do projeto.

» **Comunicação:** Compartilhamento claro, aberto e adequado de informações com os indivíduos e grupos convenientes ao longo da duração do projeto.

» **Comprometimento:** Garantias pessoais dos membros da equipe de produzir os resultados acordados no prazo e dentro do orçamento.

Começando com processos de iniciação

Todos os projetos começam com uma ideia. Talvez o cliente de sua organização identifique uma necessidade, seu chefe descubra um novo mercado para explorar ou você pense em uma maneira de refinar seus processos de aquisição.

Às vezes, o processo de iniciação é informal. Para um projeto pequeno, ele pode consistir de apenas uma discussão e um acordo verbal. Em outras situações, especialmente para projetos maiores, é preciso haver revisão e decisão formais de seu chefe e/ou de outros membros da equipe de gestão sênior da empresa.

Tomadores de decisão consideram as duas perguntas a seguir ao decidir continuar ou não um projeto:

» *Devemos* **fazer isso?** Os benefícios que esperamos alcançar valem os custos com que teremos que arcar? Há maneiras melhores de abordar a questão?

» *Podemos* **fazer?** O projeto é viável do ponto de vista técnico? Os recursos exigidos estão disponíveis?

Se a resposta para ambas as perguntas for "sim", o projeto pode seguir para a fase de organização e preparação (veja a seção a seguir), durante a qual o plano é desenvolvido. Se a resposta para qualquer uma das perguntas for um "não" categórico e austero, sob nenhuma circunstância o projeto deve continuar. Se nada puder ser feito para o tornar desejável e viável, os tomadores de decisões devem parar todo o trabalho no projeto de imediato. Fazer qualquer coisa a mais acarreta em recursos desperdiçados, oportunidades perdidas e uma equipe frustrada. Vá ao Capítulo 2 para ter mais informações sobre a gênese de um projeto.

Definindo processos de planejamento

Quando você sabe o que espera conseguir e acredita que é possível, precisa de um plano detalhado que descreva como você e sua equipe tornarão isso realidade. Inclua o seguinte no plano de gerenciamento de projeto:

» Uma visão geral das justificativas do projeto. (O Capítulo 4 diz o que incluir.)

» Uma descrição detalhada dos resultados pretendidos. (O Capítulo 4 explica como descrevê-los.)

- » Uma lista de restrições que o projeto deve abordar. (O Capítulo 4 explora os diferentes tipos de restrições que um projeto tende a enfrentar.)
- » Uma lista de premissas relacionadas ao projeto. (O Capítulo 4 discute como defini-las.)
- » Uma lista de todo o trabalho exigido. (O Capítulo 5 discute como identificá-lo.)
- » Um detalhamento dos papéis que você e os membros de sua equipe terão. (O Capítulo 11 explica como descrever papéis e responsabilidades.)
- » Um cronograma detalhado de projeto. (O Capítulo 6 explica como desenvolvê-lo.)
- » Os recursos necessários em termos de equipe, capital e outros — como equipamento, instalações e informações. (O Capítulo 7 mostra como estimar esses recursos no que tange à equipe, e o Capítulo 8 examina de perto a estimativa de outras necessidades e o desenvolvimento do orçamento.)
- » Uma descrição de como você planeja gerenciar quaisquer riscos e incertezas relevantes. (O Capítulo 9 explica como identificar e se programar para essas situações.)
- » Os planos para a comunicação interna. (O Capítulo 14 discute como manter todos os envolvidos no projeto atualizados.)
- » Os planos para corroborar a qualidade do projeto. (O Capítulo 13 aborda como monitorar o progresso e manter o controle do projeto ao longo de seu ciclo de vida para que ele atinja o sucesso.)

DICA

Sempre ponha os planos de projeto no papel; fazer isso ajuda a esclarecer detalhes e reduz as chances de esquecer alguma coisa. Planos de projetos maiores podem se estender por centenas de páginas, mas um plano para um projeto menor pode precisar de apenas algumas linhas em um pedaço de papel. (Ou até de um guardanapo!)

O sucesso de seu projeto depende da clareza e precisão do seu plano, e de as pessoas envolvidas acreditarem que conseguem realizá-lo. Considerar experiências passadas em seu plano de projeto torna-o mais realista; envolver pessoas em seu desenvolvimento estimula o comprometimento para realizá-lo.

CUIDADO

Não deixe que a pressão para atingir resultados rápidos o convença a pular o planejamento e ir direto às tarefas. Embora essa estratégia promova uma grande produtividade imediata, também abre uma margem significativa para haver desperdícios e erros.

DICA

Certifique-se de que os condutores e apoiadores do projeto revisem e aprovem o plano por escrito antes de iniciá-lo (veja o Capítulo 3). Para um projeto pequeno, pode ser preciso apenas um e-mail curto ou as iniciais de alguém nos planos. Para um projeto maior, no entanto, você pode precisar de uma revisão formal e das assinaturas de um ou mais níveis de gestão de sua organização.

Examinando processos de execução

Depois de desenvolver o plano de gerenciamento de projetos e definir as linhas de base apropriadas, é hora de começar os trabalhos e pôr o plano em ação. Muitas vezes, é nessa fase que a gestão fica mais engajada e animada para ver as coisas sendo produzidas.

Preparação

Preparar o trabalho de projeto envolve as tarefas a seguir (veja o Capítulo 12 para saber os detalhes):

» **Designar pessoas para todas as funções do projeto:** Verifique os indivíduos que atuarão no projeto e negocie acordos com eles e seus gestores, a fim de confirmar que estarão disponíveis para integrar a equipe.

» **Apresentar os membros da equipe entre si e ao projeto:** Ajude as pessoas a desenvolver relações interpessoais. Ajude-as a apreciar o propósito geral do projeto e explique como as diferentes partes vão interagir e se apoiar.

» **Atribuir e explicar as tarefas para todos os membros da equipe:** Descreva para todos por quais trabalhos eles são responsáveis e como coordenarão seus esforços.

» **Definir como a equipe executará suas funções essenciais:** Decida como a equipe lidará com comunicações de rotina, diferentes tomadas de decisão e resolução de conflitos. Desenvolva quaisquer procedimentos necessários para orientar o desempenho dessas funções.

» **Configurar os sistemas de monitoramento necessários:** Decida quais sistemas e considerações você usará para monitorar cronogramas, esforço de trabalho e despesas, e então configure-os.

» **Anunciar o projeto para a organização:** Informe ao público do projeto que ele existe, o que produzirá e sua duração.

LEMBRE-SE

Suponha que você não tenha se juntado à sua equipe de projeto até que o trabalho realmente estivesse sendo feito. Sua primeira tarefa é entender como as pessoas perceberam que o projeto era possível e desejável. Se as pessoas que participaram do início do projeto e das fases de organização e preparação negligenciaram questões importantes, você precisa as levantar agora. Quando pesquisar o histórico do projeto, verifique as atas de reuniões, memorandos, cartas, e-mails e relatórios técnicos. Depois, consulte todas as pessoas envolvidas nas decisões iniciais do projeto.

Execução

Por fim, você pode realizar o trabalho de projeto! O subgrupo de execução dos processos homônimos inclui as seguintes tarefas (veja os Capítulos 14 e 15 para saber mais detalhes):

» **Executar as tarefas:** Realizar o trabalho que está no plano.

» **Assegurar a qualidade:** Confirmar continuamente que trabalhos e resultados sigam exigências, padrões e diretrizes aplicáveis.

» **Gerenciar a equipe:** Designar tarefas, revisar resultados e resolver problemas.

» **Desenvolver a equipe:** Oferecer o treinamento necessário para melhorar as habilidades dos membros da equipe.

» **Compartilhar informações:** Distribuir informações para os públicos apropriados.

Supervisionando processos de monitoramento e controle

Conforme o projeto progride, você precisa conferir se os planos estão sendo seguidos e os resultados desejados, alcançados. Os processos de monitoramento e controle incluem as seguintes tarefas (veja o Capítulo 13 para conhecer as atividades específicas):

» **Comparar o desempenho com os planos:** Coletar informações sobre resultados, cumprimento do cronograma e despesas com recursos; identificar desvios do plano e desenvolver ações corretivas.

» **Resolver problemas que surgem:** Mudar tarefas, cronograma ou recursos para alinhar o desempenho ao plano ou negociar mudanças acordadas nele.

» **Manter todos informados:** Falar com o público do projeto sobre realizações da equipe, problemas de projeto e revisões necessárias no plano estabelecido.

Terminando com processos de encerramento

Finalizar as tarefas que lhe foram atribuídas é apenas parte da conclusão do projeto. Além disso, você deve fazer o seguinte (leia uma discussão sobre cada um destes pontos no Capítulo 16):

> » Conseguir a aprovação do cliente dos resultados.
>
> » Fechar todas as contas do projeto (se esteve alocando tempo e dinheiro em contas especiais para sua realização).
>
> » Ajudar os membros da equipe a passar para as próximas atribuições.
>
> » Avaliar o pós-projeto com a equipe para reconhecer as realizações e discutir lições que você pode aplicar ao próximo projeto. (No mínimo, faça anotações informais sobre essas lições e seus planos para usá-las no futuro.)

O Papel do Gerente de Projetos

A função de um gerente de projetos é desafiadora. Por exemplo, ele muitas vezes coordena profissionais especializados, com habilidades técnicas — que podem ter uma experiência limitada trabalhando juntos —, para atingir uma meta comum. Embora a própria experiência de trabalho do gerente de projetos seja, muitas vezes, técnica por natureza, seu sucesso exige uma grande habilidade para identificar e resolver questões críticas, tanto organizacionais quanto interpessoais. Nesta seção, descrevo as principais tarefas com as quais um gerente de projetos lida e registro os desafios que costuma encontrar.

As tarefas do gerente de projetos

Historicamente, as regras de desempenho em organizações tradicionais eram simples: seu chefe criava as atribuições; você se encarregava delas. Questionar suas atribuições era sinal de insubordinação ou incompetência.

No entanto, essas regras mudaram. Hoje, seu chefe pode gerar ideias, mas você avalia como as implementar. Você confirma se um projeto atende às necessidades reais do seu chefe (e da organização) e, então, determina trabalho, cronogramas e recursos necessários para o implementar.

Lidar com um projeto de qualquer outro jeito simplesmente não funciona. O gerente do projeto deve fazer parte do desenvolvimento dos planos, porque precisa da oportunidade de esclarecer expectativas e abordagens propostas para, então, levantar todas as questões que possa haver *antes* que o trabalho comece.

LEMBRE-SE

O segredo para o sucesso do projeto é ser proativo. Em vez de esperar que os outros lhe digam o que fazer:

» Busque informações de que você sabe que vai precisar.

» Siga o plano, siga o caminho que você acredita ser o melhor.

» Envolva as pessoas que você sabe que são importantes para o projeto.

» Identifique questões e riscos, analise-os e obtenha suporte para abordá-los.

» Compartilhe informações com pessoas que você sabe que as precisam ter.

» Ponha no papel todas as informações importantes.

» Faça perguntas e encoraje outras pessoas a fazerem o mesmo.

» Comprometa-se com o sucesso do projeto.

Evitando as desculpas para não seguir uma abordagem estruturada

Esteja preparado para ver outras pessoas se esquivando de suas tentativas de usar abordagens de gerenciamento de projetos comprovadas. Vá por mim: você precisa estar preparado para tudo! A lista a seguir oferece alguns exemplos de desculpas que você pode encontrar como gerente de projetos e boas respostas para elas:

» **Desculpa:** Todos os nossos projetos são crises; não temos tempo para planejar.

Resposta: Infelizmente para o Sr. Desculpa, essa lógica é ilógica! Em uma crise, você tem tempo e recursos limitados para lidar com as questões críticas e, definitivamente, não pode se dar ao luxo de cometer erros. Como agir sob pressão e emoção (duas características de crise) praticamente garante que erros ocorram, você não pode deixar de se planejar.

» **Desculpa:** O gerenciamento de projetos estruturado é apenas para projetos de grande porte.

Resposta: Não importam as proporções do projeto, as informações de que você precisa para o executar são as mesmas. Do que você precisa para produzir? Qual trabalho precisa ser feito? Quem vai fazê-lo? Quando o trabalho terminará? Ele atingiu as expectativas?

Com projetos grandes, pode demorar muitas semanas ou meses para se chegar a respostas satisfatórias para essas perguntas. Os projetos pequenos, que duram alguns dias ou menos, podem precisar de apenas 15 minutos; mas, de qualquer forma, você ainda precisa responder a elas.

> **Desculpa:** Esses projetos exigem criatividade e novos desenvolvimentos. Não podem ser previstos com clareza.
>
> **Resposta:** Alguns projetos são mais previsíveis que outros. Porém, as pessoas que esperam os resultados de um projeto ainda têm expectativas sobre o que receberão e quando. Dessa forma, um projeto com muitas incertezas precisa de um gerente para desenvolver e compartilhar os planos preliminares, e, depois, para avaliar e comunicar os efeitos de ocorrências inesperadas.

Mesmo se não encontrar essas desculpas específicas, você pode adaptar os exemplos de resposta que ofereço aqui para tratar das próprias situações.

Evitando atalhos

A pressão das obrigações de curto prazo, decorrentes de seu trabalho como gerente de projetos, pode incentivá-lo a agir hoje de maneiras que façam você, sua equipe ou organização pagar o preço amanhã. Especialmente ao lidar com projetos menores e menos formais, você pode não sentir a necessidade de planejar e manter o controle.

CUIDADO

Não seja seduzido pelos seguintes atalhos, aparentemente mais fáceis:

> **Pular diretamente do começo do projeto para a execução do trabalho:** Você tem uma ideia, e o projeto está com o cronograma apertado. Por que não começar logo a fazer o trabalho? Parece uma boa ideia, mas você não definiu o trabalho a ser feito!
>
> Outras variações desse atalho incluem:
>
> - **"Este projeto já foi feito muitas vezes, por que preciso planejá-lo novamente?"** Mesmo que o projeto seja similar a projetos anteriores, alguns elementos são sempre diferentes. Talvez você esteja trabalhando com algumas pessoas novas, usando um novo equipamento e daí em diante. Tire um momento agora para verificar se o plano atende à situação atual.
>
> - **"Nosso projeto está diferente do que era antes, então para que tentar planejar?"** Adotar essa atitude é como dizer que você está viajando por uma área desconhecida, então para que tentar planejar sua rota em um mapa? Planejar um novo projeto é importante porque ninguém passou por esse caminho em particular antes. Embora o plano inicial possa precisar ser revisto durante o projeto, você e sua equipe necessitam de um parecer claro sobre ele desde o começo.
>
> **Falhar em preparar a fase executando-o-trabalho:** A pressão do tempo, muitas vezes, aparenta justificar esse atalho. Porém, a razão real é que as pessoas não apreciam a necessidade de definir procedimentos e relações

antes de pular para o trabalho de projeto efetivo. Veja o Capítulo 12 para ler uma discussão sobre por que essa etapa de preparação é tão importante — e para ler dicas sobre como a completar.

» **Pular diretamente para o trabalho quando você se junta ao projeto na fase executando-o-trabalho:** O plano já foi desenvolvido, então por que voltar e revisitar as fases iniciando-o-projeto e organizando-e-preparando? Na verdade, você precisa fazer isso por duas razões:

- Para identificar quaisquer questões que os desenvolvedores tenham negligenciado.
- Para entender o raciocínio por trás do plano e decidir se você sente que ele é viável.

» **Completar apenas parcialmente a fase de encerramento:** No fim de um projeto, muitas vezes você passa direto para o próximo. Recursos escassos e prazos apertados motivam esse movimento rápido, e começar um novo projeto é sempre mais desafiador do que encerrar um antigo.

No entanto, você nunca sabe de verdade o quanto o projeto foi bem-sucedido até reservar um tempo para conferir se todas as tarefas foram completadas e se você satisfez seus clientes. Se não tomar as medidas para aplicar as lições que o projeto lhe ensinou, é provável que cometa os mesmos erros novamente ou falhe em repetir as abordagens bem-sucedidas desse projeto em outros.

Tendo consciência de outros potenciais desafios

CUIDADO

Projetos são temporários; são criados para atingir resultados específicos. Idealmente, quando os resultados são alcançados, o projeto termina. Infelizmente, a natureza transitória dos projetos cria alguns desafios para seu gerenciamento, incluindo:

» **Atribuições adicionais:** Às vezes, é solicitado que as pessoas aceitem realizar tarefas para um novo projeto, além — não em troca — das atribuições existentes. Talvez nem seja questionado como o novo trabalho afetará seus projetos já em curso. (A gestão superior presume que o gerente de projetos consegue lidar com tudo.) Quando uma pessoa tem problemas para administrar seu tempo, nem sempre a organização tem orientações ou procedimentos adequados para resolvê-los (ou não tem orientação alguma).

» **Novas pessoas em novas equipes:** Pessoas que nunca trabalharam juntas e que talvez nem se conheçam podem ser alocadas na mesma equipe. Essa falta de familiaridade entre elas tende a dificultar a celeridade do projeto, porque os membros da equipe:

- Agem e se comunicam de formas diferentes.

- Usam procedimentos distintos para executar o mesmo tipo de atividade.

- Não têm tempo para desenvolver respeito e confiança mútuos.

Pule para a Parte 3 para ler orientações sobre como formar uma equipe de sucesso e começar com o pé direito.

» **Nenhuma autoridade direta:** Na maioria dos projetos, o gerente e os membros de equipe não têm autoridade direta sobre os outros. Assim, as recompensas que costumam acompanhar um trabalho bem-feito para incentivá-lo (como aumentos salariais, boas avaliações de desempenho e promoções) não estão disponíveis. Além disso, conflitos sobre comprometimento de tempo ou direção técnica exigem a contribuição de várias fontes; como resultado, eles não são resolvidos com uma decisão unilateral. (Veja o Capítulo 11 para ler sugestões sobre como trabalhar de forma produtiva com pessoas sob as quais você não tem autoridade.)

Você Tem o Necessário para Ser um Gerente de Projetos Eficiente?

Você está lendo este livro porque quer ser um gerente de projetos melhor, certo? Bem, antes de mergulhar de cabeça, sugiro que faça uma rápida autoavaliação para saber quais são seus pontos fortes e fracos. Respondendo às dez perguntas a seguir, você terá uma ideia dos tópicos a que precisa dedicar mais tempo, para se tornar ainda mais eficiente. Boa sorte!

Perguntas

1. **Você acha mais importante todos serem amigos ou o trabalho ser feito corretamente?**

2. **Você prefere fazer o trabalho técnico ou gerenciar outras pessoas?**

3. **Você acha que a melhor maneira de executar uma tarefa difícil é fazê-la em vez de delegá-la?**

4. **Você prefere que seu trabalho seja previsível ou mude constantemente?**

5. **Você prefere gastar seu tempo desenvolvendo ideias em vez de explicá-las para outras pessoas?**

6. **Você lida bem com crises?**

PARTE 1 Começando

7. Você prefere trabalhar sozinho ou com outras pessoas?

8. Você acha que não deveria ter que monitorar as pessoas depois que elas lhe prometeram executar uma tarefa?

9. Você acredita que as pessoas devem ser automotivadas para realizar suas funções?

10. Você fica confortável ao lidar com pessoas de todos os níveis organizacionais?

Respostas

1. Embora manter boas relações de trabalho seja importante, o gerente de projetos muitas vezes precisa tomar decisões com as quais algumas pessoas não concordam, pelo bem do projeto.

2. A maioria dos gerentes de projetos chega a essa posição por causa de seu forte desempenho em tarefas técnicas. Porém, depois de se tornar gerente de projetos, seu trabalho é encorajar outras pessoas a produzir trabalho técnico de alta qualidade, em vez de fazê-lo você mesmo.

3. Acreditar em si é importante. No entanto, a tarefa do gerente de projetos é ajudar outras pessoas a se desenvolver a ponto de conseguir desempenhar tarefas com a mais alta qualidade.

4. O gerente de projetos tenta minimizar situações e problemas inesperados através de planejamento adequado e controle pontual. No entanto, quando os problemas ocorrem, o gerente de projetos deve lidar com eles prontamente para minimizar seu impacto nas atividades.

5. Embora dar ideias ajude o projeto, a principal responsabilidade do gerente é assegurar que todos os membros da equipe entendam corretamente todas as ideias que são desenvolvidas.

6. O gerente de projetos precisa manter a cabeça fria para avaliar a situação, escolher a melhor atitude a ser tomada e encorajar todos os membros a fazer sua parte para implementar a solução.

7. Autoconfiança e automotivação são características importantes de um gerente de projetos. Porém, o segredo para o sucesso de qualquer gerente de projetos é facilitar a interação em um grupo diverso de especialistas técnicos.

8. Embora você possa imaginar que se comprometer é um elemento básico da postura profissional, o gerente de projetos precisa garantir

9. As pessoas podem ser automotivadas, mas o gerente de projetos precisa fomentar esse comportamento para que elas permaneçam motivadas com as atribuições e atividades decorrentes da função que exercem.

10. O gerente de projetos lida com pessoas de todos os níveis — desde a alta gestão até a equipe de apoio —, que executam atividades relacionadas ao projeto.

DICA

Verifique o sumário para descobrir em quais capítulos do livro discuto com mais profundidade esses diferentes aspectos da função do gerente de projetos.

Relacionando Este Capítulo ao Exame PMP e aos Guias PMBOK 5 e 6

Preste bastante atenção à Tabela 1-1, que assinala tópicos deste capítulo que podem ser abordados no exame de certificação do *Project Management Professional* (PMP) e que estão inclusos nas quinta e sexta edições de *Um Guia do Conhecimento em Gerenciamento de Projetos* (*Guia PMBOK 5 e 6*).

TABELA 1-1 Tópicos do Capítulo 1 Relacionados ao Exame PMP e aos *Guias PMBOK 5 e 6*

Tópico	Localização Neste Capítulo	Localização nos Guias PMBOK 5 e 6	Comentários
Definição de um projeto	"O que Define um Projeto"	1.2. O que É um Projeto?	As definições são essencialmente as mesmas.
As fases do ciclo de vida de um projeto	"Descrevendo as quatro fases do ciclo de vida de um projeto"	2.4. Ciclo de Vida do Projeto	As quatro fases do ciclo de vida do projeto neste livro são as mesmas do ciclo de um projeto genérico no *Guia PMBOK 6*.
Definição de gerenciamento de projetos	"Definindo Gerenciamento de Projetos"	1.3. O que É Gerenciamento de Projetos	As definições são as mesmas.
Os cinco grupos de processos de gerenciamento de projetos	"Definindo Gerenciamento de Projetos"	1.3. O que É Gerenciamento de Projetos	Os conjuntos de cinco grupos de processos são os mesmos.

Tópico	Localização Neste Capítulo	Localização nos Guias PMBOK 5 e 6	Comentários
Os processos de iniciação	"Começando com processos de iniciação"	3.3. Grupo de Processos de Iniciação	Os processos listados são essencialmente os mesmos.
Os processos de planejamento	"Definindo processos de planejamento"	3.4. Grupo de Processos de Planejamento	Os processos listados são essencialmente os mesmos.
Os processos de execução	"Examinando processos de execução"	3.5. Grupo de Processos de Execução	Os processos listados são essencialmente os mesmos.
Os processos de monitoramento e controle	"Supervisionando processos de monitoramento e controle"	3.6. Grupo de Processos de Monitoramento e Controle	Os processos listados são essencialmente os mesmos.
Os processos encerramento	"Terminando com processos de encerramento"	3.7. Grupo de Processos de Encerramento	Os processos listados são essencialmente os mesmos.
O papel do gerente de projetos	"O Papel do Gerente de Projetos"	1.7. O Papel do Gerente de Projetos	Os processos listados são essencialmente os mesmos.

28   PARTE 1 **Começando**

> **NESTE CAPÍTULO**
>
> » **Reunindo informações e preparando o caso de negócios**
>
> » **Trabalhando no termo de abertura do projeto e gerando documentos**
>
> » **Escolhendo quais projetos propostos passarão para a segunda fase de seu ciclo de vida**

Capítulo **2**

Começando a Jornada: A Gênese de um Projeto

Se você costuma lidar com projetos relativamente curtos, baratos e simples, pode pensar que a vida de um projeto começa no momento em que seu chefe o atribui a você. Você talvez não saiba que é necessário passar muito tempo decidindo executá-lo ou não, e que essa análise costuma demorar mais que o projeto em si. E você pode pensar que, mesmo que o projeto não seja bem-sucedido, apenas alguns dólares e alguns dias terão sido gastos nele; então, qual é o grande problema?

Hoje, as organizações usam projetos como instrumento principal para manter, apoiar, fortalecer e aprimorar todas as facetas de suas operações. Como forma de assegurar que todos os recursos empregados para possibilitar esses projetos atingirão os maiores benefícios possíveis e os melhores resultados, é essencial que as organizações os executem da melhor maneira que conseguirem.

As etapas que compreendem a primeira fase do ciclo de vida de um projeto (começando o projeto) estão ilustradas na Figura 2-1. (Veja o Capítulo 1 para ler informações sobre o ciclo de vida do projeto.) Como a figura mostra (e este capítulo explica):

1. **Informações sobre ideias para possíveis projetos são identificadas e reunidas.**
2. **Quaisquer informações necessárias para permitir uma avaliação minuciosa de um projeto, que faltaram no início, são incluídas.**
3. **São escolhidos os projetos que passarão à próxima fase de seu ciclo de vida (organização e preparação).**

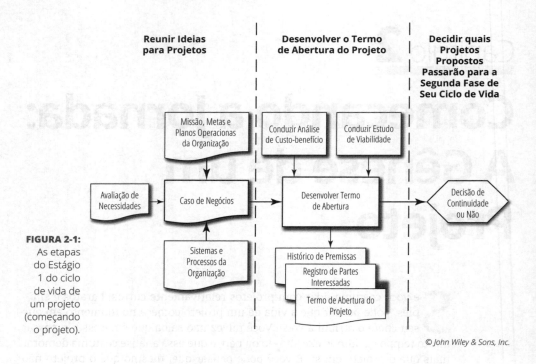

FIGURA 2-1: As etapas do Estágio 1 do ciclo de vida de um projeto (começando o projeto).

© John Wiley & Sons, Inc.

Reunindo Ideias para Projetos

Às vezes, uma ideia incrível para um projeto surge na sua cabeça. Porém, embora seja tentador permitir que a criatividade flua de maneira espontânea e improvisada, a maioria das organizações bem-sucedidas escolhe seguir um processo mais cuidadosamente pensado para averiguar as fontes de informações, o que tem mais chances de indicar os projetos que lhe serão úteis.

Analisando fontes de informação para potenciais projetos

Líderes organizacionais iniciam projetos em resposta a uma das seguintes categorias de fatores que influenciam suas organizações:

» Exigências regulatórias, legislativas ou sociais.

» Necessidades ou exigências de partes interessadas.

» Implementação ou mudança de estratégias, empresariais ou tecnológicas.

» Criação, reparação ou melhora de produtos, processos ou serviços.

Importantes fontes de informação em relação a possíveis projetos e seu potencial valor para a organização são os planos e orçamentos anuais da organização, como um todo, e de suas unidades de operação isoladas. Esses documentos tipicamente incluem:

» Missão, metas e estratégias da organização (ou da unidade).

» Mudanças desejadas a serem feitas nas operações da organização.

» Mudanças ocorrendo nos mercados, consumidores e concorrência da organização.

» Os indicadores-chave de desempenho (KPIs) da organização.

Outras fontes importantes de informações incluem descrições da estrutura, componentes, problemas e questões relacionadas aos principais processos e sistemas da organização.

Propondo um projeto em um caso de negócios

As informações preliminares que descrevem um projeto proposto são, muitas vezes, apresentadas em um *caso de negócios*, que, entre outros elementos, contém:

» **Declaração de alto nível das necessidades da empresa**
  - Motivo que justifica a ação.
  - Declaração de problema ou oportunidade de negócio de que o projeto proposto vai tratar (incluindo o valor para a organização).

CAPÍTULO 2 **Começando a Jornada: A Gênese de um Projeto** 31

- Partes interessadas afetadas (veja o Capítulo 3 para saber detalhes sobre esses agentes).
- Escopo do projeto proposto (veja o Capítulo 4 para ter informações sobre declarações de escopo).

» **Análise da situação**

- Declaração de metas, estratégias e objetivos organizacionais.
- Declaração das causas principais por trás do problema ou de fatores que propiciam a criação de oportunidades.
- Discussão do desempenho atual da organização em uma área determinada em comparação ao desejado.
- Identificação dos riscos conhecidos para o projeto (veja o Capítulo 9 para ler mais sobre como lidar com riscos).
- Identificação dos fatores críticos de sucesso para o projeto.
- Identificação dos critérios de decisão para escolher entre as diferentes opções possíveis para abordar a situação.

» **Discussão do curso de ação recomendado para seguir durante o projeto.**

Se for preciso, pode ser feita uma avaliação formal de necessidades da empresa, para esclarecê-las no escopo do projeto. Uma *avaliação de necessidades* (também chamada de *análise de lacunas*, do inglês, *gap analysis*) é um estudo formal que determina as atitudes que uma organização deve tomar para sair de uma situação em direção à que deseja para o futuro. Esse estudo engloba os componentes a seguir:

1. **Definir o aspecto das operações organizacionais que você deseja abordar e as medidas que usará para descrever o desempenho nas respectivas áreas**

2. **Determinar os valores atuais das medidas que você selecionou na primeira etapa (o que define a situação atual)**

3. **Definir os valores das medidas que você gostaria que existissem no futuro**

4. **Identificar as lacunas que existem e precisam ser preenchidas entre "o que é" e "o que é desejado para o futuro"**

5. **Propor ações que ajudarão a organização a chegar aonde deseja**

LEMBRE-SE

A meta da organização é financiar aqueles projetos que, quando completados, oferecerão os maiores benefícios e terão as maiores chances de obter sucesso. Portanto, as funções do caso de negócios são:

32   PARTE 1 **Começando**

- » Descrever claramente os resultados pretendidos do projeto.
- » Identificar missão, metas e objetivos operacionais da organização que serão afetados pelos resultados do projeto.
- » Identificar, abordando as mesmas questões ou similares, projetos que foram concluídos, estão em andamento, sendo planejados ou propostos, e explicar de forma clara por que esse projeto específico oferecerá maiores benefícios quando concluído e por que tem maior probabilidade de sucesso.

O caso de negócios deve ser preparado por uma pessoa externa ao projeto, como um gerente sênior da unidade a qual o projeto focará. O iniciador ou patrocinador deve estar em um nível no qual consiga obter financiamento e comprometer recursos para o projeto.

Quando estiver pensando em submeter um possível projeto para consideração, verifique processos ou procedimentos da empresa com os quais sua submissão deve estar em conformidade. Em particular, busque informações sobre os itens a seguir:

- » Datas nas quais sua submissão deve ser recebida.
- » Tópicos que devem ser abordados e/ou formatos nos quais sua submissão deve ser preparada.
- » Critérios (e relativas ponderações) que devem ser usados para avaliar sua submissão.

Desenvolvendo o Termo de Abertura

Depois de recebido, o caso de negócios de um projeto deve ser revisto para determinar sua conformidade com as necessidades e prioridades da organização. Se a submissão preliminar for aprovada, um *termo de abertura do projeto* é preparado, contendo todas as informações necessárias para decidir se ele deve seguir para a fase de organização e planejamento de seu ciclo de vida. O termo de abertura do projeto, quando aprovado, autoriza sua existência e autoriza o gerente a usar recursos da organização a fim de respaldar o desempenho das atividades que serão desenvolvidas.

O termo de abertura deve incluir, entre outras, as seguintes informações sobre os produtos, serviços ou outros resultados que o projeto produzirá:

- » Propósito do projeto.
- » Seus objetivos mensuráveis e os critérios de sucesso relacionados a eles.

- » Requisitos de alto nível.
- » Descrição de alto nível do projeto, limites e entregáveis essenciais.
- » Risco geral do projeto.
- » Cronograma resumido de marcos.
- » Recursos financeiros pré-aprovados.
- » Lista de principais partes interessadas.
- » Exigências de aprovações do projeto (em que constitui seu sucesso, quem decide que ele foi bem-sucedido e quem o assina).
- » Critérios de saída do projeto.
- » Gerente de projetos, responsabilidades e nível de autoridade atribuídos.
- » Nome e autoridade do patrocinador ou de outra(s) pessoa(s) autorizando o termo de abertura do projeto.

Dois estudos que podem ser executados para gerar percepções adicionais sobre o potencial valor e a probabilidade de sucesso do projeto são a análise de custo-benefício e o estudo de viabilidade. As seções a seguir discutem os tipos de informação que cada um oferece e descreve os documentos produzidos durante o desenvolvimento de um termo de abertura do projeto.

DICA

Deve ser designado um gerente o mais rápido possível, logo depois de o caso de negócios ser aceito, antes de o projeto entrar na fase de organização e planejamento. Isso permitirá que o gerente participe do desenvolvimento da carta do projeto e, dessa forma, familiarize-se com a justificativa para as abordagens planejadas e para os resultados a ser produzidos.

Fazendo uma análise de custo-benefício

Uma *análise de custo-benefício* é uma avaliação comparativa de todos os benefícios que você imagina conseguir com o projeto e de todos os custos necessários para implementá-lo, executá-lo e conservar as mudanças resultantes. Análises de custo-benefício o ajudam a:

- » Decidir empreender ou não um projeto e decidir qual dos vários projetos empreender.
- » Formular objetivos de projeto apropriados.
- » Desenvolver avaliações do tipo antes e depois para mensurar o sucesso do projeto.
- » Estimar os recursos exigidos para executar o trabalho de projeto.

34 PARTE 1 **Começando**

Você pode expressar alguns benefícios previstos em equivalentes monetários (como custos operacionais reduzidos ou receita elevada). Para outros benefícios, os números podem estimar alguns aspectos, mas não todos. Se o projeto objetiva melhorar a motivação da equipe, por exemplo, você deve considerar como benefícios associados redução da rotatividade, aumento da produtividade, menos faltas e menos reclamações formais. Sempre que possível, expresse os benefícios e custos em termos monetários para facilitar a avaliação do valor líquido do projeto.

LEMBRE-SE

Considere os custos de todas as fases do projeto. Tais custos podem ser recorrentes (como mudanças de pessoal, fornecimento e materiais, ou manutenção e reparos) ou não (como mão de obra, investimento de capital e algumas operações e serviços). Além disso, considere o seguinte:

» Custos potenciais de não executar o projeto.

» Custos potenciais se o projeto falhar.

» Custos de oportunidade (em outras palavras, os potenciais benefícios se você gastasse seus fundos executando outro projeto, que obtivesse sucesso).

Quanto maior for a projeção de sua análise, mais importante será converter suas estimativas de lucros em valores atuais. Infelizmente, quanto mais longe essa prospecção for, menos confiança você pode ter nessas estimativas. Por exemplo, talvez você espere colher benefícios de um novo sistema de computador por anos, mas uma mudança na tecnologia acaba tornando esse sistema obsoleto depois de apenas um ano. Assim, os próximos dois fatores-chave influenciam os resultados de uma análise de custo-benefício:

» O quanto você se volta ao futuro para identificar benefícios.

» As premissas nas quais baseia sua análise.

Embora você talvez não pretenda fazer a análise de custo-benefício sozinho, definitivamente, precisa descobrir se o projeto já tem uma, e, se tiver, quais foram os resultados específicos que ela gerou.

O excesso de benefícios esperados de um projeto sobre os custos estimados em valores atuais é seu *valor presente líquido* (VPL). O valor presente líquido se baseia nas duas seguintes premissas:

» **Inflação:** O poder de compra de R$1 será menor daqui a um ano em relação a hoje. Se a taxa de inflação for de 3% para os próximos 12 meses, esse R$1 de hoje valerá R$0,97 daqui a um ano. Em outras palavras, daqui a 12 meses, você pagará R$1 para comprar algo pelo qual pagou R$0,97 hoje.

CAPÍTULO 2 **Começando a Jornada: A Gênese de um Projeto** 35

» **Retorno sobre o investimento perdido:** Se gastar dinheiro para executar o projeto em questão, você renuncia à receita futura que poderia ganhar se a investisse de forma conservadora hoje. Por exemplo, se puser R$1 em um banco e receber uma taxa de juros simples de 3% composta anualmente, daqui a 12 meses terá R$1,03 (assumindo uma inflação de 0%).

Para abordar essas considerações quando determinar o VPL, você especifica os seguintes números:

» **Taxa de desconto:** O fator que representa o valor futuro de R$1 em valores de hoje, considerando os efeitos da inflação e do retorno sobre o investimento perdido.

» **Período de retorno admissível:** O prazo para se obterem os benefícios previstos e os custos estimados.

Além disso, para determinar o VPL para diferentes taxas de desconto e períodos de retorno, pense na taxa interna de retorno do projeto (o valor da taxa de desconto que renderia um VPL de zero) para cada período de retorno.

Conduzindo um estudo de viabilidade

Um estudo de viabilidade é feito para determinar se um projeto proposto pode ser realizado com sucesso, se os resultados que oferece são práticos e se ele parece ter uma abordagem razoável para o problema que se destina a resolver.

LEMBRE-SE

A seguir, estão cinco áreas importantes que você deve considerar ao tentar determinar a viabilidade de um projeto:

» **Técnica:** A organização tem acesso aos recursos técnicos (como pessoal, equipamento, instalações, matéria-prima e informações) quando eles são necessários para executar adequadamente as tarefas do projeto? (Leia no Capítulo 7 informações sobre recursos humanos; e, no Capítulo 8, sobre equipamentos, instalações, matéria-prima e análogos.)

» **Financeira:** A organização oferece fundos na quantidade e nos prazos necessários para executar as tarefas de projeto? (Veja o Capítulo 8 para ler informações sobre fundos de projetos.)

» **Legal:** A organização satisfaz a todas as exigências ou limitações legais que afetam o desempenho do trabalho de projeto, ou a implementação de seus resultados?

» **Operacional:** Os resultados produzidos pelo projeto satisfazem as necessidades organizacionais que ele objetiva?

» **Cronograma:** O trabalho de projeto pode ser concluído no período estabelecido? (Leia informações no Capítulo 6 sobre como desenvolver o cronograma do projeto.)

DICA

As informações geradas a partir de um estudo de custo-benefício ajudam a corroborar as análises do estudo de viabilidade. Por exemplo, as estimativas de custo desenvolvidas na análise de custo-benefício podem ser inseridas na análise de viabilidade financeira do projeto.

CUIDADO

Tome cuidado com as premissas que você ou os outros fizerem (às vezes, sem perceber) ao avaliar potenciais custos, valores e viabilidades do projeto. Por exemplo, só porque suas exigências de hora extra foram rejeitadas anteriormente não significa que o serão dessa vez. Faça as pessoas escreverem todas as suposições que fizerem em um histórico ao analisar ou planejar um projeto (veja a próxima seção para saber detalhes).

Gerando documentos durante o desenvolvimento do termo de abertura

Três documentos são gerados na conclusão do desenvolvimento do termo de abertura do projeto:

» **O próprio termo de abertura:** Uma lista das informações tipicamente incluídas no termo está no início dessa seção.

» **Uma versão inicial do registro de partes interessadas:** Um registro das pessoas ou grupos que são necessários para apoiar, afetados por ou interessados no projeto. Uma parte interessada pode ser classificada como condutor (alguém que tem poder de decisão para definir os resultados que o projeto produzirá), apoiador (um interessado que o ajuda a executá-lo) ou observador — alguém que está interessado no projeto, mas não é condutor nem apoiador. (Veja o Capítulo 3 para ler mais informações sobre partes interessadas de projetos.)

» **Uma lista de premissas:** Uma lista de afirmações sobre informações de projeto que as pessoas consideram verdadeiras, embora não haja provas de que o sejam. As premissas que você faz sobre informações de projeto que são importantes, mas sobre as quais não tem certeza, afetam drasticamente cada aspecto do planejamento, monitoramento e análise de projeto. Tão problemáticas quanto as informações que você acredita serem verdadeiras, mas que são, na verdade, baseadas em suposições de outra pessoa ou em uma fonte duvidosa. Assim, é crucial começar a manter uma lista de informações que você sabe que são premissas nos primeiros estágios do desenvolvimento dos materiais de projeto e fazer inclusões ou exclusões continuamente, conforme for necessário durante o projeto.

LEMBRE-SE

Quando desenvolver elementos do plano do projeto na segunda fase do seu ciclo de vida (organizar e planejar), inclua as informações desenvolvidas em seus estágios iniciais. Como exemplo, o termo de abertura deve ser considerado ao se redigir a declaração de escopo do projeto (veja o Capítulo 4), e o registro das partes interessadas do projeto e a lista de premissas devem se basear nos documentos correspondentes, apresentados no desenvolvimento do termo de abertura.

Decidindo quais Projetos Irão para a Segunda Fase de Seu Ciclo de Vida

Decidir se um projeto proposto segue ou não para a fase seguinte (organizar e preparar) é o último passo do primeiro estágio do ciclo de vida (iniciar o projeto). A última etapa de uma fase, que leva à primeira de outra, é chamada de *portão de fase*.

Para controlar o progresso de um projeto, é essencial avaliar sua evolução com base em seus indicadores-chave de desempenho (KPIs), e permitir que apenas aqueles que atingiram ou excederam as metas de desempenho passem para a próxima fase. Se um ou mais KPIs não atingirem os padrões estabelecidos, a organização deve decidir se o projeto permanece no estágio em que se encontra e trabalha para elevar os KPIs a níveis aceitáveis, ou se o cancela completamente.

A fim de determinar se devem seguir para o estágio de organizar e preparar do ciclo de vida, os projetos são avaliados de uma das duas maneiras:

» Individualmente, em relação a um conjunto estabelecido de valores mínimos aceitáveis dos dados descritivos e de desempenho, que devem ser atingidos para que um projeto passe para a fase seguinte.

» Em um grupo de projetos — primeiro, como descrito acima, para identificar aqueles projetos que atingiram as exigências mínimas para prosseguir e, segundo, para determinar a classificação relativa em cada uma das categorias de dados descritivos e de desempenho, que indicam os padrões mínimos.

A decisão sobre quais projetos seguirão para a fase de organização e preparação de seu ciclo de vida (comumente denominada "Decisão de Continuidade") baseia-se na quantidade total de fundos disponíveis para dar suporte aos projetos propostos no grupo em questão e em uma ordem de preferência dos projetos que o grupo inclui.

> **NESTE CAPÍTULO**
>
> » **Compilando as diversas partes interessadas no projeto em um registro de interessados**
>
> » **Identificando os condutores, apoiadores e observadores**
>
> » **Fazendo o registro de interessados de forma eficiente**
>
> » **Determinando quem tem autoridade no projeto**
>
> » **Priorizando os interessados em seus níveis de poder e participação**

Capítulo **3**

Conhecendo os Interessados: Lidando com as Pessoas Certas

Muitas vezes, um projeto é como um iceberg: nove décimos dele escondem-se embaixo da superfície. Você recebe uma atribuição e pensa que sabe no que ela implica e quem precisa participar. Então, conforme o projeto se desdobra, emergem novas pessoas que podem afetar suas metas, sua abordagem e suas chances de que o projeto seja bem-sucedido.

Quando as pessoas ou grupos-chave não são integrados de forma adequada ao projeto, você o compromete das seguintes formas:

» Perde informações importantes, que afetam o desempenho do projeto e o sucesso final.

» Chateia pessoas que se sentiram excluídas. E tenha certeza de que, quando alguém se sente relegado, ou até ultrajado, toma providências para evitar que isso aconteça de novo!

Assim que começar a pensar em um novo projeto, identifique as pessoas que possam fazer parte dele. Este capítulo mostra como reconhecer esses candidatos; como decidir se, quando e como os envolver no grupo, e como determinar quem tem autoridade, poder e interesse para tomar decisões cruciais.

Conhecendo as Partes Interessadas

LEMBRE-SE

Uma *parte interessada de um projeto* é qualquer pessoa ou grupo que apoie, seja afetado por ou esteja interessado no projeto. Essas partes interessadas podem estar dentro ou fora da organização, e saber quem elas são o ajuda a:

» Planejar se, quando e como as envolver no grupo.

» Determinar se o escopo do projeto é maior ou menor do que você imaginou.

No mundo empresarial, você ouve vários termos para descrever as partes interessadas, mas eles abordam apenas algumas das pessoas do registro completo de interessados no projeto. Aqui estão alguns exemplos:

» **Uma *lista de distribuição* identifica as pessoas que são comunicadas das ações do projeto.** Essas listas, muitas vezes, estão desatualizadas por algumas razões. Algumas pessoas permanecem na lista apenas porque ninguém as remove; outras estão ali porque ninguém quer correr o risco de insultá-las removendo-as. Em ambos os casos, a presença dos nomes na lista não garante que essas pessoas realmente apoiem, sejam afetadas por ou estejam interessadas no projeto.

» ***Membros da equipe* são pessoas que o gerente de projetos coordena.** Todos os membros são partes interessadas, mas o registro das partes interessadas não inclui somente eles.

Registrando as Partes Interessadas

Conforme você identificar as diferentes partes interessadas do projeto, faça um registro contendo todas elas. Verifique as seções a seguir para ter informações sobre como desenvolver esse registro.

Começando o registro

Um registro de partes interessadas é um documento dinâmico. Você precisa começar a desenvolvê-lo assim que tiver as primeiras ideias para o projeto.

40 PARTE 1 **Começando**

Comece o registro como uma versão preliminar, que deve ser gerada após o desenvolvimento do termo de abertura do projeto (veja o Capítulo 2 para saber mais sobre esse tópico). Depois, escreva quaisquer outros nomes que lhe ocorram. Quando discutir o projeto com outras pessoas, pergunte-lhes quem elas acham que pode ser afetado por ou estar interessado nele. Então, selecione um pequeno grupo entre esses nomes e proponha uma sessão formal de brainstorming. Continue incluindo e retirando nomes do registro até que não consiga pensar em mais ninguém.

Nas seções a seguir, explico como refinar o registro de partes interessadas dividindo-o em categorias específicas e reconhecendo importantes integrantes em potencial; termino com uma amostra para exemplificar como fazer seu próprio registro.

Usando categorias específicas

Para aumentar suas chances de se lembrar de todas as pessoas convenientes, elabore o registro de interessados por categorias. É menos provável que você deixe alguém de fora se organizar as pessoas por departamento, ou grupo, em vez de tentar elencar todos da organização de forma aleatória.

Comece o registro agrupando de forma hierárquica categorias que cubram o universo de pessoas que podem ser afetadas por, dar apoio a ou estar interessadas no projeto. Costumo começar com os seguintes grupos:

» **Internos:** Pessoas e grupos que trabalham dentro da organização.
  - **Gerência superior:** Gerência de nível executivo, responsável pela supervisão geral de todas as operações da organização.
  - **Requerentes:** Os idealizadores do projeto e todas as pessoas pelas quais a solicitação passou antes de você a receber.
  - **Gerente de projetos:** Responsável geral pela condução e conclusão do projeto de forma bem-sucedida.
  - **Usuários finais:** Pessoas que usarão os bens ou serviços que o projeto produzirá.
  - **Membros da equipe:** Pessoas designadas para o projeto cujo trabalho é coordenado pelo gerente de projetos.
  - **Setores fundamentais:** Grupos tipicamente envolvidos na maioria dos projetos da organização, como recursos humanos, finanças, contratos e departamento legal.
  - **Setores específicos:** Grupos ou pessoas com conhecimentos especializados, relacionados ao projeto.

- » **Externos:** Pessoas ou grupos que atuam fora da organização.
  - **Clientes ou consumidores:** Pessoas ou grupos que compram, ou usam, produtos ou serviços de sua organização.
  - **Colaboradores:** Grupos ou organizações com quem você pode se unir (como joint ventures) em prol de um projeto específico.
  - **Fabricantes, fornecedores e contratantes:** Organizações que oferecem pessoal, matéria-prima, equipamento ou outros recursos necessários para executar o trabalho de projeto.
  - **Reguladores:** Agências governamentais que estabelecem regulamentações e orientações que regem algum aspecto do trabalho de projeto.
  - **Sociedades profissionais:** Grupos de profissionais que influenciam ou se interessam pelo projeto.
  - **O público:** A comunidade local, nacional e internacional de pessoas afetadas por ou interessadas no projeto.

Continue subdividindo essas categorias até chegar às funções (ou descrições de cargos) e aos nomes das pessoas que as exercem. (Esse processo de separar sistematicamente um todo em suas partes integrantes é chamado de *decomposição*, sobre a qual você lê no Capítulo 5.)

Considerando partes interessadas que tendem a ser negligenciadas

Conforme elaborar o registro, certifique-se de não desconsiderar as seguintes partes interessadas em potencial:

- » **Grupos de suporte:** Essas pessoas não dizem o que você deve fazer (nem o ajudam a lidar com o trauma do gerenciamento de projetos); em vez disso, auxiliam a atingir as metas do projeto. Se os grupos de suporte ficarem a par do projeto no início, vão encaixá-lo mais facilmente em seus cronogramas de trabalho. Além disso, eles também podem apoiá-lo usando suas habilidades e processos em prol dos resultados e prazos do projeto. Tais grupos incluem:
  - Instalações.
  - Finanças.
  - Recursos humanos.
  - Tecnologia da informação (TI).
  - Serviços legais.
  - Aquisição ou contratação.
  - Escritório de gerenciamento de projetos.

- Qualidade.
- Segurança.
- Help desks.
- Centrais de atendimento.

» **Usuários finais do que o projeto produzir:** *Usuários finais* são pessoas ou grupos que usarão os bens e serviços que seu projeto desenvolver. Integrar os usuários finais logo no início ao projeto assegura que os bens e serviços produzidos sejam simples de implementar e usar, e os deixa mais alinhados a suas verdadeiras necessidades. Isso também mostra que você considera a opinião dos futuros usuários do produto sobre como ele deve ser e o que deve fazer, o que aumenta suas chances de sucesso ao ser lançado.

Em alguns casos, você pode omitir usuários finais do registro de interessados por não saber quem são. Em outros, pode pensar que os considerou por tabela, através de *pontos de contato* — pessoas que representam os interesses desses usuários. (Confira o box "Descobrindo os reais usuários finais" para ler um exemplo de como é dispendioso depender apenas de contatos.)

» **Pessoas que manterão ou darão suporte ao produto final:** As pessoas que farão a manutenção nos produtos finais do projeto afetarão o sucesso contínuo desses produtos. Integrá-las às atividades facilita seu trabalho de manutenção e suporte; além de possibilitar que elas se familiarizem com os produtos e formulem os métodos de manutenção com base nos procedimentos já existentes.

DESCOBRINDO OS REAIS USUÁRIOS FINAIS

Um grande banco internacional, sediado nos Estados Unidos, gastou milhões de dólares revisando e aprimorando seu sistema de informações. Os membros do projeto trabalharam de perto com contatos especiais na Europa, que representavam os interesses da equipe do banco local, quem realmente inseriria e extrairia dados do novo sistema. Quando o banco introduziu o sistema aprimorado, sua equipe descobriu um problema fatal: mais de 90% da equipe do banco local não falava inglês, e a documentação do sistema estava toda escrita em inglês. A melhora do sistema era inútil!

Os criadores do sistema haviam gastado tempo e dinheiro substanciais trabalhando com os pontos de contato para identificar e tratar dos interesses e necessidades dos usuários finais. No entanto, eles só haviam levantado questões relativas à própria experiência, em vez de identificar e compartilhar as necessidades e preocupações da equipe do banco local. Como o idioma principal de todas as ligações era o inglês, eles desconsideraram a possível necessidade de preparar instruções para uso sistema em várias línguas. Incluir a equipe do banco local no registro de partes interessadas, além dos pontos de contato, teria lembrado aos envolvidos no projeto de não negligenciar essa necessidade crucial.

CAPÍTULO 3 **Conhecendo os Interessados: Lidando com as Pessoas Certas**

ENTENDENDO O VERDADEIRO PROPÓSITO DO REGISTRO DE PARTES INTERESSADAS

Há vários anos, deparei-me com uma mulher que havia participado de uma de minhas sessões de treinamento em gerenciamento de projetos. Ela disse que estava usando várias técnicas discutidas no curso e as achou muito úteis. Porém, também disse que, depois de fazer uma árdua tentativa de criar um registro de partes interessadas, achou a ferramenta disfuncional e irrelevante.

Ela explicou que seu chefe havia lhe atribuído um projeto que precisava terminar em dois meses. Imediatamente, ela formulou um registro de partes interessadas; mas, para o seu horror, o registro incluía mais de 150 nomes! Como, perguntava-se, integraria mais de 150 pessoas a um projeto de dois meses? Ela concluiu que o registro de partes interessadas claramente não ajudava em nada.

Na verdade, o registro de partes interessadas havia servido a seu propósito perfeitamente. Identificar as pessoas que afetariam o sucesso de seu projeto no início lhe deu três opções:

- Planejar como e quando envolver cada pessoa no projeto.
- Avaliar as potenciais consequências de não envolver uma ou mais das partes interessadas.
- Discutir com seu chefe a extensão do prazo do projeto ou a redução de seu escopo, se sentisse que não poderia ignorar nenhum dos interessados.

O registro de partes interessadas por si só não decide quem você deve integrar ao projeto. Em vez disso, especifica aquelas pessoas que podem afetar seu sucesso para que você pese os benefícios e os prejuízos de as incluir ou negligenciar.

Examinando uma amostra de registro de partes interessadas

Suponha que lhe foi pedido para coordenar a doação anual de sangue de sua empresa. A Figura 3-1 ilustra alguns dos grupos e pessoas que você pode incluir no registro de partes interessadas conforme se organiza para o novo projeto.

44 PARTE 1 **Começando**

Categoria			
Nível 1	**Nível 2**	**Nível 3**	**Nível 4**
Interno	Gerência Superior	Comitê Executivo de Supervisão	
		VP, Marketing e Vendas	
		VP, Operações	
		VP, Administração	
	Requerente	VP, Marketing e Vendas	
		Gerente, Relações Comunitárias	
	Equipe de Projeto	Gerente de Projetos	
		Membros da Equipe	Representante de Serviços ao Consumidor
			Representante de Relações Comunitárias
			Representante de Recursos Humanos
	Grupos Normalmente Envolvidos	Finanças	
		Instalações	
		Legal	
		Recursos Humanos	
	Grupos Apenas para Este Projeto	Gerente de Projetos e Membros da Equipe da Campanha de Doação de Sangue do Ano Passado	
Externo	Clientes/Consumidores	Doadores	Anterior
			Novo
		Hospitais e Centros Médicos Recebendo Sangue das Doações	
	Fornecedores/Contraentes	Enfermeiros, Fornecedor de Serviços Alimentícios, Dono das Instalações, Banco de Sangue Local	
	Agências Regulatórias	Conselho de Saúde Local	
	Sociedades Profissionais	Conselho Federal de Medicina	
		Associação Brasileira de Bancos de Sangue	
	Público	Comunidade Local	
		Mídia Local	Jornais Locais
			Emissoras de TV Locais
			Estações de Rádio Locais

FIGURA 3-1: O início de uma amostra de registro de partes interessadas para a doação anual de sangue.

© John Wiley & Sons, Inc.

Completando e atualizando o registro de partes interessadas

Muitas pessoas diferentes influenciam o sucesso ou se interessam por seu projeto. Saber quem são elas lhe possibilita planejar os momentos adequados durante o projeto para integrá-las a ele. Dessa forma, identificar o quadro de partes interessadas o mais cedo possível e se adaptar às eventuais alterações que ele sofrer, o quanto antes, são importantes etapas a seguir conforme você gerencia o projeto.

LEMBRE-SE

Para ter um registro de partes interessadas completo e atualizado, considere as orientações a seguir:

» **Em algum momento, identifique cada parte interessada pela descrição da função e pelo nome.** Você pode, por exemplo, identificar inicialmente profissionais de marketing e vendas como interessados. Em algum momento, porém, precisa especificar os indivíduos desses grupos — como *gerente de marca para produto XYZ, Sharon Wilson* — e suas informações de contato.

» **Fale com uma ampla gama de pessoas.** Consulte pessoas de unidades organizacionais, disciplinas e ocupações diferentes na organização. Pergunte a cada uma delas se consegue pensar em outras pessoas com quem você deva falar. Se você conversar com muitas pessoas, é menos provável que acabe ignorando alguém importante.

» **Disponibilize tempo suficiente para elaborar o registro de partes interessadas.** Comece a formular seu registro assim que se tornar gerente de projetos. Quanto mais tempo você passar pensando nessa questão, mais potenciais interessados identificará. Ao longo do projeto, continue consultando as pessoas para descobrir interessados adicionais.

» **Inclua partes interessadas que podem ser úteis em um determinado momento.** Seu único trabalho nesse estágio é levantar os nomes para não os esquecer. Nos estágios propícios, você decidirá se, quando e como integrar essas pessoas ao projeto (veja a seção posterior, "Determinando Condutores, Apoiadores e Observadores").

» **Inclua gerentes funcionais à equipe.** Inclua pessoas a quem todos os membros da equipe possam se reportar diretamente. Embora os gerentes funcionais, em geral, não atuem nas tarefas, ajudam o gerente e outros membros da equipe a se organizarem para dedicar ao projeto o tempo que originalmente prometeram e asseguram que tenham os recursos necessários para exercer suas atribuições.

» **Inclua o nome da mesma pessoa no registro de partes interessadas para cada papel que tiver.** Suponha que seu chefe planeje oferecer consultoria técnica especializada para a equipe de projeto. Inclua seu nome duas vezes — uma como supervisor direto e outra como consultor técnico. Se seu chefe for promovido, mas continuar a servir como consultor técnico, as listagens separadas lembram a você de que agora outra pessoa exerce a função de supervisor direto.

» **Continue incluindo e removendo nomes do registro de partes interessadas ao longo do projeto.** Seu registro de partes interessadas evolui conforme você entende mais o projeto e ele se transforma. Revise o registro em intervalos regulares durante o projeto para identificar nomes que devem ser incluídos ou excluídos. Encoraje os membros do projeto a indicar continuamente novas partes interessadas conforme se lembrarem.

» **Quando estiver em dúvida, escreva o nome de alguém.** Sua meta é evitar desconsiderar alguém que pode ter um papel importante no projeto. Identificar um membro potencial no público não significa que você precisa envolver essa pessoa; apenas significa que precisa considerá-la. Eliminar o nome de alguém que não será envolvido é muito mais fácil do que tentar incluir o de alguém que deve ser.

Usando um modelo

Um *modelo de registro de partes interessadas* é um registro preconcebido que contém categorias e interessados típicos para um tipo particular de projeto. Você pode elaborar e guardar os próprios modelos de registro de partes interessadas para as tarefas que executa; os grupos funcionais podem fazer o mesmo para as tarefas que tipicamente coordenam, e o escritório de gerenciamento de projetos de sua empresa pode criar esses modelos para toda a organização.

Independentemente de quem detenha o modelo, ele retrata as experiências acumuladas das pessoas. Conforme a organização comece a executar projetos para os quais o modelo é cabível, interessados que foram desconsiderados em esforços anteriores podem ser incluídos, e os que se mostraram desnecessários, removidos. Usar esses modelos economiza tempo e confere maior precisão.

Suponha que você prepare o orçamento de seu departamento todo trimestre. Depois de fazer vários orçamentos, você conhece a maioria das pessoas que lhe fornecem informações necessárias, que redigem e imprimem o documento e que têm que aprovar a versão final. Cada vez que termina outro orçamento, você revisa seu modelo de registro de partes interessadas para incluir novas informações daquele projeto. Da próxima vez em que preparar o orçamento trimestral, você começará o registro usando o modelo. Então, vai incluir e retirar nomes conforme for adequado para aquela preparação de orçamento específica.

LEMBRE-SE

Quando usar modelos de registros de partes interessadas, tenha as seguintes orientações em mente:

» **Desenvolva modelos para tarefas frequentes e para projetos inteiros.** Modelos de registro de partes interessadas para lançar a doação anual de sangue ou para submeter um medicamento recém-desenvolvido ao Ministério da Saúde são úteis. Mas também o são modelos para tarefas específicas, que integram esses projetos, como recompensar um contrato competitivo ou imprimir um documento. Muitas vezes, projetos que parecem totalmente novos, na verdade, contêm algumas tarefas que você já executou. Assim, você pode colher os frutos de suas experiências utilizando os modelos de registro de partes interessadas, que preparou para aquelas tarefas, ao elaborar o registro atual.

CAPÍTULO 3 **Conhecendo os Interessados: Lidando com as Pessoas Certas** 47

» **Concentre-se em descrever as atribuições das funções, em vez de escrever os nomes daqueles que as exerceram.** Identifique um interessado como *gerente de contas a pagar*, em vez de *Bill Miller*. As pessoas mudam, mas as funções permanecem. A cada projeto específico, você preenche os nomes correspondentes.

» **Elabore e modifique o modelo de registro com base nos projetos anteriores que realmente funcionaram, não nos planos preliminares, que pareciam bons, mas careciam de informações críticas.** Muitas vezes, você formula um registro de interessados detalhado no início do projeto, mas não o revisa no processo ou não inclui interessados que foram desconsiderados no planejamento inicial. Se atualizar seu modelo apenas com as informações da lista inicial, ele não corresponderá às descobertas que você fez ao longo do projeto anterior.

» **Incentive os membros de sua equipe a pensarem livremente em possíveis interessados antes de mostrar um modelo a eles.** Incentivar as pessoas a identificar interessados, sem orientações ou restrições, aumenta as chances de que pensem naqueles que foram desconsiderados em projetos anteriores.

» **Use modelos como pontos de partida, não como pontos-finais.** Deixe claro para sua equipe que o modelo não é o registro final. Cada modelo difere dos similares de alguma forma. Se você não o analisar, pode deixar de fora pessoas que não foram envolvidas em projetos anteriores, mas que precisa considerar agora.

» **Reflita suas diferentes experiências com projetos em seus modelos.** A avaliação pós-projeto é um excelente momento para revisar, criticar e modificar seu registro de interessados para um projeto em particular (veja o Capítulo 16 para saber detalhes sobre a avaliação pós-projeto).

CUIDADO

Modelos economizam tempo e aumentam a precisão. No entanto, começar com um modelo refinado demais sugere que o conteúdo da lista final já está definido, o que desencoraja as pessoas a compartilhar livremente seus pensamentos sobre outros potenciais interessados. Além disso, se elas não participarem da elaboração da lista do público do projeto, podem não se comprometer com seu sucesso da mesma forma.

Determinando Condutores, Apoiadores e Observadores

Depois de identificar todas as partes interessadas, você precisa determinar em qual dos grupos a seguir essas pessoas se encaixam. Assim, decide integrá-las ou não ao projeto, e, se sim, como e quando:

INCLUINDO UM PATRONO DE PROJETO

Um *patrono de projeto* é uma pessoa de alta posição na organização que apoia fortemente seu projeto, defende-o em discussões, reuniões de planejamento e sessões de revisão, e toma quaisquer atitudes que sejam necessárias para que o projeto alcance os resultados desejados.

Ao começar a planejar, descubra se seu projeto tem um patrono. Caso não tenha, recrute alguém. Um bom patrono de projeto tem as características a seguir:

- **Poder e autoridade suficientes para resolver conflitos sobre recursos, cronogramas e questões técnicas.**
- **Interesse genuíno nos resultados do projeto.**
- **Disposição para ter seu nome citado como forte apoiador do projeto.**

» **Condutores:** Pessoas que têm poder de decisão na definição de resultados do projeto. Você o executa para elas.

» **Apoiadores:** Pessoas que o ajudam a executar o projeto. Esse grupo inclui indivíduos que autorizam ou oferecem recursos para o projeto, assim como aqueles que efetivamente trabalham nele.

» **Observadores:** Pessoas que não são nem condutores nem apoiadores, mas estão interessadas nas atividades e resultados do projeto. Observadores não têm poder de decisão e não estão ativamente envolvidos; porém, o projeto os afetará de alguma forma no futuro.

Separar partes interessadas nessas três categorias ajuda a decidir quais informações solicitar e compartilhar com cada grupo, assim como esclarece as decisões de projeto nas quais as envolver.

Suponha que um grupo de TI tenha a função de modificar o layout e o conteúdo de um relatório mensal de vendas para todos os representantes de vendas. O vice-presidente de vendas solicitou o projeto, e o diretor executivo de informação (*chief information officer* [CIO] — o chefe do diretor do grupo de TI) o aprovou. Como gerente desse projeto, categorize as partes interessadas da seguinte forma:

» **Condutores:** O vice-presidente de vendas é um condutor, pois tem razões específicas para revisar o projeto. O CIO é um potencial condutor, pois é provável que faça novas solicitações para o grupo ao longo do projeto. Todos os representantes de vendas são condutores, pois usarão o relatório redesenhado para auxiliar o trabalho que fazem.

CAPÍTULO 3 **Conhecendo os Interessados: Lidando com as Pessoas Certas** 49

» **Apoiadores:** O analista de sistemas, que finaliza o relatório revisado; o especialista em treinamento, que treina os usuários; e o vice-presidente de finanças, que autoriza os fundos para mudar o manual, são todos apoiadores.

» **Observadores:** O diretor do serviço de atendimento ao cliente é um potencial observador, porque ele espera que seu projeto aprimore, ainda este ano, o sistema de monitoramento de problemas.

Tome cuidado com apoiadores que agem como condutores. No exemplo anterior, o analista, que finaliza o conteúdo e o formato do relatório, pode tentar incluir determinados itens que acha úteis. Porém, apenas os condutores devem especificar os dados que entram no relatório. O analista apenas determina se incluir os dados desejados é possível e quanto isso custará.

Tenha em mente que a mesma pessoa pode ser tanto condutora quanto apoiadora. Por exemplo, o vice-presidente de vendas é condutor do projeto de desenvolvimento de um relatório mensal de vendas revisado, mas também é apoiador caso tenha que transferir fundos do orçamento do departamento de vendas para pagar pelo desenvolvimento do relatório.

As seções a seguir identificam quando você precisa envolver condutores, apoiadores e observadores, e como os manter envolvidos.

Decidindo quando envolver as partes interessadas

Conforme progridem de uma ideia até sua conclusão, os projetos passam por estas quatro fases (leia explicações detalhadas sobre as fases no Capítulo 1):

» Começando o projeto.

» Organizando e preparando.

» Executando o trabalho.

» Fechando o projeto.

Planeje envolver condutores, apoiadores e observadores em todas as fases do ciclo de vida do projeto. As seções a seguir o orientam por esse processo. Descubra na seção posterior "Avaliando o Poder e o Interesse das Partes Interessadas" o que considerar em sua decisão de envolver diferentes interessados.

Condutores

Manter os condutores envolvidos no projeto, do início ao fim, é crucial, pois eles definem o que o projeto deve produzir e avaliam seu sucesso quando ele é concluído. Sua avaliação de viabilidade e seus interesses influenciam se você deve seguir com o projeto. Confira na Tabela 3–1 como envolver condutores nas quatro fases do ciclo de vida.

TABELA 3-1   ## Envolvendo Condutores nas Fases do Projeto

Fase	Nível de Envolvimento	Como Envolvê-los
Começando o projeto	Elevado	Identifique e fale com quantos condutores for possível. Se, mais tarde, encontrar condutores adicionais, explore com eles as questões que levaram ao projeto; peça-lhes para identificar e avaliar quaisquer expectativas específicas que tenham.
Organizando e preparando	Moderado a elevado	Consulte os condutores para conferir se o plano cobre suas necessidades e expectativas. Faça-os aprovarem formalmente o plano antes de começar o trabalho de projeto em si.
Executando o trabalho	Moderado	Conforme o projeto se desdobra, apresente os condutores à equipe. Faça os condutores falarem sobre suas necessidades e interesses para reforçar a importância do projeto e ajudar os membros da equipe a criar uma imagem mais precisa das metas. Além disso, faça os membros da equipe falarem com os condutores para fazê-los confiar que ela é capaz de concluir o projeto com sucesso. Conforme for executando o trabalho de projeto, informe os condutores sobre suas conquistas e progressos para manter seu interesse e entusiasmo. Confirme constantemente que os resultados estão atendendo a suas necessidades.
Fechando o projeto	Elevado	Faça os condutores avaliarem os resultados do projeto e determinarem se suas necessidades e expectativas foram atendidas. Considere suas recomendações para melhorar o desempenho em projetos similares no futuro.

Apoiadores

Envolver apoiadores em todo o ciclo de vida é importante, já que eles executam e apoiam o trabalho de projeto; eles precisam ser informados sobre qualquer mudança de exigências que houver, para identificar e abordar os problemas prontamente. Mantê-los ativamente envolvidos também fomenta sua motivação e comprometimento com o projeto. Confira na Tabela 3-1 como envolver apoiadores nas quatro fases do ciclo de vida.

TABELA 3-2   **Envolvendo Apoiadores nas Fases do Projeto**

Fase	Nível de Envolvimento	Como Envolvê-los
Começando o projeto	Moderado	Sempre que possível, faça os principais apoiadores avaliarem a viabilidade das expectativas dos condutores. Se identificar apoiadores cruciais posteriormente no projeto, peça que confirmem a viabilidade das expectativas já definidas.
Organizando e preparando	Elevado	Apoiadores são os maiores colaboradores do plano de projeto. Como eles facilitam ou fazem todo o trabalho, devem determinar abordagens técnicas, cronogramas e recursos necessários. Além disso, devem se comprometer formalmente com todos os aspectos do plano.
Executando o trabalho	Elevado	Familiarize todos os apoiadores com o trabalho planejado. Esclareça como eles trabalharão juntos para atingir os resultados. Deixe-os decidir como se comunicarão, resolverão conflitos e tomarão decisões ao longo do projeto. Durante o projeto, mantenha-os informados sobre o progresso do projeto, encoraje-os a identificar problemas de desempenho que encontrarem ou previrem e trabalhe com eles para desenvolver e implementar soluções para esses problemas.
Fechando o projeto	Elevado	Peça aos apoiadores para concluírem suas diferentes tarefas. Informe-os sobre as realizações e reconheça seus papéis nos feitos do projeto. Traga à tona suas sugestões para lidar com projetos similares de forma mais eficiente no futuro.

Observadores

Depois de escolher os observadores com os quais vai compartilhar ativamente informações sobre o projeto, envolva-os minimamente, pois eles nem lhe dizem o que deve fazer, nem o ajudam nas tarefas. Confira na Tabela 3-1 como envolver observadores nas quatro fases do ciclo de vida.

52   PARTE 1 **Começando**

TABELA 3-3 Envolvendo Observadores nas Fases do Projeto

Fase	Nível de Envolvimento	Como Envolvê-los
Começando o projeto	Mínimo	Informe os observadores sobre a existência de seu projeto e suas principais metas.
Organizando e preparando	Mínimo	Informe os observadores sobre os prazos e resultados esperados.
Executando o trabalho	Mínimo	Avise aos observadores quando o projeto começar e confirme as datas para os marcos planejados. Informe-os sobre realizações críticas do projeto.
Fechando o projeto	Mínimo	Quando o projeto estiver concluído, informe-os sobre os produtos e resultados.

DICA

Como os observadores não influenciam nem afetam o projeto diretamente, administre cuidadosamente o tempo e o esforço que você dedica para compartilhar informações com eles. Quando decidir quem envolver e como compartilhar informações, considere o seguinte:

» O nível de interesse no projeto.
» A probabilidade de que o projeto os afete de alguma forma no futuro.
» A necessidade de manter uma boa relação de trabalho com eles.

Usando diferentes métodos para envolver as partes interessadas

Manter condutores, apoiadores e observadores informados no decorrer do projeto é crucial para seu sucesso. Escolher o método certo para integrar cada grupo de interessados estimula o interesse contínuo do grupo e incentiva seus membros a apoiar ativamente o trabalho. Considere as seguintes abordagens para manter os interessados envolvidos ao longo do projeto:

» **Reuniões individuais:** *Reuniões individuais* (discussões formais ou informais com uma ou duas pessoas sobre questões de projeto) são particularmente úteis para explorar e esclarecer questões especiais de interesse de forma interativa com um pequeno número de pessoas.

» **Reuniões em grupo:** Essas reuniões são sessões planejadas para alguns ou todos os membros da equipe ou interessados. Reuniões menores são úteis para brainstorms sobre questões do projeto, reforçar papéis de membros da equipe e desenvolver confiança e respeito entre eles. Reuniões maiores são úteis para apresentar informações de interesse geral.

» **Correspondência escrita informal:** A correspondência escrita informal (anotações, memorandos, cartas e e-mails) documenta discussões informais e compartilha informações importantes de projeto.

» **Veículos de compartilhamento de informações mais formais:** Recursos como informativos ou sites na intranet da organização são úteis para compartilhar informações objetivas e não confidenciais com grupos maiores de interessados.

» **Aprovações escritas:** Aprovações escritas (como abordagens técnicas para trabalhos de projeto ou acordos formais sobre produtos, cronogramas ou alocação de recursos) servem como registros de decisões e realizações do projeto.

Vá ao Capítulo 14 para ler sugestões adicionais sobre o compartilhamento de informações a respeito do desempenho contínuo do projeto.

Aproveitando ao máximo o envolvimento das partes interessadas

Para maximizar o envolvimento e a contribuição das partes interessadas, siga as orientações a seguir durante o projeto:

» **Envolva as partes interessadas no início do planejamento do projeto se elas forem exercer uma função em algum momento.** Dê aos interessados a opção de participar do planejamento, mesmo se só forem atuar mais tarde no projeto. Às vezes, eles compartilham informações que facilitam suas tarefas. No mínimo, podem disponibilizar tempo para oferecer seus serviços quando você precisar.

» **Se estiver preocupado com a legalidade de envolver um interessado específico, consulte o departamento jurídico ou o escritório de contratos.** Suponha que esteja planejando licitar um contrato competitivo para comprar um determinado equipamento. Você precisa saber se os licitantes futuros teriam esse equipamento disponível e quanto tempo levaria para recebê-lo depois de licitar o contrato. No entanto, você teme que falar com potenciais licitantes na fase de planejamento dê a entender que vai fechar negócio com eles e acarrete acusações de favoritismo por parte de licitantes malsucedidos, que não souberam do processo com antecedência.

Em vez de ignorar esse importante interessado, consulte o escritório de contratos ou o departamento jurídico para descobrir como você pode obter a informação que deseja mantendo a integridade do processo licitatório.

» **Desenvolva um plano com todos os interessados cruciais para alinhar os interesses e deles aos seus e repassar as informações que precisam saber.** Determine as informações que eles querem e as que você acredita que precisam. Também decida quando oferecer essas informações e como. Por fim, esclareça o que deseja deles, e como e quando o farão.

» **Sempre certifique-se de entender *o que há para mim* (OQHPM) de cada interessado.** Esclareça por que ver o sucesso do projeto é do interesse de cada um deles. Ao longo do projeto, relembre a seus interessados das vantagens que terão quando o projeto estiver concluído e do progresso que ele tem feito nesse sentido. Descubra mais sobre como identificar as vantagens do projeto para diferentes partes interessadas no Capítulo 15.

Exibindo Seu Registro de Partes Interessadas

Você deve se preocupar com duas questões ao elaborar o tipo e o conteúdo do registro de partes interessadas:

» Certificar-se de que identificou todos os interessados adequados.

» Incentivar os outros a sugerir pessoas que não estão no registro, mas devem ser incluídas, e as que estão, mas não deveriam.

A Figura 3-2 traz uma amostra de um formato de registro de interessados que você pode usar. Este formato inclui três categorias principais de informações:

» A estrutura hierárquica das categorias nas quais os interessados estão alocados.

» Os identificadores específicos de cada interessado (função e nome).

» O papel do interessado em relação ao projeto (condutor, apoiador ou observador; veja a seção "Determinando Condutores, Apoiadores ou Observadores").

Nota: Você pode incluir colunas à direita para acrescentar informações opcionais, como e-mail, telefone e daí por diante.

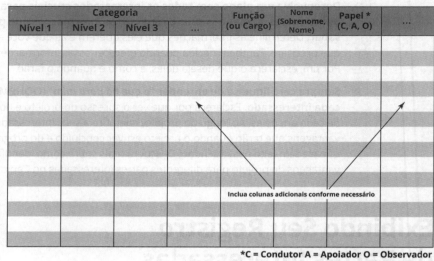

FIGURA 3-2: Amostra de um formato de registro de interessados.

© John Wiley & Sons, Inc.

Confirmando a Autoridade das Partes Interessadas

Para fins de projeto, *autoridade* refere-se ao direito pleno de tomar decisões que os outros devem seguir, incluindo o de aplicar recursos, gastar fundos e conceder aprovações. Emitir opinião sobre como um aspecto deve ser tratado é diferente de ter a autoridade para decidir como fazê-lo. Confundir o nível de autoridade de uma pessoa leva à frustração, assim como a tempo e dinheiro desperdiçados. (Veja o Capítulo 11 para ler mais sobre autoridade.)

LEMBRE-SE

Confirme se as pessoas que você identificou como partes interessadas têm autoridade para tomar as decisões de que precisam para executar suas tarefas. Se não a tiverem, descubra quem a tem e como você poderá integrar essas pessoas ao processo.

No início da fase de executar-o-trabalho de seus projetos, siga os passos a seguir para definir a autoridade de cada um:

1. Esclareça as tarefas e decisões de cada parte interessada.

Defina as tarefas e funções de cada pessoa. Por exemplo, ela trabalhará apenas na tarefa ou também aprovará cronogramas, gastos de recursos e abordagens de trabalho?

2. **Pergunte a todos os interessados se têm autoridade sobre cada decisão e tarefa.**

   Concentre-se em tarefas específicas em vez de questionar sobre uma área em particular como um todo. Por exemplo, uma pessoa pode estar mais segura de sua autoridade para aprovar compras de suprimentos de até $5 mil do que todas as compras de equipamentos, não importa de que tipo ou quantidade.

   Esclareça as decisões que o interessado pode tomar por si mesmo. Descubra quem é o responsável por decisões que fujam de sua alçada. (Pergunte — nunca suponha!)

3. **Pergunte a cada interessado como ele sabe os limites de sua autoridade.**

   Políticas, procedimentos ou orientações por escrito confirmam a autoridade? O chefe da pessoa lhe disse em uma conversa? Ela está apenas supondo? Se a pessoa não tiver informações específicas, que corroborem sua autoridade, peça-lhe para obtê-las.

4. **Confira o histórico de cada interessado em exercer autoridade.**

   Você ou outra pessoa já trabalhou com esse interessado? Ele teve decisões rejeitadas, para as quais dizia ter autoridade? Se sim, pergunte-lhe por que acredita que suas decisões serão aceitas dessa vez.

5. **Verifique se houve algum tipo de modificação em relação à autoridade de cada interessado.**

   Você tem algum motivo para acreditar que a autoridade dessa pessoa mudou? Ela é nova no grupo ou na função atual? Começou a trabalhar recentemente para um novo chefe? Se houver alguma dessas situações, peça à pessoa para encontrar a documentação específica que confirma sua autoridade, para o bem dela e para o seu.

Revise as informações com esses passos quando as atribuições de tomada de decisão de um interessado em particular mudarem. Suponha, por exemplo, que você espere que cada compra para o projeto não ultrapasse, individualmente, $2.500. Bill, o representante do setor financeiro, lhe garante que tem autoridade para aprovar essa quantia sem precisar reportá-la ao chefe. No meio do projeto, você descobre que precisa comprar um equipamento de $5 mil. Verifique com Bill se ele pode autorizar esse gasto maior. Se não puder, descubra quem é o responsável por esse tipo de aprovação e como pode consegui-la.

Avaliando o Poder e o Interesse das Partes Interessadas

O impacto que um interessado causa no projeto depende do poder que exerce e do interesse que tem em exercê-lo. Avaliar esses níveis de poder de cada um o ajuda a decidir a quem você deve dedicar tempo e esforço para obter os maiores benefícios possíveis.

Poder é a influência que uma pessoa exerce sobre as ações de outras. Ele pode ser derivado tanto da autoridade direta que alguém tem para exigir que os outros atendam a suas demandas (*poder atribuído*; consulte a seção anterior e o Capítulo 11 para saber mais sobre autoridade) quanto da capacidade que tem de induzir os outros a fazerem o que pede por causa do respeito que têm por ele, profissional ou pessoalmente (*poder atingido*). (Veja o Capítulo 15 para ler mais informações sobre esses dois tipos de poder.) Em ambos os casos, quanto mais poder uma pessoa tem, mais capaz é de coordenar pessoas e recursos para apoiar o projeto. Tipicamente, condutores e apoiadores têm níveis mais altos de poder sobre seu projeto do que observadores.

Por outro lado, o *interesse* de uma pessoa em algo representa o quanto ela se importa, tem curiosidade ou presta atenção nisso. Quanto mais interessada uma pessoa estiver no projeto, mais provável é que ela queira usar seu poder para fazê-lo progredir.

Você pode definir os níveis relativos de poder e interesse dos interessados relacionados a seu projeto como *altos* ou *baixos*. Assim, você tem quatro combinações possíveis para cada nível de poder e interesse. Essa classificação indica as chances que um interessado tem de exercer um impacto significativo no projeto, e, portanto, a importância de mantê-lo engajado e envolvido durante o processo.

DICA

Muitas vezes, você baseia a avaliação de poder e interesse de um interessado no projeto em opiniões isoladas e subjetivas advindas de vários integrantes: de você mesmo, membros da equipe, outros interessados, pessoas que trabalharam com o interessado em questão em outros projetos, especialistas no assunto e/ou do próprio interessado. Se você atribuir, para cada classificação, o valor 1 para *alto* e 0 para *baixo*, classifica o poder e o interesse de um interessado como *altos* se a média das avaliações for no mínimo 0,5, e, *baixos*, se estiver abaixo de 0,5.

A Figura 3-3 traz uma *Tabela de Poder-Interesse*, que representa essas quatro combinações possíveis de poder-interesse como quadrantes em um gráfico bidimensional. Como gerente de projetos, você deve dedicar pouco tempo e esforço a interessados com baixos níveis de poder e interesse (Quadrante I). Dedique um pouco mais de tempo e esforço a interessados com baixos níveis de poder e altos de interesse (Quadrante II) e mais ainda àqueles com baixos níveis de interesse, mas altos de poder (Quadrante III). Você deve dedicar mais tempo e esforço para manter os interessados com altos níveis de poder e interesse (Quadrante IV) informados e envolvidos. (Confira o Capítulo 14 para saber maneiras diferentes de se comunicar com os interessados de seu projeto.)

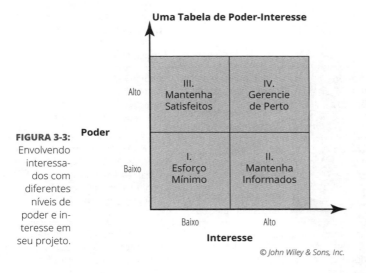

FIGURA 3-3: Envolvendo interessados com diferentes níveis de poder e interesse em seu projeto.

© John Wiley & Sons, Inc.

Relacionando Este Capítulo ao Exame PMP e aos Guias PMBOK 5 e 6

A Tabela 3-4 registra os tópicos deste capítulo que podem ser abordados no exame de certificação PMP e que também estão inclusos nas 5ª e 6ª edições de *Um Guia do Conhecimento em Gerenciamento de Projetos (Guias PMBOK 5 e 6)*.

TABELA 3-4 **Tópicos do Capítulo 3 Relacionados ao Exame PMP e aos *Guias PMBOK 5 e 6***

Tópico	Localização Neste Capítulo	Localização nos Guias PMBOK 5 e 6	Comentários
Definição dos interessados no projeto	"Conhecendo as Partes Interessadas"	2.2.1. Partes Interessadas 13.1. Identificar as Partes Interessadas	Os condutores e apoiadores de projeto referidos juntos neste livro são o mesmo que as partes interessadas do projeto mencionadas no *Guia PMBOK 6*. O *Guia PMBOK 6* aborda apenas interessados (e ignora a categoria de observadores, mencionados aqui) quando discute pessoas ou organizações envolvidas no seu projeto que você deve considerar.
Elaboração do registro de interessados	"Registrando as Partes Interessadas"	13.1. Identificar as Partes Interessadas 13.1.3.1. Registro das Partes Interessadas	O *Guia PMBOK 6* discute como desenvolver um registro de interessados em vez de uma lista de público.
Exemplos de interessados no projeto	"Registrando as Partes Interessadas"	2.2.1. Partes Interessadas no Projeto 13.1. Identificar as Partes Interessadas	Os exemplos de interessados do *Guia PMBOK 6* são similares aos exemplos de condutores e apoiadores mencionados neste livro.
Classificação dos interessados como condutores, apoiadores e observadores	"Determinando Condutores, Apoiadores e Observadores"	2.2.1. Partes Interessadas no Projeto	O *Guia PMBOK 6* considera condutores e apoiadores (embora não se refira a eles por esses nomes) apenas quando discute pessoas que afetam seu projeto.
Envolvimento dos interessados	"Determinando Condutores, Apoiadores e Observadores"	2.2.1. Partes Interessadas no Projeto 13.3. Gerenciar o Engajamento das Partes Interessadas	As discussões sobre como e quando envolver interessados tratam de abordagens e alternativas similares.
Análise de interessados	"Avaliando o Poder e o Interesse das Partes Interessadas"	13.1.2.1. Análise das Partes Interessadas	As discussões sobre a necessidade e a maneira de conduzir uma análise de interessados abordam pontos similares.

NESTE CAPÍTULO

» Identificando o propósito do projeto com a especificação de escopo

» Entendendo como o projeto se encaixa no quadro geral

» Definindo restrições de projeto — e trabalhando com elas

» Fazendo premissas para lidar com as incógnitas do projeto

» Apresentando a declaração de escopo em um documento conciso

Capítulo **4**

Esclarecendo o que Você Quer Fazer — E Por Quê

Todos os projetos são criados por uma razão; alguém identifica uma necessidade e elabora um projeto para a resolver. O quão bem o projeto trata dessa necessidade, no fim das contas, define seu sucesso ou fracasso.

Este capítulo o ajuda a desenvolver um acordo entre os solicitantes e a equipe do projeto a respeito de seus objetivos e expectativas. Ele também o ajuda a estabelecer as condições necessárias para executar o trabalho de projeto.

Definindo o Projeto com a Especificação de Escopo

Uma *especificação de escopo* é a contraparte escrita dos resultados que seu projeto intenta produzir e das restrições e premissas sob as quais você trabalhará. Tanto as pessoas que o solicitaram quanto a equipe de projeto devem concordar com todos os termos na especificação de escopo antes de o trabalho realmente começar.

Uma boa especificação de escopo inclui as seguintes informações:

» **Justificativa:** Uma breve declaração sobre a necessidade da empresa de que o projeto trata. (Uma discussão mais detalhada sobre a justificativa aparece no termo de abertura do projeto. Veja o Capítulo 2 para saber mais sobre o tópico.)

» **Descrição do escopo do produto:** As características dos produtos, serviços e/ou resultados que o projeto produzirá.

» **Critérios de aceitação:** As condições que devem ser atendidas antes que os entregáveis do projeto sejam aprovados.

» **Entregáveis:** Os produtos, serviços e/ou resultados que seu projeto produzirá (também referidos como *objetivos*).

» **Exclusões do projeto:** Declarações sobre o que o projeto não realizará nem produzirá.

» **Restrições:** Restrições que limitam o que, como e quando você consegue realizar e quanto esse processo custará.

» **Premissas:** Declarações sobre como você tratará de informações incertas conforme concebe, planeja e executa seu projeto.

LEMBRE-SE

Pense na especificação de escopo, quando vista junto com outros componentes do plano de projeto, como um acordo vinculativo, no qual:

» Você e sua equipe se comprometem a produzir determinados resultados.

Os solicitantes do projeto se comprometem a considerá-lo 100% bem-sucedido se você produzir esses resultados.

» Você e sua equipe identificam todas as restrições em relação à sua abordagem do trabalho e aos recursos necessários para realizá-lo.

Os solicitantes do projeto concordam que não há outras restrições além das que você identificou e que eles fornecerão o suporte que você declara precisar.

» Você e sua equipe identificam todas as premissas que você fez ao definir os termos da especificação de escopo.

Os solicitantes concordam que, se qualquer uma das premissas se provar inválida, você terá que modificar alguns ou todos os planos de projeto.

Uma especificação de escopo é um recurso importante para gerenciar as expectativas dos interessados.

DOCUMENTOS INTIMAMENTE LIGADOS À ESPECIFICAÇÃO DE ESCOPO

Sua organização pode usar vários outros documentos, como os listados aqui, que tratam de questões similares às inclusas na especificação de escopo. Ao usar esses outros documentos como fonte de informações para preparar ou descrever seu plano de projeto, atente-se para o fato de que eles diferem da especificação de escopo:

- **Documento de exigências de mercado:** Uma exigência formal para desenvolver ou modificar um produto. Esse documento (tipicamente preparado por um membro de marketing e vendas) leva à criação do projeto. Porém, em seu formato original, retrata apenas os *interesses* da pessoa que o escreveu. Não representa uma avaliação sobre a viabilidade ou o interesse da exigência de mercado, nem é um compromisso para a atender.

- **Documento de requisitos de negócio:** Uma descrição das necessidades da empresa de que um produto, serviço ou sistema solicitado deve tratar.

- **Requisitos técnicos, documento de especificações ou documento de requisitos do produto:** Uma descrição das características que os produtos e serviços resultantes devem ter.

- **Solicitação do projeto:** Uma solicitação por escrito de um projeto feita por um grupo da organização. Ela indica o interesse por um projeto, em vez de firmar um acordo e compromisso para executá-lo.

- **Especificação do trabalho:** Uma descrição de produtos, serviços ou resultados que um projeto deve abordar.

- **Perfil de projeto:** Um documento que destaca informações-chave de um projeto (às vezes, também é chamado de *síntese* ou *resumo do projeto*).

- **Termo de abertura do projeto:** Um documento publicado pela gerência superior que formaliza um projeto e autoriza o gerente de projetos a usar recursos organizacionais para executar suas atividades.

- **Ordem de trabalho:** Uma descrição por escrito do trabalho que pessoas ou grupos dentro da organização executarão para o projeto. A ordem de trabalho assinada foca o desempenho, em vez dos resultados.

- **Contrato:** Um acordo legal para oferecer bens e serviços específicos.

CAPÍTULO 4 **Esclarecendo o que Você Quer Fazer — E Por Quê** 63

CAUSANDO UMA PRIMEIRA IMPRESSÃO POSITIVA: O TÍTULO DO PROJETO

Para cumprir os objetivos de um projeto, uma equipe focada e motivada deve trabalhar de forma eficiente e eficaz para produzir os resultados preestabelecidos. Desde o início, essas pessoas devem ter todas as informações de que precisam para executar as tarefas que lhe foram designadas, assim como a motivação e o compromisso para superar quaisquer desafios que encontrarem conforme seu trabalho progredir. Um dos primeiros itens responsáveis por fomentar esses processos essenciais de compartilhamento de informações e de comprometimento é o título do projeto.

Embora o título sirva principalmente para identificar informações e materiais de projeto, se bem escrito, também serve para:

- Anunciar a existência do projeto.
- Revelar sobre o que é o projeto.
- Estimular a curiosidade e o interesse pelo projeto.
- Evocar sentimentos positivos sobre o projeto.

É claro, para o título atingir essas metas, o seguinte deve acontecer:

- As pessoas precisam ler o título.
- O título precisa incluir informações sobre os resultados pretendidos.
- As pessoas precisam se identificar com o título.
- As pessoas precisam se lembrar do título.

Para que seu título atenda a essas exigências, siga as orientações a seguir quando o escrever:

- Conheça as partes interessadas — seus interesses, conhecimento e formas de comunicação preferidas. (Veja o Capítulo 3 para ler mais informações.)
- Reúna tudo em uma frase.
- Torne-o acessível ao leitor imprimindo-o em uma fonte suficientemente grande, em uma cor que contraste bem com o fundo.
- Faça dele um minirresumo do seu projeto declarando os principais resultados pretendidos.
- Inclua as palavras mais importantes primeiro.
- Verifique três vezes se todas as informações são precisas.

- Remova palavras desnecessárias (como artigos) e quaisquer informações redundantes.

- Minimize o uso de jargões técnicos e siglas.

Um cliente uma vez me disse que estava iniciando um projeto e perguntou se eu tinha alguma sugestão para fazê-lo atrair as pessoas mais qualificadas para a equipe. Expliquei a grande influência que o título tem sobre a compreensão e a percepção das pessoas de um projeto e como ele poderia criar o seu com mais eficiência. Ele respondeu que já estava sobrecarregado com tarefas "importantes", que precisava cumprir para tirar o projeto do papel, e que não tinha tempo para se preocupar em escrever um "título de projeto perfeito". Afinal, declarou, as pessoas em sua organização eram profissionais altamente treinados e capazes, que com certeza não deixariam seus sentimentos em relação ao projeto serem influenciados por algo inconsequente como o título oficial.

Quando encontrei esse cliente algumas semanas depois, perguntei se seu novo projeto estava progredindo. Ele disse que estava extremamente preocupado, porque nenhuma das pessoas que esperava que se juntassem à equipe tinha sequer perguntado sobre o que era o projeto. Expressei minha surpresa e perguntei-lhe qual título havia definido. Ele pareceu um pouco aborrecido, mas tirou um marcador de uma grande pilha, que havia imprimido para colocar nos documentos e materiais de projeto, e me entregou. Ele simplesmente dizia: "Documentação para a Equipe de Projeto."

Há alguma dúvida sobre o motivo para ninguém ter se interessado em saber sobre esse projeto, muito menos em se voluntariar para se unir à equipe que o executaria? Aqui estão apenas dois dos problemas que notei imediatamente naquele título:

- Apenas as quatro primeiras palavras dão algum tipo de informação sobre o projeto. Declarar que é um "Projeto" não diz nada que já não se saiba.

- É ambíguo. A documentação apresentada é para a equipe do projeto ou para a realização do projeto em si?

Além disso, o título foi criado com uma fonte comum, muito pequena e difícil de ler, porque sua cor desaparecia no fundo.

Se não estiver se sentindo especialmente criativo, peça algumas dicas para alguém do marketing ou do departamento de design, ou solicite a assistência de outras pessoas, integrantes ou não da equipe.

Reconhecendo isso ou não, o título do projeto afetará a compreensão e os sentimentos das pessoas sobre ele. Você escolhe escrever um título que influencie as pessoas ou pode não se importar com isso. Mas saiba que desconsiderar como o título afetará os potenciais interessados no projeto não significa que ele não os afetará de alguma forma.

LEMBRE-SE

É claro, prever o futuro é impossível. Na verdade, quanto mais distante for sua prospecção, menos certa tende a ser. Porém, sua especificação de escopo representa os compromissos do seu projeto com base no que você sabe hoje e espera ser verdadeiro no futuro. Se e quando as situações mudarem, você precisa avaliar o efeito dessas mudanças em todos os aspectos do projeto e propor as mudanças necessárias na especificação de escopo. Os solicitantes do projeto sempre têm a opção de aceitar as mudanças propostas (e permitir sua continuidade) ou cancelá-lo.

Quadro Geral: Explicando a Necessidade que o Projeto Aborda

Entender o contexto e os processos mentais que levaram à criação do projeto faz você e seu projeto atenderem com sucesso às expectativas das pessoas. Esta seção esclarece a justificativa e os entregáveis desejados do projeto.

Descobrindo por que você está fazendo o projeto

Quando assume um projeto, *por que* você o fez parece óbvio — porque seu chefe disse para fazer. A pergunta real, no entanto, não é por que você escolheu aceitar a atribuição, mas por que o projeto deve ser feito (por você ou por outra pessoa), em primeiro lugar.

As seções a seguir identificam as pessoas que se beneficiam do projeto, para que você determine como suas expectativas e necessidades o justificam.

Identificando o iniciador

Sua primeira tarefa para descobrir a justificativa por trás do projeto é definir quem teve a ideia original que levou a ele (essa pessoa é chamada de *iniciador do projeto*). O sucesso do projeto exige que, no mínimo, você atenda às expectativas e necessidades dessa pessoa.

LEMBRE-SE

Identificar o iniciador do projeto é fácil quando ele é a pessoa que diretamente o atribuiu a você. O mais provável, no entanto, é que quem fez essa atribuição a tenha recebido de outra pessoa. Se o projeto passou por várias pessoas antes de chegar a você, é mais difícil determinar quem teve a ideia original. Sem mencionar que a intenção primária pode ter se dispersado se as pessoas nessa cadeia, proposital ou inadvertidamente, mudaram um pouco a atribuição conforme a transmitiram.

Para determinar quem surgiu com a ideia original para o projeto, siga os seguintes passos:

1. **Pergunte à pessoa que lhe atribuiu o projeto se ela originou a ideia.**

2. **Se essa pessoa não teve a ideia, faça-lhe as seguintes perguntas:**

- Quem lhe deu a atribuição?
- Quem mais, se alguém, estava envolvido em lhe passar a atribuição?
- Quem teve a ideia original para o projeto?

3. **Consulte todas as pessoas que você identificou no Passo 2 e faça-lhes as mesmas perguntas.**

4. **Confira os seguintes registros escritos, que indicam quem originalmente teve a ideia:**

- Minutas de sessões de planejamento e orçamento de cada divisão, departamento e organização.
- Correspondências e e-mails sobre o projeto.
- Relatórios de planejamento ou estudos de viabilidade.

   Um *estudo de viabilidade* é uma análise formal para determinar a probabilidade de sucesso de se executar determinado trabalho ou atingir determinados resultados.

Além de identificar as pessoas que iniciaram o projeto, essas fontes escritas esclarecem o que essas pessoas esperam receber dele.

5. **Consulte as pessoas que podem ser afetadas ou cujo apoio é necessário em seu projeto; elas podem saber quem originou a ideia.**

DICA

Seja tão específico quanto possível ao descrever o iniciador do projeto. Em outras palavras, não escreva: "O departamento de vendas solicitou folhetos promocionais para o produto Alpha." Em vez disso, escreva: "Mary Smith, representante de vendas da região nordeste, solicitou folhetos promocionais para o produto Alpha."

Certifique-se de distinguir entre condutores e apoiadores conforme busca descobrir o iniciador do projeto (veja o Capítulo 3 para ler mais informações sobre condutores e apoiadores):

» *Condutores* têm poder de decisão ao definir os resultados do projeto. Eles dizem o que você *deve* fazer.

» *Apoiadores* ajudam a executar o projeto. Eles dizem o que você *pode* fazer.

Por exemplo, o vice-presidente de finanças, que solicita um projeto para atualizar os sistemas de informações financeiras da organização, é condutor do projeto. O gerente do centro de informática, que disponibiliza equipe e recursos para atualizar esses sistemas, é apoiador.

Às vezes, apoiadores alegam ser condutores. Por exemplo, quando você questiona o gerente do centro de informática, ele pode dizer que iniciou o projeto. Na realidade, porém, o gerente autorizou as pessoas e os fundos para executar o projeto, mas o vice-presidente o iniciou.

Determinando quem contribui com fundos para apoiar o projeto

Pessoas que contribuem com fundos para apoiar as atividades do projeto são chamadas de *donos do projeto* ou *patrocinadores* (veja o Capítulo 10 para saber mais sobre esses importantes interessados no projeto). Essas pessoas nunca contribuem com fundos para apoiar um projeto a menos que esperem se beneficiar de alguma forma de seus resultados. Identifique-as e a suas expectativas com o projeto logo no início e se comunique com elas frequentemente ao longo do processo, para saber se suas expectativas mudaram.

Reconhecendo outras pessoas que se beneficiam do projeto

Embora não tenham tido a ideia, outras pessoas podem se beneficiar do projeto concluído. Talvez sejam pessoas que trabalham com, apoiam ou são clientes dos condutores do projeto, ou que executaram projetos similares no passado. Podem ter expressado interesse ou necessidade em áreas abordadas por seu projeto em reuniões, correspondência ou conversas informais.

Identifique essas pessoas o mais cedo possível para determinar quais são suas necessidades e seus interesses particulares, e como você pode tratar deles adequadamente. Esses interessados adicionais incluem pessoas que:

> » Sabem que o projeto existe e expressaram interesse nele.
>
> » Sabem que ele existe, mas não percebem que podem se beneficiar dele.
>
> » Não estão cientes do projeto.

68   PARTE 1 **Começando**

Identifique esses interessados adicionais fazendo o seguinte:

» Revise todo o material escrito relacionado ao projeto.

» Consulte os condutores e apoiadores do projeto.

» Encoraje todos com que falar sobre o projeto a identificar outras pessoas que podem se beneficiar dele.

Conforme identifica as pessoas que podem se beneficiar do projeto, também identifique aquelas que se opõem fortemente a ele. Entenda por que elas se opõem e se você consegue tratar de suas insatisfações. Reserve um tempo para descobrir se elas podem obter qualquer benefício do projeto, e, se puderem, explique-os a elas. Se continuarem a se opor ao projeto, anote no plano de gerenciamento de risco essa oposição e como você planeja lidar com ela. (Veja o Capítulo 9 para saber como analisar e se planejar para riscos e incertezas inerentes ao projeto.)

Identificando o patrono de projeto

O *patrono de projeto* é uma pessoa de alta posição na organização que apoia fortemente o projeto; defende-o em discussões, reuniões de planejamento e sessões de revisão, e toma as atitudes necessárias para que ele seja bem-sucedido.

Às vezes, o melhor patrono é aquele cujo apoio você nunca precisa usar. Apenas saber que essa pessoa apoia seu projeto já faz os outros apreciarem sua importância e motiva-os a trabalhar com diligência para alcançar seu sucesso.

Consulte os condutores e apoiadores para descobrir se seu projeto já tem um patrono. Caso não tenha, trabalhe pesado para recrutar um buscando pessoas que colherão benefícios do projeto e que tenham poder e influência para encorajar o comprometimento organizacional sério e contínuo em prol de sua realização. Explique para essas pessoas por que o sucesso do projeto é de seu interesse e como sua ajuda será necessária conforme ele progredir. Avalie o quanto estão interessados e quanta ajuda estão dispostos a oferecer. (Vá aos Capítulos 3 e 10 para saber mais informações sobre patronos de projetos.)

Considerando as pessoas que implementarão os resultados do projeto

A maioria dos projetos cria um produto ou serviço para atingir um resultado desejado. Muitas vezes, porém, a pessoa que lhe pede para criar o produto ou serviço não é quem realmente o usará.

Suponha que a diretora de marketing e vendas de sua organização deseje aumentar as vendas anuais em 10% para o próximo ano fiscal. Ela entende que desenvolver e introduzir no mercado um novo produto, XYZ, vai lhe permitir atingir essa meta. No entanto, ela não vai realmente vender XYZ a todos os clientes da organização; sua equipe de vendas, sim. Embora eles não tenham surgido com a ideia de desenvolver XYZ, podem ter fortes opiniões sobre as características que XYZ deve ter — assim como os clientes, que, por fim, comprarão (ou não!) o produto.

Para identificar os usuários reais dos produtos ou serviços do projeto, faça o seguinte no início do planejamento:

» Esclareça os produtos e serviços que pretende produzir.

» Identifique exatamente quem os usará e como.

Após identificar essas pessoas, consulte-as para determinar quaisquer interesses ou necessidades adicionais que tenham também devem ser considerados pelo projeto.

Determinando as expectativas e necessidades dos condutores

As necessidades de que seu projeto trata nem sempre são óbvias. Suponha, por exemplo, que sua organização decida promover uma doação de sangue. A razão real do projeto é acabar com a escassez de sangue no hospital local ou melhorar a imagem da organização na comunidade?

As necessidades que o projeto precisa satisfazer para atingir seu propósito com sucesso são denominadas de *requisitos* do projeto.

Quando entende claramente os requisitos do projeto, você:

» Escolhe as atividades de projeto que propiciem atingir os verdadeiros resultados desejados. (Veja o Capítulo 5 para obter informações sobre como identificar atividades de projeto.)

70   PARTE 1 **Começando**

» Monitora o desempenho ao longo do projeto, até sua conclusão, para que você atenda às necessidades reais. (Veja o Capítulo 13 para saber como monitorar todas as etapas do projeto.)

» Percebe quando o projeto não está atendendo às necessidades reais para sugerir o modificar ou cancelar.

Quando um projeto lhe é inicialmente atribuído, você espera que lhe digam quais produtos deve produzir e quais necessidades, abordar. No entanto, muitas vezes, dizem-lhe o que produzir (os resultados), mas você tem que descobrir as necessidades por si só.

LEMBRE-SE

Considere as seguintes perguntas conforme trabalha para definir os requisitos do projeto:

» **Quais necessidades as pessoas querem que seu projeto aborde?** Não se preocupe nesse momento se seu projeto dará conta dessas necessidades ou se ele é a melhor forma de o fazer. Você está apenas tentando identificar as esperanças e expectativas que levaram a ele, em primeiro lugar.

» **Como você sabe que as necessidades que identifica são as reais esperanças e expectativas que as pessoas têm para o projeto?** Determinar as ideias e os sentimentos reais das pessoas é difícil. Às vezes, elas não querem os compartilhar; às vezes, não sabem como os expressar claramente.

Quando falar com as pessoas para determinar as necessidades que o projeto deve abordar, experimente as técnicas a seguir:

» Encoraje-as a falar bastante sobre suas necessidades e expectativas.

» Ouça cuidadosamente, buscando quaisquer contradições.

» Peça-lhes para esclarecer ideias vagas.

» Tente confirmar suas informações a partir de duas ou mais fontes independentes.

» Pergunte a elas qual é a importância de abordar todas as suas necessidades.

O esquema a seguir é útil para priorizar as necessidades de uma pessoa:

» **Precisa ter:** O projeto deve abordar essas necessidades, pelo menos.

» **Deve ter:** O projeto deve abordar essas necessidades, se possível.

» **Bom ter:** Seria bom para o projeto abordar essas necessidades, se fazê-lo não for comprometer nada.

CAPÍTULO 4 **Esclarecendo o que Você Quer Fazer — E Por Quê**   71

Verifique se sua organização fez uma análise formal de custo-benefício para o projeto. Uma *análise de custo-benefício* é uma identificação e avaliação formal dos seguintes pontos (veja o Capítulo 2 para saber detalhes):

» Os benefícios previstos do projeto.

» Os custos de:
- Executar o projeto.
- Usar e dar suporte aos produtos ou serviços produzidos por ele.

A análise de custo-benefício documenta os resultados com os quais as pessoas contavam quando decidiram seguir com o projeto. Portanto, é uma importante fonte para necessidades reais que ele deve abordar.

Confirmando que seu projeto pode abordar as necessidades das pessoas

Embora as necessidades possam ser minuciosamente documentadas (veja a seção anterior), você pode ter dificuldade para determinar se seu projeto vai abordá-las com êxito. Por vezes, as empresas financiam estudos de viabilidade formais para saber se um projeto será bem-sucedido ao abordar as necessidades.

Outras vezes, no entanto, o projeto resulta de uma sessão de brainstorming ou da visão criativa de alguém. Nesse caso, você pode estar menos confiante de que ele atingirá os resultados esperados. Não rejeite automaticamente um projeto nesse ponto, mas determine agressivamente as chances para seu sucesso e as atitudes que deve tomar para aumentá-las. Se não encontrar informações suficientes para apoiar sua análise, considere pedir um estudo de viabilidade formal.

LEMBRE-SE

Se sentir que o risco de fracasso do projeto é alto demais, compartilhe suas preocupações com os principais tomadores de decisão e explique por que recomenda que o projeto seja cancelado. Para mais informações, veja no Capítulo 9 a discussão sobre gerenciamento de risco.

Descobrindo outras atividades que se relacionam ao projeto

Seu projeto não está isolado no universo. Ele pode depender de resultados de outros projetos, gerar produtos que outros projetos usarão e abordar necessidades que outros projetos também abordam. Por essas razões, você precisa identificar os projetos relacionados ao seu o mais cedo possível, para coordenar o uso de pessoal e de recursos compartilhados, e minimizar as sobreposições ocasionais em atividades e resultados.

Confira as seguintes fontes para identificar projetos que estejam relacionados ao seu:

» As partes interessadas de seu projeto.

» Listas que a organização detém dos projetos planejados ou em execução.

» Veículos de compartilhamento de informações de toda a organização, como informativos e a intranet.

» O escritório de gerenciamento de projetos (PMO).

» Comitês da alta gestão responsáveis por aprovar e supervisionar os projetos da organização.

» O departamento financeiro, que pode ter estabelecido contas de HH ou de custo para tais projetos.

» O departamento de aquisições, que pode ter comprado bens ou serviços para tais projetos.

» O departamento de tecnologia da informação, que pode estar armazenando, analisando ou preparando relatórios de progresso para tais projetos.

» Gerentes funcionais, cujo pessoal que gerencia esteja trabalhando em tais projetos.

Enfatizando a importância do projeto para a organização

A importância que a organização dá ao projeto influencia diretamente suas chances de sucesso. Quando demandas conflitantes para recursos escassos surgem, os recursos tendem a ir para aqueles projetos que prometem produzir os maiores benefícios para a organização.

O valor percebido de um projeto depende de seus benefícios pretendidos e da consciência das pessoas sobre eles. Siga os seguintes passos para ajudar as pessoas a entenderem como seu projeto apoiará as prioridades da organização:

1. **Busque declarações ou documentos que confirmem o apoio de seu projeto às prioridades da organização.**

Consulte as seguintes fontes para saber mais sobre as prioridades da organização:

• **Planejamento de longo prazo:** Um relatório formal que identifica a direção geral da organização, alvos de desempenho específicos e iniciativas individuais para o período de um a cinco anos.

CAPÍTULO 4 **Esclarecendo o que Você Quer Fazer — E Por Quê** 73

- **Orçamento anual:** A lista detalhada de categoriais e iniciativas individuais que sua organização apoiará financeiramente durante o ano.

- **Plano de aplicações de capital:** A lista organizada por itens de todos os gastos planejados (em cima de uma quantia mínima estabelecida) para compras de instalações e equipamento, renovações e reparos durante o ano.

- **Indicadores-chave de desempenho (KPIs) da organização:** Medidas de desempenho que descrevam o progresso da organização em direção a suas metas.

Quando revisar esses documentos, observe se seu projeto ou o resultado pretendido é especificamente mencionado.

Além disso, descubra se a organização fez compromissos específicos com clientes externos ou com a alta gestão relacionados à conclusão do projeto.

2. Descreva em sua breve declaração ou justificativa como o projeto se relaciona às prioridades da organização.

Mencione as discussões sobre o projeto existentes nas fontes de informação citadas na etapa anterior. Se elas não tratarem dele, redija uma explicação sobre como o projeto e seus resultados impactarão as prioridades da organização.

Às vezes, é difícil identificar os resultados específicos que as pessoas esperam que seu projeto gere. Talvez a pessoa que iniciou o projeto tenha assumido responsabilidades diferentes e não tenha mais interesse nele, ou talvez a necessidade original para a qual o projeto foi criado tenha mudado. Se as pessoas não conseguem dizer como o projeto ajudará a organização, pergunte-lhes o que aconteceria se você não o executasse. Se elas concluírem que ele não fará diferença, pergunte-lhes como você o deve modificar para beneficiar a organização. Se não acharem que seu projeto possa ser modificado para produzir resultados úteis, considere sugerir que ele seja cancelado.

LEMBRE-SE

As organizações estão constantemente com excesso de trabalho e falta de pessoal. Desperdiçar tempo e recursos preciosos em um projeto que todos concordam que não fará diferença é a última coisa de que sua organização precisa ou deseja. É mais provável que as pessoas achem que seu projeto terá um impacto positivo na organização. Seu trabalho, então, é ajudar essas pessoas a não perderem de vista os resultados valiosos que ele tem a oferecer.

Buscando informações exaustivamente

DICA

Na saga para descobrir o que o projeto deve conquistar e como ele se encaixa nos planos gerais da organização, você precisa procurar informações sigilosas, às vezes contraditórias, e, muitas vezes, não escritas. Obter essas informações nem sempre é fácil, mas seguir estas dicas torna sua busca mais produtiva:

- » **Procure várias fontes para a mesma informação.** Quanto mais fontes independentes contiverem as mesmas informações, maior é a probabilidade de que estejam corretas.

- » **Sempre que possível, obtenha informações de fontes primárias.** Uma *fonte primária* contém as informações originais. Uma *fonte secundária* é o relatório de outra pessoa sobre as informações da fonte primária.

    Suponha que você precise de informações de um estudo recentemente concluído. É possível obtê-las da fonte primária (que é o próprio relatório do estudo escrito pelos cientistas que o executaram) ou de fontes secundárias (como artigos em revistas ou jornais científicos, por autores que citaram e resumiram o relatório original).

CUIDADO

    Quanto mais longe sua fonte estiver da primária, menos provável é que as informações correspondam totalmente às reais.

- » **Busque fontes escritas, pois são as melhores.** Confira minutas relevantes de reuniões, correspondências, e-mails, relatórios de outros projetos, planejamentos de longo prazo, orçamentos, planos de aprimoramento de capital, exigências de mercado, documentos e análises de custo-benefício.

- » **Fale com duas ou mais pessoas da mesma área para confirmar as informações.** Pessoas diferentes têm estilos diferentes de se comunicar, assim como percepções diferentes da mesma situação. Fale com mais de uma pessoa e compare suas mensagens para determinar quaisquer contradições.

    Se obtiver histórias diferentes, fale com as pessoas novamente para verificar suas informações iniciais. Determine se as pessoas que consultou são fontes primárias ou secundárias (as primárias tendem a ser mais precisas do que as secundárias). Peça às pessoas que consultou que expliquem ou alinhem quaisquer diferenças remanescentes.

- » **Quando falar com as pessoas sobre informações importantes, organize-se para ter pelo menos outra pessoa presente.** Fazer isso lhe confere duas interpretações diferentes do que um mesmo indivíduo falou.

- » **Escreva todas as informações que obtiver de reuniões pessoais.** Compartilhe suas anotações e resumos com outras pessoas que estiveram presentes para que sua interpretação retrate a situação e sirva como um lembrete dos acordos feitos durante a reunião.

- » **Planeje se reunir pelo menos duas vezes com as principais partes interessadas do projeto.** Sua primeira reunião as faz começar a pensar sobre as questões. Dê tempo para que elas pensem em suas discussões iniciais e em novas ideias relacionadas a elas. Uma segunda reunião possibilita esclarecer quaisquer ambiguidades ou inconsistências da primeira. (Veja o Capítulo 3 para obter mais informações sobre interessados de projeto.)

» **Pratique a técnica de escuta ativa em todas as reuniões e conversas.**
Veja o Capítulo 14 para obter informações sobre como praticar a escuta ativa.

» **Sempre que possível, confirme com fontes escritas o que ouviu em reuniões pessoais.** Quando fala com as pessoas, elas compartilham percepções e opiniões. Compare essas percepções e opiniões com dados escritos e factuais (de fontes primárias, se possível). Discuta quaisquer discrepâncias com aquelas mesmas pessoas.

Traçando a linha: Onde seu projeto começa e termina

Às vezes, seu projeto está sozinho; mas, muitas vezes, ele é apenas um de vários esforços relacionados para atingir um resultado em comum. Você deve evitar duplicar o trabalho desses outros projetos relacionados e, quando apropriado, coordenar seus esforços com os deles.

A descrição do escopo de trabalho do seu projeto deve especificar claramente onde ele começa e onde termina. Suponha que seu objetivo seja desenvolver um novo produto para a organização. Você pode enquadrar a descrição de escopo do projeto assim:

> Este projeto pressupõe conceber, desenvolver e testar um novo produto.

Se você sentir que sua declaração é ambígua de alguma forma, pode esclarecê-la um pouco mais afirmando o que não vai fazer:

> Este projeto não inclui finalizar as exigências de mercado ou lançar o novo produto.

DICA

Para tornar a descrição do escopo do trabalho de projeto clara, faça o seguinte:

» **Verifique inferências ocultas.** Suponha que seu chefe pediu para você conceber e desenvolver um novo produto. Confira se está claro que ele não presume que você vá fazer também a pesquisa de mercado para determinar suas características.

» **Use palavras que descrevam com clareza as atividades pretendidas.**
Digamos que seu projeto pressuponha *a implementação de um novo sistema de informações*. Você tem certeza de que todos definem *implementação* da mesma maneira? Por exemplo, as pessoas consideram que ela inclui instalar o novo software, treinar pessoas para o usar, avaliar seu desempenho, solucionar problemas ou algo a mais?

» **Confirme com os condutores e apoiadores sua compreensão do escopo do projeto.**

Eis um exemplo: uma colega tinha a atribuição de preparar a aquisição competitiva de determinado equipamento. Ela desenvolveu um plano para incluir seleção do fornecedor, licitação do contrato, e produção e entrega do equipamento. Seu chefe estava impressionado com a estimativa do projeto de minha colega, de seis meses e $500 mil. Ele pensou que levaria menos de dois meses e custaria menos de $25 mil.

Depois de uma breve conversa com seu chefe, minha colega percebeu que sua única função era selecionar um potencial fornecedor, não realmente fazer o pedido e ter o equipamento produzido e entregue. Embora tivesse esclarecido seu equívoco, ela ainda pensava alto: "Mas por que selecionaríamos um fornecedor se não queremos realmente comprar o equipamento?"

É claro, ela não entendeu o ponto. A questão não era se a empresa planejava comprar o equipamento. (Certamente, a intenção de comprá-lo era a razão de seu projeto.) A questão real era se seu projeto ou um projeto diferente compraria o equipamento no futuro.

Estabelecendo os objetivos do projeto

Como mencionado anteriormente neste capítulo, *objetivos* são os resultados que seu projeto produzirá (eles também são chamados de *entregáveis*). Os resultados de seu projeto podem ser produtos ou serviços que você desenvolve ou os resultados de os usar. Quanto mais claramente você definir os objetivos do projeto, mais provável será os atingir. Inclua os elementos a seguir em seus objetivos:

» **Declaração:** Uma breve descrição do que você quer atingir.

» **Medidas:** Indicadores que você usará para avaliar suas conquistas.

» **Alvos de desempenho:** O(s) valor(es) de cada medida, que define(m) o sucesso.

Imagine que você assumiu um projeto para reformatar um relatório que resume as atividades de vendas mensais. Você pode enquadrar o objetivo de seu projeto como mostrado na Tabela 4-1.

CAPÍTULO 4 **Esclarecendo o que Você Quer Fazer — E Por Quê** 77

TABELA 4-1 Amostra de Objetivo de um Projeto (Entregável)

Declaração	Medidas	Alvos de Desempenho
Um relatório revisado que resume as atividades mensais de vendas	Conteúdo	O relatório deve incluir os números totais de itens vendidos, receita de vendas e devoluções de cada linha de produto.
	Cronograma	O relatório deve entrar em vigor em 31 de agosto.
	Orçamento	Os gastos com o desenvolvimento não devem exceder $40 mil.
	Aprovações	O novo formato de relatório deve ser aprovado pelo vice-presidente de vendas, pelo gerente regional de vendas, pelo gerente distrital de vendas e pelos representantes de vendas.

CUIDADO

Às vezes, as pessoas evitam delimitar os objetivos estabelecendo alguns valores que definem um desempenho bem-sucedido. Mas definir valores é o mesmo que evitar a questão. Suponha que você seja representante de vendas e seu chefe diga que você será bem-sucedido se atingir entre $20 milhões e $25 milhões em vendas no ano. Muito provavelmente, seu chefe só vai considerá-lo 100% bem-sucedido quando atingir $25 milhões. Embora você e seu chefe pareçam ter chegado a um acordo, a conta não fecha para você.

Nas seções a seguir, explico como criar objetivos claros e específicos, identificar todos os seus tipos e responder à resistência a objetivos.

Tornando seus objetivos claros e específicos

LEMBRE-SE

Você precisa ser claro como água quando estabelecer os objetivos do projeto. Quanto mais específicos forem, maiores as chances de os atingir. Aqui estão algumas dicas para desenvolver objetivos claros:

» **Seja breve ao descrever cada objetivo.** Se precisar de uma página inteira para descrever um único objetivo, a maioria das pessoas não o lerá. Mesmo se o lerem, seu objetivo provavelmente não estará claro e dará margem a várias interpretações.

» **Não use jargões técnicos e siglas.** Cada setor (como farmacêutico, telecomunicações, finanças e seguros) tem o próprio vocabulário, assim como cada empresa dentro desses setores. Dentro de empresas, departamentos diferentes (como contabilidade, jurídico e de serviços de informação) também têm o próprio jargão. Por causa dessa proliferação de linguagens especializadas, a mesma sigla de três letras (STL) pode ter dois ou mais significados na mesma organização! Para reduzir as chances de mal-entendidos, expresse seus objetivos em uma linguagem com a qual pessoas com todas as bagagens e experiências estejam familiarizadas.

» **Torne seus objetivos afirmativas SMART, como a seguir:**

- **ESpecíficos:** Defina seus objetivos claramente, em detalhes, sem margem para equívocos.

- **Mensuráveis:** Estabeleça as especificações de medidas e desempenho que usará para determinar se atingiu seus objetivos.

- **Agressivos:** Crie objetivos desafiadores, que encorajem as pessoas a ir além de suas zonas de conforto.

- **Realistas:** Crie objetivos que a equipe de projeto acredite que possa atingir.

- **Temporais:** Inclua a data na qual você atingirá esses objetivos.

» **Torne seus objetivos gerenciáveis.** Você e sua equipe devem acreditar que têm controle sobre as maneiras de atingir os objetivos. Se não acreditarem nessa capacidade, podem não se comprometer 100% em os atingir (e, muito provavelmente, nem tentarão). Nesse caso, ele se torna um desejo, não um objetivo.

» **Identifique todos os objetivos.** Tempo e recursos sempre são escassos; então, se não especificar um objetivo, você não pode (e não deve) trabalhar para o concretizar.

» **Confira se os condutores e apoiadores concordam com seus objetivos de projeto.** Quando os condutores aderem a seus objetivos, você sente a segurança de que os atingir constitui o verdadeiro sucesso do projeto. Quando os apoiadores aderem a seus objetivos, você tem maiores chances de que as pessoas trabalhem com afinco para os alcançar.

Se os condutores não concordarem com seus objetivos, revise-os até que concordem. Afinal, as necessidades de seus condutores são precisamente a razão da existência do projeto! Se os apoiadores não aderirem a seus objetivos, trabalhe com eles para identificar suas preocupações e desenvolver abordagens que eles achem que funcionarão.

Sondando todos os tipos de objetivos

Quando você começa um projeto, a pessoa que faz a solicitação muitas vezes diz quais são os principais resultados que deseja atingir. Porém, ela pode querer que o projeto aborde outros itens, que se esqueceu de mencionar. E outras pessoas (ainda não identificadas) podem também querer que o projeto atinja determinados resultados.

LEMBRE-SE

Você precisa identificar *todos* os objetivos de projeto o mais cedo possível para se planejar e dedicar tempo e recursos necessários para atingir cada um deles. Quando sondar para identificar todos os objetivos possíveis, considere que os projetos podem ter objetivos nas seguintes categorias:

» Produtos ou serviços físicos.

» Os efeitos desses produtos ou serviços.

» Benefícios organizacionais gerais que não foram a razão original para o projeto.

Suponha que o departamento de tecnologia da informação (TI) esteja prestes a comprar e instalar um novo pacote de software para buscar e analisar informações na base de dados do inventário de peças da empresa. A seguir, estão alguns exemplos de objetivos possíveis do projeto em cada categoria:

» **Produto ou serviço físico:** A instalação e integração completa desse novo software com a base de dados do inventário de peças.

» **O efeito do produto ou serviço:** Custos de inventário e armazenamento reduzidos devido aos pedidos mais adequados facilitados pelo novo software.

» **Um benefício organizacional geral:** Uso do novo software com outras bases de dados da empresa.

LEMBRE-SE

Um objetivo é diferente de um *feliz acaso* (uma ocorrência, ou coincidência, ao acaso). No exemplo anterior, do novo pacote de software, considere que um condutor do projeto não ficará completamente satisfeito a menos que o tal software também seja instalado e integrado à base de dados do inventário de produtos da empresa. Nesse caso, instalar o sistema nessa base de dados deve ser um objetivo do seu projeto; logo, você deve dedicar tempo e recursos específicos para o atingir. Por outro lado, se seus interessados ficarão satisfeitos independentemente de você instalar ou não o software na segunda base de dados, poder usá-lo nessa base é um feliz acaso — o que significa que você não precisa dedicar tempo ou recursos especificamente para isso.

Determinar todos os objetivos do projeto exige que você identifique todos os condutores que têm expectativas específicas sobre ele. Veja o Capítulo 3 para ler uma discussão sobre os diferentes tipos de partes interessadas e as dicas de como identificar cada um.

Antecipando a resistência a objetivos claramente definidos

Algumas pessoas ficam desconfortáveis em se comprometer com objetivos específicos porque não se sentem capazes de atingi-los. Infelizmente, não importa a razão, não especificar os objetivos dificulta muito saber se você está abordando (ou atingindo) as verdadeiras expectativas dos condutores. Em outras palavras, quando seus objetivos não são específicos, o projeto tem mais chances de ser malsucedido.

LEMBRE-SE

Aqui estão algumas desculpas que as pessoas dão para não delimitar seus objetivos, junto com sugestões para responder a essas desculpas:

> **Desculpa 1: Muita especificidade limita a criatividade.**
>
> **Resposta: A criatividade deve ser fomentada — a questão é como e quando.** Os condutores do projeto devem ser claros e precisos ao afirmar seus objetivos; os apoiadores devem ser criativos ao descobrir maneiras de os atingir. Você precisa entender o que as pessoas *realmente* esperam do projeto, não o que *podem* esperar. Quanto mais claramente você descrever seus reais objetivos, mais fácil será determinar se (ou como) os atingir.
>
> **Desculpa 2: Seu projeto implica pesquisa e novo desenvolvimento, e você não consegue dizer hoje o que será capaz de atingir.**
>
> **Resposta: Objetivos são alvos, não garantias.** Alguns projetos são mais arriscados que outros. Se você nunca executou uma tarefa, não sabe se ela é possível. E, se for possível, não sabe quanto tempo ela levará ou quanto custará. Mas você deve declarar no início exatamente o que quer atingir e o que acha ser possível, embora possa ter que mudar seus objetivos conforme o projeto progride.
>
> **Desculpa 3: E se interesses ou necessidades mudarem?**
>
> **Resposta: Objetivos são alvos baseados no que você sabe e espera hoje.** Se as condições mudarem no futuro, você terá que revisitar um ou mais dos objetivos para ver se ainda são relevantes e viáveis ou se também devem mudar.
>
> **Desculpa 4: O solicitante do projeto não sabe especificamente o que deseja que seu projeto faça.**
>
> **Resposta: Peça-lhe para voltar quando souber.** Se começar a trabalhar nesse projeto agora, há uma chance maior de desperdiçar tempo e recursos para produzir resultados que o solicitante depois decidirá que não queria.
>
> **Desculpa 5: Embora os objetivos específicos determinem quando você teve êxito, também tornam mais fácil determinar quando não teve.**

> **Resposta: Sim. É verdade.** No entanto, como seu projeto foi concebido para atingir determinados resultados, você precisa saber se conseguiu. Se não, pode ser necessário fazer um trabalho adicional. Além disso, você precisa determinar os benefícios para a organização a partir de seus gastos.

Delimitando Fronteiras: Restrições do Projeto

Naturalmente, você gostaria de atuar em um mundo no qual tudo é possível — isto é, onde você pode fazer qualquer coisa necessária para atingir os resultados desejados. Seus clientes e sua organização, por outro lado, gostariam de acreditar que você pode conseguir tudo o que querem com o mínimo, ou nenhum, custo para eles. É claro, nenhuma dessas situações é verdadeira.

Definir os limites dentro dos quais você deve trabalhar torna seus planos realistas e ajuda a esclarecer as expectativas. Conforme você planejar e implementar o projeto, pense nos seguintes tipos de limites:

» **Limitações:** Restrições que outras pessoas põem nos resultados que você precisa atingir, nos prazos a que precisa atender, nos recursos que pode usar e na maneira como aborda suas tarefas.

» **Necessidades:** Requisitos que você estipula que devem ser atendidos para ter êxito com o projeto.

Esta seção o ajuda a determinar as limitações e necessidades do projeto.

Trabalhando dentro de limitações

As limitações do projeto influenciam como você o executa e determinam até se você (e os condutores e apoiadores do projeto) o cancelará. Consulte os condutores e apoiadores para identificar as limitações o mais cedo possível, a fim de criar um plano de projeto que se adéque a elas.

Entendendo os tipos de limitações

As limitações de projeto tipicamente têm várias categorias. Reconhecendo essas categorias, você tem mais chances de descobrir todas as limitações que afetam o projeto. Os condutores e apoiadores podem ter predeterminado expectativas ou requisitos em uma ou mais das seguintes categorias:

- » **Resultados:** Produtos e efeitos do projeto. Por exemplo, o novo produto não deve custar mais de $300 por item a fabricar, ou o novo livro deve ter menos de 384 páginas.
- » **Prazos:** Quando você deve produzir determinados resultados. Por exemplo, seu projeto deve estar concluído em 30 de junho. Você não sabe se consegue finalizar até 30 de junho; apenas sabe que alguém espera que o produto esteja pronto até lá.
- » **Recursos:** Tipo, quantidade e disponibilidade de recursos para executar seu trabalho de projeto. Recursos incluem pessoas, fundos, equipamentos, matérias-primas, instalações, informações, e daí em diante. Por exemplo, você tem um orçamento de $100 mil; você pode ter duas pessoas em período integral por três meses ou não pode usar o laboratório de teste durante a primeira semana de junho.
- » **Desempenho de atividade:** As estratégias para executar diferentes tarefas. Por exemplo, alguém diz que você precisa usar o departamento gráfico da organização para reproduzir os novos manuais do usuário do sistema que está desenvolvendo. Você não sabe como será o manual, quantas páginas terá, de quantas cópias precisará ou quando precisará delas. Portanto, não sabe se o departamento gráfico da organização é suficiente para a tarefa. Mas, nesse ponto, você sabe que alguém espera que o departamento gráfico faça o trabalho.

CUIDADO

Tome cuidado com limitações vagas; elas oferecem diretrizes ruins sobre o que você pode ou não fazer, e acabam desmoralizando as pessoas que têm que lidar com elas. Aqui estão alguns exemplos de limitações vagas e de como melhorá-las:

- » **Limitação de prazo:**
  - • **Vaga:** "Termine este projeto o mais rápido possível." Essa afirmativa não diz nada. Com essa limitação, seus interessados podem, repentinamente, solicitar os resultados finais do projeto — sem aviso-prévio.
  - • **Específica:** "Termine este projeto até o encerramento das operações do dia 30 de junho."
- » **Limitação de recursos:**
  - • **Vaga:** "Você terá Laura Webster no seu projeto em meio período em maio." Quanto você pode contar com ela? Como Laura vai lidar com suas atribuições no período se não tem ideia de quanto tempo cada uma vai levar?
  - • **Específica:** "Você terá Laura Webster no seu projeto quatro horas por dia durante as primeiras duas semanas de maio."

LEMBRE-SE

Quando as pessoas não são específicas sobre suas restrições, você não consegue saber se é possível honrar suas solicitações. Quanto menos específico alguém for, menos provável será que você cumpra a limitação e complete o projeto com êxito.

Indo atrás de limitações de projeto

Determinar limitações é uma missão exploratória, então seu trabalho é identificar e examinar todas as fontes de informação possíveis. Você não pode perder nada, e precisa esclarecer quaisquer informações conflitantes. Depois de saber o que as pessoas esperam, você pode determinar como (ou se) consegue atingir essas expectativas. Tente as seguintes abordagens:

» **Consulte as partes interessadas.** Verifique com os condutores as limitações em relação aos resultados desejados; verifique com os apoiadores as limitações em relação a recursos e desempenho de atividades.

» **Revise materiais escritos relevantes.** Esses materiais incluem planejamentos de longo prazo, orçamentos anuais e planos de aplicação de capital, análises de custo-benefício, estudos de viabilidade de projetos relacionados, minutas de reuniões e objetivos de desempenho individuais.

» **Quando identificar uma limitação, cheque sua fonte.** Confirmar uma limitação em diferentes fontes lhe confere maior precisão. Esclareça opiniões conflitantes sobre uma limitação o mais rápido possível.

Abordando limitações na especificação de escopo

Liste todas as limitações de projeto na especificação de escopo (anteriormente descrita neste capítulo). Essa lista define alternativas que você pode ou não considerar se precisar explorar caminhos para modificar seu plano de projeto no futuro.

Mostre as limitações do projeto de duas formas:

» **Incorpore as limitações diretamente no plano.** Por exemplo, se um dos principais condutores diz que você tem que finalizar o projeto em 30 de setembro, você pode definir essa como a data de conclusão. É claro, como 30 de setembro é o prazo final, a data de conclusão pode ser 31 de agosto. Nesse caso, a limitação influencia o prazo máximo, mas não equivale a ele.

» **Identifique quaisquer riscos de projeto que resultem de uma limitação.** Por exemplo, se sentir que o prazo máximo de conclusão é abusivo, há um risco significativo de haver atrasos. Sua meta é desenvolver planos para minimizar e gerenciar esse risco ao longo do projeto. (Leia no Capítulo 9 mais informações sobre como avaliar e se planejar para riscos e incertezas.)

Lidando com necessidades

O mais cedo possível, delibere sobre situações ou condições necessárias para o sucesso do projeto. A maioria dessas necessidades está relacionada a recursos. Aqui estão alguns exemplos dessas necessidades:

» **Pessoal:** "Preciso de um editor técnico por um total de 40 horas em agosto."

» **Orçamento:** "Preciso de um orçamento de $10 mil para periféricos de computador."

» **Outros recursos:** "Preciso de acesso ao laboratório de testes durante junho."

Seja o mais claro possível ao descrever suas necessidades de projeto. Quanto mais específico for, maior a probabilidade de outras pessoas entenderem e satisfazerem essas necessidades.

Às vezes, você consegue identificar necessidades bem no início do planejamento para o projeto. Muitas vezes, no entanto, necessidades em particular surgem conforme você cria um plano que aborda as expectativas dos condutores. Conforme sua lista crescer, consulte os apoiadores do projeto para decidir como as novas necessidades podem ser satisfeitas e a que custo. Consulte os apoiadores do projeto para verificar se o custo adicional estimado é justificado e modifique sua documentação de projeto para retratar quaisquer mudanças em resultados, atividades, cronogramas ou recursos planejados.

Encarando Incógnitas ao Planejar: Documentando Suas Premissas

Conforme avança no processo de planejamento, você identifica problemas e questões que afetam o desempenho do projeto. Infelizmente, apenas identificar esses problemas e questões não o ajuda a abordá-los.

Para cada potencial problema que identificar, faça suposições em relação a incógnitas associadas a ele. Então, use essas suposições conforme planeja seu projeto. Considere os seguintes exemplos:

» **Problema:** Você não tem um orçamento final aprovado para o projeto.

Abordagem: *Presuma* que você terá $50 mil para o projeto. *Planeje* que ele consuma até $50 mil. Desenvolva informações detalhadas para demonstrar porque seu orçamento de projeto deve ser de $50 mil e compartilhe essa informação com os principais tomadores de decisão.

>> **Problema:** Você não sabe quando terá autorização para começar a trabalhar no projeto.

Abordagem: *Presuma* que você receberá autorização para começar a trabalhar em 1º de agosto. *Planeje* seu trabalho de projeto para que nenhuma atividade comece antes dessa data. Explique aos principais tomadores de decisão por que o projeto deve começar em 1º de agosto e trabalhe com eles para facilitar sua aprovação aproximadamente nessa data.

Nota: Não se esqueça de considerar todas as premissas de projeto quando desenvolver seu plano de gerenciamento de risco. Veja o Capítulo 9 para saber detalhes.

Especificando o Escopo em um Documento Claro e Conciso

A Figura 4-1 é um exemplo de como você pode apresentar a especificação de escopo em formato de tabela. Neste exemplo, agrupo as informações da especificação por categorias principais, começando com uma breve justificativa para o projeto e sua relevância para a organização, passando pelos resultados específicos que pretende produzir e terminando com importantes restrições e suposições que definirão o ambiente no qual será executado.

Acho este formato de tabela eficiente pelas seguintes razões:

>> Os cabeçalhos das categorias servem como lembretes das informações que você deve incluir no documento.

>> O formato preparado apresenta as informações no documento em uma ordem lógica, acessível ao leitor.

>> Os cabeçalhos das categorias facilitam para o leitor encontrar a informação em particular que estiver buscando.

>> O espaço predefinido para cada categoria de informação o orienta a escolher cuidadosamente as palavras e a manter o registro o mais conciso possível.

86   PARTE 1 **Começando**

Título do Projeto		Gerente de Projeto	Data: (dd/mm/aa)
			/ /

ESPECIFICAÇÃO DE ESCOPO	
Justificativa	(A ser escrita pelo autor do documento)
Breve justificativa do projeto (A ser resumida a partir do Termo de Abertura do Projeto)	

Objetivos/Entregáveis (Continuar em páginas adicionais, conforme necessário)

Declaração (Continuar em páginas adicionais, conforme necessário)

1. (A ser escrita pelo autor do documento)	

Descrição do Escopo do Produto/Critérios de Aceitação do Produto

Medidas	Alvos de Desempenho
1.1. A serem escritas pelo autor do documento	1.1.1. A serem escritos pelo autor do documento
1.2.	1.1.2.
Etc. (Continuar em páginas adicionais, conforme necessário)	**Etc.** (Continuar em páginas adicionais, conforme necessário)

Restrições

Limitações	
1.	
2.	(A serem escritas pelo autor do documento)
3.	
Etc.	(Continuar em páginas adicionais, conforme necessário)

Necessidades	
1.	
2.	(A serem escritas pelo autor do documento)
3.	
Etc.	(Continuar em páginas adicionais, conforme necessário)

Premissas

1.	(A serem escritas pelo autor do documento)
2.	
3.	
Etc.	(Continuar em páginas adicionais, conforme necessário)

Aprovações

Gerente de Projeto	Cliente	Outro
Data	Data	Data

© John Wiley & Sons, Inc.

FIGURA 4-1: Uma amostra da especificação de escopo.

Relacionando Este Capítulo ao Exame PMP e aos Guias PMBOK 5 e 6

A Tabela 4-2 registra tópicos deste capítulo que podem ser abordados no exame de certificação PMP e que também estão inclusos nas 5ª e 6ª edições de *Um Guia do Conhecimento em Gerenciamento de Projetos (Guias PMBOK 5 e 6).*

CAPÍTULO 4 **Esclarecendo o que Você Quer Fazer — E Por Quê** 87

TABELA 4-2 Tópicos do Capítulo 3 Relacionados ao Exame PMP e aos *Guias PMBOK 5 e 6*

Tópico	Localização Neste Capítulo	Localização nos Guias PMBOK 5 e 6	Comentários
Conteúdo de uma especificação de escopo	"Definindo o Projeto com a Especificação de Escopo"	5.3.3.1. Especificação do Escopo do Projeto 5.2. Coletar os Requisitos	O conteúdo da especificação de escopo abordado neste livro é idêntico àquele do *Guia PMBOK 6*, com uma exceção. O *Guia PMBOK 6* pede que não haja nenhuma menção da justificativa do projeto na especificação de escopo, enquanto este livro sugere que você inclua uma breve declaração da justificativa como introdução à especificação. Além disso, embora o *Guia PMBOK 6* essencialmente defina *entregáveis* e *objetivos* como equivalentes, ele usa principalmente o termo *entregáveis* para se referir aos produtos e resultados do projeto; este livro, o termo *objetivos*.
Definição e exemplos de interessados no projeto	"Descobrindo por que você está fazendo o projeto"	2.2.1. Partes Interessadas no Projeto	Este livro considera que interessados no projeto incluem condutores, apoiadores e observadores (veja o Capítulo 3). Condutores e apoiadores juntos são chamados de *partes interessadas*. O *Guia PMBOK 6* apenas considera partes interessadas ao discutir pessoas que devem integrar o projeto.
Definição e determinação dos requisitos do projeto	"Determinando as expectativas e necessidades dos condutores"	5.2. Coletar os Requisitos	Além do que este livro cobre, o *Guia PMBOK 6* distingue requisitos de projeto e de produto.
Delimitação de objetivos do projeto	"Estabelecendo os objetivos do projeto"	5.2. Coletar os Requisitos	O *Guia PMBOK 6* usa o termo *critérios de aceitação do produto* para abranger medidas e alvos de desempenho.
Definição e exemplos de restrições de projeto	"Delimitando Fronteiras: Restrições do Projeto"	1.3. O que É Gerenciamento de Projetos? 5.3.3.1. Especificação do Escopo do Projeto	A definição de *restrição* é a mesma. O *Guia PMBOK 6* não distingue especificamente limitações e necessidades.
Definição e exemplos de suposições de projeto	"Encarando Incógnitas ao Planejar: Documentando Suas Premissas"	5.3.3.1. Declaração de Escopo do Projeto	A definição de *premissa* é a mesma.

88   PARTE 1 **Começando**

NESTE CAPÍTULO

» **Dividindo seu trabalho em partes gerenciáveis**

» **Criando uma estrutura analítica de projeto (EAP)**

» **Lidando com circunstâncias desconhecidas**

» **Mantendo as informações de projeto em um dicionário da EAP**

Capítulo 5

Desenvolvendo Seu Plano de Jogo: Indo Daqui para Lá

O segredo para bons planejamento e execução de projetos são a completude e a continuidade. Você precisa identificar todas as informações importantes no plano de projeto e abordar cada um de seus aspectos quando executar o projeto.

Descrever em detalhes todo o trabalho exigido para completar o projeto ajuda a cumprir essas tarefas. A descrição do trabalho de projeto é a base para escalonamento, planejamento de recursos, definição de papéis e responsabilidades, atribuição de trabalho para membros da equipe, obtenção de dados essenciais de desempenho do projeto e comunicação do trabalho concluído. Este capítulo o ajuda a dividir seu trabalho de projeto em partes gerenciáveis.

Dividir e Conquistar: Fragmentando o Projeto em Partes Gerenciáveis

Duas das minhas maiores preocupações quando começo um novo projeto são me lembrar de planejar todas as partes importantes do trabalho e estimar com precisão o tempo e os recursos necessários para executá-lo. Para abordar ambas as questões, desenvolvo uma estrutura lógica que define tudo o que é preciso para completar o projeto.

Um amigo que adora quebra-cabeças uma vez me falou sobre um conhecido que lhe pediu para montar um de 5 mil peças com a imagem dos Estados Unidos. Quando seu conhecido lhe sugeriu que, antes de começar, ele identificasse se havia alguma peça faltando e, se sim, quais, meu amigo riu. Ele descobria essa informação ao tentar montar o quebra-cabeça e notar alguns buracos que permaneciam depois de ter usado todas as peças. De que outra forma ele poderia fazer isso?

Você provavelmente já teve uma experiência similar a essa com suas atribuições de projeto. Suponha que tenham lhe pedido para criar e apresentar um programa de treinamento. Você e um colega trabalham intensamente por alguns meses desenvolvendo conteúdo e materiais, providenciando instalações e convidando participantes. Uma semana antes da sessão, você pergunta a seu colega se ele organizou a impressão dos manuais de treinamento. Ele diz que pensou que você estava cuidando disso, e você diz que pensou que ele se encarregaria. Infelizmente, nenhum dos dois organizou a impressão dos manuais, porque acharam que o outro seria o responsável por essa tarefa. Agora, vocês têm uma sessão de treinamento em uma semana e não têm tempo nem dinheiro para imprimir os cadernos de treinamento necessários.

Como evitar situações desse tipo no futuro? Usando uma abordagem estruturada na fase de organização-e-preparação do projeto para identificar todo o trabalho necessário. As seções a seguir explicam como cumprir essa tarefa subdividindo os produtos intermediários e finais do projeto em níveis mais detalhados, e especificando o trabalho que sua produção demanda.

Pensando nos detalhes

A principal recomendação a se ter em mente ao identificar e descrever o trabalho de projeto é: pense nos detalhes! Na minha experiência, as pessoas tendem a subestimar o tempo e os recursos necessários para executar o trabalho de projeto apenas porque não sabem tudo o que precisam fazer para completá-lo.

Suponha que você precise preparar um relatório da reunião mais recente de sua equipe. Com base em suas experiências com a preparação de relatórios similares, você rapidamente descobre que precisará de alguns dias para finalizá-lo. Mas o quanto está confiante de que essa estimativa está correta? Tem certeza de que considerou todo o trabalho que redigir esse relatório em particular implicará? As diferenças entre esse relatório e outros nos quais você trabalhou significam mais tempo e trabalho para você? Como você pode saber?

A melhor maneira de determinar quanto tempo e quanto trabalho o projeto precisará para ser concluído é dividir o trabalho de projeto solicitado em seus componentes entregáveis, um processo chamado de *decomposição*. (Um entregável é um produto, serviço e/ou resultado intermediário ou final que seu projeto produz. Veja o Capítulo 4 para ler mais informações sobre entregáveis de projeto, ou *objetivos*, como são muitas vezes chamados.)

Quanto mais detalhadamente você decompuser um projeto, menor a probabilidade de negligenciar algo significativo. Por exemplo, criar o relatório do exemplo anterior, na verdade, implica produzir três entregáveis separados: um rascunho, revisões do rascunho e a versão final. Completar a versão final do relatório, por sua vez, implica dois entregáveis: a versão inicial e a versão editada. Decompor o projeto nos entregáveis necessários para gerar o relatório final facilita a identificação do trabalho que será preciso para concluir o projeto.

DICA

Siga estas duas recomendações ao decompor um projeto:

» **Não permita lacunas.** Identifique todos os componentes do entregável que você está decompondo. No exemplo do relatório, se *não tiver permitido lacunas*, você terá o produto final em mãos depois de produzir o rascunho, suas revisões e a versão final. No entanto, se sentir que precisa fazer um trabalho adicional para transformar esses três subprodutos em um produto final, você precisa definir qual subproduto será feito.

» **Não permita sobreposições.** Não inclua o mesmo subproduto da decomposição em dois ou mais entregáveis diferentes. Por exemplo, não inclua revisões completas do rascunho por seu chefe e pelo vice-presidente do seu departamento como partes do rascunho (o primeiro entregável) se já os incluiu no grupo das revisões do rascunho (o segundo entregável).

Usar essas recomendações conforme especifica as partes e subpartes do projeto diminui a chance de que você negligencie algo significativo, o que, por sua vez, ajuda a desenvolver estimativas mais precisas do tempo e dos recursos necessários para executá-lo.

Identificando o trabalho necessário com a estrutura analítica de projeto

Pensar nos detalhes é crucial quando você está planejando o projeto, mas também é preciso pensar no quadro geral. Se você não identificar a parte principal do trabalho de projeto, não conseguirá detalhá-la! Portanto, é preciso saber ser abrangente e específico ao mesmo tempo.

O dilema do meu amigo com o quebra-cabeça (mencionado na introdução desta seção) propõe uma abordagem que o orienta a atingir sua meta. Ele poderia contar as peças antes de resolver o quebra-cabeça para saber se está completo. Porém, saber que há apenas 4.999 peças não o faz descobrir qual está faltando. Ele precisa dividir as 5 mil peças em grupos menores para que consiga as analisar e entender. Digamos que divida o quebra-cabeça dos Estados Unidos em 50 quebra-cabeças separados de 100 peças, um para cada um dos 50 estados. Como sabe que os EUA têm 50 estados, ele não tem dúvidas ao dividir as peças por esses grupos; afinal, só há uma opção para cada uma delas.

Suponha que ele dê um passo adiante e divida cada estado em quatro quadrantes, cada um compreendendo 25 peças. Novamente, ele pode contar as peças de cada grupo para checar se alguma está faltando. Afinal, determinar qual das 25 peças está faltando no setor norte de Nova Jersey é mais fácil do que descobrir qual está faltando nas 5 mil de todo os EUA.

A Figura 5-1 mostra como representar o trabalho de projeto necessário em uma *estrutura analítica de projeto* (EAP), uma decomposição orientada ao entregável do trabalho exigido para criar os produtos necessários e atingir os objetivos do projeto. Os diferentes níveis de uma EAP têm muitos nomes diferentes. O elemento do topo é normalmente chamado de *projeto*, e o nível de detalhe mais baixo é normalmente chamado de *pacote de trabalho*. Porém, os níveis intermediários foram chamados de *fases*, *subprojetos*, *atribuições de trabalho*, *tarefas*, *subtarefas* e *entregáveis*. Neste livro, um grupo de alto nível (o componente Nível 1) é um *projeto*, o nível mais baixo de detalhe é um *pacote de trabalho*, e os elementos intermediários são *componentes Nível 2*, *componentes Nível 3* e daí em diante. Um pacote de trabalho compreende atividades que devem ser executadas para produzir o entregável que ele representa.

Especificamente, a Figura 5-1 mostra que você pode subdividir o projeto inteiro, representado como um componente Nível 1, em componentes Nível 2 e, então, subdividir todos ou alguns componentes Nível 2 em componentes Nível 3. Você pode continuar subdividindo todos os componentes que criar da mesma maneira até atingir um ponto no qual ache que os componentes definidos estão suficientemente detalhados para propósitos de planejamento e gerenciamento. Esses componentes Nível "n", nos quais n é o número de componentes de nível mais baixo em uma ramificação de EAP particular, são chamados de *pacotes de trabalho*.

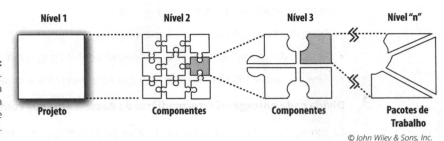

FIGURA 5-1: Desenvolvendo uma estrutura analítica de projeto.

© John Wiley & Sons, Inc.

Suponha que você seja responsável por um projeto intitulado *Programa de Treinamento Criação e Apresentação*, que implica criar e apresentar um novo programa de treinamento para sua empresa. Para começar, você desenvolve uma EAP para o projeto da seguinte forma:

1. Determine os principais entregáveis ou produtos a serem produzidos.

Pergunte-se: "Quais são os principais intermediários, produtos finais ou entregáveis que devem ser produzidos para atingir os objetivos do projeto?"

Você deve identificar os seguintes itens:

- Declaração das necessidades do programa de treinamento.
- Concepção do programa de treinamento.
- Cadernos dos participantes.
- Instrutor treinado.
- Testagem do programa.
- Apresentação da testagem do programa.

LEMBRE-SE

Criar a EAP com entregáveis em vez de atividades é importante, pois:

- Reforça que, em quase todas as instâncias, você atinge o sucesso no projeto produzindo os resultados desejados, não executando determinadas atividades.
- Cria uma ligação entre a declaração de escopo (veja o Capítulo 4) e a EAP, o que o ajuda a identificar e executar todo o trabalho solicitado (e apenas o trabalho que foi, de fato, solicitado).

2. Divida cada entregável principal do Passo 1 em seus componentes entregáveis.

Se começar com a *Declaração de necessidades do programa de treinamento*, pergunte-se: "Quais entregáveis intermediários eu devo ter para criar a declaração de necessidades?"

CAPÍTULO 5 **Desenvolvendo Seu Plano de Jogo: Indo Daqui para Lá** 93

Você deve especificar que solicita o seguinte:

- Entrevistas com potenciais participantes.
- Revisão dos materiais discutindo as necessidades do programa.
- Relatório resumindo as necessidades que esse programa abordará.

3. **Divida cada entregável intermediário do Passo 2 em seus componentes.**

Se começar com entrevistas com potenciais participantes, pergunte-se: "Quais entregáveis eu devo ter para completar essas entrevistas?"

Você deve decidir os entregáveis a produzir, como estes:

- Entrevistados selecionados.
- Questionários de entrevista.
- Cronograma de entrevista.
- Entrevistas concluídas.
- Relatório de resultados de entrevistas.

Mas por que parar aqui? Você pode dividir cada um desses cinco itens em seus componentes e, então, dividi-los em partes ainda menores. Quão longe você deve ir? As seções seguintes o ajudam a responder a essa pergunta.

Fazendo quatro perguntas-chave

Determinar o nível de detalhamento necessário é uma tarefa trivial. Você deve esmiuçar seu trabalho o suficiente para possibilitar a precisão do planejamento e a relevância do monitoramento. Mas os benefícios desses detalhes devem justificar o tempo adicional que você gasta desenvolvendo e mantendo seus planos e relatando seu progresso.

LEMBRE-SE

Fazer as quatro perguntas a seguir sobre cada componente da EAP o ajuda a decidir se você a definiu com detalhes suficientes:

» Você precisa de dois ou mais entregáveis intermediários para produzir este entregável?

» Você consegue estimar com precisão os recursos necessários para executar o trabalho para produzir este entregável? (Recursos incluem pessoal, equipamento, matéria-prima, dinheiro, instalações, informações e daí em diante.)

» Você consegue estimar com precisão quanto tempo levará para produzir este entregável?

» Se tiver que atribuir a produção desse entregável a outra pessoa, você está seguro de que ela entenderá exatamente o que fazer?

Se sua resposta for sim para a primeira pergunta ou não para qualquer uma das outras três, divida o entregável nos componentes necessários para produzi-lo. Cada componente mínimo da EAP é chamado de *pacote de trabalho*.

Suas respostas às perguntas dependem do quanto você está familiarizado com o trabalho necessário para produzir o componente da EAP, o quanto esse componente é crucial para o sucesso do projeto, o que acontece se algo der errado, a quem você deve atribuir a responsabilidade por produzir o componente, o quão bem conhece essa pessoa, e daí em diante. Em outras palavras, o nível correto de detalhes para a EAP depende do seu julgamento.

DICA

Se estiver um pouco desconfortável em responder essas quatro perguntas, experimente este teste ainda mais simples: subdivida o componente da EAP em entregáveis adicionais se achar que alguma das situações a seguir se aplica:

» O componente levará mais de duas semanas para ser concluído.

» O componente exigirá mais de 80 horas de mão de obra para ser concluído.

Tenha em mente que essas estimativas são apenas diretrizes. Por exemplo, se estimar que levará duas semanas e dois dias para preparar um relatório, você provavelmente já detalhou a etapa o suficiente. Mas, se achar que levará de dois a três meses para finalizar as solicitações para seu novo produto, precisará dividir o entregável *solicitações finalizadas* em mais detalhes, porque:

» A experiência mostra que pode haver tantas suposições sobre o que acontecerá durante esse período, que você não tem precisão para fazer estimativas de tempo e recursos, nem para atribuir, com confiança, as tarefas para alguém realizar.

» Você não deve esperar de dois a três meses para saber se o trabalho foi feito no prazo, confirmando, depois desse tempo, que o produto não atrasou.

Fazendo premissas para esclarecer o trabalho planejado

Às vezes, você precisa dividir ainda mais um componente da EAP em particular, mas algumas incógnitas o impedem de fazê-lo. Como resolver esse dilema? Fazendo premissas em relação às incógnitas. Se, durante o projeto, você descobrir que alguma dessas premissas está errada, é possível mudar o plano para se alinhar à informação correta.

Considerando o projeto de exemplo *Programa de Treinamento Criação e Apresentação*, que apresentei anteriormente neste capítulo — suponha que você decida que o entregável *Entrevistas Concluídas*, do Passo 3, precise de mais detalhes para estimar o tempo e os recursos necessários. No entanto, você não sabe como dividi-lo ainda mais porque não sabe quantas pessoas entrevistará ou quantos grupos de entrevistas conduzirá. Se assumir que entrevistará cinco grupos de sete pessoas cada, pode então desenvolver planos específicos para organizar e conduzir cada uma dessas sessões. Na maioria das situações, é melhor considerar um palpite no meio do possível conjunto. Para determinar o quanto seus resultados são sensíveis a valores diferentes, você analisa várias premissas.

DICA

Anote as premissas para se lembrar de mudar o plano se conduzir mais ou menos de cinco sessões de entrevistas. Veja a discussão no Capítulo 4 para ler mais informações sobre detalhar premissas.

Focando os resultados ao nomear entregáveis

Sempre que possível, nomeie um entregável com base no resultado que precisa atingir em vez da atividade que precisa executar para consegui-lo. Por exemplo, você pode intitular um entregável que significa a conclusão de uma pesquisa de avaliação de necessidades que você tem que conduzir de uma das duas formas:

» Pesquisa concluída.
» Avaliação de necessidades finalizada.

Ambas as opções afirmam que algo foi finalizado. Porém, embora o entregável *Pesquisa concluída* indique que uma pesquisa foi realizada, não explica que tipo de informações a pesquisa deveria obter ou se, de fato, as obteve. Por outro lado, *Avaliação de necessidades finalizada* confirma que as informações da pesquisa concluída preencheram com sucesso o propósito para o qual foram destinadas.

Usando verbos de ação para nomear atividades

Se quiser oferecer percepções adicionais sobre os conteúdos de um pacote de trabalho, você pode definir as atividades que devem ser executadas para produzi-lo. Uma *atividade* é definida como o trabalho executado para produzir um entregável. Use verbos de ação nos títulos de atividades que compreendem um pacote de trabalho para esclarecer a natureza do trabalho que as atividades implicam. Verbos de ação otimizam as estimativas de tempo e recursos, as atribuições de trabalho para membros da equipe, e o monitoramento e a comunicação, pois oferecem uma imagem clara do trabalho incluso nas atividades e, dessa forma, dos pacotes de trabalho dos quais fazem parte.

Considere a atribuição de preparar um relatório depois de uma reunião de equipe. Suponha que você escolha *Rascunho de relatório* para ser um de seus pacotes de trabalho. Se não dividir o *Rascunho de relatório* ainda mais, você não indica claramente se ele inclui alguma ou todas as seguintes ações:

> Coletar informações do rascunho.

> Determinar expectativas e restrições de tamanho e formato.

> Escrever o relatório.

> Revisar o rascunho você mesmo antes de divulgá-lo oficialmente.

No entanto, se simplesmente dividir o pacote de trabalho em dois componentes intitulados "Criar o rascunho de relatório" e "Escrever o rascunho de relatório", seu escopo de trabalho fica instantaneamente mais claro. Nessa etapa, escolher bem as palavras contribui muito.

Desenvolvendo uma EAP para projetos grandes e pequenos

Você precisa desenvolver uma EAP para projetos muito grandes, projetos muito pequenos e para toda proporção entre essas duas. Construir um arranha-céus, projetar um novo avião, pesquisar e desenvolver um novo medicamento e reformular os sistemas de informação de sua organização, todos são projetos que precisam de uma EAP. Assim como escrever um relatório, programar e conduzir uma reunião, coordenar a doação anual de sangue da sua organização e mudar-se para um novo escritório. O tamanho da EAP varia imensamente conforme o projeto, mas o esquema hierárquico usado para desenvolver cada um é o mesmo.

Eventualmente, a EAP muito detalhada parece tornar o projeto mais complexo do que ele realmente é. Ver 100 tarefas (para não mencionar 10 mil) no papel é um pouco angustiante! Porém, a EAP não cria complexidade em um projeto; apenas a expõe. Na verdade, ao retratar com clareza todos os aspectos do trabalho de projeto, a EAP o simplifica.

Confira o próximo box, "Conduzindo uma pesquisa: Usando a estrutura analítica de projeto", para ler um exemplo de como a EAP desenvolve uma estimativa mais precisa do tempo de que você precisa para completar o trabalho.

Entendendo a hierarquia de entregável/atividade de um projeto

A Figura 5-2 mostra uma parte da *hierarquia de entregável/atividade* para o projeto de sondar as pessoas para determinar quais características um novo produto que sua organização pretende desenvolver deve ter (consulte o box "Conduzindo uma pesquisa: Usando a estrutura analítica de projeto" para ler detalhes sobre esse exemplo). Como ilustrado na figura, três tipos de componentes formam uma hierarquia de entregável/atividade:

» **Entregáveis:** Produtos intermediários ou finais criados durante a execução do projeto (veja o Capítulo 4).

» **Pacotes de trabalho:** Entregáveis no ponto mais baixo de cada ramificação da hierarquia, que ainda podem ser subdivididos em atividades.

» **Atividades:** Trabalho que é executado para produzir um entregável.

CONDUZINDO UMA PESQUISA: USANDO A ESTRUTURA ANALÍTICA DE PROJETO

Suponha que seu chefe peça para você estimar quanto tempo levará para sondar pessoas em relação às características que gostariam de ver em um novo produto que a empresa deve produzir. Com base em sua experiência em fazer tipos similares de avaliações, você percebe que precisará contatar pessoas na sede da empresa, em dois centros regionais e em uma amostra de clientes atuais. Você diz a seu chefe que o projeto levará de um a seis meses para ser concluído.

Você já percebeu que chefes não ficam felizes quando sua resposta para uma pergunta "Quanto tempo levará?" é "Entre um e seis meses"? Você descobre que finalizar a qualquer momento antes de seis meses cumpre sua promessa, mas seu chefe espera que tudo seja feito em um mês, com um pouco de (ok, muito) trabalho duro. A verdade é, no entanto, que você não sabe quanto tempo a pesquisa levará porque não tem ideia de quanto trabalho precisará para concluí-la.

Desenvolver uma EAP facilita definir com precisão o que você precisa fazer e, portanto, melhora sua estimativa de quanto tempo cada passo levará. Nesse exemplo, você decide conduzir três pesquisas diferentes: entrevistas pessoais em sua sede, conferências telefônicas com pessoas nos dois centros de atividades regionais e uma pesquisa por correspondência com a amostra de clientes da empresa. Percebendo que precisa descrever cada uma em detalhes, você começa a considerar a pesquisa por correspondência e decide que ela inclui cinco entregáveis:

- **Uma amostra dos clientes para sondar:** Você descobre que precisa de uma semana para selecionar a amostra de clientes se o departamento de vendas tiver um registro atual de todos os clientes da empresa. Você confere com o departamento e, felizmente, ele tem.

- **Um questionário de pesquisa:** Com relação a esse entregável, você deu sorte. Uma colega lhe diz que acha que a empresa conduziu uma pesquisa similar com um público-alvo diferente há um ano, e que ainda deve haver questionários extras por aí. Você descobre que um armazém local tem mil cópias desse questionário, e que — sim! — eles são perfeitos para a sua pequisa. De quanto tempo você precisará para criar e imprimir esses questionários? Zero!

- **Respostas da pesquisa:** Você determina que precisa de uma taxa de resposta de pelo menos 70% para que os resultados sejam válidos. Consulta pessoas que fizeram esses tipos de pesquisas antes e descobre que você pode usar a seguinte abordagem de três fases para ter uma chance aceitável de atingir uma taxa mínima de resposta de 70%:

  1. Envio e recebimento inicial dos questionários (tempo estimado = quatro semanas).
  2. Segundo envio e recebimento dos questionários aos não respondentes (tempo estimado = quatro semanas).
  3. Pesquisa por telefone com pessoas que ainda não responderam, encorajando-as a completar e devolver as pesquisas (tempo estimado = duas semanas).

- **Análises de dados:** Você descobre que precisa de aproximadamente duas semanas para inserir e analisar os dados que espera receber.

- **Um relatório final:** Você estima que precisa de duas semanas para preparar o relatório final.

Agora, em vez de um a seis meses, você estima o tempo necessário para concluir sua pesquisa por correspondência em 15 semanas. Por esclarecer o trabalho a ser feito e como fazê-lo, você tem mais confiança de que pode atingir sua meta, e aumentou suas chances de fazê-lo!

Nota: Para desenvolver estimativas mais precisas da duração do projeto, além da natureza do trabalho que faz, você precisa considerar os tipos e quantidades de recursos necessários, junto com suas capacidades e disponibilidades (veja o Capítulo 6 para ler mais sobre como estimar durações). No entanto, esse exemplo mostra que apenas usar uma EAP para refinar a definição dos componentes do trabalho de projeto melhora significativamente suas estimativas.

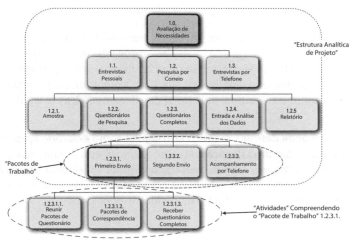

FIGURA 5-2: A hierarquia de entregáveis e atividades para sondar pessoas para determinar as características de um novo produto que sua organização deve desenvolver.

© John Wiley & Sons, Inc.

CAPÍTULO 5 **Desenvolvendo Seu Plano de Jogo: Indo Daqui para Lá**   99

A EAP é a parte da hierarquia que contém os entregáveis (do nível mais alto ao mais baixo, incluindo todos os pacotes de trabalho) que serão produzidos durante o projeto. As atividades que compreendem os pacotes de trabalho são registradas em uma lista detalhada. Embora não sejam consideradas parte da EAP, cada atividade é um componente de um pacote de trabalho, assim, é necessário identificá-la como tal. (Por conveniência, você deve incluir atividades no dicionário da EAP sob o pacote de trabalho ao qual elas se relacionam; veja a seção posterior "Documentando o que Você Precisa Saber sobre o Trabalho de Projeto" para ler detalhes sobre o dicionário da EAP.)

Lidando com situações especiais

Com um pouco de esforço, você consegue dividir a maioria dos elementos da EAP em componentes. Porém, em algumas situações, como nas que explicarei nas seções a seguir, você precisa ser criativo.

Representando o trabalho redundante de forma condicional

Suponha que seu projeto contenha um entregável (um relatório aprovado) que exige um número desconhecido de ciclos repetitivos (rever e revisar a última versão do rascunho) para ser produzido, cada qual gerando pelo menos um entregável intermediário. Na realidade, você redige o relatório e o envia para revisão e aprovação. Se os avaliadores aprovarem o relatório, você obtém seu entregável (relatório aprovado) e passa para a próxima fase do projeto (o relatório distribuído). Mas, se os avaliadores não aprovarem o relatório, você tem que revisá-lo para incorporar seus comentários e então reenviá-lo para uma segunda revisão e aprovação. Se eles aprovarem o segundo rascunho, você obtém o entregável (relatório aprovado) e passa para a próxima fase do projeto. Mas, se eles ainda não aprovarem seu relatório, você tem que repetir o processo (ou tentar pegá-los com um humor melhor).

Revisar o rascunho é um *trabalho condicional*; será feito apenas se uma determinada condição (nesse caso, não receber aprovação dos revisores) surgir. Infelizmente, a EAP não inclui o trabalho condicional; você planeja executar cada etapa de trabalho que detalha em sua EAP. No entanto, é possível representar indiretamente o trabalho condicional das duas maneiras a seguir:

> » **Você pode definir um único entregável como *Relatório aprovado* e atribuir-lhe uma duração.** Na verdade, você está dizendo que pode criar quantas *Versões revisadas, mas não aprovadas do relatório* forem necessárias (cada uma sendo um entregável intermediário) para obter a versão final revisada e aprovada dentro do período estipulado.

100 PARTE 1 **Começando**

» Você pode assumir que precisará de um determinado número de revisões e incluir o entregável intermediário criado depois de cada uma delas (uma *Versão revisada, mas não aprovada do relatório* diferente) na EAP. Essa abordagem permite um monitoramento mais substancial.

LEMBRE-SE

Qualquer abordagem que escolher, documente-a no plano de projeto.

Presumir que o projeto precisa de três avaliações e duas revisões não garante que o rascunho estará pronto apenas depois da terceira avaliação. Se ele for aprovado na primeira avaliação, parabéns! Você pode passar para a próxima etapa de trabalho imediatamente. (Isto é, você não realiza as outras duas revisões apenas porque o plano presumia que seria necessário!)

Porém, se você ainda não recebeu a aprovação depois da terceira avaliação, continue revisando-o e enviando-o para mais avaliações até conseguir a aprovação de que precisa. É claro, você precisa reanalisar seu plano para determinar o impacto das avaliações e revisões adicionais no cronograma e no orçamento das atividades de projeto futuras.

LEMBRE-SE

Um plano não é uma garantia do futuro; é sua declaração de como trabalhará para o concretizar. Se não for capaz de concluir alguma de suas partes, você deve revisá-lo para se adequar (e rápido).

Lidando com um trabalho sem limiares óbvios

Às vezes, você não consegue enxergar como dividir um trabalho em intervalos de duas semanas. Outras vezes, esse nível de detalhamento não parece necessário. Mesmo nessas situações, no entanto, você precisa dividir o trabalho em partes menores para se lembrar de verificar periodicamente se o cronograma atual e as estimativas de recursos ainda são válidos.

Nessas situações, defina arbitrariamente marcos intermediários a cada duas semanas, que são definidos como "progresso confirmado dentro do cronograma", ou "gastos confirmados dentro do orçamento". Confira o próximo box, "De olho no projeto", para entender por que é importante ter marcos frequentes para apoiar o monitoramento de projeto e saber como lidar com componentes da EAP que não têm limiares óbvios.

Planejando um projeto de longo prazo

Um projeto de longo prazo apresenta um desafio completamente diferente. Muitas vezes, o trabalho que concluirá em um ano ou mais depende dos resultados do que você faz nesse ínterim. Mesmo se puder prever com precisão o trabalho que executará depois, quanto mais distante for sua projeção, mais provável é que algo mudará e exigirá que você modifique seus planos.

DE OLHO NO PROJETO

Muitos anos atrás, conheci um jovem engenheiro em uma das sessões de treinamento que ministrei. Pouco depois que entrou na empresa em que trabalhava, foi solicitado que ele criasse e construísse um equipamento para um cliente. Ele enviou a solicitação de compra dos materiais que precisava para o departamento de aquisições e foi informado de que, se não chegassem na data de entrega prometida em seis meses, ele deveria notificar a especialista em aquisições com quem estava trabalhando para que ela averiguasse a situação. Ele estava inquieto por precisar esperar seis meses sem conferir periodicamente se tudo ainda estava correndo como planejado no cronograma; mas, sendo jovem, inexperiente e novo na empresa, não se sentia confortável em confrontar esse procedimento estabelecido. Então, esperou os seis meses.

Quando não recebeu os materiais na data de entrega prometida, ele notificou a especialista em aquisições, que, por sua vez, falou com o fornecedor. Aparentemente, tinha havido um enorme incêndio nas instalações do fornecedor cinco meses antes, e a produção só havia sido retomada na semana anterior. O fornecedor estimou que seus materiais seriam enviados em aproximadamente cinco meses!

Sugeri que ele deveria ter dividido o tempo de espera em intervalos de um mês e ligado para o fornecedor ao final de cada mês para saber se tinha ocorrido algo que mudasse a data de entrega acordada. Embora ter verificado periodicamente não fosse evitar o incêndio, o engenheiro saberia dele cinco meses antes e poderia ter feito outros planos imediatamente. (Veja o Capítulo 9 para ler mais informações sobre como lidar com riscos e incertezas em seus projetos.)

Quando desenvolver uma EAP para um projeto de longo prazo, use uma *abordagem em ondas sucessivas*, pela qual você refina os planos continuamente ao longo da vida do projeto conforme descobre mais sobre ele e seu ambiente. Essa abordagem reconhece que incertezas podem limitar os detalhes e a precisão inicial do seu plano, e encoraja-o a incluir as informações mais precisas nos planos assim que as descobre. Aplique essa abordagem ao projeto de longo prazo seguindo estes passos:

1. **Divida os primeiros três meses de trabalho em componentes que levam duas semanas ou menos para ser concluídos.**

2. **Planeje o restante do projeto com menos detalhes, talvez descrevendo o trabalho em pacotes que você estima que levem entre um e dois meses para ser concluídos.**

3. **Revise o plano preliminar no final dos primeiros três meses para detalhar o trabalho para os três meses seguintes em componentes que levam duas ou menos semanas para ser concluídos.**

4. Modifique as projeções de trabalho futuro conforme for necessário, com base nos resultados das atividades dos primeiros três meses.

5. Continue revisando o plano dessa forma ao longo do projeto.

LEMBRE-SE

Não importa o quão cuidadosos seus planos sejam, algo inesperado sempre pode ocorrer. Quanto mais cedo você descobrir tal ocorrência, mais tempo terá para minimizar eventuais impactos negativos no projeto.

Emitindo contratos para serviços que receberá

Em termos gerais, você usa uma EAP na qual inclui um contrato para serviços a serem prestados por outra pessoa ou empresa de modo diferente da maneira que usa uma para guiar o projeto de trabalho que você ou a própria empresa executa. Quando você mesmo executa o projeto, a EAP oferece a base para o desenvolvimento de cronogramas detalhados de projeto, estimativas de pessoal e outras exigências de recursos, detalhamento de papéis e responsabilidades do projeto para os membros de sua equipe e avaliação de todos os aspectos do trabalho em curso. Porém, quando gerenciar um contrato com uma empresa externa que está executando o projeto para você, use a EAP para:

» Corroborar a avaliação de progresso adequada para que o projeto em geral se mantenha nos trilhos para ser finalizado no prazo e dentro do orçamento.

» Oferecer um quadro geral a um prestador de serviços para o monitoramento e a comunicação de avaliações periódicas do cumprimento do cronograma do projeto e dos gastos de recursos.

» Confirmar que os produtos, cronogramas e rendimento de recursos são suficientes para justificar a realização dos pagamentos programados.

Além disso, a EAP não deve restringir indevidamente a habilidade do prestador de serviços de usar sua experiência, competências e julgamento profissional para atingir os resultados detalhados no contrato. Geralmente, desenvolver a EAP em dois ou três níveis de detalhamento é suficiente para atender às necessidades sem criar restrições desnecessárias.

Criando e Mostrando a Estrutura Analítica de Projeto

Você pode usar vários esquemas para desenvolver e mostrar a EAP do projeto; cada um é eficiente em determinadas circunstâncias. Esta seção analisa alguns dos esquemas mais comuns e oferece alguns exemplos e conselhos sobre como e quando aplicá-los.

Considerando diferentes esquemas para criar a hierarquia de EAP

Os cinco esquemas seguintes (e seus exemplos) subdividem o trabalho de projeto em componentes da EAP:

- » **Fases de projeto:** Início, design ou construção.
- » **Componentes de produto:** Planta, manuais de treinamento ou design de tela.
- » **Funções:** Design, lançamento, revisão ou teste.
- » **Áreas geográficas:** Região 1 ou o noroeste.
- » **Unidades organizacionais:** Marketing, operações ou instalações.

Fases de projeto, componentes de produto e funções são os mais frequentemente usados.

Após escolher um esquema para reorganizar os subelementos de um componente da EAP, use-o para todos os subelementos sob aquele componente para evitar uma possível sobreposição de categorias. Por exemplo, considere que precisa desenvolver os detalhes mínimos do componente intitulado *Relatório*. Você pode começar o detalhamento de acordo com a função, como *Relatório rascunho*, *Avaliações do relatório rascunho* e *Relatório final*. Ou pode dividi-lo por componente de produto, como *Seção 1*, *Seção 2* e *Seção 3*.

CUIDADO

Não defina os subelementos de uma EAP usando itens de dois esquemas diferentes. Por exemplo, para o componente *Relatório*, não use os subelementos *Seção 1*, *Seção 2*, *Avaliações do relatório rascunho* e *Relatório final*. Combinar esquemas dessa forma aumenta as chances de ou incluir o trabalho duas vezes ou ignorá-lo completamente. Por exemplo, a preparação da versão final da Seção poderia ser incluída em qualquer um dos subelementos: *Seção 2* ou *Relatório final*.

DICA

Considere as seguintes perguntas ao escolher um esquema:

- » **Quais marcos de nível mais alto serão mais significativos ao relatar o progresso?** Por exemplo, é mais útil relatar que a *Seção 1* está concluída ou que todo o *Relatório rascunho* está pronto?
- » **Como você vai atribuir responsabilidades?** Por exemplo, uma pessoa é responsável por rascunho, revisões e relatório final da Seção 1 ou uma pessoa é responsável pelos rascunhos das Seções 1, 2 e 3?
- » **Como você e os membros da equipe vão executar o trabalho?** Por exemplo, rascunho, avaliação e finalização da Seção 1 são separados das mesmas atividades para a Seção 2 ou todos os capítulos são formulados e finalizados juntos?

Usando uma de duas abordagens para desenvolver a EAP

Como você desenvolve a EAP depende do quão familiarizados você e sua equipe estão com o projeto, se projetos similares já foram executados com êxito e de quantos novos métodos e abordagens você usará. Escolha uma das duas abordagens a seguir para desenvolver a EAP com base nas características do seu projeto:

» **Abordagem descendente (ou top-down):** Comece no nível mais alto da hierarquia e sistematicamente divida os elementos da EAP em seus componentes.

Essa abordagem é útil quando você tem uma boa ideia do trabalho de projeto envolvido antes que o verdadeiro trabalho comece. A abordagem descendente lhe possibilita considerar minuciosamente cada categoria em cada nível, e isso reduz as chances de ignorar trabalho em qualquer uma das categorias.

» **Brainstorm (também chamada de ascendente):** Gera todo o trabalho e entregáveis possíveis para este projeto e, então, agrupa-os em categorias.

O brainstorm é útil quando você não tem uma noção clara, no início, do trabalho de projeto necessário. Essa abordagem encoraja-o a gerar todo e qualquer trabalho de projeto possível que precise ser feito, sem se preocupar com como organizá-lo na EAP final. Depois de decidir que um trabalho proposto é uma parte necessária do projeto, você pode identificar qualquer trabalho relacionado que também seja necessário.

DICA

Seja qual for a abordagem que decidir usar, considere usar notas autocolantes para ajudar no desenvolvimento de sua EAP. À medida que identificar trabalhos, escreva-os em notas e ponha-os na parede. Inclua, remova e reagrupe as notas conforme for pensando em seu trabalho. Essa abordagem encoraja o compartilhamento aberto de ideias e ajuda todas as pessoas a apreciarem — em detalhes — a natureza do trabalho que precisa ser feito.

A abordagem descendente

Use a seguinte abordagem descendente para os projetos com os quais você ou outros estejam familiarizados:

1. Especifique todos os componentes Nível 2 para o projeto inteiro.

2. Determine todos os componentes Nível 3 necessários para cada componente Nível 2.

3. Especifique os componentes Nível 4 para cada componente Nível 3 conforme for necessário.

4. Continue dessa maneira até ter detalhado completamente todos os entregáveis intermediários e finais do projeto.

Os componentes de nível mais baixo em cada cadeia EAP são os pacotes de trabalho do seu projeto.

A abordagem brainstorm

Use a seguinte abordagem brainstorm para projetos envolvendo métodos não testados ou para projetos com os quais você e os membros de sua equipe não estejam familiarizados:

1. Identifique todos os entregáveis intermediários e finais que você acha que seu projeto produzirá.

Não se preocupe com sobreposições ou nível de detalhes.

Não discuta a redação ou outros detalhes dos itens de trabalho.

Não faça julgamentos sobre a adequação do trabalho.

2. Agrupe os itens em categorias principais, com características comuns, e elimine quaisquer entregáveis que não tenham sido solicitados.

Esses grupos são suas categorias Nível 2.

3. Divida os entregáveis sob cada categoria Nível 2 em grupos com características comuns.

Estes grupos são suas categorias Nível 3.

4. Use o método descendente da seção anterior para identificar quaisquer entregáveis adicionais que você desconsiderou nas categorias que criou.

5. Continue dessa maneira até ter descrito completamente todos os entregáveis e os componentes do trabalho de projeto.

Os componentes de nível mais baixo em cada cadeia EAP são os pacotes de trabalho do seu projeto.

Categorizando o trabalho de projeto

Embora, em algum momento, você deva usar apenas uma EAP para o projeto, no início de seu desenvolvimento você pode considerar dois ou mais esquemas hierárquicos. Avaliar o projeto de duas ou mais perspectivas o ajuda a identificar trabalhos que podem ter sido desconsiderados.

Suponha que uma comunidade local deseje abrir uma casa de recuperação para usuários de drogas. As Figuras 5-3 e 5-4 ilustram dois esquemas diferentes para categorizar o trabalho para esse centro de tratamento comunitário.

O primeiro esquema classifica o trabalho por componente de produto, e o segundo, por função:

» A Figura 5-3 define os seguintes componentes como categorias Nível 2: equipe, instalações, residentes (pessoas que viverão nas instalações e receberão os serviços) e treinamento da comunidade.

FIGURA 5-3: Um esquema de componentes de produto de uma EAP para preparar a abertura de um centro de tratamento comunitário.

© John Wiley & Sons, Inc.

» A Figura 5-4 define as seguintes funções como categorias Nível 2: planejamento, recrutamento, compra e treinamento.

FIGURA 5-4: Um esquema funcional de uma EAP para preparar a abertura de um centro de tratamento comunitário.

© John Wiley & Sons, Inc.

Ambas EAPs contêm os mesmos componentes de nível mais baixo, ou pacotes de trabalho.

Quando pensa no projeto em termos de funções principais (em vez de componentes finais de produto), você percebe que se esqueceu de:

» Planejar o recrutamento de equipe.

» Comprar suprimento para a equipe.

» Planejar seu treinamento da comunidade.

Depois de identificar os componentes de trabalho que desconsiderou, você pode incluí-los em qualquer uma das duas EAPs.

CUIDADO

Escolha apenas uma EAP antes de sair da fase de planejamento de projeto. Nada confunde as pessoas mais rápido do que tentar usar duas ou mais EAPs diferentes para descrever o mesmo projeto.

Classificando os itens da EAP

Conforme o projeto se desenvolve, sua EAP torna-se cada vez mais complexa. Perder de vista como um trabalho em particular se relaciona com outras partes do projeto é fácil. Infelizmente, esse problema acarreta uma coordenação precária entre os esforços necessários ao trabalho e a procrastinação das pessoas que o deveriam executar.

A Figura 5-5 ilustra um esquema classificatório dos componentes da EAP para poder visualizar facilmente suas relações entre si e seu posicionamento na EAP geral do projeto:

» O primeiro número, *(1)*, o identificador do Nível 1, indica o projeto no qual o item está localizado.

» O segundo número, *(5)*, indica o componente Nível 2 do projeto no qual o item está localizado.

» O terceiro número, *(7)*, indica o componente Nível 3 sob o componente Nível 2 no qual o item está localizado.

» O quarto e último número, *(3)*, é o único identificador atribuído para distinguir esse item dos outros componentes Nível 4 sob o componente Nível 3, *1.5.7*. Se *1.5.7.3. Materiais Pedidos* não for ainda mais subdividido, é um pacote de trabalho.

FIGURA 5-5:
Um esquema útil para identificar os componentes da EAP.

© John Wiley & Sons, Inc.

DICA

Quando estiver pronto para classificar as atividades que recaem sob um determinado pacote de trabalho, use uma combinação de código da EAP do pacote de trabalho e um código único que se refira especificamente a cada atividade. Por exemplo, suponha que uma atividade sob o pacote de trabalho 1.5.7.3. seja *Preparar uma lista de itens para ordenar*. Você pode atribuir a essa atividade o código identificador mostrado na Figura 5-6. Neste exemplo, os quatro primeiros números do código de atividade são o código da EAP para o pacote de trabalho do qual essa atividade faz parte. O quinto número distingue essa atividade das outras que compreendem o pacote de trabalho 1.5.7.3.

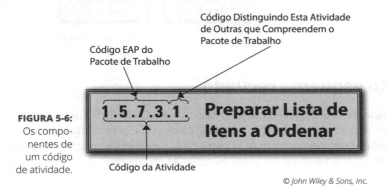

FIGURA 5-6: Os componentes de um código de atividade.

© *John Wiley & Sons, Inc.*

Mostrando a EAP em formatos diferentes

Você pode mostrar a EAP em vários formatos diferentes. Esta seção analisa três dos mais comuns.

O formato organograma

A Figura 5-7 mostra uma EAP no *formato organograma* (também chamado de *diagrama de hierarquia*, ou *visualização em gráfico*). Esse formato retrata com eficiência uma visão geral do projeto e das relações hierárquicas de diferentes componentes da EAP nos níveis mais altos. Porém, como esse formato geralmente exige muito espaço, é menos eficiente para demonstrar EAPs grandes.

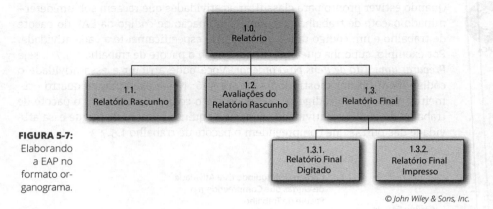

FIGURA 5-7:
Elaborando a EAP no formato organograma.

© John Wiley & Sons, Inc.

Formato esquema recuado

O *formato esquema recuado*, na Figura 5-8, é outra maneira de demonstrar a EAP. Este formato permite ler e entender uma EAP complexa e com muitos componentes. Porém, você pode facilmente se perder nos detalhes de um grande projeto com este formato e esquecer como as peças se encaixam.

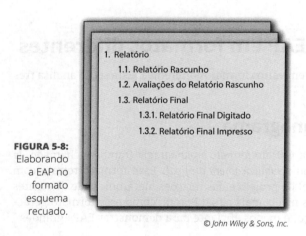

FIGURA 5-8:
Elaborando a EAP no formato esquema recuado.

© John Wiley & Sons, Inc.

DICA

Tanto o formato organograma quanto o formato esquema recuado são úteis para mostrar uma EAP de um projeto pequeno. Para um projeto grande, no entanto, considere usar uma combinação dos dois formatos para explicar sua EAP. Você pode demonstrar os componentes Nível 1 e Nível 2 no formato organograma e demonstrar o início detalhado para cada componente Nível 2 no formato esquema recuado. A Figura 5-9 contém um exemplo de um formato organograma combinado.

PARTE 1 **Começando**

O formato gráfico de bolha

O formato gráfico de bolha, na Figura 5-10, é particularmente eficiente para demonstrar os resultados da abordagem brainstorm para desenvolver a EAP, tanto para projetos pequenos quanto para os maiores (veja a seção "A abordagem brainstorm"). O formato gráfico de bolha é interpretado assim:

» A bolha no centro representa o projeto inteiro (nesse caso, *Relatório*).

» As linhas a partir da bolha central levam ao início do Nível 2 (nesse caso, *Relatório rascunho, Avaliações do relatório* e *Relatório final*).

» As linhas de cada componente Nível 2 levam aos componentes Nível 3 relacionados ao componente Nível 2. (Nesse caso, o componente Nível 2, *Relatório Final*, consiste nos dois componentes Nível 2, *Relatório final digitado* e *Relatório final impresso*.)

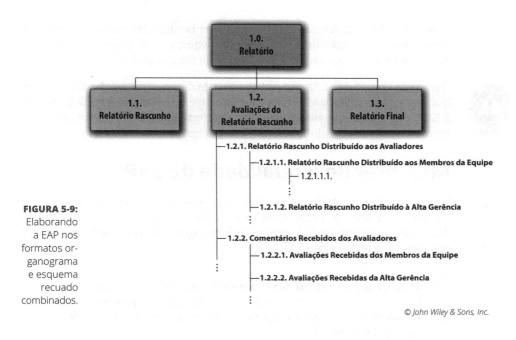

FIGURA 5-9: Elaborando a EAP nos formatos organograma e esquema recuado combinados.

© John Wiley & Sons, Inc.

CAPÍTULO 5 **Desenvolvendo Seu Plano de Jogo: Indo Daqui para Lá** 111

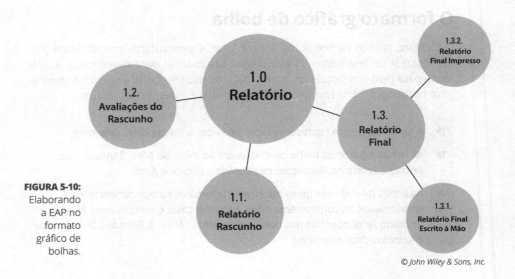

FIGURA 5-10: Elaborando a EAP no formato gráfico de bolhas.

© John Wiley & Sons, Inc.

A natureza livre do formato gráfico de bolha permite facilmente registrar as ideias geradas durante uma sessão de brainstorm. Você também pode facilmente reorganizar os componentes conforme faz sua análise.

CUIDADO

O formato gráfico de bolha não é eficiente para demonstrar a EAP para públicos que não estão familiarizados com o projeto. Use esse formato para desenvolver a EAP com sua equipe, mas converta-o nos formatos gráfico organograma ou esquema recuado quando apresentá-la a pessoas de fora da equipe.

Melhorando a qualidade da EAP

Você aumenta as chances de sucesso do projeto quando sua EAP é precisa e completa, e quando as pessoas que executarão o trabalho entendem e concordam com ela. As seguintes diretrizes sugerem algumas maneiras de melhorar a precisão e a aceitação da EAP:

» **Envolva as pessoas que farão o trabalho.** Quando possível, envolva-as durante o desenvolvimento inicial da EAP. Se elas se juntarem ao projeto depois do planejamento inicial, faça-as rever e criticar a EAP antes de começarem o trabalho.

» **Reveja e inclua informações da EAP de projetos similares.** Reveja os planos e consulte pessoas que trabalharam em projetos similares ao seu que foram bem-sucedidas. Incorpore suas descobertas na EAP.

» **Mantenha a EAP atualizada.** Ao incluir, excluir ou mudar elementos da EAP durante o projeto, incorpore essas mudanças à EAP. (Veja a seção posterior,

"Documentando o que Você Precisa Saber sobre o Trabalho de Projeto", para saber mais sobre compartilhar a EAP atualizada com sua equipe.)

» **Faça premissas com relação a atividades incertas.** Se não tiver certeza se executará uma atividade em particular, faça uma premissa e prepare a EAP com base nela. Assegure-se de documentá-la. Se sua suposição se provar errada durante o projeto, mude o plano para representar a situação verdadeira. (Veja as seções anteriores, "Fazendo premissas para esclarecer o trabalho planejado" e "Representando o trabalho redundante de forma condicional", para ler mais sobre premissas.)

» **Lembre-se de que a EAP identifica apenas os entregáveis do projeto; não retrata sua ordem cronológica.** Não há nada de errado com listar entregáveis da esquerda para a direita ou de cima para baixo na ordem aproximada na qual serão criados. Porém, em projetos complexos, você pode ter dificuldades em demonstrar inter-relações detalhadas entre entregáveis intermediários e finais no formato EAP. *O propósito da EAP é identificar todos os entregáveis do projeto.* Confira o Capítulo 6 para ler mais sobre como desenvolver o cronograma de projeto.

Usando modelos

Um *modelo EAP* (ou template EAP) é uma EAP já existente que contém entregáveis típicos para um tipo de projeto em particular. Esse modelo retrata a experiência cumulativa de pessoas a partir da execução de projetos similares. Conforme executam mais projetos, elas incluem no modelo entregáveis que foram desconsiderados e removem aqueles desnecessários. Usar modelos economiza seu tempo e aumenta sua precisão.

Não iniba o envolvimento ativo das pessoas no desenvolvimento da EAP usando um modelo refinado demais. A falta de envolvimento das pessoas leva ao erro nas atividades e à falta de comprometimento com o sucesso do projeto.

Esta seção analisa como você pode desenvolver um modelo EAP e melhorar sua precisão e completude.

Usando experiências anteriores

Usando experiências anteriores, você pode preparar a EAP em menos tempo do que levaria para desenvolver toda uma nova EAP e ter mais confiança de que todas as partes essenciais do trabalho foram incluídas.

Suponha que você prepare o orçamento trimestral do seu departamento. Depois de fazer alguns desses orçamentos, você conhece boa parte do trabalho que precisa executar. Cada vez que termina outro orçamento, você revisa seu modelo EAP para incluir novas informações colhidas do projeto recentemente concluído.

Da próxima vez que planejar um orçamento trimestral, comece com o modelo EAP que desenvolveu a partir de projetos passados. Então, inclua e remova elementos conforme for adequado para essa preparação orçamentária em particular.

Melhorando seus modelos EAP

Quanto mais precisos e completos forem seus modelos EAP, mais tempo economizarão em projetos futuros. Esta seção oferece várias sugestões para melhorar continuamente a qualidade de seus modelos EAP.

DICA

Ao usar modelos, tenha em mente as seguintes diretrizes:

» **Desenvolva modelos para tarefas frequentemente executadas, assim como para projetos inteiros.** Modelos para a doação anual de sangue ou para a submissão de algum medicamento novo ao Ministério da Saúde são importantes. Também o são modelos para tarefas individuais que são parte desses projetos, como licitar um contrato competitivo ou imprimir um documento. Você sempre pode incorporar modelos para partes de trabalho individuais a uma EAP maior, para um projeto inteiro.

» **Desenvolva e modifique seu modelos EAP a partir de projetos anteriores que funcionaram, não de planos iniciais bonitos.** Muitas vezes, você desenvolve uma EAP detalhada no começo do projeto, mas pode se esquecer de incluir entregáveis intermediários ou finais que não foram considerados no planejamento inicial. Se atualizar o modelo a partir de uma EAP preparada no *início* do projeto, ele pode não representar o que foi descoberto *durante* a real execução do projeto.

» **Use modelos como pontos de partida, não de chegada.** Esclareça para os membros de sua equipe e para os outros envolvidos no projeto que o modelo é apenas um início para a EAP, não sua versão final. Todo projeto se diferencia de algumas formas de outros similares executados no passado. Se não analisar criticamente o modelo, você pode deixar de incluir trabalhos que não foram feitos em projetos anteriores, mas precisam ser feitos agora.

» **Atualize continuamente seus modelos para retratar suas experiências a partir de projetos diferentes.** A avaliação pós-projeto é uma ótima oportunidade de revisar e criticar a EAP original. (Veja o Capítulo 16 para ler informações sobre como planejar e conduzir essa avaliação.) No final do projeto, tire um momento para revisar seu modelo EAP para que ele transmita o que você descobriu.

Identificando Riscos ao Detalhar Seu Trabalho

Além de ajudar a identificar trabalhos que você precisa concluir, a EAP ajuda a identificar incógnitas que podem causar problemas quando você tenta executá-los. Conforme pensa no que precisa fazer para concluir o projeto, você muitas vezes identifica considerações que podem afetar como ou se você pode executar determinadas atividades de projeto. Às vezes, você tem a informação de que precisa para avaliar e abordar uma situação; às vezes, não. Identificar e lidar efetivamente com informações de que você precisa, mas que não tem, aumenta drasticamente as chances de sucesso do projeto.

Informações desconhecidas caem em uma das duas categorias:

» **Desconhecido conhecido:** Informações das quais você sabe que precisa e que outra pessoa tem.

» **Desconhecido desconhecido:** Informações de que você sabe que precisa e que nem você nem ninguém mais tem, pois elas não existem ainda.

LEMBRE-SE

Você lida com desconhecidos conhecidos descobrindo quem tem a informação necessária e obtendo-a. Você lida com desconhecidos desconhecidos usando uma ou mais das seguintes estratégias:

» Comprando cobertura de seguro para minimizar danos que ocorram se algo não sair da maneira que você esperava.

» Desenvolvendo planos de contingência para seguir se algo não sair da maneira que você esperava.

» Tentando influenciar o que a informação, por fim, venha a ser.

No projeto *Conduzindo uma pesquisa*, discutido no box "Conduzindo uma pesquisa: Usando a estrutura analítica de projeto", você percebe que precisará de uma semana para selecionar uma amostra de clientes a pesquisar se o departamento de vendas tiver fitas de dados listando todos os clientes da empresa. Nesse ponto, se as fitas de dados existem, são um *conhecido desconhecido* — é algo desconhecido por você, mas, se existirem, alguém mais sabe. Você lida com esse desconhecido ligando para as pessoas para descobrir alguém que saiba se tais dados comerciais existem ou não.

Você experimenta uma situação diferente quando toma consciência de que, duas vezes no último mês, operadores de computador em sua empresa acidentalmente destruíram uma fita de dados ao derrubar café nela enquanto

CAPÍTULO 5 **Desenvolvendo Seu Plano de Jogo: Indo Daqui para Lá** a preparavam para gravá-la em uma unidade de fita. Naturalmente, você agora está preocupado que eles possam derramar café em sua fita e destruí-la também.

O operador derramar ou não café em sua fita é um desconhecido desconhecido quando você prepara uma EAP para o plano de projeto. Não é possível determinar de antemão se o operador derramará café na fita, porque este é um ato não intencional e não planejado. (Pelo menos, é o que você espera!)

Por não conseguir descobrir com certeza se essa ocorrência vai ou não acontecer, você considera usar uma ou mais das seguintes abordagens para encarar o risco:

» **Desenvolver um plano de contingência.** Por exemplo, além de desenvolver um esquema para a seleção computadorizada de nomes diretamente da fita de dados, faça o estatístico que guia a seleção da amostra desenvolver um esquema para selecionar nomes manualmente de forma aleatória da cópia impressa da fita de dados.

» **Tome medidas para reduzir a probabilidade de que o café seja derramado em sua fita de dados.** Por exemplo, na manhã na qual seus dados serão rodados, verifique de antemão copos de café na sala de informática.

É claro, se sentir que as chances de o operador derramar café em sua fita de dados são suficientemente pequenas, você sempre pode escolher não fazer nada antes e apenas lidar com a situação se e quando ela realmente ocorrer.

Desenvolver a EAP ajuda a identificar uma situação que comprometeria o sucesso do projeto. Você pode, então, decidir como lidar com ela. Veja o Capítulo 9 para saber mais sobre como identificar e lidar com riscos e incertezas de projeto.

Documentando o que Você Precisa Saber sobre o Trabalho de Projeto

Depois de preparar a EAP do projeto, tire um tempo para reunir informações essenciais sobre todos os seus pacotes de trabalho (nível mais baixo dos componentes EAP) e as mantenha no *dicionário da EAP*, que fica disponível para todos os membro da equipe. Vocês usarão essas informações para desenvolver as partes restantes do plano, assim como para apoiar monitoramento, controle e replanejamento de atividades durante o projeto. O gerente de projetos (ou seu designado) deve aprovar todas as mudanças em informações nesse dicionário.

PARTE 1 **Começando**

O dicionário da EAP pode conter, mas não se limita a, as seguintes informações para todos os componentes EAP:

> » **Título de componente da EAP e código de identificação da EAP:** Descritores que identificam unicamente o componente da EAP.
>
> » **Atividades inclusas:** Lista de todas as atividades que devem ser executadas para criar o entregável identificado no pacote de trabalho.
>
> » **Detalhe de trabalho:** Descrição narrativa dos processos e procedimentos de trabalho.
>
> » **Marcos de cronograma:** Eventos significativos no cronograma do componente.
>
> » **Requisitos de qualidade:** Características desejáveis dos entregáveis produzidos no componente da EAP.
>
> » **Critérios de aceitação:** Critérios que devem ser atendidos antes de os entregáveis de projeto serem aceitos.
>
> » **Recursos necessários:** Pessoas, fundos, equipamento, instalações, matéria-prima, informações, entre outros elementos de que essas atividades precisem.

DICA

Para projetos maiores, você mantém a EAP completa — incluindo todos os componentes do Nível 1 abaixo e os pacotes de trabalho — na mesma representação hierárquica e mantém todas as atividades que compreendem os pacotes de trabalho em uma lista de atividades e/ou no dicionário da EAP. Separar os componentes da EAP dessa forma ajuda a visualizar mais facilmente as inter-relações e aspectos importantes dos entregáveis e do trabalho de projeto.

Em projetos menores, no entanto, você pode combinar os componentes da EAP orientados aos entregáveis e as atividades que compreendem cada pacote de trabalho na mesma demonstração hierárquica.

Relacionando Este Capítulo ao Exame PMP e aos Guias PMBOK 5 e 6

A Tabela 5-1 registra tópicos deste capítulo que podem ser abordados no exame de certificação PMP e que também estão inclusos nas 5ª e 6ª edições de *Um Guia do Conhecimento em Gerenciamento de Projetos (Guias PMBOK 5 e 6)*.

TABELA 5-1 | ## Tópicos do Capítulo 5 Relacionados ao Exame PMP e aos *Guias PMBOK 5* e *6*

Tópico	Localização Neste Capítulo	Localização nos Guias PMBOK 5 e 6	Comentários
Definição da EAP	"Dividir e Conquistar: Fragmentando o Projeto em Partes Gerenciáveis"	5.4. Criar a EAP	As definições de EAP são equivalentes.
Criação da EAP	"Usando uma de duas abordagens para desenvolver a EAP", "Categorizando o trabalho de projeto", "Classificando os itens da EAP", "Melhorando a qualidade da EAP" e "Usando modelos"	5.4.2.1. Decomposição	Todos mencionam as mesmas técnicas e abordagens.
Diferentes formatos de EAP	"Mostrando a EAP em formatos diferentes"	5.4.2.1. Decomposição	Ambas as fontes abordam os mesmos formatos de exibiçãc.
Dicionário EAP	"Documentando o que Você Precisa Saber sobre o Trabalho de Projeto"	5.3.3.2. Dicionário EAP	A definição de dicionário EAP usada pelas fontes são equivalentes.

118 PARTE 1 **Começando**

Planejando o Tempo: Quando e Quanto

NESTA PARTE...

Elimine o medo e a incerteza de prazos apertados criando um diagrama de rede, que ajudará a desenvolver proativamente um cronograma inicial de projeto viável e adequado.

Descubra como combinar as pessoas certas às tarefas do projeto na hora certa. Fazer isso assegura que seus recursos de pessoal sejam sabiamente usados e que os marcos de projeto sejam atingidos tão rápida e eficientemente quanto possível.

Estime os recursos não referentes a pessoal de que o projeto precisará e certifique-se que eles estarão disponíveis quando necessário. E, como nenhum projeto pode ser realizado sem os fundos necessários, descubra como criar um orçamento detalhado para ele.

Descubra como identificar e avaliar potenciais riscos que ameaçam prejudicar o projeto e encontre estratégias para minimizar suas consequências.

> **NESTE CAPÍTULO**
>
> » Criando um diagrama de rede para o projeto
>
> » Usando o diagrama de rede para determinar os cronogramas possíveis
>
> » Estimando a duração das atividades e elaborando um cronograma preliminar para o projeto
>
> » Apresentando o cronograma de projeto

Capítulo 6

Para Quando Você Quer Este Projeto?

A tribuições de projeto sempre têm prazos. Então, mesmo que não tenha certeza do que seu novo projeto deve realizar, você precisa saber quando ele tem que ser concluído. Infelizmente, ao descobrir a data final desejada, sua reação imediata muitas vezes é de pânico: "Mas eu não tenho tempo suficiente!"

A verdade é que, ao receber a atribuição de projeto, você geralmente não tem ideia de quanto tempo levará para completá-lo. As primeiras reações tendem a se basear mais em medo e ansiedade do que em fatos, especialmente quando você está tentando fazer malabarismos com múltiplas responsabilidades e o projeto parece complexo.

Para ajudá-lo a desenvolver uma estimativa mais realista de quanto tempo seu projeto levará, você precisa de uma abordagem organizada que esclareça como planeja executar as atividades de projeto, quais cronogramas são possíveis e como você cumprirá os prazos que inicialmente parecem irreais. Este capítulo descreve uma técnica que ajuda a desenvolver proativamente um cronograma viável (enquanto mantém sua ansiedade sob controle).

A discussão neste capítulo sobre o uso de diagramas de rede para desenvolver cronogramas de projeto é a apresentação mais tecnicamente detalhada neste livro. Embora a técnica leve aproximadamente dez minutos para ser dominada, as explicações e as ilustrações podem parecer assustadoras à primeira vista. Se este capítulo for seu primeiro contato com fluxogramas, sugiro que inicialmente estude os pontos principais e, então, leia as diferentes seções várias vezes. Quanto mais ler o texto, mais lógicas as explicações se tornam. Porém, se ficar frustrado com os detalhes técnicos, dê um tempo e volte a eles depois. Você ficará surpreso com como os detalhes estarão mais claros na segunda ou terceira leitura!

Imagine Só: Ilustrando um Plano de Trabalho com um Diagrama de Rede

Para determinar o tempo necessário para qualquer projeto, você precisa determinar as duas informações seguintes:

» **Sequência:** A ordem na qual você executa as atividades.
» **Duração:** Quanto tempo cada tarefa individual leva.

Por exemplo, suponha que você tenha um projeto que consiste em dez atividades, cada uma levando uma semana para ser concluída. Quanto tempo levará para concluí-lo? A verdade é que você não pode dizer. Você pode finalizar o projeto em uma semana se tiver habilidade e recursos para executar todas as dez tarefas ao mesmo tempo. Pode levar dez semanas se precisar executar as tarefas uma de cada vez em ordem sequencial. Ou pode levar entre uma e dez semanas se precisar executar algumas, mas não todas, atividades em sequência.

Para desenvolver um cronograma para um projeto pequeno, você pode considerar as durações e interdependências sequenciais. Mas os projetos com 20 atividades ou mais — muitas das quais podem ser executadas ao mesmo tempo — exigem um método organizado para guiar sua análise.

Esta seção ajuda a desenvolver cronogramas viáveis mostrando como criar diagramas de rede e, depois, como escolher o melhor para o seu projeto.

Definindo os elementos de um diagrama de rede

Um *diagrama de rede* é um fluxograma que ilustra a ordem na qual você executa as atividades de projeto. Ele é seu laboratório de testes de projetos — dá a chance de tentar estratégias diferentes antes de executar o trabalho.

Não importa o quanto seu projeto é complexo, seu diagrama de rede tem os seguintes três elementos: marcos, atividades e durações.

Marco

Um *marco*, às vezes chamado de *evento*, é uma ocorrência significativa na vida de um projeto. Marcos não levam tempo nem consomem recursos; ocorrem instantaneamente. Pense neles como indicações que significam um ponto na sua viagem até a conclusão do projeto. Marcos sinalizam o começo ou o fim de uma ou mais atividades, ou a criação de entregáveis. (Veja os Capítulos 4 e 5 para saber mais sobre entregáveis.) Exemplos de marcos são o *relatório rascunho aprovado* e o *concepção iniciada*.

Atividade

Uma *atividade* (também chamada de *tarefa*) é um componente de trabalho executado durante o curso de um projeto. Atividades levam tempo e consomem recursos; você as descreve usando verbos de ação. Exemplos de atividades são *criar relatório* e *conduzir pesquisa*.

Defina claramente atividades e marcos. Quanto mais claramente você os define, mais precisamente estima o tempo e os recursos necessários para executá-los, mais facilmente pode atribuí-los a outra pessoa e mais significativo seu relatório de progresso de cronograma se torna.

Duração

Duração é o número total de períodos de trabalho necessários para completar uma atividade. Vários fatores afetam a duração:

» A quantidade necessária de *esforço de trabalho* (quantidade de tempo que uma pessoa precisa trabalhar em tempo integral na atividade para completá-la). Veja o Capítulo 7 para ler detalhes sobre esforço de trabalho.

» A disponibilidade das pessoas para trabalhar no projeto.

» Se várias pessoas podem trabalhar na atividade ao mesmo tempo.

» A capacidade de recursos não referentes a pessoal (por exemplo, a velocidade de processamento de um computador e as páginas por minuto que uma copiadora pode imprimir) e sua disponibilidade.

» Atrasos. Por exemplo, se seu chefe gasta uma hora lendo seu memorando depois que ele ficou em sua caixa de entrada por quatro dias e sete horas, a duração da atividade é de cinco dias, mesmo que seu chefe gaste apenas uma hora lendo-o.

As unidades de tempo descrevem duas características de atividades diferentes, mas relacionadas. *Duração* é o número de períodos de trabalho necessários para executar uma atividade; *esforço de trabalho* é a quantidade de tempo que uma pessoa precisa para completá-la. Por exemplo, suponha que quatro pessoas precisem trabalhar juntas em tempo integral por cinco dias para completar uma atividade. A duração da atividade é de cinco dias. O esforço de trabalho é de 20 pessoas-dia (4 pessoas vezes 5 dias).

Entender a base de uma estimativa de duração ajuda a descobrir maneiras de reduzi-la. Por exemplo, suponha que você estime que testar um pacote de software exige que ele rode 24 horas em um computador. Se puder usar o computador apenas seis horas por dia, a duração de seu teste é de quatro dias. Dobrar o número de pessoas trabalhando no teste não reduz a duração para dois dias, mas receber aprovação para usar o computador 12 horas por dia, sim.

Criando um diagrama de rede

Determinar a data final do projeto exige escolher as datas nas quais cada atividade de projeto começa e termina, e as datas nas quais cada marco é atingido. Você pode determinar essas datas com a ajuda de um diagrama de rede.

A técnica da *atividade no nó* (também chamada de *atividade na caixa* ou *método do diagrama de precedências*) para criar um diagrama de rede usa os seguintes três símbolos para descrever os três elementos do diagrama:

> » **Caixas:** Caixas (ou nós) representam atividades e marcos. Se a duração for *0*, é um marco; se for maior que *0*, é uma atividade. Perceba que caixas de marcos às vezes são destacadas com linhas em negrito, duplas ou mais perceptíveis de outra forma.
>
> » **Letra *t*:** A letra *t* representa a duração.
>
> » **Setas:** Setas representam a direção que o trabalho flui de uma atividade ou marco para outro. Com a conclusão de uma atividade ou a chegada a algum marco, você pode seguir para outro marco ou diretamente para outra atividade, conforme indicado pelas setas que saem da caixa.

A Figura 6-1 apresenta um exemplo simples de um diagrama de rede de atividade no nó. Ao atingir o Marco A (a caixa à esquerda), você pode executar a Atividade 1 (a caixa no meio), que você estimou levar duas semanas para concluir. Depois de completar a Tarefa 1, você atinge o Marco B (a caixa à direita). As setas indicam a direção do fluxo de trabalho.

FIGURA 6-1:
Os três símbolos em um diagrama de rede de atividade no nó.

© John Wiley & Sons, Inc.

Nota: Se você trabalhou com diagramas de rede no passado, pode tê-los visto representados em um formato chamado *atividade na seta*, também chamado *abordagem clássica*, *diagrama de seta*, ou *gráfico PERT* (veja a seção "Melhorando estimativas de duração de atividade", posteriormente neste capítulo, para uma explicação sobre análise PERT). Esse formato representa marcos com círculos e atividades com setas. No entanto, porque a técnica de atividade no nó é a mais usada hoje, represento todos os diagramas de rede do livro neste formato.

Analisando um Diagrama de Rede

Pense em seu projeto como uma viagem que você e vários amigos estão planejando fazer. Cada um tem um carro e fará uma rota diferente até o destino final. Durante a viagem, duas ou mais de suas rotas se cruzarão em determinados lugares. Vocês acordam que todas as pessoas que passam por um ponto comum devem chegar a este ponto antes de qualquer um poder seguir para a próxima etapa da jornada. A viagem termina quando todos chegam ao destino final.

Você com certeza não quer empreender uma viagem tão complexa sem planejá-la em um mapa. Afinal, planejar sua viagem permite que você:

» Determine quanto tempo a viagem levará.

» Identifique potenciais dificuldades ao longo do caminho.

» Considere rotas alternativas para chegar à sua destinação final mais rápido.

Esta seção ajuda você a planejar seu cronograma de projeto dizendo-lhe para ler e interpretar um mapa (um diagrama de rede) a fim de que determine as prováveis consequências de suas possíveis abordagens.

CAPÍTULO 6 **Para Quando Você Quer Este Projeto?** 125

Lendo um diagrama de rede

Use as seguintes duas regras à medida que cria e interpreta seu diagrama de rede. Depois que entender estas regras, para analisar o diagrama é um pulo:

» **Regra 1:** Depois de finalizar uma atividade ou atingir um marco, você pode seguir para a próxima atividade ou marco, como indicado pela(s) seta(s).

» **Regra 2:** Antes de iniciar uma atividade ou atingir um marco, você deve primeiro completar toda as atividades e atingir todos os marcos com setas apontando para a atividade que quer iniciar ou para o marco que quer atingir.

A Figura 6-2 ilustra um diagrama de rede. De acordo com a Regra 1, partindo de *Projeto Iniciado*, você pode seguir para trabalhar na Atividade 1 ou na 3, o que significa que você pode executar uma de cada vez ou as duas ao mesmo tempo. Em outras palavras, estas duas atividades são independentes uma da outra.

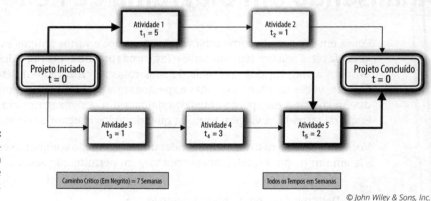

FIGURA 6-2: Um exemplo de um diagrama de rede.

© John Wiley & Sons, Inc.

Você pode escolher não fazer nenhuma das atividades. A Regra 1 é uma relação de *permissão*, não de *obrigação* (ou exigência). Em outras palavras, você pode trabalhar em qualquer uma das atividades para as quais as setas que partem de *Projeto Iniciado* apontem, mas não tem que trabalhar em nenhuma delas.

Por exemplo, suponha que uma parte do seu plano inclua duas atividades para construir um dispositivo: *receber peças* e *montar peças*. Assim que recebe as peças, você pode começar a montá-las; na verdade, não é possível montar as peças até recebê-las. Mas, depois que recebe todas as peças que pediu, nenhuma regra diz que você deve começar a montá-las imediatamente; você pode montá-las se quiser, ou pode esperar. É claro, se esperar, a conclusão da montagem será atrasada. Mas a escolha é sua.

De acordo com a Regra 2, você pode começar a trabalhar na Atividade 2 da Figura 6-2 assim que concluir a Atividade 1, pois a seta partindo da Atividade 1 é a única apontando para a Atividade 2. A Regra 2, portanto, é uma relação de obrigação, pois força você a esperar concluir a Atividade 1 antes de começar a trabalhar na Atividade 2. Se setas partindo de três atividades levassem à Atividade 2, você teria que concluir todas as três atividades antes de iniciá-la. (O diagrama não indicaria que você poderia começar a trabalhar na Atividade 2 concluindo apenas uma ou duas das três atividades que levam a ela.)

Interpretando um diagrama de rede

Você pode usar o diagrama de rede para descobrir quando iniciar e terminar atividades ou quando finalizará o projeto inteiro se executar as atividades dessa forma. Para descobrir o cronograma que sua abordagem permitirá, você precisa das seguintes informações:

» **Caminho crítico:** Uma sequência de atividades que leva o maior tempo para ser concluída (esse também é o tempo mais curto no qual você pode concluir seu projeto).

» **Caminho não crítico:** Uma sequência na qual você pode atrasar atividades e ainda finalizar o projeto no tempo mais curto possível.

» **Tempo de folga (também chamado *float*):** O tempo máximo que você pode atrasar uma atividade e ainda finalizar o projeto no menor tempo possível.

» **Data de início mais cedo ou antecipada:** A primeira data na qual você pode iniciar uma atividade.

» **Data de término mais cedo ou antecipada:** A primeira data na qual você pode finalizar uma atividade.

» **Data de início mais tarde:** A última data na qual você pode iniciar uma atividade e ainda terminar o projeto no menor tempo possível.

» **Data de término mais tarde:** A última data na qual você pode finalizar uma atividade e ainda finalizar o projeto no menor tempo possível.

Você pode usar o *método do caminho crítico (MCC)* para determinar essas informações e para construir o cronograma geral do projeto. As seções a seguir ilustram como esse método funciona.

A importância do caminho crítico

A duração dos caminhos críticos no diagrama de rede define a duração do projeto (daí o método do caminho crítico para determinar o cronograma). Se quiser finalizá-lo em menos tempo, considere maneiras de encurtar seu caminho crítico.

CAPÍTULO 6 **Para Quando Você Quer Este Projeto?** 127

CUIDADO

Monitore atividades do caminho crítico de perto durante sua execução, pois qualquer atraso nelas atrasa a conclusão do projeto. Também monitore de perto quaisquer atividades em caminhos próximos de serem críticos, porque qualquer pequeno atraso nesses caminhos também atrasa a conclusão do projeto.

LEMBRE-SE

Seu projeto pode ter dois ou mais caminhos críticos ao mesmo tempo. Na verdade, todos os caminhos no projeto podem ser críticos se todos levarem a mesma quantidade de tempo. Porém, quando todo caminho é crítico, você tem uma situação de alto risco; um atraso em qualquer atividade imediatamente causa atraso na conclusão do projeto.

Caminhos críticos podem mudar conforme seu projeto se desdobra. Às vezes, atividades em um caminho crítico terminam tão cedo que o caminho torna-se mais curto que um ou mais outros caminhos críticos que foram inicialmente considerados não críticos. Outras vezes, atividades em um caminho inicialmente não crítico atrasam a ponto de a soma de seus tempos de conclusão se tornar maior que a duração do atual caminho crítico (o que torna o caminho inicialmente não crítico um caminho crítico).

A análise para frente: Determinando caminhos críticos, caminhos não críticos e datas de início e final antecipadas

Seu primeiro passo para analisar o diagrama de rede do projeto é iniciar no começo e ver o quão rapidamente você consegue concluir as atividades ao longo de cada caminho. Você deve determinar essa informação sem levar em conta quaisquer efeitos que restrições sobre a disponibilidade de pessoal ou outros recursos possam ter. Esta análise do início ao fim é chamada de *análise para frente* (ou *forward pass*).

Para ajudar a entender o que é uma análise para frente, você pode executar uma no diagrama da Figura 6-2. De acordo com a Regra 1, você pode considerar trabalhar tanto na Atividade 1 quanto na Atividade 3 (ou em ambas), assim que o projeto começar (confira a seção anterior, "Lendo um diagrama de rede", para ler mais informações sobre as duas regras da análise de diagrama de rede). Primeiramente, considere as Atividades 1 e 2 no caminho superior:

» O mais cedo que você pode iniciar a Atividade 1 é o momento em que o projeto se inicia (o início da semana 1).

» O mais cedo que pode finalizar a Atividade 1 é o fim da semana 5 (inclua a duração estimada da Atividade 1 de cinco semanas em seu início antecipado, que é o início do projeto).

» De acordo com a Regra 2, o mais cedo que pode iniciar a Atividade 2 é o início da semana 6, pois a seta partindo da Atividade 1 é a única levando à Atividade 2.

- » O mais cedo que pode finalizar a Atividade 2 é o fim da semana 6 (inclua a duração estimada da Atividade 2 de uma semana em seu início antecipado no início da semana 6).

Até aqui, tudo bem. Agora, considere as Atividades 3 e 4 no caminho inferior do diagrama:

- » O mais cedo que você pode começar a Atividade 3 é o momento em que o projeto começa (o início da semana 1).
- » O mais cedo que você pode terminar a Atividade 3 é o fim da semana 1.
- » O mais cedo que você pode começar a Atividade 4 é o início da semana 2.
- » O mais cedo que você pode terminar a Atividade 4 é o fim da semana 4.

É preciso ser cuidadoso ao tentar determinar o mais cedo que você pode começar a Atividade 5. De acordo com a Regra 2, as duas setas que apontam para a Atividade 5 indicam que você deve finalizar as Atividades 1 e 4 antes de iniciar a Atividade 5. Embora possa finalizar a Atividade 4 no final da semana 4, não é possível finalizar a Atividade 1 até o fim da semana 5. Portanto, o mais cedo que você pode começar a Atividade 5 é no início da semana 6.

LEMBRE-SE

Se duas ou mais atividades ou marcos levarem à mesma atividade, o mais cedo que você pode começar aquela atividade é na última das datas finais antecipadas para aquelas atividades ou marcos precedentes.

Sua cabeça já está girando? Coragem; o fim está logo ali:

- » O mais cedo que você pode começar a Atividade 5 é no início da semana 6.
- » O mais cedo que você pode finalizar a Atividade 5 é no fim da semana 7.
- » O mais cedo que você pode finalizar a Atividade 2 é no fim da semana 6. Portanto, o mais cedo que pode finalizar o projeto inteiro (e atingir o marco chamado *Projeto Finalizado*) é no fim da semana 7.

Até aqui, você tem as seguintes informações sobre seu projeto:

- » A duração do caminho crítico (o menor tempo no qual você pode completar o projeto) é de sete semanas. Apenas um caminho crítico leva sete semanas; ele inclui o marco *Projeto Iniciado*, a Atividade 1, a Atividade 5 e o marco *Projeto Finalizado*.
- » As Atividades 2, 3 e 4 não estão em caminhos críticos.

A análise para trás: Calculando as últimas datas de início e fim, e os tempos de folga

Você está a meio caminho de casa. Caso conflitos de recursos ou atrasos inesperados impeçam que você comece toda as atividades do projeto em suas datas mais antecipadas possíveis, você precisa saber o quanto pode atrasar as atividades em cada caminho e ainda terminar o projeto na data mais antecipada possível. Esta análise do início ao fim é chamada de *análise para trás* (ou *backward pass*).

Para expandir o exemplo apresentado na seção anterior, a análise para frente indica que a data mais antecipada que você consegue atingir o marco *Projeto Finalizado* é no final da semana 7. Porém, a Regra 2 da seção anterior, "Lendo um diagrama de rede", diz que não se pode atingir o marco *Projeto Finalizado* até que se tenha completado as Atividades 2 e 5. Assim, para finalizar seu projeto no fim da semana 7, o mais tarde que você pode finalizar as Atividades 2 e 5 é no fim da semana 7. Considere o caminho inferior da Figura 6-2, com as Atividades 3, 4 e 5:

» Você deve iniciar a Atividade 5 no início da semana 6 para finalizá-la no fim da semana 7 (porque a duração da Atividade 5 é de duas semanas).

» De acordo com a Regra 2, você não pode iniciar a Atividade 5 até finalizar as Atividades 1 e 4. Então, deve finalizar as Atividades 1 e 4 no fim da semana 5.

» Você deve iniciar a Atividade 4 no início da semana 3.

» Você deve finalizar a Atividade 3 antes de poder trabalhar na Atividade 4. Portanto, deve finalizar a Atividade 3 no fim da semana 2.

» Você deve começar a Atividade 3 no início da semana 2.

Por fim, considere o caminho superior do diagrama de rede da Figura 6-2:

» Você deve iniciar a Atividade 2 no início da semana 7.

» Você não pode trabalhar na Atividade 2 até finalizar a Atividade 1. Portanto, deve finalizar a Atividade 1 no fim da semana 6.

Seja cuidadoso com seus cálculos. Você deve finalizar a Atividade 1 no fim da semana 5 para começar a Atividade 5 no início da semana 6. Mas, para começar a trabalhar na Atividade 2 no início da semana 7, você deve finalizar a Atividade 1 no fim da semana 6. Então, finalizar a Atividade 1 no fim da semana 5 satisfaz ambas as exigências.

Se duas ou mais setas deixarem a mesma atividade ou marco, a data mais tarde na qual você pode finalizar a atividade ou atingir o marco é a mais antecipada das últimas datas nas quais você deve iniciar as próximas atividades ou atingir os próximos marcos.

Na Figura 6-2, as datas mais tarde de início para as Atividades 2 e 5 são os inícios das semanas 7 e 6, respectivamente. Portanto, a última data para finalizar a Atividade 1 é no final da semana 5. O restante é evidente: você deve iniciar a Atividade 1 no início da semana 1, o mais tardar.

DICA

Para organizar as datas calculadas nas análises para frente e para trás, considere escrever as últimas e as primeiras datas de início, e as últimas e as primeiras datas finais no topo de cada caixa de marco ou de atividade no diagrama de rede do projeto. A Figura 6-3 ilustra como isso fica para o exemplo da Figura 6-2.

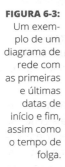

FIGURA 6-3: Um exemplo de um diagrama de rede com as primeiras e últimas datas de início e fim, assim como o tempo de folga.

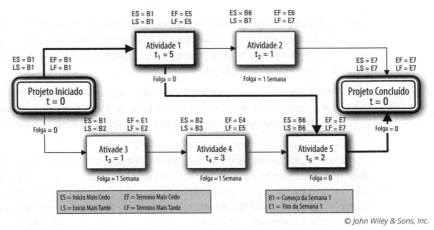

© John Wiley & Sons, Inc.

Agora que você tem todas as datas mais cedo e mais tarde, para o início e fim dos seus marcos e atividades, precisa determinar o tempo de folga para cada atividade ou marco. Você pode determinar o tempo de folga de uma das duas formas:

» Subtraia a data de início mais cedo possível da data de início mais tarde permitida.

» Subtraia a data de término mais cedo possível da data de término mais tarde permitida.

Dessa forma, você pode determinar que as Atividades 2, 3 e 4 têm folga de uma semana, enquanto as Atividades 1 e 5 não têm folga. A Figura 6-3 demonstra essa informação.

LEMBRE-SE

Se a folga de uma atividade for zero, ela está em um caminho crítico.

CAPÍTULO 6 **Para Quando Você Quer Este Projeto?** 131

LEMBRE-SE

Embora a folga seja definida como a quantidade de tempo que uma atividade ou marco pode ser atrasado sem adiar a data de conclusão do projeto, ela é, na verdade, associada a um caminho de atividades, em vez de a uma atividade individual. A informação na Figura 6-3 indica que as Atividades 3 e 4 (que estão no mesmo caminho) têm tempo de folga de uma semana. Porém, se o início da Atividade 3 for atrasado em uma semana para o início da semana 2, o mais cedo que a Atividade 4 pode se iniciar será no início da semana 3, e ela terá zero tempo de folga.

A sexta edição de *Um Guia do Conhecimento em Gerenciamento de Projetos (Guia PMBOK 6)* identifica os seguintes dois tipos de folga:

» **Folga total:** A quantidade de tempo que uma atividade do cronograma pode ser atrasada a partir de sua data de início mais cedo sem atrasar a data final do projeto ou violar uma restrição de cronograma. Esse tipo é o mesmo ao qual me refiro como *folga*.

» **Folga livre:** A quantidade de tempo que uma atividade do cronograma pode ser atrasada sem atrasar a primeira data de início mais cedo de quaisquer atividades imediatamente seguintes ou violar uma restrição de cronograma.

Como exemplo desses termos, observe o diagrama de rede da Figura 6-3. Considere que a Atividade 3 está programada para começar em sua data mais cedo, ou ES (o início da semana 1), e a Atividade 4 está programada para começar em sua ES (o início da semana 2). Se atrasar o início da Atividade 3 em até uma semana, ainda poderá começar a Atividade 4 no início da semana 3 (sua LS, ou data mais tarde para começar) e terminá-la no fim da semana 5, sua LF (data mais tarde para terminar). Assim, a Atividade 3 tem uma *folga livre* de zero (pois atrasar sua data de início de ES programada atrasará a data de início da Atividade 4), enquanto a Atividade 4 tem uma *folga livre* de uma semana. Coincidentemente, cada atividade (3 e 4) tem uma *folga total* de uma semana, já que atrasar o início de qualquer uma das duas em mais de uma semana atrasará a conclusão do projeto além da data de conclusão atual programada para o fim da semana 7.

Nota: O conceito de folga total é mais usado em análises de cronograma, e é este conceito que uso neste livro. Para facilitar, refiro-me a esta informação apenas como *folga*, em vez de *folga total*.

Trabalhando com o Diagrama de Rede do Projeto

As seções anteriores explicam as regras e os procedimentos gerais para criar e analisar qualquer diagrama de rede. Esta seção explica como criar e analisar o diagrama de rede para o seu projeto.

Determinando precedência

Para criar o diagrama de rede do projeto, primeiro você tem que decidir a ordem de suas atividades. Esta seção explica as diferentes razões que exigem a execução das atividades em uma determinada ordem.

Analisando fatores que afetam predecessores

Uma *predecessora* de uma atividade (Atividade A, por exemplo) é uma atividade ou marco que determina quando o trabalho na Atividade A pode começar. O *Guia PMBOK 6* identifica as seguintes quatro relações que existem entre uma predecessora e a atividade ou marco que vem imediatamente depois dela (chamada de *sucessora*):

» **Término para início:** A predecessora deve terminar antes que a sucessora comece.

» **Término para término:** A predecessora deve terminar antes que a sucessora termine.

» **Início para início:** A predecessora deve começar antes que a sucessora comece.

» **Início para término:** A predecessora deve começar antes que a sucessora termine.

A relação de precedência término para início é a mais comumente usada, então é a única a qual me refiro neste livro. Em outras palavras, uma predecessora é uma atividade que deve ser completada antes que sua atividade sucessora possa começar ou seu marco sucessor, ser atingido.

Às vezes, uma atividade não pode começar precisamente quando seu predecessor termina. A espera (ou *lag*) é a quantidade de tempo que você deve esperar antes de poder começar uma atividade depois que seu predecessor é concluído. A antecipação (ou *lead*) se refere à antecedência com que uma atividade pode começar antes de seu predecessor ser concluído. Neste livro, considero apenas situações nas quais os tempos de espera e antecipação sejam zero.

Uma atividade é uma *predecessora imediata* da Atividade A se não houver nenhuma outra atividade entre ela e a Atividade A. Quando determina predecessoras imediatas para cada atividade, você tem todas as informações de que precisa para criar o diagrama de rede do projeto. As seguintes considerações afetam a ordem na qual você deve executar as atividades do projeto:

» **Dependências obrigatórias:** Essas relações devem ser observadas para o trabalho de projeto ser bem-sucedido. Elas incluem:

- **Requisitos legais:** Leis ou regulamentações federais, estaduais ou locais exigem que determinadas atividades sejam feitas antes de outras. Como exemplo, considere uma empresa farmacêutica que desenvolveu um novo medicamento em laboratório e demonstrou sua segurança e eficácia em testes clínicos. O fabricante quer começar a produzir e vender o medicamento imediatamente, mas não pode. A lei federal exige que a empresa obtenha aprovação do medicamento do Ministério da Saúde antes de vendê-lo.

- **Requisitos processuais:** Políticas e procedimentos da empresa exigem que determinadas atividades sejam feitas antes de outras. Suponha que está comprando novos móveis para os escritórios de sua empresa. Você terminou de selecionar e determinar preços para os móveis que quer e gostaria de começar o processo de selecionar um fornecedor e fazer o pedido. Porém, sua organização segue um processo de aquisição para grandes compras, que exige que o vice-presidente financeiro aprove formalmente o gasto dos fundos antes de poder prosseguir.

- *Hard logic* **(lógica rígida):** Determinados processos devem ocorrer logicamente antes de outros. Por exemplo, ao construir uma casa, você deve despejar concreto nas fundações antes de erguer a estrutura.

» **Dependências arbitrárias:** Você pode escolher estabelecer essas relações entre as atividades, mas elas não são obrigatórias. Elas incluem:

- **Dependências lógicas:** Executar determinadas atividades antes de outras às vezes parece fazer mais sentido. Suponha que você esteja escrevendo um relatório. Como muito do Capítulo 3 depende do que escreve no Capítulo 2, você decide escrever o Capítulo 2 primeiro. É possível escrever o Capítulo 3 primeiro ou trabalhar em ambos ao mesmo tempo, mas esse plano aumenta as chances de que você tenha que reescrever parte do Capítulo 3 quando finalizar o 2.

- **Escolhas gerenciais:** Às vezes, você toma decisões arbitrárias de trabalhar em determinadas atividades antes de outras. Considere que tenha que executar as Atividades C e D. Não é possível trabalhar em ambas ao mesmo tempo, e você não conhece nenhuma razão lógica ou legal para trabalhar em uma ou em outra primeiro. Você decide trabalhar na Atividade C primeiro.

» **Dependências externas:** Começar uma atividade de projeto pode exigir que determinado trabalho externo ao projeto seja concluído primeiro. Por exemplo, imagine que o projeto inclui uma atividade de testar um dispositivo que você está desenvolvendo. Você quer começar a testar imediatamente, mas não pode começar essa atividade até que o laboratório de testes de sua empresa receba e instale um novo equipamento de testes que eles planejam adquirir.

PARTE 2 **Planejando o Tempo: Quando e Quanto**

Escolhendo predecessores imediatos

Você pode decidir os predecessores imediatos de suas atividades de projeto de uma das duas formas:

» **Começo-ao-fim:** Comece com as atividades que você pode executar assim que seu projeto se inicia e trabalhe até o fim. Para usar esse método, siga estes passos:

1. **Selecione a primeira atividade, ou atividades, a ser executada assim que seu projeto começar.**

2. **Decida qual atividade, ou atividades, você pode executar quando finalizar as primeiras (do Passo 1).**

3. **Continue dessa forma até ter considerado todas as atividades do projeto.**

» **Fim-ao-começo:** Escolha a atividade, ou atividades, que será executada por último no projeto e continue de trás para frente, até o começo. Para usar esse método, siga estes passos:

1. **Identifique a última atividade, ou atividades, de projeto que você conduzirá.**

2. **Decida qual atividade, ou atividades, você deve completar imediatamente antes de poder começar a trabalhar nas últimas atividades (do Passo 1).**

3. **Continue dessa maneira até ter considerado todas as atividades em seu projeto.**

Independentemente de qual método usar para descobrir as predecessoras imediatas do projeto, registre-o em uma tabela simples, como a Tabela 6-1. (Esta tabela lista os predecessores imediatos do exemplo mostrado na Figura 6-2).

TABELA 6-1 ## Predecessoras Imediatas para a Figura 6-2

Código da Atividade	Descrição da Atividade	Predecessoras Imediatas
1	Atividade 1	Nenhuma
2	Atividade 2	1
3	Atividade 3	Nenhuma
4	Atividade 4	3
5	Atividade 5	1, 4

DICA

Determine a precedência com base na natureza e nos requisitos das atividades, não nos recursos que você acredita que estarão disponíveis. Suponha que as Atividades A e B do projeto possam ser executadas ao mesmo tempo, mas você planeja designá-las à mesma pessoa. Neste caso, não torne a Atividade A a predecessora imediata de B, tendo em mente que a pessoa só consegue trabalhar em uma atividade por vez. Depois, se você descobrir que tem outra pessoa que pode ajudar nesse trabalho, pode avaliar o impacto de executar as Atividades A e B ao mesmo tempo. (Veja o Capítulo 7 para ler uma discussão de como determinar quando as pessoas estão sobrecarregadas e como resolver essas situações.)

DICA

Ao criar o diagrama de rede para projetos simples, considere escrever os nomes das atividades e marcos em notas autoadesivas e colá-las em um gráfico de papel ou em uma parede. Para projetos mais complexos, considere usar um pacote integrado de software de gerenciamento de projetos. Veja o Capítulo 17 para uma discussão sobre como usar softwares para apoiar seu planejamento de projeto e confira o *Microsoft Project 2016 For Dummies* (Wiley), por Cynthia Snyder, para ler informações detalhadas sobre o Microsoft Project, o mais popular pacote de software de gerenciamento de projetos.

Usando um diagrama de rede para analisar um exemplo simples

Considere o seguinte exemplo de preparação para um piquenique, a fim de ilustrar como usar um diagrama de rede para determinar possíveis cronogramas enquanto atende às expectativas e satisfaz as restrições do projeto. (Não estou sugerindo que você planeje todos os seus piqueniques dessa forma, mas a situação ilustra a técnica muito bem!)

Decidindo as atividades

É sexta-feira à noite, e você e um amigo estão pensando no que fazer no fim de semana para espairecer e relaxar. A previsão para sábado é de clima ensolarado e ameno, então vocês decidem fazer um piquenique em um lago local. Como querem aproveitar o piquenique o máximo possível, decidem planejar o passeio cuidadosamente criando e analisando um diagrama de rede. A Tabela 6-2 ilustra as sete atividades que vocês decidiram executar para se prepararem para seu piquenique e chegarem ao lago.

TABELA 6-2 Atividades para o Seu Piquenique no Lago

Código da Atividade	Descrição da Atividade	Quem Estará Presente	Duração (Em Minutos)
1	Carregar o carro	Você e seu amigo	5
2	Pegar dinheiro no banco	Você	5

Código da Atividade	Descrição da Atividade	Quem Estará Presente	Duração (Em Minutos)
3	Fazer sanduíches de queijo	Seu amigo	10
4	Dirigir até o lago	Você e seu amigo	30
5	Decidir a qual lago ir	Você e seu amigo	2
6	Pôr gasolina	Você	10
7	Fatiar o queijo (para os sanduíches de queijo)	Seu amigo	10

Além disso, vocês concordam em observar as seguintes restrições:

» Você e seu amigo começarão todas as atividades em sua casa às 8h de sábado — você não pode fazer nada antes desse horário.

» Vocês devem executar todas as sete atividades para concluir o projeto.

» Vocês não podem mudar quem deve estar presente durante cada atividade.

» Os lagos que estão considerando ficam para lados opostos de sua casa, então vocês devem decidir onde farão o piquenique antes de começar a viagem.

Estabelecendo a ordem das atividades

Agora que vocês listaram todas as atividades, precisam decidir a ordem na qual as farão. Em outras palavras, precisam determinar as predecessoras imediatas para cada atividade. As seguintes dependências são necessárias: seu amigo deve fatiar o queijo antes de fazer os sanduíches de queijo (dã!) e vocês dois devem carregar o carro e decidir qual lago visitar antes de começar a viagem.

Vocês decidem a ordem na qual o restante das atividades será feito. Vocês devem considerar a seguinte abordagem:

» Antes de tudo, decidir qual lago.

» Depois de concordarem sobre o lago, você vai até o banco sacar dinheiro.

» Depois de sacar dinheiro, pôr gasolina.

» Ao mesmo tempo, depois de decidirem qual o lago, seu amigo começa a fatiar o queijo.

» Depois de fatiar o queijo, seu amigo faz os sanduíches.

CAPÍTULO 6 **Para Quando Você Quer Este Projeto?**

» Depois de voltar com a gasolina e seu amigo terminar os sanduíches de queijo, vocês dois carregam o carro.

» Depois de carregarem o carro, vão para o lago.

A Tabela 6-3 ilustra essas relações de predecessores.

TABELA 6-3   Relações de Predecessores para o Seu Piquenique

Código da Atividade	Descrição da Atividade	Predecessoras Imediatas
1	Carregar carro	3, 6
2	Sacar dinheiro no banco	5
3	Fazer sanduíches de queijo	7
4	Dirigir até o lago	1
5	Decidir qual lago	Nenhum
6	Pôr gasolina	2
7	Fatiar queijo (para os sanduíches de queijo)	5

Criando o diagrama de rede

Agora que você tem seus predecessores imediatos em mente, pode criar o diagrama de rede para o projeto a partir das informações na Tabela 6-3.

DICA

Observe as seguintes orientações ao criar o diagrama de rede:

» Comece o diagrama com um único marco (um nome comumente usado para esse marco é *Projeto Iniciado*).

» Especifique claramente todas as condições que devem ser atendidas para que o marco seja atingido.

» Não deixe de lado atividades ou eventos; reúna todos em um marco comum que represente o fim do projeto (um nome comumente usado para esse marco é *Projeto Concluído*).

» Se seu diagrama de rede for excessivamente complexo, busque grupos de atividades que sejam autônomas (isto é, tenham apenas umas às outras como predecessoras). Defina cada um desses grupos como um subprojeto, no qual sua duração seja igual à duração dos caminhos críticos do diagrama que representa a ordem na qual as atividades autônomas serão executadas.

Para criar o diagrama de rede para o exemplo do piquenique, siga estes passos:

1. **Comece o projeto com um único marco e identifique-o como** *Projeto Iniciado.*

2. **Encontre todas as atividades na tabela que não têm predecessores imediatos — todas podem começar assim que você iniciar o projeto.**

Nesse caso, apenas a Atividade 5 não tem predecessores imediatos.

3. **Comece seu diagrama criando a relação entre** *Projeto Iniciado* **e o início da Atividade 5 (veja a Figura 6-4).**

Ilustre a Atividade 5 com uma caixa e crie uma seta em sua direção a partir da caixa *Projeto Iniciado*.

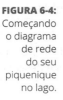

FIGURA 6-4: Começando o diagrama de rede do seu piquenique no lago.

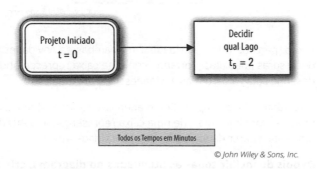

© *John Wiley & Sons, Inc.*

4. **Encontre todas as atividades que tenham sua primeira atividade como uma predecessora imediata.**

Nesse caso, a Tabela 6-3 mostra que as Atividades 2 e 7 têm a Atividade 5 como predecessora imediata. Crie caixas para representar essas duas atividades e desenhe setas a partir da Atividade 5 para as Atividades 2 e 7 (veja a Figura 6-5).

5. **Continue da mesma maneira com as atividades restantes.**

Reconheça, a partir da Tabela 6-3, que apenas a Atividade 6 tem a Atividade 2 como predecessora imediata. Portanto, crie uma caixa para representar a Atividade 6 e desenhe uma seta a partir da Atividade 2 até essa caixa.

A Tabela 6-3 também mostra que apenas a Atividade 3 tem a Atividade 7 como predecessora imediata. Então, crie uma caixa para representar a Atividade 3 e desenhe uma seta a partir da Atividade 7 até a Atividade 3. A Figura 6-5 ilustra seu diagrama em progresso.

CAPÍTULO 6 **Para Quando Você Quer Este Projeto?**

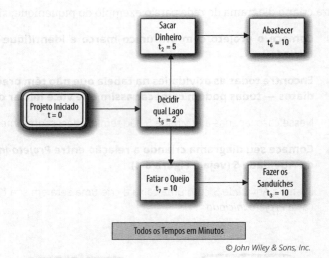

FIGURA 6-5: Continuando o diagrama de rede do seu piquenique no lago.

© John Wiley & Sons, Inc.

Agora, perceba que a Atividade 1 tem ambas as Atividades 3 e 6 como predecessoras imediatas. Portanto, crie uma caixa representando a Atividade 1 e desenhe setas a partir das Atividades 3 e 6 até essa caixa.

O restante é bem simples. Como apenas a Atividade 4 tem a Atividade 1 como predecessora imediata, crie uma caixa representando a Atividade 4 e desenhe uma seta a partir da Atividade 1 até a Atividade 4.

6. **Depois de incluir todas as atividades no diagrama, crie uma caixa para representar o *Projeto Concluído* e desenhe uma seta a partir da Atividade 4 (a última atividade que você precisa completar) para essa caixa (veja a Figura 6-6 para o diagrama de rede completo).**

Agora, para as importantes perguntas relacionadas ao tempo. Primeiro, quanto tempo você e seu amigo levarão para chegar ao lago para o piquenique? O caminho superior (*Projeto Iniciado*; Atividades 5, 2, 6, 1 e 4, e *Projeto Concluído*) leva 52 minutos para ser completado, e o caminho inferior (*Projeto Iniciado*; Atividades 5, 7, 3, 1 e 4, e *Projeto Concluído*) leva 57 minutos para ser completado. Portanto, a viagem leva 57 minutos a partir do momento que você começa até chegar ao lago para o piquenique, e o caminho inferior é o caminho crítico.

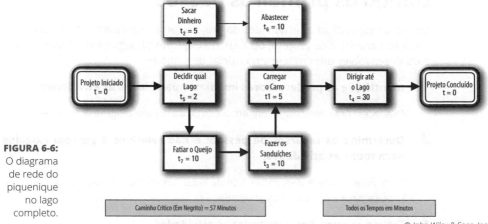

FIGURA 6-6:
O diagrama de rede do piquenique no lago completo.

© John Wiley & Sons, Inc.

A segunda pergunta relacionada a tempo a que você precisa responder é se é possível atrasar alguma atividade e ainda chegar ao lago em 57 minutos. Se sim, quais podem ser atrasadas e quanto? Para responder a tais perguntas, considere o seguinte:

» O diagrama de rede revela que as Atividades 5, 7, 3, 1 e 4 estão todas no caminho crítico. Portanto, não é possível atrasar nenhuma delas se você quiser chegar ao lago em 57 minutos.

» As Atividades 2 e 6 não estão no caminho crítico e podem ser executadas ao mesmo tempo que as Atividades 7 e 3. As Atividades 7 e 3 levam 20 minutos para ser executadas, enquanto as Atividades 2 e 6 levam 15 minutos. Portanto, as Atividades 2 e 6 têm um tempo de folga total de 5 minutos.

Desenvolvendo o Cronograma do Projeto

Desenvolver o cronograma do projeto exige a combinação de atividades, recursos e sequências de execução de atividades que dão a maior chance de atingir as expectativas de seu cliente com o menor risco possível. Esta seção ajuda a começar a criar um cronograma de projeto. Também mostra algumas potenciais armadilhas e soluções para atingir momentos cruciais.

CAPÍTULO 6 **Para Quando Você Quer Este Projeto?** 141

Dando os primeiros passos

Depois de especificar as atividades do projeto (veja a discussão sobre criar uma estrutura analítica de projeto, ou EAP, no Capítulo 5), siga os seguintes passos para desenvolver um cronograma inicial de projeto:

1. **Identifique as predecessoras imediatas para todas as atividades.**

Predecessoras imediatas definem a estrutura do seu diagrama de rede.

2. **Determine os recursos de pessoal e não relativos à pessoal exigidos para todas as atividades.**

Tipo, quantidade e disponibilidade de recursos afetam de quanto tempo você precisa para executar cada atividade.

3. **Estime as durações para todas as atividades.**

Veja a seção posterior, "Estimando a Duração das Atividades", para ler detalhes sobre como fazê-lo.

4. **Identifique todas as datas, intermediárias e finais, que devem ser cumpridas.**

Essas datas definem os critérios que seu cronograma deve cumprir.

5. **Identifique todas as atividades ou marcos fora do projeto que afetam suas atividades.**

Depois de identificar essas atividades e marcos externos, você pode estabelecer as dependências adequadas entre eles e as atividades e marcos do projeto.

6. **Crie o diagrama de rede.**

Use o diagrama de rede para determinar quais cronogramas seu projeto pode atingir.

7. **Analise o diagrama de rede do projeto para identificar todos os caminhos críticos e suas durações, e para identificar os tempos de folga de caminhos não críticos.**

Essas informações ajudam a escolher quais atividades de projeto monitorar e com que frequência. Também sugerem estratégias para voltar aos trilhos se encontrar algum atraso de cronograma inesperado. (Veja a seção anterior, "Interpretando um diagrama de rede", para conhecer informações adicionais e caminhos não críticos.)

Se a data de conclusão for aceitável para seu cliente, o cronograma está pronto. Porém, se seu cliente deseja que você termine mais rápido que o cronograma inicial prevê, suas análises estão apenas começando.

142   PARTE 2 **Planejando o Tempo: Quando e Quanto**

Evitando a armadilha de rebobinar seu cronograma

CUIDADO

Ao desenvolver um cronograma, fique atento para não *rebobiná-lo* — ou seja, começar pelo fim do projeto e trabalhar voltando ao começo para identificar atividades e estimar durações que permitam que você cumpra a data final desejada pelo cliente. Usar essa abordagem diminui substancialmente as chances de cumprir o cronograma pelas seguintes razões:

» Você pode se esquecer de algumas atividades porque seu foco está em cumprir uma restrição de tempo, não em conferir se identificou todo o trabalho necessário.

» Você baseia suas estimativas de duração no tempo possível para as atividades serem concretizadas, não no que elas exigem.

» A ordem das atividades propostas pode não ser a mais eficiente.

Eu estava avaliando o plano de projeto de uma colega há um tempo e notei que ela havia deixado uma semana para avaliação e aprovação final de seu relatório. Quando lhe perguntei se achava que aquela estimativa era realista, ela respondeu que certamente não era, mas precisava usá-la para que o plano de projeto funcionasse. Em outras palavras, ela estava usando estimativas de tempo que totalizavam o número que *queria* atingir, em vez dos que achava que *poderia* cumprir.

LEMBRE-SE

Um plano de projeto é um mapa, que, se seguido, levará ao sucesso do projeto. Para ter maiores chances de atingir esse sucesso, o seguinte deve acontecer:

» O plano deve ser completo e preciso (ou seja, executar todas as partes do projeto de acordo com o plano realmente resultará no seu sucesso).

» O plano deve ser viável (em outras palavras, não pode haver instâncias nas quais executar uma ou mais partes do projeto de acordo com o plano seja considerado impossível).

» As pessoas devem acreditar que o plano é completo, preciso e viável (não é suficiente o plano ser completo, preciso e viável; as pessoas devem saber e acreditar nisso também).

» As pessoas devem se comprometer em seguir o plano (em outras palavras, as pessoas devem decidir fazer todos os esforços para executar seu trabalho de projeto de acordo com o plano).

» As pessoas devem fazer todos os esforços para seguir o plano (as pessoas devem manter seu comprometimento).

Basear um cronograma de projeto em estimativas de durações de atividades que você sabe que são impossíveis de cumprir pode permitir a criação de um cronograma que faça parecer possível finalizar o projeto na data final exigida. Porém, logo que as pessoas tiverem dificuldades em cumprir uma data estabelecida, vão parar de tentar cumpri-la, racionalizando que sabiam antes de começar que cumprir aquela data seria impossível.

Cumprindo uma restrição de tempo estabelecida

Suponha que seu cronograma inicial diga que seu projeto estará finalizado em três meses, mas seu cliente quer os resultados em dois. Considere as três opções a seguir para reduzir a duração do caminho crítico:

» **Confira novamente as estimativas de duração originais.**
  - Verifique se descreveu claramente o trabalho das atividades.
  - Se usou desempenhos passados como guia para estabelecer as durações, confira novamente se todas as características da sua situação atual são as mesmas da experiência passada.
  - Peça a outros especialistas para revisar e validar suas estimativas.
  - Peça às pessoas que realmente trabalharão nessas atividades para avaliar e validar suas estimativas.

» **Considere usar pessoal mais experiente.** Às vezes, um pessoal mais experiente pode fazer o trabalho em menos tempo. É claro, usar um pessoal mais experiente custa mais dinheiro. Além disso, você não é o único na sua empresa que precisa desse pessoal mais experiente; eles podem nem sempre estar disponíveis para ajudá-lo com o projeto!

» **Considere estratégias diferentes para executar as atividades.** Como exemplo, se você estimar que uma tarefa que está planejando executar internamente leve três semanas, veja se pode encontrar um contraente que a execute em duas.

» **Considere o *fast tracking* — executar tarefas que são normalmente sequenciais ao mesmo tempo.** Embora o *fast tracking* diminua o tempo total de execução das tarefas, ele também aumenta o risco de ter que refazer partes do seu trabalho, então, esteja pronto para fazê-lo.

LEMBRE-SE

Conforme reduz as durações dos caminhos críticos, monitore caminhos que não são inicialmente críticos para confirmar que não se tornaram críticos. Se um ou mais caminhos se tornaram críticos, use essas mesmas abordagens para reduzir suas durações.

Aplicando diferentes estratégias para chegar ao piquenique em menos tempo

Considere o exemplo de se preparar para um piquenique (que usei anteriormente na seção "Usando um diagrama de rede para analisar um exemplo simples") para ver como você pode aplicar essas abordagens a fim de reduzir o tempo de um projeto no próprio projeto.

A Figura 6-6, anteriormente neste capítulo, ilustra o plano inicial de 57 minutos. Se estiver tudo bem com chegar ao lago em 57 minutos, sua análise está pronta. Mas suponha que você e seu amigo concordem que devam chegar ao lago em menos de 45 minutos depois que começarem a se preparar no sábado de manhã. Quais mudanças vocês podem fazer para economizar 12 minutos?

CUIDADO

Você pode ficar tentado a mudar o tempo estimado da viagem de 30 para 18 minutos, imaginando que apenas dirigirá mais rápido. Infelizmente, fazer isso não funciona se a viagem realmente levar 30 minutos. Lembre-se, seu plano representa uma abordagem que você acredita que tem chances de funcionar (embora não necessariamente seja garantida). Se você tiver que dirigir em velocidades acima de 100 quilômetros por hora em estradas ruins para chegar ao lago em 18 minutos, reduzir a estimativa de duração não tem chances de funcionar (embora haja uma excelente chance de você receber uma multa).

Para desenvolver um plano mais realista para reduzir o cronograma do projeto, siga estes passos:

1. **Comece a reduzir o tempo do projeto encontrando o caminho crítico e reduzindo o tempo até que o segundo caminho se torne crítico.**

2. **Para reduzir ainda mais o tempo do projeto, reduza ambos os caminhos críticos ao mesmo tempo até que um terceiro caminho se torne crítico.**

3. **Para reduzir o tempo ainda mais, diminua os três caminhos críticos à mesma quantidade de tempo até que um quarto caminho se torne crítico, e daí em diante, até que todos os caminhos do projeto sejam críticos.**

Executando atividades ao mesmo tempo

Uma forma de reduzir o tempo que leva para executar um grupo de atividades é tirar uma ou mais atividades do caminho crítico e executá-las em paralelo às atividades restantes. Porém, muitas vezes você precisa ser criativo para executar atividades simultaneamente com sucesso.

Considere a solução de 57 minutos para o exemplo do piquenique na Figura 6-6. Assuma que um caixa eletrônico fica próximo ao posto de gasolina que você usa. Você pode sacar dinheiro do caixa enquanto o frentista enche o seu tanque de gasolina. Como ilustrado na Figura 6-7, essa estratégia permite que você execute as Atividades 2 e 6 ao mesmo tempo — em um total de dez minutos, em vez dos 15 minutos indicados no diagrama de rede inicial.

À primeira vista, parece que você pode reduzir o tempo total para 52 minutos fazendo essa mudança. Mas, olhe de novo. Essas duas atividades não estão no caminho crítico, então completá-las mais rapidamente não tem impacto no cronograma geral do projeto. (Antes de pensar que pode economizar cinco minutos ajudando seu amigo a fazer os sanduíches, lembre-se de que vocês concordaram em não trocar tarefas.)

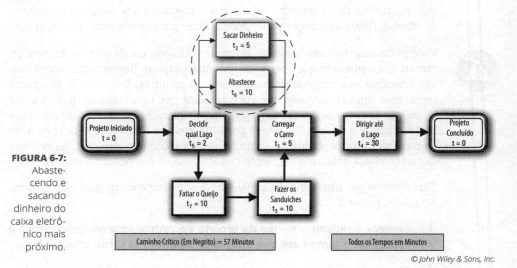

FIGURA 6-7: Abastecendo e sacando dinheiro do caixa eletrônico mais próximo.

© John Wiley & Sons, Inc.

Agora você tem que tentar novamente. Dessa vez, tenha em mente que deve reduzir a duração do *caminho crítico* se quiser economizar tempo. Eis outra ideia: em sua viagem até o lago, você e seu amigo estão dentro do carro, mas apenas um de vocês está dirigindo. A outra pessoa está apenas sentada lá. Se você concordar em dirigir, seu amigo pode colocar os recheios e fazer os sanduíches no carro, enquanto você dirige. Esse ajuste parece tirar dez minutos do caminho crítico. Mas realmente tira?

O diagrama na Figura 6-6 mostra que o caminho superior (Atividades 2 e 6) leva 15 minutos, e o caminho inferior (Atividades 7 e 3), 20 minutos. Como o caminho inferior é o caminho crítico (e o caminho superior tem cinco minutos de folga), remover até cinco minutos do caminho inferior pode reduzir o tempo para completar o projeto total com o mesmo tempo. Porém, reduzir o caminho inferior em cinco minutos deixa-o com a mesma duração (15 minutos) que o caminho superior, o que significa que ambos são agora críticos.

A Figura 6-8 revela que tirar mais cinco minutos do caminho inferior (para demonstrar que os sanduíches levam dez minutos para ser preparados) não economiza mais tempo para o projeto total porque o caminho superior ainda leva 15 minutos. Porém, remover os cinco minutos extras do caminho inferior lhe dá cinco minutos de folga.

Agora você pode considerar usar sua primeira ideia de sacar dinheiro do caixa eletrônico enquanto um frentista enche o seu tanque de gasolina. Dessa vez, essa jogada pode economizar cinco minutos, pois o caminho superior agora é crítico. A Figura 6-9 retrata essa mudança no diagrama de rede.

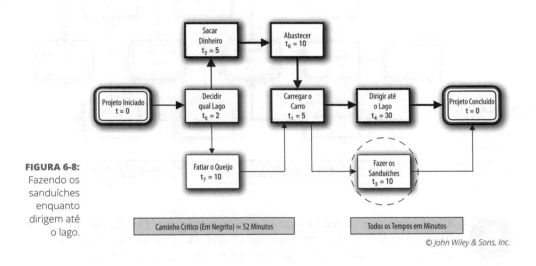

FIGURA 6-8: Fazendo os sanduíches enquanto dirigem até o lago.

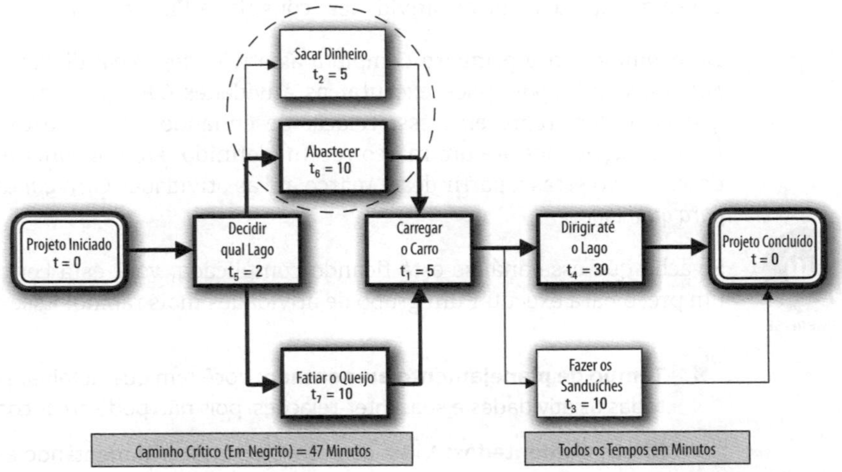

FIGURA 6-9: Abastecendo no posto enquanto saca dinheiro do caixa eletrônico e fazendo os sanduíches enquanto dirigem até o lago.

CAPÍTULO 6 **Para Quando Você Quer Este Projeto?**

Por fim, vocês decidem qual lago visitar e carregam o carro ao mesmo tempo, o que economiza dois minutos adicionais. A Figura 6-10 ilustra a solução final de 45 minutos. **Nota:** Por questões de clareza, adicionei à lista de atividades original quatro marcos (Projeto Iniciado, Projeto Concluído, Prontos para carregar o carro e Prontos para viajar) e duas atividades de resumo (Preparação e Viagem). Não liguei nenhuma das atividades de sumário diretamente a outras atividades porque as subatividades sob elas já estão ligadas a outras atividades ou marcos.

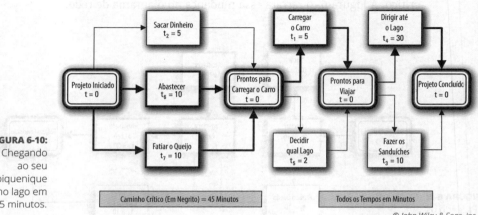

FIGURA 6-10: Chegando ao seu piquenique no lago em 45 minutos.

© John Wiley & Sons, Inc.

DICA

Considere uma situação na qual você precisa completar duas ou mais atividades antes de poder trabalhar em novas atividades. Mostre essa relação no diagrama definindo um marco que represente a conclusão das atividades, desenhando setas a partir das atividades até esses marcos e então desenhando setas a partir desse marco até as novas atividades (consulte a Figura 6-9).

No exemplo, você primeiro completa as atividades *Pegar dinheiro*, *Abastecer* e *Fatiar queijo*, depois pode executar as atividades *Carregar carro* e *Decidir para qual lago*. Você representa essa relação desenhando setas a partir das primeiras três atividades até um marco recém-definido, *Prontos para carregar carro* e desenhando setas a partir deste marco até as atividades *Carregar carro* e *Decidir para qual lago*.

LEMBRE-SE

Se acha que essa análise está ficando complicada, você está certo. Você paga um preço para executar um grupo de atividades mais rápido. Esse preço inclui:

» **Tempo de planejamento aumentado:** Você tem que detalhar precisamente todas as atividades e suas inter-relações, pois não pode arcar com erros.

» **Riscos aumentados:** A lista de premissas cresce, aumentando as chances de que uma ou mais acabarão estando erradas.

No exemplo do piquenique no lago, você faz as seguintes premissas para chegar à possível solução de 45 minutos:

» Você precisa chegar ao posto um pouco depois das 8h.

» Frentistas estão disponíveis para encher o seu tanque assim que você parar perto da bomba de gasolina.

» O caixa eletrônico está vazio e funcionando quando você para perto da bomba de gasolina.

» Você e seu amigo podem carregar o carro e tomar a decisão juntos sem entrar em uma discussão que leva uma hora para ser resolvida.

» Seu amigo pode fazer os sanduíches no carro em movimento sem destruir totalmente o interior do carro no processo.

Embora fazer premissas aumente o risco de que você não consiga cumprir o cronograma de projeto, identificar essas premissas aumenta sua habilidade de fazê-las se realizarem — ou, pelo menos, convencê-lo a criar planos de contingência em caso contrário.

Considere sua premissa de que você consegue chegar ao posto de gasolina mais ou menos às 8h. É possível ligar para o dono do posto e perguntar se sua premissa é razoável. Se ele lhe disser que não faz ideia de quanto você precisará esperar para que alguém vá encher seu tanque, você pode perguntar se lhe pagar $200 em dinheiro faria diferença. Quando ele imediatamente promete uma bomba livre de 7h55 às 8h20 da manhã e designa dois frentistas para esperar lá, um com a mangueira e outro com um recibo de pagamento preenchido (então você terminaria em dez minutos), você percebe que pode reduzir a maioria das incertezas por um preço! Sua tarefa é determinar o quanto consegue reduzi-las e a que preço.

Elaborando uma estratégia inteiramente nova

Então você tem um plano para chegar até o lago em 45 minutos. Não há garantia de que o plano vai funcionar, mas pelo menos há uma chance. Porém, suponha que seu amigo agora diga que ele realmente precisa chegar ao lago em dez minutos, não em 45! Sua reação imediata provavelmente é pensar: "Impossível!" Você percebe que planejamento criativo é uma coisa, mas como chegar ao lago em dez minutos se apenas a viagem leva 30?

Decidindo que absolutamente não consegue chegar ao lago em dez minutos quando apenas a viagem leva 30 minutos, você esquece que o verdadeiro indicador de sucesso nesse projeto é chegar ao lago para o seu piquenique, não executar o conjunto predeterminado de atividades. Suas sete atividades originais eram boas, contanto que permitissem que você chegasse ao lago dentro do seu conjunto de restrições. Mas, se as atividades não permitem atingir o sucesso como o define agora (chegar ao lago em dez minutos), considere mudá-las.

CAPÍTULO 6 **Para Quando Você Quer Este Projeto?** 149

Suponha que você decida encontrar outra maneira de chegar de sua casa ao lago, sem ser dirigindo. Depois de pesquisas, você descobre que pode alugar um helicóptero por $500 por dia, que levará você e seu amigo ao lago em dez minutos. Porém, você descobre que ambos estavam considerando gastar um total de $10 no piquenique (a taxa de entrada no parque do lago). Você conclui que não faz sentido gastar $500 em um piquenique de $10, então nem conta a seu amigo sobre a possibilidade de alugar um helicóptero. Em vez disso, apenas reafirma que chegar ao lago em dez minutos é impossível. Infelizmente, quando decidiu não contar a seu amigo sobre a opção do helicóptero, você não sabia que ele descobriu que poderia obter $10 mil de lucro fechando um negócio se pudesse chegar ao lago em dez minutos. Vale a pena gastar $500 para fazer $10 mil? Claro. Mas você não sabia dos $10 mil quando desistiu de chegar ao lago em dez minutos.

LEMBRE-SE

Ao desenvolver opções de cronograma, não é sua tarefa evitar que outra pessoa tome uma decisão. Em vez disso, você deve apresentar todas as opções, e seus custos e benefícios associados, ao tomador de decisão para que ele tome a melhor decisão. Aqui, você deveria ter dito a seu amigo sobre a opção do helicóptero, assim ele poderia ter considerado-a ao tomar a decisão final.

Subdividindo atividades

Muitas vezes, você pode reduzir o tempo de conclusão de uma sequência de atividades subdividindo uma ou mais das atividades e executando partes delas ao mesmo tempo. No exemplo do piquenique no lago, seu amigo pode economizar sete minutos fatiando o queijo e preparando os sanduíches usando a abordagem ilustrada na Figura 6-11. Eis o que seu amigo precisa fazer:

» **Dividir a atividade de fatiar o queijo em duas partes:**

- **Preparar-se para fatiar o queijo.** Esvaziar o balcão, tirar o queijo da geladeira, pegar uma tábua, uma faca afiada ou ralador — duração estimada de três minutos.

- **Fatiar o queijo.** Fatiar o queijo em fatias finas — duração estimada de sete minutos.

» **Dividir a atividade de montar o sanduíche de queijo em duas partes:**

- **Executar os primeiros passos para montar os sanduíches.** Tirar o pão, a maionese, a alface e os tomates da geladeira; tirar o papel-alumínio da gaveta; pôr o pão no papel-alumínio; pôr maionese, alface e tomates no pão — duração estimada de sete minutos.

- **Terminar de montar os sanduíches.** Pegar o queijo fatiado e pôr no pão; terminar de embrulhar os sanduíches — duração estimada de três minutos.

» **Primeiramente, preparar-se para fatiar o queijo; depois, executar os passos iniciais para montar os sanduíches ao mesmo tempo; por fim, terminar de montar os sanduíches.**

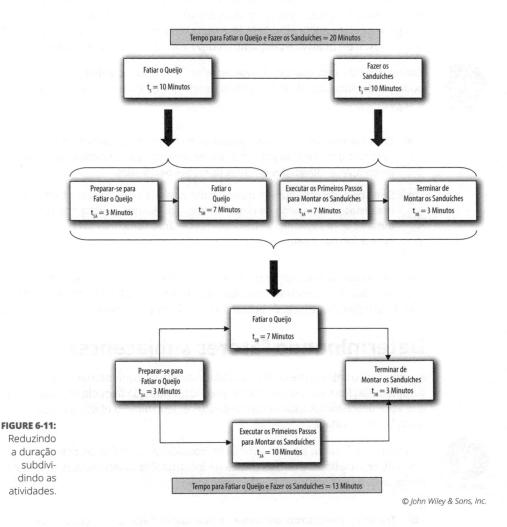

FIGURE 6-11: Reduzindo a duração subdividindo as atividades.

© John Wiley & Sons, Inc.

Como a Figura 6-11 ilustra, o tempo total para fatiar o queijo e preparar os sanduíches é de 3 minutos mais 7 mais 3, para um total de 13 minutos. **Nota:** O tempo total da atividade original de fatiar o queijo ainda é de dez minutos (três minutos para preparar e sete para fatiar) e o tempo total da atividade original de montar os sanduíches também ainda é de dez minutos (sete para os passos iniciais e três para finalizar). Mas, subdividindo as atividades e cronometrando-as nos mínimos detalhes, você pode completá-las em 13 minutos, em vez de em 20.

Estimando a Duração das Atividades

Uma *estimativa de duração* lhe confere a melhor noção de quanto tempo você precisa para realmente executar uma atividade. A estimativa não é de quanto tempo você quer que a atividade leve ou quanto tempo alguém lhe diz que ela deve levar; a estimativa é de quanto tempo você acha que ela realmente levará.

Estimativas de duração excessivamente otimistas ou irrealisticamente curtas podem fazer uma atividade levar mais tempo que o necessário pelas duas razões a seguir:

> » Como as estimativas irrealistas parecem cumprir seus alvos de cronograma, você não busca estratégias alternativas realistas que aumentem as chances de completar atividades em suas durações declaradas.
>
> » Se as pessoas acreditarem que as estimativas de duração são totalmente irrealistas, elas pararão de tentar cumpri-las. Quando atrasos ocorrerem durante uma atividade, as pessoas os aceitarão como inevitáveis, em vez de buscar formas de superá-los.

Esta seção analisa mais de perto o que você precisa para estimar a duração de uma atividade com precisão, incluindo uma compreensão dos componentes da atividade e dos processos, e recursos necessários para apoiar esses processos.

Determinando fatores subjacentes

A composição subjacente de uma atividade determina quanto tempo levará para completá-la. Portanto, estimar com precisão a duração daquela atividade exige que você descreva seus diferentes aspectos e determine o efeito de cada um na duração da atividade.

Ao estimar a duração de uma atividade, considere experiências passadas, opiniões de especialistas e outras fontes de informações disponíveis para esclarecer os seguintes componentes da atividade:

> » **Trabalho executado por pessoas:** Atividades físicas e mentais que as pessoas executam, como escrever um relatório, montar um equipamento e pensar em ideias para uma campanha publicitária.
>
> » **Trabalho executado por recursos não humanos:** Atividades que computadores e outras máquinas executam, como testar softwares em um computador e imprimir um relatório em uma copiadora de alta velocidade.
>
> » **Processos físicos:** Reações físicas ou químicas, como endurecimento de concreto, secagem de tinta e reações químicas em um laboratório.

> **Atrasos de tempo:** Tempo durante o qual nada acontece, como precisar reservar uma sala de reuniões duas semanas antes da reunião. (Atrasos de tempo são geralmente devidos à indisponibilidade de recursos.)

Considerando características de recursos

Conhecer os tipos de recursos que uma atividade exige melhora sua estimativa de duração da atividade. Por exemplo, nem todas as copiadoras geram cópias na mesma velocidade. Especificar as características da copiadora exata que você usará para fazer cópias melhora a estimativa de duração da atividade.

Pra dar apoio ao trabalho de projeto, você pode precisar dos seguintes tipos de recursos: pessoal, equipamento, instalações, matérias-primas, informações e fundos. Para cada recurso necessário, você precisa determinar sua:

> **Capacidade:** Produtividade por período de unidade de tempo.

> **Disponibilidade:** Quando um recurso estará disponível.

Por exemplo, uma copiadora que produz mil cópias por minuto pode completar uma tarefa em metade do tempo que uma que produz 500 cópias por minuto. Da mesma forma, uma grande tarefa de impressão pode levar metade do tempo se você tiver acesso a uma copiadora por quatro horas por dia, em vez de duas horas. (Veja o Capítulo 8 para saber mais informações sobre estimar as exigências de projeto para recursos não humanos.)

Descobrindo fontes de informações de suporte

O primeiro passo em direção a melhorar a precisão de sua estimativa é levar em conta os tipos corretos de informações, como determinar quanto tempo atividades similares realmente levaram no passado em vez de quanto tempo as pessoas acharam que levariam ou deveriam levar. Porém, a precisão de sua estimativa também depende da precisão das informações usadas para derivá-la.

As informações de que você precisa muitas vezes não têm uma única fonte oficial. Portanto, compare informações das seguintes fontes conforme prepara suas estimativas de duração:

> Registros históricos de quanto tempo atividades similares levaram no passado.

> Pessoas que executaram atividades similares no passado.

> Pessoas que estarão trabalhando nas atividades.

CAPÍTULO 6 **Para Quando Você Quer Este Projeto?** 153

» Especialistas familiarizados com o tipo de atividade, mesmo se não a executaram antes.

Melhorando estimativas de duração de atividades

Além de garantir dados completos e precisos, faça o seguinte para melhorar a qualidade de suas estimativas de duração (veja o Capítulo 5 para ler mais detalhes sobre como definir e descrever suas atividades de projeto):

» **Definir claramente suas atividades.** Minimize o uso de jargão técnico e descreva completamente os processos de trabalho.

» **Subdividir suas atividades até que as estimativas das atividades de nível mais baixo sejam de até duas semanas.**

» **Definir claramente pontos iniciais e finais de atividades.**

» **Envolver as pessoas que executarão uma atividade ao estimar sua duração.**

» **Minimizar o uso de fatores de correção.** Um *fator de correção* é a quantidade de tempo que você adiciona à sua melhor estimativa de duração "só por segurança". Automaticamente calcular suas estimativas finais de duração em 50% acima das iniciais é um exemplo. Fatores de correção comprometem seu planejamento de projeto pelas seguintes razões:

- O trabalho tende a se expandir para preencher o tempo alocado. Se você pode finalizar uma atividade em duas semanas, mas usa um fator de correção de 50% para indicar uma duração de três semanas, a probabilidade de terminar em menos de três semanas é quase zero.

- As pessoas usam fatores de correção para evitar estudar atividades em profundidade suficiente; como resultado, não conseguem desenvolver estratégias de desempenho viáveis.

- Membros da equipe e outros públicos do projeto perdem a fé na precisão e na viabilidade do seu plano porque sabem que você está jogando com números em vez de pensar nas atividades detalhadamente.

DICA

Não importa o quanto tente, estimar precisamente uma duração pode ser quase impossível para algumas atividades. Por exemplo, pode ser excepcionalmente difícil elaborar estimativas de duração precisas para atividades que você nunca executou antes, atividades que executará em um futuro distante e atividades com um histórico de imprevisibilidade. Nesses casos:

> » Faça a melhor estimativa que puder seguindo as abordagens e orientações desta seção.
>
> » Monitore de perto as atividades conforme seu projeto evolui para identificar detalhes que afetem sua estimativa inicial.
>
> » Reflita quaisquer mudanças em seu cronograma de projeto assim que as perceber.

Em situações nas quais você executou uma atividade muitas vezes antes e tem dados históricos sobre quanto tempo levou em cada vez, pode conseguir estimar com confiança quanto tempo ela levará da próxima vez que a executar. Em situações de menos certeza, porém, você pode escolher considerar a duração da atividade com uma variável aleatória que pode ter uma gama de valores com probabilidades diferentes.

A *program evaluation and review technique* (PERT) é uma metodologia de análise de rede que trata a duração de uma atividade como uma variável aleatória com a probabilidade de ela ter valores diferentes sendo descritos por uma distribuição beta. De acordo com as características de uma distribuição beta, você determina o *valor médio* (também chamado de *valor esperado*) da duração da atividade a partir das três seguintes estimativas de tempo:

> » **Estimativa otimista (t_o):** Se você executa a atividade 100 vezes, sua duração seria maior ou igual a este número 99 vezes.
>
> » **Estimativa mais provável (t_m):** Se você executa a atividade 100 vezes, a duração seria este número mais vezes que qualquer outro.
>
> » **Estimativa pessimista (t_p):** Se você executa essa atividade 100 vezes, sua duração seria menor ou igual a este número 99 vezes.

O valor esperado da duração (t_e) é então definido pela seguinte fórmula:

Valor esperado = $t_e = (t_o + 4t_m + t_p) \div 6$

LEMBRE-SE

Se apenas um pequeno número de atividades em sua rede é incerto, você pode determinar suas durações como iguais a seus valores esperados e determinar o caminho crítico, os tempos de início e de fim mais cedo e mais tarde, e os tempos de folga conforme descritos anteriormente neste capítulo. No entanto, se todas as atividades em sua rede são incertas, você pode escolher usar as propriedades da distribuição beta para determinar a probabilidade de que a duração do caminho crítico caia dentro de faixas específicas em algum lado do seu valor esperado.

Exibindo o Cronograma do Projeto

A menos que todas as atividades estejam em um caminho crítico, o diagrama de rede não especifica seu cronograma exato. Em vez disso, ele fornece informações para considerar ao desenvolvê-lo. Depois de selecionar suas datas reais, escolha um dos formatos mais comumente usados a seguir para apresentar seu cronograma:

» **Lista de marcos:** Uma tabela que lista marcos e as datas nas quais você planeja os atingir.

» **Lista de atividades:** Uma tabela que lista atividades e as datas nas quais você planeja as iniciar e terminar.

» **Relatório combinado de marcos e atividades:** Uma tabela que inclui datas de marcos e atividades.

» **Diagrama de Gantt (ou de barra):** Uma linha do tempo que ilustra quando cada atividade se inicia, por quanto tempo continua e quando termina.

» **Diagrama combinado de marcos e de Gantt:** Uma linha do tempo que ilustra quando as atividades se iniciam, por quanto tempo continuam, quando terminam e quando os marcos selecionados são atingidos.

A Figura 6-12 apresenta o cronograma de 45 minutos para o seu piquenique no lago (a partir da Figura 6-10, anteriormente neste capítulo) em um relatório combinado de marcos e atividades.

FIGURA 6-12: Representando o cronograma do seu piquenique no lago em um relatório combinado de marcos e atividades.

Projeto Piquenique no Lago (Solução de 45 minutos)						
Atividade/Marco			Pessoas Presentes	Data de Início (Minutos Depois do Início)	Data Final (Minutos Depois do Início)	Comentários
ID	Código EAP	Nome				
8	1.0	Projeto Iniciado	Você e Seu Amigo	0	0	Caminho Crítico
10	2.0	Preparação	Você e Seu Amigo	0	25	
2	2.1	Sacar Dinheiro	Você	0	5	
6	2.2	Abastecer	Você	0	10	Caminho Crítico
7	2.3	Fatiar o Queijo	Seu Amigo	0	10	Caminho Crítico
3	2.4	Fazer os Sanduíches	Seu Amigo	15	25	
12	3.0	Prontos para Carregar o Carro	Você e Seu Amigo	10	10	Caminho Crítico
5	4.0	Dedidir qual Lago	Você e Seu Amigo	10	12	
13	5.0	Prontos para Viajar	Você e Seu Amigo	15	15	Caminho Crítico
11	6.0	Viajar	Você e Seu Amigo	10	45	
1	6.1	Carregar o Carro	Você e Seu Amigo	10	15	Caminho Crítico
4	6.2	Dirigir até o Lago	Você e Seu Amigo	15	45	Caminho Crítico
9	7.0	Projeto Concluído (Chegada ao Lago)	Você e Seu Amigo	45	45	Caminho Crítico

Nota: Marcos e atividades do caminho crítico estão destacados em negrito.

© John Wiley & Sons, Inc.

156   PARTE 2 **Planejando o Tempo: Quando e Quanto**

Você pode combinar dois ou mais formatos em uma única demonstração. A Figura 6-13 ilustra uma EAP, uma matriz de atribuição de responsabilidades (veja o Capítulo 11) e um diagrama de Gantt combinados para o exemplo do piquenique no lago. Além de precisar de menos papelada para ser preparada e ser mais fácil de atualizar e manter do que documentos separados, uma exibição combinada lhe oferece mais insights sobre o plano, apresentando dois ou mais aspectos juntos para comparação imediata.

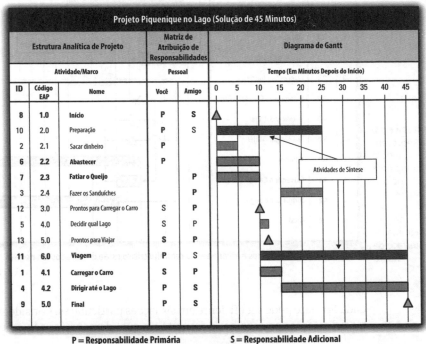

FIGURA 6-13: Representando o cronograma do seu piquenique no lago e uma EAP, uma matriz de atribuição de responsabilidades e um diagrama de Gantt.

© John Wiley & Sons, Inc.

Você também pode escolher demonstrar seu cronograma de projeto com um diagrama de interface de Gantt. Além de incluir todas as informações encontradas em um diagrama de Gantt simples, o diagrama de interface de Gantt representa as dependências entre atividades e marcos do projeto com setas desenhadas entre as barras. O cronograma de 45 minutos do piquenique no lago é apresentado na Figura 6-14 com um diagrama de interface de Gantt.

CAPÍTULO 6 **Para Quando Você Quer Este Projeto?** 157

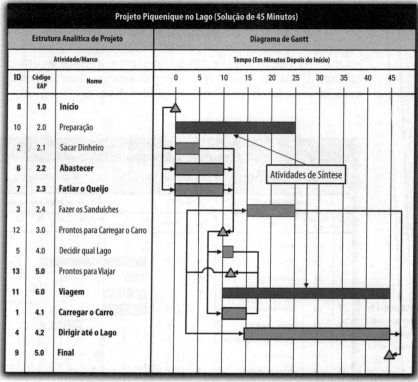

FIGURA 6-14: Representando o cronograma do seu piquenique no lago em um diagrama de interface de Gantt.

Marcos e atividades do caminho crítico estão destacados em negrito

© John Wiley & Sons, Inc.

Cada formato pode ser eficiente em situações particulares. Considere as seguintes orientações ao escolher o formato no qual demonstrar seu cronograma:

» Listas de marcos e atividades são mais eficientes para indicar datas específicas.

» O diagrama de Gantt oferece uma imagem mais clara das durações relativas das atividades e dos tempos quando eles se sobrepõem.

» O diagrama de Gantt oferece uma melhor visão geral de alto nível do projeto.

» O diagrama de interface de Gantt tem todos os benefícios do diagrama de Gantt simples e ilustra a ordem na qual as atividades são executadas.

Relacionando Este Capítulo ao Exame PMP e aos Guias PMBOK 5 e 6

A Tabela 6-4 registra tópicos deste capítulo que podem ser abordados no exame de certificação PMP e que também estão inclusos nas 5ª e 6ª edições de *Um Guia do Conhecimento em Gerenciamento de Projetos (Guias PMBOK 5 e 6)*.

TABELA 6-4 **Tópicos do Capítulo 6 Relacionados ao Exame PMP e aos *Guias PMBOK 5 e 6***

Tópico	Localização Neste Capítulo	Localização nos Guias PMBOK 5 e 6	Comentários
Definição de diagrama de rede	"Imagine Só: Ilustrando um Plano de Trabalho com um Diagrama de Rede"	6.3.2. Sequenciar Atividades: Ferramentas e Técnicas	Os termos e discussões neste livro são os mesmos que aqueles no *Guia PMBOK 6*.
Leitura e interpretação de um diagrama de rede	"Analisando um Diagrama de Rede"	6.6.2.2. Método do Caminho Crítico	Os termos e abordagens relacionados a este tópico neste livro são os mesmo que aqueles no *Guia PMBOK 6*.
Compreensão da precedência	"Determinando precedência"	6.6.2.2. Método do Caminho Crítico	A definição e a discussão deste tópico incluídas neste livro são as mesmas das do *Guia PMBOK 6*.
Desenvolvimento do cronograma	"Desenvolvendo o Cronograma do Projeto"	6.6.2. Desenvolver o Cronograma: Ferramentas e Técnicas	As definições e discussões de termos e abordagens usadas neste livro são similares àquelas no *Guia PMBOK 6*.
Estimativa da duração	"Estimando a Duração das Atividades"	6.5. Estimar as Durações de Atividades	As definições e as discussões de termos usados neste livro são similares àquelas no *Guia PMBOK 6*.
Exibição do cronograma	"Exibindo o Cronograma do Projeto"	6.5.3.1. Estimativas das Durações das Atividades	A definição e as discussões das ferramentas neste livro são as mesmas que aquelas no *Guia PMBOK 6*.

CAPÍTULO 6 **Para Quando Você Quer Este Projeto?** 159

160   PARTE 2 Planejando o Tempo: Quando e Quanto

NESTE CAPÍTULO

» Focando as habilidades das pessoas primeiro

» Planejando precisamente as necessidades de pessoal do projeto

» Atingindo um equilíbrio entre todos os seus compromissos de recursos

Capítulo **7**

Estabelecendo Quem, por Quanto Tempo e Quando

Eu me lembro de ler a seguinte declaração de um gerente de projetos estressado: "Fizemos tanto com tão pouco, por tanto tempo, que eles agora esperam que façamos tudo com nada!"

É claro, a verdade é que não se pode fazer tudo por nada; tudo tem um preço. Você vive em um mundo de recursos limitados e não tem tempo suficiente, o que significa que sempre há mais trabalho para fazer do que o tempo e os recursos disponíveis permitem. Porém, determinar cuidadosamente o número e as características do pessoal necessário para executar seu projeto e quando vai precisar deles aumenta as chances de ter êxito, permitindo que você faça o seguinte:

» Assegurar-se de que as pessoas mais qualificadas disponíveis estão designadas para as respectivas tarefas.

> Explicar de forma mais efetiva a membros da equipe que contribuição você está pedindo deles no projeto.

> Desenvolver cronogramas mais precisos e realistas.

> Garantir que as pessoas estarão disponíveis quando forem necessárias.

> Monitorar gastos de recursos para identificar e tratar de possíveis excessos ou carências.

Algumas empresas têm procedimentos que exigem que você detalhe e monitore cada recurso em cada projeto. Outras não planejam ou monitoram formalmente os recursos de projeto. No entanto, mesmo se sua empresa não exigir que você planeje os recursos de que precisa e monitore seu uso, fazê-lo será precioso para o sucesso do projeto.

Este capítulo ajuda a descobrir de quem você precisa em seu projeto, quando e por quanto tempo. Também discute como identificar e gerenciar demandas conflitantes pelo tempo das pessoas.

Conseguindo a Informação Necessária para Associar Pessoas a Tarefas

O sucesso do projeto está em sua habilidade de conseguir a ajuda de pessoas adequadamente qualificadas para executar as tarefas que lhe cabem. Além da disponibilidade da pessoa, sua habilidade de executar uma tarefa é determinada por:

> **Sua competência:** Habilidade de fazer algo bem.

> **Seu conhecimento:** Familiaridade, consciência ou compreensão de fatos ou princípios sobre um assunto.

> **Seu interesse:** Curiosidade ou preocupação com algo.

Ter as competências e o conhecimento necessários significa que você é capaz de executar uma tarefa. Além disso, estar interessado nela aumenta as chances de que aplicará suas competências e conhecimento para realmente completá-la com sucesso.

O nível de habilidades e conhecimento necessários para executar uma atividade com sucesso depende de alguns fatores, como se você trabalha sob a orientação e direção de alguém, de forma independente ou se está gerindo outros que estão aplicando suas competências e conhecimentos.

162   PARTE 2 **Planejando o Tempo: Quando e Quanto**

Como descobrirá nas seções a seguir, conseguir pessoas adequadamente qualificadas para executar as atividades do projeto implica:

>> Determinar competências e conhecimento que cada atividade exige.

>> Confirmar que as pessoas designadas para essas atividades têm as competências e os conhecimentos necessários, e que estão genuinamente interessadas em trabalhar em suas atribuições.

Decidindo quais competências e conhecimentos a equipe deve ter

Para começar a decidir as competências e os conhecimentos que as pessoas devem ter para o projeto, obtenha a lista completa de todas as suas atividades. Especifique-as decompondo todos os pacotes de trabalho na estrutura analítica do projeto (EAP) em ações individuais necessárias para completá-los. (Pacotes de trabalho são os componentes de nível mais baixo em uma EAP.)

DICA

Você encontra informações para ajudá-lo a completar essa tarefa no dicionário da EAP do projeto; atividades de projeto e suas características importantes — como nome e código identificador únicos, duração, predecessores e sucessores — são identificadas e descritas nesse documento. (Veja o Capítulo 5 para ler detalhes sobre dicionários de EAP e decomposição.)

Depois, determine as exigências de competências e conhecimentos de cada atividade revisando suas descrições e consultando especialistas no assunto, seu departamento de recursos humanos e pessoas que trabalharam em projetos e atividades similares no passado.

DICA

Sempre que possível, use nomes e descrições de competências e conhecimentos que são geralmente usados e compreendidos por pessoas envolvidas em projetos como o seu e em descrições de competências e conhecimentos de pessoas que serão consideradas potenciais candidatas a atuar no projeto.

Como você pedirá a gerentes funcionais e a outros na empresa para designar pessoal com as competências e os conhecimentos adequados ao projeto, deve perguntar a essas pessoas, antes de preparar sua lista, quais orientações (se houver) elas ou a empresa usam atualmente para descrever competências e conhecimentos de pessoal. Então, se possível, você pode usar o mesmo esquema ou um similar para descrever as exigências que o projeto faz de competências e conhecimentos para tornar mais fácil que os gerentes identifiquem pessoas apropriadamente qualificadas face a essas exigências.

DICA

Um *registro de competências e conhecimento* é uma lista de áreas de competências e conhecimentos tipicamente necessárias para executar atividades em um ambiente particular. Por exemplo, você pode ter tais registros para diferentes

CAPÍTULO 7 **Estabelecendo Quem, por Quanto Tempo e Quando**   163

unidades organizacionais (como recursos humanos, finanças ou fabricação) ou para diferentes disciplinas (como engenharia, química ou direito). Esses registros podem ser preparados por associações profissionais, instituições educacionais, organizações empresariais ou entidades governamentais.

Se sua empresa não tiver um registro de competências e conhecimentos em uma ou mais áreas, você pode considerar ajudar a desenvolver um.

Um formato possível de um registro de competências e conhecimentos que contém todas as atividades executadas no Projeto A em sua empresa é apresentado na Figura 7-1. A coluna da esquerda contém o código identificador da competência ou conhecimento necessário (a figura contém competências classificadas como C1 para Competências #1 e daí em diante, e áreas de conhecimento classificadas como K1 para Área de conhecimento #1 e daí em diante), e as duas colunas seguintes contêm o nome e uma breve explicação de cada uma das áreas de competências e conhecimentos listadas.

FIGURA 7-1:
Listando competências e conhecimentos que podem ser necessários para executar atividades em sua empresa em um registro de competências e conhecimentos.

Registro de Competências e Conhecimentos para (Sua Empresa)		
Competências		
No.	**Nome**	**Descrição**
C1		
C2		
C3		
⋮		
Conhecimentos		
No.	**Nome**	**Descrição**
K1		
K2		
K3		
⋮		

© John Wiley & Sons, Inc.

164   PARTE 2 **Planejando o Tempo: Quando e Quanto**

A Figura 7-2 traz uma amostra de uma lista de requisitos de competências e conhecimentos para um projeto. O registro de competências e conhecimentos contém uma única entrada para cada área de competência e conhecimento necessária para executar uma ou mais atividades no projeto. Porém, a lista inclui todas as áreas que são essenciais para executar cada atividade no projeto. Por exemplo, se a competência de criação de questionários é fundamental para executar cinco diferentes atividades em um projeto, deve ser listada separadamente cinco vezes na lista de exigências do projeto. No entanto, deve ser listada apenas uma vez no registro.

FIGURA 7-2: Demonstrando as competências e os conhecimentos necessários para executar as atividades em [Nome do Projeto] em uma lista de competências e conhecimentos.

Lista de Exigências de Competências e Conhecimentos				
Número do Projeto	**Nome do Projeto**			
Pacote de Trabalho	**Competência ou Conhecimento Exigido**			
	No.	**Nome**	**Proficiência**	**Comentários**
1.1.1.	C4	Criação de Questionários	(3, 2)	
	C13			
	K5			
1.1.2.1.	C6			
1.1.2.2.	C7			
	K4			
⋮	⋮	⋮	⋮	⋮

Nível de proficiência expresso como (X, Y), no qual:

X = Nível de competência ou conhecimento que a pessoa deve ter
Y = Nível de supervisão que a pessoa exige ao aplicar a competência ou conhecimento

Nível de Competência ou Conhecimento (X)

1 = Básico
2 = Intermediário
3 = Avançado

Nível de Supervisão (Y)

1 = Deve trabalhar sob supervisão
2 = Pode trabalhar de forma independente, com pouca ou nenhuma supervisão direta
3 = Pode gerenciar outros aplicando a competência ou conhecimento

© John Wiley & Sons, Inc.

LEMBRE-SE

Para a maioria das situações, você precisa saber duas informações sobre uma tarefa para determinar as qualificações que uma pessoa deve ter para executá-la:

» Os níveis exigidos de proficiência nas competências e conhecimentos necessários.

» Se a atribuição implica trabalhar sob a orientação de alguém ao aplicar as competências ou conhecimentos, trabalhar sozinho para aplicá-las ou gerenciar outros que estão aplicando as competências ou conhecimentos.

Um exemplo de um esquema que descreve esses dois aspectos de uma exigência de competências ou conhecimento é (X, Y). X é o nível exigido de proficiência na habilidade ou conhecimento, e pode ter os seguintes valores:

» 1 = exige um nível básico de proficiência
» 2 = exige um nível intermediário de proficiência
» 3 = exige um nível avançado de proficiência

Y é a quantidade de supervisão exigida ao aplicar a competência ou conhecimento, e tem os seguintes valores:

» 1 = deve trabalhar sob supervisão ao aplicar a competência ou conhecimento
» 2 = deve ser capaz de trabalhar de forma independente, com pouca ou nenhuma supervisão direta, ao aplicar a competência ou conhecimento
» 3 = deve ser capaz de gerenciar outros que estão aplicando a competência ou conhecimento

Além disso, quanto mais claramente você definir uma competência ou conhecimento, e o nível de proficiência necessário para executar uma tarefa, mais chances terá de conseguir uma pessoa qualificada para executar a tarefa.

Portanto, se você expressar a proficiência como básica, intermediária ou avançada, deve definir claramente o que cada termo significa. Como exemplo, para a competência de digitador, você pode decidir que digitar 30 palavras por minuto ou menos sem erros é um nível básico de proficiência, digitar entre 30 e 80 palavras é um nível intermediário e digitar mais de 80 palavras por minuto é um nível avançado. Sejam quais forem seus critérios para decidir se a proficiência de uma pessoa em uma competência ou conhecimento é básica, intermediária ou avançada, documente-os e disponibilize-os para todos os envolvidos em selecionar pessoas para sua equipe de projeto.

DICA

Além de oferecer uma base para designar adequadamente pessoas qualificadas a equipes de projeto, as informações sobre as competências e os conhecimento dos colaboradores possibilitam:

» **Treinamento:** A empresa pode desenvolver ou disponibilizar treinamento em áreas nas quais houver carência.

» **Desenvolvimento de carreira:** A empresa pode encorajar indivíduos a desenvolver competências e conhecimentos escassos para melhorar suas oportunidades de assumir maiores responsabilidades.

» **Recrutamento:** Os recrutadores podem buscar contratar pessoas que tenham competências que as qualificarão para necessidades específicas da função.

» **Elaboração de propostas e novos desenvolvimentos comerciais:** Propostas podem incluir informações sobre competências e conhecimento para demonstrar a capacidade da organização de executar tipos particulares de trabalho.

Representando competências, conhecimentos e interesses da equipe em uma matriz de competências

Não importa se você é capaz de influenciar quem será designado à equipe de projeto, se as pessoas são indicadas sem sua contribuição ou se você assume o papel de gerente de projetos de uma equipe já formada, é preciso confirmar competências, conhecimentos e o interesse dos integrantes.

Se você tem uma equipe que foi reunida sem considerar sua opinião sobre as capacidades necessárias para executar o trabalho de projeto, deve descobrir as competências, conhecimentos e o interesse de seus membros para poder fazer atribuições de tarefas de forma mais adequada. Se uma parte ou toda sua equipe foi escolhida em resposta a necessidades específicas de competências e conhecimentos discutidas com a diretoria da empresa, você deve documentar as competências e o conhecimento das pessoas, e verificar seus interesses, caso precise designar pessoas a tarefas que venham a surgir ou tenha que substituir alguém inesperadamente.

Uma *matriz de competências* é uma tabela que mostra a proficiência em competências e conhecimentos específicos, assim como seu interesse em trabalhar em atribuições que os exigem. A Figura 7-3 apresenta um exemplo de uma parte de uma matriz de competências. A coluna da esquerda identifica áreas de competências e conhecimentos, e a linha superior lista os nomes das pessoas. Na interseção das linhas e colunas, você identifica o nível particular de competências, conhecimentos e o interesse de cada pessoa.

A Figura 7-3 mostra que Sue tem um nível avançado de proficiência em escrita técnica e pode trabalhar de forma independente com pouca ou nenhuma supervisão. Além disso, ela é interessada em trabalhar em atribuições de escrita técnica. Ed tem um nível avançado de proficiência em investigação jurídica e é capaz de gerenciar outros envolvidos na área. No entanto, ele gostaria de não trabalhar em tarefas de investigação legal. Em vez disso, quer trabalhar em atividades de criação de questionários, mas atualmente não tem competências ou conhecimentos nessa área.

Matriz de Competências								
	Bill		Maria		Sue		Ed	
	Proficiência	Interesse	Proficiência	Interesse	Proficiência	Interesse	Proficiência	Interesse
Escrita Técnica	(0, 0)	0	(0, 0)	0	(3, 2)	1	(0, 0)	1
Investigação Jurídica	(0, 0)	1	(0, 0)	1	(0, 0)	0	(3, 3)	0
Design Gráfico	(3, 3)	1	(0, 0)	0	(0, 0)	1	(3, 3)	1
Criação de Questionários	(1, 0)	0	(0, 0)	0	(0, 0)	0	(0, 0)	1

X = Nível de competência ou conhecimento da pessoa
Y = Nível de responsabilidade da pessoa aplicando a competência ou conhecimento

FIGURA 7-3: Demonstrando as competências, conhecimentos e o interesse das pessoas em uma matriz de competências.

Nível de Competência ou Conhecimento (X)	Nível de Supervisão (Y)	Interesse
0 = Nenhum		0 = Não tem interesse em aplicar esta competência ou conhecimento
1 = Básico	1 = Deve trabalhar sob supervisão	1 = Está levemente interessado em aplicar esta competência ou conhecimento
2 = Intermediário	2 = Pode trabalhar de forma independente com pouca ou nenhuma supervisão direta	2 = Expressou forte interesse em aplicar esta competência ou conhecimento
3 = Avançado	3 = Pode gerenciar outros aplicando a competência ou conhecimento	3 = Está ativamente buscando aprender como se envolver na aplicação desta competência ou conhecimento

© John Wiley & Sons, Inc.

A propósito, você pode assumir que nunca atribuiria a Ed uma atividade de criação de questionários porque ele não tem competências ou conhecimentos relevantes. No entanto, se estiver tentando encontrar mais pessoas que podem desenvolver questionários, Ed é um excelente candidato. Como quer trabalhar nesses tipos de atribuições, muito provavelmente ele está disposto a se dedicar bastante para adquirir as competências necessárias para tal.

Siga estes passos para preparar uma matriz de competências para sua equipe:

1. Discuta com cada membro da equipe suas competências, conhecimento e interesses relacionados às atividades que o projeto envolve.

168   PARTE 2 **Planejando o Tempo: Quando e Quanto**

Explique que você busca essas informações para poder atribuir pessoas às tarefas nas quais estão mais interessadas e são qualificadas para executar.

2. **Determine qual é o nível de interesse de cada pessoa em trabalhar nas tarefas que lhes foram propostas.**

No mínimo, pergunte às pessoas se elas estão interessadas nas tarefas que lhes foram propostas. Se uma pessoa não está interessada em uma tarefa, tente descobrir por que e se você pode fazer alguma coisa para modificar a atribuição, a fim de torná-la interessante para ela.

Se uma pessoa não está interessada em uma tarefa, você pode *não perguntar* e não saber que ela não está interessada ou *perguntar* e (se receber uma resposta honesta) saber que ela não está interessada. Saber que uma pessoa não está interessada é melhor do que não saber, porque você pode considerar a possibilidade de reorganizar atribuições ou modificá-las para abordar aspectos que a pessoa não acha atraentes nelas.

3. **Consulte gerentes funcionais dos membros da equipe e/ou as pessoas que os atribuíram a seu projeto para determinar suas opiniões sobre os níveis de competências, conhecimento e interesses de cada membro da equipe.**

Você quer entender por que esses gerentes designaram determinadas pessoas ao projeto.

4. **Confira se alguma área da sua empresa já tem matrizes de competências preparadas.**

Descubra se elas representam alguma informação sobre a extensão das competências e dos conhecimentos que os membros da equipe têm que você sente que são necessários para as atividades do projeto.

5. **Incorpore todas as informações que reunir em uma matriz de competências e reveja com cada membro da equipe a parte que contém suas informações.**

Essa revisão dá a oportunidade de verificar que você registrou corretamente as informações que encontrou e dá ao membro da equipe uma chance de comentar sobre ou acrescentar algo em alguma das informações.

Estimando o Comprometimento Necessário

Apenas ter as competências e conhecimentos certos para executar uma tarefa não necessariamente garante que uma pessoa vá completá-la com sucesso.

A pessoa deve também ter tempo suficiente para executar o trabalho necessário. Esta seção fala sobre como preparar uma matriz de recursos humanos para demonstrar quanto esforço as pessoas terão que empreender para completar suas tarefas. Além disso, explica como você pode levar em conta produtividade, eficiência e disponibilidade para tornar as estimativas de trabalho-esforço mais precisas.

Usando uma matriz de recursos humanos

Planejar suas necessidades de pessoal começa com a identificação de quem você precisa e de quanto esforço eles precisam investir. Você pode usar uma matriz de recursos humanos para demonstrar essa informação (veja a Figura 7-4 para um exemplo dessa matriz). A *matriz de recursos humanos* retrata as pessoas designadas para cada atividade de projeto e o esforço de trabalho com o qual cada uma delas contribui para as atribuições.

FIGURA 7-4: Demonstrando necessidades de pessoal em uma matriz de recursos humanos.

Matriz de Recursos Humanos				
Entregável/Atividade		**Pessoal (Horas-pessoa)**		
Código EAP	**Nome**	**J. Jones**	**F. Smith**	**Analista**
2.1.1.	Criação de Questionários	32	0	24
2.1.2.	Teste Piloto de Questionário	0	40	60
2.2.1.	Instruções de Questionários	40	0	8
⋮	⋮	⋮	⋮	⋮
	Total	72	40	92

© *John Wiley & Sons, Inc.*

Esforço de trabalho ou *esforço pessoal* é o tempo real que uma pessoa gasta fazendo uma atividade. Uma hora-pessoa de esforço de trabalho é igual à quantidade de trabalho feito por uma pessoa trabalhando sem interrupções por uma hora. Você pode expressar esforço de trabalho em unidades de hora-pessoa, dias de trabalho, semanas-homem (tecnicamente correto, mas politicamente incorreto!) e daí em diante.

Esforço de trabalho é relacionado a, mas diferente de, duração. *Esforço de trabalho* é uma medida de uso de recursos; *duração* é uma medida de passagem de tempo (veja o Capítulo 6 para ler mais informações sobre duração). Considere o esforço de trabalho para completar o pacote de trabalho de criação de questionário na matriz de recursos humanos da Figura 7-4. De acordo com ela, J.

170   PARTE 2 **Planejando o Tempo: Quando e Quanto**

Jones trabalha nessa atividade 32 horas-pessoa, e um analista anônimo trabalha nisso durante 24 horas-pessoa.

Saber o esforço de trabalho necessário para completar um único pacote de trabalho, no entanto, não diz sua duração. Por exemplo, se ambas as pessoas designadas ao pacote de trabalho de criação de questionário na Figura 7-4 podem exercê-lo ao mesmo tempo, se ambas estiverem 100% comprometidas com o projeto, e se nenhum outro aspecto da tarefa precisar de tempo adicional, a atividade deve ser finalizada em quatro dias. Por estarem trabalhando simultaneamente, o mais rápido que podem terminar é em quatro dias. Porém, se alguma das pessoas estiver disponível em menos de 100% do tempo, se uma ou ambas precisarem fazer hora extra ou se uma alguém precisar finalizar seu trabalho antes que outro comece, a duração ultrapassará esses quatro dias.

Identificando o pessoal necessário em uma matriz de recursos humanos

Comece a criar a matriz de recursos humanos especificando na linha superior os diferentes tipos de pessoal de que precisa para o projeto. Você pode usar três tipos de informação para identificar pessoas que precisa ter na equipe:

> » **Competências e conhecimentos:** As competências e os conhecimentos específicos que a pessoa que fará o trabalho deve ter.
> » **Nome ou título da função:** O título da tarefa ou nome da função da pessoa que fará o trabalho.
> » **Nome:** O nome da pessoa que fará o trabalho.

Em algum momento, você vai precisar especificar todas as três informações para cada membro da equipe de projeto. No início do planejamento, tente especificar as competências e conhecimentos necessários, como *deve ser capaz de desenvolver fluxogramas de processo de trabalho* ou *deve ser capaz de usar o Microsoft PowerPoint*. Se puder identificar as competências e os conhecimentos exatos que uma pessoa deve ter para uma tarefa em particular, as chances de que a pessoa adequada seja designada são maiores.

CUIDADO

Muitas vezes, você precisa identificar pelo nome as pessoas que quer em seu projeto. A razão é simples: se trabalhou com alguém antes e ele fez um bom trabalho, você quer trabalhar de novo com ele. Esse método é ótimo para o ego daquela pessoa, mas, infelizmente, muitas vezes reduz as chances de conseguir alguém adequadamente qualificado para trabalhar no projeto. As pessoas que desenvolvem sua reputação pela excelência muitas vezes recebem mais convites para participar de projetos do que podem aceitar. Quando não especifica as competências e os conhecimentos necessários para executar o trabalho particular no projeto, o gerente — que precisa encontrar um substituto para aquela pessoa sobrecarregada — não sabe quais competências e conhecimentos a pessoa alternativa deve ter.

CUIDADO

Às vezes, você pode usar a descrição ou título da função (como especialista em operações) para identificar um recurso necessário. Fazendo isso, você assume que alguém com aquele título tem as competências e os conhecimentos necessários. Infelizmente, títulos muitas vezes são vagos, e descrições de função estão frequentemente desatualizadas. Assim, usar títulos ou descrições de funções são maneiras arriscadas de conseguir a pessoa certa para o trabalho.

Estimando o esforço de trabalho necessário

Estime o esforço que cada pessoa deve investir para cada pacote de trabalho e inclua os números nos espaços corretos na matriz de recursos humanos (veja a Figura 7-4). Conforme desenvolve suas estimativas, faça o seguinte:

» **Descreva em detalhes todo o trabalho relacionado à execução da atividade.** Inclua o trabalho direta e indiretamente relacionado:

- Exemplos de trabalho *diretamente relacionado* a uma atividade incluem escrever um relatório, encontrar clientes, executar testes em laboratório e criar um novo logo.

- Exemplos de trabalho *indiretamente relacionado* incluem receber treinamento para executar trabalho relacionado à atividade e preparar relatórios periódicos de seu progresso.

» **Considere o histórico.** O histórico não garante o desempenho futuro, mas oferece um guia para o que é possível obter. Identifique se um pacote de trabalho foi executado antes. Se foi, avalie os registros escritos para determinar o esforço empregado nele. Se não foram feitos registros por escrito, peça a pessoas que fizeram essa atividade antes que estimem o esforço que investiram.

DICA

Ao usar o histórico para embasar suas estimativas, assegure-se de que:

- As pessoas que executaram o trabalho tinham qualificações e experiências similares às das pessoas que trabalharão em seu projeto.

- As instalações, os equipamentos e a tecnologia usados eram similares àqueles que serão usados no projeto.

- O prazo era similar ao que você imaginou para o projeto.

» **Faça a pessoa que executará o trabalho participar da estimativa do esforço que será necessário.** Ter pessoas contribuindo com suas estimativas de esforço de trabalho oferece os seguintes benefícios:

- Sua compreensão da atividade aumenta.

- As estimativas são baseadas em suas competências, conhecimentos e experiências anteriores particulares, o que as torna mais precisas.
- Seu comprometimento em trabalhar com aquele nível de esforço aumenta.

LEMBRE-SE

Se você sabe quem trabalhará na atividade, faça essas pessoas participarem do planejamento inicial. Se as pessoas não se juntarem à equipe até o início ou entrarem durante o projeto, faça-as avaliar e comentar os planos que você desenvolveu. Então, atualize seu plano conforme necessário.

» **Consulte especialistas familiarizados com o tipo de trabalho que você precisa executar em seu projeto, mesmo se eles não executaram antes um trabalho exatamente igual.** Incorporar experiência e conhecimento de diferentes fontes aumenta a precisão das estimativas.

Considerando produtividade, eficiência e disponibilidade em estimativas de esforço

Não é porque uma pessoa foi designada a um projeto de tempo integral que necessariamente significa que ela pode executar o trabalho no pico de produtividade de 40 horas por semana, 52 semanas por ano. Atividades extras, pessoais e profissionais, reduzem a produtividade das pessoas. Portanto, considere cada um dos seguintes fatores ao estimar o número de horas de que as pessoas precisam para completar suas atribuições de projeto:

» **Produtividade:** Os resultados que uma pessoa produz por unidade de tempo que gasta em uma atividade. Os fatores a seguir afetam a produtividade:

- **Conhecimento e competências:** O talento bruto e a capacidade que uma pessoa tem para executar uma tarefa em particular.
- **Experiência anterior:** A familiaridade com o trabalho e com problemas típicos de uma tarefa em particular.
- **Senso de urgência:** A motivação de uma pessoa para gerar os resultados desejados dentro dos prazos estabelecidos (a urgência influencia o foco e a concentração de uma pessoa em uma atividade).
- **Habilidade de se revezar entre várias tarefas:** O nível de conforto de uma pessoa de passar para uma segunda tarefa quando chegar a um obstáculo na primeira para não ficar sentada cozinhando suas frustrações e perdendo tempo.
- **Qualidade e configuração do ambiente:** A distância e a organização dos móveis, e o equipamento de suporte que alguém usa; também devem-se considerar disponibilidade e condições do equipamento e dos recursos.

CAPÍTULO 7 **Estabelecendo Quem, por Quanto Tempo e Quando** 173

- » **Eficiência:** A proporção de tempo que uma pessoa gasta em um projeto em oposição a tarefas organizacionais que não são relacionadas a projetos específicos. Os fatores a seguir afetam a eficiência de uma pessoa:
  - **Atividades profissionais alheias ao projeto:** O tempo que uma pessoa gasta comparecendo a outras reuniões, lidando com solicitações incidentais, e lendo revistas e periódicos técnicos sobre sua área.
  - **Atividades pessoais:** O tempo que uma pessoa gasta pegando um copo de água, indo ao banheiro, organizando sua área de trabalho, conduzindo assuntos pessoais no trabalho e falando com colegas sobre tópicos não relacionados ao trabalho.

  Quanto mais tempo uma pessoa dedicar diariamente a atividades pessoais ou sem relação com o projeto, menos tempo terá para executar suas atribuições. (Confira o box "A verdade vem à tona: Como as pessoas passam o tempo". Também discuto eficiência nas duas seções a seguir.)

- » **Disponibilidade:** Quanto tempo uma pessoa está no trabalho, em oposição a ir embora. Políticas organizacionais em relação a férias, dias com atestado, feriados, folgas, dias de saúde mental, licença administrativa do funcionário, e daí em diante, definem a disponibilidade de uma pessoa.

LEMBRE-SE

Ao decidir quantas horas reservar para uma pessoa executar uma tarefa em particular, ajuste o número exigido no pico de desempenho para propiciar níveis reais de produtividade, eficiência e disponibilidade.

A VERDADE VEM À TONA: COMO AS PESSOAS PASSAM O TEMPO

Há alguns anos, li um artigo que constatou que os funcionários em geral passam uma média de quatro horas das oito de um dia de trabalho em atividades pré-planejadas e atribuições. Os entrevistadores falaram com pessoas com uma vasta gama de responsabilidades de funções de mais de 100 empresas. Em outras palavras, o funcionário típico desse estudo tem uma média de 50% de eficiência!

Desde então, encontrei várias empresas que conduziram estudos similares para suas próprias operações. Todas essas empresas descobriram que a eficiência dos trabalhadores era de aproximadamente 75%. Você pode pensar que os trabalhadores dessas empresas eram mais eficientes do que aqueles do estudo anterior; mas, na verdade, esses estudos eram tendenciosos. As pessoas pesquisadas queriam que suas empresas pensassem que estavam passando a maior parte do tempo trabalhando em atribuições de projeto, e as empresas queriam acreditar que os funcionários o faziam. Ainda assim, os estudos da empresa descobriram que as pessoas passavam cerca de 25% de cada dia fazendo outras coisas fora das atividades pré-planejadas e relacionadas aos projetos!

Avaliando a eficiência ao usar dados históricos

A maneira como considera a eficiência nas estimativas depende de se e como você monitora o esforço de trabalho. Se baseia as estimativas de esforço de trabalho em dados históricos de folhas de ponto, e se alguma das situações a seguir for verdadeira, você não precisa considerar uma medida separada para a eficiência:

» **Suas folhas de ponto têm uma ou mais categorias para mostrar gastos de tempo em trabalho não específico de projetos *e* as pessoas registram precisamente o tempo real gasto em suas diferentes atividades.** Nesse caso, os dados históricos representam o número de horas real que as pessoas trabalharam na atividade no passado. Assim, você pode confortavelmente usar os números de suas folhas de ponto para estimar o nível real de esforço que essa atividade exigirá no futuro, contanto que as pessoas continuem registrando em categorias separadas as horas gastas em atividades não relacionadas a projetos.

» **Suas folhas de ponto não têm categorias para registrar o tempo gasto em atividades não específicas de projetos. Porém, você registra precisamente (por atividade) o tempo gasto em atividades relacionadas a projetos e divide de maneira consistente seu trabalho não específico de projeto entre as atividades de projeto disponíveis.** Nesse caso, os dados históricos retratam o número de horas que as pessoas *registraram* gastar na atividade no passado, o que inclui o tempo que realmente gastaram na atividade e uma parte do tempo total que gastaram em trabalhos alheios ao projeto.

Novamente, se as práticas de registro das horas das pessoas não mudaram, você pode usar esses números para estimar as horas que as pessoas registrarão estarem fazendo a mesma atividade no futuro.

CUIDADO

Quando controladas adequadamente, as folhas de ponto são a fonte mais confiável de experiências passadas. Porém, as seguintes práticas podem tornar os dados nelas imprecisos:

» Não é permitido que as pessoas registrem horas extras, então algumas horas realmente gastas em uma atividade podem nunca ser conhecidas.

» As pessoas completam suas folhas de ponto para um período muitos dias antes que o período termine, então devem supor como serão suas alocações de tempo para vários dias que ainda virão.

> » As pessoas copiam estimativas de esforço de trabalho do plano de projeto em suas folhas de ponto a cada período, em vez de registrarem o número real de horas gastas.

Se alguma dessas situações existe em sua empresa, não use dados históricos de folhas de ponto para basear suas estimativas de esforço de trabalho para o projeto atual. Em vez disso, use uma ou mais das abordagens discutidas na seção anterior, "Estimando o esforço de trabalho necessário".

Contabilizando eficiência em estimativas de esforço de trabalho

Se você baseia estimativas de esforço de trabalho nas opiniões de pessoas que executarão ou executaram atividades similares no passado em vez de em registros históricos, precisa considerar uma medida de eficiência.

Primeiramente, peça à pessoa da qual está obtendo informações que estime o esforço de trabalho necessário, assumindo que ela trabalhe com 100% de eficiência. (Em outras palavras, peça-lhe para não se preocupar com interrupções normais durante o dia, ter que trabalhar em várias tarefas ao mesmo tempo e daí em diante.) Então, modifique a estimativa para representar a eficiência fazendo o seguinte:

> » Se a pessoa for usar uma folha de ponto que tenha uma ou mais categorias para trabalho não específico de projeto, use sua estimativa de esforço de trabalho original.

> » Se a pessoa for usar uma folha de ponto que não tenha categorias para registrar trabalhos alheios ao projeto, acrescente uma quantidade adicional à estimativa original para contabilizar sua eficiência.

Como exemplo, suponha que uma pessoa estime que precisa de 30 horas-pessoa para executar uma tarefa (se puder ser 100% eficiente) e suas folhas de ponto não têm categorias para registrar trabalho não específico de projeto. Se você estimar que ela trabalhará em 75% de eficiência, permita-lhe incluir 40 horas-pessoa a seu projeto para completar a tarefa. (75% de 40 horas-pessoa são 30 horas-pessoa — a quantidade de que você realmente precisa.)

Não considerar a eficiência ao estimar e avaliar o esforço de trabalho de projeto pode levar a conclusões incorretas sobre o desempenho da pessoa. Suponha que seu chefe lhe atribua um projeto na segunda-feira de manhã. Ele diz que o projeto levará cerca de 40 horas-pessoa, mas que realmente precisa dele no encerramento das operações de sexta-feira. Você trabalha intensamente a semana toda e termina a tarefa no encerramento das operações de sexta-feira. No processo, registra 55 horas para o projeto em sua folha de ponto.

Se seu chefe não perceber que sua estimativa inicial de 40 horas-pessoa era baseada em você trabalhando a 100% de eficiência, pensará que você levou 15 horas a mais do que deveria. Por outro lado, se seu chefe reconhecer que 55 horas-pessoa *na tarefa* se traduzem em aproximadamente 40 horas-pessoa de trabalho *em tarefas específicas do projeto*, ele apreciará você ter investido esse esforço extra para cumprir o prazo agressivo.

LEMBRE-SE

Embora seu desempenho seja o mesmo, ignorar o impacto da eficiência faz você parecer menos capaz, enquanto considerá-lo corretamente faz você parecer intensamente dedicado.

Quanto mais tempo estiver envolvido em uma atribuição, mais importantes a eficiência e a disponibilidade se tornam. Suponha que você resolva dedicar uma hora em uma atribuição. Você pode razoavelmente perceber que sua disponibilidade e sua eficiência são de 100%; então, cobre de seu projeto uma hora pela atribuição. Se precisa dedicar seis horas a uma atribuição, você pode perceber que sua disponibilidade é de 100%, mas deve considerar uma eficiência de 75% (ou um número similar de planejamento). Portanto, cobre um dia de trabalho (oito horas) para garantir que pode dedicar seis horas à atribuição.

No entanto, se planeja dedicar um mês ou mais à atribuição, você provavelmente tirará alguns dias de folga durante esse tempo. Embora seu orçamento de projeto não tenha que pagar por suas férias anuais ou licença médica, assuma eficiência e disponibilidade de 75% (2.080 horas totais em um ano, divididas por 12 meses, multiplicado por 0,75, multiplicado por 0,75).

Os números da Tabela 7-1 ilustram horas-pessoa produtivas disponíveis em diferentes níveis de eficiência e disponibilidade. Se sua organização usa outros níveis de eficiência e disponibilidade, desenvolva os próprios números de planejamento.

TABELA 7-1 **Horas-Pessoa Disponíveis para Trabalho de Projeto**

	Horas-Pessoa Produtivas Disponíveis		
	100% de Eficiência, 100% de Disponibilidade	75% de Eficiência, 100% de Disponibilidade	75% de Eficiência, 75% de Disponibilidade
1 dia-pessoa	8	6	4,5
1 semana-pessoa	40	30	22,5
1 mês-pessoa	173	130	98
1 ano-pessoa	2.080	1.560	1.170

DICA

Além de demonstrar a influência da eficiência e da disponibilidade, melhore a precisão de suas estimativas de esforço de trabalho fazendo o seguinte:

CAPÍTULO 7 **Estabelecendo Quem, por Quanto Tempo e Quando**

» **Defina claramente seus pacotes de trabalho.** Minimize o uso de jargões técnicos e descreva processos associados de trabalho (veja o Capítulo 5 para saber mais detalhes).

» **Subdivida o trabalho.** Faça isso até estimar que suas atividades de nível mais baixo levarão duas semanas-pessoa ou menos.

» **Atualize estimativas de esforço de trabalho quando a equipe de projeto ou as atribuições de atividades mudarem.**

Fazendo os Membros da Equipe Cumprirem Seus Compromissos

Se você trabalha apenas em uma atividade por vez, é fácil determinar quando está sobrecarregado. Mas suponha que planeje trabalhar em várias atividades que se sobrepõem parcialmente durante um período em particular. Você deve decidir quando trabalhar em cada atividade para ver se ser multitarefas o deixou sobrecarregado.

Esta seção mostra como organizar seu esforço de trabalho para uma tarefa, como identificar a sobrecarga de recursos e como resolvê-la.

Planejando suas alocações iniciais

O primeiro passo para conseguir lidar com todos os seus compromissos de projeto é decidir quando trabalhará em cada atividade. Se o plano inicial incluir trabalhar em mais de uma atividade ao mesmo tempo, sua próxima tarefa é determinar o nível total de esforço que precisará dedicar a cada período de tempo para cumprir seus vários compromissos.

Comece planejando sua carga de trabalho ao desenvolver:

» Uma matriz de recursos humanos (veja a seção anterior, "Usando uma matriz de recursos humanos", para ler mais informações).

» Um gráfico ou tabela carga-pessoa para cada indivíduo na matriz de recursos humanos.

Um *gráfico carga-pessoa* (também chamado de *histograma de recursos*) é um gráfico de barras que retrata o nível de esforço de trabalho que você gastará a cada dia, semana ou mês em uma atividade. Uma *tabela carga-pessoa* apresenta as mesmas informações, mas em formato de tabela. O formato de gráfico destaca picos, vales e sobrecargas mais efetivamente, enquanto o formato de tabela apresenta quantidades de esforço de trabalho exatas mais claramente. Prepare uma tabela ou um gráfico carga-pessoa para cada membro da equipe.

Suponha que planeje trabalhar nas Atividades 1, 2 e 3 de um projeto. A Tabela 7-2 mostra que a Atividade 1 está programada para durar três semanas; a Atividade 2, duas semanas; e a Atividade 3, três semanas. A Tabela 7-2 também mostra que você estima que gastará 60 horas-pessoa na Atividade 1 (50% do seu tempo disponível no período de três semana da tarefa), 40 horas-pessoa na Atividade 1 (50% do seu tempo disponível no período de duas semanas da tarefa) e 30 horas-pessoa na Atividade 3 (50% do seu tempo disponível no período de três semanas). (Considere que você já incluiu a eficiência nessas estimativas; veja a seção anterior, "Estimando o Comprometimento Necessário" para ler mais sobre eficiência.) Se não precisa trabalhar em mais de uma atividade por vez, você não deve ter problemas para completar cada uma das três atribuições.

TABELA 7-2 **Duração e Esforço de Trabalho Planejados para Três Atividades**

Atividade	Duração (Em Semanas)	Esforço de Trabalho (Em Horas-Pessoa)
Atividade 1	3	60
Atividade 2	2	40
Atividade 3	3	30

O diagrama de Gantt, na Figura 7-5, ilustra seu cronograma inicial para completar essas três atividades (confira o Capítulo 6 para saber mais sobre diagramas de Gantt). Porém, em vez de explicitar seu trabalho nessas atividades uma de cada vez, esse cronograma inicial traz seu trabalho nas Atividades 1 e 2 na semana 2 e em todas as três atividades na semana 3. Você precisa decidir quanto esforço colocará a cada semana em cada uma das três tarefas para ver se consegue trabalhar em todas as três atividades como estão atualmente programadas.

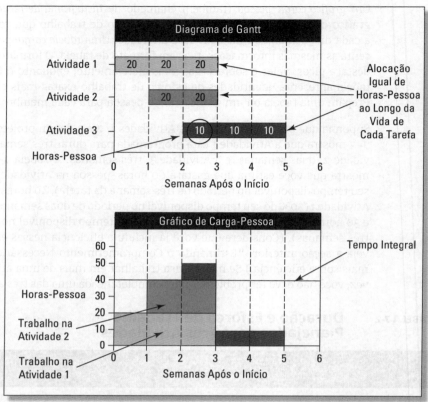

FIGURA 7-5: Planejando trabalhar em várias atividades no mesmo período de tempo.

© John Wiley & Sons, Inc.

Como ponto de partida, assuma que você dividirá seu tempo de maneira uniforme ao longo da vida de cada atividade. Isso significa que você trabalhará 20 horas por semana na Atividade 1 durante as semanas 1, 2 e 3; 20 horas por semana na Atividade 2 durante as semanas 2 e 3; e 10 horas por semana na Atividade 3 durante as semanas 3, 4 e 5, como ilustrado no diagrama de Gantt, na Figura 7-5.

Determine o esforço total que você terá que dedicar ao projeto geral a cada semana adicionando as horas-pessoa que gastará em cada tarefa por semana:

» Na semana 1, você trabalhará 20 horas-pessoa na Atividade 1 para um comprometimento total com o projeto de 20 horas-pessoa.

» Na semana 2, você trabalhará 20 horas-pessoa na Atividade 1 e 20 horas--pessoa na Atividade 2 para um comprometimento total com o projeto de 40 horas-pessoa.

» Na semana 3, você trabalhará 20 horas-pessoa na Atividade 1, 20 horas-pessoa na Atividade 2 e 10 horas-pessoa na Atividade 3 para um comprometimento total com o projeto de 50 horas-pessoa.

» Nas semanas 4 e 5, você trabalhará 10 horas-pessoa na Atividade 3 para um comprometimento total com o projeto de 10 horas-pessoa a cada semana.

O gráfico carga–pessoa, na Figura 7–5, mostra esses compromissos. Uma análise rápida revela que esse plano inclui você trabalhar 10 horas extras na semana 3. Se estiver confortável com trabalhar essas horas extras, esse plano funciona. Se não estiver, você precisa elaborar uma estratégia alternativa para reduzir seus compromissos na semana 3 (veja a próxima seção para saber como fazer isso).

Resolvendo potenciais sobrecargas de recursos

Se não mudar suas alocações de tempo para as Atividades 1, 2 e/ou 3, e estiver disposto a trabalhar apenas um total de 40 horas–pessoa na semana 3, você acabará gastando menos que o número de horas que planejou para uma ou mais das atividades. Dessa forma, considere uma ou mais das seguintes estratégias para eliminar sua sobrecarga:

» **Aloque seu tempo de forma desigual ao longo da duração de uma ou mais atividades.** Em vez de gastar o mesmo número de horas em uma atividade toda semana, planeje gastar mais horas em algumas semanas do que em outras.

Suponha que tenha escolhido dedicar mais horas ao longo da duração da Atividade 1, aumentando seu comprometimento em 10 horas na primeira semana e reduzindo-o em 10 horas na terceira semana, como ilustrado no diagrama de Gantt, na Figura 7-6. O gráfico carga-pessoa, na Figura 7-6, ilustra como essa distribuição remove sua sobrecarga na semana 3.

CAPÍTULO 7 **Estabelecendo Quem, por Quanto Tempo e Quando** 181

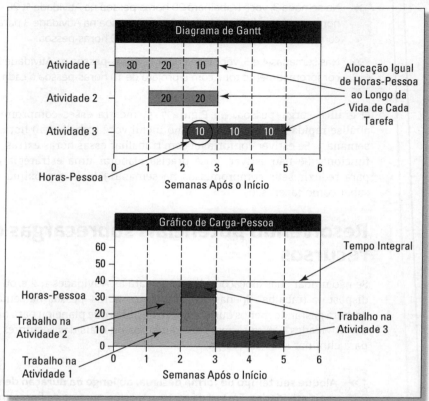

FIGURA 7-6: Eliminando uma sobrecarga de recursos ao mudar a alocação de horas ao longo da vida da atividade.

© John Wiley & Sons, Inc.

» **Tire vantagem de qualquer tempo de folga que possa existir em suas atividades atribuídas.** O *tempo de folga* é o máximo de tempo que você pode adiar uma atividade sem atrasar a data mais cedo na qual deve finalizar o projeto todo.

A Figura 7-7 mostra que, se a Atividade 3 tiver pelo menos uma semana de tempo de folga restante depois de sua data final atual planejada, você pode antecipar suas datas de início e final em uma semana e reduzir o número de horas-pessoa que programará para trabalhar nas Atividades 1, 2 e 3 durante a semana 3 de 50 para 40, eliminando, assim, sua sobrecarga. Embora fazer isso signifique que levará seis semanas para concluir as Atividades 1, 2 e 3 em vez de cinco, o fato de que a semana um, em que você atrasou a Atividade 2, era tempo de folga significa que o tempo total para concluir o projeto permanece o mesmo. (Veja o Capítulo 6 para ler uma discussão detalhada sobre tempo de folga.)

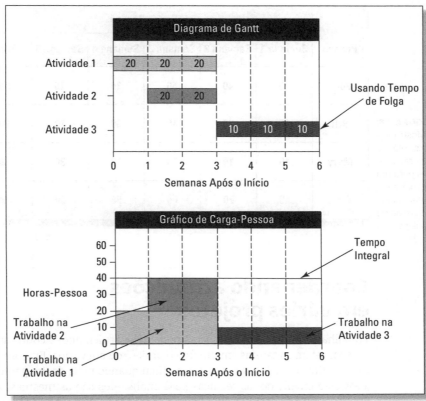

FIGURA 7-7: Eliminando uma sobrecarga de recurso mudando as datas de início e de fim de uma atividade com tempo de folga.

© John Wiley & Sons, Inc.

> » **Atribua um pouco do trabalho que estiver planejando fazer na semana 3 para outra pessoa atualmente no projeto, para um membro recém-atribuído da equipe ou para um fornecedor ou prestador de serviços externo.** Reatribuir 10 horas-pessoa do trabalho na semana 3 remove a sobrecarga.

Mostre o total de horas que cada pessoa gastará no projeto em uma *tabela resumida de carga-pessoa*, que demonstra o número total de horas-pessoa programadas para cada membro da equipe gastar no projeto a cada semana (veja a Figura 7-8). Essa tabela permite fazer o seguinte:

> » Identificar quem pode estar disponível para dividir as atribuições das pessoas sobrecarregadas.

> » Determinar o orçamento de pessoal para o projeto multiplicando o número de horas-pessoa que as pessoas trabalham no projeto por suas taxas ponderadas de trabalho. (Veja o Capítulo 8 para ler mais informações sobre definir taxas de trabalho.)

CAPÍTULO 7 **Estabelecendo Quem, por Quanto Tempo e Quando**   183

	Horas-Pessoa					
Pessoa	**Semana 1**	**Semana 2**	**Semana 3**	**Semana 4**	**Semana 5**	**Total**
Você	20	40	50	10	10	130
Bill	10	20	10	30	10	80
Mary	15	10	20	10	30	85
Total	45	70	80	50	50	295

FIGURA 7-8: Mostrando o total de horas-pessoa para um projeto em uma tabela resumida de carga-pessoa.

© John Wiley & Sons, Inc.

Coordenando atribuições em vários projetos

Trabalhar em tarefas sobrepostas pode delegar demandas conflitantes a uma pessoa, sejam as tarefas em um único projeto ou em vários. Embora tratar desses conflitos com sucesso seja mais difícil quando mais de um gerente de projetos está envolvido, as técnicas para analisá-los são as mesmas, seja você o único gerente de projetos envolvido ou apenas um de muitos. Esta seção ilustra como você pode usar as técnicas e demonstra a partir das seções anteriores como resolver conflitos que surgem ao se trabalhar em dois ou mais projetos ao mesmo tempo.

Em geral, as pessoas em qualquer de suas equipes de projeto podem ser designadas a outros projetos que você está gerenciando ou a projetos de outros gerentes. Se tabelas resumidas de carga-pessoa estiverem disponíveis para cada projeto ao qual seu pessoal é indicado, você consegue gerenciar os compromissos de recursos totais de cada pessoa combinando as informações das tabelas resumidas de carga-pessoa dos projetos com uma tabela geral resumida.

A Figura 7-9 ilustra uma tabela geral resumida de carga-pessoa que mostra os compromissos para cada pessoa em uma ou mais de suas equipes de projeto. Esta tabela (intitulada "Todos os Projetos") é derivada de tabelas do mesmo tipo para cada um dos membros de equipe dos seus projetos.

A Figura 7-9 indica que você está atualmente programado para trabalhar nos Projetos A, B e C em fevereiro por 40, 20 e 40 horas-pessoa, respectivamente. Alguém solicita que você trabalhe no Projeto D por 80 horas-pessoa em fevereiro.

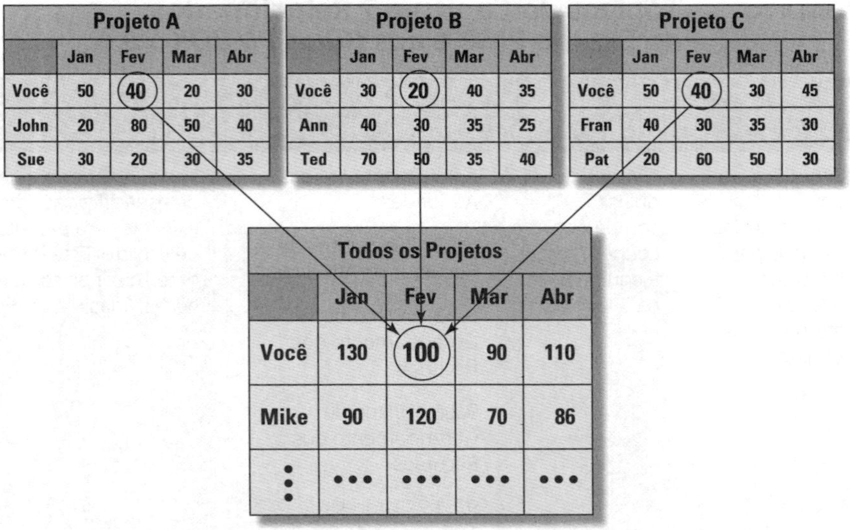

Projeto A				
	Jan	Fev	Mar	Abr
Você	50	40	20	30
John	20	80	50	40
Sue	30	20	30	35

Projeto B				
	Jan	Fev	Mar	Abr
Você	30	20	40	35
Ann	40	30	35	25
Ted	70	50	35	40

Projeto C				
	Jan	Fev	Mar	Abr
Você	50	40	30	45
Fran	40	30	35	30
Pat	20	60	50	30

Todos os Projetos				
	Jan	Fev	Mar	Abr
Você	130	100	90	110
Mike	90	120	70	86
⋮	•••	•••	•••	•••

FIGURA 7-9: Usando tabelas carga-pessoa para planejar sua equipe em vários projetos.

© John Wiley & Sons, Inc.

Se você assumir que tem um total de 160 horas–pessoa disponíveis em fevereiro, pode dedicar 60 horas–pessoa ao Projeto D sem problemas, pois apenas 100 horas–pessoa estão atualmente comprometidas. No entanto, você não tem disponíveis atualmente as outras 20 horas–pessoa que a pessoa está solicitando para fevereiro. Assim, pode considerar fazer uma das coisas a seguir:

» Encontrar alguém para assumir 20 horas-pessoa dos seus compromissos com os Projetos A, B ou C em fevereiro.

» Mudar seu trabalho em um ou mais desses projetos de fevereiro para janeiro ou março.

» Fazer horas extras.

Relacionando Este Capítulo ao Exame PMP e aos Guias PMBOK 5 e 6

A Tabela 7-3 registra tópicos deste capítulo que podem ser abordados no exame de certificação PMP e que também estão inclusos nas 5ª e 6ª edições de *Um Guia do Conhecimento em Gerenciamento de Projetos* (*Guias PMBOK 5 e 6*).

TABELA 7-3 **Tópicos do Capítulo 7 Relacionados ao Exame PMP e aos *Guias PMBOK 5 e 6***

Tópico	Localização Neste Capítulo	Localização nos Guias PMBOK 5 e 6	Comentários
Especificação das competências exigidas para executar diferentes atividades de projeto	"Decidindo quais competências e conhecimentos a equipe deve ter"	6.2.3.2. Atributos das Atividades 6.4.3.1. Requisitos de Recursos de Atividade 9.1.3.1. Plano de Gerenciamento dos Recursos 9.2.1.1. Plano de Gerenciamento dos Recursos 9.2.1.2. Fatores Ambientais da Empresa	Todos enfatizam a necessidade de especificar as competências exigidas para executar as atividades de projeto. Este livro discute como determinar as competências necessárias.
Registro de competências, conhecimentos e interesses dos membros da equipe	"Representando competências, conhecimentos e interesses da equipe em uma matriz de competências"	9.2.1.2. Fatores Ambientais da Empresa	Todos percebem a necessidade de obter informações sobre as competências e os conhecimentos das pessoas que podem integrar a equipe de projeto. Este livro discute os detalhes e oferece um exemplo de uma matriz de competências.
Especificação e disponibilização do tipo e da quantidade adequada de recursos humanos.	"Usando uma matriz de recursos humanos"	9.1.3.1. Plano de Gerenciamento de Recursos Humanos 9.2. Mobilizar a Equipe de Projeto (Introdução) 9.2.2.2. Negociação	Todos abordam a importância de ter recursos de pessoal qualificados indicados à equipe de projeto. Este livro explica como uma matriz de recursos humanos pode ser usada para registrar as características e quantidades exigidas de pessoal.
Estimativa do esforço de trabalho exigido	"Estimando o esforço de trabalho necessário"	6.4.2. Estimar Recursos de Atividade: Ferramentas e Técnicas 9.1.3.1. Plano de Gerenciamento de Recursos Humanos	Todos especificam várias das mesmas técnicas para estimar a quantidade de pessoal necessária e demonstrar quando são necessários. Este livro discute como retratar produtividade, eficiências e disponibilidade nas estimativas.
Condução de vários compromissos de recursos	"Fazendo os Membros da Equipe Cumprirem Seus Compromissos"	9.1. Planejar o Gerenciamento dos Recursos (Introdução) 9.1.3.1. Plano de Gerenciamento dos Recursos	Todos enfatizam a importância de lidar com demandas conflitantes pelos mesmos recursos. Este livro discute e apresenta exemplos de ferramentas e estratégias específicas para abordar e resolver essas demandas.

> **NESTE CAPÍTULO**
>
> » **Considerando os recursos para o projeto não relativos a pessoal**
>
> » **Preparando um orçamento detalhado para o seu projeto**

Capítulo **8**

Planejando Outros Recursos e Elaborando o Orçamento

Uma parte crucial do gerenciamento de projetos é assegurar que recursos não relativos a pessoal estejam disponíveis ao longo do projeto quando e onde forem necessários, e de acordo com as especificações. Quando as pessoas estão disponíveis para uma tarefa programada, mas os computadores e equipamentos laboratoriais, não, seu projeto pode ter atrasos caros e gastos não previstos. Além disso, isso gera frustração nos membros da equipe, o que reduz o comprometimento.

Além de objetivos claramente definidos, um cronograma viável e recursos adequados, um projeto bem-sucedido precisa de fundos suficientes para adquirir os recursos. Todas as principais decisões de projeto (incluindo realizá-lo, prosseguir com ele e — depois de concluído — checar se foi bem-sucedido) devem considerar os custos.

Este capítulo analisa como você determina, especifica e demonstra os recursos não relacionados a pessoal de que precisa e desenvolve os orçamentos de projeto.

Determinando Necessidades de Recursos Não Relacionados a Pessoal

Além de pessoal, seu projeto precisa de uma variedade de outros recursos importantes (como mobiliário, instalações, equipamento, matérias-primas e informações). Planeje esses recursos não relacionados a pessoal da mesma forma que planeja satisfazer suas exigências de pessoal. (Confira o Capítulo 7 para ler mais sobre como atender a suas necessidades de pessoal.) Como parte do plano, desenvolva o seguinte:

» Uma matriz de recursos não relacionados a pessoal.

» Tabelas de uso de recursos não relacionados a pessoal.

» Uma tabela resumida de usos não relacionados a pessoal.

LEMBRE-SE

Uma *matriz de recursos não relacionados a pessoal*, como a da Figura 8-1, demonstra as seguintes informações para cada componente de nível mais baixo (ou *pacote de trabalho*) na estrutura analítica de projeto, ou EAP (veja o Capítulo 5 para ler uma discussão sobre EAP):

» Os recursos não relacionados a pessoal necessários para executar as atividades que compreendem o pacote de trabalho. (Por exemplo, a Figura 8-1 mostra que você precisa de computadores, copiadoras e de um laboratório de testes para completar os três pacotes de trabalho listados.)

» A quantidade necessária de cada recurso. (Por exemplo, a Figura 8-1 sugere que você precisa do computador por 40 horas e do laboratório de testes por 32 horas para criar um dispositivo. Os números de uso de computador sombreados na Figura 8-1 estão detalhados por semana na Figura 8-2, posteriormente neste capítulo.)

FIGURA 8-1: Ilustração de uma matriz de recursos não relacionados a pessoal.

Entregável		Quantidade de Recursos Necessários (Horas)		
Código EAP	Descrição	Computador	Copiadora	Laboratório de Testes
1.2.1	Apresentação	32	0	0
2.1.4	Relatório	4	40	0
3.3.1	Dispositivo	40	0	32

© John Wiley & Sons, Inc.

188 PARTE 2 **Planejando o Tempo: Quando e Quanto**

Para estimar a quantidade de cada recurso de que você precisa, examine a natureza da tarefa e a capacidade do recurso. Por exemplo, determine por quanto tempo você precisa da copiadora para reproduzir um relatório fazendo o seguinte:

1. Estime o número de cópias do relatório.

2. Estime o número de páginas por cópia.

3. Especifique a capacidade da copiadora em páginas por unidade de tempo.

4. Multiplique os primeiros dois números e divida o resultado pelo terceiro para determinar por quanto tempo você precisa usar a copiadora para reproduzir seus relatórios.

Assegurar quais recursos não relacionados a pessoal estão disponíveis quando necessário exige que você especifique as vezes que planeja usá-los. Você pode demonstrar essa informação em tabelas de uso separadas para cada recurso. A Figura 8-2 ilustra uma tabela de uso de computador que demonstra quanto tempo cada tarefa exige durante cada semana do projeto. Por exemplo, a tabela indica que a Tarefa 1.2.1 exige seis horas de tempo de computador na semana 1, quatro horas na semana 2, seis horas na semana 3 e oito horas nas semanas 4 e 5. Você prepararia tabelas similares para os tempos necessários de uso da copiadora e do laboratório de testes.

FIGURA 8-2: Um exemplo de tabela de uso de recursos não relacionados a pessoal para uso de computador.

Pacote de Trabalho		Tempo de Uso Necessário do Computador (Horas)					
Código EAP	Descrição	Semana 1	Semana 2	Semana 3	Semana 4	Semana 5	Total
1.2.1	Apresentação	6	4	6	8	8	32
2.1.4	Relatório	0	0	0	4	0	4
3.3.1	Dispositivo	10	8	16	6	0	40
	Total	16	12	22	18	8	76

© John Wiley & Sons, Inc.

Por fim, você demonstra a quantidade total de tempo de cada recurso não relacionado a pessoal que solicita durante cada semana do projeto em uma tabela resumida de uso de recursos não relacionados a pessoal, como ilustrado na Figura 8-3. As informações nesta tabela foram retiradas dos totais semanais nas tabelas individuais de uso de cada recurso não relacionado a pessoal.

FIGURA 8-3: Um exemplo de tabela resumida de uso de recursos não relacionados a pessoal.

		Quantidade de Recursos Necessários (Horas)					
		Semana 1	Semana 2	Semana 3	Semana 4	Semana 5	Total
Recurso	Computador	16	12	22	18	8	76
	Copiadora	0	0	0	30	10	40
	Laboratório de Testes	0	0	24	8	0	32

© *John Wiley & Sons, Inc.*

Sendo Coerente com Seu Dinheiro: Custos e Orçamentos de Projeto

Em um mundo de fundos limitados, você está constantemente decidindo como tirar o máximo de retorno do seu investimento. Portanto, estimar os custos de um projeto é importante por várias razões:

» Permite que você pondere os benefícios esperados em relação aos custos esperados para ver se o projeto vale a pena.

» Permite que você veja se os fundos necessários estão disponíveis para dar suporte ao projeto.

» Serve como guia para garantir que você tem fundos suficientes para concluir o projeto.

Embora você possa não desenvolver nem monitorar orçamentos detalhados para todos os seus projetos, saber como trabalhar com seus custos o torna um gerente de projetos melhor e aumenta suas chances de sucesso. Esta seção analisa diferentes tipos de custos de projetos que você pode encontrar. Ela oferece dicas úteis para desenvolver o próprio orçamento de projeto.

Analisando diferentes tipos de custos de projeto

Um *orçamento de projeto* é uma estimativa detalhada e separada por fases de todos os custos de recursos do seu projeto. Você normalmente desenvolve um orçamento em estágios — de uma estimativa bruta inicial, passando por uma estimativa detalhada até um orçamento de projeto completo e aprovado. Às vezes, você pode até revisar seu orçamento aprovado enquanto seu projeto estiver em andamento. (Confira a seção posterior, "Refinando o orçamento durante as fases do projeto", para saber mais informações.)

Seu orçamento de projeto inclui custos tanto diretos quanto indiretos. *Custos diretos* são custos para recursos usados somente para seu projeto. Eles incluem:

» Salários para membros da equipe em seu projeto.

» Materiais, suprimentos e equipamentos específicos para seu projeto.

» Viagens para executar trabalhos em seu projeto.

» Subcontratos que oferecem suporte exclusivamente para seu projeto.

Custos indiretos são custos para recursos que dão suporte a mais de um projeto, mas não são prontamente identificáveis ou contabilizáveis em nenhum dos projetos individualmente. Custos indiretos caem nas seguintes duas categorias:

» **Custos suplementares:** Custos de produtos e serviços que são difíceis de subdividir e alocar diretamente. Exemplos incluem benefícios de funcionários, aluguel de espaços de escritório, suprimentos gerais e custos de mobiliário, instalações e equipamento.

Você precisa de um escritório para trabalhar em suas atividades de projeto, e espaços em escritórios custam dinheiro. Porém, sua empresa tem uma locação anual para espaço de escritório, o espaço tem vários escritórios individuais e áreas de trabalho, e as pessoas trabalham em numerosos projetos ao longo do ano. Por não ter registros claros que especificam a quantidade de dinheiro do aluguel total apenas pelo tempo que você gasta em seu escritório trabalhando somente nas atividades desse projeto, seu espaço de escritório é tratado como um custo indireto.

» **Custos gerais e administrativos:** Gastos que mantêm sua empresa operacional (se sua empresa não existir, você não pode executar seu projeto). Exemplos incluem salários para seu departamento de contratos, departamento financeiro e alta gerência, assim como taxas para contabilidade geral e serviços jurídicos.

Suponha que esteja planejando criar, desenvolver e produzir um catálogo da empresa. Custos diretos para esse projeto podem incluir o seguinte:

» **Mão de obra:** Salários para você e outros membros da equipe pelas horas que trabalham no catálogo.

» **Materiais:** O estoque de papel especial para o catálogo.

» **Viagens:** Os custos de dirigir para pesquisar empresas que podem criar a capa de seu catálogo.

» **Subcontrato:** Os serviços de uma empresa externa para criar a arte da capa.

Custos indiretos para esse projeto podem incluir:

» **Benefícios de funcionários:** Benefícios (como férias, licenças médicas e feriados anuais; seguros de vida, planos de saúde e planos de aposentadoria privados) pelas horas que você e os outros membros da equipe trabalharão no catálogo.

» **Aluguel:** O custo do espaço de escritórios que vocês usam ao desenvolver a cópia do catálogo.

» **Equipamento:** O computador que vocês usam para compor a cópia do catálogo.

» **Salários de gerência e administrativo:** Uma porção dos salários dos altos gerentes que executam as obrigações administrativas necessárias para manter a organização em funcionamento.

Reconhecendo os três estágios de um orçamento de projeto

Tomadores de decisões de empresas adorariam ter à mão um orçamento detalhado e preciso sempre que alguém propusesse um projeto, para que pudessem avaliar os benefícios que acarretariam à empresa e decidir se têm fundos suficientes para possibilitar sua execução. Infelizmente, você não pode preparar tal estimativa até desenvolver uma compreensão clara do trabalho e dos recursos que o projeto exigirá.

Na verdade, decisões sobre seguir ou não com um projeto e como executá-lo devem ser tomadas antes que as pessoas possam preparar orçamentos altamente precisos. Você pode desenvolver e refinar seu orçamento de projeto nos seguintes estágios para oferecer as melhores informações possíveis para dar suporte a importantes decisões de projeto:

» **Estimativa por ordem de grandeza:** Esse estágio é uma estimativa inicial de custos baseada em uma noção geral do trabalho de projeto. Você a faz sem dados detalhados. Dependendo da natureza do projeto, o orçamento final pode terminar sendo 100% (ou mais!) mais alto que essa estimativa inicial.

Prepare uma estimativa por ordem de grandeza considerando os custos de projetos similares (ou atividades similares que farão parte do seu projeto) que tenham sido executados antes, relações de custo e produtividade aplicáveis (como o número de conjuntos que podem ser montados por hora) e outros métodos de aproximação.

Essa estimativa às vezes expressa o que alguém *deseja* gastar, em vez do que o projeto realmente *custará*. Você normalmente não a detalha por atividade de projeto de nível mais baixo porque a prepara em curto período de tempo antes de ter identificado as atividades de projeto.

LEMBRE-SE

Quer as pessoas tenham consciência disso ou não, estimativas iniciais de orçamento em planos anuais e em longo prazo são tipicamente estimativas por ordem de grandeza. Como tais, podem mudar significativamente conforme os planejadores definirem o projeto em maiores detalhes.

» **Estimativa detalhada de orçamento:** Esse estágio implica uma especificação dos custos estimados para cada atividade de projeto. Você prepara essa estimativa desenvolvendo uma EAP detalhada (veja o Capítulo 5) e estimando os custos de todos os pacotes de trabalho de nível mais baixo. (Volte ao Capítulo 7 para ler informações sobre estimar esforços de trabalho e veja a seção "Determinando Necessidades de Recursos Não Relacionados a Pessoal", para saber maneiras de estimar suas necessidades de recursos não relacionados a pessoal.)

» **Orçamento de projeto completo e aprovado:** Esse estágio final é um orçamento de projeto detalhado que pessoas essenciais a ele aprovam e concordam em apoiar.

Refinando o orçamento durante as fases do projeto

Um projeto passa por quatro fases conforme evolui de uma ideia para a concretização: começando o projeto, organizando e preparando, executando o trabalho e fechando o projeto. (Veja o Capítulo 1 para ler mais discussões sobre essas fases.) Prepare e refine o orçamento conforme o projeto passa por essas diferentes fases seguindo os seguintes passos:

1. Prepare uma estimativa por ordem de grandeza na fase iniciando-o-projeto.

Use essa estimativa (que apresento na seção anterior) para decidir se a empresa deve considerar seu projeto mais a fundo, entrando na fase organizando-e-preparando.

LEMBRE-SE

Em vez de uma estimativa real dos custos, esse número muitas vezes representa uma quantia que seu projeto não pode exceder para ter um retorno sobre o investimento aceitável. Sua confiança nessa estimativa é baixa, porque você não a baseia em análises detalhadas de atividades de projeto.

2. **Desenvolva sua estimativa de orçamento detalhada e faça-a ser aprovada na fase organizando-e-preparando depois de especificar suas atividades de projeto.**

Veja a próxima seção para ler mais informações sobre como estimar custos de projeto para essa fase.

LEMBRE-SE

Verifique com sua empresa quem deve aprovar os orçamentos. No mínimo, o orçamento é geralmente aprovado pelo gerente de projetos, pelo diretor financeiro e, possivelmente, pelo supervisor do gerente de projetos.

3. **Reveja o orçamento aprovado na fase executando-o-projeto — quando identificar as pessoas que estarão trabalhando nele e quando começar a desenvolver acordos formais para o uso de equipamentos, instalações, fornecedores e outros recursos.**

Preste atenção em particular aos seguintes itens, que, muitas vezes, precisam de mudanças no orçamento aprovado para o projeto:

- As pessoas realmente designadas à equipe de projeto têm mais ou menos experiência do que foi originalmente previsto.
- Os preços reais de bens e serviços que você comprará aumentaram.
- Alguns recursos não relacionados a pessoal solicitados não estão mais disponíveis quando você precisa deles.
- Seus clientes querem resultados de projeto diferentes ou adicionais em relação aos que discutiram originalmente com você.

4. **Consiga aprovação para quaisquer mudanças solicitadas no orçamento ou em outras partes do plano aprovado antes de começar o trabalho real no projeto.**

Submeta solicitações de quaisquer mudanças no plano ou no orçamento original às mesmas pessoas que aprovaram o plano e o orçamento originais.

5. **Monitore atividades de projeto e ocorrências relacionadas ao longo das fases executando-o-projeto e encerrando-o-projeto para determinar quando revisões de orçamento são necessárias.**

Confira o Capítulo 13 para saber como monitorar gastos de projeto durante sua execução e como determinar se mudanças no orçamento são necessárias. Submeta solicitações para revisões de orçamento necessárias o mais cedo possível às mesmas pessoas a quem submeteu o orçamento original no Passo 2.

Você pode não participar pessoalmente de todos os aspectos do desenvolvimento do orçamento do projeto. Caso se junte a ele depois do planejamento preliminar, reveja o trabalho que foi feito no orçamento e resolver quaisquer dúvidas que tiver e questões que identificar.

Determinando os custos de projeto para uma estimativa de orçamento detalhada

Depois de preparar a estimativa por ordem de grandeza e passar para a fase organizado-e-preparando do projeto, você está pronto para criar a estimativa de orçamento detalhada. Use uma combinação das seguintes abordagens para desenvolvê-la:

» **De baixo para cima (ou *bottom up*):** Desenvolva estimativas de custo detalhadas para cada pacote de trabalho de nível mais baixo na EAP (veja o Capítulo 5 para saber mais informações sobre a EAP) e some-as para obter a estimativa total do orçamento do projeto.

» **De cima para baixo (ou *top down*):** Defina um orçamento alvo para o projeto inteiro e distribua-o entre todos os componentes de Nível 2 na EAP. Depois, distribua os orçamentos para cada um dos componentes de Nível 2 entre seus componentes de Nível 3. Continue assim até que um orçamento tenha sido atribuído a cada pacote de trabalho de nível mais baixo na EAP.

Seja usando a abordagem de cima para baixo ou a de baixo para cima, você não pode simplesmente mudar de forma arbitrária os números sem especificar como executará o trabalho necessário!

A abordagem de baixo para cima

Desenvolva a estimativa de orçamento de baixo para cima fazendo o seguinte:

1. Para cada pacote de trabalho de nível mais baixo, determine os custos diretos de mão de obra multiplicando o número de horas que cada pessoa trabalhará nele pelo seu salário por hora.

Você pode estimar custos diretos de mão de obra usando uma das definições de salário abaixo:

- O salário real de cada pessoa no projeto.

- O salário médio de pessoas com um título de função particular, em um determinado departamento, e daí em diante.

Suponha que você precise de um designer gráfico para criar slides de Power-Point para acompanhar sua apresentação. O diretor do departamento gráfico estima que a pessoa gastará 100 horas-pessoa no seu projeto. Se você sabe que Harry (com uma média de salário de \$30 por hora) trabalhará na atividade, pode estimar seus custos diretos de mão de obra em \$3 mil. Porém, se o diretor não souber quem trabalhará no projeto, use a média salarial de um designer gráfico da empresa para estimar os custos diretos de mão de obra.

2. **Para cada pacote de trabalho de nível mais baixo, estime os custos diretos de materiais, equipamentos, viagens, serviços contratuais e outros recursos não relacionados a pessoal.**

Veja a seção anterior, "Determinando Necessidades de Recursos Não Relacionados a Pessoal", para ler informações sobre como determinar os recursos não relacionados a pessoal de que você precisa para o projeto. Consulte seu departamento de aquisições, equipe administrativa e departamento financeiro para determinar os custos desses recursos.

3. **Determine os custos indiretos associados a cada pacote de trabalho.**

Você tipicamente estima os custos indiretos como uma fração dos custos de mão de obra diretos planejados para o pacote de trabalho. Em geral, o departamento financeiro de sua empresa determina essa fração anualmente fazendo o seguinte:

- Estimando custos de mão de obra diretos para o próximo ano.

- Estimando custos indiretos da empresa para o próximo ano.

- Dividindo os custos indiretos estimados pelos custos de mão de obra diretos estimados.

Você pode estimar a quantidade total de custos indiretos considerando que estão todos em uma única categoria classificada como "custos indiretos", ou que podem estar em uma das duas categorias separadas classificadas como "custos adicionais" e "custos gerais e administrativos" (veja a seção "Analisando os diferentes tipos de custos de projeto" e o próximo box, "Duas abordagens para estimar custos indiretos", para saber mais informações). Se sua empresa não solicitar que você use uma dessas duas abordagens para estimar os custos indiretos do projeto, escolha a que você vai usar para ponderar a precisão potencial da estimativa em relação ao esforço para desenvolvê-la.

196   PARTE 2 **Planejando o Tempo: Quando e Quanto**

Suponha que esteja planejando um projeto para criar e produzir um catálogo da empresa. Você já tem as seguintes informações (a Figura 8-4 ilustra essas informações em uma típica estimativa de orçamento detalhada):

» Você estima que gastará 200 horas-pessoa no projeto a $30 por hora e que Mary gastará 100 horas-pessoa a $25 por hora.

» Você estima que o custo de papelaria para os catálogos será de $1 mil.

» Você estima $300 em custos de viagem para visitar fabricantes e fornecedores.

» Você espera pagar $5 mil a um fabricante pela arte do catálogo.

» Sua empresa combinou um custo médio indireto de 60% dos custos diretos de mão de obra.

Categoria de Custo	Custos de Recursos de Pessoal e Não Relacionados a Pessoal		Custo Total
	Recurso	Detalhes	
Custos Diretos de Mão de Obra	Você	200 Horas-Pessoa a $30 por Hora-Pessoa	$ 6 mil
	Mary	100 Horas-Pessoa a $25 por Hora-Pessoa	2.500
		Mão de Obra Direta Total	**8.500**
Custos Indiretos de Mão de Obra		**A 60% de Custos Diretos de Mão de Obra**	**5.100**
Outros Custos Diretos	Materiais		1.000
	Viagem		300
	Subcontrato		5 mil
		Outros Custos Totais Diretos	**6.300**
		Custo Total do Projeto	**19.900**

FIGURA 8-4: Uma estimativa de projeto para um catálogo da empresa.

© John Wiley & Sons, Inc.

A abordagem de cima para baixo

Para desenvolver um orçamento usando a abordagem de cima para baixo, você precisa de duas informações:

» A quantia que deseja gastar pelo trabalho.

» As quantias relativas do orçamento total do projeto que foram gastas em diferentes componentes da EAP de projetos similares.

CAPÍTULO 8 **Planejando Outros Recursos e Elaborando o Orçamento**   197

DUAS ABORDAGENS PARA ESTIMAR CUSTOS INDIRETOS

Determinar com precisão o custo real de um projeto exige que você aloque adequadamente todos os custos de recursos e atividades. Porém, o custo de monitorar e registrar todos os gastos pode ser considerável. Assim, as empresas desenvolveram métodos para aproximar as quantias de determinados gastos atribuídos a diferentes projetos.

A seguir estão duas abordagens para estimar os custos indiretos associados a uma atividade. A primeira abordagem define duas médias indiretas diferentes; é mais precisa, mas exige registros mais detalhados, então também é mais cara. A segunda define uma única média para todos os custos indiretos.

Opção 1: Use uma média para custos de overhead e outra para aqueles gerais e administrativos.

- Seu departamento financeiro determina a média do overhead calculando as médias de todos os custos adicionais projetados para todos os salários diretos projetados.

- Seu departamento financeiro determina a média dos custos gerais e administrativos calculando a média de todos os custos gerais e administrativos projetados pela soma de todos os salários diretos, custos adicionais e outros custos diretos projetados.

- Você determina os custos de overhead de uma atividade multiplicando seus salários diretos pela média adicional.

- Você determina os custos gerais e administrativos de uma atividade multiplicando a soma de seus salários diretos, custos adicionais e outros custos diretos pela média dos custos gerais e administrativos.

Opção 2: Use uma média de custo indireto para todos os custos de overhead, gerais e administrativos.

- Seu departamento financeiro determina a média combinada do custo indireto calculando a média de todos os custos de overhead projetados para todos os salários diretos projetados.

- Você determina os custos indiretos de uma atividade multiplicando seus salários diretos pela média de custo indireto.

Algumas empresas desenvolvem médias ponderadas de mão de obra, que combinam o salário por hora e os custos indiretos associados. Como exemplo, suponha que seu salário seja de $30 por hora, e a média de custo indireto de sua empresa, de 50%. A média ponderada de mão de obra é de $45 por hora: $30 mais (0,5 multiplicado por $30).

Então, você passa para desenvolver o orçamento alocando a quantia total que deseja gastar no projeto nas razões adequadas entre os componentes de nível mais baixo da EAP até ter alocado quantias em todos os pacotes de trabalho.

Em determinadas situações, você pode sentir que combinar as duas abordagens produzirá uma estimativa mais realista do que usar uma delas sozinha. Como exemplo, considere que planeja desenvolver um novo equipamento. Você acredita que a maior parte do trabalho necessário será similar àquele executado em outros projetos para desenvolver equipamentos similares. No entanto, sua empresa acabou de comprar um novo equipamento de teste que você acredita que permitirá executar os testes para o projeto na metade do tempo de testes executados em tipos similares de projetos no passado. Você desenvolve estimativas de cima para baixo para as fases de criação, desenvolvimento e produção, e uma estimativa de baixo para cima para os custos de testes, considerando em detalhes como usará o novo equipamento de testes.

Relacionando Este Capítulo ao Exame PMP e aos Guias PMBOK 5 e 6

A Tabela 8-1 registra tópicos deste capítulo que podem ser abordados no exame de certificação PMP e que também estão inclusos nas 5ª e 6ª edições de *Um Guia do Conhecimento em Gerenciamento de Projetos* (Guias PMBOK 5 e 6).

TABELA 8-1 Tópicos do Capítulo 8 Relacionados ao Exame PMP e aos *Guias PMBOK 5 e 6*

Tópico	Localização Neste Capítulo	Localização nos Guias PMBOK 5 e 6	Comentários
Técnicas para determinar e demonstrar recursos não relacionados a pessoal	"Determinando Necessidades de Recursos Não Relacionados a Pessoal"	7.2.3.1. Estimativas de Custos das Atividades	Todos especificam os mesmos tipos de recursos que devem ser planejados e orçamentados. Este livro discute formatos para organizar e apresentar informações sobre recursos não relacionados a pessoal.

Tópico	Localização Neste Capítulo	Localização nos Guias PMBOK 5 e 6	Comentários
Técnicas e abordagens para estimar custos de projeto e elaboração do orçamento de projeto	"Reconhecendo os três estágios de um orçamento de projeto", "Refinando o orçamento durante as fases do projeto" e "Determinando os custos de projeto para uma estimativa de orçamento detalhada"	7.2. Estimar os Custos 7.3. Determinar o Orçamento	Todos mencionam categorias similares a serem consideradas e a mesma abordagem em evolução para desenvolver uma estimativa de orçamento que começa com estimativas brutas e as refina conforme mais informações são adquiridas.

NESTE CAPÍTULO

» Entendendo o risco
e seu gerenciamento

» Olhando fatores de risco
mais de perto

» Examinando probabilidade e
impacto de riscos

» Criando estratégias para ficar
atento a riscos

» Formulando um plano de
gerenciamento de riscos

Capítulo **9**

Aventurando-se no Desconhecido: Lidando com Riscos

O primeiro passo para gerenciar um projeto bem-sucedido é desenvolver um plano para produzir os resultados desejados no prazo e dentro do orçamento. Se o projeto durar um tempo relativamente curto e você for minucioso e realista em seu planejamento, ele muito provavelmente será um sucesso.

No entanto, quanto maior, mais complexo e extenso o projeto for, maior é a probabilidade de encontrar alguns aspectos que não funcionam como o previsto. Assim, você tem maiores chances de sucesso se encarar a possibilidade de tais mudanças de frente *e* se planejar minimizar suas consequências indesejáveis desde o início do projeto.

Este capítulo discute como considerar riscos potenciais ao decidir dar prosseguimento ao projeto, desenvolver seu plano e executar seu trabalho. Ele mostra como identificar e avaliar o impacto de riscos de projeto e explorar estratégias para minimizar suas consequências. Por fim, este capítulo traz indicações para você preparar o próprio plano de gerenciamento de riscos.

Definindo Risco e Gerenciamento de Risco

Risco é a possibilidade de você não atingir seus objetivos relacionados a produto, cronograma ou recursos porque algo inesperado ocorreu ou algo planejado não ocorreu. Todos os projetos têm algum grau de risco porque prever o futuro com certeza é impossível. Porém, o risco aumenta:

» Quanto mais um projeto dura.

» Quanto mais tempo você tem entre preparar o plano de projeto e começar o trabalho.

» Quanto menos experiência você, sua empresa ou os membros da equipe têm com projetos similares.

» Quanto mais nova a tecnologia do projeto for.

A sexta edição de *Um Guia do Conhecimento em Gerenciamento de Projetos (Guia PMBOK 6)* afirma que o risco pode ser tanto positivo quanto negativo:

» *Riscos negativos,* também chamados de *ameaças*, potencialmente têm um efeito prejudicial em um ou mais objetivos de projeto, como fazer você perder um prazo.

» *Riscos positivos,* também chamados de *oportunidades*, potencialmente têm um efeito benéfico em objetivos de projeto, como permitir que você complete uma tarefa com menos pessoal do que originalmente planejou.

Em outras palavras, qualquer ocorrência em potencial que o faça ficar aquém ou exceder seus objetivos de projeto estabelecidos é considerada um risco. Embora algumas abordagens para analisar e responder a ambos os tipos de riscos sejam similares, este capítulo apresenta as abordagens para identificar, avaliar e gerenciar os riscos negativos. Aqui, o termo *risco* sempre se refere a um risco negativo ou ameaça, a menos que haja uma observação contrária.

Gerenciamento de riscos é o processo de identificar possíveis riscos, avaliar suas potenciais consequências e, então, desenvolver e implementar planos para minimizar quaisquer efeitos negativos. O gerenciamento de riscos não os consegue eliminar, mas oferece as melhores chances de concluir o projeto com sucesso apesar das incertezas oriundas de um ambiente dinâmico.

Então, como você pode enfrentar os riscos de seu projeto? Siga os seguintes passos para determinar, avaliar e gerenciar riscos que o afetem:

1. Identifique os riscos.

Determine quais aspectos do plano ou do ambiente de projeto podem mudar.

2. Avalie os potenciais efeitos desses riscos no projeto.

Considere o que pode acontecer se esses aspectos não funcionarem da maneira como você prevê.

3. Desenvolva planos para mitigar os efeitos dos riscos.

Decida como você pode proteger o projeto das consequências dos riscos.

4. Monitore o status dos riscos do projeto ao longo de sua execução.

Determine se os riscos existentes ainda estão presentes, se têm chances de aumentar ou diminuir e se novos riscos estão surgindo.

5. Informe os públicos-alvo de todos os riscos envolvidos no projeto.

Explique o status e o efeito potencial de todos os riscos de projeto — desde o conceito inicial à sua conclusão.

O restante deste capítulo descreve esses passos em mais detalhes.

Focando Fatores de Risco e Riscos

O primeiro passo para controlar os riscos é identificá-los. Porém, nem todos eles representam o mesmo nível de preocupação em todos os projetos, e usar uma abordagem dispersiva para identificar os que afetam seu projeto gera chances significativas de que você ignore alguns riscos importantes.

Esta seção mostra como identificar riscos potenciais no projeto reconhecendo as situações especiais que têm maior probabilidade de criá-los.

> ## NÃO APOSTE TODAS AS SUAS FICHAS
>
> Certa vez, conheci um homem que estava iniciando um projeto de alta prioridade para sua empresa. O sucesso do projeto dependia fortemente de uma pessoa que trabalharia nele em tempo integral por seis meses e executaria todas as tarefas de desenvolvimento técnico. Perguntei se ele havia considerado as consequências dessa pessoa deixar o projeto antes que estivesse concluído. Ele disse que não precisava se preocupar com aquele risco porque simplesmente não permitiria que o homem fosse embora.
>
> Ocorreu-me que sua abordagem para lidar com o risco era similar à de uma mulher que cancelou seu plano de saúde por um ano — porque não planejava ficar doente! Ele pode ter recebido o consentimento da alta gerência para que a pessoa não tivesse outras atribuições durante seu projeto. No entanto, não poderia garantir que a pessoa não ficaria doente ou decidiria deixar a empresa.

Reconhecendo fatores de risco

Um *fator de risco* é uma situação que pode fazer surgir um ou mais riscos de projeto. Um fator de risco por si só não faz você perder uma meta de produto, cronograma ou recurso. Entretanto, aumenta as chances de que aconteça algo que o faça.

Por exemplo, o fato de você e sua empresa não terem executado projetos similares ao atual é um fator de risco. Como vocês não têm experiência, podem ignorar atividades que precisam executar, ou subestimar o tempo e os recursos necessários para executá-las. Não ter experiência prévia não garante que vocês terão esses problemas, mas aumenta as chances de que tenham.

LEMBRE-SE

Quanto mais fatores de risco sugerirem que um risco em particular pode ocorrer, maior a probabilidade de que ele ocorra. Por exemplo, fazer pedidos de um fornecedor com o qual você não tenha trabalhado antes aumenta as chances de o pedido demorar mais tempo que o prometido. Porém, a probabilidade de uma espera mais longa que a prometida é ainda maior se o item também for um pedido especial, se você quiser a entrega em um período movimentado para o fornecedor e se ele precisar pedir várias partes de fabricantes diferentes para produzir o item.

LEMBRE-SE

Comece a gerenciar riscos no início do projeto e continue a fazê-lo ao longo de sua execução. A cada ponto durante o projeto, identifique os riscos reconhecendo seus fatores de risco. Use as fases de projeto, assim como o plano geral, para ajudar a identificá-los.

Todos os projetos progridem através das seguintes quatro fases do ciclo de vida, e cada fase pode apresentar novos fatores de risco (veja o Capítulo 1 para ler uma discussão detalhada sobre estas fases):

» Iniciando o projeto.

» Organizando e preparando.

» Executando o trabalho.

» Concluindo o projeto.

A Tabela 9-1 ilustra os fatores de risco que podem surgir em cada uma dessas fases.

TABELA 9-1 **Possíveis Fatores de Risco que Podem Surgir Durante a Evolução do Projeto**

Estágio do Ciclo de Vida do Projeto	Possíveis Fatores de Risco
Todos	Você ou sua equipe não dedica o tempo suficiente a uma ou mais fases.
	Informações cruciais não são registradas por escrito.
	Você ou sua equipe passa para uma fase subsequente sem completar uma ou mais das anteriores.
Começando o projeto	Algumas informações e/ou planos antecedentes não estão por escrito.
	Nenhuma análise de custo-benefício formal foi feita.
	Nenhum estudo de viabilidade formal foi feito.
	Você não sabe quem é o autor da ideia do projeto.
Organizando e preparando	Pessoas não familiarizadas com projetos similares prepararam seu plano de projeto.
	Seu plano não está por escrito.
	Partes do plano estão faltando.
	Alguns dos aspectos do plano não estão aprovados por todos os públicos-alvo.
Executando o trabalho	As pessoas na equipe do projeto não prepararam o plano.
	Membros da equipe que não participaram do desenvolvimento do plano de projeto não o revisaram.
	Você não fez um esforço para estabelecer identidade e foco na equipe.
	Você não desenvolveu nenhum procedimento de equipe para resolver conflitos, chegar a decisões ou manter a comunicação.

(continua)

CAPÍTULO 9 **Aventurando-se no Desconhecido: Lidando com Riscos** 205

(continuação)

Estágio do Ciclo de Vida do Projeto	Possíveis Fatores de Risco
	As necessidades de seus clientes primários mudam.
	Você tem informações incompletas ou incorretas em relação a desempenho de cronograma e gastos de recursos.
	Os relatórios de progresso do projeto são inconsistentes.
	Um ou mais dos principais apoiadores do projeto são realocados.
	Os membros da equipe são substituídos.
	As características ou demandas de mercado mudam.
	As mudanças são gerenciadas de modo informal, sem uma análise consistente de seu efeito no projeto como um todo.
Fechando o projeto	Os resultados de projeto não são formalmente aprovados por um ou mais de seus condutores.
	Os membros de equipe de projeto são designados a novos projetos antes de o projeto atual estar concluído.

A Tabela 9-2 ilustra os fatores de risco que as diferentes partes do seu plano de projeto podem sugerir.

TABELA 9-2 Possíveis Fatores de Risco Relacionados a Diferentes Partes do Plano de Projeto

Parte do Plano de Projeto	Possíveis Fatores de Risco
Partes interessadas do projeto	O projeto tem um novo cliente.
	Você teve problemas anteriores com um cliente.
	A gerência superior ou outros condutores fundamentais não demostram um interesse significativo no projeto.
	O plano de projeto não tem um patrono. (Confira o box sobre patronos de projeto no Capítulo 3 para saber detalhes sobre esse papel.)
	Nem todos os públicos de projeto foram identificados.
Antecedentes de projeto	O projeto nasceu de uma decisão espontânea em vez de uma avaliação bem pensada.
	Você não tem provas conclusivas de que o projeto eliminará o problema com o qual lida.

206 PARTE 2 **Planejando o Tempo: Quando e Quanto**

Parte do Plano de Projeto	Possíveis Fatores de Risco
	O projeto não pode começar até que uma ou mais atividades planejadas estejam concluídas.
Escopo do projeto	O projeto é anormalmente grande.
	O projeto exige uma variedade de competências e conhecimentos.
	O projeto envolve diferentes unidades organizacionais.
Estratégia de projeto	Você não tem uma estratégia declarada.
	O projeto envolve uma nova abordagem ou tecnologia não testada.
Objetivos e entregáveis de projeto	Um ou mais objetivos ou entregáveis de projeto estão faltando.
	Algumas medidas de desempenho não estão claras ou estão faltando.
	Algumas medidas de desempenho são difíceis de quantificar.
	Um ou mais alvos ou especificações de desempenho estão faltando.
	Um ou mais objetivos ou entregáveis não foram aprovados por todos os condutores.
Restrições	Suas restrições não estão registradas por escrito.
	Suas restrições são vagas.
	Nota: Em geral, todas as restrições são fatores de risco em potencial.
Premissas	As premissas não estão registradas por escrito.
	As premissas são vagas.
	Nota: Em geral, todos os fatores de risco em premissas são fatores de risco para o projeto em geral.
Pacotes de trabalho e atividades	Os pacotes de trabalho ou as atividades não estão suficientemente detalhados.
	Nem todos os membros da equipe participaram da preparação das descrições dos pacotes de trabalho e atividades atribuídos.
Papéis e responsabilidades	Nem todos os apoiadores estão envolvidos em desenvolver seus papéis e responsabilidades.
	Você depende excessivamente de uma ou mais pessoas.
	Nenhuma responsabilidade primária é atribuída para uma ou mais atividades.
	Duas ou mais pessoas têm responsabilidade primária pela mesma atividade.
	Nenhuma pessoa tem responsabilidade geral pelo projeto.

(continua)

(continuação)

Parte do Plano de Projeto	Possíveis Fatores de Risco
Cronograma (estimativas de duração de atividade)	As estimativas de tempo são definidas a partir de uma data final estabelecida.
	Você não tem nenhuma base de dados histórica de durações de atividade.
	O projeto envolve novos procedimentos ou tecnologias para algumas atividades.
	As atividades são executadas por membros da equipe com os quais você não trabalhou antes.
Cronograma (interdependências de atividade)	As interdependências não são especificamente consideradas durante o desenvolvimento do cronograma.
	As atividades parcialmente relacionadas são programadas simultaneamente para economizar tempo.
	O plano de projeto não usa uma abordagem analítica formal para avaliar o efeito de interdependências no cronograma.
Pessoal	O plano de projeto não tem estimativas para o esforço de trabalho real necessário para executar as atividades.
	O plano de projeto não considera formalmente a disponibilidade ou a eficiência.
	O plano de projeto não tem cronogramas de trabalho detalhados para pessoas trabalhando simultaneamente em duas ou mais tarefas.
	A equipe inclui um ou mais membros novos ou sem experiência.
Outros recursos	Você não tem planos para identificar tipo, quantidade ou tempo necessário de recursos não relativos a pessoal.
Fundos	Você não tem orçamento de projeto.

Identificando riscos

Depois de reconhecer os fatores de risco do projeto, o próximo passo em uma avaliação de risco é identificar os riscos específicos que podem resultar de cada um de seus fatores de risco. Com essa informação em mãos, você determina os efeitos particulares que cada um pode ter no projeto e decide como gerenciá-los.

Descreva como cada fator de risco pode fazer você perder metas de produtos, cronograma ou recursos. Suponha, por exemplo, que você planeje usar uma nova tecnologia no projeto. Isso é um fator de risco (como visto na Tabela 9–2). Possíveis riscos relacionados a produto, cronograma e recursos que podem surgir desse fator de risco incluem o seguinte:

» **Risco de produto:** A tecnologia pode não produzir os resultados desejados.

» **Risco de cronograma:** As tarefas usando a nova tecnologia podem levar mais tempo do que você previu.

» **Risco de recurso:** As instalações e os equipamentos existentes podem não ser adequados para o uso da nova tecnologia.

Para identificar os riscos em potencial para cada fator de risco, faça o seguinte:

» **Revise registros passados de problemas encontrados em situações similares.** Se um fator de risco resultou em uma ocorrência inesperada no passado, você definitivamente precisa estar preparado dessa vez.

» **Faça brainstorm com especialistas e outras pessoas que tenham experiências relacionadas.** Quanto mais fontes de opiniões de especialistas você consultar, menos provável é que ignore algo importante.

» **Seja específico.** Quanto mais especificamente você descrever um risco, melhor pode avaliar seu efeito potencial. Eis um exemplo de um risco não específico comparado a um específico:

- **Não específico:** Atividades podem ser atrasadas.
- **Específico:** A entrega pode levar três semanas, em vez de duas.

Tente eliminar potenciais fatores de risco o mais cedo possível. Por exemplo, suponha que um público-alvo não tenha aprovado seus objetivos de projeto. Em vez de apenas perceber o risco de que você pode não atender às necessidades desse público corretamente, tente conseguir sua aprovação!

Avaliando Riscos: Probabilidades e Consequências

As consequências esperadas de um risco dependem da probabilidade de ele se tornar uma realidade e o efeito resultante caso se torne. Considere as consequências esperadas dos diferentes riscos para decidir quais quer gerenciar ativamente e quais vai deixar para lá. Esta seção discute como determinar a probabilidade de um risco particular ocorrer no projeto e como estimar a extensão de suas consequências.

Medindo a probabilidade de um risco

Se um meteorologista disser que espera 50 centímetros de neve, só isso não é razão suficiente para sair e comprar um removedor de neve de $1 mil. Você também precisa saber a probabilidade de realmente nevar. Se o meteorologista tem certeza de que, se nevar, a acumulação total será de pelo menos 50 centímetros, mas as chances são de apenas uma em mil, você pode decidir que gastar $1 mil para estar preparado para tal situação improvável não vale a pena.

LEMBRE-SE

O primeiro passo para decidir lidar com um risco proativamente ou não é avaliar a probabilidade de ele ocorrer. Use um dos seguintes esquemas para descrever as chances de que um risco ocorrerá:

» **Probabilidade de ocorrência:** A *probabilidade* de um risco ocorrer é uma medida da expectativa de que ele ocorrerá. Probabilidade é um número entre 0 e 1, com 0 significando que o risco nunca ocorrerá e 1 significando que sempre ocorrerá. (Você também pode expressar a probabilidade como porcentagem, com 100% significando que a situação sempre ocorrerá.)

» **Classificação de categoria:** Classificar riscos em categorias representa sua probabilidade. Você pode usar *alta*, *média* e *baixa*, ou *sempre*, *às vezes*, *raramente* e *nunca*.

» **Classificação ordinal:** Ordenação dos riscos para que o primeiro seja mais provável de acontecer; o segundo, o próximo mais provável; e daí em diante.

» **Probabilidade relativa de ocorrência:** Se você tem dois riscos possíveis, pode expressar o quanto um é mais provável de ocorrer que o outro. Por exemplo, pode afirmar que o primeiro risco é *duas vezes mais provável* de ocorrer do que o segundo.

Se tiver dados objetivos do número de vezes que um risco ocorreu em situações similares no passado, use o primeiro esquema na lista anterior para determinar a probabilidade de que o risco ocorrerá novamente no futuro. Se não tiver dados objetivos disponíveis, use um dos outros três esquemas que são fundamentados em opiniões pessoais ou de especialistas para descrever a probabilidade de que riscos particulares ocorrerão.

As seções a seguir explicam como usar cada uma das abordagens anteriores para descrever a probabilidade de um risco ocorrer.

Confiando em informações objetivas

Você pode estimar a probabilidade de um risco ocorrer considerando o número de vezes que ele realmente ocorreu em projetos similares. Suponha, por exemplo, que você criou 20 relatórios gerados por computador no último ano para novos clientes. Oito vezes, quando você submeteu seu modelo para aprovação final, novos clientes quiseram pelo menos uma mudança. Se está planejando criar um relatório gerado por computador para outro novo cliente, pode concluir que as chances de que você tenha que fazer uma mudança no modelo que submeteu são de 40% (8 dividido por 20, então multiplicado por 100).

LEMBRE-SE

Ao usar informações objetivas, como relatórios de projetos passadas, para determinar a probabilidade de riscos diferentes:

» Considere experiências anteriores com projetos similares.

» Considere tantas situações similares quanto possível.

» Tenha em mente que, quanto mais situações similares você considerar, mais confiança terá em suas conclusões.

Contando com opiniões pessoais

Na falta de dados objetivos, solicite as opiniões de especialistas e pessoas que trabalharam em projetos similares no passado. Você pode estimar a probabilidade de um risco particular pedindo as opiniões de dez pessoas que trabalharam em projetos similares ao seu. Por exemplo, peça-lhes para classificar a probabilidade de um risco específico como *alta*, *média* ou *baixa*. Suponha que seis pessoas escolham *alta*, duas escolham *média* e duas, *baixa*. Você pode, então, desenvolver a estimativa da probabilidade atribuindo valores de 3 para alto, 2 para médio e 1 para baixo, e determinar a média ponderada das respostas como:

$$[(6 \times 3) + (2 \times 2) + (2 \times 1)] \div 10 = (18 + 4 + 2) \div 10 = 2,4$$

Essa fórmula sugere que o risco tem probabilidade de média a alta de ocorrer (porque 2,4 está entre 2 e 3).

DICA

Para aumentar a precisão das estimativas de probabilidade que você faz com base em opiniões pessoais, tente o seguinte:

» **Defina o nome da categoria da forma mais clara possível.** Você pode sugerir que *baixa* significa que a probabilidade do risco está entre 0% e 33%; *média* significa entre 34% e 66%; e *alta*, de 67% a 100%.

» **Considere as opiniões de quantas pessoas for possível.** Quanto mais pontos de dados você tiver, mais confiante ficará com a estimativa.

» **Confirme se os projetos nos quais seus entrevistados trabalharam são realmente similares ao seu.** Caso não sejam, você não tem razão para assumir que pode usar a experiência deles para prever o que acontecerá no seu.

» **Não permita que as pessoas discutam suas estimativas umas com as outras antes de compartilhá-las com você.** Você está buscando opiniões individuais, não um consenso.

» **Depois de terem submetido suas estimativas para você, considere fazer as pessoas discutirem umas com as outras as razões que as justificam e, então, pergunte-lhes se querem revê-las.** Algumas pessoas podem escolher modificar suas estimativas originais se perceberem que falharam em levar em conta determinadas considerações importantes.

CUIDADO

Precisão é diferente de acurácia. *Precisão* refere-se aos detalhes de um número. *Acurácia* refere-se a quão correto o número é. Você pode estimar a probabilidade de um risco particular ser de 67,23%. Entretanto, mesmo que expresse o risco precisamente em suas casas decimais, seu palpite tem poucas chances de estar correto se você não tiver experiência com projetos similares. Infelizmente, as pessoas muitas vezes assumem que números mais precisos também são mais acurados. Você pode ajudar a evitar equívocos ao compartilhar suas avaliações de probabilidade usando números redondos, categorias ou classificações relativas.

Estimando a extensão das consequências

Não muito tempo atrás, eu estava aguardando uma consulta médica, quando a enfermeira apareceu e disse que o médico precisou atender a uma emergência e se atrasaria um pouco. Imagine meu choque quando, depois de esperar por três horas, descobri que ele, na verdade, havia ido até um hospital a uma hora de distância e estava executando uma cirurgia de emergência no momento! Se soubesse que ele demoraria tantas horas, eu teria reagendado a consulta. Em vez disso, por não saber de quanto tempo seria o atraso, desperdicei três horas. A menos que quisesse esperar pelo resto da tarde, teria que marcar uma nova consulta, de qualquer forma.

Nesse exemplo simples, fazer um check-up anual é meu projeto, e começar no horário programado é um dos meus objetivos. O médico ser chamado em uma emergência um pouco antes da minha consulta marcada é um fator de risco; aumenta as chances de que o check-up não comece no horário programado. Minha estimativa da magnitude das consequências (quanto tempo espero que o início da consulta atrase) afeta o que escolho fazer (esperar que o médico volte ou remarcar para outro dia).

Depois de identificar a probabilidade de que um risco particular afete o projeto, determine a magnitude das consequências ou efeitos que podem resultar. Essa magnitude afeta diretamente como você escolhe lidar com o risco. Aponte os efeitos específicos que cada risco pode ter no desempenho de seu produto, cronograma e recursos de projeto. Quando avaliar esses efeitos, considere:

» **O efeito de um risco sobre o projeto inteiro em vez de apenas sobre parte dele:** Levar uma semana a mais do que o planejado para completar uma atividade pode fazer você perder marcos intermediários (e deixar ocioso o pessoal que espera pelos resultados dessa atividade). Porém, o efeito sobre o projeto é ainda maior se a atividade atrasada estiver no seu caminho crítico (veja o Capítulo 6), o que significa que um atraso de uma semana daquela atividade também causa um atraso de uma semana no projeto inteiro.

» **O efeito combinado dos riscos relacionados:** A probabilidade de que seu cronograma falhe é maior se três atividades no mesmo caminho crítico tiverem um risco significativo de atraso, em vez de apenas um.

LEMBRE-SE

Descreva os riscos e suas consequências associadas tão especificamente quanto possível. Por exemplo, suponha que um equipamento essencial que você pediu para seu projeto deva chegar mais tarde do que o esperado. Você pode descrever esse risco como *a entrega pode atrasar* ou como *a entrega pode atrasar duas semanas*. Apenas declarar que a entrega pode atrasar não dá informações suficientes para avaliar a probabilidade de ocorrência desse atraso no projeto total. Também torna mais difícil a estimativa da probabilidade da ocorrência desse risco. Você está falando de um atraso de um dia? Um mês? Declarar que a entrega pode atrasar duas semanas permite determinar mais precisamente o provável efeito que a entrega terá no cronograma e nos recursos totais. Também permite decidir quanto você está disposto a gastar para evitar esse atraso.

Você pode usar uma variedade de técnicas formais para basear sua estimativa e avaliação de risco, incluindo as seguintes:

» **Árvores de decisão:** Esses diagramas ilustram diferentes situações que podem ocorrer conforme o projeto se desdobra, a probabilidade de ocorrência de cada situação e suas consequências no projeto.

A Figura 9-1 ilustra uma árvore de decisão simples para ajudar a determinar de qual de dois fornecedores comprar um equipamento. Ambos propuseram um preço de $50 mil se o equipamento for entregue na data acordada. Também propuseram receber um incentivo para entrega antecipada e pagar uma multa por entrega com atraso, mas os valores dos incentivos e das multas diferem. A árvore de decisão ilustra as probabilidades de que cada fornecedor entregue antecipadamente, no prazo e com atraso, respectivamente, e o preço resultante que você paga em cada caso.

Multiplicar os preços-base mais o incentivo de desempenho para entrega antecipada pela probabilidade da entrega antecipada gera o valor esperado do preço que você paga se a entrega for antecipada. Você pode calcular os preços totais esperados dos Fornecedores A e B somando os preços esperados se cada um for antecipado, no prazo e atrasado, respectivamente.

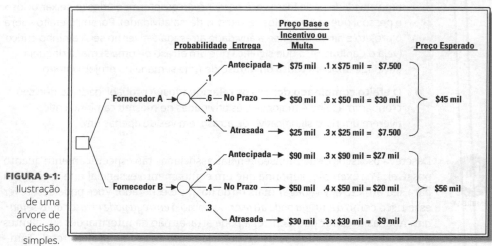

FIGURA 9-1: Ilustração de uma árvore de decisão simples.

© John Wiley & Sons, Inc.

> Essa análise sugere que você pode esperar pagar $45 mil ao Fornecedor A e tem 70% de chance de que ele entregue no prazo ou antecipado. Você pode esperar pagar $56 mil ao Fornecedor B e tem 70% de chance de que ele entregue no prazo ou antecipado. Assim, é possível ver que o Fornecedor A é a melhor escolha!

» **Questionários de avaliação de risco:** Esses instrumentos formais de coleta de dados trazem à tona opiniões de especialistas sobre a probabilidade de situações diferentes ocorrerem e seus efeitos associados.

» **Avaliações automatizadas de impacto:** Essas planilhas computadorizadas consideram — em combinação — a probabilidade de que situações diferentes ocorram e, nesse caso, suas consequências.

Colocando Tudo sob Controle: Gerenciando Riscos

Reconhecer riscos que ameaçam seu projeto é o primeiro passo para controlá--los. Mas você não pode parar aí. Também é preciso desenvolver planos específicos para reduzir os potenciais riscos negativos. Esta seção ajuda a selecionar os riscos que você vai gerenciar proativamente, a desenvolver um plano para abordá-los e a compartilhá-lo com os públicos de seu projeto.

Escolhendo os riscos que quer gerenciar

Todos os riscos identificados afetam o projeto de alguma forma *se ocorrerem* (afinal, essa é a definição de risco). Porém, você pode constatar que antecipar e minimizar as consequências negativas de alguns riscos, se ele ocorrerem, leva mais tempo e esforço do que apenas lidar com as situações se surgirem.

Assim, seu primeiro passo para desenvolver uma estratégia de gerenciamento de risco é escolher os riscos que quer abordar proativamente e quais você apenas aceitará. Quando tomar essa decisão, faça o seguinte:

LEMBRE-SE

» **Considere a probabilidade de um risco *e* seu potencial efeito no projeto.** Se o potencial efeito de um risco for grande, e as chances de ele ocorrer, altas, você provavelmente vai precisar desenvolver planos para gerenciá-lo. Se tanto o efeito quanto a probabilidade forem baixos, você pode decidir não se preocupar com isso.

Quando o potencial efeito for alto, mas a probabilidade, baixa, ou vice-versa, você deve considerar a situação mais cuidadosamente. Nessas situações mais complexas, é possível usar uma abordagem mais formal para considerar o efeito combinado da probabilidade da ocorrência e da potencial consequência definindo o *valor esperado do risco*, assim:

$$\text{Valor esperado do risco} = \begin{pmatrix} \text{Medida quantitativa do} \\ \text{efeito, caso ocorra} \end{pmatrix} \times \begin{pmatrix} \text{Probabilidade} \\ \text{de ocorrência} \end{pmatrix}$$

Por exemplo, suponha que precise comprar determinados materiais para um dispositivo que está planejando construir. Ao fazer o pedido, você acha que tem 80% de chances de receber os materiais na data prometida. Porém, isso significa que há 20% de chances de que algo dê errado e você tenha que pagar um extra para receber os materiais de outro fornecedor na data em que precisa deles. Você estima que os materiais normalmente custam $1 mil e que terá que pagar $500 adicionais para recebê-los de outro fornecedor no último minuto. Determine o valor esperado desse risco assim:

$$\text{Valor esperado do risco} \begin{pmatrix} \text{Custo adicional incorrido} \\ \text{se você usar outro forne-} \\ \text{cedor no último minuto} \end{pmatrix} \times \begin{pmatrix} \text{Probabilidade de} \\ \text{ter que usar este} \\ \text{fornecedor} \end{pmatrix}$$

Valor esperado do risco = $500 × 0,2 = $100

Você pode concluir que, tudo sendo igual, gastar mais de $100 para reduzir as chances desse risco não é uma decisão financeira sábia.

» **Decida se uma consequência potencial é tão inaceitável que você não está disposto a correr o risco, mesmo que seja muito improvável de ele ocorrer.**

Suponha que sua empresa queira construir uma nova fábrica em uma área que foi atingida por furacões. O custo estimado da nova fábrica é de $50 milhões, e a probabilidade de que um furacão destrua totalmente o prédio é de 0,1%. O valor esperado desse risco é de $50 mil ($50 milhões × 0,001), o que a empresa pode facilmente absorver. Entretanto, se um furacão realmente destruir o prédio, a perda associada de $50 milhões faliria o negócio. Então, a empresa pode sentir que mesmo uma chance de 0,1% de seu novo prédio ser destruído é inaceitável.

Se você escolher construí-la, desenvolva uma estratégia para gerenciar o risco de a fábrica ser totalmente destruída (veja a próxima seção). Pode ser preciso reconsiderar empreender o projeto ou não.

Desenvolvendo uma estratégia de gerenciamento de risco

LEMBRE-SE

Escolha uma ou mais das abordagens a seguir para lidar com os riscos que você decidir gerenciar:

» **Prevenir:** Aja para eliminar o fator de risco que deu origem ao risco. Um exemplo é decidir não usar um novo procedimento não testado que você acredita que pode não produzir os resultados de projeto desejados.

» **Transferir:** Pague alguém para assumir algum ou todo o efeito do risco. Suponha que você escolha seguir com seus planos de construir uma instalação de $50 milhões (veja o exemplo na seção anterior). Você pode comprar um seguro contra desastres para a instalação para que a empresa não tenha que assumir todo o fardo de uma perda total se um furacão destruir a fábrica.

» **Mitigar:** Reduza a probabilidade de que um risco ocorra ou minimize as consequências negativas se ele ocorrer. Alguns exemplos de mitigação de risco:

- **Minimizar as chances de que o risco ocorra.** Aja para reduzir as chances de uma situação indesejável acontecer. Por exemplo, digamos que você tenha uma pessoa no projeto que seja nova na empresa. Consequentemente, você sente que ela pode levar mais tempo que o planejado para executar uma tarefa designada. Para reduzir as chances de que a pessoa precise de mais tempo, explique a tarefa e os resultados desejados de forma muito clara antes que ela comece a trabalhar, desenvolva marcos constantes e monitore seu desempenho com frequência para que você possa lidar com quaisquer problemas assim que ocorrerem, e faça-a comparecer a treinamentos para atualizar competências e conhecimentos necessários para executar a atribuição.

- **Desenvolver contingências para minimizar as consequências negativas se uma situação indesejável realmente acontecer.** Suponha que seu plano inclua o departamento de publicação de sua empresa reproduzir 100 cópias do manual do seu programa de treinamento. Se acredita que o departamento tem projetos de maior prioridade ao mesmo tempo, localize um fornecedor externo que reproduza os manuais se a necessidade surgir. Encontrar o fornecedor de antemão reduz eventuais atrasos que resultem da necessidade de mudar para outro recurso.

Tenha em mente que, para essas abordagens funcionarem, você deve escolher as estratégias e planejar sua implementação o mais cedo possível no projeto.

Embora as abordagens a seguir, às vezes, pareçam atraentes quando você considera todos os riscos envolvidos em um projeto em particular, elas não funcionam, então não as use:

» **Abordagem da avestruz:** Ignorar todos os riscos ou fingir que eles não existem.

» **Abordagem da oração:** Recorrer a um ser superior para solucionar todos os seus problemas ou fazê-los desaparecer.

» **Abordagem da negação:** Reconhecer que determinadas situações podem causar problemas para o projeto, mas se negar a aceitar que elas podem ocorrer.

Embora gerenciar os riscos de seu projeto proativamente exija um pouco de trabalho antecipado, fazê-lo sempre paga os dividendos.

Comunicando riscos

As pessoas muitas vezes compartilham informações sobre riscos de projeto de forma ineficaz ou nem o fazem. Como resultado, seus projetos sofrem problemas e reveses desnecessários que poderiam ter sido evitados com uma comunicação adequada.

Você pode ficar relutante em lidar com riscos porque o conceito é difícil de engolir. Se seu projeto é único, que diferença faz se, no passado, um risco particular ocorreu 40 vezes de 100? Você também pode sentir que focar riscos sugere que você está buscando desculpas para fracassar, em vez de maneiras de ter sucesso.

Comunique os riscos de projeto logo e muitas vezes. Em particular, compartilhe informações com condutores e apoiadores nos seguintes pontos em seu projeto (veja o Capítulo 1 para ler mais sobre essas fases do ciclo de vida de um projeto):

» **Começando o projeto:** Para apoiar o processo de decidir empreender o projeto ou não.

» **Organizando e preparando:** Para guiar o desenvolvimento de todos os aspectos do seu plano de projeto.

» **Executando o trabalho:**

- Para permitir que os membros da equipe discutam potenciais riscos, e encorajá-los a reconhecer e abordar problemas assim que ocorrerem.

- Para atualizar a probabilidade de que riscos identificados ocorram, para reforçar como as pessoas podem minimizar os efeitos negativos dos riscos de projeto e para guiar a avaliação de pedidos para mudar partes do atual plano de projeto aprovado.

Você pode melhorar sua comunicação relacionada a riscos com seus condutores e apoiadores:

» Explicando em detalhes qual é o risco, como ele afeta o projeto e como você estimou a probabilidade de sua ocorrência.

» Dizendo às pessoas quais são as atuais chances de que determinados riscos ocorram, como você está minimizando as chances de problemas e como eles podem reduzir as chances de consequências negativas.

» Encorajando pessoas a pensar e falar sobre riscos, sempre com um olho em minimizar os efeitos negativos desses riscos.

» Documentando por escrito todas as informações sobre os riscos.

Você pode discutir essas informações em reuniões de equipe regularmente programadas, em relatórios de progresso e avaliações da gerência superior regularmente programados e em reuniões especiais para avaliar questões que surjam. (Veja o Capítulo 14 para ler mais sobre compartilhar informações de projeto.)

Preparando um Plano de Gerenciamento de Riscos

Um *plano de gerenciamento de riscos* expõe estratégias para minimizar os efeitos negativos que ocorrências incertas podem acarretar para o projeto. Desenvolva o plano de gerenciamento de riscos na fase organizando-e-preparando, refine-o no início da fase executando-o-trabalho e atualize-o continuamente durante o restante dessa fase (veja o Capítulo 1 para saber mais sobre essas fases). Inclua no seu plano de gerenciamento de riscos:

» Fatores de risco.

» Riscos associados.

» A avaliação da probabilidade de ocorrência e as consequências de cada risco.

» O plano para gerenciar os riscos selecionados.

» O plano para manter as pessoas informadas sobre esses riscos ao longo do projeto.

A Tabela 9-3 ilustra uma parte de um plano de gerenciamento de riscos.

TABELA 9-3 **Uma Parte de um Plano de Gerenciamento de Riscos**

Elemento do Plano	Descrição
Fator de risco	Você nunca trabalhou com este cliente antes.
Riscos	**Produto:** Chances de falhas de comunicação levarem ao entendimento incorreto ou incompleto das necessidades do cliente.
	Cronograma: Compreensão incompleta da operação da empresa do cliente leva à subestimação do seu tempo para pesquisar as operações atuais do cliente.
	Recursos: Compreensão imprecisa do conhecimento técnico do cliente leva a atribuições de tarefas que ele não consegue executar; você precisa de equipe adicional para executar essas tarefas.
Análise	Chances de incompreensão das necessidades do cliente = altas.
	Chances de subestimar o tempo para pesquisa de operações = baixas.
	Chances de incompreensão do conhecimento técnico do cliente = baixas.
Estratégia	Lide apenas com o risco de incompreensão das necessidades do cliente. Reduza as chances desse risco fazendo o seguinte:
	1. Reveja correspondências ou relatórios escritos de problemas antigos para identificar as necessidades do cliente.
	2. Tenha pelo menos dois membros da equipe presentes em toda reunião com o cliente.
	3. Fale com funcionários diferentes na empresa do cliente.
	4. Tenha todas as comunicações por escrito.
	5. Compartilhe avaliações de progresso com o cliente a cada duas semanas durante o projeto.

Relacionando Este Capítulo ao Exame PMP e aos Guias PMBOK 5 e 6

A Tabela 9-4 registra tópicos deste capítulo que podem ser abordados no exame de certificação PMP e que também estão inclusos nas 5ª e 6ª edições de *Um Guia do Conhecimento em Gerenciamento de Projetos (Guias PMBOK 5 e 6)*.

TABELA 9-4 **Tópicos do Capítulo 9 Relacionados ao Exame PMP e aos *Guias PMBOK 5 e 6***

Tópico	Localização Neste Capítulo	Localização nos Guias PMBOK 5 e 6	Comentários
Definições de risco de projeto e gerenciamento de risco	"Definindo Risco e Gerenciamento de Risco"	11. Gerenciamento dos Riscos do Projeto (Introdução)	As definições desses termos nos livros são essencialmente as mesmas. Este livro foca os riscos com consequências negativas, enquanto o *Guia PMBOK 6* observa que riscos podem ter consequências tanto positivas quanto negativas.
Identificando riscos de projeto	"Focando Fatores de Risco e Riscos" e "Identificando riscos"	11.2. Identificar Riscos	Os processos de identificação de riscos e as áreas que podem originar riscos de projeto abordados nos livros são quase os mesmos.
Escolhendo riscos para abordar em profundidade	"Avaliando Riscos: Probabilidade e Consequências"	11.3. Realizar a Análise Qualitativa de Riscos	Os livros recomendam determinar riscos para considerar em profundidade levando em conta consequências e probabilidade de ocorrência.
Técnicas para avaliar riscos e consequências esperadas	"Estimando a extensão das consequências" e "Escolhendo os riscos que quer gerenciar"	11.4. Realizar a Análise Quantitativa de Riscos	Este livro explora em profundidade várias técnicas que são mencionadas no *Guia PMBOK 6*.
Abordagens para lidar com riscos	"Desenvolvendo uma estratégia de gerenciamento de risco"	11.5.2.1. Estratégias para Riscos Negativos ou Ameaças	Este livro examina em profundidade as diferentes abordagens mencionadas no *Guia PMBOK 6*.

3 Trabalho em Grupo: Montando Sua Equipe

NESTA PARTE...

Descubra para qual tipo de ambiente organizacional você está trabalhando: funcional, projetizado ou matricial. Como as estruturas matriciais têm se tornado cada vez mais comuns, veja dicas e técnicas especiais para trabalhar com sucesso nesse tipo de ambiente.

Identifique os papéis que os membros de sua equipe podem ter e delegue atribuições para realizar tarefas. Descubra como manter todos na mesma página com uma matriz de atribuição de responsabilidades.

Dê ao projeto um início sólido confirmando ou atualizando as informações no seu plano, assegurando que você determinou quais pessoas terão papéis críticos e preparando os sistemas e procedimentos que viabilizarão seu desempenho.

NESTE CAPÍTULO

» Comparando os prós e os contras de três estruturas organizacionais

» Definindo os atores e seus papéis na estrutura matricial

» Sendo bem-sucedido em uma empresa matricial

Capítulo **10**

Alinhando os Principais Atores do Seu Projeto

No ambiente de trabalho tradicional, há um supervisor direto que lhe atribui trabalho, completa suas avaliações de desempenho, aprova seus aumentos de salário e autoriza suas promoções. Porém, um número crescente de empresas têm adotado uma estrutura na qual uma variedade de pessoas dirigem suas atribuições de trabalho. Qual é a maior vantagem dessa nova estrutura? No fim das contas, ela possibilita respostas mais rápidas e efetivas aos diversos projetos de uma empresa.

O sucesso dessas novas empresas orientadas a projetos exige que você:

» Identifique as pessoas que definem e influenciam seu ambiente de trabalho.

» Entenda seus papéis únicos.

» Saiba como trabalhar efetivamente com elas para criar um projeto bem-sucedido.

Este capítulo ajuda a definir o ambiente de sua empresa e a entender os papéis individuais. Também oferece dicas para ajudar a executar com êxito seu projeto em uma empresa com estrutura matricial.

Definindo Três Ambientes Organizacionais

Ao longo dos anos, os projetos evoluíram de reflexões tardias organizacionais a veículos principais para conduzir negócios e desenvolver capacidades futuras. Naturalmente, as abordagens para os organizar e gerenciar também evoluíram.

Esta seção explica como projetos são conduzidos na estrutura funcional tradicional; na estrutura projetizada, focada em projetos, e na extensivamente usada estrutura matricial, que combina aspectos de estruturas funcionais e projetizadas.

A estrutura funcional

A *estrutura organizacional funcional* (veja a Figura 10-1 para um exemplo) reúne pessoas que executam tarefas similares ou que usam os mesmos tipos de competências e conhecimentos em *grupos funcionais*. Nessa estrutura, as pessoas são geridas através de linhas claras de autoridade que se estendem através de cada grupo até a diretoria e, por fim, à única pessoa no topo. Por exemplo, na Figura 10-1, é possível ver que todas as pessoas que executam funções de recursos humanos para a empresa (como recrutamento, treinamento e gerenciamento de benefícios) estão localizadas no grupo de recursos humanos, que se reporta a um dirigente executivo.

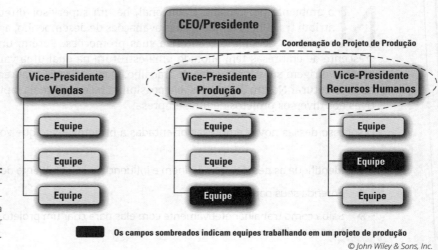

FIGURA 10-1: Uma estrutura funcional para administrar projetos.

Os campos sombreados indicam equipes trabalhando em um projeto de produção

© John Wiley & Sons, Inc.

Dependendo da natureza do projeto e das competências e conhecimentos exigidos, na estrutura funcional ele pode ser gerido completamente pelo pessoal dentro de um grupo funcional em particular. Porém, como ilustrado na Figura 10-1, se o grupo de produção está executando um projeto que exige a experiência de uma pessoa do grupo de recursos humanos, o vice-presidente de produção deve fazer um acordo formal com o vice-presidente dos recursos humanos a fim de disponibilizar o colaborador necessário de sua área para trabalhar no projeto. O vice-presidente dos recursos humanos deve, então, gerir essa pessoa conforme ela executa suas tarefas no projeto.

O gerente de projetos tem menos autoridade sobre os membros da equipe de projeto na estrutura funcional do que em qualquer outra forma de organização de projeto. Na verdade, ele serve mais como um coordenador do que como gerente, pois gerentes funcionais detêm toda a autoridade sobre os membros da equipe e o orçamento de projeto.

Vantagens da estrutura funcional

A estrutura funcional tem as seguintes vantagens:

» **Grupos funcionais são reservatórios de competências e conhecimentos em suas áreas de especialização.** Os membros do grupo são contratados por suas credenciais técnicas e continuam a desenvolver suas capacidades por meio de suas atribuições de trabalho.

» **Processos de comunicação e procedimentos de tomada de decisões bem estabelecidos de grupos funcionais oferecem suporte oportuno e consistente aos projetos do grupo.** Desde o começo de suas atribuições, membros do grupo efetivamente trabalham com e apoiam uns aos outros porque sabem com quem, como e quando compartilhar importantes informações de tarefas. Decisões são tomadas prontamente, pois áreas de autoridade são claramente definidas.

» **Grupos funcionais oferecem um ambiente de trabalho focado e encorajador para as pessoas.** Membros de grupos trabalham junto a colegas que compartilham interesses profissionais similares. Cada membro tem um percurso profissional bem definido e um chefe que lhe dá atribuições e avalia seu desempenho. As relações interpessoais estabelecidas entre os membros do grupo facilitam esforços efetivos de trabalho colaborativo.

Desvantagens da estrutura funcional

CUIDADO

A estrutura funcional tem os seguintes inconvenientes:

» **A estrutura funcional dificulta a colaboração efetiva entre diferentes grupos funcionais.** As relações de trabalho de membros de grupos se dão principalmente com outros no grupo, e a gerência avalia seu desempenho na área de especialização do grupo. Essa configuração atrapalha a colaboração efetiva com outros grupos em um projeto.

» **O interesse principal dos membros do grupo funcional é executar as tarefas em sua área de especialidade em vez de atingir metas e resultados que envolvam e afetem outros grupos na organização.** Interesses e relações de trabalho de membros de grupos profissionais se dão principalmente com outros em seus grupos, e seu chefe, que lhes passa atribuições de trabalho e avalia seu desempenho, é o dirigente do grupo funcional. Esse ambiente encoraja os membros a se preocuparem mais com e a dar maior prioridade às atribuições de tarefas de seu grupo funcional.

» **Um grupo funcional pode ter dificuldade em obter adesão e suporte para seu projeto de outros grupos funcionais que devem apoiar ou serão afetados pelo projeto.** Todo grupo funcional pode iniciar um projeto sem consultar outros grupos funcionais. Como resultado, as pessoas nessas outras áreas podem ficar relutantes em apoiar tal projeto quando ele não aborda suas necessidades da maneira mais efetiva. Elas também podem ficar relutantes em apoiá-lo porque o projeto pode estar competindo com projetos de seu próprio grupo funcional por recursos escassos.

A estrutura projetizada

A *estrutura organizacional projetizada* reúne todo o pessoal que trabalha em um projeto em particular. Membros de equipe de projeto muitas vezes são alocados juntos e sob a autoridade direta do gerente de projetos ao longo de sua duração. Como exemplo, veja na Figura 10-2 que um engenheiro de projeto, um especialista em TI e um engenheiro de testes trabalham no Projeto A, enquanto um diferente engenheiro de projeto e um diferente engenheiro de testes trabalham no Projeto B.

O gerente de projetos tem autoridade quase total sobre os membros de sua equipe na estrutura projetizada. Ele faz atribuições e direciona os esforços de trabalho dos membros da equipe; controla o orçamento de projeto; conduz avaliações de desempenho de membros da equipe e aprova seus aumentos, bônus e licenças anuais.

226   PARTE 3 **Trabalho em Grupo: Montando Sua Equipe**

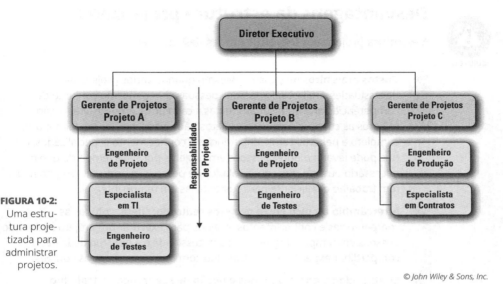

FIGURA 10-2: Uma estrutura projetizada para administrar projetos.

© John Wiley & Sons, Inc.

Vantagens da estrutura projetizada

A estrutura projetizada tem as seguintes vantagens:

» **Todos os membros de uma equipe de projeto se reportam diretamente ao gerente.** Essa estrutura esclarecida e simplificada de comunicação reduz o potencial de demandas conflituosas de tempo e resultados dos membros da equipe em poucas e mais curtas linhas de comunicação. Além disso, facilita a tomada mais rápida de decisões.

» **Membros da equipe de projeto podem desenvolver mais facilmente uma noção compartilhada de identidade, resultando em um comprometimento maior uns com os outros e com o sucesso do projeto.** O foco consistente em um único projeto com o mesmo grupo de membros da equipe oferece às pessoas uma maior valorização dos pontos fortes e limitações do outro, assim como uma compreensão mais profunda e uma crença mais forte no valor dos resultados pretendidos do projeto.

» **Todos na equipe compartilham os processos para executar trabalho, comunicação, resolução de conflitos e tomada de decisões dentro do projeto.** A estrutura projetizada aumenta a produtividade e a eficiência do projeto, pois mais tempo pode ser dedicado à execução de trabalho, em vez de à criação de sistemas para dar suporte à execução do trabalho.

Desvantagens da estrutura projetizada

A estrutura projetizada tem as seguintes desvantagens:

CUIDADO

> **Custos mais altos de pessoal:** Mesmo quando vários projetos têm necessidades similares de pessoal, pessoas com o mesmo conjunto de competências precisam ser atribuídas a cada um. Como resultado, são maiores as chances de que os projetos não sejam capazes de dar suporte completo a pessoas com competências e conhecimento especializados, o que pode levar a manter pessoas em projetos por mais tempo do que o necessário ou a ter que cobrir salários de pessoas quando seu projeto não tem trabalho o suficiente para sustentá-las em tempo integral.

> **Intercâmbio técnico entre projetos reduzido:** Oferecer todas as competências e conhecimentos exigidos para executar um projeto atribuindo pessoas em tempo integral reduz a necessidade e a oportunidade de compartilhar experiências de trabalho com pessoas em outras equipes.

> **Continuidade, oportunidades e noção de segurança de trabalho reduzidas:** Como as pessoas são contratadas para trabalhar em uma equipe de projeto específica, elas não têm garantia de que a empresa precisará de seus serviços quando o projeto atual terminar.

A estrutura matricial

Com uma frequência cada vez maior, os projetos hoje envolvem e afetam muitas áreas funcionais dentro de uma empresa. Como resultado, pessoas dessas diferentes áreas devem trabalhar juntas para concluir com êxito o trabalho de projeto. A *estrutura organizacional matricial* combina elementos das estruturas funcional e projetizada para facilitar a participação ágil e efetiva de pessoas de diferentes partes da empresa em projetos que precisam do seu conhecimento especializado.

Como a Figura 10–3 ilustra, na estrutura organizacional matricial pessoas de diferentes áreas da empresa são designadas para liderar ou trabalhar em projetos. Os gerentes de projetos guiam o desempenho de atividades de projeto enquanto os supervisores diretos das pessoas (de grupos como financeiro, produção e vendas) executam tarefas como avaliar formalmente o desempenho de pessoas e aprovar promoções, aumentos de salário ou solicitações de licença. Como um indivíduo pode estar em um projeto em menos de 100% de seu tempo, ele pode trabalhar em mais de um projeto por vez. (Discuto os principais atores com mais detalhes em uma estrutura matricial na seção posterior, "Reconhecendo os Principais Atores em um Ambiente Matricial".)

228   PARTE 3 **Trabalho em Grupo: Montando Sua Equipe**

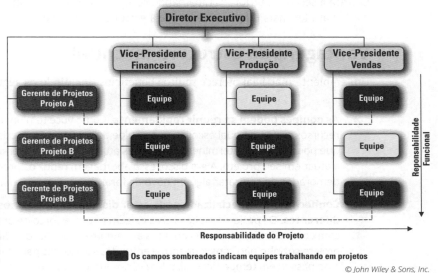

FIGURA 10-3: A estrutura organizacional matricial geral.

© John Wiley & Sons, Inc.

Um ambiente matricial é classificado como *fraco*, *forte* ou *equilibrado*, a depender de quanta autoridade os gerentes de projeto têm sobre suas equipes. Aqui estão mais algumas informações sobre cada uma dessas classificações:

» **Matriz fraca:** Os membros da equipe de projeto recebem a maior parte da orientação de seus gerentes funcionais. Gerentes de projeto têm pouca, se alguma, autoridade sobre os membros da equipe e atualmente funcionam mais como coordenadores de projeto do que como gerentes.

» **Matriz forte:** Empresas com fortes estruturas de matriz escolhem gerentes para novos projetos de um conjunto de pessoas cujo único trabalho é gerenciar projetos. As empresas nunca pedem a essas pessoas que sirvam como membros de equipe. Muitas vezes, esses gerentes formam uma única unidade organizacional que se reporta a um gerente de gerentes de projeto. Além de direcionar e guiar o trabalho de projeto, esses gerentes têm certa autoridade administrativa sobre os membros da equipe, como o direito de participar de suas avaliações de desempenho.

» **Matriz equilibrada:** Esse tipo de ambiente de matriz é uma mistura dos ambientes forte e fraco. Pessoas são designadas a liderar projetos ou servir como membros de equipe com base nas necessidades dos projetos, em vez de nas descrições de sua função. Embora o gerente de projetos possa ter alguma autoridade administrativa sobre os membros da equipe (como aprovar solicitações de licença), na maior parte do tempo, ele guia, coordena e facilita o projeto.

Confira a seção posterior, "Trabalhando com Sucesso em um Ambiente Matricial", para ler mais informações sobre a estrutura matricial.

Vantagens da estrutura matricial

Um ambiente matricial oferece muitos benefícios, incluindo os seguintes:

» **As equipes podem se reunir rapidamente.** Como você tem um conjunto de recursos maior, do qual escolher sua equipe de projeto, não precisa esperar que poucas pessoas terminem atribuições atuais antes de poderem começar a atuar em seu projeto. Além disso, essa abordagem reduz os processos demorados de contratar alguém novo de fora.

» **Conhecimento especializado pode estar disponível para vários projetos diferentes.** Os projetos muitas vezes exigem pouco esforço de uma pessoa com competências ou conhecimentos altamente especializados. Se seu projeto sozinho não consegue fornecer fundos suficientes para contratar essa pessoa em tempo integral, talvez vários juntos, cada um usando uma porção do tempo do especialista, possam.

» **Conseguir adesão das unidades funcionais dos membros da equipe é mais fácil com a estrutura matricial do que com as estruturas funcional ou projetizada.** Membros de unidades que trabalham em um projeto ou que são afetados por seu resultado estão mais dispostos a apoiar o projeto se tiverem confiança de que a equipe ouvirá suas preocupações e questões.

CUIDADO

Desvantagens da estrutura matricial

Um ambiente matricial apresenta os seguintes desafios, os quais o gerente de projetos deve abordar com sucesso:

» **Membros da equipe trabalhando em vários projetos respondem a dois ou mais gerentes.** Cada membro da equipe tem pelo menos duas pessoas direcionando-o — o gerente de projetos (que coordena o trabalho de projeto e o apoio à equipe) e o gerente funcional (que coordena as atribuições dos membros de projeto, completa sua avaliação de desempenho e aprova as solicitações de licença). Quando esses dois gerentes estão em níveis similares na organização, resolver demandas conflituosas pelo tempo do membro na equipe pode ser difícil.

» **Membros da equipe podem não estar familiarizados com os estilos e conhecimentos uns dos outros.** Como os membros da equipe podem não ter trabalhado extensivamente juntos, podem precisar de algum tempo para ficarem confortáveis com os estilos de trabalho e comportamentos uns dos outros.

> **» Membros da equipe podem focar mais as atribuições individuais e menos o projeto e suas metas.** Por exemplo, um especialista em aquisições pode ser responsável por comprar equipamentos e suprimentos para todos os seus projetos. Em tal caso, o especialista pode estar menos preocupado com o prazo de um projeto para compras e mais preocupado em seguir corretamente os procedimentos de aquisição de seu departamento.

Reconhecendo os Principais Atores em um Ambiente Matricial

A estrutura matricial, que apresentei anteriormente neste capítulo, torna mais fácil que pessoas de várias partes da empresa contribuam com seus conhecimentos em diferentes projetos. Porém, trabalhar em um ambiente matricial exige que o gerente de projetos lide com estilos, interesses e demandas de mais pessoas que têm algum grau de controle sobre os recursos, metas e objetivos do projeto do que em uma estrutura funcional ou projetizada.

Em um ambiente matricial, as seguintes pessoas têm papéis cruciais no sucesso de todos os projetos:

> **» Gerente de projetos:** A pessoa responsável em última instância pela conclusão bem-sucedida do projeto.
>
> **» Membros da equipe de projeto:** Pessoas responsáveis por executar com sucesso atividades individuais de projeto.
>
> **» Gerentes funcionais:** Os supervisores diretos dos membros da equipe.
>
> **» Proprietário do projeto:** A pessoa que inicia o projeto, financia-o e conduz a unidade operacional na qual os produtos do projeto serão usados.
>
> **» Patrocinador do projeto:** A pessoa que fornece justificativa, financiamento, articulação e comunicação de alto nível do projeto, assim como apoio específico e pragmático ao gerente.
>
> **» Alta gerência:** Pessoas responsáveis pelas principais unidades de negócios da empresa.

As seguintes seções discutem como cada uma dessas pessoas contribui com o sucesso do projeto.

O gerente de projetos

Se você é o gerente de projetos, é responsável por todos os aspectos do projeto. Ser responsável não significa executar todas as suas atividades sozinho, mas que precisa checar se cada uma delas é concluída de forma satisfatória. (Veja o Capítulo 11 para conhecer definições de autoridade, responsabilidade e responsabilização.) Nesse papel, você é especificamente responsável por:

» Determinar objetivos (veja o Capítulo 4), cronogramas (veja o Capítulo 6) e orçamentos de recursos (veja os Capítulos 7 e 8).

» Assegurar que você tenha um plano de projeto claro e viável para atingir suas metas de desempenho (veja o Capítulo 5).

» Identificar e gerenciar os riscos de projeto (veja o Capítulo 9).

» Criar e sustentar uma equipe comprometida, focada e bem organizada (veja os Capítulos 11 e 12, além deste).

» Selecionar ou criar práticas e procedimentos operacionais de sua equipe (veja o Capítulo 12).

» Monitorar o desempenho em relação a planos e lidar com quaisquer problemas que surjam (veja o Capítulo 13).

» Resolver conflitos interpessoais, de abordagem de trabalho ou de prioridade (veja o Capítulo 12).

» Identificar e facilitar a resolução de questões e problemas de projeto (veja o Capítulo 13).

» Controlar mudanças de projeto (veja o Capítulo 13).

» Reportar atividades de projeto (veja o Capítulo 14).

» Manter seus clientes informados e comprometidos (veja o Capítulo 14).

» Atingir objetivos dentro de metas de prazo e orçamento (veja a Parte 4).

» Contribuir com avaliações de desempenho dos membros de sua equipe (veja o Capítulo 16).

LEMBRE-SE

Às vezes, você ouve as pessoas usarem os termos *diretor de projetos* e *líder de projetos*, ambos se assemelham a *gerente de projetos*. Confira com sua empresa, mas geralmente *gerente* e *diretor* descrevem a mesma função. *Líder* de projetos, no entanto, é uma história diferente. As pessoas muitas vezes pensam na *gerência* como algo focado em questões e na *liderança*, em pessoas; a gerência também lida com procedimentos estabelecidos, enquanto a liderança lida com mudanças. Assim, chamar alguém de líder de projeto enfatiza sua responsabilidade em focar e estimular as pessoas a apoiar o projeto, em oposição às tarefas mais técnicas de planejamento e controle. Mas, novamente, confira com sua empresa para saber se o termo *líder* visa a transmitir essa mensagem. (Muitas vezes, *líder de projetos* é apenas outro termo para *gerente de projetos* — descubra!)

Membros da equipe de projetos

Os membros da equipe de projeto devem satisfazer às solicitações de seus gerentes funcionais e de seus gerentes de projeto. Como membro da equipe, suas responsabilidades relacionadas a atribuições de projeto incluem:

>> Executar tarefas de acordo com os mais altos padrões de excelência técnica em sua área.

>> Executar atribuições no prazo e dentro do orçamento.

>> Manter competências e conhecimentos exigidos para fazer o trabalho bem.

Além disso, você é responsável por trabalhar e apoiar os esforços dos membros da sua equipe de projetos. Tal ajuda implica o seguinte:

>> Considerar o efeito que suas ações têm nas tarefas dos membros da equipe.

>> Identificar situações e problemas que afetam tarefas de membros da equipe.

>> Manter os membros da equipe informados de seu progresso, conquistas e quaisquer problemas que encontrar.

Gerentes funcionais

Os gerentes funcionais são responsáveis por coordenar as atribuições de sua equipe entre projetos diferentes. Além disso, oferecem os recursos necessários para ela executar o trabalho de acordo com os mais altos padrões de excelência técnica. Especificamente, como gerente funcional, você é responsável por:

>> Desenvolver ou aprovar planos que especificam tipo, prazo e quantidade de recursos exigidos para executar tarefas em sua área de especialidade.

>> Certificar que os membros da equipe estejam disponíveis para executar as tarefas atribuídas pelos prazos prometidos.

>> Oferecer experiência técnica e orientação para ajudar os membros da equipe a resolver problemas relacionados a suas atribuições de projeto.

>> Oferecer equipamento e instalações necessários para uma pessoa fazer seu trabalho.

>> Ajudar pessoas a manter suas competências e conhecimentos técnicos.

CAPÍTULO 10 **Alinhando os Principais Atores do Seu Projeto** 233

>> Fazer com que os membros do grupo funcional usem abordagens metodológicas consistentes em todos os seus projetos.

>> Completar avaliações de desempenho de membros da equipe.

>> Reconhecer o desempenho com aumentos de salário, promoções e atribuições de função.

>> Aprovar solicitações de membros da equipe de férias anuais, licenças administrativas, treinamentos e outras atividades que os afastem do trabalho.

O proprietário do projeto

O proprietário do projeto é a pessoa que o inicia, financia e está no controle da unidade operacional na qual os produtos produzidos pelo projeto serão usados para gerar as vantagens comerciais desejadas. Ele é um condutor de projeto muito importante, uma das partes interessadas que definirão as vantagens comerciais a serem atingidas. (Vá até o Capítulo 3 para ler mais informações sobre partes interessadas.) Se você for proprietário do projeto, espere executar as seguintes tarefas:

>> Definir as vantagens comerciais a serem produzidas pelo projeto (veja os Capítulo 2 e 4 para saber mais sobre estabelecer os resultados de projeto desejados).

>> Encaminhar o projeto para que produza essas vantagens comerciais desejadas.

>> Avaliar até que ponto os benefícios desejados do projeto são de fato realizáveis.

>> Possibilitar que toda informação, pessoas conhecedoras dos diferentes aspectos operacionais e acesso solicitado a instalações e equipamentos sejam fornecidos como prometido quando necessário.

O patrocinador do projeto

Originalmente, um patrocinador de projetos era uma pessoa que oferecia recursos para apoiar suas atividades. No entanto, conforme os projetos evoluíram, e se tornaram uma parte integral das operações de uma empresa, as responsabilidades do patrocinador de projetos (agora também chamado de patrocinador executivo) se expandiram para incluir justificativa, financiamento, articulação e comunicação corporativa e de alto nível, assim como disponibilização de suporte pragmático e específico ao próprio gerente de projetos. A seguir, estão algumas responsabilidades que você pode ter se for um patrocinador de projetos:

234   PARTE 3 **Trabalho em Grupo: Montando Sua Equipe**

- Formular as necessidades do projeto no business case (veja o Capítulo 2 para ler mais informações).
- Estimar os fundos, o cronograma e os recursos necessários para o projeto (veja os Capítulos 6, 7 e 8 para saber mais detalhes).
- Solicitar o financiamento e outros recursos necessários para o projeto.
- Preparar o termo de abertura de projeto (veja o Capítulo 2 para ter mais informações).
- Verificar se o projeto está produzindo entregáveis de alta qualidade.
- Apoiar avaliação e gerenciamento dos riscos de projetos (veja o Capítulo 9).
- Divulgar, promover e advogar pelo projeto, especialmente para públicos de nível sênior.
- Ajudar a estabelecer credibilidade e apoio interno e externo necessários para o gerente e a equipe de projeto.
- Oferecer supervisão e apoio executivo, conforme necessário, para facilitar o desempenho bem-sucedido das atividades de projeto.
- Fornecer informações sobre atividades de projeto desempenhadas, recursos gastos, resultados produzidos e quaisquer questões que afetem de forma adversa as chances de conclusão bem-sucedida do projeto à gerência sênior.
- Fazer com que as vantagens comerciais desejadas do projeto se concretizem.

O candidato ideal a patrocinador executivo de projetos seria um executivo respeitado de nível C — por exemplo, um **C**IO (*chief information officer*) ou **C**FO (*chief financial officer*) — na linha de autoridade acima do departamento que usará os novos produtos criados pelo projeto para produzir as vantagens comerciais desejadas.

Em projetos grandes e complexos, executados em grandes empresas, é comum ter pessoas diferentes para servir como patrocinador executivo e gerente de projetos. No entanto, quando projetos menores são executados em ambientes mais simples, pode ser que a mesma pessoa execute ambos os papéis. Se lhe pedirem para ser o gerente e o patrocinador executivo de um projeto, atente-se para não deixar de lado, inadvertidamente, nenhum desses papéis. Mesmo que pessoal ou outros recursos sejam limitados, falhar em executar uma ou mais das tarefas de gerente ou patrocinador executivo de projeto tem um impacto significativo em suas chances de sucesso.

Alta gerência

A alta gerência cria o ambiente organizacional; supervisiona o desenvolvimento e o uso de políticas, procedimentos e práticas operacionais e encoraja e financia o desenvolvimento dos sistemas de informação solicitados. Mais especificamente, se você está na alta gerência, é responsável por:

- Criar a missão e as metas organizacionais que oferecem a base para selecionar projetos.
- Definir políticas e procedimentos para tratar prioridades e conflitos.
- Criar e manter sistemas de informação de mão de obra e financeiro.
- Oferecer instalações e equipamentos para apoiar o trabalho de projeto.
- Definir os limites da autoridade de tomada de decisão dos gerentes.
- Ajudar a resolver questões e decisões de projeto que não podem ser manejadas com sucesso em níveis mais baixos da empresa.

Trabalhando com Sucesso em um Ambiente Matricial

Atingir o sucesso em um ambiente matricial exige que você alinhe e coordene efetivamente as pessoas que apoiam seu projeto, desviando quaisquer forças que as conduzam para direções diferentes. Esta seção ajuda você, como gerente de projetos, a conseguir o trabalho de maior qualidade dos membros de sua equipe em um ambiente matricial e o apoio adequado e efetivo dos gerentes funcional e sênior.

Criando e continuamente reforçando a identidade da equipe

DICA

Comprometer-se a trabalhar com outros para atingir uma meta em comum encoraja as pessoas a superarem problemas que podem encontrar ao longo do caminho. As seguintes dicas ajudam a esclarecer o propósito de sua equipe, e a encorajar seus membros a apoiarem uns aos outros conforme vocês trabalham juntos para atingi-lo (veja o Capítulo 12 para ter orientações adicionais):

- **Esclareça a visão e as relações de trabalho da equipe.** Assim que tiver uma equipe, trabalhe com seus membros para desenvolver uma missão de projeto que os membros entendam e apoiem. Dê às pessoas uma oportunidade de se familiarizar com os estilos de trabalho das outras.

- **Defina procedimentos de equipe.** Encoraje sua equipe a desenvolver os próprios procedimentos de trabalho, em vez de permitir que as pessoas usem as abordagens de seus respectivos grupos funcionais.

» **Defina claramente os papéis e as responsabilidades de cada membro da equipe nas tarefas do projeto que estarão executando.** Você também deve incluir a eventual autoridade que os membros da equipe podem exercer no desempenho das tarefas que lhes foram atribuídas.

» **Esclareça a autoridade de cada pessoa.** Os membros da equipe podem ter que representar suas áreas funcionais ao tomar decisões de projeto. Esclareça o nível de autoridade independente de cada membro da equipe para tomar tais decisões e determine quem, fora da equipe, pode tomar quaisquer decisões que estiverem fora da alçada do membro da equipe.

» **Esteja atento e observe o funcionamento de sua equipe.** Ajude as pessoas a estabelecer relações interpessoais confortáveis e produtivas. Continue apoiando essas relações ao longo do projeto.

» **Reforce as metas gerais do projeto e a interdependência entre os membros da equipe.** Como gerente de projetos, você deve continuamente relembrar aos membros da equipe das metas globais do projeto, e focar sua atenção em como eles influenciam e afetam o trabalho uns dos outros.

Obtendo o comprometimento da equipe

Membros de equipe tipicamente têm pouca ou nenhuma autoridade uns sobre os outros em um ambiente matricial. Assim, executam suas atribuições de projeto por escolha, não por necessidade. Trabalhe com as pessoas inicialmente e ao longo do projeto para encorajá-las a se comprometerem com suas metas (veja o Capítulo 15 para saber mais sobre como encorajar a adesão da equipe).

Evoque o apoio de outras pessoas no ambiente

A autoridade do gerente de projetos sobre os membros da equipe é frequentemente limitada; na maior parte, você deve contar com sugestões, encorajamento e persuasão para ajudar os integrantes a abordar questões e cumprir suas atribuições. Assim, você precisa identificar e estabelecer relações com os outros que o ajudem a lidar com situações que você não pode resolver por si mesmo. Eis como:

» **Consiga um patrono.** Já que você não tem autoridade sobre todas as pessoas que afetam as chances de sucesso do projeto, consiga um aliado que a tenha — e consiga assim que possível. Esse *patrono de projeto* ajuda a resolver conflitos de cronograma e interpessoais de membros da equipe, e aumenta a visibilidade do seu projeto na empresa. (Veja o Capítulo 3 para ler mais informações sobre esse papel.)

» **Peça e reconheça o apoio dos gerentes funcionais dos membros de sua equipe.** Agradecendo aos gerentes funcionais por apoiar sua equipe e permitir que ela honre seus compromissos de projeto, você encoraja esses gerentes a oferecer apoio similar para você e para outros no futuro.

» **Trabalhe de perto com o patrocinador executivo do projeto.** Veja a seção "O patrocinador do projeto", anteriormente neste capítulo, que discute o papel e as responsabilidades do patrocinador executivo de projeto.

Evitando problemas comuns antes que eles surjam

Siga os passos a seguir antes e ao longo do projeto para evitar potenciais conflitos e preocupações antes que se materializem:

» **Planeje em detalhes suficientes.** Trabalhe com membros da equipe para definir de forma clara e concisa papéis e responsabilidades específicos de cada pessoa para todas as atividades. Esse planejamento ajuda as pessoas a estimar com mais precisão a quantidade de esforço que precisam dedicar e o prazo daquele esforço para cada atribuição.

» **Identifique e aborde conflitos prontamente.** Conflitos muitas vezes surgem em um ambiente matricial, dadas as diversas responsabilidades, diferentes estilos e falta de experiência das pessoas trabalhando juntas. Encoraje-as a identificar e discutir conflitos assim que ocorrerem. Desenvolva sistemas e procedimentos para lidar com conflitos prontamente — antes que saiam do controle.

» **Encoraje a comunicação aberta entre os membros da equipe, especialmente em relação a problemas e frustrações.** Quanto mais cedo você descobre os problemas, mais tempo tem para lidar com eles. Discutir e resolver questões da equipe propicia relações de trabalho mais proveitosas e produtivas.

» **Encoraje a alta gerência a estabelecer um comitê supervisor para monitorar o desempenho de projeto e tratar de recursos e outros conflitos.** Gerentes de projeto e funcionais devem focar metas para suas respectivas áreas de responsabilidade. Muitas vezes, ambos os grupos contam com o mesmo conjunto de pessoas para atingir essas metas. Mas essas necessidades diversas criam demandas conflituosas nos prazos e esforços das pessoas. Um comitê supervisor assegura que as necessidades de toda a empresa sejam consideradas ao tratar desses conflitos.

Relacionando Este Capítulo ao Exame PMP e aos Guias PMBOK 5 e 6

A Tabela 10-1 registra tópicos deste capítulo que podem ser abordados no exame de certificação PMP e que também estão inclusos nas 5ª e 6ª edições de *Um Guia do Conhecimento em Gerenciamento de Projetos (Guias PMBOK 5 e 6)*.

TABELA 10-1 **Tópicos no Capítulo 10 Relacionados ao Exame PMP e aos *Guias PMBOK 5 e 6***

Tópico	Localização Neste Capítulo	Localização nos Guias PMBOK 5 e 6	Comentários
Estruturas organizacionais funcional, projetizada e matricial	"Definindo Três Ambientes Organizacionais"	2.1.3. Estrutura Organizacional	Todos identificam as mesmas três estruturas organizacionais para lidar com projetos como sendo as mais comuns.
Papéis de gerente de projetos, membros da equipe de projetos, gerentes funcionais, proprietário de projeto, patrocinador de projetos e alta gerência	"Reconhecendo os Principais Atores em um Ambiente Matricial"	1.7 Papel do Gerente de Projetos 2.2.1. Partes Interessadas no Projeto	Este livro discute em mais detalhes do que o *Guia PMBOK 6* como cada entidade pode apoiar o desempenho bem-sucedido da equipe.

240   PARTE 3 **Trabalho em Grupo: Montando Sua Equipe**

NESTE CAPÍTULO

» **Identificando os três papéis que os membros da equipe podem ter em um determinado projeto**

» **Delegando atribuições e compartilhando responsabilidades**

» **Demonstrando papéis de equipe com uma matriz de responsabilidades**

» **Lidando efetivamente com o microgerenciamento**

Capítulo **11**

Definindo Papéis e Responsabilidades na Equipe

Sua equipe de projeto, por padrão, inclui pessoas com diferentes habilidades e estilos operacionais que trabalham em diversos setores da empresa. Portanto, você pode não ter trabalhado extensivamente com todas elas antes. Além disso, o projeto costuma ter um cronograma apertado, e os membros da equipe, exercer muitas outras atribuições ao mesmo tempo.

O sucesso nesse tipo de ambiente exige que você e os outros membros da equipe cheguem a um consenso sobre o trabalho conjunto para maximizar contribuições e minimizar tempo desperdiçado e erros. A equipe precisa de uma abordagem que dê a todos a confiança de que todos vão honrar seus compromissos. O gerente de projetos e cada membro da equipe devem entender e se sentir confortáveis com seus papéis planejados.

Este capítulo explica como distinguir entre os diferentes graus de envolvimento dos membros da equipe nas tarefas, fazer atribuições-chave, motivar as pessoas a manter suas promessas, apresentar um quadro geral dos papéis e responsabilidade dos membros da equipe, e, por fim, lidar com microgerentes.

Destacando os Papéis Fundamentais

Um projeto típico implica executar trabalhos específicos, tomar decisões e coordenar as atividades de outras pessoas. Para concluir o projeto com o mínimo de tempo e recursos, cada trabalho deve ser feito na ordem correta, e cada pessoa deve trabalhar no pico de eficiência, assegurando-se de não repetir ou duplicar desnecessariamente trabalho que outros já tenham feito. Quanto mais complexo for o projeto e mais pessoas estiverem trabalhando nele, mais difícil será evitar que alguém se atropele no meio do caminho.

Para começar a coordenar os esforços das pessoas, esta seção define três papéis diferentes que os membros da equipe podem ter quando trabalharem em uma atividade de projeto, e analisa suas similaridades e diferenças.

Distinguindo autoridade, responsabilidade e responsabilização

Os conceitos a seguir o ajudam a definir e esclarecer como membros da equipe devem se relacionar uns com os outros e com suas atribuições:

» **Autoridade:** A habilidade de tomar decisões vinculadas a seus produtos, cronograma, recursos e atividades de projeto. Exemplos incluem a habilidade de assinar ordens de compra que não excedam $3 mil e a de mudar uma data programada em não mais de duas semanas.

» **Responsabilidade:** O compromisso de atingir resultados específicos. Um exemplo é sua promessa de deixar um esboço de relatório pronto em 1º de março.

» **Responsabilização:** Lidar com consequências em resposta ao desempenho das pessoas, tais como seu chefe percebendo em sua avaliação de desempenho anual que você solucionou um complicado problema de produção.

Infelizmente, muitas pessoas acreditam que responsabilização significa apenas pagar o preço quando você faz sujeira. Esse medo de ser responsabilizado por erros leva as pessoas a evitar situações nas quais seriam responsabilizadas por seu desempenho. Pagar o preço quando você faz sujeira é, com certeza, metade do conceito, mas a outra metade é ser recompensado por fazer um bom trabalho. Esse reforço positivo é muito mais efetivo do que um reforço negativo para encorajar resultados de alta qualidade.

242   PARTE 3 **Trabalho em Grupo: Montando Sua Equipe**

Embora estejam relacionados, cada um desses três termos é um elemento distinto e necessário para definir e reforçar papéis de equipe.

Entendendo a diferença entre autoridade e responsabilidade

Tanto autoridade quanto responsabilidade são acordos prévios. Antes de começar o projeto, você define quem pode tomar quais decisões e quem vai viabilizar os resultados particulares. No entanto, autoridade foca processos, enquanto responsabilidade foca resultados:

» Autoridade define as decisões que você pode tomar, mas não menciona os resultados que tem que atingir.

» Responsabilidade aborda os resultados que você deve atingir, mas não menciona as decisões que pode tomar para atingir esses resultados.

Tenha em mente também que você pode transferir para outra pessoa a autoridade de tomar decisões, mas não a responsabilidade por seus resultados. (Para saber mais sobre delegar autoridade e compartilhar responsabilidade, confira a próxima seção, "Fazendo Atribuições no Projeto".)

Suponha que você tenha autoridade para emitir ordens de compra de até $5 mil para o projeto. Presuma também que nenhuma política ou instrução especificamente impeça que você transfira uma parte ou toda essa autoridade para outra pessoa, então você a passa para Matt, um dos membros da equipe, autoridade para assinar ordens de compra para o projeto, não excedendo $4 mil. Porém, se Matt erroneamente emite uma ordem de compra de $3 mil por dez resmas de papel especial, em vez de uma compra de $1.500 pelas cinco resmas de que ele realmente precisa, você ainda é responsável pelo erro dele.

Você sempre pode retomar a responsabilidade que atribuiu a outra pessoa, mas não pode culpá-la por exercer essa autoridade enquanto ela a tiver.

Fazendo Atribuições no Projeto

Conseguir efetivamente a ajuda e o suporte dos outros no trabalho que você faz é essencial para tirar a produtividade máxima dos membros de sua equipe. Esta seção foca especificamente o que você precisa saber sobre definir papéis de projeto, incluindo decidir o que pode ou não pode ser delegado, atribuir papéis com confiança, compartilhar responsabilidade e responsabilizar a todos.

CAPÍTULO 11 **Definindo Papéis e Responsabilidades na Equipe** 243

Mergulhando na delegação

Delegar é ceder a alguém algo que você tem. (Eu sei que existem outras definições de delegar; mas, para simplificar, *delegar* é ceder.) Nas seções a seguir, ajudo a decidir o que delegar e a entender diferentes graus de delegação; também explico como apoiar suas delegações e atingir os melhores resultados possíveis.

Você pode delegar autoridade, mas também pode apenas compartilhar responsabilidades. Pode transferir completamente seu poder de tomar decisões para outra pessoa para que ela se responsabilize por elas sem seu envolvimento ou aprovação. Porém, quando outra pessoa concorda em assumir sua responsabilidade, ainda cabe a você fazê-la atingir os resultados desejados. Veja a seção posterior, "Compartilhando responsabilidade", para ler mais detalhes.

Decidindo o que delegar

Você delega autoridade por quatro razões:

- » Para ficar livre para realizar outras tarefas.
- » Para ter a pessoa mais qualificada tomando decisões.
- » Para ter a perspectiva de outra pessoa qualificada sobre uma questão.
- » Para desenvolver a habilidade de outra pessoa em lidar com atribuições adicionais de forma prudente e bem-sucedida.

Embora os potenciais benefícios de delegar sejam significativos, nem toda tarefa pode ou deve ser delegada. Considere as seguintes orientações ao decidir quais tarefas são candidatas adequadas à delegação:

- » **Atribua a si mesmo as tarefas que faz melhor.** Suponha que você seja o melhor advogado da cidade e haja mais demandas pelos seus serviços a um honorário de $500 por hora do que consegue atender. Suponha também que você digite duas vezes mais rápido do que o segundo digitador mais rápido da cidade, que cobra $200 por hora. Você deve digitar todos os seus pareceres jurídicos?

    A resposta é não. Se você gasta uma hora digitando, economizaria os $400 que teria que pagar ao digitador (que exige duas horas a um custo de $200 por hora para executar o mesmo trabalho). Porém, se você gasta a mesma uma hora oferecendo serviços jurídicos, ganharia $500, o que permite pagar $400 ao digitador pelo trabalho e ainda ter $100 sobrando. (Esse conceito é conhecido como *lei da vantagem comparativa*.)

» **Se possível, atribua a si mesmo tarefas que não estão no caminho crítico do projeto.** (Veja o Capítulo 6 para ler uma discussão sobre caminhos críticos.) Um atraso em qualquer atividade no caminho crítico do projeto atrasa a data estimada para sua conclusão. Portanto, quando precisar parar de trabalhar em uma tarefa que está no caminho crítico para lidar com problemas em outra, você imediatamente atrasa todo o projeto.

Suponha que esteja gerenciando um projeto para desenvolver e apresentar um programa de treinamento. Parte do projeto implica preparar o conteúdo do manual de treinamento e reservar as instalações onde você o apresentará. Cada uma das atividades está em um dos caminhos críticos, e ambas estão programadas para ser executadas ao mesmo tempo. Como está preocupado com que o manual de treinamento tenha o conteúdo correto e seja concluído a tempo, você designa a si mesmo para terminar de desenvolvê-lo, e designa Marty, um membro da equipe de projeto, para reservar as instalações.

Quando Marty não consegue pagar o depósito da reserva das instalações com o cartão de crédito da empresa, você sente que precisa ajudá-lo a resolver isso. Porém, se parar de trabalhar na atividade do seu caminho crítico de concluir o manual de treinamento para ajudá-lo, a conclusão do projeto atrasará.

» **Não designe outras pessoas para trabalhar em uma tarefa que você não consegue descrever com clareza.** O tempo que economiza não trabalhando na tarefa é mais do que compensado pelo tempo que gasta respondendo a perguntas e continuamente redirecionando a pessoa a quem atribuiu a tarefa obtusa.

Reconhecendo os seis graus de delegação

A delegação não precisa ser uma proposição tudo-ou-nada, na qual você ou toma todas as decisões ou se abstém inteiramente da situação. Considere os seguintes seis graus de delegação, que se baseiam nos e se ampliam a partir dos anteriores:

» **Inteire-se da situação.** Conheça os fatos e traga-os para mim para uma ação mais aprofundada.

» **Mostre-me o caminho.** Desenvolva atitudes alternativas para tomar com base nos fatos que descobriu.

» **Só faça quando eu mandar.** Esteja preparado para tomar uma ou mais das atitudes que você propôs, mas não faça nada antes de eu mandar.

» **Faça, a menos que eu diga *não*.** Diga-me o que você propõe fazer e quando, e tome as ações recomendadas, a menos que eu diga não.

> » **Como foi?** Analise a situação, desenvolva um curso de ação, aja e deixe-me saber dos resultados.
>
> » **Apenas vá!** Aqui está a situação; lide com ela.

Cada nível de delegação implica algum grau de autoridade independente. Por exemplo, como seu gerente, quando eu pedir para descobrir os fatos sobre uma situação, você escolhe quais fontes de informações consultar, quais informações compartilhar comigo e quais descartar. A diferença primária entre os níveis de delegação é a necessidade de aprovação do gerente antes de agir. A menor autonomia para agir está no primeiro nível e a maior, no sexto.

Dando suporte às suas delegações de autoridade

Você deve reforçar e apoiar suas delegações de autoridade, ou pode se encontrar executando a tarefa que achou ter atribuído a outra pessoa.

Suponha que você seja gerente de um projeto há dois meses, e Mary, que era sua assistente, esteja responsável por questões técnicas de pessoal. Quando alguém vai até Mary com um problema técnico, ela o analisa, decide como abordá-lo e passa o problema e a solução proposta para você. Se você concordar com a solução, pede-lhe para implementá-la. Se não concordar, pede para que ela desenvolva uma solução mais aceitável.

Ontem você disse a Mary que, de agora em diante, ela não precisa passar as soluções que propor para você antes de as implementar. Depois de debater isso com ela, você avisou aos outros membros da equipe sobre o novo procedimento.

Essa manhã, Joe foi até Mary para discutir um problema que estava tendo com um prestador de serviços e, depois de ouvir o problema, Mary deu a Joe instruções específicas de como lidar com ele. Quando Joe saiu do escritório de Mary, ligou para você, recontou o problema que haviam discutido e a solução que ela propôs, e perguntou se você concordava com a abordagem.

Agora você tem um dilema. De um lado, quer apoiar a autoridade recém-delegada a Mary. De outro, quer que o projeto corra tranquilamente e seja bem-sucedido. O que você deve fazer?

A única resposta que você pode dar a Joe, que apoia sua delegação de autoridade a Mary, é: "Faça o que Mary falou para fazer."

CUIDADO

Responder Joe com "Sim, a solução de Mary parece boa para mim" não funciona porque, declarando que gosta da solução dela, você anula a autoridade de Mary de tomar a decisão por si própria! Talvez sua intenção seja de que suas palavras confirmem para Joe que você tem total confiança na habilidade de Mary de desenvolver uma solução apropriada e que sua proposta é um exemplo de seu bom julgamento. Na realidade, sua resposta sugere a Joe que você ainda faz parte do processo de aprovação, pois deu sua aprovação à *decisão* de Mary em vez de ao exercício de sua *autoridade para tomar a decisão*.

Você precisa apoiar sua delegação, mas também precisa conquistar o sucesso do projeto. Então, como lidar com as situações a seguir?

» **Você não concorda com a recomendação de Mary.** Se teme que seguir a recomendação de Mary tenha consequências catastróficas, você deve sugerir a Joe esperar até que você possa discutir a questão com Mary. Nesse caso, proteger o projeto e a empresa é mais importante do que apoiar sua delegação de autoridade.

Em todos os outros casos, porém, você precisa dizer a Joe para seguir a sugestão de Mary, porque ela tem autoridade para decidir. Aqui estão algumas razões para fazê-lo, mesmo se não concordar com sua escolha:

- Ela pode saber mais sobre a situação do que Joe lhe disse.
- Talvez ela esteja certa e você, errado.
- Se ela acreditar que você pulará para salvá-la toda vez que ela tomar uma decisão ruim, ficará menos preocupada em tomar a decisão certa da primeira vez.

Você sempre pode pedir depois para Mary explicar-lhe a lógica de sua decisão, e pode oferecer reflexões e opiniões quando sentir que são necessárias.

» **A ligação de Joe indica um problema mais geral com os procedimentos de equipe e as relações de trabalho.**

- Talvez você não tenha sido claro ao explicar os novos procedimentos de trabalho com Mary para a equipe. Explique e reforce os novos procedimentos para Joe e os outros membros da equipe.
- Talvez Joe não tenha gostado da resposta de Mary e esteja tentando agir pelas costas dela para conseguir o que quer. Novamente, você deve reforçar que a decisão é de Mary.
- Talvez Mary não tenha explicado adequadamente para Joe porque ela recomendou o que recomendou. Sugira a ela que discuta com Joe as razões por trás de suas soluções e verifique que ele entenda e esteja confortável com as informações que ele compartilha.
- Talvez exista algum conflito interpessoal entre Joe e Mary. Fale com ambos para determinar se tal conflito existe e, caso exista, como surgiu. Trabalhe com Joe e Mary para ajudá-los a abordar e resolver o conflito.

Delegando para atingir resultados

Delegar sempre envolve algum risco — é preciso conviver com as consequências das decisões de outra pessoa. Porém, você pode seguir estes passos para melhorar as chances de um desempenho de sucesso da pessoa:

1. Esclareça o que você quer delegar.

Descreva em termos objetivos a atividade que deseja que a outra pessoa execute e os resultados que deseja que ela atinja. Se necessário, explique também o que não quer que a pessoa faça.

2. Escolha a pessoa certa.

Determine as competências e os conhecimentos que sente que uma pessoa deve ter para executar a tarefa com sucesso, e não a delegue a alguém que não os tenha. (Leia no Capítulo 7 como descrever as competências e os conhecimentos que alguém deve ter para executar diferentes trabalhos.)

3. Faça a delegação corretamente.

Explique a atividade a ser executada, o esforço que espera que a pessoa faça e a data na qual ela deve concluir a atividade. Registre essas informações para ter clareza e armazene-as para referência futura. (Você pode registrar e armazenar essas informações em qualquer mídia que escolher, contanto que o registro permaneça seguro e esteja acessível caso precise dele.)

4. Esteja disponível para responder a questões.

Manter contato enquanto a pessoa executa a tarefa permite que você resolva prontamente e de modo satisfatório quaisquer ambiguidades e situações inesperadas encontradas. Isso também mostra para a pessoa que a tarefa é importante para você.

5. Monitore o desempenho.

Estabeleça pontos de verificação frequentes e bem definidos, com os quais você consiga monitorar o desempenho da pessoa. Mantenha esse cronograma.

6. Aborde prontamente problemas que surjam.

Se sentir que o desempenho da pessoa não está satisfatório, discuta suas preocupações e desenvolva passos para colocá-la de volta nos trilhos.

Compartilhando responsabilidade

A decisão de delegar autoridade é unilateral; não exige a concordância de ambas as partes. Você pode escolher ceder a alguém a autoridade de tomar uma decisão ele querendo ou não essa autoridade. Depois de ceder sua autoridade a alguém, ele está livre para passá-la para outra pessoa (se você não lhe disser especificamente para não fazê-lo).

Responsabilidade é um acordo entre duas partes. Você me pede para processar uma consulta de um cliente, e eu me comprometo a processá-la. Como nós dois definimos que eu serei responsável pela consulta, não posso optar por atribuir a tarefa para outra pessoa e ignorar o modo como ela a executará. Eu me comprometi com você de que a consulta seria feita; a única maneira que posso me livrar dessa responsabilidade é pedindo para você concordar em mudar o acordo original.

Suponha que Alice, sua chefe, peça que você prepare um relatório com os últimos números de vendas da empresa. Você sabe aonde ir para conseguir os dados brutos de vendas, e percebe que pode preparar o texto do relatório no Microsoft Word e pedir a Bill, um membro de sua equipe, para preparar quaisquer gráficos necessários no Microsoft PowerPoint. Assim, você aceita a atribuição de Alice, e depois pede e recebe a concordância de Bill de preparar os gráficos para você.

Uma semana depois, Alice pergunta como está indo com o relatório. Você diz que concluiu o texto, mas Bill ainda não finalizou os gráficos. Sugere que ela confira com Bill para descobrir como está indo e quando ele terminará. Como você acha que Alice responderá à sua sugestão?

Depois de um momento de silêncio, Alice lembra que você concordou em preparar o relatório e, assim, assegurar que todas as partes do trabalho estejam concluídas é responsabilidade sua, não dela. Em outras palavras, como aceitou a responsabilidade de concluir o relatório, você não pode escolher unilateralmente ceder parte dessa responsabilidade para outra pessoa.

Alice estava correta em se recusar a lidar diretamente com Bill por outras razões:

» Se Alice tivesse concordado em conferir diretamente com Bill, ela estaria implicitamente dizendo-lhe que sempre que você lhe passasse atribuições no futuro, ele deveria se preocupar em agradar a ela, não a você. Em outras palavras, ela teria comprometido sua posição de liderança.

» Acompanhar Bill teria sido difícil para Alice, mesmo se quisesse, porque ela não sabia exatamente o que você pediu para ele fazer ou para quando lhe pediu a tarefa concluída.

A única maneira de se livrar de uma parte ou de toda a responsabilidade que aceitou é pedindo a Alice para concordar com uma revisão do plano original.

Responsabilizando pessoas — Mesmo quando elas não se reportam a você

Pessoas que fazem promessas, não as cumprem e sofrem as consequências criam uma das piores frustrações em um ambiente de projetos. Observe estas orientações para incentivar as pessoas a honrar seus compromissos com você:

» **Se você é responsável, deve ser responsabilizado.** Em outras palavras, se fizer uma promessa, deve sempre sentir as consequências com base em quão bem a cumpre.

» **Se você não é responsável, não deve ser responsabilizado.** Quando algo dá errado, mas você não era o responsável pela excelência de sua execução, não deve enfrentar consequências negativas. (É claro, você também não deve receber elogios quando tudo der certo.)

CUIDADO

Responsabilizar pessoas quando algo pelo qual elas não são responsáveis dá errado é chamado de *culpabilização*. Atribuir culpa indiscriminadamente apenas motiva as pessoas a evitar lidar com você no futuro.

Quando alguém que não se reporta diretamente a você administrativamente promete fazer algo, responsabilizá-lo é uma questão delicada. Você pode se esquivar de responsabilizá-lo por achar que é inapropriado (afinal, você não é seu chefe) ou por não saber como fazê-lo. Mas, lembre-se: responsabilizar pessoas é apropriado e necessário quando elas aceitaram uma incumbência. A responsabilização ajuda as pessoas a saberem que estão no caminho certo e permite que você reconheça quando elas concluíram as atribuições prometidas. Você não precisa de autoridade para responsabilizar as pessoas; elas apenas precisam ter se comprometido.

LEMBRE-SE

Use as seguintes abordagens para responsabilizar pessoas quando não tiver autoridade direta sobre elas:

» **Descubra quem tem autoridade direta sobre a pessoa e leve esse supervisor para o processo.** Considere solicitar a aprovação do chefe da pessoa quando pedir que ela aceite a responsabilidade por uma tarefa. Quando você o faz corretamente e no momento certo, aumenta as chances de sucesso. Se o chefe de uma pessoa não sabe que ela concordou em executar uma tarefa para você, suas chances de conseguir sua ajuda quando a pessoa falha em entregar o prometido são pequenas. Porém, se o chefe apoiou a oferta do membro da equipe de ajudá-lo quando ela foi feita, ele e o membro da equipe não devem ficar surpresos se você solicitar sua ajuda se a tarefa não for executada.

» **Ponha por escrito.** Já percebeu como as pessoas reagem de modo estranho quando você põe um acordo informal por escrito? De repente, agem como se você não confiasse nelas. Não deixe que essa reação o detenha. Ponha o acordo por escrito para formalizá-lo, para esclarecer os termos e para servir de lembrete para você e a pessoa da concordância em executar a tarefa. Se a pessoa perguntar se você quer ter o acordo por escrito porque não confia que ela fará o que promete, explique que, se não confiasse, não trabalharia com ela de forma alguma!

» **Seja específico.** Quanto mais claro for seu pedido, mais fácil será para a pessoa estimar o esforço que precisa para responder à solicitação e produzir o resultado certo da primeira vez. Você pode sentir que ser específico demais é inapropriado porque você não tem autoridade direta sobre a outra pessoa. Mas reconheça que pôr um pedido por escrito não o torna uma ordem; apenas esclarece suas especificidades e torna-o mais fácil de executar.

» **Acompanhe.** Negocie um cronograma para monitorar o desempenho da pessoa e para abordar quaisquer questões que surjam. Certifique-se de:

- Negociar um cronograma de acompanhamento no início do acordo. Se ligar sem avisar em momentos aleatórios, você parece estar checando porque não confia na pessoa.

- Basear seu cronograma de acompanhamento em quando a pessoa planeja atingir determinados marcos intermediários. Esse horizonte temporal lhe dá critérios mais objetivos para uma avaliação.

» **Torne a pessoa responsável perante a equipe.** Seu ativo profissional mais valioso é sua reputação. Quando alguém prometer fazer algo para você, avise à equipe. Quando a pessoa cumprir a promessa, reconheça a conquista na frente de seus colegas. Se ela falhar em cumprir a promessa, avise que você compartilhará essa informação com os outros.

» **Obtenha comprometimento.** Quando uma pessoa indicar que o ajudará, firme um compromisso específico e sólido de que o resultado desejado será atingido em um prazo específico e por um custo específico. Fique atento a declarações vagas, como "Vou me esforçar ao máximo" ou "Pode contar comigo".

» **Crie uma noção de urgência e importância.** Você pode pensar em minimizar eventuais pressões que a pessoa sinta sugerindo que *entende* se ela não conseguir cumprir suas expectativas por uma ou outra razão. Infelizmente, essa abordagem sugere que o trabalho que você está lhe pedindo não é realmente importante e, na verdade, aumenta as chances de que ela não o conclua. Em vez disso, informe a pessoa de como seu trabalho influencia outras atividades e pessoas no projeto. Deixe-a saber porque ela precisa cumprir as expectativas e quais serão as consequências — para o projeto e para a empresa — caso não cumpra.

O box a seguir, "Mantendo sua postura quando alguém pisa na bola", traz um exemplo de como responsabilizar alguém que não se reporta diretamente a você.

MANTENDO SUA POSTURA QUANDO ALGUÉM PISA NA BOLA

Suponha que você recentemente se juntou a uma equipe para trabalhar em um projeto de desenvolvimento e implementação de um sistema melhorado para controlar o inventário de sua empresa. Quando descobre que seu amigo Eric esteve na equipe até um mês atrás, você liga para ele para discutir suas experiências no projeto.

Depois de ouvir o relato detalhado sobre seu envolvimento no projeto, você explica que você e outros três membros da equipe foram designados para desenvolver o manual do usuário do novo sistema. Você lhe pergunta se, em vista de seu extensivo conhecimento do histórico do projeto, ele estaria disposto a lhe fazer um favor e escrever um rascunho do Capítulo 1 do manual contando o contexto do sistema e sua evolução. Hoje é segunda-feira, e você explica que precisa do rascunho em uma semana, a contar de sexta-feira. Eric concorda, e vocês desligam.

Infelizmente, você nunca recebeu o rascunho do Capítulo 1 de Eric. Ele nunca ligou para explicar porque não o enviou, e você nunca conferiu para ver o que estava acontecendo.

Você provavelmente faz e recebe solicitações como essa várias vezes por dia. Infelizmente, muitas vezes as pessoas prometem ajudá-lo, mas não entregam. É preciso encontrar maneiras de responsabilizar as pessoas quando elas fazem acordos para concluir atribuições para você — mesmo se você não tiver autoridade direta sobre elas.

É claro que só é possível responsabilizar as pessoas se elas aceitarem a responsabilidade, em primeiro lugar. Assim, na ilustração anterior, a primeira pergunta que você precisa fazer é: depois de sua ligação, Eric aceitou a responsabilidade de escrever o rascunho para você e seus colegas?

De maneira muito simples, a resposta é *sim*. Como você sabe? Porque ele disse que faria. Perceba, no entanto, que eu não estou sugerindo que Eric seja responsável por preparar o rascunho do Capítulo 1 e que você e seus colegas se isentem. Sua responsabilidade de preparar o manual do usuário não mudou, mas Eric aceitou a responsabilidade de preparar o rascunho do Capítulo 1 para vocês. Que Eric não trabalha mais no projeto ou que ele não se reporta mais a você ou ao seu chefe é irrelevante. Ele é responsável porque disse que seria.

Eric pode argumentar que tem uma obrigação pessoal de concluir o rascunho (porque disse que o faria), mas nenhuma obrigação organizacional, porque o acordo não estava por escrito e ele não estava oficialmente na equipe de projeto. Esse argumento não se sustenta, no entanto; ele é responsável porque disse que seria. Se não quisesse aceitar a responsabilidade, só tinha que dizer *não*.

252   PARTE 3 **Trabalho em Grupo: Montando Sua Equipe**

A segunda pergunta é: você fez alguma coisa para responsabilizar Eric por não manter sua promessa? A resposta é *não*. Se Eric nunca lhe enviou o rascunho, suas ações (ou a falta delas) enviaram a ele as seguintes mensagens:

- **A atribuição não era tão importante.** Que mensagem terrível para enviar! Você pediu a Eric para tirar um tempo do seu dia atribulado para fazer algo para você, e nem se importou se ele concluiu a tarefa? Ele provavelmente está feliz de ter decidido não gastar tempo na tarefa porque, aparentemente, não teria feito diferença, de qualquer forma.

- **O comportamento de Eric era aceitável.** Essa mensagem é ainda pior! Confirma que fazer promessas, não as cumprir e não explicar suas razões é razoável. Podem ter surgido circunstâncias que tornaram impossível para Eric honrar seu compromisso, mas isso justifica não ligar para explicar a situação? Infelizmente, esse tipo de comportamento, multiplicado várias vezes por dia, define um ambiente organizacional no qual promessas significam pouco e quebrá-las torna-se parte aceitável do status quo.

Muito provavelmente, você não teve intenção de transmitir essas mensagens. Provavelmente descobriu que Eric não enviou o rascunho porque estava ocupado com outros trabalhos, e você não queria fazer tempestade em copo d'água porque ele concordou em adiar suas obrigações para ajudá-lo. Infelizmente, ele não pode adivinhar o que está na sua cabeça porque você não falou para ele.

Talvez ele não tenha ignorado sua promessa de preparar o rascunho. Considere algumas outras possibilidades:

- **Ele enviou o rascunho, mas ele se perdeu no sistema de entrega.** Infelizmente, a maioria das pessoas acredita que nenhuma notícia é uma boa notícia. Quando Eric não recebeu uma ligação sua, provavelmente achou que você havia recebido o rascunho e achado-o aceitável. Certamente ele pensou que você ligaria caso tivesse alguma pergunta!

- **Ele interpretou mal inicialmente;** achou que você precisava do rascunho em um mês (em vez de em uma semana) a partir de sexta-feira. Talvez ainda esteja trabalhando no rascunho e planeja entregá-lo na data que achou que você precisaria dele.

Responsabilização é um processo de controle de gestão. Responder às ações de uma pessoa permite que ela saiba se está no alvo ou se precisa fazer alguma correção. Não responder a uma atuação inaceitável infelizmente aumenta a probabilidade de que isso ocorra novamente.

CAPÍTULO 11 **Definindo Papéis e Responsabilidades na Equipe**

Imagine Só: Representando Papéis com uma Matriz de Responsabilidade

Definir e compartilhar previamente papéis e responsabilidades de equipe melhora o desempenho, assim como a identifica e evita potenciais dificuldades durante um projeto. Uma forma de demonstrar papéis e responsabilidades é com uma *matriz de responsabilidades* (MR) — também chamada de *diagrama linear de responsabilidade* (DLR). Esta seção ajuda a entender os elementos de uma MR, lê-la efetivamente, desenvolver o próprio diagrama e melhorá-lo para suprir suas necessidades. Seu único limite é sua criatividade!

Nota: Uma *matriz RACI* é um tipo particular de MR. A matriz RACI tem seu nome derivado das primeiras letras dos quatro papéis mais comumente usados na matriz, em inglês — **R**esponsible, **A**ccountable, **C**onsult e **I**nform.

Apresentando os elementos de uma MR

A MR é uma tabela que demonstra o papel do público em cada projeto no desempenho de suas diferentes atividades (veja o Capítulo 3 para saber mais sobre interessados de projeto). O formato de uma MR é o seguinte (veja a Figura 11-1, que ilustra uma parte de uma MR para criar e conduzir uma pesquisa de necessidades de consumidores):

» Entregáveis de projeto estão na coluna da esquerda.

» Partes interessadas do projeto estão na linha superior.

» O papel que cada parte interessada terá na execução do trabalho de produzir cada entregável está nas interseções das linhas e colunas.

A MR na Figura 11-1 indica qual dos seguintes três papéis as pessoas podem ter nas atividades de projeto:

» **Responsabilidade primária (P):** Você assegurará que os resultados sejam atingidos.

» **Responsabilidade secundária (S):** Você assegurará que algumas partes dos resultados sejam atingidas.

» **Aprovação (A):** Você, na verdade, não está trabalhando no entregável, mas aprova os resultados produzidos pelos outros que estão.

254   PARTE 3 **Trabalho em Grupo: Montando Sua Equipe**

FIGURA 11-1: Uma matriz de responsabilidades (MR) demonstra os papéis de projeto.

\multicolumn{2}{c|}{Projeto de Avaliação de Necessidades do Novos Produtos}						
\multicolumn{2}{c|}{Entregável}	\multicolumn{5}{c|}{Pessoal}				
Código EAP	Nome	Gerente de Projetos	Líder de Tarefa	Membro da Equipe de Projeto	Diretor do Grupo	Aquisição
2.3.	Criação do Questionário	A	S, A	P		
3.3.	Entrevistados		P			
4.4.	Pré-teste		P	S		
6.5.	Impressão do Questionário	A	P		A	A

P = Reponsabilidade Primária   S = Responsabilidade Secundária   A = Aprovação

© John Wiley & Sons, Inc.

A MR é apenas um formato. Para cada projeto, você define e atribui os papéis que sente serem apropriados. Você pode, por exemplo, decidir usar os seguintes papéis, além dos três já definidos na Figura 11-1:

- **Revisão (R):** Você revisa e comenta os resultados de uma atividade, mas sua aprovação formal não é necessária.
- **Output (O):** Você recebe os produtos da atividade.
- **Input (I):** Você oferece contribuições para o trabalho da atividade.

DICA

Os papéis incluídos em uma MR de projeto descrevem o trabalho que diferentes pessoas devem efetuar para completar as atividades de projeto. Para ajudar os membros de sua equipe a aumentar suas contribuições à equipe inteira, assim como a qualidade do próprio trabalho, baseie suas atribuições de projeto em suas competências, conhecimento, experiência e nos comportamentos que eles tendem a exibir nas tarefas que executam. Exemplos de papéis comportamentais que as pessoas executam incluem:

- **Encorajador:** Alguém que enaltece e aceita as ideias dos outros.
- **Harmonizador:** Alguém que ameniza tensões e resolve conflitos.
- **Guardião:** Alguém que encoraja outros membros da equipe a participar.
- **Seguidor:** Alguém que segue a liderança dos outros.
- **Observador do grupo:** Alguém que oferece feedback enquanto mantém alguma distância.

Lendo uma MR

Para ilustrar como ler uma MR, considere o entregável *criação de questionário* listado na Figura 11-1. O diagrama sugere que três pessoas trabalhem juntas nessa atividade conforme a seguir:

» A equipe de projeto tem responsabilidade primária sobre conteúdo, formato e configuração do questionário. Nesse projeto, o membro da equipe se reporta ao líder da tarefa, que, por sua vez, se reporta ao gerente.

» O líder da tarefa executa partes selecionadas da criação do questionário sob a coordenação geral do membro da equipe de projeto. Além disso, o líder da tarefa deve aprovar todos os aspectos da criação de questionário antes que o trabalho passe para a etapa seguinte.

» O gerente de projetos deve aprovar o questionário inteiro, mesmo se ele próprio não estiver fazendo nada de sua criação ou configuração.

DICA

A menos que declarado de outra forma, a linha superior de uma MR não indica relações hierárquicas entre os interessados listados. Uma maneira conveniente de ilustrar tais relações é mostrando-as em um diagrama de organização; veja a Figura 11-2 para um exemplo.

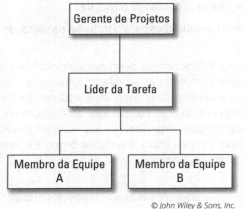

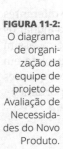

FIGURA 11-2: O diagrama de organização da equipe de projeto de Avaliação de Necessidades do Novo Produto.

© John Wiley & Sons, Inc.

O diagrama de organização na Figura 11-2 mostra as relações hierárquicas da equipe de Avaliação de Necessidades do Novo Produto, que inclui o gerente de projetos, o líder da tarefa e os membros da equipe A e B. O diagrama indica que o líder da tarefa se reporta ao gerente de projetos, e os membros da equipe A e B, ao líder da tarefa. Os códigos da estrutura analítica de projeto (EAP) na Figura 11-1 indicam que essa MR inclui apenas componentes EAP de parte do projeto total. Assim, o fato de o membro da equipe B não ter atribuições nessa

MR sugere que ele deve ser atribuído a componentes EAP em uma parte diferente do projeto.

Você pode analisar qualquer MR verticalmente por público e horizontalmente por atividade para checar situações que originam problemas. Para um exemplo, confira a Tabela 11-1, que traz algumas observações sobre as atribuições mostradas na Figura 11-1 e questões que elas sugerem. Depois de identificar essas situações, você decide como abordá-las.

TABELA 11-1   Situações e Questões Sugeridas na Figura 11-1

Situação	Possíveis Questões
O gerente de projetos não tem responsabilidades diretas pelos entregáveis individuais do projeto.	O gerente de projetos entenderá completamente a substância e o status do trabalho de projeto?
O líder da tarefa é altamente comprometido.	O líder de tarefa não terá tempo suficiente para lidar com todos esses encargos. O líder da tarefa toma todas as decisões fundamentais. E se o líder da tarefa sair durante o projeto?
O diretor do grupo não se envolve até que seja pedido que ele aprove os fundos para imprimir os questionários.	O diretor do grupo atrasará o processo de aprovação fazendo perguntas sobre o propósito do projeto, o uso dos resultados e daí por diante.
O líder da tarefa é a única pessoa envolvida em selecionar os entrevistados.	Você quer que uma decisão crítica (que pode determinar a validade do pré-teste inteiro) seja tomada por apenas uma pessoa?
O entregável *impressão do questionário* exige as três aprovações.	Mais alguém precisa aprovar o questionário antes de ele ser usado? Há gente demais aprovando o questionário? Seria aceitável apenas notificar uma ou duas dessas pessoas, em vez de exigir suas assinaturas? A atividade pode levar mais tempo do que o estimado porque as pessoas que aprovam o questionário não estão sob o controle direto do gerente de projetos.

LEMBRE-SE

Depois de identificar uma potencial questão com as atribuições de papéis de seu projeto, você pode escolher como lidar com ela. As possibilidades incluem:

» **Ignorar a questão:** Por exemplo, você pode decidir que três aprovações são necessárias para imprimir os questionários.

» **Seguir passos simples para minimizar o risco de problema:** Por exemplo, você pode pedir ao líder da tarefa para documentar minuciosamente todas as informações importantes caso ele saia do projeto inesperadamente.

CAPÍTULO 11 **Definindo Papéis e Responsabilidades na Equipe**   257

> **Abordar a questão mais a fundo em um plano formal de gerenciamento de riscos.** Veja o Capítulo 9 para ler uma discussão sobre como analisar e se planejar para gerenciar riscos.

Desenvolvendo uma MR

Apesar da natureza direta das informações incluídas na MR, fazer todos concordarem com os papéis das pessoas pode ser demorado. Os passos a seguir ajudam a conseguir a contribuição e a aprovação das pessoas com o mínimo de tempo e esforço:

1. **Identifique todas as pessoas que participação ou apoiarão seu projeto.**

   Veja a discussão sobre partes interessadas de projeto, no Capítulo 3, para ler detalhes.

2. **Desenvolva uma lista completa de entregáveis para o projeto.**

   Veja o Capítulo 5 para ler detalhes sobre a criação de uma estrutura analítica de projeto.

3. **Discuta com todos os membros da equipe como cada um deles apoiará o trabalho de produzir os diferentes entregáveis de projeto.**

   Para cada uma de suas atribuições, discuta o nível de sua responsabilidade e autoridade, assim como o trabalho específico que eles executarão. Também discuta com eles qualquer envolvimento que outros terão em suas atividades. Se pessoas específicas não foram indicadas para determinadas atividades, consulte pessoas que executaram esses tipos de atividades antes.

4. **Prepare um rascunho preliminar de sua MR.**

   Crie a tabela para o diagrama e insira os entregáveis do projeto na coluna da esquerda e, na primeira linha, as pessoas que apoiarão as atividades. Nas células formadas pela interseção de cada linha e coluna, insira os papéis que cada pessoa terá (com base nas discussões que você teve com os membros de sua equipe no Passo 3).

5. **Faça todos os membros de sua equipe avaliarem e aprovarem seu rascunho de diagrama.**

   Se as pessoas concordarem com o diagrama, peça-lhes para indicar por escrito sua concordância. Se expressarem preocupações com algum aspecto, peça-lhes para anotá-las em um memorando ou um e-mail.

6. **Se algum dos membros da equipe não aprovar o rascunho de diagrama, revise-o para abordar suas preocupações e peça a todos que deram contribuições para avaliar e aprovar o diagrama revisado.**

Se fizer quaisquer alterações no rascunho de diagrama MR, faça todos os membros da equipe avaliarem e aprovarem o diagrama revisado, especialmente pessoas que já aprovaram a versão anterior.

7. **Volte ao Passo 5 e continue o processo até que todos que você consultou no Passo 3 aprovem o diagrama.**

Tornando a MR precisa

Para projetos complexos, a MR pode ser bem grande, e manter o diagrama atual e consultá-lo ao longo do projeto com todas as pessoas identificadas pode ser demorado. Porém, ter um diagrama com informações incorretas resulta em esforços duplicados e atividades ignoradas. As seções a seguir oferecem sugestões de como manter sua MR precisa e atual ao longo do projeto.

Incluindo uma legenda que defina todos os termos e siglas

Para ajudar as pessoas a entender as informações que você está tentando transmitir na MR, inclua uma legenda que defina todos os termos, símbolos e siglas usados no diagrama. Ao preparar a legenda, não assuma que, apenas porque um termo é comumente usado, todos que o usam o definem do mesmo jeito. Por exemplo, você pode usar o termo *responsável primário* para se referir a um papel que uma pessoa tenha. Quando define esse termo na legenda do diagrama, além de explicar o que você quer dizer com *primário*, também esclareça o que quer dizer com *responsável*.

Desenvolvendo uma hierarquia de diagramas

Incluir 50 atividades ou mais na mesma MR é complicado, então considere desenvolver uma série de diagramas aninhados para projetos maiores (também conhecida como *hierarquia* de diagramas). Prepare um diagrama de alto nível que identifique responsabilidades para componentes de mais alto nível na estrutura analítica de projeto (como fases de projeto ou entregáveis principais) e, então, desenvolva diagramas separados que detalhem responsabilidades para entregáveis de nível mais baixo e pacotes de trabalho. (Veja o Capítulo 5 para ler detalhes sobre fases, entregáveis e pacotes de trabalho em uma estrutura analítica de projeto.)

Suponha que você está planejando um projeto para criar e implementar um sistema de informações. A Figura 11-3 ilustra como você pode criar duas camadas de MR para demonstrar os papéis dos membros da equipe de projeto. Primeiro, prepare uma MR de nível alto que detalhe os papéis para as fases principais, como *requisitos*, *criação do sistema* e *teste do sistema*. Depois, demonstre, em um segundo diagrama, os papéis do líder da equipe e de seu grupo em termos de atividades que compreendam *requisitos*.

Projeto de Criação e Introdução do Novo Sistema de Informações					
Entregável		**Pessoal**			
Código EAP	Nome	Gerente de Projetos	Líder da Equipe A	Líder da Equipe B	Líder da Equipe C
1.2.	Requisitos	A	P		
2.2.	Criação do Sistema	A		P	S
3.1.	Teste do Sistema	A	S	S	P

Requisitos					
Entregável		**Pessoal**			
Código EAP	Nome	Líder da Equipe A	Colaborador X	Colaborador Y	Colaborador Z
1.2.1.	Revisão de Literatura	A	P	S	
1.2.2.	Grupos de Foco	P	S		S
1.2.3.	Relatório	A	S	S	

FIGURA 11-3: Uma hierarquia de MRs.

© *John Wiley & Sons, Inc.*

Obtendo a colaboração de todos os envolvidos

Envolva toda a equipe ao desenvolver o diagrama. Como gerente de projetos, você não sabe exatamente como as pessoas devem executar tarefas em suas áreas de especialidade, então é preciso perguntar a elas. Mesmo se souber, as pessoas têm um maior comprometimento com um plano quando participam de seu desenvolvimento.

Pondo sua MR por escrito

Se você pensa que vai economizar tempo não escrevendo a MR, pense de novo! Escrevê-la é essencial por duas razões:

>> **Você vê possíveis problemas no projeto que pode ter deixado passar se considerou informações isoladas.** Consulte a Figura 11-1. Antes de preparar o diagrama, o líder da tarefa sabia que era o responsável primário por selecionar entrevistados para o pré-teste do questionário, e outros membros da equipe sabiam que não estavam envolvidos nessa atividade. Mas pôr isso por escrito na MR enfatiza que o líder da tarefa é, de fato, o único envolvido nessa atividade.

>> **Você propicia às pessoas terem uma compreensão comum de seus papéis e relações.**

260 PARTE 3 **Trabalho em Grupo: Montando Sua Equipe**

Mantendo sua MR atualizada

Quanto mais longo for seu projeto, mais provável é que atividades sejam incluídas ou retiradas, pessoas saiam da equipe e novas pessoas entrem. Avaliar e atualizar periodicamente sua MR permite que você:

» Avalie se as atribuições atuais estão funcionando e, caso não estejam, onde você precisa fazer mudanças.

» Esclareça papéis e responsabilidades para novas atividades.

» Esclareça papéis e responsabilidades para novas pessoas que entrarem na equipe.

Você pode desenvolver uma MR a qualquer momento durante um projeto. Se entrar em um projeto que está em andamento e descobrir que não existe MR, desenvolva uma para esclarecer os papéis e responsabilidades daí para frente.

Lidando com Microgerenciamento

Microgerenciamento é o envolvimento excessivo, inapropriado e desnecessário de uma pessoa nos detalhes de uma tarefa que ela pede para outra pessoa executar. Isso leva ao uso ineficiente de tempo e energia de pessoal, assim como a tensões e baixa motivação. Nesta seção, ajudo você a analisar as razões por trás do microgerenciamento, ofereço algumas dicas de como ganhar a confiança e o crédito de seu microgerente e sugiro como trabalhar com um.

Percebendo por que uma pessoa microgerencia

Infelizmente, nenhuma regra simples define quando uma pessoa está microgerenciando. Se você acha que seu chefe está marcando em cima, avise-o de que sua supervisão está um pouco excessiva. Tente lhe dar alguns indicadores objetivos para explicar por que se sente assim.

Se a pessoa não mudar, você precisa descobrir por que ela continua microgerenciando você. Pense se uma ou mais das explicações a seguir podem ser a razão e tente as abordagens sugeridas:

» **A pessoa está interessada e aprecia o trabalho.** Defina momentos para discutir questões técnicas interessantes com a pessoa.

» **A pessoa é um especialista técnico e sente que pode fazer melhor o trabalho.** Avalie com frequência seu trabalho técnico com a pessoa e lhe dê oportunidades de compartilhar seus insights especializados com você.

» **A pessoa pode sentir que não explicou a atribuição claramente ou que situações inesperadas podem surgir.** Defina um cronograma para discutir e avaliar seu progresso com frequência para que o microgerente possa prontamente descobrir quaisquer erros e ajudá-lo a corrigi-los.

» **A pessoa está buscando maneiras de continuar envolvida com você e com a equipe.** Defina um cronograma para discutir atividades de projeto. Ofereça relatórios periódicos do progresso do projeto ao microgerente e faça questão de parar e dizer oi periodicamente.

» **A pessoa se sente ameaçada porque você tem mais conhecimento técnico do que ela.** Ao conversar sobre o projeto na frente de outras pessoas, sempre dê crédito ao microgerente por sua orientação e insights. Compartilhe informações técnicas cruciais com a pessoa regularmente.

» **A pessoa não tem uma compreensão clara de como pode gastar seu tempo.** Discuta com ela os papéis que ela gostaria que você assumisse nas atividades de projeto. Explique como a pessoa pode oferecer apoio à medida que você executa o trabalho.

» **A pessoa pode sentir que precisa ficar em cima do trabalho que você está fazendo caso alguém lhe pergunte a respeito.** Discuta com a pessoa de que tipo de informações ela precisa e com que frequência. Desenvolva um cronograma para oferecer um relatório de progresso que inclua essas informações.

Ganhe a confiança de um microgerente

Seu chefe pode estar microgerenciando você porque não tem confiança total em suas habilidades. Em vez de ficar com raiva ou ressentido, siga estes passos para ajudá-lo a desenvolver essa confiança:

» **Não fique na defensiva ou ressentido quando a pessoa fizer perguntas.** Isso faz parecer que você está escondendo algo, o que apenas faz a pessoa se preocupar mais. Em vez disso, ofereça-lhe de boa vontade todas as informações que pedir.

» **Agradeça ao microgerente por seu interesse, tempo e orientação técnica.** Reclamar sobre o que você percebe ser supervisão excessiva leva tensão para a relação e aumenta os medos e inseguranças da pessoa. Depois de explicar que valoriza e vai incorporar sua contribuição, você pode tentar desenvolver uma relação de trabalho mais aceitável.

>> **Ofereça uma explicação sobre como você aborda suas tarefas.** Ver que você executa seu trabalho usando técnicas adequadas e de alta qualidade aumenta a confiança do gerente de que você concluirá com sucesso as atribuições que ele lhe passou.

>> **Trabalhe com a pessoa para desenvolver um esquema para compartilhar progresso e conquistas.** Desenvolva pontos de controle significativos e frequentes. O monitoramento frequente do início do seu trabalho assegura a ambos de que você está executando com sucesso as atribuições.

Trabalhando bem com um microgerente

Você pode reduzir, ou mesmo eliminar, a maior parte do microgerenciamento melhorando sua comunicação e fortalecendo suas relações interpessoais. Considere as dicas a seguir quando trabalhar com um microgerente:

>> **Não suponha.** Não pule para as conclusões. Examine a situação e tente entender as motivações da pessoa que está microgerenciando você.

>> **Ouça.** Ouça as perguntas e os comentários do microgerente; veja quais padrões surgem. Tente entender suas reais preocupações e interesses.

>> **Observe o comportamento da pessoa com os outros.** Se a pessoa microgerencia outros, isso provavelmente é uma questão dela, e não uma consequência de suas ações. Encontre maneiras de abordar as reais preocupações e interesses da pessoa.

>> **Se não der certo de primeira, tente de novo.** Se suas primeiras tentativas de abordar a situação não forem bem-sucedidas, desenvolva uma estratégia alternativa. Mantenha-a até ter sucesso.

Relacionando Este Capítulo ao Exame PMP e aos Guias PMBOK 5 e 6

A Tabela 11-2 registra tópicos deste capítulo que podem ser abordados no exame de certificação PMP e que também estão inclusos nas 5ª e 6ª edições de *Um Guia do Conhecimento em Gerenciamento de Projetos (Guias PMBOK 5 e 6)*.

CAPÍTULO 11 **Definindo Papéis e Responsabilidades na Equipe** 263

TABELA 11-2 **Tópicos do Capítulo 11 Relacionados ao Exame PMP e aos *Guias PMBOK 5 e 6***

Tópico	Localização Neste Capítulo	Localização nos Guias PMBOK 5 e 6	Comentários
Criação e uso de uma matriz de responsabilidades (MR)	"Imagine Só: Representando Papéis com uma Matriz de Responsabilidade"	9.1.2.1. Organogramas e descrições de cargos	Além da matriz de responsabilidades, o *Guia PMBOK 6* menciona diagramas de organização e a estrutura analítica organizacional (EAO) como formatos para demonstrar papéis de projetos. Diagramas organizacionais ilustram equipe e relações hierárquicas, enquanto a EAO demonstra atribuições de projeto pelas unidades responsáveis por elas.

264 PARTE 3 **Trabalho em Grupo: Montando Sua Equipe**

> **NESTE CAPÍTULO**
>
> » **Confirmando as atribuições da equipe e preenchendo as lacunas**
>
> » **Desenvolvendo sua identidade com procedimentos operacionais**
>
> » **Criando sistemas e cronogramas para controle do projeto**
>
> » **Apresentando seu projeto com um anúncio oficial**
>
> » **Preparando o terreno para a avaliação pós-projeto**

Capítulo **12**

Começando o Projeto com o Pé Direito

Depois do trabalho intenso em um cronograma apertado, você submete o plano de projeto (o documento único que integra e consolida a especificação de escopo, o registro de partes interessadas, a estrutura analítica, a matriz de responsabilidade, o cronograma, a solicitação de recursos, o orçamento e todos os planos subsidiários do projeto para lhe oferecer serviços de suporte) à avaliação e aprovação. Alguns dias depois, seu chefe lhe diz:

"Tenho uma boa e uma má notícia. Qual você gostaria de ouvir primeiro?"

"A boa primeiro", você responde.

"Seus planos foram aprovados."

"Então, qual é a má notícia?", você pergunta.

"Agora você precisa executar o projeto!"

Começar o projeto corretamente é o segredo para seu sucesso. O plano de projeto descreve o que você produzirá, o trabalho que fará, como e quando o fará, e de quais recursos precisa. Ao escrever o plano, você se baseia nas informações disponíveis e, se faltarem algumas, você faz premissas. Quanto mais tempo houver entre a conclusão do plano e sua aprovação, mais chances há de ocorrerem mudanças nas premissas, uma vez que o projeto realmente comece.

À medida que se prepara para começar o projeto, você precisa reconfirmar ou atualizar as informações do plano, determinar ou reafirmar quais pessoas terão papéis no projeto, e exatamente quais serão esses papéis, e preparar os sistemas e procedimentos que apoiarão a execução do projeto. Este capítulo dirá como completar essas tarefas e levar seu projeto a um sólido início.

Validando os Integrantes do Projeto

Uma *parte interessada* é uma pessoa ou grupo que apoia, é afetado por ou está interessado no projeto. (Veja o Capítulo 3 para ler os detalhes sobre como identificar interessados no projeto.) No plano de projeto, você descreve os papéis que espera que as pessoas tenham e quanto esforço espera que os membros da equipe invistam. Você identifica as pessoas por nome, título ou posição, ou pelas competências e conhecimentos que precisam ter.

Esta seção mostra como reafirmar quem estará envolvido no projeto. Também ajuda a assegurar que todos ainda estejam a bordo — e diz o que fazer se algumas pessoas não estiverem.

Você está dentro? Confirmando a participação dos membros da equipe

Para confirmar as identidades das pessoas que trabalharão para apoiar o projeto, você precisa verificar se pessoas específicas ainda estão dispostas a manter seus compromissos e, se necessário, recrutar novas pessoas para preencher necessidades remanescentes.

LEMBRE-SE

Conforme entrar em contato com as pessoas que apoiarão o projeto, faça o seguinte:

1. **Informe-as de que seu projeto foi aprovado e quando o trabalho começará.**

   Nem todos os planos de projeto são aprovados. Raramente se sabe com antecedência quanto tempo o processo de aprovação levará ou quando o projeto poderá começar. Informe os membros da equipe o mais cedo possível para que eles programem o tempo necessário.

2. **Confirme se elas ainda estão dispostas a apoiar o projeto.**

   As cargas de trabalho das pessoas e outros compromissos podem mudar entre o tempo que você prepara o plano e a aprovação do projeto. Se alguém não estiver mais disponível para oferecer o apoio prometido, recrute um substituto assim que possível (veja a seção posterior, "Preenchendo as lacunas", para ter orientações).

3. **Explique o que você fará para desenvolver a equipe de projeto e começar o trabalho de projeto.**

Ofereça uma lista de todos os membros da equipe e outros que apoiarão o projeto. Também mencione os passos que seguirá para apresentar membros e iniciar o projeto.

4. **Reconfirme o trabalho que espera que eles executem, os cronogramas e prazos que espera que sigam e a quantidade de tempo que espera que dediquem ao trabalho.**

Esclareça atividades específicas e a natureza do trabalho.

Dependendo do porte e da formalidade do projeto, você pode usar qualquer formato, de um e-mail rápido a um acordo formal de ordem de serviço, para compartilhar essas informações com as pessoas que estarão envolvidas.

Como a Figura 12-1 ilustra, um *acordo de ordem de serviço* típico inclui as seguintes informações:

» **Identificadores:** Os identificadores incluem nome, número, código da estrutura analítica de projeto (EAP) e os nomes dos componentes de projeto. (Para ler mais sobre a EAP, veja o Capítulo 5.) O nome e o número do projeto confirmam que seu projeto agora é oficial. Você usa o código EAP e o nome do componente para registrar o progresso do trabalho, assim como custos de tempo e recursos.

» **Trabalho a ser executado e entregáveis ou resultados a serem produzidos:** Esses detalhes descrevem as diferentes atividades e procedimentos envolvidos no projeto, assim como seus resultados.

» **Data de início e fim de atividades e número de horas a serem gastas.** Incluir essas informações reafirma:

- A importância de fazer o trabalho dentro do cronograma e do prazo.

- O reconhecimento da pessoa que fará o trabalho, descrito dentro dessas restrições de tempo e recursos, que se espera.

- Os critérios que você usará para avaliar o desempenho da pessoa.

» **Aprovações por escrito da pessoa que fará o trabalho, seu supervisor e o gerente de projetos:** Incluir essas aprovações por escrito aumenta a probabilidade de que todos os envolvidos tenham lido e entendido os elementos do projeto e estejam comprometidos em apoiá-lo.

Acordo de Ordem de Serviço	
Nome do Projeto:	Número do Projeto:
Nome do Componente da EAP:	Código da Estrutura Analítica do Projeto:
Descrição do Trabalho a Ser Executado:	
Entregáveis ou Resultados a Serem Produzidos:	

Data de Início	Data de Término	Número de Horas Gastas
Aprovações		
Gerente de Projetos: Nome (Rubrica) Nome (Assinatura) Data	Membro da Equipe: Nome (Rubrica) Nome (Assinatura) Data	Supervisor do Membro da Equipe: Nome (Rubrica) Nome (Assinatura) Data

FIGURA 12-1: Um típico acordo de ordem de serviço.

© John Wiley & Sons, Inc.

DICA

Especifique todas essas informações ao reconfirmar o comprometimento de uma pessoa com o projeto. Quanto mais você esperar para especificar esses detalhes, maiores as chances de que a pessoa não ofereça o apoio que você esperava.

LEMBRE-SE

Caso escolha não usar um acordo formal de ordem de serviço, escreva todas as informações-chave que esclareçam seu acordo e consiga aprovações assinadas do membro da equipe e seu supervisor. Pedir aprovações assinadas faz as pessoas a ponderarem cuidadosamente antes de firmar quaisquer compromissos, e serve como referência e lembrete do que foi combinado.

Mantendo todos a bordo

Outras pessoas podem também ter um papel no sucesso do projeto, mesmo não sendo oficialmente membros da equipe. Dois grupos como tal são os *condutores* (pessoas que têm a palavra para definir os resultados do projeto) e os *apoiadores* (pessoas que executarão um serviço ou oferecerão recursos para a equipe).

Dois interessados especiais são o *patrono de projeto* e o *patrocinador executivo de projeto*. Ambos são pessoas em altas posições na organização que apoiam fortemente o projeto; que o defenderão em discussões, reuniões de planejamento e sessões de revisão; e que tomarão as ações necessárias para atingir seu sucesso. (Veja o Capítulo 3 para saber mais sobre esses diferentes tipos de partes interessadas.)

Entre em contato com o patrono de projeto e todos os outros condutores e apoiadores para:

» Informá-los de que o projeto foi aprovado e quando o trabalho começará.

» Reafirmar seus objetivos de projeto.

» Confirmar com condutores identificados se os resultados planejados do projeto ainda abordam suas necessidades.

» Esclarecer com apoiadores exatamente como quer que eles ajudem o projeto.

» Desenvolver planos específicos para envolver todos os interessados ao longo do projeto e mantê-los informados sobre seu progresso.

Algumas pessoas estarão interessadas no projeto, mas não definirão seus resultados planejados ou apoiarão diretamente seus esforços. Conforme identificar esses *observadores*, como são muitas vezes chamados, escolha os que desejar manter informados sobre seu progresso ao longo do projeto e planeje como o fará. (Veja o Capítulo 3 para ler dicas sobre como identificar observadores de projeto, e o Capítulo 14 para conhecer diferentes formas de manter pessoas informadas sobre seu progresso.)

Preenchendo as lacunas

Se seu plano identifica membros propostos para a equipe apenas pelo título da função, descrição ou competências e conhecimentos (e não por nomes específicos), é preciso encontrar pessoas para preencherem os papéis especificados. Você pode preencher os papéis vazios atribuindo a responsabilidade a alguém que já está na equipe de sua empresa, recrutando alguém de fora ou contratando uma empresa externa. Se não tiver autoridade para contratar uma pessoa você mesmo, trabalhe com um gerente funcional a quem o novo contratado se reportará.

Qualquer que seja o método que você escolher, prepare uma descrição por escrito para as atividades que você quer que a pessoa execute. Essa descrição pode variar de um memorando simples para projetos informais a uma descrição de função escrita para os mais formais.

Escreva as necessidades que tiver para cada categoria de pessoal separadamente. No mínimo, inclua as seguintes informações nas descrições:

» Nome, número e data de início do projeto.

» Competências e conhecimento necessários.

» Supervisão a ser oferecida.

>> Atividades a serem executadas e datas de início e término.

>> Nível de esforço previsto.

Se você planeja olhar dentro de sua empresa para recrutar membros da equipe para funções ainda não preenchidas, faça o seguinte:

>> Identifique potenciais candidatos ao trabalhar com seu departamento de recursos humanos (RH) e gerentes da área.

>> Reúna-se com candidatos para discutir o projeto, descreva o trabalho envolvido e avalie suas qualificações.

>> Escolha os melhores candidatos e peça-lhes para se juntar à sua equipe.

>> Documente os acordos que fizer com os novos membros da equipe.

Além disso, se planeja obter o apoio de consultores externos, trabalhe com o departamento de contratos de sua empresa. Ofereça ao departamento as mesmas informações que ofereceu a seu RH. Avalie o documento de contrato antes de seu diretor de contratos assiná-lo.

Além de preencher as vagas na equipe, trabalhe com pessoas em unidades organizacionais cruciais para identificar pessoas, além dos membros da equipe, que apoiarão o projeto (por exemplo, um especialista em contratos ou em aquisições, contanto que ele não esteja oficialmente em sua equipe de projeto). Depois que identificar essas pessoas, faça o seguinte:

>> Encontre-as para esclarecer as metas do projeto, resultados previstos e maneiras como apoiarão sua execução.

>> Desenvolva planos para envolvê-las e mantê-las informadas do progresso ao longo do projeto.

Desenvolvendo Sua Equipe

Apenas atribuir pessoas a tarefas não cria uma equipe de projeto. Uma *equipe* é um conjunto de pessoas que estão comprometidas com metas em comum e que dependem umas das outras para fazer seus trabalhos. Equipes de projeto consistem em membros que podem e devem fazer uma contribuição valiosa e única para o projeto.

Uma equipe é diferente de outras associações de pessoas que trabalham juntas. Por exemplo:

270 PARTE 3 **Trabalho em Grupo: Montando Sua Equipe**

> Um *grupo* consiste de pessoas que trabalham individualmente para atingir suas atribuições em particular em uma tarefa em comum.

> Um *comitê* consiste de pessoas que se reúnem para analisar e criticar questões, propor recomendações para ações e, às vezes, implementar essas recomendações.

Assim que identificar os membros de sua equipe de projeto, defina e estabeleça sua identidade de equipe, assim como suas práticas de operação. Desenvolva os seguintes elementos, fazendo sua equipe compreender e aceitá-los:

> **Metas:** O que a equipe como um todo e os membros individualmente esperam atingir.

> **Papéis:** As áreas de especialidade, função na equipe, atribuições, autoridade, responsabilidades e responsabilizações de cada membro.

> **Processos:** As técnicas que os membros da equipe usarão para executar suas tarefas de projeto.

> **Relações:** As atitudes e os comportamentos dos membros da equipe em relação uns aos outros.

Esta seção discute como começar a criar a identidade da sua equipe fazendo os membros analisarem e discutirem o plano de projeto, examinarem as metas gerais e individuais da equipe, concordarem com os papéis de todos e começarem a estabelecer relações de trabalho produtivas.

Analisando o plano de projeto aprovado

Assim que as pessoas se unirem à equipe, faça-as analisarem o plano de projeto aprovado para reforçar suas metas, esclarecer o trabalho planejado, confirmar a viabilidade das estimativas de tempo e recursos, e identificar quaisquer problemas em potencial. Reúnam-se como um grupo para discutir os pensamentos e reações das pessoas depois de analisarem o plano.

Os membros da equipe que contribuíram com a proposta podem lembrar a si mesmos do contexto e do propósito do projeto, seus papéis planejados e o trabalho a ser feito. Eles também podem identificar situações e circunstâncias que podem ter mudado desde que a proposta foi preparada e, então, analisar e reavaliar os riscos de projeto e os planos de gerenciamento de riscos.

Novos membros da equipe podem entender o contexto e o propósito do projeto, descobrir seus papéis e atribuições, levantar preocupações sobre prazos e orçamentos, e identificar questões que afetem o sucesso do projeto.

Desenvolvendo metas de equipe e individuais

Os membros da equipe se comprometem com o projeto quando acreditam que sua participação pode ajudar a atingir metas profissionais e pessoais que valham a pena. Ajude-os a desenvolver e aderir a uma noção compartilhada de metas de projeto fazendo o seguinte:

» Discuta as justificativas para o projeto, seus apoiadores e os impactos de seus resultados. (Veja o Capítulo 4 para ler uma discussão de como identificar as necessidades que o projeto abordará.)

» Esclareça como os resultados podem beneficiar os clientes de sua empresa.

» Enfatize como os resultados podem apoiar o crescimento e a viabilidade de sua empresa.

» Explore como os resultados podem impactar a função de cada membro da equipe.

LEMBRE-SE

Incentive as pessoas a pensarem em como sua participação pode ajudá-las a atingir metas pessoais, tais como adquirir novas competências e conhecimentos, conhecer novas pessoas, aumentar sua visibilidade na empresa e ampliar as oportunidades de crescimento profissional. Obviamente, os projetos não se destinam apenas a ajudar os membros da equipe a atingirem benefícios pessoais. Porém, quando eles conseguem perceber benefícios pessoais enquanto executam serviços valiosos para a empresa, sua motivação e comprometimento com o sucesso do projeto aumentam. (Veja o Capítulo 15 para saber mais sobre como criar e sustentar a motivação dos membros da equipe.)

Especificando papéis de membros da equipe

Nada causa desilusão e frustração mais rápido do que reunir pessoas motivadas e não lhes dar orientação sobre como trabalhar umas com as outras. Duas ou mais pessoas podem começar a executar a mesma atividade independentemente, e outras atividades podem ser completamente ignoradas. Em algum momento, essas pessoas encontrarão tarefas que não exigem coordenação ou gradualmente se afastarão do projeto para trabalhar em atribuições mais recompensadoras.

Para evitar que essa frustração se torne parte do projeto, defina com os membros da equipe as atividades nas quais cada um trabalhará e a natureza de seus papéis. Possíveis papéis de membros da equipe incluem:

» **Responsabilidade primária:** Tem a responsabilidade total pela conclusão de uma atividade.

» **Responsabilidade secundária ou de apoio:** Tem a obrigação de concluir partes de uma atividade.

» **Aprovação:** Deve aprovar os resultados de uma atividade antes de o trabalho poder continuar.

» **Fonte de consulta:** Pode oferecer orientação especializada e apoio, se necessário.

» **Destinatário requerido dos resultados de projeto:** Recebe o produto físico ou o relatório de uma atividade.

Se você preparou uma matriz de responsabilidades (MR) como parte do plano de projeto, use-a para iniciar as discussões de papéis de projeto com os membros da equipe (veja o Capítulo 11 para saber detalhes sobre como usar a MR). Não apenas a apresente; tire um tempo para levantar dúvidas e preocupações dos membros da equipe até que eles fiquem seguros de que seus papéis são viáveis e adequados.

Definindo os processos operacionais da equipe

Desenvolva os procedimentos que você e sua equipe usarão para apoiar seu trabalho diário. Ter esses processos no lugar permite às pessoas executar suas tarefas de maneira efetiva e eficiente; também contribui para uma atmosfera positiva da equipe. No mínimo, desenvolva procedimentos para o seguinte:

» **Comunicação:** Esses processos envolvem compartilhar informações relacionadas a projetos por escrito e através de interações pessoais. Procedimentos de comunicação incluem:

- Quando e como usar o e-mail para compartilhar informações de projeto.
- Quais tipos de informações devem estar por escrito.
- Quando e como documentar discussões informais.
- Como definir relatórios e reuniões regularmente programados para registrar e analisar o progresso.
- Como abordar questões especiais que surgirem.

» **Tomada de decisão:** Esses processos envolvem decidir entre alternativas de abordagens e ações. Desenvolva orientações para fazer a escolha mais apropriada para uma situação, incluindo consenso, regra da maioria, acordo unânime e decisão por especialista técnico. Também desenvolva procedimentos de escalonamento — os passos que você dá quando as abordagens normais de tomada de decisão vão por água abaixo.

» **Resolução de conflitos:** Esses processos envolvem resolver diferenças de opinião entre membros de equipe. (Veja a seção posterior, "Resolvendo conflitos", para ler detalhes sobre procedimentos de resolução de conflitos.)

Apoiando o desenvolvimento de relações entre os membros da equipe

Em equipes de projeto de alto desempenho, os membros confiam uns nos outros e têm relações de trabalho coordenadas e cordiais. Mas desenvolver confiança e práticas efetivas de trabalho exigem tempo e esforço conjunto.

DICA

Ajude os membros da equipe a se conhecerem e ficarem confortáveis uns com os outros assim que o projeto começar encorajando-os a:

» Trabalhar juntos em conflitos (veja a próxima seção para saber mais sobre resolução de conflitos).

» Fazer brainstorm confrontando questões técnicas e administrativas.

» Passar um tempo informal juntos, como almoçar ou participar de atividades não relacionadas ao trabalho depois do expediente.

Resolvendo conflitos

Para a maioria dos projetos, a questão não é *se* discordâncias ocorrerão entre os membros da equipe, mas *quando*. Então você precisa estar preparado para resolver essas diferenças de opinião com um plano de resolução de conflitos que inclua um dos seguintes:

» **Abordagens padrão:** Etapas normais a seguir para encorajar as pessoas a desenvolver uma solução mutuamente agradável.

» **Procedimentos de escalonamento:** Etapas que você segue se as pessoas envolvidas não conseguirem resolver prontamente suas diferenças.

Minimizando conflitos em sua equipe

Ao longo da vida de um projeto, conflitos podem surgir em torno de várias questões profissionais, interpessoais, técnicas e administrativas. O primeiro passo em direção a minimizar as consequências negativas de tais conflitos é evitá-los. As seguintes dicas podem ajudá-lo:

- » Encoraje as pessoas a participar do desenvolvimento do plano de projeto.
- » Obtenha comprometimentos e expectativas por escrito.
- » Monitore frequentemente o trabalho em progresso para identificar e resolver quaisquer conflitos que surjam antes que se tornem sérios.

Se um conflito surgir, um ou mais participantes do conflito ou uma ou mais pessoas com conhecimento das questões em torno das quais o conflito surgiu precisam ter um papel ativo para resolvê-lo. A pessoa escolhida para essa tarefa deve ter conhecimento do conflito e das questões adjacentes, de técnicas proativas para sua resolução, a respeito das pessoas envolvidas nele e nenhuma preferência preconcebida por alguma das soluções propostas pelos envolvidos. Esteja ela assumindo informalmente a responsabilidade de ajudar a resolver ou sendo designada pelo gerente de projetos ou outro membro da gerência para tal, deve fazer o seguinte:

- » Estudar o conflito e reunir todas as informações contextuais para identificar a probabilidade e as razões por trás dele.
- » Selecionar e seguir uma estratégia de resolução adequada.
- » Manter uma atmosfera de cooperação mútua enquanto tenta encontrar uma situação aceitável.

Conforme trabalha para entender as razões de um conflito, perceba que conflitos podem surgir por uma ou mais destas:

- » **Fatos:** Dados objetivos que descrevam uma situação.
- » **Métodos:** Como uma pessoa responde a valores particulares de dados.
- » **Metas:** O que alguém está, por fim, tentando atingir quando resolve o conflito.
- » **Valores:** Os sentimentos e princípios básicos pessoais que motivam o comportamento de alguém.

Tenha em mente que crenças pessoais sobre cada um desses quatro tipos de informações podem ser devidas a:

- » Informações incorretas.
- » Diferentes percepções ou inferências baseadas nas mesmas informações.
- » Diferentes reações às mesmas informações com base na posição que uma pessoa ocupa ou no papel que desempenha na equipe.

CAPÍTULO 12 **Começando o Projeto com o Pé Direito**   275

Chegando a uma resolução de conflito com um exemplo simples

Suponha que Sarah e Jimmy tenham sido designados para desenvolver recomendações de como melhorar a produção de uma unidade com baixo desempenho em sua empresa. Depois de analisar alguns relatórios relacionados e ter algumas discussões, Sarah decidiu que a melhor maneira de melhorar o desempenho é demitir duas das quatro pessoas da unidade e retreinar as outras duas. Em contrapartida, Jimmy decidiu que a única maneira de melhorar o desempenho da unidade é demitir as quatro pessoas.

No momento, Sarah e Jimmy estão em um impasse, mas, se estiverem dispostos, podem seguir uma das seguintes abordagens para resolver seu conflito:

» **Competição (Forçar):** Ambas as pessoas agem assertivamente para ter sua opção de solução escolhida. (Há um vencedor e um perdedor.)

» **Acomodação (Remediação):** Uma pessoa escolhe seguir a solução da outra. (Há um vencedor e um perdedor.)

» **Fuga (Afastamento):** Uma pessoa escolhe não reconhecer o conflito. Por exemplo, Sarah pode redigir um memorando dizendo que duas pessoas na unidade podem ser treinadas e as outras duas, demitidas, ignorando o fato de que Jimmy quer que as quatro sejam demitidas. (Há um vencedor e um perdedor.)

» **Compromisso (Cedendo um pouco, ganhando um pouco):** Ambas as pessoas cedem um pouco para a solução proposta pela outra. (Cada pessoa ganha e perde, de alguma forma.)

» **Colaboração (Resolução de problema):** Ambas as pessoas conseguem o que querem. (Há dois vencedores e nenhum perdedor.)

Conforme você considera essas possíveis resoluções, tenha em mente os seguintes dois pontos:

» **O conflito não é necessariamente "ruim".** Conflitos que focam os méritos de soluções alternativas e mantêm o respeito pelas partes envolvidas podem resultar em uma solução que é melhor do que a escolha original de algum dos participantes.

» **A maioria das pessoas entende que pode ter que "perder" um conflito de vez em quando e aprende a absorver o golpe na sua psique.** No entanto, se perderem um número desproporcional de conflitos dos quais escolherem participar, podem decidir se afastar da equipe e não compartilhar seus reais sentimentos.

276 PARTE 3 **Trabalho em Grupo: Montando Sua Equipe**

Para aumentar as chances de atingir uma resolução colaborativa bem-sucedida em sua equipe, siga estas orientações:

» Sugira aos participantes que desenvolvam conjuntos de critérios para classificar soluções, em vez de apenas discutir feio por uma solução.

» Incentive os participantes a desenvolver possíveis soluções adicionais, em vez de apenas discutir que sua solução original deva ser selecionada.

» Dê tempo suficiente para explorar as diferentes alternativas propostas.

» Não escolha lados durante as discussões. Se uma pessoa sentir que você está predisposto à solução da outra, pensará que o processo de decisão foi injusto e não aceitará quaisquer soluções além da própria.

Tudo junto agora: Ajudando sua equipe a se tornar uma unidade harmoniosa

Quando os membros da equipe acreditam, têm confiança nas habilidades, podem contar com as promessas uns dos outros e se comunicam abertamente, tendem a devotar todos os seus esforços para executar o trabalho de projeto, em vez de gastar seu tempo lidando com frustrações interpessoais. Ajude sua equipe a atingir esse nível de funcionamento de alto desempenho guiando-a através dos seguintes estágios:

» **Formação:** Esse estágio envolve identificar e conhecer os membros da equipe e educadamente discutir objetivos de projeto, atribuições de trabalho e daí por diante. Durante esse estágio, você compartilha o plano de projeto, apresenta as pessoas umas às outras e discute a bagagem, a responsabilidade organizacional e as áreas de especialidade de cada pessoa.

» **Confrontação:** Esse estágio envolve levantar e resolver conflitos pessoais sobre o projeto ou outros membros da equipe. Como parte do estágio de levantamento, faça o seguinte:

- Estimule as pessoas a discutirem quaisquer preocupações que tenham sobre a viabilidade do plano de projeto e as aborde.
- Encoraje as pessoas a discutirem quaisquer reservas que possam ter sobre membros da equipe ou suas habilidades.
- Foque nessas discussões maneiras de propiciar a execução bem-sucedida de tarefas; você não quer que as conversas se tornem ataques pessoais nada produtivos.
- Inicialmente, você pode falar em particular com as pessoas sobre questões com as quais se sente desconfortável levantar para a equipe inteira. Em algum momento, porém, você deve discutir suas

preocupações com a equipe inteira para atingir uma sensação de honestidade e confiança mútuas.

» **Normatização:** Esse estágio envolve desenvolver os padrões e orientações operacionais que governam o comportamento dos membros da equipe. Encoraje os membros a estabelecerem essas normas de equipe em vez de contar com procedimentos e práticas que usam em suas áreas funcionais. Exemplos dessas normas incluem:

- **Como as pessoas apresentam e discutem diferentes pontos de vista:** Algumas pessoas apresentam pontos de vista educadamente, enquanto outras agressivamente debatem com seus oponentes em uma tentativa de provar seus pontos.

- **Pontualidade de presença em reuniões:** Algumas pessoas sempre aparecem para reuniões na hora, enquanto outras estão habitualmente 15 minutos atrasadas.

- **Participação em reuniões:** Algumas pessoas sentam e observam, enquanto outras participam e compartilham suas ideias.

Em reuniões de equipe, encoraje as pessoas a discutirem como membros de equipe devem se comportar em situações diferentes. Aborde as preocupações que as pessoas expressam e encoraje o grupo a adotar normas de equipe.

» **Atuação:** Esse estágio envolve executar o trabalho, monitorar cronogramas e orçamentos, fazer mudanças necessárias e manter as pessoas informadas.

Conforme você guia sua equipe através desses estágios de desenvolvimento, tenha em mente as seguintes orientações:

» **Sua equipe não vai passar automaticamente por esses estágios; você terá que guiá-la.** Deixadas à própria sorte, equipes muitas vezes falham em ir além do estágio de formação. Muitas pessoas não gostam de confrontar questões interpessoais espinhosas, então apenas as ignoram. Seu trabalho é fazer os membros da equipe tratarem do que precisa ser tratado e se tornarem uma equipe harmoniosa.

» **Seu envolvimento como gerente de projetos no desenvolvimento das necessidades da sua equipe precisa ser mais pesado nos estágios iniciais e mais leve nos posteriores.** Durante o estágio de formação, você precisa liderar conforme novas pessoas se juntam à equipe. Então, no estágio de confrontamento, você desempenha um papel de facilitador conforme guia e encoraja pessoas a compartilharem seus sentimentos e preocupações. Embora você possa ajudar a guiar a equipe conforme ela desenvolve seus padrões e normas durante a fase de normatização, sua ênfase principal é integrar todos ao processo. Por fim, se navegou pelos três primeiros estágios com sucesso, você pode recuar no estágio de atuação e oferecer seu apoio conforme a equipe demonstra sua habilidade de funcionar como uma unidade de alto desempenho.

» **Por vezes, você pode ter que revisitar um estágio que achou que a equipe havia completado.** Por exemplo, uma nova pessoa pode se juntar à equipe, ou um aspecto importante do plano de projeto pode mudar.

» **Se tudo se sair bem no projeto, não importa se a equipe passou com sucesso pelos estágios de formação, confrontamento e normatização.** Mas, quando o projeto tem problemas, sua equipe pode se tornar disfuncional se não passou com sucesso por todos os estágios. Suponha, por exemplo, que a equipe perca um prazo de projeto importante. Se os membros da equipe não desenvolveram confiança mútua uns nos outros, é mais provável que gastem tempo procurando quem culpar em vez de trabalharem juntos para solucionar a situação.

» **Como gerente de projetos, você precisa avaliar periodicamente como a equipe sente que está se saindo; você precisa decidir em quais questões, caso haja, a equipe precisa trabalhar.** Gerenciar sua equipe é um projeto por si só!

Preparando o Terreno para Controlar o Projeto

Controlar o projeto ao longo de sua execução exige que você reúna informações adequadas, avalie seu desempenho em comparação ao plano e compartilhe as descobertas com os interessados do projeto. Esta seção enfatiza os passos que você precisa dar para se preparar para reunir, analisar e compartilhar essas informações. (Veja o Capítulo 13 para saber detalhes completos sobre manter o controle do projeto.)

Selecionando e preparando seus sistemas de monitoramento

O controle de projeto efetivo exige que você tenha informações precisas e adequadas para identificar problemas prontamente e tomar as ações corretivas apropriadas. Esta seção destaca as informações de que você precisa e explica como consegui-las.

Ao longo do projeto, você precisa monitorar o desempenho nos seguintes termos:

» **Cumprimento do cronograma:** A avaliação de quão bem você está cumprindo as datas estabelecidas.

» **Uso de recursos de pessoal:** Os níveis de esforço que as pessoas estão fazendo em suas atribuições.

» **Gastos financeiros:** Os fundos que você está gastando para recursos de projeto.

Veja o Capítulo 13 para ler uma discussão detalhada sobre os sistemas de informação que você pode usar para monitorar o progresso do projeto.

Se usar sistemas de informação da empresa para monitorar a execução do cronograma do projeto e o uso de recursos, configure o projeto nesses sistemas como a seguir (veja o Capítulo 13 para ler informações sobre como decidir usar ou não esses sistemas de informação para dar apoio ao controle e monitoramento do projeto):

» **Obtenha seu número de projeto oficial.** Seu *número de projeto* é o identificador oficial da empresa para o projeto. Todos os produtos, atividades e recursos relacionados a ele são atribuídos a esse número. Confira com o departamento financeiro ou escritório de projetos da sua empresa para descobrir o número de seu projeto e confira com seu departamento financeiro ou de TI para determinar os passos a serem seguidos para configurá-lo no sistema de monitoramento financeiro, no sistema de registro de mão de obra e/ou no sistema de monitoramento da atividade da empresa.

» **Finalize a estrutura analítica de projeto (EAP).** Faça membros da equipe analisarem a EAP do projeto e fazerem quaisquer mudanças ou inclusões necessárias. Atribua códigos identificadores a todos os elementos da EAP. (Confira o Capítulo 5 para ler uma explicação completa da EAP.)

» **Estabeleça códigos de carga para o projeto no sistema de monitoramento de mão de obra.** Se os membros da equipe registram sua carga horária por projeto, estabeleça um código de carga para todas as atividades da EAP. Fazê-lo permite monitorar o progresso de elementos individuais da EAP, assim como o projeto como um todo.

DICA

Se o sistema da empresa conseguir limitar o número de horas de cada atividade, insira esses limites (veja a seção posterior, "Estabelecendo a linha de base do projeto", assim como o Capítulo 13 para saber como estabelecer

280   PARTE 3 **Trabalho em Grupo: Montando Sua Equipe**

alvos para o cronograma de projeto, necessidades de recursos e orçamento). Fazê-lo evita que as pessoas ponham por engano mais horas em atividades do que o plano permite.

» **Estabeleça códigos de carga para o projeto no sistema financeiro da empresa.** Se sua empresa monitora gastos por projeto, estabeleça os códigos para todas as atividades da EAP que tiverem gastos. Se o sistema puder limitar gastos para cada atividade, insira esses limites.

Estabelecendo cronogramas para relatórios e reuniões

Para conseguir as informações de que você e as partes interessadas precisam, defina um cronograma de relatórios que você preparará e de reuniões que fará durante o projeto. Planejar com antecedência suas comunicações com os interessados ajuda a garantir que você atenda a suas necessidades individuais adequadamente e permite-lhes reservar tempo em seu calendário para comparecer a essas reuniões.

Encontre-se com interessados de projeto e membros da equipe para desenvolver um cronograma para reuniões e relatórios de projeto regulares. Confirme os seguintes detalhes:

» Quais relatórios serão emitidos.

» Quais reuniões serão feitas e quais serão seus propósitos específicos.

» Quando os relatórios serão emitidos e quando as reuniões serão feitas.

» Quem receberá os relatórios e comparecerá às reuniões.

» Quais formatos os relatórios e reuniões terão e o que cobrirão.

Veja o Capítulo 14 para ler uma discussão dos relatórios e reuniões que você pode usar para dar suporte a comunicações de projeto em andamento.

Estabelecendo a linha de base do projeto

A *linha de base* do projeto é a versão do plano de projeto que guia suas atividades e fornece a base comparativa para suas avaliações de desempenho. No início do projeto, use o plano que foi aprovado no final do estágio organizando-e-preparando, modificado por quaisquer mudanças aprovadas durante o estágio executando-o-trabalho, como suas bases (veja o Capítulo 1 para ler uma discussão dos estágios de ciclo de vida do projeto). Durante o projeto, use a versão mais recente do plano de projeto como sua linha de base. (Veja o Capítulo 13 para ler mais discussões sobre como definir, atualizar e usar sua linha de base de projeto para controlá-lo.)

Ouvi, Ouvi! Anunciando o Projeto

Depois de ter notificado as principais partes interessadas (ou seja, os condutores e apoiadores) de que o projeto foi aprovado e quando começará, você tem que apresentá-lo para outros que podem estar interessados (conhecidos como *observadores*; veja o Capítulo 3 para ler uma discussão sobre como identificar os observadores entre os interessados do projeto). Considere uma ou mais das seguintes abordagens para anunciar o projeto a todas as partes interessadas:

- » Um e-mail para indivíduos ou departamentos selecionados de sua empresa.
- » Um anúncio na newsletter de sua empresa.
- » Um folheto em um quadro de avisos que tenha destaque.
- » Uma reunião inicial formal (se o projeto for grande ou tiver amplo impacto organizacional).
- » Uma nota de imprensa (se o projeto tiver interessados fora da empresa).

LEMBRE-SE

Independentemente de como anunciar o projeto, mencione seu propósito e escopo, seus efeitos e resultados pretendidos, e as datas importantes. Diga às pessoas como podem entrar em contato com você se tiverem perguntas ou quiserem informações detalhadas.

Preparando o Palco para a Avaliação Pós-projeto

Uma *avaliação pós-projeto* (que descrevo com detalhes no Capítulo 16) é uma reunião na qual você:

- » Analisa a experiência que ganhou com o projeto.
- » Reconhece as pessoas por suas conquistas.

» Planeja-se para que as boas práticas sejam repetidas no futuro.

» Planeja-se para evitar problemas que encontrou nesse projeto aconteçam no futuro.

Comece preparando as bases para a avaliação pós-projeto assim que ele começar para captar todas as informações relevantes e observações sobre o projeto a fim de discuti-las na reunião pós-projeto. Prepare o terreno fazendo o seguinte:

» Diga à equipe que você faz uma avaliação pós-projeto quando ele termina.

» Encoraje os membros da equipe a manter registros dos problemas, ideias e sugestões ao longo do projeto. Ao preparar a pauta final para a sessão de avaliação pós-projeto, peça às pessoas para avaliar esses registros e notas para encontrar tópicos para discussão.

» Esclareça os critérios que definem o sucesso do projeto analisando a última versão de seus objetivos com os membros da equipe.

» Descreva os detalhes do contexto no qual o projeto foi criado para tratar antes de começar o trabalho em si (se ele foi criado para mudar ou melhorar uma situação). Fazê-lo permite avaliar as mudanças nesses detalhes quando o projeto termina.

» Mantenha o próprio histórico (um registro da narrativa de publicações e ocorrências de projeto) e encoraje outros membros da equipe a fazerem o mesmo.

Relacionando Este Capítulo ao Exame PMP e aos Guias PMBOK 5 e 6

A Tabela 12-1 registra tópicos deste capítulo que podem ser abordados no exame de certificação PMP e que também estão inclusos nas 5ª e 6ª edições de *Um Guia do Conhecimento em Gerenciamento de Projetos (Guias PMBOK 5 e 6)*.

TABELA 12-1 ## Tópicos do Capítulo 12 Relacionados ao Exame PMP e aos *Guias PMBOK 5* e *6*

Tópico	Localização Neste Capítulo	Localização nos Guias PMBOK 5 e 6	Comentários
Finalização das atribuições de projeto dos membros da equipe	"Você está dentro? Confirmando a participação dos membros da equipe"	3.5. Grupo de Processos de Execução 9.2. Mobilizar a Equipe de Projeto	Os passos discutidos são similares.
Recrutamento de recursos de fora da empresa	"Preenchendo as lacunas"	9.2.2.3. Contratação	As fontes discutem abordagens similares para obter o pessoal necessário para formar a equipe de projeto.
Técnicas para a equipe estabelecer metas pessoais e de projeto, papéis individuais e processos, e relações de equipe	"Desenvolvendo Sua Equipe"	9.3. Desenvolver a Equipe do Projeto 9.4.2.4. Habilidades Interpessoais e de Equipe	Os passos apresentados para desenvolver uma equipe são similares. Este livro destaca os elementos individuais e de projeto que ajudam a criar uma equipe focada. O *Guia PMBOK 6* apresenta modelos para vários processos de equipe discutidos aqui.
Gestão de conflitos	"Resolvendo conflitos"	9.4.2.3. Gerenciamento de Conflitos	Todos notam que o sucesso da equipe de projeto depende fortemente da habilidade dos gerentes de projeto para dirimir conflitos. O *Guia PMBOK 6* lista cinco estratégias de resolução de conflitos. Este livro discute como aplicar as estratégias de resolução de conflitos e apresenta exemplos.
Programação de reuniões de projeto e de relatórios de progresso	"Estabelecendo cronogramas para relatórios e reuniões"	10.1. Planejar o Gerenciamento das Comunicações	Todos enfatizam a necessidade de planejar antecipadamente reuniões e relatórios de progresso de projeto regulares. Este livro lista informações que devem ser abordadas nesses planos; veja o Capítulo 14 para ler mais sobre abordagens alternativas de comunicação.

4

Guiando o Navio: Gerenciando o Projeto para o Sucesso

NESTA PARTE...

Descubra os passos no processo de controle do projeto, e os sistemas e técnicas que ajudam a gerenciar execução de cronograma, horas de trabalho e gastos. Descubra como tomar ações corretivas quando necessário para manter o projeto nos trilhos.

Descubra os melhores métodos de comunicação efetiva para manter todos informados sobre atividades e progresso do projeto e quaisquer potenciais obstáculos.

Entenda a diferença entre liderança e gerenciamento. Receba dicas para se tornar um líder efetivo, para que possa sustentar o foco e o comprometimento dos membros de sua equipe com o projeto.

Descubra como concluir o projeto de forma bem-sucedida finalizando tarefas administrativas e transicionando sua equipe para o fim do projeto. Quando tudo estiver terminado, conduza uma avaliação pós-projeto para examinar o que foi bem e o que poderia ter ido melhor, a fim de poder usar essas informações para ser ainda mais bem-sucedido no próximo projeto.

> **NESTE CAPÍTULO**
>
> » **Monitorando como o plano de projeto se compara à real execução**
>
> » **Usando sistemas de informação para monitorar cronograma, esforço de projeto e gastos**
>
> » **Implementando seus processos de controle e tomando atitudes corretivas**
>
> » **Gerenciando mudanças com responsabilidade**

Capítulo **13**

Monitorando o Progresso e Mantendo o Controle

Uma triste realidade para muitos projetos é que, embora nasçam acompanhados de altas expectativas e esperanças, eles morrem entre a frustração e o desapontamento. Seus planos de projeto representam visões que você acredita que funcionarão; esses planos não se implementam automaticamente, e não podem prever o futuro com certeza.

Projetos bem-sucedidos exigem cuidado e gerenciamento contínuos para assegurar que sigam seus planos corretamente e, por sua vez, produzam os resultados desejados. Quando situações inesperadas ocorrem, você, como gerente de projeto, deve reagir prontamente para ajustar seus esforços e manter o projeto nos trilhos.

Este capítulo discute os passos do processo de controle de projeto e foca os sistemas e técnicas que você pode usar para coletar, analisar e relatar a execução de cronograma, horas de trabalho e gastos, assim como os processos para lidar com solicitações de mudanças e tomar atitudes corretivas quando necessário.

Segurando as Rédeas: Controle de Projeto

O *controle de projeto* implica as seguintes atividades, as quais você executa ao longo do projeto para que ele siga de acordo com o plano e produza os resultados desejados (veja no Apêndice um fluxograma que ilustra a natureza cíclica do controle de projeto):

» **Reconfirmar o plano:** No início de cada período de execução, reafirme com os membros da equipe as seguintes responsabilidades e compromissos de projeto para o próximo período:

- Atividades que eles concordaram fazer.

- Datas nas quais concordaram iniciar e terminar essas atividades.

- Quanto esforço de pessoal eles acordaram ser necessário para executar essas atividades (veja o Capítulo 7 para ler informações sobre como estimar esse esforço).

» **Avaliar o desempenho:** Durante o período de execução, faça os membros da equipe registrarem informações sobre:

- Entregáveis intermediários e finais concluídos.

- Datas nas quais atingiram marcos.

- Datas nas quais começaram e terminaram atividades.

- Número de horas que trabalharam em cada atividade.

- Quantidade de recursos não relativos a pessoal usados para cada atividade.

- Gastos incorridos para cada atividade.

Reúna essas informações ao fim do período de execução, compare-as com o plano e determine as razões para quaisquer diferenças.

» **Tomar medidas corretivas:** Se necessário, adapte as medidas do projeto aos planos; se não for possível fazê-lo, mude os planos para demonstrar as novas expectativas.

288   PARTE 4 **Guiando o Navio: Gerenciando o Projeto para o Sucesso**

> **Manter pessoas informadas:** Compartilhe suas conquistas, problemas e planos futuros com os interessados do projeto. (Veja o Capítulo 14 para ler sugestões sobre como fazê-lo.)

DICA

Escolha os períodos para monitorar o desempenho do projeto com base em sua duração geral, no risco de ocorrências inesperadas e na proximidade de marcos principais. Embora você possa escolher monitorar atividades de projeto selecionadas diariamente em determinadas situações, planeje avaliar o desempenho geral do projeto pelo menos uma vez por mês para identificar prontamente quaisquer ocorrências inesperadas, ou problemas de desempenho que devam ser abordados.

Inicialmente, você pode se sentir desconfortável confirmando compromissos que as pessoas fizeram para os próximos períodos de execução, porque pensa que, fazendo isso, você:

> **Sugere que não confia na pessoa:** Afinal, a pessoa firmou um compromisso para fazer um trabalho específico; ela não diria se não pudesse mantê-lo?

> **Aumenta a probabilidade de que ela diga que não pode manter a promessa original:** Você se preocupa que levantar o assunto possa, na verdade, encorajar a pessoa a dizer que ela não consegue honrar seus compromissos.

Na maioria dos casos, no entanto, nenhuma preocupação se mostra justificada, pelas seguintes razões:

> Levantar a questão não sugere falta de confiança; se você não confiasse na pessoa, não falaria com ela e ponto! Consultá-la demonstra sua compreensão de que ela pode não ter tido chance de lhe contar sobre novas circunstâncias que dificultaram que ela honrasse seus compromissos.

> Levantar a questão não aumenta as chances de que ela desista do compromisso; mas dá tempo a você. Se a pessoa não puder manter o acordo, você descobrirá no final do período de execução, de qualquer forma — quando ela não tiver finalizado o trabalho. Então, tirar um tempo para confirmar na verdade oferece um período de execução inteiro para desenvolver maneiras alternativas de lidar com novas restrições.

LEMBRE-SE

Quando uma pessoa reafirma seus compromissos para os períodos de execução seguintes, maiores são as chances de que ela desempenhará suas atribuições com sucesso, no prazo e dentro do orçamento. Se ela não puder honrar os compromissos que fez anteriormente (por exemplo, se tiver sido inesperadamente designada para trabalhar em outra iniciativa de alta prioridade ao mesmo tempo), você pode estudar com ela formas de desenvolver novos planos que lhe possibilitem concluir suas atribuições com o projeto.

Sistemas de Informações de Gerenciamento de Projetos

Um *sistema de informações de gerenciamento de projetos* (SIGP) é um conjunto de procedimentos, equipamento e outros recursos para reunir, analisar, armazenar e repassar informações que descrevem o desempenho do projeto. Um SIGP contém as seguintes três partes:

» **Entradas:** Dados brutos que descrevem aspectos selecionados do desempenho do projeto.

» **Processos:** Análises dos dados que comparam o desempenho real com o desempenho planejado.

» **Saídas:** Relatórios que apresentam os resultados das análises.

Criar um SIGP não apenas exige que você defina quais dados coletar durante o projeto, mas também que especifique como coletá-los, quem o fará, quando e como vai inseri-los no sistema. Todos esses fatores afetam a periodicidade e a precisão dos dados, e, portanto, de suas avaliações de desempenho de projeto.

Para apoiar o gerenciamento e o controle contínuos do projeto, você precisa coletar e manter informações sobre execução de cronograma, esforço de trabalho e gastos. As seções a seguir falam sobre como coletar, analisar e relatar essas três partes da execução do projeto.

LEMBRE-SE

Muitos sistemas de informação têm o suporte técnico de computadores, scanners e impressoras. Mas um sistema de informações pode consistir em processos manuais e dispositivos físicos de armazenamento. Por exemplo, você pode registrar atividades de projeto em seu caderno ou calendário e manter registros de orçamentos de projetos em seu porta-arquivos. No entanto, ainda precisa monitorar os procedimentos de coleta, análise e relatório de informações, eles afetam a precisão e a periodicidade de suas avaliações de desempenho.

O tempo está correndo: Monitorando a execução do cronograma

Monitorar regularmente a execução do cronograma do projeto antecipa possíveis problemas de coordenação de atividades, conflitos de recursos e custos excedentes. As seções a seguir mostram de quais informações você precisa para monitorar a execução do cronograma, como coletá-las e avaliá-las, e como assegurar sua precisão.

Definindo os dados de cronograma para coletar

Como discuto no Capítulo 5, a *estrutura analítica de projeto* (EAP) é uma decomposição orientada ao entregável do trabalho necessário para produzir seus entregáveis de projeto. O nível mais baixo de detalhe de cada ramificação da EAP é um *pacote de trabalho*, e cada pacote de trabalho, por sua vez, é composto de *atividades* (partes de tarefas executadas durante o projeto).

Você descreve a execução do cronograma de uma tarefa anotando as datas de início e de fim ou descrevendo quanto dela foi feito (em outras palavras, o *percentual completo*).

Se escolher descrever a execução de cronograma de projeto anotando os status de atividades individuais, colete um ou ambos os seguintes itens de dados para dar apoio à sua análise:

» As datas de início e fim de cada atividade do projeto.

» As datas nas quais os marcos (como *contrato assinado, materiais recebidos* ou *teste de ambiente completo*) são atingidos (veja o Capítulo 6 para saber detalhes sobre marcos).

CUIDADO

Tome cuidado se decidir usar o percentual completo para indicar o progresso de uma atividade, pois muitas vezes não há maneira clara de determinar essa porcentagem. Por exemplo, dizer que a criação de seu novo produto está 30% completa é praticamente sem sentido porque você não pode determinar objetivamente quanto do pensamento e da criação estão realmente feitos. Sugerir que você completou 30% da sua criação porque gastou 30 das 100 horas reservadas para a tarefa ou porque três dos dez dias alocados para sua execução se passaram é igualmente incorreto. O primeiro indicador é uma medida de uso de recursos e o segundo, uma medida de tempo gasto. Nenhuma medida indica a quantidade substancial de *trabalho* concluído.

Por outro lado, se sua atividade tiver segmentos claros que levem aproximadamente a mesma quantidade de tempo e esforço, você pode conseguir determinar uma medida precisa do percentual completado. Por exemplo, se você planejou conduzir entrevistas por telefone com 20 pessoas diferentes e completou 10, pode afirmar que a atividade está 50% completa.

Analisando a performance de cronograma

Avalie o status do cronograma do seu projeto comparando as reais datas de início e fim de atividades e de marcos com suas datas planejadas. As Figuras 13-1 e 13-2 apresentam formatos que apoiam comparações imediatas desses dados.

A Figura 13-1 ilustra um *relatório combinado de atividades e marcos*. As seguintes informações nesse relatório vêm do plano de projeto:

» O código e o nome de identificação de atividades ou marcos.

» A pessoa responsável pelos marcos e atividades.

» As datas em que as atividades devem começar e terminar ou em que os marcos devem ocorrer.

Compare essas informações do seu plano com os seguintes dados para descrever a execução durante o período do relatório:

» As datas reais de início e de término das atividades e as datas reais nas quais os marcos são atingidos.

» Comentários relevantes sobre as atividades ou os marcos.

FIGURA 13-1: Um relatório combinado de atividades e marcos.

Projeto de Avaliação de Necessidades do Novo Produto						
Atividade/Marco	Pessoa Responsável	Data de Início		Data Final		Comentários
		Planejada	Real	Planejada	Real	
2.1.1. Criação do Questionário	F. Smith	14 Fev	15 Fev	25 Fev	25 Fev	
2.1.1.6. Aprovação da Criação do Questionário	F. Smith	-	-	28 Fev	28 Fev	
2.2.2. Teste Piloto do Questionário	F. Smith	20 Abr	21 Abr	30 Abr	25 Abr	Caminho Crítico

© John Wiley & Sons, Inc.

A Figura 13-2 ilustra um *gráfico de Gantt de progresso*. Você escurece a parte apropriada de cada barra para representar o progresso de entregáveis (veja o Capítulo 6 para conhecer os diagramas de Gantt simples). Esse exemplo de diagrama apresenta o desempenho do projeto no fim da semana 4. De acordo com o diagrama de Gantt, a fase de criação está completa, a fase de desenvolvimento está uma semana atrasada, e a fase de testes, uma semana adiantada em relação ao cronograma.

292 PARTE 4 **Guiando o Navio: Gerenciando o Projeto para o Sucesso**

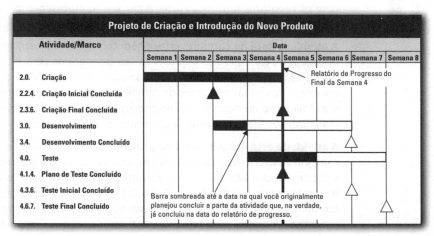

FIGURA 13-2: Um diagrama de progresso de Gantt.

© John Wiley & Sons, Inc.

A maneira mais significativa de avaliar o progresso em um componente da EAP é anotar seus entregáveis intermediários alcançados até a data. O gráfico de Gantt de progresso na Figura 13-2 na verdade diz que, no fim da semana 4, você produziu todos os entregáveis intermediários para a Tarefa 3.0 — desenvolvimento — que planejou produzir no fim da semana 3, ou que a Tarefa 3.0 está uma semana atrasada em relação ao cronograma.

Nota: Você pode preparar esses relatórios de cronograma de projeto com qualquer nível de detalhe que escolher, dependendo dos interesses e necessidades de suas partes interessadas. O relatório de nível mais alto mostrado na Figura 13-2 apresenta informações sobre quatro semanas do trabalho de projeto, mas os dados detalhados usados para determinar o status dessas quatro semanas de trabalho foram de atividades que eram de duas semanas ou menos.

CUIDADO

Nem todos interpretam o gráfico de Gantt de progresso da mesma forma. Minha intenção com o diagrama foi sugerir que a Tarefa 3.0 está uma semana atrasada. Porém, algumas pessoas me disseram que interpretam o relatório como a Tarefa 3.0 estando 25% concluída, porque um dos quatro segmentos da Tarefa 3.0 está sombreado. A mensagem é: inclua uma legenda no gráfico que explique claramente como você quer que as pessoas o interpretem.

Coletando dados de execução de cronograma

Para coletar dados de performance do cronograma, desenvolva um formato e um processo padrão para registrar suas realizações de trabalho. Por exemplo, frequentemente uso o formato de relatório combinado de atividades e marcos que descrevo na seção anterior. Formatos e processos padrão aumentam a precisão de sua informação e levam menos tempo para serem feitos.

Considere os seguintes fatores ao programar seu monitoramento de atividade:

> » **A atividade está no caminho crítico?** Em condições normais, atividades atrasadas no caminho crítico atrasarão seu cronograma geral de projeto (veja o Capítulo 6 para ler uma discussão sobre caminhos críticos). Portanto, considere monitorar atividades do caminho crítico com mais frequência para identificar atrasos reais ou potenciais assim que possível, para poder minimizar seu efeito no restante do cronograma de projeto.
>
> » **A atividade está em um caminho próximo de ser crítico?** Atividades em caminhos não críticos podem ter alguns atrasos antes que seu caminho se torne crítico. O máximo de atraso para atividades não críticas é chamado de *tempo de folga* ou *float* (veja o Capítulo 6). Se o tempo de folga de uma atividade é muito curto, um pequeno atraso pode transformar o caminho em crítico. Portanto, considere monitorar atividades que tenham tempos de folga muito curtos com mais frequência (novamente, para identificar problemas reais ou potenciais assim que possível).
>
> » **O risco da atividade é alto?** Se você sentir que é provável que uma atividade encontre problemas, considere monitorá-la mais frequentemente para identificar esses problemas assim que ocorrerem. (Vá ao Capítulo 9 para ler detalhes sobre riscos e incertezas.)
>
> » **Você já encontrou problemas com essa atividade?** Considere monitorar atividades com maior frequência se já teve problemas com elas. Problemas passados muitas vezes aumentam as chances de problemas futuros.
>
> » **Você está se aproximando da data de conclusão planejada da atividade?** Monitore com maior frequência as atividades que estiverem próximas da data de conclusão para que todos os detalhes finais sejam considerados e o cronograma, seguido.

No início de cada período de execução, imprima relatórios separados para todos os membros da equipe incluindo as atividades e os marcos planejados para o período. Peça-lhes para verificar as informações e reafirmar seus compromissos com as datas contidas nos relatórios. Discuta e resolva quaisquer questões que eles identificarem.

Peça-lhes para registrar, durante o período de execução, as datas nas quais realmente começaram e terminaram atividades e atingiram marcos nas colunas apropriadas, junto com quaisquer comentários pertinentes que queiram compartilhar. Por fim, faça-os enviarem a você uma cópia do relatório completo no primeiro dia útil depois do fim do período de execução.

Registrar e comunicar o progresso dessa forma tem várias vantagens:

> » Registrar realizações no momento em que ocorrem aumenta a probabilidade de que os dados sejam precisos.

- » O cronograma de envio acordado reduz as chances de que você surpreenda as pessoas com solicitações por dados de progresso inesperadas.

- » Fazer as pessoas analisarem continuamente os cronogramas que lhes foram propostos e registrarem suas conquistas eleva sua consciência das metas e aumenta as chances de que cumpram seus compromissos.

- » O propósito de controlar o projeto é encorajar as pessoas a atuarem de acordo com seu plano, não apenas coletar dados. Quanto mais conscientes os membros da equipe estiverem de seu trabalho em relação ao cronograma global, maior é a probabilidade de o seguirem. Se não conhecerem ou não ligarem para os prazos, é pouco provável que os cumpram.

Monitore a execução do cronograma pelo menos uma vez por mês. A experiência tem mostrado que esperar mais tempo faz o seguinte:

- » Leva as pessoas a perderem o foco e o comprometimento com a atividade, e aumenta as chances de que a atividade não termine no prazo.

- » Oferece mais tempo para que pequenos problemas não sejam detectados e, assim, evoluam para problemas maiores.

Melhorando a precisão dos dados de execução de cronograma

Coletar os dados certos é a primeira exigência para controlar efetivamente o cronograma do projeto. Porém, suas análises não terão sentido se os dados estiverem incorretos. Siga estes passos para melhorar a precisão dos dados de execução do cronograma:

- » **Diga aos membros da equipe como você planeja usar seus dados de execução do cronograma.** As pessoas sempre ficam mais motivadas a executar uma tarefa se entenderem as razões para ela.

- » **Ofereça relatórios de execução de cronograma às pessoas que lhe oferecerem os dados.** As pessoas ficam ainda mais motivadas em executar uma tarefa se receberem benefícios diretos dela.

- » **Reconheça publicamente essas pessoas que lhe oferecem dados precisos e adequados.** O reforço positivo de um comportamento desejado confirma para as pessoas que elas estão cumprindo suas expectativas; também enfatiza esse comportamento desejável para outras pessoas.

- » **Defina claramente atividades e marcos.** Definições claras ajudam a confirmar quando um evento ou atividade ocorre ou não.

- » **Use todos os dados que coletar; não colete mais dados do que usará.** Colete apenas os dados que usará para avaliar a execução de cronograma.

Escolhendo um instrumento para apoiar o sistema de monitoramento de cronograma

Confira se sua organização usa um sistema de planejamento e monitoramento corporativo. Os melhores lugares para buscar essa informação são no escritório de gerenciamento de projetos (PMO), no departamento de tecnologia da informação e no departamento financeiro. (Veja o Capítulo 17 para conhecer diferentes tipos de software usados para dar apoio ao gerenciamento de projeto.) Se sua empresa tem tal sistema, descubra se pode usá-lo para monitorar o projeto, se ele oferece as informações de que você precisa e se suas informações são adequadas e precisas.

Se sua organização não tiver um sistema de monitoramento que você possa usar, é preciso desenvolver o seu. Você pode usar um sistema manual ou baseado em computador; ambos têm vantagens e desvantagens:

» **Sistemas de monitoramento manuais:** Esses sistemas incluem organizadores diários, calendários pessoais e registros de projeto escritos à mão. Se você usar qualquer um desses sistemas para registrar suas atividades e conquistas, não precisa de computadores especiais ou software, o que economiza dinheiro.

No entanto, sistemas manuais têm estas desvantagens:

- Armazenar seus dados requer espaço físico. Quanto mais dados você tiver, de mais espaço precisa.

- Comparar e analisar os dados à mão pode ser demorado, e as chances de erro são maiores.

- Preparar relatórios à mão é demorado.

» **Sistemas de monitoramento baseados em computador:** Esses sistemas oferecem as vantagens de processamento mais rápido, armazenamento de dados mais eficiente e relatórios profissionalmente criados. Os seguintes tipos de software apoiam um sistema de monitoramento baseado em computador:

- Softwares de gerenciamento de projetos integrados, como o Microsoft Project e o Microsoft Project Server.

- Softwares de base de dados, como o Microsoft Access.

- Softwares de planilhas, como o Microsoft Excel.

- Softwares de processamento de texto, como o Microsoft Word.

No entanto, sistemas baseados em computador são mais difíceis de aprender a usar e manter, e mais caros para alugar ou comprar.

DICA Muitos fabricantes oferecem pacotes de software nessas categorias, mas mais de 80% das organizações nas quais trabalhei usam os softwares da Microsoft para essas funções. Confira para ver se esses softwares estão disponíveis na rede de área local (LAN) de sua organização. (Veja o Capítulo 17 para saber mais informações sobre softwares e aplicativos de gerenciamento de projetos.)

Ossos do ofício: Monitorando o esforço de trabalho

Comparar o esforço de trabalho despendido com o esforço previsto destaca se as pessoas estão expandindo ou reduzindo incorretamente o escopo de uma atividade, se são mais ou menos qualificadas do que você imaginava, se têm enfrentado dificuldades inesperadas ao realizar o trabalho ou se correm o risco de esgotar os esforços de trabalho distribuídos antes que o projeto termine.

Monitorar o esforço de trabalho exige que você colete o esforço atual gasto em cada pacote de trabalho ou atividade da EAP. Nas seções a seguir, discuto quais dados coletar, como coletá-los, como melhorar sua precisão e como analisá-los.

Coletando dados de esforço de trabalho

Fazer as pessoas preencherem folhas de ponto é a maneira mais efetiva de coletar dados de gasto de esforço de trabalho. (O termo *folha de ponto* refere-se a um registro do esforço gasto por uma pessoa executando um trabalho particular, que é mantido em uma folha de papel, um registro eletrônico, uma memória de computador ou em qualquer outra mídia.) Você precisa incluir as seguintes informações em cada folha de ponto (veja a Figura 13-3 para um exemplo de uma folha de ponto típica):

» O número de horas que um membro da equipe trabalhou em cada pacote de trabalho por dia.

» A assinatura do membro da equipe confirmando que a informação é correta.

» Uma assinatura de aprovação (tipicamente, do gerente de projetos ou de alguém que ele designar) verificando que as cargas de tempo são válidas e adequadas.

FIGURA 13-3:
Uma folha
de ponto
típica.

(Nome do) Projeto										

De: 3 de Abril de 201_ até 10 de Abril de 201_

Funcionário: Nome ___ Assinatura ___ Período ___ Aprovação: Nome ___ Assinatura ___

Pacote de Trabalho			Dom	Seg	Ter	Qua	Qui	Sex	Sab	Total
Nº do Projeto	Código EAP	Nome	3 abr	4 abr	5 abr	6 abr	7 abr	8 abr	9 abr	
		Total de Horas								

© John Wiley & Sons, Inc.

Geralmente, registrar o trabalho em atividades de meia em meia hora é suficiente.

Nota: Algumas pessoas podem registrar seu tempo em intervalos menores do que meia hora. Advogados, por exemplo, frequentemente alocam seu tempo em segmentos de seis minutos. Seus clientes não aceitariam outra maneira — dado que um advogado pode cobrar $500 ou mais por hora!

Um *registro de tempo* é uma forma de dividir o dia em intervalos e permitir que um membro da equipe registre a atividade específica na qual trabalhou em cada intervalo. Por exemplo, para registrar o tempo em intervalos de meia hora para um membro que começa a trabalhar às 8h30, o primeiro intervalo no registro é de 8h30 às 9h; o segundo, de 9h às 9h30, e daí em diante.

Se os membros da equipe preencherem os registros de tempo conscientemente, oferecem dados mais precisos, pois o registro permite que eles considerem cada segmento do dia. Porém, manter um registro de tempo é muito mais oneroso do que preencher uma folha de ponto. Normalmente, registrar em uma folha de ponto o tempo total que uma pessoa gasta trabalhando em atividades diferentes todo dia é suficiente.

Escolhendo um instrumento para apoiar o sistema de monitoramento de esforço de trabalho

Antes de escolher um método para monitorar seu esforço de trabalho, confira se sua empresa já adota um sistema de registro de horas que registre com precisão os dados da maneira que você precisa deles. Ao avaliar um sistema de registro de horas já em uso, considere o seguinte:

» Sistemas de registro de horas tipicamente alocam o pagamento de uma pessoa pelo trabalho regular, férias, licença médica e folgas remuneradas. Como tal, o sistema pode exigir que funcionários dispensados (isto é, funcionários que não são pagos por horas extras) não registrem mais do que 40 horas por semana. Além disso, esses sistemas, muitas vezes, não são capazes de monitorar o trabalho por categorias detalhadas da EAP.

» As pessoas muitas vezes ficam desconfortáveis em registrar as horas que gastam em diferentes atribuições, pois não têm certeza de como a organização usará as informações.

» Relatórios padrão de um sistema de registro de horas podem não apresentar informações necessárias para dar apoio a seu monitoramento.

Se você decidir criar o próprio método de registro e armazenamento de esforço de trabalho, precisa se decidir entre desenvolver um sistema manual ou baseado em computador. Conforme decide, considere o seguinte:

» Sistemas manuais tipicamente envolvem pessoas anotando em seus calendários ou diários pessoais as horas gastas em diferentes atividades. Infelizmente, dados registrados dessa forma muitas vezes são incompletos e imprecisos. Além disso, você terá dificuldades em reuni-los para fazer avaliações organizadas e preparar relatórios significativos.

» Você pode dar suporte a um sistema baseado em computador com os seguintes softwares:

- Softwares de gerenciamento de projeto, como o Microsoft Project.

- Softwares de bases de dados, como o Microsoft Access.

- Softwares de planilhas, como o Microsoft Excel.

Veja o Capítulo 17 para ler uma discussão sobre os potenciais usos e benefícios de softwares para apoiar o gerenciamento de projetos.

Melhorando a precisão dos dados de esforço de trabalho

Assim como com os dados de execução de cronograma, quanto mais precisos forem seus dados de gasto de esforço de trabalho, mais significativas suas análises serão. Siga estes passos para aumentar a precisão dos dados de gasto de esforço de trabalho que você coletar:

» **Explique para as pessoas que você está usando seus gastos de mão de obra para ajudar a determinar quando você pode precisar mudar aspectos do plano.** Quando você ajuda as pessoas a detalhar as horas que gastam em atribuições específicas, elas muitas vezes temem que você as critique por não estarem gastando o tempo exatamente de acordo com o plano — não importa a razão — ou por não estarem gastando horas suficientes no trabalho de projeto em relação a outras obrigações administrativas. Infelizmente, se acreditarem que esses são seus motivos, elas alocarão suas horas de trabalho entre atividades que demonstrarão o que acham que você quer ver, em vez do que realmente estão fazendo.

» **Estimule as pessoas a registrarem suas horas de trabalho reais, em vez de tornar seu total igual a 40 horas por semana.** Se as pessoas devem registrar um total de 40 horas por semana e trabalhar horas extras, elas omitirão horas aqui e ali ou tentarão reduzi-las proporcionalmente. Você precisa que os trabalhadores registrem dados precisos.

» **Inclua categorias para tempo em atividades fora do projeto, como *não alocadas*, *carga administrativa* e daí por diante.** Se quiser que as pessoas registrem seus gastos de tempo honestamente, você deve oferecer-lhes categorias adequadas.

» **Encoraje as pessoas a preencherem as próprias folhas de ponto.** Algumas pessoas pedem a uma terceira pessoa, como um secretário, para preencher folhas de ponto para elas. Mas têm dificuldades em se lembrar do que elas mesmas fizeram no dia ou na semana anterior; esperar que outra pessoa se lembre disso com precisão para elas é totalmente irrealista.

» **Colete as folhas de ponto semanalmente se possível, ou pelo menos uma vez a cada duas semanas.** Não importa com que frequência você peça às pessoas para preencherem suas folhas de ponto, muitas esperam até que acabe o tempo para preenchê-las. Se você coletar as folhas uma vez por mês, essas pessoas ficarão empacadas no fim do mês tentando lembrar o que fizeram quatro semanas atrás!

» **Não peça às pessoas para enviar suas folhas de ponto antes do fim do período.** Às vezes, os gerentes pedem aos funcionários para enviar as folhas de ponto na quinta-feira para a semana terminando na sexta-feira. Mas essa prática imediatamente reduz a precisão dos dados, pois um funcionário pode não ter certeza do que fará amanhã. Acima de tudo, aliás, essa prática sugere aos funcionários que, se supor as alocações de sexta-feira é aceitável, talvez eles também não precisem se preocupar muito com a precisão dos dados do resto da semana.

300   PARTE 4 **Guiando o Navio: Gerenciando o Projeto para o Sucesso**

Analisando o esforço de trabalho gasto

Avalie os gastos de esforço de trabalho de projeto comparando os gastos reais com aqueles programados no plano. A Figura 13-4 ilustra uma parte de um relatório de mão de obra típico que descreve o esforço de trabalho gasto por dois membros da equipe no pacote de trabalho 3.1.2 (criação do questionário) para cada uma das primeiras quatro semanas do projeto. Para cada membro da equipe, a figura demonstra as seguintes informações:

» **Planejado:** O número de horas-pessoa que o membro da equipe deveria trabalhar no pacote de trabalho esta semana (um número existente obtido da última versão aprovada do plano de projeto, também chamado de *linha de base atual*).

» **Real:** O número de horas-pessoa que o membro da equipe trabalhou no pacote de trabalho esta semana (um número existente obtido da folha de ponto da semana do membro da equipe).

» **Restante:** O número de horas-pessoa que o membro da equipe deixou para trabalhar (nas próximas semanas) no pacote de trabalho no fim desta semana (calculado: o número Restante da semana passada menos o número Real desta semana).

» **Diferença:** A diferença entre o número de horas-pessoa restantes que o membro da equipe deveria ter no fim desta semana e o número real de horas-pessoa restantes (calculado: o número Diferença da semana passada mais [o número Planejado menos o número Real desta semana]).

» **Orçamento:** O número total de horas-pessoa planejado para cada membro da equipe trabalhar no pacote de trabalho, e o número de horas-pessoa planejado para cada membro da equipe trabalhar no pacote de trabalho a cada semana (números existentes obtidos da última versão aprovada do plano de projeto).

LEMBRE-SE

Gastos de mão de obra reais raramente são 100% iguais às quantidades planejadas. (Na verdade, se o número de horas para cada tarefa a cada mês for idêntico ao número no plano por vários meses, você pode se perguntar se as pessoas estão copiando os números do plano em suas folhas de ponto! Veja a seção anterior, "Coletando dados de esforço de trabalho", para ler mais informações sobre folhas de ponto.) Tipicamente, variâncias de até 10% acima ou abaixo dos números esperados em qualquer mês são normais.

Projeto de Avaliação das Necessidade do Novo Produto									
Pacote de Trabalho		**Funcionário**		**Esforço de Trabalho Gasto (Horas-Pessoa)**					
Código EAP	**Nome**			**Orçamento**	**Semana 1**	**Semana 2**	**Semana 3**	**Semana 4**	...
3.1.2.	Criação de Questionário	H. Jones	Planejado	130	20	40	30	30	...
			Real	0	10	30	20	25	...
			Restante	130	120	90	70	45	...
			Diferença	0	+10	+20	+30	+35	...
		F. Smith	Planejado	70	0	20	20	15	...
			Real	0	0	25	10	15	...
			Restante	70	0	45	35	20	...
			Diferença	0	0	-5	+5	+5	...

FIGURA 13-4: Um relatório de mão de obra.

© John Wiley & Sons, Inc.

Considere os gastos de esforço de trabalho para os dois membros da equipe no relatório de mão de obra na Figura 13-4. Smith parece estar trabalhando de acordo com o plano. Ele fez mais horas na semana 2 do que o planejado, menos do que o planejado na semana 3 e o mesmo que o planejado na semana 4. A situação de Jones é muito diferente. Em todas as semanas, Jones gastou menos tempo no projeto do que planejado, e o *deficit* total de horas aumenta de forma consistente. Se esse *deficit* indica ou não um problema, não fica claro no relatório, mas a subcarga sistêmica aponta uma situação que necessita de investigação adicional.

Siga o dinheiro: Monitorando gastos

Você monitora seus gastos de projeto para verificar se estão de acordo com o plano de projeto e, caso não estejam, para tratar quaisquer desvios. Você pode pensar que consegue determinar os fundos do projeto usados até agora e os fundos restantes apenas lendo seu balanço financeiro (o *checkbook* do projeto). Porém, gastar fundos de projeto consiste de vários passos antes de poder realmente pagar por um item. Depois de cada passo, você tem uma noção melhor de se incorrerá no gasto e, caso incorra, qual é a quantia exata.

O processo que leva a e inclui o gasto de fundos para bens e serviços inclui os seguintes passos:

1. **Você inclui uma estimativa bruta do custo do item em seu orçamento.**

Você pode desenvolver essa estimativa bruta usando sua experiência prévia, conferindo com outros que tenham comprado itens similares no passado e conferindo com seu departamento de aquisições. Geralmente, você não confere com colaboradores ou fornecedores específicos ao desenvolvê-la.

302   PARTE 4 **Guiando o Navio: Gerenciando o Projeto para o Sucesso**

2. **Você submete uma solicitação por escrito e aprovada do item a seu departamento de aquisições.**

Essa solicitação especifica a estimativa bruta do custo inclusa em seu orçamento de projeto e um limite máximo que o custo real não pode exceder. O gerente de projetos ou seu designado a aprova e depois alguém que controle o gasto dos fundos de projeto (como o departamento financeiro) a aprova.

3. **Seu departamento de aquisições seleciona um fornecedor e submete uma ordem de compra.**

A ordem de compra solicita formalmente que o fornecedor lhe abasteça com o item e especifique ao departamento de aquisições a estimativa de preço.

4. **O fornecedor concorda em fornecer o item solicitado.**

O fornecedor oferece confirmação por escrito de que ele lhe venderá o item, junto com seu preço (incluindo taxas aplicáveis, e cobranças de entrega e manejo) e a data de entrega projetada.

5. **Você recebe e aceita o item, mas ainda não é cobrado por ele.**

Você recebe o item e verifica se ele cumpre as especificações acordadas. Se não aceitar o item depois que o fornecedor fizer repetidas tentativas de resolver problemas que você tenha com ele, seu departamento de aquisições cancela a ordem de compra e você começa a buscar um fornecedor ou um item diferente, que satisfará suas necessidades.

6. **Você ou seu departamento financeiro recebe a cobrança pelo item.**

Essa cobrança detalha o custo final dos itens e quaisquer descontos associados, impostos e cobranças de entrega e manejo.

7. **Seu departamento financeiro desembolsa o dinheiro para pagar pelo item.**

A cobrança pelo item é paga com dinheiro dos fundos do projeto.

Dependendo do tamanho da sua compra, e do tamanho e da formalidade da sua organização, você pode lidar com alguns desses estágios informalmente para algumas compras. Conforme procede do primeiro passo ao último, sua estimativa do preço do item torna-se mais precisa, e a probabilidade de que você realmente faça a compra aumenta.

O monitoramento responsável exige que você tenha uma ideia clara dos fundos de projeto disponíveis em cada estágio do processo. Para fazê-lo, você geralmente precisa monitorar solicitações de compra, ordens de compra, compromissos (isto é, ordens de compra ou contratos que você e o contraente ou o colaborador concordarem), contas a pagar e gastos.

Nas seções a seguir, discuto como analisar seus gastos de projeto, como obter os dados de gastos de que você precisa para suas análises e melhorar a precisão desses dados, e como escolher o instrumento certo para apoiar seu sistema de monitoramento de gastos.

Analisando gastos

Você avalia o desempenho financeiro do projeto comparando os gastos reais com os planejados. A Figura 13-5 ilustra um típico relatório de custos que apresenta gastos para o período de execução atual e a partir do início do projeto para diferentes níveis de componentes da EAP. As seguintes informações nesse relatório vêm do plano de projeto:

» Os códigos e nomes para cada componente da EAP.

» Os valores orçados para cada componente da EAP no período de execução.

» Os valores cumulativos orçados até a data para cada componente da EAP.

» O total orçado para cada componente da EAP.

(Nome do) Projeto									
Componente da EAP		Período de Execução			Atual			Total	
Código EAP	Nome	Orçamento	Real	Diferença	Orçamento	Real	Diferença	Orçamento	Restante
1.0	Total	$12.500	$11.200	$1.300	$27.500	$25.500	$2 mil	$200 mil	$174.500
1.1	Requisitos	5.500	4.400	600	12.300	11.400	900	45 mil	33.600
1.2	Grupos de Foco	3 mil	2.900	100	7.500	7.100	400	10 mil	2.900
1.3	Avaliações de Documentos	1.500	1.200	300	4 mil	3.800	200	5 mil	1.200
1.4	Relatório de Solicitações	500	300	200	800	500	300	4 mil	3.500
⋮	⋮	⋮	⋮	⋮	⋮	⋮	⋮	⋮	⋮

FIGURA 13-5: Um relatório de custos.

© John Wiley & Sons, Inc.

Os números reais para o período vêm dos dados que você obtém durante esse período. *Real* nessa ilustração pode significar o valor das solicitações de compra, ordens de compra, compromissos, contas a pagar e/ou gastos. Os fundos restantes totais são a diferença entre o orçamento total e as quantias reais gastas até o momento.

304 PARTE 4 **Guiando o Navio: Gerenciando o Projeto para o Sucesso**

Nota: *Gerenciamento do Valor Agregado* (GVA) é um método para determinar se você está acima ou abaixo do orçamento — a partir apenas dos gastos de recursos — e se você está atrasado ou adiantado no cronograma. Em projetos complexos, o GVA é um maneira útil de identificar áreas que você deve investigar buscando possíveis problemas atuais ou futuros. Veja o Capítulo 18 para ler mais sobre o GVA.

Coletando dados de gastos e melhorando sua precisão

Em geral, você obtém seus dados de gastos das solicitações de compra, ordens de compra, cobranças de fornecedores e cheques preenchidos. Você normalmente vê todas as solicitações de compra, pois, como gerente de projetos, provavelmente precisa aprová-las. O departamento de aquisições geralmente prepara ordens de compra, e você pode receber cópias. Cobranças de fornecedores vão diretamente para o setor de contas a pagar no departamento financeiro, e essas pessoas pagam os cheques. Você pode receber cópias das cobranças do departamento financeiro para verificar as quantias, e assim por diante, e pode solicitar relatórios de todos os pagamentos da conta do projeto se eles forem rastreados pelo código de projeto.

LEMBRE-SE

Siga estas orientações para aumentar a precisão dos dados de gastos do projeto:

» Remova ordens de compra dos seus totais depois de receber a cobrança (ou verificar que o pagamento foi feito) para evitar contabilizar duas vezes um gasto.

» Inclua o código de cobrança correto do pacote de trabalho em cada solicitação e ordem de compra.

» Remova periodicamente solicitações e ordens de compra invalidadas ou canceladas de suas listas de documentos pendentes.

Escolhendo um instrumento para apoiar seu sistema de monitoramento de gastos

Antes de desenvolver o próprio sistema para monitorar seus gastos de projeto, primeiramente confira a natureza e as capacidades do sistema de monitoramento de gastos da sua empresa. A maioria delas tem um sistema financeiro que mantém registros de todos os gastos. Muitas vezes, o sistema também mantém registros de contas a pagar. Infelizmente, muitos sistemas financeiros categorizam gastos por centro de custo, mas não têm a capacidade de classificá-los por projeto ou por componente da EAP dentro de um projeto.

Se você precisa desenvolver o próprio sistema de monitoramento de gastos, considere usar os seguintes tipos de softwares:

» Softwares de gerenciamento de projetos integrado, como o Microsoft Project.

» Softwares de contabilidade, como o Quickbooks.

» Softwares de bases de dados, como o Microsoft Access.

» Softwares de planilhas, como Microsoft Excel.

Veja o Capítulo 17 para ler mais informações sobre potenciais usos e benefícios de softwares para apoiar o gerenciamento de projetos.

LEMBRE-SE

Mesmo se o sistema financeiro de sua empresa puder classificar gastos por pacote de trabalho dentro de um projeto, você provavelmente precisará desenvolver o próprio sistema para monitorar solicitações e ordens de compra. Considere usar um programa de planilhas ou software de bases de dados para apoiar esse monitoramento.

Pondo o Processo de Controle em Ação

A primeira parte deste capítulo fala sobre como configurar os sistemas que oferecem as informações necessárias para guiar o projeto. Esta seção explica como usar esses sistemas para monitorar e guiar consistentemente sua execução.

Afastando problemas antes que ocorram

Ótimos planos de projeto muitas vezes caem por terra quando pessoas bem--intencionadas tentam atingir os melhores resultados possíveis por si só. Elas podem gastar mais horas do que o planejado, esperando que o trabalho adicional produza resultados melhores. Podem pedir para pessoas que não estavam no plano original para trabalharem no projeto ou gastar mais dinheiro por um item do que o orçamento permitia, acreditando que essas escolhas produzirão resultados de mais alto nível.

Se possível, no início do projeto, defina procedimentos que evitem que pessoas excedam orçamentos estabelecidos sem aprovação prévia. Por exemplo, se elas registram o número de horas que gastam em cada atividade de projeto:

» Confirme com elas o número máximo de horas que podem gastar em cada atividade antes que a comecem.

> Configure o sistema de registro de horas para rejeitar tentativas de gastar mais horas do que o planejado em uma atividade, a menos que a pessoa tenha sua aprovação prévia.

> Configure o sistema de registro de hora para rejeitar quaisquer horas de projeto gastas por pessoas não autorizadas.

Para compras de equipamento, materiais, suprimentos e serviços:

> Confirme compras previstas, limites máximos de custo para itens individuais (se houver) e limite máximo de gastos totais.

> Providencie que o escritório de aquisições ou o sistema financeiro rejeite tentativas de exceder esses limites sem sua aprovação prévia por escrito.

LEMBRE-SE

Uma mudança no orçamento de projeto pode ser necessária e desejável. No entanto, você precisa tomar essa decisão com plena consciência do seu efeito em outros aspectos do projeto.

Formalizando o processo de controle

Para guiar o projeto ao longo de sua execução, estabeleça procedimentos para coletar e submeter dados de progresso exigidos, avaliar trabalho e resultados, tomar medidas corretivas quando necessário e manter as partes interessadas informadas do status do projeto. Siga estes procedimentos ao longo da vida do projeto da seguinte forma:

1. **No início de cada período de execução, confirme com as pessoas seus compromissos e expectativas.**

    Veja a seção anterior, "Segurando as Rédeas: Controle de Projeto", para ler mais detalhes sobre como fazê-lo.

2. **Durante o período de execução, faça as pessoas registrarem dados de execução do cronograma, gastos de esforço de trabalho e quaisquer solicitações ou ordens de compra que emitirem.**

    Para saber detalhes, veja as seções anteriores, "Coletando dados de execução de cronograma", "Coletando dados de esforço de trabalho" e "Coletando dados de gastos e melhorando sua precisão".

3. **Em intervalos de comum acordo, durante ou no final do período de execução, faça as pessoas enviarem seus dados de desempenho de atividade, de gastos e de esforço de trabalho para todos os sistemas organizacionais relevantes ou para sistemas especialmente mantidos para o projeto.**

4. **No final do período de execução, insira os dados de monitoramento das pessoas no SIGP adequado, compare o desempenho real para o período com o desempenho planejado, identifique quaisquer problemas, formule e tome medidas corretivas e mantenha as pessoas informadas.**

Veja as seções posteriores, "Identificando possíveis causas de atrasos e variâncias", "Identificando possíveis ações corretivas" e "Voltando aos trilhos: Gravando uma nova linha de bases", para saber mais detalhes.

5. **No início do próximo período de execução, repita os Passos de 1 a 4.**

LEMBRE-SE

Monitorar desempenho de projeto não identifica problemas; identifica sintomas. Quando você identifica um sintoma, deve investigar a situação para determinar a natureza de quaisquer problemas subjacentes, as razões para os problemas e maneiras de resolvê-los. Mas você não consegue ter uma imagem precisa de onde seu projeto está monitorando apenas um ou dois aspectos. O desempenho de seu projeto deve ser considerado em todas as suas três dimensões — resultados produzidos, tempo gasto para executar atividades e recursos usados — para determinar as razões para quaisquer inconsistências identificadas.

Suponha que um membro de sua equipe tenha gastado metade do tempo trabalhando em uma atividade do projeto durante o período que você planejou. Essa discrepância significa que você tem um problema? Não se pode dizer. Se a pessoa atingiu todos os marcos planejados, e a qualidade de seus entregáveis cumpriu os padrões estabelecidos, talvez não haja problema. Porém, se ela não atingiu alguns marcos ou a qualidade de seus entregáveis era medíocre, um problema pode existir. Você deve considerar a qualidade do produto e o cumprimento do cronograma juntos com a discrepância entre as horas de trabalho planejadas e reais para determinar se seu projeto realmente tem um problema.

Identificando possíveis causas de atrasos e variâncias

Depois de confirmar que um problema existe, você precisa entender o que o causou antes de colocar o projeto de volta nos trilhos. As seguintes circunstâncias causam atrasos no cronograma:

» Durante o período de execução, as pessoas gastam menos tempo na atividade do que combinaram gastar.

» A atividade exige mais esforço de trabalho do que você planejou.

» As pessoas estão expandindo o escopo da atividade sem as avaliações e aprovações necessárias.

» Completar a atividade exige passos que você não identificou no plano.

» As pessoas trabalhando na atividade têm menos experiência com atividades similares do que você supôs.

As seguintes situações resultam em pessoas gastando mais ou menos tempo para atividades do que você planejou:

- » A pessoa é mais ou menos produtiva do que você assumiu ao desenvolver o plano (veja o Capítulo 7 para ler uma discussão sobre produtividade).
- » Você não concedeu tempo suficiente para ela se familiarizar com a atividade antes de começar a trabalhar nela.
- » A pessoa é mais ou menos eficiente do que você considerou (veja o Capítulo 7 para ler mais discussões sobre eficiência).
- » A atividade exige mais ou menos trabalho do que você previu.

Você pode gastar mais ou menos dinheiro em atividades do projeto do que planejou pelas seguintes razões:

- » Você recebe as cobranças por bens e serviços depois do planejado, então elas são pagas depois do planejado.
- » Você pagou antecipadamente por determinados itens para receber descontos especiais.
- » Você não precisa de determinados bens e serviços que orçou no plano.
- » Você precisa de bens e serviços que não orçou no plano.

Identificando possíveis ações corretivas

Quando o desempenho da execução do projeto se desviar do plano, primeiramente tente levá-lo de volta ao plano existente. Então, se necessário, investigue a opção de mudar formalmente alguns dos compromissos no plano para criar um novo.

LEMBRE-SE

Considere as seguintes abordagens para levar o projeto de volta ao plano existente:

- » **Se a variância resulta de uma ocorrência única, veja se ela desaparecerá sozinha.** Suponha que você tenha planejado gastar 40 horas-pessoa procurando e comprando um equipamento, mas na verdade gastou 10 horas-pessoa porque achou exatamente o que queria pelo preço que queria pagar na primeira loja. Não mude imediatamente o plano para realocar as 30 horas-pessoa que economizou nessa atividade. Muito provavelmente, você acabará excedendo as horas ligeiramente em algumas atividades futuras, e os gastos de esforço de trabalho se nivelarão.

CAPÍTULO 13 **Monitorando o Progresso e Mantendo o Controle** 309

» **Se a variância sugere uma situação que levará a variâncias similares no futuro, considere mudar o plano para evitar que as variâncias futuras ocorram.** Suponha que um membro da equipe precise do dobro do esforço de trabalho alocado para finalizar sua atribuição pois é menos experiente do que o plano previu. Se sua falta de experiência o tornará menos produtivo em atribuições futuras, reveja o plano para permitir que ele gaste mais esforço nessas atribuições. (Veja o Capítulo 6 para ler informações sobre como reduzir o tempo necessário para completar um projeto e o Capítulo 7 para ler uma discussão sobre como modificar atribuições pessoais.)

Voltando aos trilhos: Gravando uma nova linha de base

A *linha de base* do projeto é a versão aceita ou aprovada do plano que foi definida no estágio de planejamento. Ela guia o desempenho do projeto e oferecem um padrão com o qual comparar seu desempenho real. *Gravar uma nova linha de base* é adotar oficialmente um novo plano de projeto pra guiar atividades e servir de base comparativa para futuras avaliações de desempenho. Em geral, gravar uma nova linha de base não ocorre sem uma solicitação formal de mudança.

Se você acha que adotar uma nova linha de base é necessário, faça o seguinte:

» Consulte as principais partes interessadas do projeto para explicar por que as mudanças são necessárias e para solicitar sua aprovação e apoio.

» Informe as principais partes interessadas sobre a nova linha de base.

» Mantenha uma cópia do plano original e todas as modificações subsequentes para respaldar a avaliação de desempenho final quando o projeto terminar.

CUIDADO

Gravar uma nova linha de base é o último recurso quando o trabalho de projeto não sai exatamente de acordo com o plano. Esgote todas as estratégias possíveis para voltar aos trilhos antes de tentar mudar o próprio plano. (O Capítulo 6 tem informações sobre mudar a ordem e a duração de atividades para resolver atrasos não esperados; o Capítulo 7 tem detalhes sobre realocar esforço de trabalho.)

Reagindo com Responsabilidade Quando Mudanças São Exigidas

Não importa o quanto o plano seja cuidadoso, ocorrências não previstas provavelmente acontecerão em um ou outro ponto durante o projeto. Talvez uma atividade se mostre mais complicada do que você achou, as necessidades e os desejos do seu cliente mudaram ou uma nova tecnologia evoluiu. Quando esses tipos de situações surgem, você pode precisar modificar o plano de projeto para responder a elas.

Embora mudanças sejam necessárias e desejáveis, elas sempre têm um preço. Além disso, pessoas diferentes podem ter opiniões diferentes sobre quais mudanças são importantes e como implementá-las.

Esta seção ajuda a gerenciar mudanças no projeto. Ela oferece alguns passos úteis para seguir ao considerar e intervir em uma solicitação de mudança. Ela também analisa a expansão gradual e não aprovada do projeto, e os passos que você pode seguir para evitá-la.

Respondendo a solicitações de mudanças

Em projetos grandes, sistemas formais de controle de mudanças governam como você recebe, avalia e intervém em solicitações de mudanças. Mas, lidando com essa questão formal ou informalmente, sempre siga estes passos:

1. **Ao receber uma solicitação de mudança para algum aspecto do projeto, esclareça exatamente o que a solicitação pede que você faça.**

2. **Se possível, peça a solicitação por escrito e confirme sua compreensão da solicitação escrevendo-a você mesmo.**

Em um sistema de controle de mudanças, as pessoas podem enviar cada solicitação de mudança em um formulário.

3. **Avalie potenciais efeitos das mudanças em todos os aspectos do projeto.**

Também considere o que pode acontecer se você não fizer a mudança.

4. **Decida se implementará a mudança.**

Se essa mudança afetar outras pessoas, envolva-as na decisão também.

5. **Se você decidir não fazer a mudança, diga ao solicitante e explique a(s) razão(ões).**

6. **Se decidir fazer a mudança, escreva os passos necessários para implementá-la.**

Em um sistema de controle de mudanças formal, detalhe todos os seus aspectos em uma ordem de mudança por escrito.

7. **Atualize o plano de projeto para retratar quaisquer ajustes em cronogramas, resultados ou orçamentos de recursos resultantes da mudança.**

CAPÍTULO 13 **Monitorando o Progresso e Mantendo o Controle** 311

8. Conte aos membros da equipe e às partes interessadas apropriadas sobre a mudança e os efeitos que você espera que ela tenha no projeto.

As seguintes orientações ajudam a incorporar as mudanças no projeto de forma natural:

> » **Não use a possibilidade de mudança como desculpa para não ser detalhado no planejamento original.** Deixe o plano de projeto o mais preciso e completo possível para reduzir a necessidade de mudanças futuras.
>
> » **Lembre-se de que mudanças sempre têm custos.** Não ignore esses custos, imaginando que precisa fazer a mudança de qualquer forma. Determine o custo da mudança para poder se preparar para ela e, se possível, minimizá-la.
>
> » **Avalie o efeito da mudança em todos os aspectos do projeto.** Mantenha uma perspectiva ampla — uma mudança logo cedo no projeto pode afetá-lo do início ao fim.

Fugindo do *scope creep*

Scope creep (ou distorção do escopo) é a expansão gradual do trabalho de projeto sem a consideração formal e aceitação dessas mudanças ou de seus custos e efeitos associados. O scope creep resulta de:

> » Falta de clareza e detalhes na descrição original do escopo, objetivos e trabalho de projeto.
>
> » Disposição para modificar um projeto sem avaliação e aprovação formal.
>
> » Permissão que pessoas que não fazem trabalhos relacionados às mudanças deliberem a respeito delas.
>
> » Sentimento de que você nunca deve dizer "não" a um cliente.
>
> » Orgulho pessoal que encoraja você a acreditar que pode fazer qualquer coisa.

Controle o scope creep fazendo o seguinte:

> » Inclua descrições detalhadas de todos os objetivos do projeto em seu plano.
>
> » Sempre avalie o efeito de mudanças solicitadas em produtos, cronogramas e recursos de projeto.

» Compartilhe seus sentimentos reais sobre implementar as mudanças solicitadas.

» Desenvolva relações honestas e abertas com seus clientes para que eles sejam mais receptivos quando você levantar questões associadas às mudanças solicitadas.

Relacionando Este Capítulo ao Exame PMP e aos Guias PMBOK 5 e 6

A Tabela 13-1 registra tópicos deste capítulo que podem ser abordados no exame de certificação PMP e que também estão inclusos nas 5ª e 6ª edições de *Um Guia do Conhecimento em Gerenciamento de Projetos (Guias PMBOK 5 e 6)*.

TABELA 13-1 **Tópicos do Capítulo 13 Relacionados ao Exame PMP e aos *Guias PMBOK 5* e *6***

Tópico	Localização Neste Capítulo	Localização nos Guias PMBOK 5 e 6	Comentários
Passos no controle de projeto	"Segurando as Rédeas: Controle de Projeto"	3.6. Grupo de Processos de Monitoramento e Controle 4.4. Monitorar e Controlar o Trabalho de Projeto	O *Guia PMBOK 6* nota a importância de ter sistemas que monitorem os custos e cronograma de projeto; este livro mergulha no que os sistemas devem conter e como você deve analisar as informações.
Como coletar, analisar e apresentar informações sobre execução de cronograma, custos e mão de obra do projeto	"Estabelecendo Sistemas de Informações de Gerenciamento de Projetos"	6.7. Controlar o Cronograma 7.4. Controlar os Custos	O *Guia PMBOK 6* menciona os dados de cronograma e custos necessários, e diferentes técnicas analíticas que podem ser usadas para analisar cronograma de projeto e desempenho de custos. Este livro também explora como coletar e analisar essas informações.
Fazendo mudanças	"Reagindo com Responsabilidade Quando Mudanças São Exigidas"	4.5. Realizar o Controle Integrado de Mudanças	Os processos apresentados nos livros são muito similares.

CAPÍTULO 13 **Monitorando o Progresso e Mantendo o Controle** 313

314   PARTE 4 **Guiando o Navio: Gerenciando o Projeto para o Sucesso**

> **NESTE CAPÍTULO**
>
> » **Destacando alguns elementos importantes da comunicação**
>
> » **Decidindo compartilhar notícias por escrito ou em uma reunião**
>
> » **Escrevendo o relatório de progresso de projeto**
>
> » **Familiarizando-se com diferentes estilos de reuniões**
>
> » **Criando um plano de comunicações de projeto**

Capítulo **14**

Mantendo Todos Informados

magine-se em um canto de uma grande sala cheia de cadeiras, mesas e sofás sortidos. Você aceitou o desafio de andar até o outro lado sem tropeçar em nenhum móvel. Mas, ao começar sua jornada, as luzes se apagam e você precisa terminar o passeio na completa escuridão, apenas com sua memória da configuração da sala para guiá-lo.

Parece uma atribuição bem difícil, não é? Seria muito mais fácil se as luzes se acendessem por alguns segundos — você veria exatamente onde está, para onde tem que ir e onde os móveis estão no caminho. A caminhada ainda seria desafiadora, mas seria muito mais bem-sucedida do que na completa escuridão.

Curiosamente, muitos projetos são exatamente como essa caminhada pela sala. As pessoas planejam como o executarão — quem fará o quê, quando e por quanto — e compartilham essas informações com os membros da equipe e com outras pessoas que apoiarão o projeto. Mas, assim que o trabalho do projeto começa, as pessoas não recebem informações sobre seu progresso, o trabalho restante ou quaisquer obstáculos que existam à frente.

Comunicação efetiva — compartilhar as mensagens certas com as pessoas certas de maneira adequada — é o segredo para projetos bem-sucedidos. Comunicações informativas apoiam o seguinte:

» Adesão e apoio continuados de principais partes interessadas e membros da equipe.

» Identificação de problemas e tomada de decisões rápidas.

» Foco de projeto claro.

» Reconhecimento contínuo de realizações do projeto.

» Relações de trabalho produtivas entre membros da equipe.

Planejar as comunicações do projeto com antecedência permite que você escolha os canais adequados para compartilhar diferentes mensagens. Este capítulo o ajuda a manter todos informados para que ninguém precise adivinhar qual é o status do projeto.

Eu Disse o que Quis Dizer e Quis Dizer o que Disse: O Básico da Comunicação Bem-sucedida

Você já jogou telefone sem fio com um grupo sentado em torno de uma mesa? A primeira pessoa da mesa tem uma mensagem por escrito, e o objetivo do jogo é que o grupo a transmita com precisão à última pessoa da mesa, com cada uma sussurrando, por sua vez, o conteúdo da mensagem para a próxima pessoa na sequência. As regras são simples: ninguém além da primeira pessoa pode ver a mensagem escrita original, e cada uma deve ter o cuidado de que apenas a próxima pessoa na sequência ouça a mensagem sussurrada. Invariavelmente, a mensagem recebida pela última pessoa tem pouca, ou nenhuma, semelhança com a original, porque, mesmo nessa configuração controlada, vários fatores influenciam quão bem as pessoas enviam e recebem mensagens.

Infelizmente, às vezes esse tipo de falha de comunicação ocorre em um ambiente de gerenciamento de projetos. Mas não se preocupe! Esta seção está aqui para ajudar. Ela explora partes importantes do processo de comunicação, distingue diferentes tipos comunicação e oferece sugestões para melhorar as chances de que a mensagem que um receptor receba seja a mesma que o emissor teve a intenção de passar.

PARTE 4 **Guiando o Navio: Gerenciando o Projeto para o Sucesso**

Desconstruindo o processo de comunicação

Comunicação é a transmissão de informações de um emissor a um receptor. Sempre que você se comunica, durante a vida de um projeto ou a qualquer outro momento, seu objetivo é levar à pessoa certa a mensagem pretendida de maneira adequada.

LEMBRE-SE

O processo de transmissão de informações inclui os seguintes componentes:

» **Mensagem:** Os pensamentos ou ideias sendo transmitidos.

» **Emissor:** A pessoa transmitindo a mensagem.

» **Mensagem codificada:** A mensagem traduzida em uma linguagem compreensível para os outros. (Essa linguagem pode consistir em palavras, imagens ou ações.)

» **Canal de comunicação:** O método usado para transmitir a mensagem. (Discuto canais diferentes em detalhes na seção posterior, "Escolhendo o Canal Adequado para Comunicações de Projeto".)

» **Ruído:** Qualquer coisa que prejudique a transmissão bem-sucedida da mensagem. (Ruídos incluem noções preconcebidas, vieses, dificuldades com a linguagem usada, sentimentos pessoais, sinais não verbais e emoções.)

» **Receptor:** A pessoa recebendo a mensagem.

» **Mensagem decodificada:** A mensagem traduzida de volta em pensamentos ou ideias.

Dependendo da natureza de uma comunicação em particular, qualquer um ou todos esses elementos afetam as chances de que o receptor receba a mensagem como pretendido.

Distinguindo comunicações de mão única e de mão dupla

Determinados tipos de comunicação são mais efetivos para transmitir tipos particulares de informações. Os dois principais tipos são:

» **Comunicação de mão única:** Parte do emissor para o receptor sem oportunidade de esclarecimento ou confirmação de que o receptor entendeu corretamente a mensagem pretendida. Esse tipo de comunicação é efetivo para apresentar fatos, confirmar ações e compartilhar mensagens que tenham poucas chances de ser mal interpretadas.

CAPÍTULO 14 **Mantendo Todos Informados** 317

Comunicação de mão única é ativa *(pull)* ou passiva *(push)*:

- **Ativa:** Distribuídas proativamente para pessoas em particular; exemplos incluem memorandos, relatórios, cartas, faxes e e-mails.

- **Passiva:** Disponíveis para pessoas que devem acessar as comunicações elas próprias; exemplos incluem sites da internet e da intranet, repositórios de conhecimento e quadros de avisos.

» **Comunicação de mão dupla:** Parte do emissor para o receptor e do receptor de volta para o emissor para assegurar que o público pretendido recebeu e interpretou corretamente a mensagem. Exemplos incluem discussões pessoalmente, ligações telefônicas, reuniões pessoais em grupo, teleconferências interativas e mensagens instantâneas online. A comunicação de mão dupla é mais eficaz para que os conteúdos complexos sejam corretamente recebidos, e para transmitir crenças e sentimentos do emissor sobre a mensagem.

Pode me ouvir? Ouvindo ativamente

Uma habilidade que influencia fortemente a qualidade de suas comunicações é a de ouvir ativamente. Embora possa assumir que a informação contida em uma mensagem e o formato no qual é apresentada afetem quão bem ela é recebida, você pode descobrir se o receptor realmente recebeu a mensagem como pretendido ouvindo com cuidado suas reações.

A *escuta ativa* explora e discute uma mensagem que está sendo enviada até que ela seja entendida como era a intenção. Se está enviando uma mensagem, você deve encorajar seu receptor em potencial a usar técnicas de escuta ativa para garantir que ele entendeu corretamente a mensagem. Se está recebendo uma mensagem, você deve usar essas técnicas para verificar consigo mesmo se recebeu corretamente a mensagem pretendida.

Como ouvir e observar a resposta do receptor a uma mensagem que você enviou envolve informações flutuando primeiro de você para o receptor e depois do receptor de volta para você, a escuta ativa é, por definição, uma forma de comunicação de mão dupla.

Técnicas de escuta ativa incluem:

» **Visualizar:** Formar uma imagem mental do conteúdo de uma mensagem. Formar essa imagem dá ao receptor a oportunidade de identificar partes da mensagem que estejam faltando ou mal-entendidas, assim como de buscar informações adicionais que melhorem a compreensão geral da mensagem original.

Considere que seu chefe lhe pediu para recriar a configuração dos escritórios do seu grupo para criar um ambiente mais aberto, que encoraje as pessoas a se sentir mais relaxadas e a se engajar em discussões de grupos de trabalho mais informais. Para ajudar a esclarecer o que é esperado, você pode tentar visualizar como o ambiente do escritório será e como as pessoas se comportarão depois que as mudanças na configuração forem feitas. Em particular, você pode pensar no seguinte:

- Se precisará usar os móveis existentes ou se poderá comprar novos.

- Onde as pessoas poderão fazer reuniões informais.

- Quanto isolamento acústico divisórias de diferentes alturas oferecerão.

Ao tentar visualizar essas diferentes partes da nova configuração do escritório, você percebe que os seguintes aspectos não estão muito claros:

- Os escritórios com janelas terão sofá ou apenas cadeiras?

- Quantas pessoas devem conseguir se sentar confortavelmente em um escritório?

- Você deve instalar máquinas de ruído branco?

Conforme conversa com seu chefe para encontrar respostas para suas perguntas, você tem uma ideia melhor do que ele quer e do que não quer.

» **Parafrasear:** Explicar a mensagem e suas implicações, conforme o receptor as entende, de volta ao emissor em palavras diferentes da mensagem original. Para ser mais efetivo, o receptor deve repetir a mensagem nas próprias palavras para dar ao emissor uma chance melhor de identificar quaisquer falhas de interpretação.

Imagine que seu chefe lhe peça para preparar um relatório da recente atividade de vendas de sua empresa até o fim da semana. Muitos aspectos desse pedido não estão claros, como o período de tempo que o relatório deve cobrir, o momento específico no qual deve estar finalizado, o formato no qual você deve prepará-lo e daí por diante. Para esclarecer esses itens, você pode parafrasear o pedido de volta para o seu chefe assim:

"Gostaria de confirmar que você está me pedindo para preparar uma apresentação de PowerPoint sobre o total da empresa de vendas brutas e líquidas dos Produtos A, B e C para o período de 1º de janeiro a 31 de março deste ano, e que você gostaria que eu a entregasse na próxima sexta às 17h."

» **Verificar inferências:** Esclarecer suposições e interpretações que o receptor fizer sobre a mensagem recebida.

Considere o exemplo anterior, no qual seu chefe lhe pede para recriar a configuração dos escritórios do grupo. Ao começar a calcular o número de mesas e cadeiras de que precisará no novo arranjo, você percebe que está assumindo que o grupo terá o mesmo número de pessoas depois da mudança que tem agora, antes da mudança. Porém, em vez de fazer essa premissa, você pode conferir com seu chefe a fim de descobrir para quantas pessoas ele quer que você planeje conforme cria a nova configuração.

LEMBRE-SE

A escuta ativa é particularmente útil em situações emocionalmente carregadas, nas quais a compreensão seja crucial, nas quais o consenso e a clareza sejam desejados para resolver conflitos, e situações nas quais a confiança é buscada.

Escolhendo o Canal Adequado para Comunicações de Projeto

Ao decidir como se comunicar com sua equipe e com as partes interessadas do projeto, escolher o canal correto é tão importante quanto decidir quais informações compartilhar (confira o Capítulo 3 para ler uma discussão detalhada sobre partes interessadas). Sua escolha de canal determina que as pessoas receberão as informações de que precisam quando necessitarem delas.

Comunicações de projeto vêm de duas formas:

>> **Formal:** Comunicações formais são pré-planejadas e conduzidas em um formato padrão de acordo com um cronograma estabelecido. Exemplos incluem reuniões de equipe semanais e relatórios de progresso mensais.

>> **Informal:** Comunicações informais ocorrem à medida que as pessoas pensam nas informações que querem compartilhar. Essas comunicações ocorrem continuamente no curso normal dos negócios. Exemplos incluem conversas breves perto do bebedouro e e-mails de supetão que você envia durante o dia.

CUIDADO

Tome cuidado para não contar com comunicações informais para compartilhar informações importantes sobre o projeto, pois esses intercâmbios muitas vezes envolvem apenas um número pequeno das pessoas que devem ouvir o que você tem a dizer. Para minimizar as chances de mal-entendidos e sentimentos feridos entre os membros do projeto e outros interessados, siga estas orientações:

• Confirme por escrito quaisquer informações importantes que compartilhar em discussões informais.

• Evite discussões informais com apenas algumas das pessoas envolvidas no assunto.

Comunicações formais e informais podem ser tanto por escrito quanto orais. As seções a seguir sugerem quando usar cada formato e como torná-lo mais efetivo.

Apenas os fatos: Relatórios por escrito

Diferente da comunicação oral, relatórios por escrito permitem que você apresente dados factuais de forma eficiente, escolha suas palavras com cuidado para minimizar mal-entendidos, ofereça registros históricos das informações que compartilha e compartilhe a mesma mensagem com um público amplo.

CUIDADO

Embora relatórios por escrito tenham alguns benefícios, eles também têm algumas desvantagens que você precisa considerar:

» Não permitem que seu público faça perguntas para esclarecer conteúdo, significado ou implicações de sua mensagem.

» Com relatórios por escrito, você não consegue verificar se seu público recebeu e interpretou sua mensagem como você pretendia.

» Não permitem que você capte sinais não verbais que sugerem as reações de seu público à mensagem.

» Não apoiam discussões interativas e brainstorming sobre sua mensagem.

» Você pode nunca saber se seu público leu o relatório!

DICA

Tenha em mente os seguintes indicadores para melhorar as chances de que as pessoas leiam e entendam seus relatórios por escrito (veja a seção posterior, "Preparando um Relatório Escrito de Progresso de Projeto", para conhecer as especificidades de escrever esse tipo especial de comunicação):

» **Prepare relatórios regularmente programados em um formato padrão.** Essa consistência ajuda seu público a encontrar tipos específicos de informações rapidamente.

» **Permaneça focado.** Preparar vários relatórios curtos para abordar tópicos diferentes é melhor do que combinar vários tópicos em um único relatório longo. As pessoas estão mais propensas a pegar as informações importantes sobre cada tópico.

» **Minimize o uso de jargão técnico e siglas.** Se uma pessoa não está familiarizada com a linguagem de seu relatório, ela perderá, no mínimo, uma parte de suas mensagens.

» **Use relatórios por escrito para compartilhar fatos, e identifique uma pessoa, ou pessoas, que o receptor pode contatar para ter esclarecimentos e discussão adicional de quaisquer informações do relatório.** Relatórios por escrito apresentam dados concretos com um mínimo de interpretação subjetiva, e oferecem uma referência útil e permanente. Uma pessoa de contato pode tratar de quaisquer perguntas que um receptor tiver sobre as informações ou as razões para compartilhá-las.

» **Descreva claramente quaisquer medidas que quiser que as pessoas tomem com base em informações no relatório.** Quanto mais especificamente você explicar o que quer que as pessoas façam, mais provável é que elas o façam.

» **Use abordagens diferentes para enfatizar informações-chave.** Por exemplo, imprima as seções essenciais em uma cor diferente ou em papel colorido, ou mencione seções importantes no verso da capa. Esse esforço adicional aumenta as chances de que seu público veja e leia o relatório.

» **Depois de enviar o relatório, discuta com as pessoas que o receberam um ou dois pontos-chave que abordou nele.** Essas conversas de acompanhamento podem rapidamente dizer se seus receptores leram o relatório.

Quando encontrar pessoas que claramente não leram o relatório, além de seguir as outras sugestões desta seção, explique-lhes as partes específicas do documento que são mais importantes para elas avaliarem e por quê. Depois, diga-lhes que você gostaria de marcar uma reunião de acompanhamento para discutir quaisquer perguntas ou questões que possam ter em relação às informações contidas nessas partes do documento.

» **Mantenha seus relatórios em uma página, se possível.** Se não conseguir encaixar seu relatório em uma página, inclua uma pequena síntese (uma página ou menos) no início do relatório (confira o próximo box, "Seja breve — E isso é com você mesmo!").

SEJA BREVE — E ISSO É COM VOCÊ MESMO!

Tome cuidado com a síndrome do *"sim, mas"*, na qual você acha que uma ideia parece ótima para os outros, mas sua situação *especial* exige uma abordagem diferente. Em um programa de treinamento há alguns anos, compartilhei minha sugestão de manter relatórios de projeto em uma página ou menos. A maioria das pessoas concordou que isso fazia sentido, mas um participante rejeitou a ideia. Ele seguiu explicando que seu projeto era tão importante e tão complexo que ele mandava ao chefe relatórios mensais que tinham no mínimo dez páginas. "E", ele incluiu, "meu chefe lê cada palavra".

Algumas semanas depois da sessão de treinamento, tive a oportunidade de falar com o chefe desse participante sobre um assunto totalmente não relacionado. No meio de nossa conversa, aconteceu de ele mencionar sua frustração com uma pessoa de seu quadro que achava que seu projeto era tão importante que ele tinha que enviar relatórios de progresso mensais com, no mínimo, dez páginas. Ele disse que geralmente lia o primeiro parágrafo, mas raramente tinha tempo pala avaliar o relatório minuciosamente. Ele acrescentou que esperava que essa pessoa tivesse ouvido com cuidado quando eu sugeri que relatórios deveriam ter uma página ou menos!

322   PARTE 4 **Guiando o Navio: Gerenciando o Projeto para o Sucesso**

Siga o baile: Reuniões que funcionam

Poucas palavras incitam as mesmas reações de raiva e frustração quanto *reunião*. As pessoas consideram reuniões como tudo, desde o último vestígio de contato interpessoal em uma sociedade crescentemente técnica até o maior desperdício de tempo nos negócios hoje.

Você provavelmente esteve em reuniões nas quais queria bater a cabeça contra a parede. Já esteve em uma reunião que não começou na hora? Em uma reunião que não tinha pauta ou não seguia a que tinha? E em uma reunião na qual as pessoas discutiam questões que você achava que tinham sido resolvidas na anterior?

Reuniões não precisam ser experiências dolorosas. Se você as planeja e gerencia bem, são formas efetivas de comunicação. Elas o levam a descobrir histórico, experiências e estilos dos membros da equipe; estimulam brainstorming, análise de problemas e tomada de decisões, e oferecem uma plataforma para explorar as razões e interpretações de uma mensagem.

Você pode melhorar suas reuniões usando as sugestões das seções a seguir. (Além disso, confira a seção posterior, "Fazendo Reuniões Críticas de Projeto", para ler dicas sobre planejar diferentes tipos de reuniões.)

Planejando uma reunião bem-sucedida

Para ter uma boa reunião, você precisa fazer um planejamento. Tenha estes indicadores em mente ao planejar:

» **Esclareça o propósito da reunião.** Esse passo garante que você convide as pessoas certas e permita aos participantes se prepararem para a reunião.

» **Decida quem precisa comparecer e porquê.** Se precisar de informações, identifique quem as tem, e convide essas pessoas para a reunião. Se quiser tomar decisões na reunião, identifique quem tem a autoridade necessária e quem precisa ser parte da tomada de decisão, e certifique-se de que compareçam.

» **Divulgue a reunião antecipadamente.** Esse passo aumenta as chances de que as pessoas que você quer que compareçam o façam.

» **Deixe as pessoas que devem comparecem à reunião saberem de seu propósito.** As pessoas são mais propensas a comparecer a uma reunião quando entendem por que sua presença é importante.

» **Prepare uma pauta por escrito que inclua os tópicos e seus tempos de discussão alocados.** Esse documento ajuda as pessoas a entenderem por que comparecer à reunião vale seu tempo. A pauta também é sua guia para comandar a reunião.

CAPÍTULO 14 **Mantendo Todos Informados** 323

» **Faça circular antecipadamente a pauta por escrito e qualquer material de apoio.** Isso dá a todos tempo para sugerirem mudanças na pauta e para se prepararem para a reunião.

» **Faça reuniões de uma hora ou menos.** Você pode forçar pessoas a sentarem-se em uma sala por horas, mas não pode forçá-las a manter a cabeça em atividades e informações em questão por tanto tempo. Se necessário, programe várias reuniões de uma hora ou menos para discutir questões complexas ou vários tópicos.

Conduzindo uma reunião eficiente

Como você conduz a reunião faz a diferença entre sucesso e fracasso. As seguintes tarefas são essenciais para conduzir uma reunião produtiva:

» **Comece na hora, mesmo se houver ausentes.** Quando as pessoas verem que você espera pelos retardatários, todos chegarão atrasados!

» **Defina um guardião do tempo.** Essa pessoa lembra ao grupo de quando um tópico excedeu seu tempo alocado para a discussão.

» **Defina alguém para fazer a ata, incluindo quem compareceu, quais itens foram discutidos e quais decisões e atribuições o grupo tomou.** Esse procedimento permite que as pessoas avaliem e esclareçam as informações, e serve como lembrete de ações a serem tomadas depois da reunião.

» **Mantenha uma lista de itens de ação que precisam de mais informação, e atribua uma pessoa para ser responsável por cada inserção.** Esse passo garante que, quando se encontrarem para discutir essas questões novamente, você tenha as informações corretas e as pessoas presentes para resolvê-las.

» **Se não tiver as informações certas ou as pessoas certas para resolver uma questão, pare sua discussão e a coloque na lista de itens de ação.** Discutir uma questão sem ter as informações necessárias ou as pessoas certas presentes é apenas desperdício de tempo para todos.

» **Termine na hora.** Os participantes da reunião podem ter outros compromissos que começam quando sua reunião deveria terminar. Não terminar na hora faz essas pessoas se atrasarem para seus próximos compromissos ou saírem da reunião antes que ela acabe.

Seguindo para os últimos detalhes

Sua reunião pode ter acabado, mas o seu trabalho, não. Certifique-se de concluir as seguintes tarefas pós-reunião para tirar o máximo de benefício da sessão:

» **Distribua imediatamente a ata da reunião a todos os participantes.** Essas minutas permitem às pessoas reafirmarem as informações discutidas na reunião enquanto ainda estão frescas em suas cabeças, e minutas relembram rapidamente as pessoas de suas tarefas seguintes. Tente distribuir a ata dentro de 24 horas depois da reunião, e peça aos destinatários para avisar se tiverem correções ou inclusões.

» **Monitore o status de todos os itens de ação que forem executados depois da reunião.** Como cada item de ação é, por si só, um miniprojeto, monitorar seu progresso aumenta as chances de que as pessoas os completem com sucesso.

Não apenas fale sobre as sugestões que destaco nas seções anteriores para tornar suas reuniões mais efetivas. Discuti-las não melhora suas reuniões. Aja!

Preparando um Relatório Escrito de Progresso de Projeto

O *relatório de progresso de projeto* é a comunicação por escrito mais comum de um projeto. O relatório avalia atividades feitas durante um período de execução, descreve problemas encontrados e as ações corretivas planejadas e tomadas, e prevê planos para o próximo período. (Confira o Capítulo 13 para ler algumas dicas sobre como escolher a duração do *período de execução* do projeto — o período de tempo entre as avaliações de desempenho.)

Esta seção o ajuda a identificar o público para seu relatório de progresso de projeto, oferece indicadores sobre o que incluir nele e sugere como mantê-lo interessante, para não fazer sua equipe dormir.

Fazendo uma lista (de nomes) e conferindo-a duas vezes

Um relatório de progresso de projeto é uma maneira conveniente de manter partes interessadas cruciais envolvidas no projeto e informadas sobre suas responsabilidades. Decida quem deve receber relatórios de progresso de projeto regularmente respondendo às seguintes perguntas:

» Quem precisa saber sobre o projeto?

» Quem quer saber sobre o projeto?

» Quem você quer que saiba sobre o projeto?

LEMBRE-SE

No mínimo, considere fornecer relatórios de progresso de projeto a seu patrocinador (o cliente ou consumidor do projeto), partes interessadas, patrono, outros que estejam ajudando e pessoas que estejam interessadas ou serão afetadas pelos resultados do projeto, incluindo seu supervisor, alta gerência e membros da equipe e projeto. Confira o Capítulo 3 para saber quais pessoas devem ser tipicamente incluídas nesse grupo.

Sabendo o que está bom (e o que não está) no relatório

Preparar um relatório de progresso lhe dá a oportunidade de retroceder e analisar todos os aspectos do projeto, para que você reconheça conquistas e identifique situações que exijam sua intervenção antecipada. Certifique-se de incluir algumas ou todas as informações a seguir no relatório para cada período de exceção:

> » **Atividades que estavam planejadas para ser executadas e marcos que estavam planejados para ser atingidos:** A comparação de realizações reais do período com essas informações revelará em que situações o desempenho foi igual, superior ou inferior ao planejado.
>
> » **Destaques de desempenho:** Sempre comece o relatório com um resumo dos destaques do projeto, como "A avaliação planejada da alta gerência foi conduzida com sucesso no prazo" ou "Nossa cliente Mary Fisher aprovou o esboço do treinamento de acordo com o cronograma". (Apenas se lembre de manter tudo em uma página!)
>
> » **Detalhes de desempenho:** Descreva as atividades executadas, resultados atingidos, marcos alcançados, horas de trabalho gastas e recursos gastos não relacionados a pessoas incorridos em detalhe. Para consistência, identifique cada atividade pelo código da estrutura analítica de projeto (EAP). (Veja o Capítulo 5 para saber detalhes.)
>
> » **Problemas e questões:** Destaque questões ou problemas especiais que você encontrou durante o período e proponha ações corretivas necessárias.
>
> » **Mudanças aprovadas no plano:** Informe todas as mudanças aprovadas no plano de projeto existente.
>
> » **Status de gerenciamento de riscos:** Atualize a avaliação de risco de projeto informando mudanças nas premissas de projeto, na probabilidade dessas premissas atualizadas ocorrerem e no efeito dessas premissas atualizadas em planos de projeto existentes. (O Capítulo 9 cobre o básico sobre como lidar com riscos e incertezas.)
>
> » **Planos para o próximo período:** Resuma os principais trabalhos e conquistas que você planejou para o próximo período de execução.

A Figura 14-1 contém um exemplo do formato do relatório de progresso de projeto. Embora você possa expandir cada seção de informação, dependendo da natureza do projeto, perceba que, quanto mais longo o relatório, menos provável é que seu público pretendido o leia e entenda.

Relatório de Progresso Mensal			
Nome do Projeto	Número do Projeto	Gerente de Projeto (Nome)　　(Sobrenome)	
Período Compreendido / _ / – / / (De)　(Até)	Data de Submissão / /	Relatório Preparado por (Nome)　　(Sobrenome)	
Destaques de Desempenho			
Principais Realizações		Principais Questões Encontradas	
Desempenho Detalhado			

Marco/Atividade		Data de Início		Data Final		Comentários
Código EAP	Nome	Planejada	Real	Planejada	Real	

Mudanças Aprovadas no Plano Feitas no Período

Status de Gerenciamento de Riscos

Planos para o Próximo Período

FIGURA 14-1: Exemplo de um relatório de progresso de projeto.

© John Wiley & Sons, Inc.

Ganhando um Jabuti, ou pelo menos escrevendo um relatório interessante

Quando você escrever um relatório de progresso de projeto, torne-o interessante e fale às pessoas certas o que elas precisam saber. Afinal, você não quer que seu relatório termine sendo uma encheção de linguiça. Use as dicas a seguir para melhorar a qualidade de todos os seus relatórios de progresso de projeto:

> » **Adapte os relatórios aos interesses e necessidades das partes interessadas.** Ofereça apenas as informações que as partes interessadas querem e de que precisam. (Veja o Capítulo 3 para ler mais sobre como definir as partes interessadas do projeto.)

USANDO UM PAINEL DE PROJETO

Para tornar seus relatórios escritos de progresso de projeto mais efetivos, você deve incluir a maior quantidade de informações na menor quantidade de espaço. Um *painel de projeto* é uma demonstração de informações que ilustra seus indicadores-chave de desempenho em um formato que lembra um painel de instrumentos em um painel. Esse formato transmite o progresso geral do projeto e destaca problemas particulares, que exigem mais atenção.

Ao criar um painel para o projeto, siga estes passos:

1. **Selecione as principais categorias de informação que você quer abordar.**

   Categorias típicas de informação que representam aspectos importantes do desempenho do projeto incluem:

   - **Resultados:** Produtos desejados que sua equipe produziu até agora.

   - **Performance de execução do cronograma:** Datas nas quais sua equipe atingiu marcos, e começou e terminou atividades em comparação ao cronograma planejado para marcos e atividades.

   - **Performance de execução do orçamento de recursos:** Horas de trabalho, fundos e outros recursos que sua equipe usou até agora em comparação às quantidades orçadas.

   - **Gerenciamento de risco:** Status atual de fatores que podem inesperadamente impedir a execução do projeto.

2. **Escolha indicadores específicos para cada categoria de informação.**

   Escolha esses indicadores em conjunto com os condutores e os apoiadores de projeto. Por exemplo, um projeto que desenvolve um manual de operações para um equipamento pode ter os seguintes indicadores:

328   PARTE 4 **Guiando o Navio: Gerenciando o Projeto para o Sucesso**

- **Resultados:** O número de capítulos do manual escritos ou o número de pessoas que aprovaram o manual final.
- **Performance de execução do cronograma:** O número de datas de marcos que você atingiu e o número que perdeu.
- **Performance de execução dos orçamentos de recursos:** A razão dos fundos reais gastos em relação aos orçados para todas as atividades completadas.
- **Gerenciamento de riscos:** O número de riscos originais que ainda podem ocorrer ou o número de novos riscos identificados durante o projeto.

3. **Selecione o formato para cada indicador.**

   Você pode demonstrar indicadores em formato de tabela, gráfico de barras, gráfico de pizza ou velocímetro. Além disso, indicadores muitas vezes têm formato de semáforo:

- **Verde:** O elemento está indo de acordo com o plano.
- **Amarelo:** Um ou mais problemas pequenos existem.
- **Vermelho:** Uma ou mais situações sérias exigem atenção imediata.

   Determine os critérios específicos para os status verde, amarelo e vermelho para cada indicador consultando os condutores e apoiadores do projeto.

As ilustrações a seguir mostram os tipos de demonstrações em um painel de projeto.

© John Wiley & Sons, Inc.

Ao criar um painel para o projeto, assegure-se de:

- Trabalhar com o público pretendido de um relatório para selecionar as categorias, indicadores e seus formatos de apresentação.
- Sempre apresentar valores reais de indicadores junto aos planejados.
- Mantenha o relatório-painel de projeto em uma página ou menos.

» **Se estiver preparando relatórios de progresso diferentes para interessados diferentes, prepare o mais detalhado primeiro e extraia informações dele para produzir os outros.** Essa abordagem torna os relatórios consistentes uns com os outros e reduz a probabilidade de você executar o mesmo trabalho mais de uma vez.

» **Produza um relatório de progresso de projeto pelo menos uma vez por mês, não importa o que a parte interessada solicite.** Monitorar e compartilhar informações sobre o progresso do projeto menos de uma vez por mês aumenta significativamente as chances de maiores danos como resultado de um problema não identificado.

» **Certifique-se de que todas as informações de produtos, cronograma e recursos no relatório sejam do mesmo período.** Cumprir isso pode não ser fácil se você depende de diferentes sistemas da empresa para obter dados brutos de desempenho.

Se monitora a execução do cronograma de projeto em um sistema que você mesmo mantém, pode conseguir produzir um relatório de status no final da primeira semana depois do período de execução. Porém, o sistema financeiro de sua empresa, que você usa para monitorar os gastos de projeto, pode gerar os relatórios de desempenho para o mesmo período apenas um mês depois.

Aborde essa questão na fase inicial do projeto (veja o Capítulo 12 para conhecer as atividades iniciais sugeridas). Determine as fontes para dados de status, as datas nas quais os dados atualizados estarão disponíveis a partir de cada fonte e os períodos para os quais os dados se aplicam. Então, programe a análise e o relatório combinados para que todos os dados descrevam o mesmo período.

» **Sempre compare o desempenho atual em relação ao planejado para o período.** Apresentar as informações nesse formato destaca questões de que você precisa tratar.

» **Não inclua surpresas.** Se um elemento exige ação imediata durante o período de execução (se, digamos, uma pessoa fundamental inesperadamente deixa a equipe de projeto), imediatamente diga a todas as pessoas envolvidas e trabalhe para resolver o problema. Além disso, mencione a ocorrência e quaisquer ações corretivas no relatório de progresso para ter um registro por escrito.

» **Use as reuniões de projeto regularmente programadas para discutir questões e problemas que você levantou no relatório de progresso de projeto.** Discuta quaisquer questões que as pessoas tenham sobre as informações do relatório. (No entanto, não o leia palavra por palavra para as pessoas que o receberam — e, com esperança, o leram!)

330 PARTE 4 **Guiando o Navio: Gerenciando o Projeto para o Sucesso**

Fazendo Reuniões Críticas de Projeto

O apoio ativo e contínuo de todos os principais interessados de projeto lhe proporciona maiores chances de atingir o sucesso. Para ganhar esse apoio, reforce continuamente a visão de projeto e o progresso nesse sentido, e explique às partes interessadas quando e como podem apoiar mais efetivamente seus esforços. Esta seção observa mais de perto os três tipos de reunião que você pode fazer durante esse processo.

Reuniões de equipe regularmente programadas

Reuniões de equipe regularmente programadas dão aos membros uma oportunidade de compartilhar progresso e questões, e sustentar relações interpessoais produtivas e confiáveis. Essas reuniões também são uma oportunidade de reafirmar o foco do projeto e manter os membros da equipe lado a lado em atividades dentro e fora do projeto, que afetem seu trabalho e sucesso final. Reconhecendo que a maioria das pessoas atua em vários projetos ao mesmo tempo, essas reuniões reforçam a identidade e as relações de trabalho da equipe.

DICA

Consulte membros da equipe para desenvolver um cronograma de reuniões conveniente para tantas pessoas quanto possível. Se algumas pessoas não puderem comparecer pessoalmente, tente fazê-las participar por teleconferência. (Veja o Capítulo 17 para ler mais sobre como usar tecnologia para apoiar o projeto.)

Além de seguir as sugestões para reuniões produtivas na seção "Siga o baile: Reuniões que funcionam", observe as seguintes orientações ao planejar e conduzir reuniões regulares de equipe:

» Embora as reuniões de equipe sejam feitas regularmente, antes de cada uma, prepare uma pauta específica, distribua-a antecipadamente e solicite comentários e sugestões.

» Antes da reunião, distribua o relatório de progresso de projeto para o período de execução mais recente (dê uma olhada na seção anterior, "Preparando um Relatório Escrito de Progresso de Projeto", para ler detalhes sobre esse relatório).

» Distribua qualquer outra informação antecedente relacionada aos tópicos na pauta antes da reunião.

» Limite discussões que exijam consideração mais profunda; lide com elas em outras instâncias.

» Comece na hora e termine na hora. (Aí, eu falei de novo!)

» Prepare e distribua uma ata breve da reunião até 24 horas depois dela.

Reuniões específicas de equipe

Faça reuniões específicas de equipe para abordar questões próprias que surgirem durante o projeto. Uma reunião específica envolve alguns ou todos os integrantes, dependendo do tópico. Como as questões muitas vezes surgem inesperadamente, faça o seguinte ao planejar uma reunião específica:

> Esclareça a questão e o que você espera atingir com a reunião.
> Identifique e convide todas as pessoas que podem estar interessadas, ser afetadas ou trabalhar na questão.
> Explique claramente o propósito da reunião a todos os convidados.
> Documente com cuidado todos os itens de ação que os participantes desenvolverem na reunião e atribua responsabilidades por essa conclusão.
> Compartilhe os resultados de uma reunião específica com todos os membros da equipe que podem ser afetados pelos resultados, que tenham interesse neles e/ou de cujo apoio você precisa pra implementá-los.
> Conforme apropriado, compartilhe quaisquer informações discutidas na reunião com pessoas a quem as informações se relacionarem, mas que não compareceram à reunião, incluindo gerentes funcionais dos membros da equipe, membros da alta gerência e outros.

Avaliações de progresso da alta gerência

Uma *avaliação de progresso da alta gerência* é uma reunião que o gerente sênior geralmente preside, um gerente de projetos comanda e os membros da equipe e representantes de todas as áreas funcionais compareçam. Essa avaliação lhe dá a chance de falar à alta gerência sobre o status do projeto, suas principais conquistas e quaisquer questões que exijam sua ajuda. A avaliação também é uma oportunidade de você perceber maneiras de manter o projeto alinhado com as principais iniciativas da empresa.

Aproveite todas as oportunidades para ajudar a alta gerência a lembrar por que seu projeto é importante para eles. Eles podem o ter aprovado há apenas alguns meses, mas é possível que seu projeto agora seja só uma das várias atividades em sua empresa sobrecarregada.

Tire o máximo da avaliação de progresso da alta gerência observando as seguintes dicas:

> Identifique os interesses de seu público e explique como o projeto os está suprindo.

» Mantenha a apresentação curta; escolha algumas mensagens fundamentais e enfatize-as.

» Destaque informações críticas, mas esteja preparado para entrar em mais detalhes sobre algumas questões, caso alguém peça.

» Use texto e gráficos para transmitir informações importantes.

» Deixe tempo para perguntas.

» Apresente informações atualizadas sobre riscos de projeto e explique como você os está abordando.

» Distribua um breve comunicado na reunião que resuma os pontos-chave da apresentação.

» Depois da reunião, distribua anotações que destaquem questões levantadas e ações com as quais você concordou durante a avaliação.

Criando um Plano de Gerenciamento de Comunicações de Projeto

Com a diversidade de partes interessadas que buscam informações sobre seu projeto e o conjunto de dados que estará coletando, é essencial que você prepare um plano de gerenciamento de comunicações de projeto para evitar duplicação de esforços e garantir que nada fique de fora.

Um *plano de gerenciamento de comunicações* é um documento que especifica todas as comunicações de projeto geradas em sua execução, seus públicos-alvo, seu conteúdo de informações e sua frequência. Prepare uma versão inicial desse plano de gerenciamento no estágio iniciando-o-projeto, e atualize-o conforme for necessário no estágio executando-o-trabalho. (Vá até o Capítulo 1 para ler detalhes sobre os estágios distintos de um projeto.)

No mínimo, seu plano deve especificar o seguinte para todas as comunicações de projeto:

» **Público-alvo:** As pessoas cujas necessidades de informações são abordadas ao longo da comunicação de projeto. (Confira o Capítulo 3 para ler uma discussão de como identificar e classificar os interessados de projeto.)

» **Necessidades de informações:** As informações que o público-alvo quer e/ou de que precisa.

» **Atividade de compartilhamento de informações:** O tipo específico de atividade de compartilhamento de informações com o público-alvo (relatórios por escrito, apresentações e reuniões, por exemplo). (Confira

CAPÍTULO 14 **Mantendo Todos Informados** 333

a seção anterior, "Escolhendo o Canal Adequado para Comunicações de Projeto" para ler mais informações sobre quando usar diferentes tipos de atividades de compartilhamento de informações.)

» **Conteúdo:** Os dados específicos compartilhados na comunicação de projeto.

» **Frequência:** Quando a atividade de compartilhamento de informações ocorre (pode ser tanto regular quanto específica).

» **Coleta de dados:** Como e quando os dados para o relatório foram coletados.

Relacionando Este Capítulo ao Exame PMP e aos Guias PMBOK 5 e 6

Preste atenção especial à Tabela 14-1, que registra tópicos deste capítulo que podem ser abordados no exame de certificação PMP e que também estão incluídos nas 5ª e 6ª edições de *Um Guia do Conhecimento em Gerenciamento de Projetos (Guias PMBOK 5 e 6)*.

TABELA 14-1 **Tópicos do Capítulo 14 Relacionados ao Exame PMP e aos *Guias PMBOK 5 e 6***

Tópico	Localização Neste Capítulo	Localização nos Guias PMBOK 5 e 6	Comentários
Componentes do processo de comunicação e diferentes tipos de comunicação	"Eu Disse o que Quis Dizer e Quis Dizer o que Disse: O Básico da Comunicação Bem-sucedida"	10.1.2. Planejar o Gerenciamento das Comunicações: Ferramentas e Técnicas	Os livros identificam componentes similares do processo de comunicação. O Guia PMBOK 6 menciona várias técnicas, enquanto este livro oferece informações mais descritivas e exemplos.
Selecionando os canais adequados	"Escolhendo o Canal Adequado para Comunicações de Projeto", "Preparando um Relatório Escrito de Progresso de Projeto" e "Fazendo Reuniões Críticas de Projeto"	10.1.2.2. Tecnologia de Comunicações 10.1.2.4. Métodos de Comunicação 10.1.2.5. Reuniões	Este livro identifica as vantagens e desvantagens de diferentes tipos de mecanismos de comunicação e oferece sugestões para melhorar sua eficiência. O *Guia PMBOK 6* apresenta tipos diferentes de canais e abordagens de comunicação, e enfatiza a importância de se preparar uma estratégia de comunicação.

334   PARTE 4 **Guiando o Navio: Gerenciando o Projeto para o Sucesso**

Tópico	Localização Neste Capítulo	Localização nos Guias PMBOK 5 e 6	Comentários
Forma e conteúdo de relatórios de projeto por escrito	"Preparando um Relatório Escrito de Progresso de Projeto"	10.2.2. Gerenciar as Comunicações: Ferramentas e Técnicas 10.2.2.5. Relatórios de Projeto	O *Guia PMBOK 6* identifica questões a se considerar ao preparar relatórios, enquanto este livro vai mais fundo, descrevendo diferentes técnicas e explicando como aplicá-las.
O que incluir em um plano para atender às necessidades de informação de um público	"Criando um Plano de Gerenciamento de Comunicações de Projeto"	10.1.3.1. Plano de Gerenciamento das Comunicações	O *Guia PMBOK 6* oferece uma lista extensiva de informações em relação à preparação de relatórios (assim como exigências administrativas que influenciam sua geração e distribuição), que podem ser incluídas em um plano de gerenciamento de comunicações. Este livro foca principalmente os tipos de informações exigidos para guiar a preparação e a distribuição de relatórios.

NESTE CAPÍTULO

» Definindo a diferença entre liderança e gerenciamento

» Identificando os traços de um líder eficiente

» Improvisando habilidades para influenciar a equipe de projeto

» Desenvolvendo e mantendo a motivação da equipe

Capítulo **15**

Encorajando o Alto Desempenho com uma Liderança Eficaz

Por causa das mudanças rápidas que ocorrem em todas as facetas da vida pessoal e corporativa hoje, liderança é uma das questões mais importantes que as organizações encaram. Independentemente de como a equipe de projeto é estruturada, mas particularmente quando você trabalha em um ambiente matricial, o sucesso do projeto depende de sua habilidade de organizar, coordenar e apoiar uma equipe diversa trabalhando para uma meta em comum (veja o Capítulo 10 para ler mais especificidades da estrutura matricial). Muitas vezes, as pessoas da equipe são de áreas e têm estilos operacionais diferentes, e não se reportam a você administrativamente. Guiar com êxito tal grupo de pessoas exige tanto visão quanto estrutura.

Este capítulo discute dicas para alinhar, focar e motivar as pessoas que apoiam o projeto para maximizar suas chances de sucesso.

Explorando as Diferenças entre Liderança e Gerenciamento

Liderança e *gerenciamento* são dois conjuntos relacionados, porém distintos, para guiar e apoiar pessoas ao longo de um projeto. Eis algumas das principais diferenças entre eles:

» O foco da liderança é definir uma visão e encorajar outras pessoas a ajudar a torná-la realidade; o gerenciamento foca criar planos e avaliar desempenho.

» A liderança se concentra em pessoas; o gerenciamento, em sistemas, procedimentos e informação.

» A liderança facilita mudanças; o gerenciamento cria ordem e previsibilidade.

LEMBRE-SE

Conforme planeja o projeto, explore seu *porquê* (uma questão de liderança) para provocar adesão e comprometimento. Também explore *o quê*, *quando* e *como* (questões de gerenciamento) para desenvolver uma abordagem viável para atingir com sucesso as metas de projeto. À medida que o organiza, esclareça quem apoiará as diferentes atividades (uma tarefa de gerenciamento) e ajudeos a ficar animados com elas (uma tarefa de liderança).

Ao longo do projeto, avise continuamente as pessoas de seu progresso e lide com quaisquer problemas que encontrar pelo caminho (tarefas de gerenciamento). Lembre às pessoas dos benefícios do projeto e reconheça suas contribuições para seu sucesso (tarefas de liderança). A Tabela 15-1 ilustra abordagens de liderança e gerenciamento que respaldam as atividades essenciais de cada uma das quatro fases do ciclo de vida do projeto (que descrevo no Capítulo 1).

TABELA 15-1 Comparação de Abordagens de Liderança e Gerenciamento em Fases do Ciclo de Vida do Projeto

Fase do Projeto	Abordagem de Liderança	Abordagem de Gerenciamento
Começando o projeto	Criar e compartilhar visões e estratégias.	Conduzir uma análise de custo-benefício.
Organizando e preparando	Suscitar o comprometimento dos integrantes.	Especificar objetivos, cronogramas e orçamentos.
Executando o trabalho	Motivar os membros da equipe.	Monitorar e comunicar progresso e lidar com problemas.
Fechando o projeto	Reconhecer e recompensar participantes do projeto.	Conduzir uma avaliação pós-projeto.

Reconhecendo os Traços que as Pessoas Buscam em um Líder

Para liderar os outros com eficiência, eles devem primeiro concordar em seguir você. Embora cada líder desenvolva um estilo pessoal e único de liderança, as pessoas geralmente buscam em seus líderes os traços a seguir. Em quais você precisa trabalhar?

» **Honestidade e integridade:** Em termos simples, *honestidade* significa dizer o que você acredita ser a verdade; enquanto *integridade*, ter concordância entre o que você diz e o que faz. Não surpreende que as pessoas queiram que seus líderes transmitam informações que acreditam ser corretas, e querem que todas as ações que tomem sejam justificadas e embasadas nas informações que compartilhou com elas. Em outras palavras, as pessoas querem saber exatamente com o que estão se comprometendo quando tomam a decisão de seguir um líder.

» **Tenacidade:** *Tenacidade* é persistência. Depois que um líder tenaz se compromete com uma meta em particular, demonstra uma tremenda determinação para trabalhar em direção a essa meta até atingi-la; recusa-se a deixar adversidades temporárias o tirarem dos trilhos. Na verdade, ele constantemente avalia os resultados de suas ações e usa a experiência ganha para melhorar suas futuras tentativas de atingir metas.

Simplificando, as pessoas querem um líder tenaz porque querem saber que seu esforço não irá por água abaixo se atingir as metas for mais difícil ou levar mais tempo do que o esperado.

» **Alta energia:** Líderes eficazes gastam uma considerável energia para organizar e guiar as pessoas para atingir uma meta estabelecida. Essa energia resulta de uma combinação de preparo físico e mental. Quando transmitida aos outros, a *alta energia* de um líder os energiza para continuarem trabalhando em prol da meta comum.

» **Entusiasmo:** Líderes eficazes abordam todas as tarefas com *entusiasmo*, expresso por uma atitude positiva e um ar de animação. Eles mantêm esse entusiasmo focando seu sucesso e os benefícios de atingir sua meta máxima. O entusiasmo é altamente contagioso; os membros da equipe de um líder absorvem seu entusiasmo através de sua linguagem corporal, seu tom de voz e os tópicos que escolhe discutir.

» **Autoconfiança:** Líderes eficazes têm um apreço realista por suas habilidades e acreditam que podem conquistar qualquer coisa que quiserem. Essa atitude de *autoconfiança* permite que eles devotem sua atenção integral a executar suas tarefas, em vez de se preocuparem com a possibilidade do sucesso ou não. Líderes autoconfiantes veem adversidades temporárias como experiências de aprendizado, em vez de razões para desistir.

Além de buscar os traços anteriormente descritos em seus líderes, as pessoas buscam vários outros traços e comportamentos, incluindo os seguintes:

> » Disposição para correr riscos e encorajar os outros a se arriscar.
> » Disposição e habilidade de ouvir os outros.
> » Respeito e convicção pelos outros.
> » Organização.
> » Uso correto da gramática em comunicações orais e por escrito.
> » Vestir-se adequadamente.

Em outras palavras, além de buscar líderes em quem acreditem e confiem, as pessoas buscam líderes com quem se identifiquem pessoalmente, sintam-se confortáveis, e que apreciem e valorizem seus esforços e contribuições.

Quando estiver tentando se estabelecer como líder em uma situação em particular, considere os seguintes pontos:

> » Ter um traço em particular não é o suficiente; você deve ajudar os outros a verem que você o tem.
> » Nenhum conjunto universal de traços garante que você será um líder bem-sucedido em todas as situações. É preciso determinar aqueles traços e características que sejam mais importantes para as pessoas que estará liderando.
> » Os traços que as pessoas buscam em seus líderes são fundamentados em seus sentimentos e preferências, não em como você acredita que seus sentimentos e preferências devam ser. Se descobrir que os traços que importam mais para os membros da equipe são aqueles que não se importa em desenvolver, você precisa reconsiderar se realmente quer ser o líder daquele grupo.

Desenvolvendo Poder Pessoal e Influência

Poder é a habilidade de influenciar as ações dos outros. Estabelecer bases eficientes de poder melhora sua habilidade de coordenar a equipe e outros interessados fundamentais. Nesta seção, explico como desenvolver as bases do seu poder pessoal e como usar o poder que consegue tirar dessas bases para estimular e motivar as pessoas ao longo da vida do projeto.

Entendendo por que as pessoas fazem o que você pede

Como o poder pessoal é a habilidade de influenciar e guiar as ações dos outros, o primeiro passo para desenvolvê-lo é entender por que as pessoas escolhem fazer o que você pede, em primeiro lugar. As pessoas respondem às suas solicitações e orientações por muitas razões, incluindo:

» **Recompensas:** As pessoas fazem o que você pede porque querem os benefícios que você pode lhes dar. Exemplos de recompensas incluem aumentos e reconhecimento.

» **Punições:** As pessoas fazem o que você pede porque *não* querem o que você pode lhes dar. Exemplos de punições incluem avaliações de desempenho fracas e atribuições de trabalho indesejadas.

» **Sua posição:** As pessoas levam suas solicitações mais a sério porque sentem que o gerente de projetos deve dirigir os membros da equipe. Você pode perder esse poder caso se comporte de forma inapropriada, mas o tem, inicialmente.

» **O que você defende:** As pessoas fazem o que você pede porque concordam com suas metas. Elas sabem que suas solicitações e ações são tentativas de atingir os mesmos resultados que elas buscam.

» **Quem você é:** As pessoas o ouvem porque apreciam e respeitam quem você é, como reflexo de sua sensibilidade, sua lealdade aos outros, seu senso de humor ou outras características positivas de suas atitudes e comportamentos.

» **Seu conhecimento:** As pessoas o ouvem porque respeitam as capacidades e os conhecimentos que você leva para o trabalho. Elas o ouvem porque acreditam que você provavelmente está certo.

LEMBRE-SE

Você não precisa ser especialista técnico no projeto para demandar o respeito dos membros da equipe e liderá-lo efetivamente. Mas precisa ser especialista nas competências e conhecimentos que seu trabalho no projeto demanda. Como é o gerente, essas competências e conhecimentos incluem suas habilidades de planejar e controlar o projeto, incentivar a comunicação efetiva, propiciar um ambiente de trabalho positivo e produtivo, e entender o ambiente político geral de sua empresa.

É claro, seu conhecimento técnico é um ativo significativo se você usá-lo corretamente. Seu elogio a um trabalho bem-feito significa muito mais para os membros da equipe do que elogios de alguém menos qualificado para avaliar o trabalho.

CUIDADO

Perceba que ser o especialista e o gerente do projeto pode trabalhar contra você. Se não tomar cuidado, você pode desencorajar outros a aceitarem responsabilidades e executarem seu trabalho de forma independente por uma ou mais das seguintes razões:

» Eles sentem que o trabalho deles pode nunca ser tão bom quanto o seu.

» Você mantém as atribuições mais importantes e desafiadoras para si mesmo porque gosta do trabalho e acha que pode fazê-lo melhor.

» Você resiste a abordagens que diferem daquelas que normalmente têm.

» Você tende a microgerenciar as pessoas para garantir que elas executem atribuições como você o faria. (Vá ao Capítulo 11 para ler detalhes sobre microgerenciamento.)

Embora muitos fatores contribuam para sua habilidade de influenciar pessoas, seu poder sobre os membros de equipe geralmente é um destes:

» **Atribuído:** Alguém lhe dá autoridade para recompensar e punir os outros.

» **Conquistado:** Você ganha o respeito e a lealdade de outras pessoas.

O poder conquistado é muito mais efetivo e duradouro do que o poder atribuído. As pessoas que agem em resposta a seu poder atribuído normalmente fazem o mínimo trabalho necessário para receber as recompensas que querem ou evitar as consequências que temem. Por outro lado, pessoas motivadas pelo seu poder conquistado trabalham para atingir a maior qualidade possível nos resultados, porque decidiram que fazê-lo é do interesse delas (e do seu).

LEMBRE-SE

Quer você reconheça e admita isso ou não, tem uma chance considerável de desenvolver e usar seu poder conquistado. Você pode *escolher* como quer influenciar o comportamento das pessoas ou pode *inadvertidamente* influenciá-lo. De qualquer forma, suas ações influenciam o comportamento dos outros.

Estabelecendo as bases de seu poder

Você pode ter uma noção do poder que tem sobre alguém percebendo a disposição com a qual ele concorda em atender e depois atende a sua solicitação. Se você já tem toda a cooperação necessária dos outros, apenas continue fazendo o que está fazendo. Porém, caso se sinta frustrado com a resistência das pessoas e sua falta de cooperação quando você lhes pede ajuda, tome medidas para aumentar o poder que tem sobre elas.

LEMBRE-SE

Influenciar com sucesso o comportamento dos outros exige, primeiro, que você entenda os diferentes tipos de poder que tem sobre eles e, segundo, que efetivamente os use. Seu poder atribuído sobre as pessoas depende, em parte, de suas percepções sobre a autoridade específica que você e outros que você pode influenciar têm sobre elas. Seu poder conquistado tem base nas percepções do que você sabe, de quem é e do que defende. (Apresento na seção anterior o poder atribuído e o conquistado.)

Tome as seguintes medidas para melhorar sua habilidade de influenciar os membros da equipe e outras pessoas no ambiente de projeto:

» **Determine a autoridade que você tem sobre as pessoas que quer influenciar.** Tipos comuns de autoridade incluem a habilidade de dar aumentos de salário e promoções, completar avaliações de desempenho e designar pessoas a futuras tarefas.

» **Descubra quem mais tem autoridade sobre as pessoas que você quer influenciar.** Se você não toma a decisão sobre se e quanto aumentar o salário de alguém, mas pode influenciar a pessoa que a toma, a pessoa reagirá a você como se você, também, tivesse algum nível de poder atribuído sobre ela.

» **Esclareça para si mesmo como e por que a conclusão bem-sucedida do projeto beneficia sua empresa, e compartilhe esses benefícios com as pessoas que quer influenciar.** Conhecer todos os benefícios que o projeto se propõe a gerar lhe confere uma posição melhor para ajudar os outros a verem por que ajudá-lo a concluí-lo é do interesse deles.

» **Conheça as pessoas que quer influenciar; entenda, aprecie e reconheça seus talentos especiais e pontos fortes.** Conhecer as outras pessoas ajuda a entender os tipos de recompensas e reconhecimento que elas mais apreciam. Isso também lhes diz que você se importa com elas como pessoas, não apenas como recursos técnicos para o projeto.

» **Deixe as pessoas que você quer influenciar conhecerem seu lado bom.** Seu poder conquistado sobre os outros é fundamentado em suas percepções de seu caráter e habilidades.

» **Não condene ou reclame, mas dê feedback quando necessário.** *Condenar* é fazer julgamentos negativos sobre os outros; *reclamar* é criticar pessoas ou coisas sem fazer nada para melhorá-las. Ambos os comportamentos implicam compartilhar opiniões negativas em vez de fatos, o que desmoraliza e desmotiva as pessoas enquanto não se faz nada para atingir resultados de alta qualidade. *Feedback construtivo*, por outro lado, implica compartilhar informações factuais para melhorar o desempenho das pessoas. As pessoas respeitam quem sentem que está interessado em ajudá-las a ter sucesso.

» **Torne-se proficiente nas tarefas que tem que executar.** As pessoas ouvem você mais seriamente quando acreditam que sabe do que está falando.

CAPÍTULO 15 **Encorajando o Alto Desempenho com uma Liderança Eficaz** 343

CUIDADO

Você deve restabelecer suas bases de poder para cada novo projeto que executar porque pode lidar com diferentes pessoas em cada um deles e porque suas bases dependem fortemente dos detalhes específicos do próprio projeto. Além disso, ainda que no mesmo projeto, suas bases de poder podem diminuir com o tempo se você não as reforçar consistentemente. Encontrar-se com membros da equipe no início do projeto os ajuda a apreciar seu estilo e reconhecer que todos querem atingir metas similares. Porém, se não tiver mais contato com a equipe durante seis meses, suas impressões positivas iniciais podem desvanecer — junto com sua habilidade de influenciar seu comprometimento e desempenho.

Você Consegue! Criando e Mantendo a Motivação da Equipe

Processos eficientes e relações tranquilas propiciam projetos de sucesso. E ter membros da equipe se comprometendo pessoalmente com seu sucesso lhe dá mais chances de atingi-lo. Assim, sua maior tarefa como gerente de projetos é motivar todos os membros da equipe e incentivá-los a se comprometer com o sucesso do projeto.

LEMBRE-SE

Motivação é uma escolha pessoal; a única pessoa que você pode motivar diretamente é você mesmo. Você pode criar oportunidades para outras pessoas ficarem motivadas, mas não pode tomar essa decisão por elas. Os fatores a seguir incentivam uma pessoa a se tornar e permanecer motivada a atingir uma meta:

» **Conveniência:** O valor de atingir a meta.

» **Viabilidade:** A probabilidade de que você a atinja.

» **Progresso:** Suas conquistas conforme trabalha para atingi-la.

» **Recompensa:** A gratificação quando você atinge a meta.

Quando o projeto supre as necessidades profissionais e pessoais das pessoas em cada uma dessas quatro áreas, você fortalece seu comprometimento com o sucesso do projeto. Nesta seção, mostro formas específicas de suprir essas necessidades.

Aumentando o comprometimento ao esclarecer os benefícios do projeto

Embora algumas pessoas se comprometam em concluir uma atribuição porque alguém lhes disse para fazê-lo, você tem um comprometimento muito mais sério quando uma pessoa reconhece e aprecia os benefícios do projeto. Ao discuti-los com a equipe, considere aqueles que são mais importantes para sua empresa, seus colaboradores e clientes, como:

- » Produtos e serviços melhorados.
- » Processos e procedimentos internos melhorados.
- » Vendas melhoradas.
- » Produtividade melhorada.
- » Um ambiente de trabalho melhor.

Também considere benefícios potenciais para cada membro da equipe, como:

- » Adquirir novas competências e conhecimentos.
- » Trabalhar em um ambiente agradável.
- » Expandir seus contatos corporativos.
- » Aumentar o potencial de carreira.

LEMBRE-SE

Quando você ajuda as pessoas a perceberem os benefícios pessoais que podem obter ao participar do projeto, aumenta seu comprometimento e, assim, as chances de que seja bem-sucedido.

Ocasionalmente, alguém me lembra de que os membros da equipe recebem salários para fazer seus trabalhos. Em outras palavras, essa pessoa está sugerindo que ele não tem que se preocupar com se a equipe percebe os benefícios pessoais de executar as tarefas que lhe foram atribuídas. É um consenso que as pessoas executarão suas atribuições porque querem receber seu pagamento. Infelizmente, no entanto, esse tipo de poder de recompensa leva as pessoas a fazerem o mínimo de trabalho necessário para garantir que recebam o próximo pagamento, em vez de trabalharem para obter os resultados da mais alta qualidade.

Não estou sugerindo que suas preocupações principais em um projeto sejam os benefícios pessoais dos membros da equipe. Porém, as pessoas se comprometem mais se sentirem que podem atingir suas metas pessoais enquanto ajudam a empresa a atingir as suas.

Faça o seguinte para ajudar sua equipe a entender e apreciar os benefícios que o projeto pode atingir pela empresa:

> » Identifique a situação que levou ao projeto.
> » Identifique os principais condutores do projeto e esclareça as expectativas que tiverem (veja o Capítulo 3 para ler mais sobre condutores de projeto).
> » Incentive os membros da equipe a discutir os benefícios esperados e o valor desses benefícios.

Faça o seguinte para motivar os membros da equipe a identificar os benefícios pessoais que podem alcançar participando do projeto:

> » Discuta seus interesses pessoais e metas de carreira, e relacione esses interesses e metas a aspectos do projeto.
> » Discuta projetos passados que eles apreciaram e as razões pelas quais os apreciaram.
> » Discuta alguns dos benefícios que você e outras pessoas esperam alcançar trabalhando nesse projeto.

Incentivando a persistência ao demonstrar a viabilidade do projeto

Um projeto é *viável* se for possível de cumprir. Não importa o quão desejável você sinta que um projeto é, se estiver convencido de que nada do que você fizer pode levar a seu sucesso, desistirá mais facilmente quando encontrar a menor das dificuldades (assim como os membros da equipe). Você não precisa de garantia de sucesso, mas tem que acreditar que há uma chance razoável aí.

Viabilidade é uma avaliação subjetiva. O que parece impossível para uma pessoa pode parecer viável para outra. Além disso, sua avaliação de viabilidade pode se tornar uma profecia autorrealizada. Se achar que uma atribuição é viável, você trabalha duro para concluí-la; se encontrar problemas, tentará resolvê-los. Porém, se realmente acredita que não tem chances de ter sucesso, desiste ao primeiro sinal de dificuldade. Qualquer problema que encontrar apenas confirma o que já sabia — o projeto estava condenado desde o início. É claro, assim que você desiste, não tem chance de sucesso, confirmando sua crença inicial de que o projeto não era viável!

DICA

Ajude as pessoas a acreditar que o projeto é viável trabalhando com elas para definir o que a equipe produzirá, quando e como. Especificamente:

» Envolva os membros da equipe no processo de planejamento.

» Encoraje-os a identificar potenciais problemas para que você possa saná-los.

» Explique por que sente que suas metas e planos são viáveis.

» Desenvolva planos adequados de gerenciamento de riscos (veja o Capítulo 9).

Comunicando as pessoas sobre como estão se saindo

Fazer os membros da equipe apreciarem o valor e a viabilidade do projeto o ajuda a motivá-los inicialmente. Porém, se o projeto durar mais do que algumas semanas, a motivação inicial da equipe pode morrer sem seu reforço contínuo. Em geral, pessoas trabalhando em uma tarefa em particular precisam saber como estão se saindo ao longo do tempo por três razões:

» Atingir marcos intermediários oferece satisfação pessoal.

» Reconhecer seu sucesso confirma que estão no caminho certo.

» Completar com sucesso etapas intermediárias reforça sua crença de que elas conseguem alcançar as metas finais.

DICA

Você já viu um projeto de 12 meses no qual todos os marcos principais ocorreram nos meses 11 e 12? Quando você acha que as pessoas levaram esse projeto a sério? Nos meses 10, 11 e 12 (se ainda estavam por aí na época)! Obviamente, você quer que os membros da equipe permaneçam interessados e motivados ao longo da vida do projeto, não apenas em seu clímax. Faça o seguinte para manter as pessoas nos trilhos e animadas com o projeto:

» Estabeleça marcos intermediários significativos e frequentes.

» Avalie continuamente como as pessoas estão se saindo.

» Compartilhe com frequência informações sobre desempenho com as pessoas.

» Reforce continuamente os potenciais benefícios do projeto.

Veja no Capítulo 14 maneiras de informar as pessoas sobre o progresso do projeto.

Oferecendo recompensas pelo trabalho bem-feito

Recompensar as pessoas na conclusão do projeto por seu esforço e conquistas confirma que elas conquistaram os resultados desejados e supriram as necessidades das partes interessadas. Também reafirma que os membros da equipe e gerentes reconhecem e apreciam suas contribuições. Esse reconhecimento, por sua vez, torna mais provável que elas recebam bem a oportunidade de participar em projetos futuros.

Há vários tipos de recompensas pós-projeto, incluindo:

» Você fala com cada membro da equipe e expressa apreço por sua ajuda.

» Você expressa seu apreço em uma nota por escrito ou e-mail para a pessoa.

» Você expressa seu apreço por escrito para o supervisor da pessoa.

» Você envia formalmente uma contribuição para a avaliação de desempenho da pessoa.

» Você nomeia a pessoa para uma atribuição futura que ela queira.

» Você nomeia a pessoa para um prêmio em dinheiro.

» Você emite um certificado de reconhecimento para a pessoa.

» Você leva a pessoa para almoçar.

Em vez de adivinhar de qual forma de recompensa os membros da equipe vão gostar mais, pergunte a cada um diretamente.

DICA

Para manter mais efetivas as recompensas que você oferece, faça o seguinte:

» Manifeste reconhecimento e apreço honestos e sinceros.

» Perceba a contribuição específica que a recompensa reconhece.

» Respeite o estilo e as preferências pessoais ao oferecer a recompensa:

- Algumas pessoas gostam de receber reconhecimento na frente dos colegas, enquanto outras preferem recebê-lo em particular.
- Algumas pessoas apreciam receber uma recompensa individual; outras, uma recompensa apresentada a toda a equipe.

Relacionando Este Capítulo ao Exame PMP e aos Guias PMBOK 5 e 6

A Tabela 15-2 registra tópicos deste capítulo que podem ser abordados no exame de certificação PMP e que também estão inclusos nas 5ª e 6ª edições de *Um Guia do Conhecimento em Gerenciamento de Projetos (Guias PMBOK 5 e 6)*.

TABELA 15-2 **Tópicos do Capítulo 15 Relacionados ao Exame PMP e aos *Guias PMBOK 5 e 6***

Tópico	Localização Neste Capítulo	Localização nos Guias PMBOK 5 e 6	Comentários
Distinções entre liderar e gerenciar	"Explorando as Diferenças entre Liderança e Gerenciamento"	9.4.2.3. Gerenciamento de Conflito Apêndice X3. Habilidades Interpessoais	A discussão de liderança e gerenciamento no *Guia PMBOK 6* destaca os nomes de diferentes competências e habilidades de liderança e gerenciamento, exemplos de onde você pode usá-las e destaques selecionados do que elas implicam.
Poder, influência e motivação	"Desenvolvendo Poder Pessoal e Influência" e "Você Consegue! Criando e Mantendo a Motivação da Equipe"	Apêndice X3. Habilidades Interpessoais	A discussão de liderança e gerenciamento no *Guia PMBOK 6* destaca os nomes de diferentes competências e habilidades de liderança e gerenciamento, exemplos de onde você pode usá-las e destaques selecionados do que elas implicam.

CAPÍTULO 15 **Encorajando o Alto Desempenho com uma Liderança Eficaz** 349

350   PARTE 4 **Guiando o Navio: Gerenciando o Projeto para o Sucesso**

NESTE CAPÍTULO

» **Planejando uma conclusão de projeto bem-sucedida**

» **Abordando quaisquer questões administrativas restantes**

» **Ajudando a equipe a fazer a transição para o fim do projeto**

» **Avaliando sucessos e fracassos com a avaliação pós-projeto**

Capítulo **16**

Conduzindo o Projeto a um Fechamento

Uma característica que distingue um projeto de outras atribuições de trabalho é seu fim distinto — o ponto no qual todo o trabalho é concluído; e os resultados, atingidos. Porém, com demandas intensas empurrando-o para sua próxima atribuição, você pode se sentir compelido a deixar os projetos concluídos definharem e, em algum momento, desaparecerem, em vez de terminá-los claramente com um anúncio, um reconhecimento de resultados e um obrigado a todas as pessoas que tornaram esses resultados possíveis.

Infelizmente, não conduzir os projetos a um encerramento completo fere tanto a empresa quanto as pessoas que executaram o trabalho. Quando você não avalia em que extensão o projeto atingiu os resultados desejados, não identifica se o concebeu, planejou e executou bem. Além disso, os membros da equipe não têm a chance de experimentar o fechamento, o êxito de um trabalho bem-feito.

Este capítulo mostra como encerrar um projeto com sucesso finalizando todo o trabalho substantivo, executando as tarefas administrativas finais e ajudando os membros da equipe a concluírem sua associação com o projeto e irem em frente. Além disso, este capítulo o ajuda a anunciar o fim do projeto e a conduzir uma avaliação pós-projeto.

DICA

Conforme discuto no Capítulo 1, projetos muito grandes são frequentemente divididos em fases, e cada fase é tratada como um miniprojeto separado. As discussões deste capítulo se aplicam ao estágio fechando-o-projeto de cada miniprojeto, assim como o estágio fechando-o-projeto do projeto inteiro.

Mantendo a Rota até a Conclusão

Acompanhar o projeto por todo o caminho até a conclusão garante que todos tirem benefícios máximos de seus resultados. Você também tem a chance de comparar os benefícios do projeto com os custos assumidos, confirmar o retorno sobre o investimento da empresa e validar seu processo para selecionar projetos.

CUIDADO

Conduzir o projeto até o final normalmente implica costurar vários pequenos detalhes e questões abertas. Lidar com essas inúmeras atribuições pode ser frustrante até sob as melhores circunstâncias. Porém, as seguintes situações dificultam ainda mais o desfecho de um projeto:

» Você não tem uma lista detalhada e por escrito de todas as atividades que deve executar durante o fechamento.

» Alguns membros da equipe foram transferidos para novas atribuições durante o curso do projeto, forçando os membros restantes a assumirem novas responsabilidades além das originais.

» O pessoal de projeto perde a motivação conforme o interesse geral diminui e as pessoas buscam novas atribuições.

» O pessoal do projeto quer que ele continue porque não quer acabar com relações profissionais e pessoais que desenvolveu ou não está animado com as próximas atribuições.

» Seus clientes (internos e/ou externos) não estão excessivamente interessados em concluir os detalhes finais do projeto.

Reduza o impacto de situações difíceis como essas e aumente as chances de sucesso do projeto planejando seu fechamento no início, identificando e cuidando de todos os detalhes e tarefas de fechamento e focando novamente sua equipe. Esta seção mostra como fazer isso (e mais).

Planejando o futuro para o encerramento do projeto

Se você esperar até o final do projeto para começar a pensar nos detalhes sobre seu encerramento, pode ser tarde demais para reunir todas as informações e recursos necessários. Em vez disso, comece a planejar sua conclusão enquanto prepara o plano inicial fazendo o seguinte (veja o Capítulo 1 para saber detalhes do que vai no plano de projeto):

» **Descreva os objetivos do projeto completa e claramente, e identifique todas as medidas e especificações objetivas relevantes.** Se um dos objetivos do projeto for mudar uma situação existente, descreva essa situação antes de executar o projeto para ter uma base comparativa para sua avaliação no final.

» **Prepare uma checklist de tudo o que você deve fazer antes de poder oficialmente fechar o projeto.** Aqui estão alguns exemplos de itens de encerramento a incluir na checklist:

- Conclua quaisquer atividades de projeto não finalizadas.
- Conclua todos os entregáveis exigidos.
- Obtenha todos os aceites e aprovações necessários para os resultados do projeto, incluindo aqueles do(s) cliente(s).
- Avalie a extensão em que os resultados do projeto atingiram as expectativas.
- Execute todas as tarefas administrativas exigidas.
- Termine todos os contratos relacionados de bens e serviços.
- Faça a transição dos membros da equipe para suas novas atribuições.
- Assegure-se de que toda a documentação e os entregáveis de projeto foram arquivados nos locais de armazenamento adequados.

Para cada item da checklist de encerramento de projeto, especifique quem irá executá-lo, quando ele estará feito e quais recursos serão necessários.

LEMBRE-SE

» **Inclua atividades de encerramento no plano de projeto.** Em sua estrutura analítica de projeto (EAP), especifique todas as atividades que terá que executar para encerrar o projeto e, então, reserve tempo e recursos suficientes para executá-las (veja o Capítulo 5 para ler mais sobre essa ferramenta).

Atualizando os planos de encerramento quando estiver pronto para finalizar

Incentive os membros da equipe a considerar o estágio fechando-o-projeto como uma atribuição à parte, com os próprios objetivos, tarefas e exigências de recursos (veja o Capítulo 1 para ler mais sobre o estágio fechando-o-projeto). Conforme você completa o trabalho principal do projeto, reveja e atualize os planos preliminares de encerramento que desenvolveu no plano de projeto inicial (veja a seção anterior para ler detalhes sobre esses planos).

Dando um gás na equipe para manter o pique até a linha de chegada

Como os membros da equipe trabalham duro para concluir obrigações de projeto, seu foco muitas vezes muda de atingir os objetivos gerais para concluir suas atribuições individuais. Além disso, outros públicos que estavam inicialmente muito interessados nos resultados do projeto podem se envolver com outras prioridades e atividades durante o processo (o que significa que eles provavelmente perderam o interesse e o entusiasmo pelo projeto). No entanto, a conclusão bem-sucedida do projeto exige um esforço coordenado de todos os participantes principais.

LEMBRE-SE

Para reforçar o foco e o interesse da equipe, faça o seguinte:

» **Lembre às pessoas do valor e da importância dos resultados finais do projeto.** Discuta com frequência os benefícios que a organização terá a partir dos resultados finais do projeto, assim como os benefícios individuais para os membros da equipe. As pessoas estão mais propensas a trabalhar duro para concluir um projeto com sucesso quando percebem os benefícios que terão ao fazê-lo.

» **Reúna a equipe e reafirme o compromisso mútuo de conduzir o projeto a uma conclusão bem-sucedida.** Discuta por que você sente que o projeto é importante e descreva seu compromisso pessoal em concluí-lo com sucesso. Incentive outras pessoas a fazerem compromissos similares. As pessoas superam obstáculos e executam atribuições difíceis de forma mais efetiva quando estão comprometidas a alcançar o sucesso.

» **Monitore atividades finais de perto e dê a cada membro da equipe feedback frequente sobre desempenho.** Defina momentos frequentes de avaliação de marcos e progresso com os membros da equipe. Manter a proximidade com os membros da equipe oferece a você e a eles informações atualizadas sobre a iminência do encerramento. Esse contato próximo também facilita a identificação e resolução de quaisquer questões e problemas que surgirem ao longo do projeto.

>> **Seja acessível a todos os membros da equipe.** Fique disponível quando os membros da equipe quiserem consultá-lo. Considere almoçar periodicamente com eles e fique acessível na área de escritórios. Estar disponível afirma seu interesse e a importância de seu trabalho.

Para mais dicas sobre como manter a equipe motivada, vá ao Capítulo 15.

Lidando com Questões Administrativas

Assim como você precisa ter autorização para as pessoas gastarem tempo, esforços e recursos legalmente para executar trabalhos no projeto, você precisa revogar essa autorização quando encerra o projeto, para evitar que as pessoas continuem gastando tempo, esforços ou recursos nele no futuro. Você pode finalizar essa autorização fazendo o seguinte:

>> **Obtenha todas as aprovações exigidas.** Obtenha aprovação por escrito de que seu projeto passou em todos os testes de desempenho e seguiu todos os padrões e certificações aplicáveis. Além disso, consiga aprovação de clientes ou consumidores. Esse passo confirma que nenhum trabalho adicional é necessário no projeto.

>> **Reconcilie quaisquer transações pendentes.** Se você fez compras pelo projeto de fontes externas, resolva quaisquer disputas com colaboradores e fornecedores, pague todas as cobranças pendentes e confira se os contratos foram oficialmente finalizados. Ajuste quaisquer esforços de trabalho ou gastos de projeto que foram enviados para contas incorretas.

>> **Feche todas as categorias de cobrança.** Obtenha a confirmação oficial de que nenhuma cobrança futura de mão de obra ou financeira possa ser feita em suas contas de projeto.

Oferecendo uma Transição Tranquila para os Membros da Equipe

Como parte do encerramento bem-sucedido do projeto, você precisa ajudar os membros da equipe a concluírem suas responsabilidades de projeto e seguirem para suas próximas atribuições. Lidar com essa transição de maneira ordenada e acordada permite às pessoas focar suas energias em completar suas tarefas

CAPÍTULO 16 **Conduzindo o Projeto a um Fechamento** 355

no projeto, em vez de imaginar onde e quando suas próximas atribuições serão. Em particular, faça o seguinte:

LEMBRE-SE

» **Reconheça e documente as contribuições dos membros da equipe.** Expresse seu agradecimento às pessoas por sua ajuda no projeto e compartilhe com elas a avaliação que fez de seu desempenho. Tire um momento para agradecer a seus supervisores por disponibilizá-las para o projeto, e ofereça-lhes a avaliação de seu desempenho.

Como regra geral, faça o feedback positivo em público; compartilhe críticas construtivas e sugestões de melhorias em particular. Em ambos os casos, faça seus comentários pessoalmente para os membros da equipe e continue a conversa por escrito.

» **Ajude as pessoas a planejarem sua transição para as novas atribuições.** Se for apropriado, ajude as pessoas a encontrar as próximas atribuições de projeto. Ajude-as a desenvolver um cronograma para concluir seu envolvimento com o projeto enquanto cumprem todas as obrigações restantes. Considere fazer uma reunião final de projeto ou um almoço, para oferecer aos membros da equipe um fechamento de seu trabalho e relações de projeto.

» **Anuncie para a empresa que o projeto está concluído.** Você pode fazer esse anúncio por e-mail, em um comunicado na intranet da companhia, em uma reunião ou através de uma publicação da empresa, como uma newsletter. Você precisa fazer esse anúncio por estas três razões:

- Para alertar as pessoas da empresa que os resultados planejados do projeto estão disponíveis.
- Para confirmar às pessoas que apoiaram o projeto que seus esforços levaram a um resultado bem-sucedido.
- Para avisar às pessoas que elas não precisam mais alocar tempo ou recursos no projeto.

» **Reserve um momento para comunicar aos membros da equipe e a outros que apoiaram o projeto os verdadeiros resultados do tempo e trabalho que investiram.** Nada motiva mais os membros da equipe a pular para a próxima atribuição e oferecer apoio contínuo e de alta qualidade do que lhes falar sobre os resultados positivos de sua dedicação.

Veja o box a seguir, "Uma abordagem inovadora para anunciar o fechamento do projeto", para ver uma maneira incomum de uma pessoa comunicar às outras que o projeto foi terminado.

UMA ABORDAGEM INOVADORA PARA ANUNCIAR O FECHAMENTO DO PROJETO

Se o projeto é pequeno, quando se encerra há chance de que todos os participantes já saibam e conheçam seus resultados. Mas se o projeto leva muito tempo (seis meses ou mais) e envolve muitos grupos de pessoas da empresa, as aquelas que participaram no início podem nunca ver os resultados práticos de seus esforços.

Um tempo atrás, um cliente meu tinha acabado de encerrar um projeto de um ano que envolvia criação, desenvolvimento, produção e introdução de um pequeno equipamento no cockpit de uma aeronave. No término oficial do projeto, ele refletiu sobre as muitas pessoas diferentes de todas as áreas de sua empresa que tiveram algum papel no projeto. Além dos engenheiros, que concluíram a instalação e os testes finais do equipamento, os encarregados de contrato, os especialistas em aquisição, os gerentes financeiros, os especialistas em recursos humanos, o pessoal do laboratório de testes, os especialistas em logística e os outros que compuseram o time que tornou o projeto um sucesso.

Ele percebeu que, se a experiência passada fosse um indicador, a maioria dessas pessoas de apoio nunca veria o resultado final de seus esforços. Então, decidiu fazer algo na empresa que nunca havia sido feito; criou um pequeno painel em seu escritório que ilustrava o nascimento, a evolução e a concretização do projeto. Incluiu tudo: contratos assinados; ordens de compra; o projeto do modelo preliminar; desenhos dos engenheiros; imagens do dispositivo na aeronave, de um piloto que o usaria, assim como do pessoal da manutenção, que daria o suporte. Então, ele enviou mensagens a todas as pessoas com quem trabalhou no projeto anunciando o painel e convidando-as a visitar seu escritório.

A resposta foi impressionante. Ele estimou que mais de 100 pessoas tenham passado para ver o painel. Ele ouviu por acaso comentários de pessoas pela empresa sobre como elas haviam executado tarefas individuais grandes e pequenas que contribuíram com o sucesso daquele equipamento — equipamento que eles agora podiam ver que afetaria a vida das pessoas. O comentário mais comovente que ele recebeu foi de um técnico que trabalhou no laboratório de testes. O técnico lhe disse que essa era a primeira vez em 11 anos na empresa em que ele via os resultados de um item que havia testado.

Meu cliente estimou que havia gastado várias horas montando o painel. Mas os resultados positivos que ele e a empresa receberam desse compartilhamento foram imensuráveis.

Observando os Resultados: A Avaliação Pós-projeto

Construa as bases para repetir em projetos futuros o que funcionou no passado (e evitar o que não funcionou) conduzindo uma *avaliação pós-projeto* (também chamada de *revisão pós-projeto* ou *lições aprendidas*), que consiste em uma análise dos resultados, atividades e processos de projeto e lhe possibilita:

» Reconhecer as conquistas do projeto e o trabalho das pessoas.

» Identificar técnicas e abordagens que funcionaram e elaborar estratégias para usá-las novamente no futuro.

» Apontar técnicas e abordagens que não funcionaram, a fim de que elas não sejam utilizadas novamente.

Análise postmortem de projeto é outro termo para a avaliação pós-projeto. Eu evito usá-lo, porém, porque ele conjura a imagem de uma necropsia! Prefiro deixar as pessoas com uma memória mais positiva de sua experiência com um projeto.

Esta seção o ajuda a planejar, conduzir e acompanhar uma avaliação pós-projeto.

Preparando-se para a avaliação ao longo do projeto

Tome medidas em cada estágio da evolução do projeto (começando o projeto, organizando e preparando, executando o trabalho e encerrando o projeto) para construir as bases para sua avaliação pós-projeto (veja o Capítulo 1 para ler mais sobre os quatro estágios de projeto):

» **Começando o projeto:**

- Identifique os benefícios que os *condutores* do projeto queriam ter quando o autorizaram. (Veja o Capítulo 3 para ler uma discussão sobre condutores e outras partes interessadas.)

- Se o projeto foi criado para mudar uma situação, avalie a situação *anterior* para descrever a atual a fim de compará-las com as avaliações *posteriores*, que fizer quando o projeto estiver concluído.

» **Organizando e preparando:**

- Identifique condutores adicionais que você possa ter ignorado no primeiro estágio do projeto. As expectativas dos condutores servem como critério para definir seu sucesso, então você precisa saber quem eles são antes de começar o trabalho.

- Desenvolva descrições claras e detalhadas de todos os objetivos do projeto.

- Inclua a atividade "Conduzir uma avaliação pós-projeto" na estrutura analítica de projeto (EAP) e disponibilize tempo e recursos para executá-la. (Veja o Capítulo 5 para ler uma discussão sobre a EAP.)

» **Executando o projeto:**

- Diga aos membros da equipe que haverá uma avaliação pós-projeto.

- Incentive os membros da equipe a registrar questões, problemas e êxitos ao longo de seu envolvimento no projeto em um histórico, escrito à mão ou digital. Avalie o histórico ao propor tópicos para discussão na reunião de avaliação pós-projeto.

- Mantenha arquivos de custos, cobranças de horas de trabalho e relatórios de execução de cronograma ao longo do projeto. (Veja o Capítulo 13 para saber detalhes sobre como monitorar e comunicar essas informações.)

» **Encerrando o projeto:**

- Se o objetivo do projeto era mudar uma situação, faça avaliações *posteriores* das características fundamentais dessa situação para ver se você conseguiu alcançar com êxito o objetivo.

- Obtenha relatórios finais de custos, horas de trabalho e desempenho de cronograma para o projeto.

- Sonde as principais partes interessadas para determinar quão bem elas acham que o projeto supriu suas necessidades e suas avaliações de equipe e de gerente de projetos.

Preparando o palco para a reunião de avaliação

Uma avaliação pós-projeto é tão boa quanto os resultados, gastos e informações de desempenho nos quais é baseada. As informações devem ser completas, detalhadas e precisas. Prepare a reunião de avaliação pós-projeto coletando informações sobre:

» Resultados de projeto.

- » Desempenho de cronograma.
- » Gastos de recursos.
- » Problemas que surgiram durante o projeto.
- » Mudanças durante o projeto em seus objetivos, cronogramas e orçamentos.
- » Ocorrências inesperadas ou mudanças no ambiente durante o projeto.
- » Satisfação dos consumidores com os resultados do projeto.
- » Satisfação do gerente com os resultados do projeto.
- » Eficiência dos processos de gerenciamento do projeto.
- » Lições aprendidas.

Você pode coletar essas informações das seguintes fontes:

- » Relatórios de progresso.
- » Históricos de projeto.
- » Relatórios de custos.
- » Relatórios de cronograma.
- » Memorandos de projeto, correspondências e minutas de reuniões.
- » Entrevistas e pesquisas com consumidores, gerentes e membros da equipe.

LEMBRE-SE

Prepare uma pauta detalhada para a reunião de avaliação pós-projeto que especifique os momentos em que discussões de tópicos começarão e terminarão. Considere incluir os seguintes tópicos na pauta:

- » Declaração do propósito da reunião.
- » Resultados específicos da reunião a serem atingidos.
- » Destaques da execução do projeto, incluindo:
    - Resultados, cronogramas e recursos.
    - Abordagens de planejamento de projeto.
    - Sistemas e procedimentos de monitoramento de projeto.
    - Comunicações de projeto.
    - Práticas e efetividade da equipe de projeto.

- » Reconhecimento e discussão de conquistas especiais.
- » Avaliação de reações de consumidores e gerência sobre o projeto.
- » Discussão de problemas e questões.
- » Discussão sobre como aplicar as experiências desse projeto em esforços futuros.

Distribua um rascunho de pauta, materiais de apoio relacionados e uma lista de participantes a todos os convidados em potencial pelo menos uma semana antes da reunião. Esse aviso antecipado dá às pessoas tempo de sugerir inclusões e outras mudanças na pauta. Revise-a para abordar essas sugestões e distribua a pauta final a todos os participantes pelo menos um dia antes da reunião.

Conduzindo a reunião de avaliação

Uma reunião de avaliação pós-projeto (que você pode fazer pessoalmente, via videoconferência ou através de outros métodos de reunião) requer que você aborde os tópicos corretos e que as pessoas compartilhem suas opiniões e experiências de projeto aberta e honestamente.

Na reunião de avaliação pós-projeto, explore as seguintes questões:

- » Você atingiu todos os objetivos de projeto?
- » Você cumpriu o cronograma de projeto?
- » Você concluiu o projeto dentro do orçamento?
- » Em relação aos problemas durante o projeto:
  - Você poderia ter previsto e se programado para eles? Se sim, como?
  - Você lidou com eles efetiva e eficientemente quando surgiram?
- » Você usou os sistemas e procedimentos de gerenciamento de projeto da empresa efetivamente?

Para conseguir informações mais precisas e as melhores recomendações para ações futuras, faça o seguinte antes e durante a reunião de avaliação pós-projeto:

- » **Convide as pessoas certas.** Convide todas as pessoas que participaram do projeto em todos os pontos de sua vida. Se a lista de potenciais convidados for longa demais, considere se encontrar separadamente com subgrupos selecionados e, então, fazer uma sessão geral na qual todos avaliem os resultados das reuniões menores e você solicite comentários e sugestões finais.

» **Declare no início da reunião que ela deve ser uma experiência de aprendizado, em vez de uma sessão para se apontarem os dedos.** Como gerente, você faz a reunião de avaliação pós-projeto. No início, é preciso declarar que a sessão é um momento para autoexame e sugestões para propiciar o sucesso de projetos futuros. Se as pessoas começarem a atacar ou criticar outros participantes, você imediatamente coloca a discussão de volta nos trilhos fazendo-lhes as seguintes perguntas:

- O que você pode fazer no futuro para lidar mais efetivamente com tais situações?
- O que você pode fazer no futuro para evitar tais situações?

Se as pessoas resistirem a suas tentativas de redirecionar as conversas, experimente mencionar ações que, como gerente de projetos, você pode tomar no futuro para evitar ou lidar com situações similares de forma mais efetiva e pedir às pessoas para compartilharem ideias adicionais.

» **Encoraje as pessoas a:**
- Identificarem o que os outros fizeram bem.
- Analisarem o próprio desempenho e verem como poderiam ter lidado com as situações de forma diferente.

» **Considere fazer a reunião longe de seu escritório.** As pessoas muitas vezes se sentem mais confortáveis criticando práticas existentes e discutindo novas abordagens quando estão longe de seus ambientes de trabalho típicos.

DICA

Designe uma pessoa para fazer anotações durante a reunião de avaliação pós--projeto. Além da lista de presença e destaques de informação, as anotações devem elencar todas as atividades acordadas para implementar as lições aprendidas da reunião e as pessoas responsáveis por essas atividades.

Acompanhando a avaliação

Muitas vezes, o cronograma apertado o empurra para novos projetos antes que você tenha chances de analisar e se beneficiar dos anteriores. Porém, mesmo quando as pessoas tiram alguns momentos para rever experiências de projeto anteriores, raramente incorporam as lições aprendidas em suas práticas operacionais futuras.

LEMBRE-SE

Assim que possível, depois da reunião de avaliação pós-projeto, você, como gerente de projetos, precisa preparar e distribuir um relatório de encerramento que tenha base nas minutas de reunião e que aborde os seguintes tópicos:

» Práticas a incorporar em futuros projetos.

» Passos a dar para encorajar essas práticas.

» Práticas a evitar em futuros projetos.

» Passos a dar para desencorajar essas práticas.

Considere esse relatório de encerramento ao planejar futuros projetos para aplicar as lições aprendidas.

Relacionando Este Capítulo ao Exame PMP e aos Guias PMBOK 5 e 6

A Tabela 16-1 registra tópicos deste capítulo que podem ser abordados no exame de certificação PMP e que também estão inclusos nas 5ª e 6ª edições de *Um Guia do Conhecimento em Gerenciamento de Projetos (Guias PMBOK 5 e 6)*.

TABELA 16-1 **Tópicos do Capítulo 16 Relacionados ao Exame PMP e aos *Guias PMBOK 5 e 6***

Tópico	Localização Neste Capítulo	Localização nos Guias PMBOK 5 e 6	Comentários
Atividades executadas no fechamento de um projeto	"Mantendo a Rota até a Conclusão" e "Lidando com Questões Administrativas"	3.7. Grupo de Processos de Encerramento 4.6. Encerrar o Projeto ou Fase	As fontes identificam atividades similares.
Questões abordadas em uma avaliação pós-projeto	"Observando os Resultados: A Avaliação Pós-projeto"	4.6.3.2. Atualização de Ativos de Processos Organizacional 10.3.3.5. Atualização de Ativos de Processos Organizacional 12.4.3.2. Atualização de Ativos de Processos Organizacional	As fontes identificam questões similares.
Como oferecer uma transição para a equipe	"Oferecendo uma Transição Tranquila para os Membros da Equipe"	9.1.3.1. Plano de Gerenciamento dos Recursos Humanos	O *Guia PMBOK 6* afirma a importância de se planejar para uma liberação tranquila dos membros do projeto.

CAPÍTULO 16 **Conduzindo o Projeto a um Fechamento** 363

364   PARTE 4 **Guiando o Navio: Gerenciando o Projeto para o Sucesso**

5

Levando Seu Gerenciamento de Projetos para o Próximo Nível

NESTA PARTE...

Conheça os últimos softwares para gerenciamento de projetos e descubra como usá-los efetivamente. Conheça a abordagem Ágil para gerenciar projetos que exigem um desdobramento rápido, ou nos quais você prevê que haverá mudanças nas necessidades do cliente e/ou nos produtos a serem produzidos depois que ele começar. Descubra como otimizar o uso das mídias sociais para manter todos no projeto informados.

Descubra como usar uma técnica chamada de gerenciamento do valor agregado para determinar o desempenho da execução do cronograma e dos custos, que diz se o projeto está abaixo, acima ou dentro do orçamento.

NESTE CAPÍTULO

» **Analisando o gerenciamento Ágil de projetos**

» **Reconhecendo o papel dos softwares no planejamento e controle do projeto**

» **Facilitando o gerenciamento de projetos com as mídias sociais**

Capítulo **17**

Usando os Mais Novos Métodos e Recursos

Uma parte importante do gerenciamento de projetos é a informação — obtê-la, armazená-la, analisá-la e compartilhá-la. Mas o segredo para o gerenciamento de projetos bem-sucedido é usar essa informação para guiar e fomentar o máximo desempenho das pessoas.

A tecnologia de hoje oferece maneiras mais fáceis e acessíveis de lidar com as informações. Por exemplo, softwares de computador permitem que você insira, armazene e analise informações, e depois apresente os resultados em formatos profissionais. Além disso, diferentes tipos de mídias sociais oferecem meios para rapidamente compartilhar informações de projeto com uma ampla gama de públicos. Porém, a tecnologia sozinha não promove o desempenho focado e comprometido da equipe. Na verdade, se não for usada adequadamente, a confiança excessiva na tecnologia atual resulta em diminuição da moral, membros de equipe confusos e desorganizados, e desempenho reduzido.

Neste capítulo, discuto a abordagem Ágil, com entrada relativamente recente no mercado de metodologias de gerenciamento de projetos, que promete ser mais flexível e responsiva do que o tradicional modelo cascata. Exploro os diferentes tipos de software que estão disponíveis e como eles o ajudam a planejar e gerenciar seus projetos mais efetivamente. Por fim, discuto os diferentes tipos de mídias sociais atualmente no mercado, analiso suas vantagens e desvantagens e sugiro como você pode usá-las para facilitar o planejamento e gerenciamento de projetos.

Examinando a Abordagem Ágil para o Gerenciamento de Projetos

O gerenciamento de projetos, como o conhecemos hoje, começou em meados dos anos 1950 com o desenvolvimento do sistema do míssil Polaris pelo Departamento de Defesa norte-americano e pela empresa Lockheed. As ferramentas e técnicas experimentais de gerenciamento de projetos usadas, como o *program evaluation and review technique* (PERT) e o método do caminho crítico (CPM; veja o Capítulo 6 para ler mais sobre essas abordagens), foram criadas para possibilitar o planejamento e o gerenciamento de um programa grande e tecnicamente complexo, com um cronograma muito agressivo e uma grande dependência de subcontratados (veja o Capítulo 1 para entender a diferença entre projeto e programa).

Conforme o tempo passou, as pessoas começaram a usar essas técnicas para planejar e gerenciar projetos de diferentes tipos e tamanhos, e com maiores riscos de que as necessidades dos clientes, produtos e outros parâmetros mudassem inesperadamente enquanto o projeto estivesse em andamento. As demandas que essas diferentes situações colocaram sobre as equipes de projetos levaram as pessoas a buscarem ferramentas e técnicas adaptáveis. A abordagem Ágil foi uma das técnicas que surgiram. Nesta seção, apresento seus elementos e os comparo aos da tradicional abordagem cascata.

368   PARTE 5 **Levando Seu Gerenciamento de Projetos para o Próximo Nível**

Entendendo o que impulsiona a abordagem Ágil

O gerenciamento de projetos Ágil é um método flexível e interativo de planejar, executar e monitorar as atividades envolvidas no desenvolvimento contínuo, melhoria e entrega de um projeto. Embora usado primariamente para projetos de desenvolvimento de software desde 2001, abordagens Ágeis têm sido empregadas em projetos em construção, marketing, finanças, educação, rádio, escrita freelance, publicações editoriais, engenharia, radiodifusão, construção e manutenção de equipamentos, fabricação, planejamento de eventos, arquitetura, desenvolvimento, finanças, propaganda de produtos, entre outras.

A palavra "ágil" (definida como "capaz de se mover rápida e facilmente" e "capaz de pensar e entender rapidamente") foi primeiramente usada para descrever esse método em 2001, quando um grupo de designers de software publicou o "Manifesto para Desenvolvimento Ágil de Software", mostrado na Tabela 17–1.

TABELA 17-1   **Manifesto para o Desenvolvimento Ágil de Software**

Mais Valorizado	Menos Valorizado
Indivíduos e interações	Processos e ferramentas
Software operacional	Documentação abrangente
Colaboração do consumidor	Negociação de contratos
Resposta à mudança	Seguir um plano

© 2001, Kent Beck, Mike Beedle, Arie van Bennekum, Alistair Cockburn, Ward Cunningham, Martin Fowler, James Grenning, Jim Highsmith, Andrew Hunt, Ron Jeffries, Jon Kern, Brian Marick, Robert C. Martin, Steve Mellor, Ken Schwaber, Jeff Sutherland, Dave Thomas. Essa declaração pode ser livremente copiada, desde que na íntegra e com este aviso.

Como descrito na Tabela 17–1, as principais premissas da Ágil são as seguintes:

» As pessoas e sua colaboração, comunicação e comprometimento com o projeto e com as outras são os recursos mais importantes para o sucesso de um projeto.

» O sucesso de um projeto é medido pela extensão na qual os produtos que ele produz suprem com êxito as necessidades e expectativas do cliente.

» Uma compreensão das reais necessidades do cliente e do que será necessário para abordá-las é melhor atingida por meio de colaboração mútua entre o cliente e a equipe de projeto.

> Em vez de se recusar a reconhecer quando ocorrem mudanças que afetam o projeto, suprir com sucesso as necessidades do cliente requer identificar as mudanças e avaliar seu potencial impacto no projeto no primeiro momento, e responder adequadamente a elas, de forma efetiva e eficiente.

Os autores do manifesto prepararam 12 orientações operacionais que acreditavam incorporar os princípios definidos no manifesto. Você as encontra em http://agilemanifesto.org/principles.html (conteúdo em inglês).

Examinando os elementos Ágeis quando implementados através do Scrum

Ágil é um conjunto de valores e princípios que descrevem um ambiente de produto que enfatiza sua melhoria contínua, uso de membros de equipe capazes e altamente motivados, interação frequente entre e a equipe de criação e o consumidor, disposição para aceitar e lidar com mudanças conforme elas ocorrem e entrega frequente de software operacional ao consumidor ao longo do projeto. Porém, como isso não inclui um conjunto específico de procedimentos, atores e itens a serem produzidos, a Ágil deve ser implementada por meio do uso de uma estrutura Ágil.

Embora muitas estruturas como tal estejam disponíveis, a mais comumente usada é o Scrum. O Scrum é uma estrutura Ágil porque cumpre os princípios e as orientações gerais contidas no Manifesto para o Desenvolvimento Ágil de Software (veja a seção anterior). Ele apoia a entrega de projeto iterativa e incremental usando feedbacks frequentes e tomadas de decisão colaborativas, e é caracterizado pela transparência, inspeção e adaptação.

O uso real da técnica Scrum é relativamente simples. A seguir estão alguns dos principais componentes do processo:

> **Scrum master:** Mantém o processo e defende e protege a equipe (muitas vezes, um gerente de projetos assume esse papel).

> **Dono do produto (product owner):** Representa o consumidor e tem autoridade para tomar decisões.

> **Equipe (geralmente, 7–10 pessoas):** Inclui pessoas com todas as competências exigidas para o projeto e é conjuntamente responsável por entregar o produto.

> **Backlog:** Uma lista de tarefas e exigências prioritárias de que o produto final precisa (criada e mantida pelo product owner).

> **Sprint:** O tempo predeterminado que a equipe tem para completar as características selecionadas. O sprint tem cinco diferentes tipos de reuniões:

- **Backlog grooming (também chamada de refinamento de backlog):** Objetiva criar, adicionar e remover itens do backlog.

- **Planejamento da sprint:** Uma reunião com a equipe para selecionar um conjunto de trabalho do backlog dos produtos a entregar durante uma sprint. Essa reunião normalmente leva de quatro horas a um dia inteiro.

- **Daily Scrum (também chamado de daily stand-up):** Uma reunião curta para a equipe de desenvolvimento compartilhar o progresso e os desafios e planejar o trabalho para o dia. Idealmente, os membros da equipe estão no mesmo lugar, a reunião geralmente não dura mais do que 15 minutos, e é feita na mesma hora e no mesmo lugar todos os dias.

- **Reunião de revisão da sprint:** Uma reunião na qual a equipe demonstra ao product owner o que foi concluído durante a sprint.

- **Reunião de retrospectiva da sprint:** Uma reunião na qual a equipe busca maneiras de melhorar o produto e o processo com base em uma avaliação do desempenho real da equipe de desenvolvimento.

Para ler mais informações sobre as diferentes atividades que você executa ao gerenciar o projeto usando a Metodologia Ágil, implementada através de Scrum, veja *Gerenciamento Ágil de Projetos Para Leigos* e *Scrum Para Leigos*, ambos de Mark C. Layton, publicados pela Alta Books.

Comparando a abordagem Ágil e a tradicional (cascata)

A Ágil foi desenvolvida para projetos que exigem flexibilidade e velocidade significativas, e são compostos por ciclos de entregas. Ela funciona melhor para projetos que exigem menos controle e comunicação em tempo real em configurações de equipe automotivadas. É altamente iterativa, permitindo ajustes rápidos ao longo do projeto.

Por outro lado, a metodologia cascata (tratada no restante deste livro) é sequencial por natureza. É composta de fases estáticas, executadas uma depois da outra em uma ordem específica. A cascata permite controle aumentado ao longo de cada fase, mas pode ser inflexível se mudanças de escopo forem solicitadas depois.

A Tabela 17-2 apresenta uma comparação de como cada abordagem lida com determinadas questões importantes durante a vida de um projeto. Como a tabela indica, em geral, a abordagem cascata é a mais rígida das duas, com menos flexibilidade para lidar com questões que não foram identificadas no início.

TABELA 17-2 Características Selecionadas das Abordagens Cascata e Ágil de Gerenciamento de Projetos

Cascata	Ágil
Os requisitos são definidos antes que o desenvolvimento comece.	Os requisitos são definidos e mudados com frequência durante a entrega.
Os planos são desenvolvidos para o entregável definitivo e um único produto é entregue no final da linha do tempo do projeto.	As entregas de subconjuntos de valor para o consumidor do produto final ocorrem com frequência.
A mudança é tão restrita quanto possível.	A mudança é incorporada em tempo real ao longo da execução do projeto.
As principais partes interessadas são envolvidas em marcos específicos.	As principais partes interessadas são continuamente envolvidas.
O risco e o custo são controlados por um planejamento detalhado das considerações majoritariamente conhecidas.	O risco e o custo são controlados conforme solicitações e restrições surgem.

LEMBRE-SE

A escolha de qual abordagem usar para gerenciar um projeto em particular depende de suas características. Se você espera que o projeto seja ordenado e previsível, com solicitações muito bem conhecidas e fixas, e consumidores que sabem exatamente o que querem antecipadamente, você pode considerar usar a metodologia cascata. No entanto, se o projeto não tiver o produto final claramente definido, seus clientes precisarem fazer mudanças no escopo depois que o projeto estiver em andamento e/ou for objetivado um desdobramento rápido, escolha usar uma abordagem Ágil.

Usando Softwares Efetivamente

CUIDADO

Os softwares atuais para análises especiais e comunicações parecem tão bons que você pode ficar tentado a acreditar que são tudo de que precisa para alcançar o sucesso do projeto. Porém, embora os softwares funcionem efetiva e eficientemente, *não conseguem* executar as seguintes tarefas essenciais:

» **Garantir que as informações estejam apropriadamente definidas, adequadas e precisas:** Na maioria dos casos, as pessoas registram as informações para apoiar o planejamento e controle do projeto e, então, inserem-nas em um computador. Você pode programar o software para conferir a correção do formato ou a consistência interna, mas ele não assegura a qualidade e a integridade dos dados.

Suponha que você use um programa de computador para manter registros das horas de trabalho que os membros da equipe gastam no projeto. Você pode programar o computador para rejeitar horas que são inadvertidamente gastas com um código de projeto inválido. No entanto, não pode programá-lo para reconhecer horas gastas no projeto errado com um código válido.

» **Tomar decisões:** O software o ajuda a determinar objetivamente os resultados de vários cursos de ação possíveis. Porém, ele não leva em conta efetivamente todas as considerações objetivas e subjetivas que você deve pesar antes de tomar uma decisão.

» **Criar e sustentar relações interpessoais dinâmicas:** Apesar do fascínio das pessoas com salas de bate-papo, e-mail e outros tipos de comunicações assistidas por computador, os computadores não promovem relações próximas e de confiança entre as pessoas. Quando muito, a tecnologia torna as relações mais difíceis de se desenvolverem porque remove a possibilidade de interpretar expressões faciais e linguagem corporal.

Então, os softwares *podem* ajudar durante a vida de um projeto? Esta seção observa os diferentes tipos de software disponíveis, como eles ajudam a gerenciar seu projeto e como introduzi-los em seu ambiente de trabalho.

Analisando as opções de software

Quando o projeto é suficientemente complexo, você pode usar softwares para uma ampla variedade de tarefas, incluindo armazenar e recuperar informações, analisar e atualizá-las, e elaborar apresentações e relatórios que descrevam essas informações e os resultados das análises.

Os softwares disponíveis caem em duas categorias: softwares de especialidade independentes e de gerenciamento de projetos integrados. Cada tipo tem vantagens e desvantagens, como discuto nas seções a seguir.

Softwares de especialidade independentes

Softwares de especialidade independentes consistem em pacotes separados que executam uma ou duas funções muito bem. Os seguintes tipos de softwares especializados facilitam o planejamento e a execução do projeto:

» **Processamento de texto:** Úteis para preparar a narrativa de partes dos planos de projeto, manter registros, criar relatórios de progresso e preparar comunicações de projeto por escrito (Microsoft Office Word, por exemplo).

» **Gráficos e apresentações corporativas:** Úteis para preparar despesas gerais e slides para apresentações de projeto, e desenvolver gráficos e artes para relatórios por escrito e publicações (Microsoft Office PowerPoint, por exemplo).

CAPÍTULO 17 **Usando os Mais Novos Métodos e Recursos**   373

» **Planilhas:** Úteis para armazenar quantidades moderadas de dados, executar cálculos repetitivos, fazer análises estatísticas e apresentar informações em formato de gráficos (Microsoft Office Excel, por exemplo).

» **Bases de dados:** Úteis para armazenar e recuperar grandes quantidades de dados para análise e apresentação (Microsoft Office Access, por exemplo).

» **Contabilidade:** Úteis para manter registros de receita e gastos (QuickBooks, por exemplo).

» **Gerenciamento de tempo e de informações:** Úteis para programar seu calendário, manter sua lista de contatos e gerenciar suas atividades de e-mail (Microsoft Office Outlook, por exemplo).

Nota: Muitos fabricantes oferecem pacotes de software nas categorias anteriores. Porém, como muitas das organizações nas quais trabalhei usam softwares da Microsoft, trouxe os exemplos dos pacotes de software da Microsoft nas diferentes categorias. Você pode ter ouvido falar deles, e, se já não os tiver, pode instalá-los em seu computador ou comprar uma assinatura da suíte de aplicativos com base em nuvem, como o Microsoft Office 365.

Inicialmente, os pacotes de especialidade executavam uma ou duas funções muito bem. Conforme evoluíram, no entanto, expandiram-se para incluir recursos que suportam suas funções primárias. Por exemplo:

» Os pacotes de processamento de texto agora possuem alguns recursos de planilhas, de gráficos corporativos e de bases de dados.

» Os pacotes de planilhas agora têm alguns recursos de gráficos corporativos e de processamento de texto.

» Os pacotes de bases de dados agora têm alguns recursos de planilhas e de processamento de texto.

Em geral, os pacotes de especialidades oferecem os benefícios a seguir:

» **Recursos poderosos em suas áreas de especialidade.** Por exemplo, um pacote de apresentação e gráficos corporativos torna relativamente fácil preparar apresentações de qualidade profissional que efetivamente compartilhe informações e estimule o interesse do público.

» **Você muito provavelmente já tem vários pacotes no seu computador.** Ter esses pacotes já disponíveis significa que você pode usá-los imediatamente, sem nenhum custo adicional.

» **As pessoas provavelmente sabem como usar muitos dos pacotes de especialidade comuns.** Como resultado, estão mais aptas a usá-los, e a usá-los corretamente. Além disso, você economiza tempo e dinheiro porque não exigem treinamento especial para usá-los.

CUIDADO

Tenha em mente que os pacotes de especialidade têm as desvantagens a seguir:

» **É provável que encorajem abordagens fragmentadas do planejamento e controle de projetos, o que omite certas etapas cruciais.** Você pode usar um pacote de gráficos corporativos para criar diagramas de Gantt (veja o Capítulo 6). Porém, tornar o cronograma viável exige que você considere o efeito da interdependência de atividades ao prepará-lo. Um pacote de gráficos corporativos não executa essa função por você.

» **Eles não se integram facilmente.** Por exemplo, você pode retratar o cronograma do projeto em um diagrama de Gantt e demonstrar as horas de trabalho na duração de cada tarefa em uma planilha. Porém, se um membro de equipe estiver fora por uma semana inesperadamente, é preciso fazer mudanças separadas revisando as horas da pessoa para expor as novas datas de início e fim das novas atividades. Embora alguns programas compartilhem dados diretamente com outros, esse processo muitas vezes é trabalhoso.

Softwares integrados de gerenciamento de projetos

Os *softwares integrados de gerenciamento de projetos* combinam recursos de bases de dados, planilhas, gráficos e processamento de texto para possibilitar muitas das atividades normalmente associadas ao planejamento e à execução do projeto. Um exemplo de um pacote integrado é o Microsoft Project, embora centenas de pacotes como ele, de todos os tipos, estejam no mercado hoje.

Um pacote integrado de gerenciamento de projetos típico permite:

» Criar uma lista hierárquica de atividades e seus componentes.

» Definir e armazenar informações importantes sobre o projeto, atividades e recursos.

» Definir interdependências de atividades (veja o Capítulo 6 para ler detalhes sobre as interdependências de atividades).

» Desenvolver cronogramas considerando a duração das atividades, suas interdependências, exigências de recursos e disponibilidade.

» Demonstrar o plano de execução de atividades de projeto em um diagrama de rede (veja o Capítulo 6).

» Demonstrar um cronograma nos formatos de diagrama de Gantt e tabela (veja o Capítulo 6).

» Designar pessoas para trabalhar em atividades de projeto em níveis específicos de esforços e momentos determinados.

CAPÍTULO 17 **Usando os Mais Novos Métodos e Recursos**   375

» Programar outros recursos para atividades de projeto em momentos específicos.

» Determinar o orçamento de projeto geral (veja o Capítulo 8 para saber como preparar orçamentos de projeto).

» Determinar o efeito de mudanças nos cronogramas e nos recursos de projeto.

» Monitorar as datas de início e fim de atividades, e datas de marcos.

» Monitorar horas-pessoa e custos de recursos.

» Apresentar o planejamento e o monitoramento de informações em uma ampla gama de gráficos e tabelas.

» Permitir a equipes de projeto colaborarem e acessarem informações de projeto de qualquer lugar a qualquer hora do dia ou da noite.

Como pode ter imaginado, os pacotes integrados de gerenciamento de projetos oferecem vantagens, assim como desvantagens. As vantagens incluem:

» **As funções do pacote são conectadas.** Por exemplo, se você inserir requisitos de pessoal uma vez, o programa os considera ao desenvolver cronograma e orçamentos de recursos, e ao comunicar o progresso do projeto.

» **Os pacotes normalmente têm uma variedade de modelos de relatórios pré-prontos.** Ter modelos de relatórios pré-prontos permite que você use formatos que são comprovadamente efetivos. Isso também economiza tempo e dinheiro ao preparar e distribuir os relatórios.

CUIDADO

Os pacotes integrados de gerenciamento de projetos têm as seguintes desvantagens:

» **O pacote pode não estar imediatamente disponível.** Se não estiver atualmente disponível, você precisa alocar tempo e dinheiro para comprar o software antes de poder usá-lo para viabilizar o planejamento e controle de projetos.

» **A maioria das pessoas precisa de treinamento para ficar confortáveis com o pacote.** Treinamento exige tempo e dinheiro adicionais.

» **Ter uma ampla gama de recursos em um pacote de software não garante que você vá usá-los corretamente.** Lembre-se do velho ditado: lixo entra, lixo sai. Mesmo os pacotes mais avançados não podem ajudar seu projeto se as pessoas não enviarem dados precisos e adequados.

Se você decidir usar um pacote integrado de gerenciamento de projetos, considere os seguintes fatores ao escolher o programa:

» **Tipos e formatos de relatórios:** Escolha um pacote que viabilize seus relatórios e meios de comunicação com o mínimo de personalização.

» **O conforto e a familiaridade dos membros da equipe e interessados com computadores e softwares:** Eles terão tempo e se esforçarão para aprender e depois usar o pacote? Ter um pacote com recursos de análise e relatórios de última geração não ajuda nada se as pessoas não souberem usá-lo.

» **Os softwares presentes em sua empresa:** Se vários pacotes de software forem iguais na maioria dos aspectos, escolha um que já esteja disponível e em uso, pois é mais provável que os membros da equipe tenham experiência com ele.

» **Sistemas existentes em sua organização para registrar horas de trabalho e gastos:** Se sua organização tiver tais sistemas, considere um pacote que interaja facilmente com eles. Se a organização não tiver tais sistemas, considere um pacote que armazene as informações de que você precisa.

» **Procedimentos e práticas de gerenciamento de projetos já existentes na empresa:** Tente encontrar um pacote que facilite tantas das atividades de gerenciamento de projetos quanto possível. Isso tornará mais tranquilo o processo de incorporar o software nas operações da empresa, pois as pessoas não terão que encontrar maneiras de continuar executando tarefas de gerenciamento de projeto que o sistema não suporta, e haverá menos necessidade de modificar práticas existentes para se adaptar aos recursos do novo software.

» **O ambiente de projeto em sua empresa:** Qual é o tamanho do grupo de recursos humanos para projetos, o número e tamanho típico de projetos, e daí em diante? Escolha um pacote que tenha os recursos e a velocidade necessários.

» **Softwares usados por clientes e empresas com os quais você trabalha:** Escolher um pacote que permita que você se comunique e se coordene facilmente com o software de seus consumidores e colaboradores economiza tempo e dinheiro.

Confira o *Microsoft Project 2016 For Dummies*, de Cynthia Snyder, para ler mais informações sobre como usar efetivamente esses recursos.

SOFTWARE DE GERENCIAMENTO DE PORTFÓLIO DE PROJETO: ELEVANDO O NÍVEL DO GERENCIAMENTO DE PROJETOS

A maioria dos softwares integrados de gerenciamento de projetos suporta planejamento, monitoramento e comunicação de um projeto individual. O gerenciamento de portfólio de projeto, no entanto, é especial, porque ele também:

- Suporta a atribuição e o monitoramento das pessoas em atividades em mais de um projeto.

- Leva em conta dependências de atividades interprojetos ao determinar diferentes possibilidades de cronograma.

- Monitora e comunica o progresso e as realizações de vários projetos simultaneamente.

- Suporta a comunicação na empresa em relação ao planejamento e execução de diferentes projetos.

Considere usar um software de gerenciamento de portfólio de projeto para suportar o planejamento e o controle quando sua organização cumprir estes critérios:

- Ela tem vários projetos grandes e interdepartamentais em curso.

- As equipes desses projetos vêm de um grupo comum de recursos da empresa.

- Ela tem práticas e procedimentos bem estabelecidos de gerenciamento de projeto e coleta de dados.

Ajudando o software a funcionar da melhor forma

Não importa o tipo de software de gerenciamento de projetos que você escolher (seja software de especialidade independente, seja de gerenciamento de projeto integrado), o sucesso do projeto depende de quão bem você coordena e apoia o planejamento de projeto e controla as atividades. A Tabela 17–3 ilustra qual software suporta quais atividades e como assegurar que cada atividade seja executada corretamente.

TABELA 17-3 Ajudando Seu Software a Apoiar Você

Recurso do Software	Software a Usar	Suas Responsabilidades
Documentar objetivos do projeto (veja o Capítulo 4).	PT, SIGP	Garantir que todos os objetivos de projeto tenham medidas de desempenho e metas; e que pessoas importantes a ele aprovem seus objetivos.
Manter um registro de partes interessadas de projeto (veja o Capítulo 3).	PT, SIGP, GTI	Identificar as partes interessadas.
Armazenar e apresentar a estrutura analítica de projeto (veja o Capítulo 5).	PT, P, CG, BD, SIGP	Identificar todas as atividades necessárias.
Apresentar papéis e responsabilidades de equipe (veja o Capítulo 11).	PT, P, GC, SIGP	Fazer as pessoas concordarem em se comprometer com seus papéis e responsabilidades.
Desenvolver possíveis cronogramas (veja o Capítulo 6).	SIGP	Tornar as estimativas de duração precisas; determinar todas as interdependências; levar os condutores e apoiadores de projeto a aderirem aos cronogramas.
Apresentar possibilidades de cronograma.	PT, P, GC, SIGP, GIT	Escolher datas reais do cronograma entre as possibilidades.
Apresentar o pessoal necessário e seus níveis necessários de esforço (veja o Capítulo 7).	PT, P, GC, SIGP	Determinar necessidades de pessoal; estimar os níveis necessários de esforço das pessoas.
Apresentar alocações de pessoal planejado ao longo do tempo.	P, GC, SIGP	Escolher quando as pessoas gastarão suas horas (ao longo do tempo) em atribuições de tarefas; decidir como lidar com conflitos de recursos.
Apresentar orçamentos de fundos e outros não relacionados a pessoal (veja o Capítulo 8).	P, GC, SIGP	Determinar orçamentos; explicar orçamentos a membros da equipe de projeto.
Manter registros de datas reais de atividades e marcos.	P, SIGP, GTI	Determinar procedimentos para coletar e submeter dados de execução de cronograma (veja o Capítulo 13); levar as pessoas a submeterem dados no prazo.

(continua)

(continuação)

Recurso do Software	Software a Usar*	Suas Responsabilidades
Manter registros de horas de trabalho gastas no projeto.	P, SIGP, GTI	Criar códigos de gastos; desenvolver procedimentos para registrar e submeter dados de horas de trabalho; assegurar que as horas de trabalho sejam gastas nas contas certas, e que os dados sejam submetidos e inseridos no prazo.
Manter registros de fundos, compromissos e gastos.	P, BD, C, SIGP	Criar os códigos de gastos; garantir que os gastos sejam debitados das contas certas, e que os dados sejam submetidos e inseridos no prazo.
Preparar relatórios de execução de cronograma e desempenho de recursos (veja o Capítulo 14).	PT, C, P, SIGP	Definir formatos de relatório e calendários; selecionar pessoas para receber os relatórios; interpretar os relatórios; assegurar que as pessoas leiam os relatórios que receberem; desenvolver as ações corretivas necessárias.
Preparar apresentações de progresso de relatório.	PT, P, GC, SIGP	Escolher informações a ser incluídas; selecionar pessoas para receber ou comparecer às apresentações.

*As seguintes abreviações representam os diferentes tipos de pacotes de software disponíveis: C: Contabilidade; GC: Gráficos corporativos; BD: Bases de dados; SIGP: Software integrado de gerenciamento de projetos; P: Planilhas; GTI: Gerenciamento de tempo e de informações; PT: Processamento de texto.

Incluindo softwares de gerenciamento de projetos em sua empresa

DICA

Antes de correr para comprar qualquer software de projetos, planeje como maximizar seus usos e evitar quaisquer armadilhas associadas. Faça o seguinte antes de selecionar e instalar o software:

» Certifique-se de ter um domínio claro de abordagens de planejamento e controle de projeto antes de considerar qualquer software.

» Veja quais softwares outros grupos em sua empresa estão usando ou usaram; descubra de qual eles gostam, do que não gostam e por quê.

» Se possível, pergunte a alguém que já tenha uma cópia do software se você pode gastar alguns minutos explorando sua operação.

» Depois que o pacote estiver em seu computador, carregue um projeto simples ou uma pequena parte de um projeto maior para praticar (isto é, insira atividades, durações, interdependências, recursos e daí por diante).

» Use apenas alguns recursos do programa no início (identifique o efeito de pequenas mudanças no cronograma, imprima alguns relatórios simples e daí em diante); use mais recursos conforme ficar mais confortável com o software e sentir a necessidade deles.

» Considere comparecer a um programa de treinamento formal depois de ter ficado confortável com o acesso aos diferentes recursos do software.

» Se ainda não estiver confortável para escolher um software de gerenciamento de projetos para sua empresa, considere contratar uma empresa de consultoria com experiência em ajudar empresas como a sua para auxiliá-lo a selecionar e implementar o software.

Depois que passar por esses passos, você pode efetivamente usar o software para viabilizar o planejamento e o controle das atividades de projeto. Faça continuamente todas as atualizações e mudanças no software, e considere comprar melhorias que introduzam novos recursos significativos.

Usando Mídias Sociais para Melhorar o Gerenciamento de Projetos

O gerenciamento de projeto bem-sucedido exige não apenas que você colete e analise informações relevantes de projeto, mas, mais importante, que as use de maneira adequada e efetiva para que tudo corra bem (ou com menos problemas possível). Especificamente, você precisa garantir que o plano de projeto analise todas as questões relevantes, que os membros da equipe executem todo o trabalho de projeto efetivamente dentro das restrições existentes e que o próprio projeto atinja, no fim, os resultados desejados.

Uma maneira de coletar informações relacionadas ao projeto, assim como ficar de olho nele e compartilhar seu progresso com o restante da equipe, é usar mídias sociais — você sabe, blogs, Facebook, Twitter e afins. Dependendo do tamanho e das características do projeto, e das políticas e práticas da empresa que o conduz, o uso das mídias sociais para respaldar seu planejamento e gerenciamento pode ser considerável ou inexistente. Esta seção identifica diferentes ferramentas de mídias sociais que você pode usar para melhorar a qualidade e a periodicidade do compartilhamento de informações de projeto, junto com alguns de seus recursos particulares.

Definindo mídias sociais

Em seu sentido mais geral, o termo *mídias sociais* (também chamadas de *redes sociais*) refere-se às diferentes ferramentas tecnológicas online que permitem que você compartilhe informações facilmente em um intercâmbio recíproco e dinâmico via internet.

Além de e-mail e mensagens instantâneas para manter o contato e compartilhar e obter informações dos membros da equipe, aqui estão algumas das ferramentas mais populares de compartilhamento de informações online que você pode usar:

» **Blogs:** Repositórios de informações sobre um tópico em particular que são feitos de pequenos artigos (chamados de postagens) e de comentários dos leitores. Blogs são úteis para solicitar e disponibilizar informações relacionadas a projetos para diversos públicos e membros da equipe geograficamente distribuídos.

» **Webinars:** Seminários online hospedados ou reuniões conduzidas por sites particulares. Webinars são especificamente úteis para adquirir e melhorar competências e conhecimento, apresentar relatórios de progresso de projeto e discutir importantes questões de projeto.

» **Podcasts e vodcasts:** Arquivos de áudio e vídeo sob demanda. São úteis para compartilhar poucas informações e se focam em públicos pagantes.

» **Wikis:** Coleções de páginas web sobre um tópico em particular. Wikis são úteis como repositórios de informações e experiências para projetos atualmente em andamento, assim como para motivar a colaboração entre os membros da equipe, e entre eles e seus públicos.

» **Computação em nuvem:** A disponibilização de hardware, software ou serviços de TI por terceiros em uma rede (normalmente, a internet). As nuvens permitem que você acesse arquivos que mantém nelas e use softwares ou outros serviços que são oferecidos através delas. Um número cada vez maior de provedores de TI (exemplos incluem Microsoft, Amazon. com e Google) disponibiliza serviços de computação para usuários por uma taxa.

» **Sites de redes sociais:** Sites nos quais as pessoas criam perfis online com suas informações pessoais e corporativas e interesses, e se conectam a outras com interesses, bagagem e buscas similares. Esse reunião de pessoas por uma mentalidade comum é chamada de *grupo* ou *comunidade*, a depender do site, e você pode entrar em algum existente ou criar o seu. O LinkedIn (`linkedin.com`), Google+ (`plus.google.com`), Facebook (`facebook.com`), Yammer (`yammer.com/`) e o Twitter (`twitter.com/`) são sites de redes sociais que viabilizam o compartilhamento de informações sobre o projeto e assuntos relacionados com membros da equipe e outros de seu público de projeto, assim como a obtenção de informações profissionais e pessoais e a criação de relações com essas pessoas.

O LinkedIn é a rede social mais usada e voltada para carreiras e empresas. Seus membros incluem informações relacionadas a trabalhos atuais e passados em seus perfis, assim como interesses e atividades pessoais. Além disso, há grupos de profissionais de empresas e companhias específicas, assim como alguns compostos de pessoas com interesses em assuntos particulares. Como exemplo, o LinkedIn tem quase 6 mil grupos listados que são focados em algum aspecto de gerenciamento de projetos. Para ver uma listagem completa, na barra de pesquisa no topo da página inicial, digite "gerenciamento de projetos" e clique no ícone de lupa à direita. Quando os resultados aparecerem, selecione "Grupos" no menu sob a barra de pesquisa.

O Twitter oferece aos membros o recurso de se comunicar uns com os outros enviando mensagens curtas e em tempo real (chamadas de tweets, ou tuítes). O Twitter também permite que os usuários criem uma *hashtag* (um tópico com um símbolo [#] no início), o que permite que você veja todos os tweets que têm a mesma hashtag.

O Yammer é uma rede social focada em suprir as necessidades de informações de empresas e organizações. O Yammer tem grupos de interesses especiais e grupos de empresas, e os membros podem enviar vários tipos de mensagens curtas para a população em geral ou para membros de grupos específicos.

Sua equipe pode usar todos os veículos de mídias sociais ao longo da vida do projeto para facilitar o compartilhamento efetivo de informações e construir relações interpessoais entre seus integrantes e com os condutores e apoiadores do projeto. (Veja o Capítulo 3 para ler detalhes sobre os diferentes tipos de interessados no projeto que o influenciam.)

Explorando como as mídias sociais facilitam o planejamento e a execução do projeto

O sucesso do projeto depende fortemente do compartilhamento de informações preciso e adequado, de relações interpessoais produtivas entre a equipe e outras partes interessadas do projeto e da colaboração efetiva entre seus integrantes. As mídias sociais facilitam o compartilhamento de informações unilateral (indo do emissor até o receptor sem oportunidade de esclarecimento ou confirmação) e bilateral (indo do emissor até o receptor e do receptor de volta ao emissor). Além disso, elas possibilitam a reunião de dados passiva (coleta de dados sobre um assunto) e ativa (pedido e recebimento de determinados dados de um público). (Veja o Capítulo 14 para ler mais informações sobre o processo de comunicação e maneiras de melhorá-lo.)

A Tabela 17-4 apresenta exemplos de instâncias nas quais as mídias sociais são usadas para facilitar atividades de comunicação e construção de relações essenciais nos vários estágios do ciclo de vida do projeto.

TABELA 17-4 **Usando as Mídias Sociais para Respaldar o Gerenciamento de Projetos em Seus Diferentes Estágios de Ciclo de Vida**

Fase do Ciclo de Vida	Atividade de Compartilhamento de Informações	Mídia Social a Ser Usada
Começando o projeto	Descobrir o assunto do projeto	Blogs, podcasts, wikis, webinars, sites de redes sociais
	Descobrir projetos similares	Wikis, sites de redes sociais
	Fazer o anúncio inicial do projeto	Sites de redes sociais
Organizando e preparando	Anunciar que o planejamento de projeto está começando	Sites de redes sociais
	Explorar questões de projeto	Wikis, sites de redes sociais, blogs
	Descobrir lições aprendidas com projetos similares	Wikis, sites de redes sociais, blogs
	Recrutar públicos de projeto	Sites de redes sociais
	Recrutar membros da equipe	Sites de redes sociais
Executando o trabalho	Anunciar o começo do projeto	Sites de redes sociais
	Descobrir os membros da equipe	Sites de redes sociais
	Explorar questões de projeto	Wikis, sites de redes sociais, blogs, webinars
	Escrever relatórios de progresso	Sites de redes sociais, wikis
	Revisar o plano de projeto	Sites de redes sociais
Encerrando o projeto	Anunciar a conclusão do projeto	Sites de redes sociais, wikis
	Registrar as lições aprendidas	Sites de redes sociais, blogs

Usando as mídias sociais para facilitar as comunicações de projeto

Para garantir que as mídias sociais deem à sua equipe de projeto suporte para uma comunicação responsiva, considere as seguintes perguntas ao pensar em como definir a presença do projeto nas mídias sociais:

» **De quais tipos de problemas a equipe tratará?** Alguns problemas exigem colaboração ativa entre os membros da equipe, enquanto outros podem envolver a comunicação unilateral de dados existentes.

» **Quão sensível é o conteúdo que deve ser compartilhado?** As plataformas em uso hoje têm recursos variáveis para garantir que as informações sejam compartilhadas apenas com receptores selecionados. Por exemplo, o Twitter pode enviar tweets seguros e impedir que o público os veja. Porém, há uma possibilidade de que uma mensagem seja acidentalmente enviada a seu público correspondente.

» **Sua comunicação é unilateral ou bilateral?** Todas as mídias sociais discutidas neste capítulo lidam efetivamente com comunicações unilaterais. No entanto, as wikis e os sites que estabelecem grupos ou comunidades são mais apropriados para comunicações bilaterais.

» **A coleta de dados será ativa ou passiva?** Se você usa a coleta passiva de dados, garanta que os dados rotineiramente coletados e mantidos pelo site sejam adequados para suprir suas necessidades.

» **Quais plataformas a equipe de projeto usa hoje?** Se tudo correr como se espera, considere usar plataformas com as quais sua equipe esteja familiarizada e que use atualmente. As pessoas estão mais dispostas a usar recursos com os quais já têm familiaridade.

DICA

Inclua na versão escrita do plano de gerenciamento de comunicações do projeto como planeja as usar mídias sociais para dar suporte a seu planejamento e gerenciamento. Maximize os benefícios e minimize as falhas associadas ao uso das mídias sociais abordando as seguintes questões no plano de comunicações:

» As ferramentas particulares que você e os membros da equipe usarão para comunicar os diferentes tipos de informação.

» Os encarregados de garantir que todos os envolvidos com o projeto sigam os procedimentos exigidos para o uso das mídias sociais.

Relacionando Este Capítulo ao Exame PMP e aos Guias PMBOK 5 e 6

A Tabela 17-5 registra tópicos deste capítulo que podem ser abordados no exame de certificação PMP e que também estão inclusos nas 5ª e 6ª edições de *Um Guia do Conhecimento em Gerenciamento de Projetos (Guias PMBOK 5 e 6)*.

TABELA 17-5 **Tópicos do Capítulo 16 Relacionados ao Exame PMP e aos *Guias PMBOK 5 e 6***

Tópico	Localização Neste Capítulo	Localização nos Guias PMBOK 5 e 6	Comentários
Como os tipos diferentes de softwares respaldam o projeto	"Usando Softwares Efetivamente"	6.4.2.5. *Software* de Gerenciamento de Projetos	O *Guia PMBOK 6* destaca que softwares de gerenciamento de projetos são usados, mas não oferece detalhes em relação a como são usados.
Como as mídias sociais auxiliam o planejamento e o gerenciamento de projeto	"Usando Mídias Sociais para Melhorar o Gerenciamento de Projetos"	N/A	O *Guia PMBOK 6* não trata desse tópico.

NESTE CAPÍTULO

» Rastreando os termos e fórmulas que acompanham a gestão de valor agregado

» Pondo a gestão de valor agregado em ação com o projeto

» Estimando o valor agregado de uma atividade

Capítulo **18**

Monitorando Execução de Projeto com Gestão de Valor Agregado

Como você está lendo este capítulo, presumo que esteja buscando uma maneira de avaliar a execução de seu projeto em andamento. A *gestão de valor agregado* (GVA), antigamente chamada de *análise de valor agregado* (AVA), é uma técnica para determinar o status do prazo e dos custos do projeto a partir apenas de seus gastos. A GVA é particularmente útil para identificar potenciais problemas em projetos maiores.

Para extrair o máximo deste capítulo, você precisa ter um pouco de experiência ou conhecimento em gerenciamento de projetos. Aqui, ajudo você a entender melhor a GVA definindo-a, discutindo como determinar e interpretar variações e mostrando como usá-la no projeto.

CAPÍTULO 18 **Monitorando Execução de Projeto com Gestão de Valor Agregado** 387

Definindo a Gestão de Valor Agregado

Monitorar o desempenho do projeto envolve determinar se você está no prazo, adiantado ou atrasado, e abaixo, acima ou dentro no orçamento. Mas apenas comparar os gastos reais com o orçamento não diz se você está dentro, abaixo ou acima do orçamento — que é onde a GVA entra. Nesta seção, explico o básico da GVA e os passos envolvidos na condução de uma análise GVA para determinar os prazos do projeto e os custos de sua execução.

Conhecendo os termos e fórmulas da GVA

Suponha que já tenham se passado três meses do início do projeto e você tenha gastado $50 mil. De acordo com o plano, você não deveria ter gastado $50 mil até o final do quarto mês. Você parece ter estourado o orçamento nesse aspecto, mas não pode dizer com certeza. Algumas das seguintes situações podem ter produzido esses resultados:

» Você pode ter executado todo o trabalho programado, mas pagou mais do que esperava por ele — o que significa que você está no prazo, mas acima do orçamento (uma situação não muito boa).

» Você pode ter executado mais trabalho do que programou, mas pagou exatamente o que esperava por ele — o que significa que você está dentro do orçamento, mas adiantando no prazo (uma boa situação).

Na verdade, muitas outras situações podem ter produzido esses mesmos resultados, mas você provavelmente não tem tempo ou motivação para ir atrás de cada situação possível para descobrir qual se encaixa no seu caso. É aí que entra a GVA. Avaliar o desempenho do projeto usando a GVA diz quanto da diferença entre os gastos planejados e os reais é resultado de gastar a mais ou a menos, e quanto é resultado de executar o projeto de modo mais rápido ou mais devagar do que o planejado. Nas seções a seguir, descrevo alguns termos e fórmulas que você precisa saber para usar a GVA.

Esclarecendo alguns termos importantes

A premissa básica da GVA é que o valor de um trabalho é igual à quantidade de fundos orçados para concluí-lo. Como parte da GVA, você usa as seguintes informações para avaliar o prazo e a execução de custos ao longo do projeto (veja um exemplo na Figura 18-1):

» **Valor planejado (VP):** O orçamento aprovado para o trabalho programado ser concluído em uma data específica, também chamado de *custo orçado do trabalho agendado* (COTA). O VP de uma tarefa é igual ao *orçamento no término* (ONT) da tarefa — a quantidade total programada para a tarefa.

388 PARTE 5 **Levando Seu Gerenciamento de Projetos para o Próximo Nível**

» **Valor agregado (VA):** O orçamento aprovado para o trabalho realmente concluído em uma data específica, também chamado de *custo orçado de trabalho executado* (VOTE).

» **Custo real (CR):** Os custos que realmente incorreram no trabalho concluído na data específica, também chamado de *custo real do trabalho executado* (CRTE).

Para descrever o prazo e a execução dos custos do projeto com a GVA, use um dos indicadores a seguir:

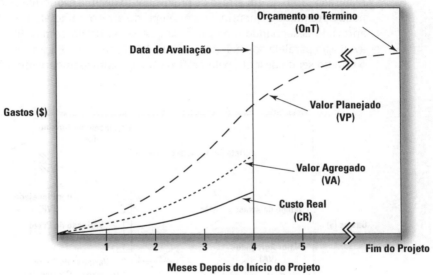

FIGURA 18-1: Monitorando o valor planejado, o valor agregado e o custo real.

© John Wiley & Sons, Inc.

» **Variação de prazo (VPr):** A diferença entre as quantias orçadas para o trabalho que você realmente fez e para o que planejou fazer. A VPr mostra se e quanto do trabalho está atrasado ou adiantado em relação ao prazo aprovado.

» **Variação de custo (VC):** A diferença entre a quantia orçada e a que você realmente gasta pelo trabalho executado. A VC mostra se e o quanto você está abaixo ou acima do orçamento aprovado.

» **Índice de desempenho de prazos (IDP):** A relação entre o orçamento aprovado para o trabalho executado e o orçamento aprovado para o trabalho planejado. O IDP retrata a quantidade relativa que o projeto está adiantado ou atrasado em relação ao prazo, às vezes chamado de *eficiência de* *prazo* do projeto. Você pode usar o IDP-até-o-momento a fim de projetar a execução de prazo para o restante da tarefa.

» **Índice de desempenho de custos (IDC):** A relação do orçamento aprovado para o trabalho executado para fazer o que você realmente gastou no trabalho. O IDC retrata o valor relativo do trabalho feito em comparação à quantia paga por ele, às vezes chamado de *eficiência de custo* do projeto. Você pode usar o IDC-até-o-momento para projetar a execução de custo para o restante da tarefa.

A Figura 18-2 mostra as informações cruciais de uma análise GVA. Nesta figura, a diferença entre os gastos *planejados* e os *reais* até o momento do relatório é resultado tanto de um atraso de prazo quanto de uma economia de custos. Você pode aproximar a quantidade de tempo de atraso ou adiantamento no prazo aprovado desenhando uma linha da interseção do VA com a linha da data de avaliação paralela ao eixo-x até a linha VP. Fazê-lo na Figura 18-2 sugere que o projeto sendo descrito pelo gráfico está aproximadamente um mês atrasado.

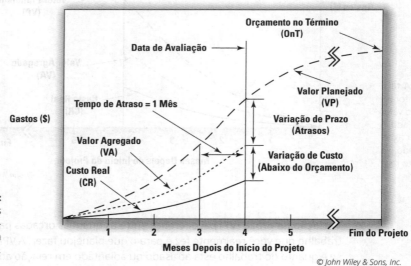

FIGURA 18-2: Indicadores de desempenho da GVA.

© John Wiley & Sons, Inc.

Definindo as fórmulas dos indicadores de desempenho da GVA

LEMBRE-SE

Use as fórmulas a seguir para definir matematicamente a variação de prazo e custos, e os indicadores de desempenho:

Variação de prazo (VPr) = Valor agregado (VA) − Valor planejado (VP)

Variação de custo (VC) = Valor agregado (VA) − Custo real (CR)

390 PARTE 5 **Levando Seu Gerenciamento de Projetos para o Próximo Nível**

Índice de desempenho de prazo (IDP) = Valor agregado (VA) ÷ Valor planejado (VP)

Índice de desempenho de custo (IDC) = Valor agregado (VA) ÷ Custo real (CR)

As Tabelas 18-1 e 18-2 ilustram que uma variação positiva, ou um índice de execução maior que 1, indica algo desejável (isto é, você está ou abaixo do orçamento ou adiantado no prazo) e uma variação negativa, ou um índice de desempenho abaixo de 1, indica algo indesejável (você está acima do orçamento ou atrasado no prazo).

TABELA 18-1   ## Interpretações de Variações de Prazo e Custo

Variação	Negativa	Zero	Positiva
Prazo (VPr)	Atrasado no prazo	No prazo	Adiantado no prazo
Custo (VC)	Acima do orçamento	No orçamento	Abaixo do orçamento

TABELA 18-2   ## Interpretações de Desempenho de Custo e Prazo

Índice	Menos de 1	1	Maior que 1
Prazo (IDP)	Atrasado no prazo	No prazo	Adiantado no prazo
Custo (IDC)	Acima do orçamento	No orçamento	Abaixo do orçamento

Por último, mas não menos importante: Projetando as despesas totais na conclusão

A etapa final, ao avaliar o desempenho da tarefa até o momento, é atualizar o que você espera que suas despesas totais sejam na conclusão da tarefa. Especificamente, você precisa determinar o seguinte:

» **Estimativa no término (ENT):** Sua estimativa hoje do custo total da tarefa.

» **Estimativa para terminar (EPT):** Sua estimativa da quantia necessária de fundos para concluir todo o trabalho ainda a ser feito na tarefa.

Você pode usar as duas abordagens a seguir para calcular a ENT:

» **Método 1: Suponha que a execução de custo para o restante da tarefa será revertido para o que foi originalmente orçado.**

$$ENT = \left(\begin{array}{c} \text{Orçamento aprovado} \\ \text{para a tarefa inteira} \end{array} \right) - \left(\begin{array}{c} \text{Variação de custo para o} \\ \text{trabalho feito até o momento na tarefa} \end{array} \right)$$

= Orçamento no Término + Custo real (CR) – Valor agregado (VA)

» **Método 2: Suponha que a execução de custo para o restante da tarefa será o mesmo que para o trabalho realizado até o momento.**

ENT = Orçamento no término (ONT) ÷ Índice de desempenho de custo (IDC)

Usando tanto o Método 1 quanto o Método 2 para calcular a ENT, a EPT é determinada como a seguir:

EPT = Estimativa no término (ENT) – Custos reais até o momento (CR)

Analisando um exemplo simples

As definições e os termos associados à GVA (veja a seção anterior) são mais fáceis de entender quando se considera um exemplo. Suponha que esteja planejando realizar uma série de entrevistas por telefone. Seu guia de entrevista está pronto, e cada entrevista por telefone é independente das outras. Você declara o seguinte no plano de projeto:

» Seu projeto durará dez meses.

» Você conduzirá 100 entrevistas por mês.

» Você gastará $300 para conduzir cada entrevista.

» O orçamento total do projeto é $300 mil.

Durante o primeiro mês, você faz o seguinte:

» Conduz 75 entrevistas.

» Gasta um total de $15 mil.

Como você planejou realizar 100 entrevistas no primeiro mês e realizou apenas 75, está atrasado. Mas como planejou gastar $300 por entrevista e gastou apenas $200 ($15 mil ÷ 75 entrevistas = $200 por entrevista), está abaixo do orçamento. Para calcular e, depois, interpretar as informações da GVA associadas a esse exemplo, siga estas etapas:

1. **Determine o valor planejado (VP), o valor agregado (VA) e os custos reais (CR) para o mês da seguinte forma:**

VP = Quantia orçada para as 100 entrevistas que você planejou conduzir no primeiro mês

392   PARTE 5 **Levando Seu Gerenciamento de Projetos para o Próximo Nível**

= 100 entrevistas, a $300 por entrevista, $30 mil

VA = Quantia orçada para as 75 entrevistas que você realmente conduziu no primeiro mês

= 75 entrevistas, a $300 por entrevista, $22.500

CR = Custos reais para o primeiro mês $15 mil

2. Determine a variação de prazo (VPr), a variação de custo (VC), o índice de desempenho de prazo (IDP) e o índice de desempenho de custo (IDC) para o mês da seguinte forma:

VPr = VA − VP = $22.500 − $30 mil = −$7.500

VC = VA − CR = $22.500 − $15 mil = $7.500

IDP = VA ÷ VP = $22.500 ÷ $30 mil = 0,75

IDC = VA ÷ CR = $22.500 ÷ $15 mil = 1,50

O IDP e o IDC fazem sentido quando se olha para os números reais do mês. Você planejou originalmente conduzir 100 entrevistas no primeiro mês, mas concluiu apenas 75, o que significa que realizou 0,75 do trabalho programado para o mês, exatamente como indica o IEPr.

Você originalmente planejou gastar $300 por entrevista; mas, no primeiro mês, gastou apenas $200 por entrevista ($15 mil em custos reais ÷ 75 entrevistas realizadas). Assim, para as entrevistas realizadas no primeiro mês, você recebeu um benefício igual a 1,50 vezes o dinheiro gasto, exatamente como indica a IDC.

Por fim, você calcula a estimativa no término (ENT) revisada assim:

> » **Método 1: Suponha que o trabalho restante seja executado na taxa originalmente orçada.**
>
> ENT = ONT + CR − VA = $300 mil + $15 mil − $22.500 = $292.500
>
> Se você mantiver as economias de custo de $7.500 das 75 entrevistas realizadas no primeiro mês e fizer as 925 entrevistas restantes com os $300 por entrevista originalmente orçados, gastará $292.500 para fazer as mil entrevistas.
>
> » **Método 2: Suponha que o trabalho restante seja executado no mesmo IEC que o trabalho executado até o momento.**
>
> ENT = ONT ÷ IDC cumulativo = $300 mil ÷ 1,50 = $200 mil
>
> Em outras palavras, se continuar realizando suas entrevistas por $200 cada, em vez dos $300 planejados, você gastará dois terços do orçamento total planejado para concluir todas as mil entrevistas.

LEMBRE-SE

Embora você não precise de uma análise formal de GVA em um projeto tão simples, em um projeto com 50 a 100 atividades ou mais, uma análise de GVA identifica tendências gerais na execução do custo e do cronograma do projeto. Quanto mais cedo identificar essas tendências, mais facilmente poderá abordá-las quando for necessário.

Determinando as razões para variações observadas

Desvios de custos ou de cronograma positivos ou negativos indicam que a execução do projeto não está indo exatamente como planejada. Depois de identificar que existe uma variação, é necessário descobrir o que a está causando, para que você possa tomar ações corretivas (se a variação for negativa) ou continuar o que está fazendo (se a variação for positiva).

Possíveis razões para variações de custo positivas ou negativas incluem o seguinte:

» O projeto exige mais ou menos trabalho para concluir uma tarefa do que você originalmente planejou.

» Trabalhos fora do escopo aprovado foram executados.

» Pessoas que executam o trabalho são mais ou menos produtivas do que o planejado.

» Custos unitários reais de trabalho ou de materiais são maiores ou menores do que o planejado.

» Recursos usados em outros projetos foram registrados incorretamente em seu projeto, ou recursos do seu projeto foram incorretamente registrados em outros.

» As taxas indiretas reais da empresa são maiores ou menores do que você planejou originalmente. (Veja o Capítulo 8 para ler uma discussão sobre taxas indiretas e o efeito que podem ter nos gastos do projeto.)

Possíveis razões para variações de prazo positivas ou negativas incluem o seguinte:

» O trabalho está adiantado ou atrasado.

» O projeto exige mais ou menos trabalho do que você originalmente planejou.

» As pessoas que executam o trabalho são mais ou menos produtivas do que o planejado.

O Passo a Passo: Aplicando a Gestão de Valor Agregado ao Projeto

Se o seu projeto é bastante complexo, você pode considerar o uso da GVA para ajudar a controlar o desempenho. Ao fornecer avaliações de execução de custo e cronograma do projeto total e de suas principais partes, a GVA permite identificar as áreas com prováveis problemas, para que você execute as ações corretivas mais eficazes.

O exemplo a seguir apresenta uma ilustração mais realista de como a GVA dá suporte a uma análise criteriosa da execução do projeto.

Suponha que a Empresa Acme tenha ganhado um contrato para a produção de dois catálogos corporativos especializados e complexos para a Cópias É Nox. O contrato exige que a Cópias É Nox produza 500 cópias do Catálogo A e mil do Catálogo B. Além disso, afirma que a Cópias É Nox produzirá o Catálogo A a uma taxa de 100 por mês e o Catálogo B a 250 por mês. A produção do Catálogo A deve começar em 1º de janeiro, e a do Catálogo B, em 1º de fevereiro. O orçamento total para o projeto é de $200 mil, com $100 mil para o Catálogo A e $100 mil para o Catálogo B.

A Tabela 18-3 ilustra o plano de projeto.

TABELA 18-3 **Plano para a Cópias É Nox Produzir os Catálogos A e B**

Atividade	Início	Fim	Tempo Gasto	Número de Cópias Produzidas	Custo Total
Catálogo A	1º jan	31 mai	5 meses	500	$100 mil
Catálogo B	1º fev	31 mai	4 meses	1.000	$100 mil
Total					$200 mil

Suponha que seja o final de março e você esteja há três meses no projeto. A Tabela 18-4 apresenta o que aconteceu em 31 de março.

TABELA 18-4 **Status do Projeto em 31 de Março**

Atividade	Início	Tempo Gasto	Número de Cópias Produzidas	Custo Total
Catálogo A	1º jan	3 meses	150	$45 mil
Catálogo B	1º fev	2 meses	600	$30 mil
Total				$75 mil

Seu trabalho é descobrir sua execução de cronograma e custo até o momento e atualizar a previsão do valor total que gastará em ambos os catálogos. Siga estes passos:

1. Determine o valor planejado (VP), o valor agregado (VA) e os custos reais (CR) para o Catálogo A em 31 de março como a seguir:

VP = $200 por catálogo × 100 catálogos por mês × 3 meses = $60 mil

VA = $200 por catálogo × 150 catálogos = $30 mil

CR = $45 mil

2. Determine a variação de prazo (VPr), a variação de custo (VC), o índice de desempenho de prazo (IDPr) e o índice de desempenho de custo (IDC) para a produção do Catálogo A em 31 de março como a seguir:

VPr = VA – VP = $30 mil – $60 mil = –$30 mil

VC = VA – VR = $30 mil – $45 mil = –$15 mil

IDP = VA ÷ VP = $30 mil ÷ $60 mil = 0,50

IDC = VA ÷ CR = $30 mil ÷ $45 mil = 0,67

Sua análise revela que você produziu apenas metade das cópias do Catálogo A que achou que faria e que cada folheto lhe custou 1,5 vezes o valor que planejou gastar (1 ÷ IEC = 1 ÷ 0,67 = 1,5; também o seguinte):

$$\frac{\text{custo real por catálogo}}{\text{custo planejado por catálogo}} = \frac{\dfrac{\$45 \text{ mil gastos}}{150 \text{ catálogos produzidos}}}{\$200 \text{ por catálogo}} = \frac{300}{200} = 1,5$$

3. Determine o valor planejado (VP), o valor agregado (VA) e o custo real (CR) do Catálogo B até 31 de março como a seguir:

VP = $100 por catálogo × 250 catálogos por mês × 2 meses = $60 mil

VA = $100 por catálogo × 600 catálogos = $60 mil

CR = $30 mil

4. Determine a variação de prazo (VPr), a variação de custo (VC), o índice de desempenho de prazo (IDP) e o índice de desempenho de custo (IEC) para a produção do Catálogo B até 31 de março como a seguir:

VPr = VA – VP = $60 mil – $50 mil = $10 mil

VC = VA – CR = $60 mil – $30 mil = $30 mil

IDP = VA ÷ VP = $60 mil ÷ $50 mil = 1,20

IDC = VA ÷ CR = $60 mil ÷ $30 mil = 2

Sua análise revela que a produção do Catálogo B está 20% adiantada e 50% abaixo do orçamento (1 ÷ IEC = 1 ÷ 2 = 0,5; também, [$30 mil ÷ 600 catálogos produzidos] ÷ $100 por catálogo = 50 ÷ 100 = 0,5).

5. Preveja a estimativa no término (EPC) para o Catálogo A.

Método 1: Suponha que o trabalho restante seja executado na taxa originalmente orçada.

EnC = OnC + CR – VA = $100 mil + $45 mil – $30 mil = $115 mil

Método 2: Suponha que o trabalho restante seja realizado no mesmo IEC que o trabalho realizado até o momento.

EnC = OnC ÷ IEC cumulativo = $100 mil ÷ 0,67 = $150 mil

Em outras palavras, se as 350 cópias restantes do Catálogo A forem produzidas pelo custo originalmente planejado de $200 por cópia, o custo total para produzir as 500 cópias inteiras será de $115 mil. Se as 350 cópias restantes do Catálogo A forem produzidas pelo mesmo custo de $300 por cópia como os primeiros 150, o custo total para produzir todas as 500 será de $150 mil.

6. Preveja a estimativa na conclusão (EnC) do Catálogo B.

Método 1: Suponha que o trabalho restante seja executado na taxa originalmente orçada.

ENT = ONT + CR – VA = $100 mil + $30 mil – $60 mil = $70 mil

Método 2: Suponha que o trabalho restante seja realizado no mesmo IEC que o trabalho realizado até o momento.

ENT = ONT ÷ IDC cumulativo = $100 mil ÷ 2 = $50 mil

Em outras palavras, se as 400 cópias restantes do Catálogo B forem produzidas pelo custo originalmente planejado de $100 por cópia, o custo total para produzir todas as mil cópias será de $70 mil. Se as 400 cópias restantes do Catálogo B forem produzidas pelo mesmo custo de $50 por cópia que os primeiros 600, o custo total para produzir as mil unidades inteiras será de $50 mil.

7. Determine o status geral do projeto somando as variações de prazo (VPr), as variações de custo (VC) e as estimativas atualizadas na conclusão (ENT) para os Catálogos A e B.

VPr do Projeto = –$30 mil + $10 mil = –$20 mil

VC do Projeto = –$15 mil + $30 mil = $15 mil

Método 1: Suponha que o trabalho restante seja executado na taxa originalmente orçada.

ENT = $115 mil + $70 mil = $185 mil

Método 2: Suponha que o trabalho restante seja realizado no mesmo IEC que o trabalho realizado até o momento.

ENT para o projeto = $150 mil + $50 mil = $200 mil

A Tabela 18-5 resume essas informações.

TABELA 18-5   **Resumo de Análise de Desempenho**

	Catálogo A	Catálogo B	Combinados
VP	$60 mil	$50 mil	N/A
VA	$30 mil	$60 mil	N/A
CR	$45 mil	$30 mil	$75 mil
VPr	–$30 mil	$10 mil	–$20 mil
VC	–$15 mil	$30 mil	$15 mil
IDP	0,50	1,20	N/A
IDC	0,67	2	N/A
ENT*	$115 mil	$70 mil	$185 mil
ENT**	$150 mil	$50 mil	$200 mil

*Método 1: Trabalho restante executado na taxa originalmente orçada
**Método 2: Trabalho restante executado no mesmo IEC que o trabalho executado até o momento

Se as taxas e os custos de produção do projeto permanecerem os mesmos até que todos os catálogos necessários sejam produzidos (este é o Método 2 usado para desenvolver os ENTs):

» **Você terminará dentro do orçamento.** A Tabela 8-5 mostra que o ENT para o projeto será de $200 mil, o valor originalmente orçado para todo o projeto.

» **Você terminará cinco meses atrasado.** Como o Catálogo A está sendo produzido a apenas metade da taxa prevista, a conclusão de todos eles levará o dobro do tempo de cinco meses originalmente planejado.

Determinando o Valor Agregado de uma Tarefa

O segredo para uma análise significativa do GVA está na precisão de suas estimativas de VA. Para determinar o VA, você deve estimar:

» Quanto da tarefa você completou até o momento.

PARTE 5 **Levando Seu Gerenciamento de Projetos para o Próximo Nível**

> **»** Quanto do orçamento total da tarefa você planejou gastar para a quantidade de trabalho que concluiu (o valor presente da tarefa).

Considere, por exemplo, que no planejamento você tenha determinado que os $10 mil orçados para a tarefa deveriam ser gastos em proporção direta com a quantidade de tarefas concluídas. Portanto, se a tarefa estiver 35% concluída, você deve ter gastado $3.500 (35% multiplicado por $10 mil).

Para tarefas com componentes separados, como a impressão de catálogos ou a realização de pesquisas por telefone, determinar o quanto de uma tarefa você concluiu (e, correspondentemente, quanto de seu orçamento total você gastou) é simples. No entanto, se a tarefa envolve trabalho integrado ou processos criativos sem partes facilmente divisíveis (como a criação de um catálogo), o melhor que você pode fazer é dar um palpite.

Infelizmente, quando baseia sua análise em suposições em vez de em dados factuais, você se abre para a possibilidade de que a AVA produza uma avaliação incorreta de quanto o cronograma está adiantado ou atrasado em relação ao plano, ou quanto seus gastos estão acima ou abaixo do orçamento (devido a uma estimativa bem-intencionada, mas incorreta, do quanto da tarefa está concluído ou da manipulação proposital desse número).

Suponha que seus custos reais até o momento para a tarefa com o orçamento de $10 mil sejam de $4.500. Porém, você calcula que a tarefa está apenas 35% concluída, o que significa que deveria ter gastado $3.500. Em outras palavras, parece que você está $1 mil *acima* do orçamento. No entanto, se quiser ocultar o fato de que está acima do orçamento, pode afirmar que repensou sua estimativa de quanto da tarefa está concluída e percebeu que está, na verdade, 45% concluída. Essa nova estimativa de porcentagem concluída faz parecer que você deveria ter gastado $4.500 ($10 mil multiplicado por 45%), ou, em outras palavras, que a tarefa está exatamente dentro do orçamento. Você descobre a quantia real que excedeu ou sobrou na tarefa somente quando ela está 100% concluída.

Você usa uma das três abordagens a seguir para estimar o VA em seu projeto, cada uma com determinados prós e contras:

> **»** **Método do percentual concluído:** Com esse método, o VA é definido como igual ao produto da fração que representa uma estimativa da quantidade de uma tarefa que foi concluída e o orçamento total da tarefa:
>
> VA = Percentual da tarefa concluída × Orçamento total da tarefa.
>
> Portanto, se você estima que concluiu 40% de uma tarefa com um orçamento total de $10 mil, sua estimativa do VA dessa tarefa, usando o método do percentual concluído, seria de $4 mil:
>
> VA = 40% × $10 mil = $4 mil.

Esse método é potencialmente o mais preciso se você estimar corretamente a fração da tarefa que completou. No entanto, como sua estimativa dessa fração é um julgamento subjetivo, em vez de uma medida objetiva, essa abordagem é a mais vulnerável a erros ou à manipulação intencional.

» **Método dos marcos:** Com esse método, o VA é definido como igual a zero até que você tenha concluído 100% da tarefa, então, é 100% do orçamento total da tarefa depois de concluída:

VA = 0 se a tarefa estiver menos de 100% concluída.

VA = Orçamento total da tarefa se ela estiver 100% concluída.

O método dos marcos é o mais conservador e o menos preciso. Você espera gastar algum dinheiro enquanto trabalha na tarefa. Porém, esse método não permite que você declare um VA maior que $0 até que tenha concluído a tarefa inteira. Portanto, a partir do momento em que começar a trabalhar na tarefa (e no momento no qual provavelmente começará a gastar recursos nela) até que a conclua, você parecerá estar acima do orçamento.

» **Método 50/50:** Com esse método, o VA é definido como zero antes de iniciar a tarefa, uma constante de 50% do orçamento total da tarefa desde o início até sua conclusão e 100% do orçamento total da tarefa após seu término:

VA = 0 (se a tarefa não foi iniciada).

VA = 50% do orçamento total da tarefa (durante a tarefa).

VA = Orçamento total da tarefa (se a tarefa estiver 100% concluída).

O método 50/50 é uma aproximação mais precisa da realidade do que o método dos marcos, porque permite declarar um VA maior do que $0 pelo menos em parte do tempo no qual você está realizando a tarefa. Porém, essa aproximação pode inadvertidamente mascarar o excesso de gastos.

Por exemplo, suponha que você tenha uma tarefa com um orçamento total de $10 mil e planeje gastar o dinheiro nessa tarefa em uma taxa uniforme durante sua vida útil. Isso significa que quando a tarefa estiver 25% concluída, você deverá ter gastado $2.500 ($10 mil multiplicados por 25%); quando a tarefa estiver 60% concluída, deverá ter gastado $60 mil ($10 mil multiplicados por 60%). Agora, considere que você esteja gastando em uma taxa uniforme, exatamente como planejou. Se fizer uma AVA usando essa atividade de $10 mil como uma das tarefas, suponha que você determinou que a atividade está 30% concluída, e gastou $4 mil para concluir 30% de uma tarefa com um orçamento de $10 mil.

Provavelmente, você deveria ter gastado cerca de 30% do orçamento total da tarefa, ou $3 mil, para completar 30% do trabalho na tarefa. A AVA faz com que pareça que você está $1 mil acima do orçamento. No entanto, usando o método 50/50, você estima que o VA seja de $5 mil (50% do orçamento total da tarefa), o que faz parecer que está $1 mil *abaixo* do orçamento.

> Uma vez que tenha começado a trabalhar em uma tarefa, o método 50/50 faz com que pareça que você está gastando menos até gastar 50% do orçamento original para a tarefa, e então gastando mais quando gastar além disso, porque você não consegue declarar que gastou mais de 50% do orçamento inicial para a tarefa até concluí-la completamente.

LEMBRE-SE

Como pode ver, o método dos marcos e o método 50/50 permitem aproximar o VA sem estimar a porção de uma tarefa que foi concluída. Escolher qual dos três métodos usar para o projeto requer ponderar o potencial de precisão em relação à possibilidade de dados subjetivos, que resultam em conclusões errôneas.

A Figura 18-3 compara a precisão que você pode atingir ao usar cada um dos três métodos diferentes em um exemplo simples. A Tarefa 1.2, que tem um orçamento total na conclusão de $60 mil, tem três subtarefas: 1.2.1 (orçamento total de $10 mil), 1.2.2 (orçamento total de $20 mil) e 1.2.3 (orçamento total de $30 mil). Presuma que o status de cada subtarefa no momento da análise é:

» A subtarefa 1.2.1 está 100% concluída.
» A subtarefa 1.2.2 está 75% concluída.
» A subtarefa 1.2.3 está 20% concluída.

Atividade		Diagrama de Gantt	Valor Recebido (VR) até Hoje		
Código da EAP	Custo Orçado na Conclusão		Percentual Concluído	50/50	Marco
1.2.1	$10 mil		$10 mil	$10 mil	$10 mil
1.2.2	$20 mil	75% Concluído	$15 mil	$10 mil	$0
1.2.3	$30 mil	20% Concluído	$6 mil	$15 mil	$0
		Meses Depois do Início do Projeto	$31 mil	$35 mil	$10 mil

FIGURA 18-3: Três maneiras de definir o valor agregado.

© John Wiley & Sons, Inc.

O VA da Tarefa 1.2 é a soma dos VAs das subtarefas. Usando o método de percentual concluído, o VA da subtarefa 1.2.1 é estimado em $10 mil ($10 mil multiplicados por 100%); o VA da subtarefa 1.2.2, em $15 mil ($20 mil multiplicados por 75%); e o VA da subtarefa 1.2.3, em $6 mil ($30 mil multiplicados por 20%).

CAPÍTULO 18 **Monitorando Execução de Projeto com Gestão de Valor Agregado**

Usando o método dos marcos, o VA para a subtarefa 1.2.1 é de $10 mil, pois a tarefa está 100% concluída; o VA para a subtarefa 1.2.2, de $0, pois a subtarefa está menos de 100% concluída; e o VA para a subtarefa 1.2.3, de $0, pois a subtarefa está menos de 100% concluída.

Usando o método 50/50, o VA da subtarefa 1.2.1 é estimado em $10 mil, pois a subtarefa está 100% concluída; o VA da subtarefa 1.2.2, em $10 mil ($20 mil multiplicados por 50%), pois a subtarefa foi iniciada; e o VA da subtarefa 1.2.3, em $15 mil ($30 mil multiplicados por 50%), pois a subtarefa foi iniciada.

Por fim, o VA para a Tarefa 1.2 está determinado em $31 mil ($10 mil mais $15 mil mais $6 mil) com o método do percentual concluído, $10 mil com o método dos marcos e $35 mil ($10 mil mais $10 mil mais $15 mil) com o método 50/50.

DICA

Ao usar o método dos marcos ou o método 50/50, você aumenta a precisão das estimativas de VA definindo suas tarefas de nível mais baixo para serem relativamente curtas, geralmente concluídas em duas semanas ou menos (veja o Capítulo 5 para ler detalhes sobre como dividir o projeto com estruturas analíticas). Quando você determinar o status da tarefa para suas avaliações de progresso, a maioria das tarefas não estará iniciada ou estará concluída, aumentando, assim, a precisão das estimativas VA.

Relacionando Este Capítulo ao Exame PMP e ao Guia PMBOK 6

A Tabela 18-6 registra tópicos deste capítulo que podem ser abordados no exame de certificação PMP e que também estão inclusos na 6ª edição de *Um Guia do Conhecimento em Gerenciamento de Projetos (Guia PMBOK 6)*.

TABELA 18-6 Tópicos do Capítulo 18 Relacionados ao Exame PMP e ao *Guia PMBOK 6*

Tópico	Localização Neste Capítulo	Localização no Guia PMBOK 6	Comentários
Definições de conceitos de GVA e indicadores de desempenho de cronograma e custos	"Conhecendo os termos e fórmulas da GVA"	7.4.2.1. Gerenciamento do Valor Agregado	Os termos e definições neste livro são os mesmos usados no *Guia PMBOK 6*.
Atualização de previsões dos gastos totais de tarefas	"Conhecendo os termos e fórmulas da GVA"	7.4.2.2. Previsões	Os termos e abordagens neste livro são os mesmos usados no *Guia PMBOK 6*.

A Parte dos Dez

NESTA PARTE...

Você sabe que o planejamento adequado do projeto é a única maneira de conseguir uma conclusão bem-sucedida e dentro do prazo. Descubra dez perguntas importantes a se fazer para garantir que você não deixe nenhum trabalho de fora ao planejar seu próximo projeto.

Ser gerente de projetos não é ser apenas um bom planejador. Veja dez dicas de como se tornar o melhor gerente de projetos que você pode ser.

> **NESTE CAPÍTULO**
> » Esclarecendo o propósito do projeto
> » Definindo resultados, cronogramas e recursos de que o projeto precisa
> » Lidando com incertezas

Capítulo 19
Dez Perguntas para Se Fazer ao Planejar o Projeto

Quando começa um projeto, a pressão para cumprir os prazos agressivos faz você querer mergulhar de cabeça e trabalhar imediatamente. Embora não saiba exatamente como começar, você sabe que tem mais chances de sucesso se planejar o projeto antes de iniciar o trabalho em si. Então responda às dez perguntas deste capítulo para assegurar-se de que você identificou completamente todo o trabalho que será necessário.

Qual É o Propósito do Projeto?

LEMBRE-SE

Uma avaliação precisa do propósito do projeto leva a planos melhores, uma noção mais detalhada do comprometimento da equipe e a um desempenho aprimorado. Assim que lhe atribuírem um projeto, compreenda sua relevância. Você pode fazê-lo determinando o seguinte:

» Quais situações levaram ao projeto?

» Quem teve a ideia original?

» Quem mais se beneficia dele?

» O que aconteceria se o projeto não fosse feito?

Veja os Capítulos 3 e 4 para saber mais detalhes sobre esclarecer o propósito de um projeto.

Quem Você Precisa Envolver?

Saber no início quais pessoas você precisa integrar ao projeto permite planejar sua participação nos estágios adequados. Envolver essas pessoas logo no início assegura que elas estejam disponíveis quando for necessário e permite-lhes saber que você valoriza e respeita suas contribuições.

À medida que determinar quem contribuirá com o sucesso do projeto, categorize os envolvidos da seguinte forma:

» **Condutores:** Pessoas buscando os resultados do projeto.

» **Apoiadores:** Pessoas que podem ajudar o projeto a prosperar.

» **Observadores:** Pessoas interessadas no projeto.

Depois que tiver essa lista abrangente, decida quem precisa envolver, e quando e como o fará. (Veja os Capítulos 3, 10 e 11 para ler mais informações sobre identificar partes interessadas de projeto.)

Quais Resultados Você Produzirá?

Especifique todos os resultados que você espera que o projeto atinja. Descreva claramente cada produto, serviço ou impacto, e inclua resultados e alvos de desempenho mensuráveis. Confira se os condutores do projeto acreditam que esses resultados suprirão suas necessidades e expectativas (veja o Capítulo 3 para saber mais sobre condutores de projeto). Confira o Capítulo 4 para ler mais detalhes sobre idealizar seus objetivos de projeto.

A quais Restrições Você Deve Obedecer?

Identifique todas as informações, processos e orientações que podem restringir suas atividades e seu desempenho no projeto. Quando você conhece as restrições, pode se planejar para minimizar seus efeitos no projeto. Distinga entre o seguinte:

» **Limitações:** Restrições que pessoas de fora da equipe de projeto definem.

» **Necessidades:** Restrições que você e sua equipe estabelecem.

O Capítulo 4 tem mais informações sobre restrições de projeto e maneiras de superá-las.

Quais Premissas Você Fez?

LEMBRE-SE

Assim que começar a pensar no projeto, documente todas as premissas que fizer sobre ele — afinal, cada uma delas expõe riscos, para os quais você deve se planejar com antecedência. Continue adicionando itens à lista de premissas conforme elaborar as diferentes partes do plano de projeto. Atualize os planos sempre que uma premissa mudar ou você descobrir seu valor real. Veja o Capítulo 4 para ler detalhes sobre premissas de projeto e o Capítulo 9 para saber muito mais sobre riscos de projeto.

O que Precisa Ser Feito?

Identifique todas as atividades necessárias para produzir os entregáveis do projeto, para que você possa atribuir responsabilidades relacionadas a eles, desenvolver cronogramas, estimar necessidades de recursos, delegar tarefas específicas para os membros da equipe e monitorar a execução do projeto. Para cada atividade, especifique o seguinte:

» **O trabalho a ser feito:** Os processos e passos que cada atividade implica.

» **Insumos:** Todas as pessoas, instalações, equipamentos, suprimentos, matérias-primas, informações e fundos necessários para executar cada atividade.

- » **Resultados desejados:** Produtos, serviços, situações ou outros entregáveis que você espera que cada atividade produza.

- » **Interdependências e relações:** Atividades que você deve concluir antes de poder começar a próxima; atividades que você pode começar depois de concluir a atual.

- » **Duração:** O número de períodos de trabalho exigidos para executar cada atividade.

Leia no Capítulo 5 informações sobre como descrever o trabalho de projeto.

Quando Cada Atividade Começa e Termina?

Desenvolva um cronograma detalhado com atividades claramente definidas e marcos intermediários. Essas informações lhe permitem orientar os membros da equipe com precisão sobre como executar suas atribuições. Elas também facilitam o monitoramento e o controle contínuos do trabalho em progresso. Leve em conta o seguinte ao criar o cronograma:

- » **Duração:** O número de períodos de trabalho exigidos para executar cada atividade.

- » **Interdependências:** O que você deve finalizar antes de poder iniciar suas atividades.

- » **Disponibilidade de recursos:** Quando você precisará de recursos em particular e quando eles estarão disponíveis.

Veja o Capítulo 6 para ler mais informações sobre como desenvolver um cronograma de projeto.

Quem Executará as Tarefas?

LEMBRE-SE

Saber quem executará cada tarefa e quanto esforço terá que dedicar sempre ajuda planejar a disponibilidade de cada pessoa e fazer estimativas mais precisas sobre o orçamento geral do projeto. Especifique as seguintes informações de todas as pessoas que precisarem trabalhar no projeto:

- » Seus nomes, descrição ou título da função, e as competências e o conhecimento de que precisam para exercer a atribuição.

» Os papéis específicos que cada pessoa terá em uma atividade quando mais de uma pessoa trabalhar na mesma tarefa, assim como uma explicação de como podem coordenar seus esforços.

» O nível de esforço que cada pessoa tem que investir.

» O tempo exato em que cada pessoa fará o trabalho, se não for trabalhar em período integral.

Consulte as pessoas que executarão as tarefas de projeto para identificar essas informações. O Capítulo 7 o ajuda a estimar as exigências de pessoal.

De Quais Outros Recursos Você Precisa?

Faça um levantamento de todo equipamento, instalações, serviços, suprimentos e fundos de que você precisa para executar o trabalho de projeto. Especifique quanto de cada recurso você precisa e quando eles serão necessários. O Capítulo 8 tem mais informações sobre como identificar recursos não relativos a pessoal.

O que Pode Dar Errado?

Identifique as partes do projeto que não estiverem de acordo com o plano. Descubra quais riscos são mais nocivos ao sucesso do projeto e elabore planos que minimizem seus efeitos negativos. Leia no Capítulo 9 informações sobre como abordar os riscos de projeto.

NESTE CAPÍTULO

» Sendo proativo e observando o panorama geral

» Motivando e tratando os outros com respeito

» Comunicando-se efetivamente e reconhecendo as conquistas das outras pessoas

Capítulo **20**

Dez Dicas para Ser um Gerente de Projetos Melhor

O gerenciamento de projetos bem-sucedido não depende apenas do que você faz, mas da maneira como o faz. Suas atitudes e postura ao lidar com as pessoas afetam a forma como se comportam com você. Se eu pudesse, colocaria um grande ícone *Dica* neste capítulo inteiro, porque ele oferece dez dicas para ajudá-lo a conquistar o apoio das pessoas. Então, por que não dar a ele um pouco de sua atenção?

Seja uma Pessoa de "Por quês"

Busque as razões por trás das exigências e ações. Entender o *porquê* ajuda você a responder adequadamente a membros da equipe, gerentes superiores e a todos os públicos do projeto (o que, por sua vez, aumenta a motivação e a adesão das pessoas). Primeiramente, busque entender os motivos por trás das exigências e

CAPÍTULO 20 **Dez Dicas para Ser um Gerente de Projetos Melhor** 411 ações das outras pessoas; depois, compartilhe suas descobertas com os outros. (Confira o Capítulo 4 para saber mais sobre como você pode ser uma pessoa de "por quês".)

Seja uma Pessoa do "É Possível"

Entenda todos os problemas como desafios e faça tudo o que puder para descobrir maneiras de superá-los. Seja criativo, flexível e tenaz. Continue trabalhando no problema até solucioná-lo. (Vá até os Capítulos 4, 5 e 15 para ler mais sobre como ser um solucionador de problemas obstinado.)

Pense no Panorama Geral

Seja realista. Saiba para onde você quer ir e planeje chegar lá. Reconheça o efeito que suas ações têm nos esforços atuais e futuros. Compartilhe sua perspectiva com outras pessoas. (Vá até os Capítulos 4 e 15 para saber mais sobre essa visão realista dos elementos do projeto.)

Pense nos Detalhes

Seja minucioso. Se não pensar nos detalhes do projeto, quem pensará? Quanto mais claramente você descrever os resultados pretendidos, mais fácil será para as pessoas reconhecerem os benefícios associados a ele. E, quanto mais claramente você definir o trabalho que deverá ser feito, com mais frequência as pessoas farão perguntas importantes e pertinentes — e acreditarão que podem executá-lo com sucesso. A clareza aumenta a motivação pessoal e reduz as chances de erros. (Confira os Capítulos 4 e 5 para ler dicas sobre como pensar nos detalhes.)

Seja Cauteloso ao Fazer Suposições

Gaste seu tempo para descobrir os fatos; use as premissas apenas como último recurso. Com cada suposição vem um risco de que você esteja errado. Quanto menos premissas você fizer, mais confiança terá em seu plano. (Confira o Capítulo 4 para ler mais informações sobre premissas e o Capítulo 9 para ler dicas sobre como lidar com riscos e incerteza.)

Veja as Pessoas Como Aliadas, Não Como Adversárias

Foque metas comuns, não pautas individuais. Deixar as pessoas confortáveis encoraja o brainstorm, o pensamento criativo e a disposição para experimentar novas ideias — tudo isso é essencial para se gerenciar um projeto de sucesso. Por outro lado, ver e tratar as pessoas como adversárias as deixa na defensiva e as motiva a se colocarem como inimigas. (Veja os Capítulos 3 e 15, nos quais explico como levar as pessoas para o seu lado.)

Diga o que Quer Dizer e Queira Dizer o que Diz

Comunique-se com clareza. Seja específico, deixe as pessoas saberem exatamente o que você quer dizer. Diga-lhes o que deseja que elas saibam, que façam e o que você fará por elas. Não deixe esses detalhes para que elas imaginem. Você pode achar que ser vago lhe dá mais liberdade; mas, na realidade, ser vago apenas propicia desentendimentos e erros. (Confira o Capítulo 14 para conhecer maneiras de se comunicar mais claramente.)

Respeite as Outras Pessoas

Foque os pontos fortes das pessoas, em vez de suas falhas. Encontre uma qualidade que você admira em cada membro da equipe. As pessoas trabalham com dedicação e de forma mais produtiva quando estão rodeadas de outras pessoas que as valorizam e a seus esforços. (Veja o Capítulo 15 para encontrar mais petiscos úteis sobre respeitar e encorajar outras pessoas.)

Reconheça um Bom Desempenho

Reserve um momento para reconhecer bons desempenhos. Quando alguém faz algo bom, diga a ele, a seu chefe, a outros membros da equipe e a seus colegas que você aprecia seu esforço e os resultados. Reconhecer um bom desempenho diz a uma pessoa que você aprecia sua dedicação, o que a motiva a trabalhar com você e com outros membros da equipe em projetos futuros.

Ao reconhecer o desempenho de uma pessoa, mencione a qualidade dos resultados que ela conseguiu, assim como os esforços que investiu. Seja específico — diga à pessoa exatamente o que ela fez ou produziu que você aprecia. Ofereça seu feedback rapidamente; não espere semanas ou meses para reconhecer a dedicação de alguém. (Veja o Capítulo 15 para ler mais sobre reconhecer um bom desempenho.)

Seja Gerente e Líder

Dê atenção às pessoas, assim como às informações, aos processos e aos sistemas. Estabeleça e compartilhe sua visão e entusiasmo com os membros da equipe, mas não se esqueça de transmitir uma noção de ordem e eficiência também. Incentive as pessoas a se empenhar em prol dos melhores resultados possíveis, e lhes ofereça orientação e apoio para ajudá-las a atingi-los. (Veja o Capítulo 15 para ler mais detalhes sobre gerenciamento e liderança.)

Apêndice
Combinando as Técnicas em Processos Simples

Você usará as ferramentas e técnicas deste livro muitas vezes durante qualquer projeto — para elaborar o plano inicial, monitorar o trabalho em curso e seus resultados, e continuar a ajustar os detalhes conforme necessário. Mesmo que não possa evitar as surpresas ou mudanças à medida que o projeto se desdobrar, você pode oferecer uma ordem lógica, como esta neste apêndice, para suas atividades de planejamento e controle. Ater-se o máximo possível a esta ordem evita as surpresas ruins (e seus fiéis companheiros — mudança e redirecionamento).

Preparando o Plano de Projeto

A Figura A-1 ilustra os passos que você deve seguir no planejamento de projeto e as partes do plano que precisa produzir ao longo do caminho.

Quando receber uma atribuição de projeto, siga estes passos para desenvolver um plano para ele:

1. Esclareça as justificativas para o projeto e para os resultados desejados.

Para completar este passo, você precisa realizar duas atividades importantes:

- Identificar as partes interessadas que terão voz no projeto.
- Obter informações de todas as partes interessadas e fontes escritas sobre as expectativas que têm.

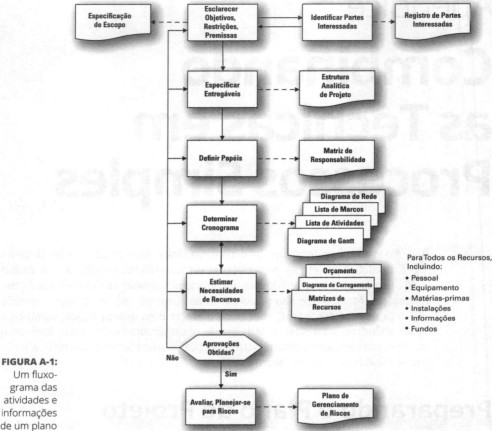

FIGURA A-1: Um fluxograma das atividades e informações de um plano de projeto.

© John Wiley & Sons, Inc.

Leia no Capítulo 1 detalhes sobre como usar uma análise de custo-benefício para alinhar os resultados previstos com os recursos exigidos para alcançá-los. Além disso, confira no Capítulo 3 mais informações sobre como identificar as partes interessadas do projeto, e as fontes que você precisa analisar para descobrir suas razões e expectativas.

LEMBRE-SE

Execute essas duas atividades interativamente. Em outras palavras, use a declaração inicial de atribuição para sugerir interessados adicionais e consulte-os para identificar mais questões a abordar.

Os resultados dessas atividades são o registro de partes interessadas e a especificação de escopo. (Veja o Capítulo 3 para ler detalhes sobre como montar um registro de partes interessadas e o Capítulo 4 para saber como preparar uma especificação de escopo.)

2. **Depois de conhecer todos os resultados e entregáveis que seu projeto deve produzir, identifique o trabalho necessário para atingi-los.**

   Registre essa informação em uma estrutura analítica de projeto (EAP). (Veja o Capítulo 5 para ler informações sobre como preparar uma EAP.)

3. **Considere simultaneamente a EAP e o registro de partes interessadas para decidir sobre os papéis e responsabilidades que terão em cada atividade do projeto.**

   Exponha essas informações em uma matriz de responsabilidades (MR). (Veja o Capítulo 11 para ler dicas sobre como preparar essa matriz.)

4. **Crie e analise um diagrama de rede que represente as dependências entre os entregáveis e as atividades da EAP, para desenvolver um cronograma que atenda às exigências dos condutores e que os apoiadores acreditem ser possíveis.**

   Apresente o cronograma final em uma lista de marcos, de atividades ou um diagrama de Gantt. (Veja o Capítulo 6 para saber como preparar e apresentar um cronograma de projeto.)

5. **Estime os recursos de que precisará e apresente-os em uma ou mais matrizes de recursos e diagramas de carregamento de recursos, e no orçamento do projeto.**

   Depois de especificar quando e de quais recursos particulares precisa, e de identificar as pessoas que podem atender a essas necessidades, reveja o diagrama de rede e o cronograma para comparar as diferenças entre as capacidades e a disponibilidade das pessoas que solicitou e aquelas que foram disponibilizadas para sua equipe. Negocie pessoas diferentes, se necessário, e modifique seu cronograma até que ele e a lista de atribuições de recursos atendam a suas necessidades para o projeto. Veja os Capítulos 7 e 8 para preparar e apresentar necessidades de recursos do projeto.

6. **Identifique, analise e planeje-se para quaisquer riscos de projeto.**

   Veja o Capítulo 9 para ler sugestões sobre como lidar com riscos de projeto.

LEMBRE-SE

Continue trabalhando em cada passo desse processo inicial até que todos os condutores e apoiadores concordem e apoiem o plano de projeto.

Controlando o Projeto Durante a Execução

A Figura A-2 ilustra os passos que você executa rotineiramente para monitorar e controlar o projeto ao longo de seu andamento.

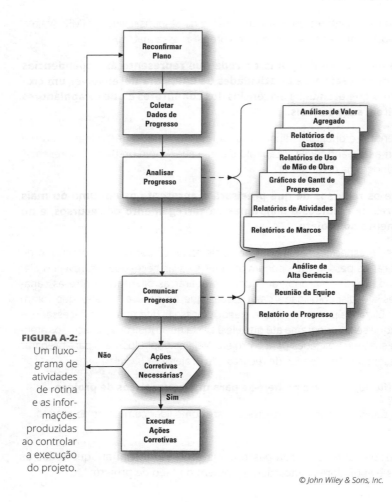

FIGURA A-2: Um fluxograma de atividades de rotina e as informações produzidas ao controlar a execução do projeto.

© John Wiley & Sons, Inc.

Para monitorar e controlar o projeto ao longo de seu ciclo de vida:

1. No início de cada período de execução, confirme se as pessoas e os recursos necessários estão disponíveis e programados de acordo com o plano de projeto atual (veja o Capítulo 13 para ler detalhes).

418 Gerenciamento de Projetos Para Leigos

2. **No final de cada período de execução, faça o seguinte:**

- Colete datas de início e fim das atividades, datas de marcos, gastos de recursos e os resultados das avaliações de qualidade.

- Compare os resultados reais com os resultados planejados, identifique quaisquer questões ou problemas e tome as ações corretivas necessárias.

3. **Comunique seu progresso do período aos interessados no projeto.**

Veja os Capítulos 13 e 14 para ler informações sobre monitoramento, avaliação e comunicação de desempenho de projeto.

420   **Gerenciamento de Projetos Para Leigos**

Índice

A

abordagem Ágil, 368–386

abordagem brainstorm, 105–109
  ascendente, 105

abordagem da avestruz, 217

abordagem da negação, 217

abordagem da oração, 217

abordagem de baixo para cima, 195–200
  bottom up, 195–200

abordagem de cima para baixo, 195–200
  top down, 195–200

abordagem de gerenciamento de projetos, 21–28

abordagem descendente, 105–107
  top-down, 105

abordagem em ondas sucessivas, 102–103

abordagem estruturada, 90–118

abordagem flexível, 14

abordagens padrão, 274

acessível, 355

ações corretivas, 309–310

acomodação, 276

acordo de ordem de serviço, 267–269

acordo vinculativo, 62–88

acurácia, 212

afirmativas SMART, 79

agradecimento, 356

alta energia, 339

alta gerência, 235

aluguel, 192

alvos de desempenho, 77

amostra de registro de partes interessadas, 44–45

análise de custo-benefício, 34–36, 72

análise de valor agregado, 387–402
  AVA, 387–402

análise formal de GVA, 394

análise para frente, 128–129
  forward pass, 128–129

análise para trás, 130–132
  backward pass, 130–132

análise PERT, 155–160

análises de dados, 99

antecipação, 133
  lead, 133

apoiadores, 49–55, 406

apoiadores de projeto, 383

aprovação, 254, 273

aprovações escritas, 54

áreas geográficas, 104

áreas importantes, 36–37
  cronograma, 37
  financeira, 36
  legal, 36
  operacional, 36
  técnica, 36

árvores de decisão, 213

associações profissionais, 164

atalhos, 22–23

atividade, 96–97, 123–160
  tarefa, 123–160

atividade na seta, 125
  abordagem clássica, 125
  diagrama de seta, 125
  gráfico PERT, 125

atividade no nó, 124
  atividade na caixa, 124
  método do diagrama de precedências, 124

atividades, 291

atividades de encerramento, 353

atividades pretendidas, 76

atrasos, 308–309

atribuições de trabalho, 92

atribuições individuais, 354–355

atuação, 278

autoconfiança, 339

autoexame, 362

autoridade, 56–57, 242

autorização, 355

avaliação de necessidades, 32–33
  análise de lacunas, 32–33

avaliação de progresso da alta gerência, 332–333

avaliação pós-projeto, 48, 282–284, 358–364
  lições aprendidas, 358–364
  revisão pós-projeto, 358–364

B

backlog, 370

backlog grooming, 371
  refinamento de backlog, 371

base atual, 301

bases de dados, 374

benefícios associados, 35

benefícios de funcionários, 192

benefícios do projeto, 345–346

benefícios pessoais, 345

benefícios potenciais, 345

blogs, 382

brainstorming, 41–60

business case, 235

C

caminho crítico, 127, 213–220

caminho não crítico, 127

canal de comunicação, 317

capacidade, 153

características positivas, 341

caso de negócios, 31–33

categorias de informação, 328
  gerenciamento de risco, 328
  performance de execução do cronograma, 328
  performance de execução do orçamento de recursos, 328
  resultados, 328

categorias de interessados,

checkbook do projeto, 302

checklist, 353

ciclo de vida, 13–28

classificação de categoria, 210

classificação ordinal, 210

colaboração, 276

colaboração mútua, 369

Começando o projeto, 217

começo-ao-fim, 135

comitê, 271

compartilhamento de informações bilateral, 383

compartilhamento de informações mais formais, 54

compartilhamento de informações unilateral, 383

competência, 162

competição, 276

completude, 89

componente da EAP, 95–96

componentes de produto, 104

comprometimento, 16, 345–346

compromisso, 276

computação em nuvem, 382

comunicação, 16, 263–264, 273, 317–336

comunicação adequada, 217–220

comunicação de mão dupla, 318

comunicação de mão única, 317

   ativa (pull), 318

   passiva (push), 318

comunicação efetiva, 316

comunicação formal, 320

comunicação informal, 320

comunicações de projeto, 320–336

comunicações informativas, 316

comunidade, 382

conclusão, 352–353

condenar, 343

condutor de projeto, 234

condutores, 49–55, 358, 406

condutores de projeto, 383

confiança, 262–264

conflitos, 274–275

   fatos, 275

   metas, 275

   métodos, 275

   valores, 275

confrontação, 277

conhecimento, 162, 341

conjuntos de processos, 14

consequências, 203

contabilidade, 374

contas a pagar, 303

continuidade, 89

contrato para serviços, 103–118

contratos, 270

controle de gestão, 253

controle de projeto, 288–289

conveniência, 344

correspondência escrita informal, 54

crenças pessoais, 275–284

criação de questionário, 256–261

critérios de aceitação, 62

cronograma, 10

cronograma de projeto, 141–150, 408

   rebobinar, 143

culpabilização, 250–251

custo real, 389

   CR, 389

custos, 187–200

custos de overhead, 198

custos diretos, 191–192

custos do projeto, 35

custos indiretos, 191

   gerais e administrativos, 191

   suplementares, 191

D

dados de performance do cronograma, 293–295

dados objetivos, 210–211

daily Scrum, 371

   daily stand-up, 371

data de início mais cedo, 127

data de início mais tarde, 127

data de término mais cedo, 127

data de término mais tarde, 127

datas, 12

declaração, 77

decomposição, 42, 91

definir limites, 82–85

   limitações, 82–85

   necessidades, 82–85

delegar, 244–247

delegar autoridade, 244–247

dependências arbitrárias, 134

   dependências lógicas, 134

   escolhas gerenciais, 134

dependências externas, 134

dependências obrigatórias, 133

   hard logic, 134

   requisitos legais, 134

   requisitos processuais, 134

desafios para o gerenciamento, 23–24

desconhecido conhecido, 115

desconhecido desconhecido, 115

descrição do escopo de trabalho, 76–77

descrição do escopo do produto, 62

descrição por escrito, 269

desculpas, 21

desempenho, 288

desempenho contínuo do projeto, 54

desempenho de atividade, 83

desenvolvimento de carreira, 167

despesas totais, 391–392

destinatário requerido dos resultados de projeto, 273

detalhes, 90–91

determinar limitações, 84–85

diagrama combinado de marcos e de Gantt, 156

diagrama de Gantt, 156

diagrama de organização, 256–264

diagrama de rede, 122–160

diagrama linear de responsabilidade, 254–261

   DLR, 254–261

dicionário da EAP, 100

diretor de projetos, 232

disfuncional, 279

disponibilidade, 153, 162–186

dispositivos físicos de armazenamento, 290

distribuição beta, 155–160

documentos, 63–88

dono do produto, 370

   product owner, 370

donos do projeto, 68–69

duplicar o trabalho, 76

duração, 122, 170–171

E

efeitos do risco, 212–213

efeitos negativos, 203

eficiência, 174, 309

elaboração de propostas e novos desenvolvimentos comerciais, 167

elementos do diagrama, 124–125

   caixas, 124

   letra t, 124

   setas, 124

elementos intermediários, 92–118

emissor, 317, 383

encerramento, 353

encorajador, 255

entidades governamentais, 164

entradas, 290

entregáveis, 62

   objetivos, 62

entregáveis de projeto, 407

entusiasmo, 339

envolvimento ativo, 113
equipamento, 192
equipe, 370
equipe de projeto, 270–278
equipe harmoniosa, 278
escopo específico, 10
escritório de gerenciamento de
  projetos, 73
  PMO, 73
escuta ativa, 76, 318–320
    parafrasear, 319
    verificar inferências, 319
    visualizar, 318
esforço de trabalho, 123–125, 170–
  171, 299–300
    esforço pessoal, 170–171
especialistas, 154
especificação de escopo, 62–66
espera, 133
    lag, 133
esquemas hierárquicos, 106–118
estágio de organização-e-preparação,
estimativa de duração, 152–155
estimativa de orçamento de baixo
  para cima, 195–197
estimativa de orçamento de cima,
  197
estimativa detalhada de orçamento,
  193
estimativa e avaliação de risco,
  213–214
estimativa mais provável, 155
estimativa no término, 391
    ENT, 391
estimativa otimista, 155
estimativa para terminar, 391
    EPT, 391
estimativa pessimista, 155
estimativa por ordem de grandeza,
  193
estrutura Ágil, 370
estrutura analítica de projeto, 92–118,
  98–118, 188–200, 256, 280, 291
    EAP, 92–118
estrutura analítica de projeto (EAP),
  163–167
estrutura organizacional funcional,
  224–226
estrutura organizacional matricial,
  228–240
estrutura organizacional projetizada,
  226–228

estudo de viabilidade, 36–37, 67
estudo formal, 32
exame de certificação, 26–28
exclusões do projeto, 62
executando-o-trabalho, 281, 333
Executando o trabalho, 218
exigências de atividade, 163–186
expectativa de projeto, 71
experiências anteriores, 113–118

F
fase, 13–28
fase encerrando-o-projeto, 194
fase executando-o-projeto, 194
fase iniciando-o-projeto, 193
fase organizando-e-preparando,
  194–200
fases, 92
fast tracking, 144
fator de correção, 154
fator de risco, 204–208
fechando-o-projeto, 354
Feedback construtivo, 343
feedback frequente, 354
feliz acaso, 80
fim-ao-começo, 135
fim do projeto, 351–364
float, 127, 294
fluxograma, 122
folga livre, 132
folga total, 132
folha de ponto, 297
folhas de ponto, 175–186
fonte de consulta, 273
fontes, 75–88
    fonte primária, 75
    fonte secundária, 75
    fontes escritas, 75
fontes de informação, 31
formação, 277
formato esquema recuado, 110
formato organograma, 109
    diagrama de hierarquia, 109
    visualização em gráfico, 109
fórmulas GVA, 390
fuga, 276
funcionamento de alto desempenho,
  277–284
funções, 104
fundos, 187–200

G
gastos, 303
gastos de esforço de trabalho,
  301–302
    Diferença, 301
    Orçamento, 301
    Planejado, 301
    Real, 301
    Restante, 301
gastos planejados, 390
gastos reais, 390
gerência, 232
gerenciamento, 338–350
gerenciamento de comunicações,
  385–386
gerenciamento de portfólio de
  projeto, 378
gerenciamento de projetos, 14–18
gerenciamento de projetos Ágil,
  369–370
gerenciamento de risco, 69
gerenciamento de riscos, 203–220
gerenciamento de tempo e de
  informações, 374
Gerenciamento do Valor Agregado,
  305
gerente de projetos, 20–28, 232–233
gerente funcional, 269
gerentes funcionais, 233–234
gestão de valor agregado, 387–402
    GVA, 387–402
gráfico carga-pessoa, 179–181
    histograma de recursos, 179–181
gráficos e apresentações
  corporativas, 373
gravar uma nova linha de base, 310
grupo, 271, 382
grupos de suporte, 42
grupos funcionais, 224–226
guardião, 255
Guia PMBOK 6, 11–28

H
harmonizador, 255
hierarquia de diagramas, 259–260
hierarquia de entregável/atividade,
  97–100
honestidade, 339
hora-pessoa, 170

Índice   423

I

identidade da equipe, 236–237
identificar riscos, 208–209
incógnitas, 95
indicadores-chave de desempenho, 74
 KPIs, 74
indicadores-chave de desempenho (KPIs), 38
indicadores de desempenho, 390
índice de desempenho de custos, 390
 IDC, 390
índice de desempenho de prazos, 389
 IDP, 389
inferências ocultas, 76
inflação, 35–38
influência, 342–343
informação, 15
informações, 279–280
informações importantes, 75
informações relevantes de projeto, 381
iniciador do projeto, 66–67
iniciando-o-projeto, 333
iniciar o projeto, 38
início para início, 133
início para término, 133
input, 255
instituições educacionais, 164
integridade, 339
interesse, 58–60, 162

J

justificativa, 62

L

lacuna, 91
legenda, 259
lei da vantagem comparativa, 244
liderança, 232, 338–350
líder de projetos, 232
limitações de projeto, 84–85
limitações vagas, 83
linha de base, 310
linha de base do projeto, 281
LinkedIn, 383
lista de atividades, 156
lista de distribuição, 40
lista de marcos, 156
lista de requisitos, 165–167

M

Manifesto pelo Desenvolvimento Ágil de Software, 369
mão de obra, 192
marco, 123–160
 evento, 123–160
materiais, 192
matriz de atribuição de responsabilidades, 157–160
matriz de competências, 167–169
matriz de recursos humanos, 170–171
matriz de recursos não relacionados a pessoal, 188–190
matriz de responsabilidades, 254–261
 MR, 254–261
matriz equilibrada, 229
matriz forte, 229
matriz fraca, 229
matriz RACI, 254
maximizar contribuições, 241–264
medidas, 77
membros da equipe, 40, 233
mensagem, 317
mensagem codificada, 317
mensagem decodificada, 317
meta da organização, 32
metas, 271
método 50/50, 400
método do caminho crítico, 127–132, 368
 MCC, 127–132
método do percentual concluído, 399
método dos marcos, 400
metodologia cascata, 371–372
microgerenciamento, 261–264
Microsoft Access, 296
Microsoft Excel, 296
Microsoft Office 365, 374
Microsoft Office Access, 374
Microsoft Office Excel, 374
Microsoft Office Outlook, 374
Microsoft Office PowerPoint, 373
Microsoft Office Word, 373
Microsoft Project, 136, 296
Microsoft Project Server, 296
Microsoft Word, 296
mídias sociais, 381–386
minimizar tempo, 241–264
míssil Polaris, 368
mitigar, 216

modelo de registro de partes interessadas, 47–49
modelo EAP, 113–114
modelos de relatórios pré-prontos, 376
momentos cruciais, 141
monitoramento e controle, 19–20
mudanças em seu projeto, 311–314

N

necessidades, 71–88
 bom ter, 71–88
 deve ter, 71–88
 precisa ter, 71–88
níveis relativos de poder e interesse, 58–60
nível exigido de proficiência, 166
noção compartilhada de identidade, 227
normatização, 278
número de projeto, 280

O

objetivos, 77–78
 entregáveis, 77–78
objetivos claros e específicos, 78–79
objetivos de projeto, 80–82
 desculpas, 81–82
objetivos gerais, 354
observador do grupo, 255
observadores, 49–55
Observadores, 406
opiniões conflitantes, 84–88
"o que há para mim", 55
 OQHPM, 55
orçamento anual, 74
orçamento de projeto, 191–192
orçamento de projeto completo e aprovado, 193
orçamento no término, 388
 ONT, 388
ordens de compra, 303
organizações empresariais, 164
organizando-e-preparando, 281
Organizando e preparando, 218
organizar e preparar, 38
orientações, 163
output, 255

P

pacote de trabalho, 92, 188, 291
pacotes de especialidades, 374–375

pacotes de trabalho, 163–164
painel de projeto, 328–329
papéis, 271
papéis de equipe, 243–264
papéis planejados, 241–264
parte interessada, 40–60
parte interessada no projeto, 266–267
parte principal, 92–93
patrocinador de projeto, 234–235
patrocinadores, 68–69
patrocinador executivo de projeto, 268
patrono de projeto, 49–60, 237, 268
pauta, 360
pauta de reunião, 323–324
percentual completado, 291
perguntas-chave, 94–95
período de execução, 325
período de retorno, 36
período de retorno admissível, 36
pessoa qualificada, 166
pessoas, 369
planejamento da sprint, 371
planejamento de longo prazo, 73
planilhas, 374
plano de aplicações de capital, 74
plano de contingência, 116
plano de gerenciamento de comunicações, 333–334
plano de gerenciamento de riscos, 218–220
plano de projeto, 62–88, 143–160, 265–284
planos de projeto, 17–28
podcasts, 382
poder, 58–60, 340–344
poder atingido, 58–60
poder atribuído, 58–60, 342
poder conquistado, 342
poder-interesse, 59–60
poder pessoal, 341
pontos de contato, 43
portão de fase, 38
posição, 341
potenciais candidatas, 163
prazos, 83
precisão, 212
precisão dos dados de execução do seu cronograma, 295
predecessora, 133–136
predecessora imediata, 133–134

premissas, 62
premissas de projeto, 407
prevenir, 216
primeira fase do ciclo de vida, 30
prioridades da organização, 73–74
proativo, 21
probabilidade, 210–215
    alta, 211
    baixa, 211
    média, 211
probabilidade relativa de ocorrência, 210
procedimentos de escalonamento, 274
processamento de texto, 373
processo, , 12
processo de planejamento, 85–88
processos, 243, 271, 290
processos de conclusão, 15
processos de execução, 15
processos de iniciação, 14
processos de monitoramento e controle, 15
processos de planejamento, 14
processos manuais, 290
produtividade, 173, 309
produto, 11
produtos, 369
proficiência, 166
programa, , 12
program evaluation and review technique (PERT), 368
progresso, 344
Project Management Professional, 26–28
    PMP, 26–28
projeto, 10–28, 92
projeto de longo prazo, 102–103
projetos futuros, 362
propósito de projeto, 406
proprietário do projeto, 234
punições, 341

Q

qualidade, 11
quantidade de supervisão exigida, 166–186
quatro estágios de projeto, 358
quatro fases de projeto, 193–194
Quickbooks, 306
QuickBooks, 374

R

rascunho de relatório, 97
receptor, 317, 383
reclamar, 343
recompensa, 344
recompensas, 341, 348
recrutamento, 167
recursos, 11–28, 83
recursos exigidos, 10
recursos não relacionados a pessoal, 188–190
recursos não relativos a pessoal, 409
redes sociais, 382–386
reforço contínuo, 347
reforço positivo, 295
registro de competências e conhecimento, 163–168
registro de interessados, 40–49
    completo e atualizado, 46
registro de tempo, 298
registros escritos, 67
registros históricos, 153
regras do diagrama de rede, 126–127
    obrigação, 126
    permissão, 126
relações, 271
relações interpessoais, 263–264
Relatório, 104–105
    Avaliações do relatório rascunho, 104
    Relatório final, 104
    Relatório rascunho, 104
relatório combinado de atividades e marcos, 292
relatório combinado de marcos e atividades, 156
relatório de progresso de projeto, 325–331
relatório final, 99
relatórios por escrito, 321
requisitos do projeto, 70–72
resistência a objetivos, 78
resolução de conflitos, 274
responsabilidade, 242
responsabilidade primária, 254, 273
responsabilidade secundária, 254, 273
responsabilização, 242
restrição de tempo, 144
restrições de projeto, 62, 407
resultado, 12
    escopo, 12

Índice 425

resultados, 83, 243

resultados de projeto, 406

retorno sobre investimento, 36

reunião, 323–332

reunião de avaliação pós-projeto, 359–362

reunião de dados ativa, 383

reunião de dados passiva, 383

reunião de retrospectiva da sprint, 371

reunião de revisão da sprint, 371

reuniões de equipe regularmente programadas, 331

reuniões de grupo, 53

reuniões específicas de equipe, 332

reuniões individuais, 53

revisão, 255

risco, 11, 202–220, 248
- cronograma, 209
- produto, 209
- recurso, 209

riscos de projeto, 84–85, 407

riscos negativos, 202–203
- ameaças, 202–203

riscos positivos, 202–203
- oportunidades, 202–203

riscos potenciais, 209–220

ruído, 317

S

saídas, 290

salários de gerência e administrativo, 192

scope creep, 312–313
- distorção do escopo, 312–313

Scrum, 370–371

Scrum master, 370

seguidor, 255

seis graus de delegação, 245–246

sequência, 122

sessão de brainstorming, 72

sintoma, 308

sistema de informações de gerenciamento de projetos, 290–314
- SIGP, 290–314

sistema de registro de horas, 298–299

sistemas de monitoramento, 279–280

sistemas de monitoramento baseados em computador, 296

sistemas de monitoramento manuais, 296

Sites de redes sociais, 382

sobrecargas de recursos, 181–183

sobreposição, 91

sobreposições não intencionais, 72–73

software de projetos, 380–381

softwares de especialidade independentes, 373–375

softwares de projeto, 372–381

softwares integrados de gerenciamento de projetos, 375–378

solicitações de compra, 303

solicitações de mudanças, 311–312

solicitações finalizadas, 95

sprint, 370

subcontrato, 192

submissão de projetos, 33

subprojetos, 92

subtarefas, 92

sucessora, 133

sugestões, 362

T

tabela carga-pessoa, 179–181

tabela resumida de carga-pessoa, 183–186

tarefas, 92–118

tarefas de projeto, 409

tarefas pós-reunião, 324

taxa de desconto, 36

taxa interna de retorno do projeto, 36

taxas ponderadas de trabalho, 183–186

tecnologia, 367–386

tempo de folga, 127, 182, 294

tenacidade, 339

término para início, 133

término para término, 133

termo de abertura do projeto, 33–38

testes de projetos, 122–160

título do projeto, 64–65

tomada de decisão, 273

tomadores de decisão, 16–17

trabalho condicional, 100–101

trabalho de projeto, 408

trabalho diretamente relacionado, 172

trabalho indiretamente relacionado, 172

trabalho planejado, 95–96

traços do líder, 339–340

transações pendentes, 355

transferir, 216

transição, 356

treinamento, 167

Twitter, 383

U

unidades organizacionais, 104

usuários finais, 43

usuários reais, 70

V

valor agregado, 389
- VA, 389

valor esperado do risco, 215–216

valor médio, 155
- valor esperado, 155

valor percebido do projeto, 73–74

valor planejado, 388
- VP, 388

valor presente líquido, 35–36
- VPL, 35–36

variação de custo, 389
- VC, 389

variação de prazo, 389
- VPr, 389

variâncias, 308–310

verbos de ação, 96

viabilidade, 344

viabilidade de projeto, 346–347

viagem, 192

vodcasts, 382

W

webinars, 382

wikis, 382

Y

Yammer, 383